U0142875

人工智慧AI與貝葉斯Bayesian迴歸的整合
應用STaTa分析

Integration of Artificial Intelligence with Bayesian Regression in Stata

張紹勳、張任坊 著

五南圖書出版公司 印行

自　序

　　測不準原理究竟是我們觀察的原因，還是物質本身的內秉性質？這要先對機率進行一番哲學思辯。人工智慧 (AI) 的精神，就是科學的結果非全部都屬「決定論 (determinism)」，而應再融入「機率論 (probability theory)」。

　　目前人工智慧 (AI) 基於仿生學、認知心理學、Bayesian 迴歸、機率論、統計學和經濟學的演算法等等也在逐步發酵中。AI 又稱機器智能，是指由人製造出來的機器所表現出來的智能。通常人工智慧是指通過普通電腦程式的手段實現的人類智能技術。該詞也指出研究這樣的智慧型系統是否能夠實現，以及如何實現的科學領域。

　　AI 又稱「製造智慧機器的科學與工程」，迄今，已是一門顯學，屬於自然科學和社會科學的交集。AI 實際應用，包括：FinTech、財經預測、機器視覺、指紋識別、人臉識別、視網膜識別、虹膜識別、掌紋識別、專家系統、自動規劃等貝氏迴歸的預測。

　　機器學習演算法及 Bayesian 後驗機率等貝氏推論，不僅適合傳統科學研究法，更適合於大數據 (big data) 時代的來臨。

　　機器要達到具備思考能力的統合強人工智慧，比較流行的方法包括統計方法，計算智慧和傳統意義的 AI。目前有大量的生產線工具應用了人工智慧，其中包括搜尋和數學最佳化、邏輯推演「貝葉斯定理 (Bayesian theorem)」。

　　迄今 STaTa 己提供 45 種 Bayesian 迴歸，供人工智慧、機器學習等自然科學及社會科研究者使用，這種 AI 統計應用技術已非常成熟。但坊間仍無「人工智慧」貝氏迴歸分析的書，殊實可惜。

　　數學中的貝氏定理，只要「前提 (先驗) 越清楚、預測就越精準」，例如「颱風對臺北市帶來災情」在沒有絕對的把握時，就在規定期限前蒐集最多的資料，再做最後決定。

　　本書貝氏 45 種迴歸，採用貝氏條件機率的原理，故適合學科，包括：生物醫學、財經、物理學、哲學和認知科學、邏輯學、數學、統計學、心理學、電腦科學、控制論、決定論、不確定性原理、社會學、教育學、經濟學、犯罪學、智慧犯罪等。

STaTa 是地表最強統計軟體，作者撰寫一系列 STaTa 書籍，包括：

1. 《STaTa 與高等統計分析的應用》一書，該書內容包括：描述性統計、樣本數的評估、變異數分析、相關、迴歸建模及診斷、重複測量等。

2. 《STaTa 在結構方程模型及試題反應理論》一書，該書內容包括：路徑分析、結構方程模型、測量工具的信效度分析、因素分析等。

3. 《STaTa 在生物醫學統計分析》一書，該書內容包括：類別資料分析 (無母數統計)、logistic 迴歸、存活分析、流行病學、配對與非配對病例對照研究資料、盛行率、發生率、相對危險率比、勝出比 (Odds Ratio) 的計算、篩檢工具與 ROC 曲線、工具變數 (2SLS)……Cox 比例危險模型、Kaplan-Meier 存活模型、脆弱性之 Cox 模型、參數存活分析有六種模型、加速失敗時間模型、panel-data 存活模型、多層次存活模型等。

4. 《Meta 統計分析實作：使用 Excel 與 CMA 程式》一書，該書內容包括：統合分析 (meta-analysis)、勝出比 (Odds Ratio)、風險比、4 種有名效果量 (ES) 公式之單位變換等。

5. 《Panel-data 迴歸模型：STaTa 在廣義時間序列的應用》一書，該書內容包括：多層次模型、GEE、工具變數 (2SLS)、動態模型等。

6. 《STaTa 在總體經濟與財務金融分析的應用》一書，該書內容包括：誤差異質性、動態模型、序列相關、時間序列分析、VAR、共整合等。

7. 《多層次模型 (HLM) 及重複測量：使用 STaTa》一書，該書內容包括：線性多層次模型、vs. 離散型多層次模型、計數型多層次模型、存活分析之多層次模型、非線性多層次模型等。

8. 《模糊多準評估法及統計》一書，該書內容包括：AHP、ANP、TOPSIS、Fuzzy 理論、Fuzzy AHP……等理論與實作。

9. 《邏輯斯迴歸及離散選擇模型：應用 STaTa 統計》一書，該書內容包括：邏輯斯迴歸、vs. 多元邏輯斯迴歸、配對資料的條件 Logistic 迴歸分析、Multino-mial Logistic Regression、特定方案 Rank-ordered logistic 迴歸、零膨脹 ordered probit regression 迴歸、配對資料的條件邏輯斯迴歸、特定方案 conditional logit model、離散選擇模型、多層次邏輯斯迴歸等。

10. 《有限混合模型 (FMM)：STaTa 分析 (以 EM algorithm 做潛在分類再迴歸分析)》一書，該書內容包括：FMM：線性迴歸、FMM：次序迴歸、FMM：Logit 迴

歸、FMM：多項 Logit 迴歸、FMM：零膨脹迴歸、FMM：參數型存活迴歸等理論與實作。

11.《多變量統計之線性代數基礎：應用 STaTa 分析》一書，該書內容包括：平均數之假設檢定、多變量變異數分析 (MANOVA)、多元迴歸分析、典型相關分析、區別分析 (discriminant analysis)、主成份分析、因素分析 (factor analysis)、集群分析 (cluster analysis)、多元尺度法 (multidimensional scaling, MDS)等。

12.《人工智慧 (AI) 與貝葉斯 (Bayesian) 迴歸的整合：應用 STaTa 分析》，該書內容包括：機器學習及貝氏定理、Bayesian 45 種迴歸、最大概似 (ML) 之各家族 (family)、Bayesian 線性迴歸、Metropolis-Hastings 演算法之 Bayesian 模型、Bayesian 邏輯斯迴歸、Bayesian multivariate 迴歸、非線性迴歸：廣義線性模型、survival 模型、多層次模型。

　　此外，研究者如何選擇正確的統計方法，包括適當的估計與檢定方法、與統計概念等，都是實證研究中很重要的內涵，這也是本書撰寫的目的之一。為了讓研究者能正確且精準使用 Bayesian 迴歸，本書內文儘量結合「理論、方法、統計」，期望能夠對產學界有拋磚引玉的效果。

　　最後，特感謝全傑科技公司 (http://www.softhome.com.tw)，提供 STaTa 軟體，晚學才有機會撰寫 STaTa 一系列的書，以嘉惠學習者。

張紹勳 敬上

Contents

自 序

Chapter 01 人工智慧的基礎：機器學習理論及貝氏定理 (Bayes' theorem) 1

1-1 人工智慧 (Artificial Intelligence, AI) 9

   1-1-1 AI 研究的議題 10

   1-1-2 強人工智慧 vs. 弱人工智慧 14

   1-1-3 AI 研究方法 15

1-2 機器學習 (machine learning) 19

   1-2-1 監督 vs. 非監督機器學習 24

   1-2-2 機器學習的演算法 (algorithm) 26

   1-2-3 何謂 Features(≈自變數)、Training、Label(≈類別依變數)？ 40

   1-2-4 監督機器學習⊃多變數線性迴歸 (machine learning: linear regression with multiple variables) 42

   1-2-5 機器學習：梯度下降演算法 (gradient descent algorithm) 67

   1-2-6 機器學習：特徵縮放 (feature scaling) 81

1-3 參數估計：最大概似估計、最大後驗 (Max posterior)、貝葉斯估計 81

   1-3-1 何謂參數估計？ 83

   1-3-2a 估計法一：最大概似估計 (MLE) ≠ 概似比 (LR) 87

   1-3-2b 最大概似估計法 (MLE) 做分類 97

   1-3-3 估計法二：最大後驗 (Max posterior) 估計 101

1-3-4 估計法三：貝葉斯估計 105

1-4 期望最大化 (EM) 演算法 107

Chapter 02 貝葉斯 (Bayesian) 迴歸有 45 種   117

2-1 貝氏定理與條件機率 (重點整理) 118

  2-1-1 貝氏機率 (Bayesian probability) 121

  2-1-2 貝氏 (Bayes) 定理、條件機率 123

2-2 貝葉斯推論 (Bayesian inference) 136

  2-2-1 貝葉斯法則 (Bayesian rule) 138

  2-2-2 推論「排他性和窮舉命題」的可能性 (inference over exclusive and exhaustive possibilities) 143

  2-2-3a 貝葉斯推論之數學性質 (mathematical properties) 145

  2-2-3b 貝葉斯決策理論 153

  2-2-4 貝葉斯推論之案例 160

  2-2-5 頻率統計和決策理論之貝葉斯模型，誰優？Bayesian Information Criterion (BIC) 165

  2-2-6 貝葉斯認識論 (Bayesian epistemology) 167

  2-2-7 貝葉斯推理的影響因素 170

2-3 常見的分布有 15 種 175

2-4 STaTa likelihood-based Bayesian 迴歸有 45 種 204

  2-4-1 STaTa 共 12 類：45 種 Bayesian 迴歸 205

  2-4-2 Metropolis-Hastings 演算法 (bayesmh 指令) 和 Monte Carlo 215

Contents

2-4-3 貝葉斯線性迴歸的基本原理 225

2-5 貝葉斯統計及正規化 (Bayesian statistics and Regularization) 228

2-5-1 過度適配 vs. 不足適配 (overfitting and underfitting) 229

2-5-2 Bayesian statistics 及正規化 (regularization) 231

2-5-3 最佳成本函數之正規化 (optimize cost function by regularization) 232

| Chapter 03 | 最大概似 (ML) 各家族 (family)：機器學習技術 | 237 |

3-1 最大概似 (ML) 之 Regression 家族 (family) 238

3-1-1 迴歸分析介紹 239

3-1-2 線性迴歸 (linear regression) 241

3-2 多元迴歸的自變數選擇法有三：子集合選取法、正規化、資訊準則法 (bayesstats ic 指令) 246

3-2-1 迴歸模型與正規項 (regulation)：Ridge 迴歸、Lasso 迴歸原理 253

3-2-2 脊迴歸／嶺迴歸 (ridge) 的原理：多重共線性 (ridgeregress 外掛指令) 262

3-2-3a 迴歸正規項 (regulation)：lasso 迴歸、Ridg 迴歸、elastic-net 迴歸 (lassoregress、ridgeregress、elasticregress 外掛指令) 266

3-2-3b 機器學習演算法：套索迴歸 (Lasso Regrission)(lassoregress、lasso2、elasticregress 指令) 283

3-2-4a 機器學習演算法：脊迴歸 (Ridge Regression)(rxridge、rxrcrlq、rxrmaxl 等 14 個指令) 288

3-2-4b Ridge 迴歸分析：解決共線性 (rxridg 外掛指令) 293

3-2-5 機器學習演算法：彈性網路多工 Lasso 迴歸 (multi task Lasso)
(elasticregress 指令).. 299

3-2-6 邏輯斯迴歸 (logistic regression) 301

3-3 機器學習法：隨機森林 (外掛指令 randomforest)、支援向量機 (外掛指令
svmachines)... 314

3-3-1 機器學習法：隨機森林 (外掛指令：randomforest)......................... 314

3-3-2 機器學習法：支援向量機 SVM(外掛指令：svmachines).................. 326

3-4 最大概似的 Kernel-Based 家族：小樣本、非線性及高維模型識別............. 349

3-4-1 非線性分類之核函數 353

3-4-2 支援向量機 (SVM) 分類器：原型、對偶型、核技巧、現代方法...... 354

3-4-3a 支援向量機 (SVM) 原理：小樣本、非線性及高維模型識別.............. 361

3-4-3b 支援向量機做分類 (svmachines 外掛指令)..................................... 368

3-4-4 核迴歸 / 分段加權迴歸 (kernel regression)：非單調函數 (lpoly、
npregress、teffects 指令)... 377

3-5 最大概似 (ML) 之 Bayes-Based 家族 (前導字「bayes: 某迴歸」指令)........ 399

3-5-1 判別模型 (discriminative model) 與生成模型 (generative model)........ 404

3-5-2 高斯判別分析 (Gaussian discriminant analysis)............................... 407

3-5-3 樸素貝葉斯 (naive bayes) 演算法.. 412

Chapter 04　貝葉斯 (Bayesian) 線性迴歸之原理　421

4-1 貝葉斯 (Bayesian) 分析 425

4-2 參數估計：最大概似估計、最大後驗估計、貝葉斯估計............................ 430

Contents

4-3 貝葉斯 (Bayesian) 線性迴歸 433

    4-3-1a 線性迴歸之參數估計最小平方法 (OLS) 433

    4-3-1b 貝葉斯 (Bayesian) 迴歸之原理 436

    4-3-2 貝葉斯線性迴歸：參數分布、預測分布、等價核 440

    4-3-3 貝葉斯線性迴歸：學習過程、優缺點、貝葉斯脊迴歸 447

4-4 貝葉斯多元線性迴歸之原理 (Bayesian multivariate linear regression) 451

Chapter 05

Bayes 線性迴歸 (「bayes: regress」、「bayesgraph diagnostics」、「bayesstats ic」指令) 457

5-1 線性 Bayesian 迴歸 (先 rsquare、再「bayes: regression」指令) 459

    5-1-1 OLS 先挑所有自變數的最佳組合 (再 Bayes 線性迴歸) 460

    5-1-2 OLS 先挑所有自變數的最佳組合，再 Bayes 線性迴歸

        (bayes : regress y x1 x2 x3) 477

5-2 方法一 Bayes 線性迴歸 (bayes : regress …指令) 483

    5-2-1 Bayes 線性迴歸及預測值：使用內定概似及先驗 (uninformative data)

        (bayes : regress …指令) 483

    5-2-2 Bayes 線性迴歸：自定概似及先驗 (informative data)(bayes : regress

        …指令) 491

5-3 方法二 Bayes 線性迴歸 (bayesmh : regress …指令) 501

5-4 線性 Bayesian 迴歸模型 (改用 bayesmh 指令) 512

    5-4-1 Bayesian 估計之原理及實作 (「bayes: regress」指令) 516

    5-4-2 MCMC 收斂性 (convergence) 及假設檢定 (hypotheses testing) 525

    5-4-3 先驗 (Priors)：Gibbs 採樣 (sampling) 529

5-4-4 自定先驗 (Custom priors)..533

5-5 Bayes 迴歸：縮減模型 vs. 完全模型，誰優？(bayesmh、bayesstats ic 指令)... 535

Chapter 06

Metropolis-Hastings 演算法之 Bayesian 模型 (bayesmh 指令)   545

6-1 bayesmh 指令：「線性 vs. 非線性」、「單變量 vs. 多變量」、「連續 vs. 間斷」模型有 8 大類..552

6-2 bayesmh 指令之範例..573

    6-2-1 範例 1：OLS 線性迴歸 (regress)vs. Bayesian 線性迴歸 (bayes : regress)
....574

    6-2-2 範例 2：Bayesian normal linear regression with noninformative prior
(未自定參數的分布)..583

    6-2-3 範例 3：Bayesian linear regression with informative prior(自定參數的分布)..588

    6-2-4 範例 4：Bayesian normal linear regression with multivariate prior........591

    6-2-5 範例 5：檢查收斂性 (Checking convergence)..594

    6-2-6 範例 6：貝氏事後估計值摘要 (Postestimation summaries)..................599

    6-2-7 範例 7：敵對模型的比較 (Model comparison)..601

    6-2-8 範例 8：假設檢定 (Hypothesis testing)(bayestest model、interval interval)..603

Contents

Chapter 07
Bayesian 邏輯斯模型、多項邏輯斯模型 (bayes: logistic、bayes: mlogit 指令)　607

7-1　邏輯斯迴歸原理 608

7-2　Bayesian logit 迴歸分析 (bayes: logit、bayes : logistic 指令) 612

7-2-1　範例 1：貝氏 Logistic 迴歸 (bayes: logit 指令) 614

7-2-2　範例 2：自定之資訊先驗 (informative prior)：貝氏 Logistic 迴歸

(bayes: logit 指令) 618

7-3　對照組：multinomial logistic 迴歸分析 (bayes: mlogit 指令) 621

7-3-1　多項 (multinomial) 邏輯斯迴歸之原理 622

7-3-2　Multinomial Logit 迴歸分析：職業選擇種類 (mlogit 指令) 628

7-3-3　多項邏輯斯迴歸分析：乳房攝影 (mammograph) 選擇的因素

(mlogit 指令) 637

7-4　實驗組：Bayesian multinomial logistic 迴歸分析：健康保險 (bayes: mlogit

指令) 650

Chapter 08
聯立方程式：Bayesian multivariate 迴歸 (bayes: mvreg 指令)　659

8-1　多變量 Bayesian 迴歸分析 (bayes: mvreg 指令) 660

Chapter 09

非線性迴歸：廣義線性模型 (GLM) (Baye: glm 指令)　　667

9-1 廣義線性模型之原理 668

9-2 當依變數是比例 (proportion) 時，如何做迴歸 (glm 指令)？ 671

9-3 廣義線性迴歸 (glm、baye: glm 指令) 684

Chapter 10

Survival 模型 (baye: streg 指令)　　693

10-1 存活分析的原理 694

　10-1-1 存活分析之定義 695

　10-1-2 為何存活分析是臨床研究最重要的統計法？ 698

　10-1-3 存活分析之三種研究目標 703

10-2 存活分析 Bayesian 迴歸 (baye: streg 指令) 704

Chapter 11

多層次 (multilevel) 模型 (bayes: mixed 指令)　　717

11-1 多層次模型的原理 720

11-2 Bayesian 多層次模型：重複測量 (bayes: mixed 指令) 726

Contents

Chapter 12

計數 (count) 模型、Zero-Inflated 模型 (bayes: tpoisson、baye: zinb 指令)   743

12-1 傳統原理：Count 依變數：Zero-Inflated Poisson 迴歸 vs. negative binomial 迴歸 744

    12-1-1 Poisson 分配 745

    12-1-2 負二項分配 (Negative Binomial Distribution).......................751

    12-1-3 零膨脹 (Zero-Inflated)Poisson 分配................................753

12-2 單層次：Zero-Inflated Poisson 迴歸 vs. 負二項迴歸 (zip、zinb 指令)............755

    12-2-1 傳統：Zero-Inflated Poisson 迴歸 vs. 負二項迴歸 (zip、zinb 指令) ... 755

    12-2-2 Bayesian Poisson 迴歸 (bayes: poisson)、Bayesian 零膨脹 Poisson 迴歸 (bayes: zip 指令)...776

    12-2-3 Zero-Inflated negative binomial 模型 (bayes: zinb 指令)........792

12-3 Zero-Inflated ordered probit regression 練習：釣魚 (zip 指令) 804

12-4 零膨脹 Ordered probit 迴歸分析：抽菸嚴重度 (zioprobit 指令).....................805

12-5 截斷 (truncated) Poisson 迴歸分析 (bayes: tpoisson 指令) 813

    12-5-1 截斷迴歸 (truncated regression)(truncreg 指令).......................813

    12-5-2 Bayesian 截斷 Poisson 迴歸 (truncated regression)(bayes: tpoisson 指令) 832

Chapter 13

Bayesian 自我迴歸模型 (bayes : regress y L1.y 指令)   841

13-1 時間列序之統計：自我迴歸 (autoregressive models) 842

13-1-1 ARIMA 建構模型之步驟 844

13-2 穩定數列之自我迴歸模型 (AR) 846

13-2-1 AR(1) 模型 848

13-2-2 AR(2) 模型 854

13-2-3 何謂穩定性 (定態)？ 858

13-3 Bayesian 自我迴歸之建模過程 (bayes : regress y L.y 指令) 859

參考文獻 875

人工智慧的基礎：機器學習理論及貝氏定理 (Bayes' theorem)

測不準原理究竟是我們觀察的原因，還是物質本身的內秉性質？這要先對機率進行一番哲學思辯。人工智慧(AI)的精神，就是科學的結果非全部都屬「決定論 (determinism)」，而應再融入「機率論 (Probability theory)」。

決定論，又稱拉普拉斯 (Laplace) 信條，是一種哲學立場，認為每個事件的發生，包括人類的認知、舉止、決定和行動，都有條件決定它發生，而非另外的事件發生。決定論有很多種，取決於什麼樣的預先條件成為決定的因素。各種有關決定論的理論貫穿在哲學史中，往往出於不同但有時會重疊的動機與考慮。有些形式的決定論可以從物理學上得到經驗地證實或證否。與決定論直接對立的是非決定論 (機率論)。決定論相信，宇宙完全是由因果定律之結果支配，經過一段時間以後，任何一點都只有一種可能的狀態。

決定論的觀點即是：「有其因必有其果。」認為自然界和人類世界中普遍存在一種客觀規律和因果關係。一切結果都是由先前的某種原因導致的，或者是可以根據前提條件來預測未來可能出現的結果。

所以，在牛頓主義者看來，世界都是有秩序的，都是按照著嚴格的定律來運行的，它的行為完全可以預測，都有因果關係來決定。

機率論是研究機率及隨機現象的數學分支，是研究隨機性或不確定性等現象的數學。機率論主要研究對象為隨機事件、隨機變數以及隨機過程。對於隨機事件是不可能準確預測其結果的，然而對於一系列的獨立隨機事件 (例如擲骰子、扔硬幣、抽撲克牌以及輪盤等)，會呈現出一定的、可以被用於研究及預測的規律。大數法則和中央極限定理是用來描述這些規律的最具代表性的數學結論。

一、認識人工智慧 (AI)

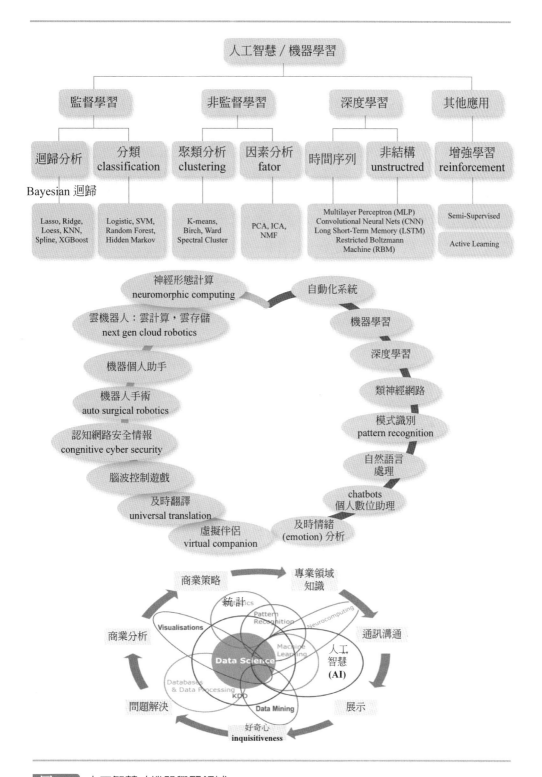

圖 1-1 人工智慧／機器學習領域

迄今，人工智慧 (AI) 是一門顯學，屬於自然科學和社會科學的交集。AI 實際應用，包括：機器視覺、指紋識別、人臉識別、視網膜識別、虹膜識別、掌紋識別、專家系統、自動規劃等貝氏迴歸的預測。

古典 AI 研究範疇，包括：自然語言處理 (Natural Language Processing, NLP)、知識表現 (knowledge representation)、智慧搜尋 (intelligent search)、推理、規劃 (planning)、機器學習 (machine learning)、增強式學習 (reinforcement learning)、知識獲取、感知問題、模式識別、邏輯程式設計、軟體計算 (soft computing)、不精確和不確定的管理、人工生命 (artificial life)、人工神經網路 (artificial neural network)、複雜系統、遺傳演算法、資料挖掘 (data mining)、模糊控制……。迄今會應用 AI 之學科，包括：機器學習、物理學、哲學和認知科學、邏輯學、數學、統計學、心理學、電腦科學、控制論、決定論、不確定性原理、社會學、教育學、經濟學、犯罪學、智慧犯罪……。

定義：演算法 (algorithm)

演算法 (algorithm) 是指一組用以解決問題而可以逐步執行的步驟或程式而言。演算法的英文字源最早來自西元九世紀波斯數學家穆罕默德・克瓦裡茲 (Mohammed AI Khwarizmi) 的名字，後來演變成拉丁文中的 Algorismus。根據歷史記載，穆罕默德・克瓦裡茲是最早發明逐步演算十位數加減乘除運演算法則的數學家。現今在電腦科學上，凡可用於解決電腦程式的執行或運算的任何方法，均可稱之為演算法。由於電腦演算法的研究，常與數據 (data) 的組織方式有關，因此，電腦演算法的研究也常涉及資料結構 (data structures) 的研究。

演算法的設計中，首要建立一套基本法則，利用這些基本法則為基礎才能建構出完整的演算法。例如：以機器人控制的演算法建構為例，基本的硬體要件包括機器輪軸、機器手臂及電眼；動作的基本法則包括前進、移動、倒退與轉彎。以繪圖的演算法為例，必須的基本要件有直線、圓形、方形；動作的基本法則有縮小、放大與旋轉。具備這些基本法則後，才能再組合出更高等的演算法。

演算法的表示方式可以使用一般自然語言或電腦程式語言來表示。若以電腦程式語言撰寫，則演算法的基本要件稱之為指令組 (instruction set)，動作法則屬於數據型態 (data type)。演算法以電腦程式撰寫後，即成一般俗稱的程式或編碼化演算法 (coded algorithm)。編碼化演算法的優點是對演算法細部規則

的表達非常清楚，但不容易看清整個演算法的結構，常給人見樹不見林的感覺。相對的，以自然語言敘述的演算法，整體架構很清楚，但細節往往交代不清楚。折中的方式，是以電腦程式語言說明演算法的運作規則，以自然語言說明演算法的整體結構。這也是目前許多電腦教科書或電腦書籍，在說明某種演算法常採用的作法。

電腦演算法的研究有以下幾個主題：(1) 數學演算法 (mathematical algorithms)：研究如何利用電腦來執行整數、多項式或矩陣的運演算法則，排序 (sorting)，研究各種電腦數據檔案結構及如何執行檢索的方式；檢索 (searching)，各種數據結構檢索效率與方法的研究；(2) 字串處理演算法 (string processing algorithm)，研究各種電腦內字串的檢索與檔案壓縮與解壓縮的方法；(3) 幾何學演算法 (geometric algorithm)，研究點、線與其他幾何圖型的問題解決方法；(4) 圖形演算法 (graph algorithm)，用以探究各種圖形解題方法，如求最短距離、網路流量路徑等。其他相關的主題尚有動態規劃 (dynamic programming)，線性規劃 (linear programming) 與全面檢索 (exhaustive searching) 等演算法的研究。

演算法中的指令陳述 (statements) 的是一個計算，當其執行時能從一個初始狀態和初始輸入 (可能為空) 開始，經過一系列有限而清晰定義的狀態，最終產生輸出並停止於一個終態。一個狀態到另一個狀態的轉移不一定是確定的 (如果以演算法的每一步驟是否確定來分類，電腦演算法可以分為確定性演算法和隨機化演算法。)；相對地，隨機化演算法 (randomized algorithm) 在內的一些演算法，包含了一些隨機輸入。隨機化演算法，是在演算法中使用了隨機函數，且隨機函數的返回值直接或者間接的影響了演算法的執行流程或執行結果。就是將演算法的某一步或某幾步置於運氣的控制之下，即該演算法在運行的過程中的某一步或某幾步涉及一個隨機決策，或者說其中的一個決策依賴於某種隨機事件。

形式 (formal) 演算法的概念部分源自嘗試解決 Hilbert 提出的判定問題，並在其後嘗試定義有效可計算性或者有效方法中成形。

在數學，計算機科學和語言學，一個正式的語言是一組字串的符號與一組特定於它的規則在一起。

formal 語言的字母表是可以形成該語言字串的符號，字母或標記的集合。由這個字母組成的字串稱為單詞，屬於特定 formal 語言的單詞有時稱為格式良

好的單詞或格式良好的公式。formal 語言通常通過正式語法定義，例如常規語法或無上下文語法，也稱爲 formal 規則。

formal 語言理論的研究主要是純粹的語法等語言，也就是說，它們的內部結構模式的各個方面。formal 語言理論源於語言學，作爲理解自然語言句法規律的一種方式。在計算機科學中，正式語言被用作定義編程語言語法的基礎，以及自然語言子集的 formal 化版本，其中語言的詞表示與特定含義或語義相關的概念。在計算複雜性理論中，決策問題通常被定義爲 formal 語言，而複雜性類被定義爲可以由具有有限計算能力的機器解析的 formal 語言的集合。在數學的邏輯和基礎中，formal 語言被用來表示公理系統的語法，而數學 formal 主義是所有數學都可以用這種方式簡化爲 formal 語言的句法操縱的哲學。

　　機器學習演算法及貝氏後驗機率等 AI 推估法，不僅適合傳統科學研究法，更適合於大數據 (big data) 時代的來臨。一般教材定義 AI 領域是「智慧代理人 (intelligent agent) 的研究與設計」，智慧代理人是指一個可以觀察周遭環境並作出行動以達致目標的系統。AI 又稱「製造智慧機器的科學與工程」。

　　人工智慧的研究是高度技術性和專業的，各分支領域都是深入且各不相通的，因而涉及範圍極廣。人工智慧的研究可以分爲幾個技術問題。其分支領域主要集中在解決具體問題，其中之一是，如何使用各種不同的工具完成特定的應用程式。

　　AI 的核心問題包括建構能夠跟人類似，甚至超越的推理、知識、規劃、學習、交流、感知、移動和操作物體的能力等。

　　機器要達到具備思考能力的統合強人工智慧，比較流行的方法包括統計方法，計算智慧和傳統意義的 AI。目前有大量的生產線工具應用了人工智慧，其中包括：搜尋和數學最佳化、邏輯推演 (貝葉斯定理，Bayes' theorem)。目前 AI 基於仿生學、認知心理學、貝氏迴歸、基於機率論、統計學和經濟學的演算法等等也在逐步發酵中。

　　2018 年 Google AI 診斷眼疾，竟打敗人類醫生。繼 AlphaGo 打贏世界圍棋冠軍後，Google 旗下的人工智慧公司 DeepMind 近日發表，新的 AI 演算法將幫助醫生檢測 50 多種眼部相關疾病，診斷的精準度甚至超越人類醫生。

　　DeepMind 與英國知名的 Moorfields 眼科醫院合作並發表研究成果，該報告

表示 DeepMind 的新演算法能掃描的眼科疾病，如青光眼或糖尿病視網膜病變。在經過 997 個病患的 3D 虹膜掃描測試後，發現 DeepMind 設計的 AI 演算法建議轉診的精準度超越 8 位專家級眼科臨床醫生。

根據 Moorfields 眼科醫院的專家 Pearse Keane 博士的說法，DeepMind 的算法錯誤率為 5.5%，而 8 位醫生的錯誤率則在 6.7% 到 24.1%。就算提供患者資料給醫生，8 位醫生的錯誤率也只能降到 5.5% 到 13.1%，勉強與該演算法平手。此外，Keane 博士也表示，這個新的 AI 演算法可以立即分析掃描，而不用像先前患者通常需要等待幾天再去複診。

二、認識數學符號

(一) 基本數學符號

符號	說明
$\simeq$	approximately equal to (趨近)
$\equiv$	equivlent to (全等、定義)
$\propto$	proportional to（正比）
∞	infinity（無限大）
$x \mapsto a$	x maps to a
$x \rightarrow a$	x approaches a
$\lim_{x \rightarrow a} f(x)$	f(x)—當 x 趨近於 a 時，
$\arg \max_x f(x)$	最大化 f(x)
$\arg \min_x f(x)$	最小化 f(x)
$\lceil x \rceil$	ceil 函數 (天花板)
$\lfloor x \rfloor$	floor 函數 (地板)
$\hat{\theta}$	最大概似估計

(二) 標記符號念法

符號	念法
$\hat{a}$	a hat
$\tilde{a}$	a tilde
$\bar{a}$	a bar
$\dot{a}$	a dot

符號	念法
f'	f prime
a_k	a sub k
a^k	a sup k
$\dfrac{a}{b}$	a over b
★	star
$\wedge$	wedge
$\vee$	vee
$\forall$	forall

三、希臘字母讀音表

表 1-1　希臘字母讀音表

大寫 (代表矩陣)	小寫 (代表變數 / 參數)	英文注音	國際音標注音	中文注音
A	α (迴歸截距)	alpha	alfa	阿耳法
B	β (迴歸係數 / 斜率)	beta	beta	貝塔
Γ	γ	gamma	gamma	伽馬
Δ (差分運運算元)	δ	deta	delta	德耳塔
E	ε (誤差 / 殘差)	epsilon	epsilon	艾普西隆
Z	ζ	zeta	zeta	截塔
H	η	eta	eta	一塔
Θ	θ	theta	θ ita	西塔
Ι (共整合階數)	ι	iota	iota	約塔
K (一致性)	κ	kappa	kappa	卡帕
Λ (檢定值)	λ	lambda	lambda	蘭姆達
M	μ (母群均)	mu	miu	繆
N	ν	nu	niu	紐
Ξ	ξ	xi	ksi	可塞
O (時間複雜度)	o	omicron	omikron	奧密可戎
Π (代表連乘)	π	pi	pai	派
P	ρ	rho	rou	柔

大寫 (代表矩陣)	小寫 (代表變數 / 參數)	英文注音	國際音標注音	中文注音
Σ(代表連加)	Σ (典型相關)	sigma	sigma	西格馬
T	τ	tau	tau	套
Υ (依變數矩陣)	υ	upsilon	jupsilon	衣普西隆
Φ	φ	phi	fai	斐
X (自變數矩陣)	χ	chi	khai	喜
Ψ (內生變數誤差)	ψ	psi	psai	蒲賽
Ω	ω	omega	omiga	歐米伽

1-1 人工智慧 (Artificial Intelligence, AI)

人工智慧 (AI) 亦稱機器智慧 / 人工智慧 / 人工知能，是指由人製造出來的機器，模仿人的「心智、手、耳、眼」所表現出來的智慧。通常人工智慧是指透過電腦程式的手段實現的人類智慧技術。該詞也指出研究這樣的智慧系統是否能夠實現，以及如何實現的科學領域。

一般學領定義的 AI 是「智慧代理人 (intelligent agent) 的研究與設計」，智慧代理人是指一個可以觀察周遭環境並作出行動以達致目標的系統。John McCarthy (1955) 定義 AI 是「製造智慧機器的科學與工程」。

人工智慧研究具有高度技術性和專業性，各分支領域都是深入且各不相通的，且 AI 涉及範圍極廣 (Pamela McCorduck, 2004)。人工智慧研究可以分為幾個技術問題。AI 各分支領域，主要都集中在具體問題的解決，其中之一是，如何使用各種不同的工具完成特定的應用程式。

AI 的核心問題包括建構能夠跟人相似，甚至卓越的推理、知識、規劃、學習、交流、感知、移動和操作物體的能力等。強人工智慧 (勝過人的能力) 目前仍然是 AI 領域的長遠目標。目前強人工智慧已經有初步成果，例如：AI 程式做軍事 / 醫學影像辨識、語言分析、棋類遊戲等等單方面的能力都已超越人類的水準，這些 AI 程式，無須重新開發演算法就可以直接套用在現有的 AI 來完成任務，它與人類的處理能力相同，但想要達到具備思考能力的統合強人工智慧還需要時間研究。迄今 AI 比較主流的方法包括：統計方法 (Bayesian 45 種迴歸)、計算智慧和傳統意義的 AI。目前有大量的工具應用了人工智慧，其中包

括：入口網站搜尋和數學最佳化 (供應鏈／拓撲學)、邏輯推演。

數學領域的拓撲學 (topology) 是一門研究拓撲空間的學科，主要研究空間內，在連續變化 (如拉伸或彎曲，但不包括撕開或黏合) 下維持不變的性質。在拓撲學裡，重要的拓撲性質包括連通性與緊緻性。拓撲學是由幾何學與集合論裡發展出來的學科，研究空間、維度與變換等概念。

目前 AI 基於仿生學、認知心理學、貝氏迴歸、機率論、統計學和經濟學的演算法等等也在逐步發酵中。

1-1-1 AI 研究的議題

一、演繹、推理和解決問題 (Problem solving, puzzle solving, game playing and deduction)

早期的人工智慧研究人員直接模仿人類進行逐步的推理，就像是玩棋盤遊戲或進行邏輯推理時人類的思考模型。到了 1980 和 1990 年代，利用機率和經濟學上的概念，人工智慧研究 (intractability and efficiency and the combinatorial explosion) 還發展了非常成功的方法處理不確定或不完整的資訊 (Russell & Norvig, 2004)。

對於困難的問題，有可能需要大量的運算資源，也就是發生了「可能組合爆增」：當問題超過一定的規模時，電腦會需要天文數量級的記憶體或是運算時間。尋找更有效的演算法是優先的人工智慧研究專案 (Russell & Norvig,2004, p21-22)。人類解決問題的模型通常是用最快捷、直觀的判斷，而不是有意識的、一步一步的推導，早期人工智慧研究通常使用逐步推導的方式。人工智慧研究 (Psychological evidence of sub-symbolic reasoning) 已經於這種「次表徵性的」解決問題方法取得進展：實體化 Agent 研究強調感知運動的重要性。神經網路研究試圖以模擬人類和動物的大腦結構重現這種技能。

二、知識表示法

知識表示是人工智慧領域的核心研究問題之一，它的目標是讓機器儲存相應的知識，並且能夠按照某種規則推理演繹得到新的知識。有許多需要解決的問題需要大量的對世界的知識，這些知識包括事先儲存的先驗知識和通過智慧推理得到的知識。事先儲存的先驗知識指：人類通過某種方式告訴給機器的知識。通過智慧推理得到的知識指：結合先驗知識和某種特定的推理規則 (邏輯

推理) 得到的知識。首先，先驗知識可以指：描述目標、特徵、種類以及目標之間的關係的知識，也可以描述事件、時間、狀態、因和果，以及你想要機器儲存的任何知識。比如：今天有太陽，沒有太陽就是陰天。那麼以命題邏輯語言，這些知識可以被表示為：今天→沒有太陽，沒有太陽→陰天。這是知識是先驗知識，那麼透過推理可以得到新知識：今天→陰天。由此例子可以看出，先驗知識的正確性非常重要，這個例子中沒有太陽就是陰天，這個命題是不嚴謹的，比較籠統的，因為沒有太陽可能是下雨，也可能下雪。邏輯命題表示在知識表示中非常重要，邏輯推理規則是目前主要推理規則。可以在機器中用邏輯符號定義每一個邏輯命題，然後再讓機器儲存相應的邏輯推理規則，那麼自然而然機器便可進行推理。目前知識表達有許多困境，尚無法解決。這些困境有：建立一個完備的知識庫幾乎不太可能，所以知識庫的資源受到限制；先驗知識的正確性需要進行檢驗，而且先驗知識有時候不一定是只有對或者錯兩種選擇，而且有機率性的選擇。

三、規劃 (planning)

智慧代理人 (agent) 的規劃 (planning) 必須能夠制定目標和實現這些目標 (Russell & Norvig, 2003, p375-459)，就需要一種方法來建立一個可預測的世界模型 (將整個世界狀態用數學模型表現出來，並能預測它們的行為將如何改變這個世界)，這樣就可以選擇功效最大的行為。在傳統的規劃問題中，智慧 Agent 被假定它是世界中唯一具有影響力的 (information value theory)，所以它要做出什麼行為是已經確定的 (Russell & Norvig, 2003, p600-604)。但是，如果事實並非如此，Classical planning 必須定期檢查世界模型的狀態是否和自己的預測相符合。如果不符合，它必須改變它的計畫。因此智慧代理必須具有在不確定結果的狀態下推理的能力 (Russell & Norvig, 2003, p375-430)。在多 Agent 中 (Planning and acting in non-deterministic domains: conditional planning, execution monitoring, replanning and continuous planning)，多個 Agent 規劃以合作和競爭的方式去完成一定的目標，使用演化演算法和群體智慧可以達成一個整體的突現行為目標 (Russell & Norvig, 2003, p430-440)。

四、機器學習

機器學習是人工智慧的一個分支。人工智慧的研究歷史有著一條從以「推理」為重點，到以「知識」為重點，再到以「學習」為重點的自然、清晰的脈

絡。顯然，機器學習是實現人工智慧的一個途徑，即以機器學習為手段解決人工智慧中的問題。機器學習在近 30 多年已發展為一門多領域交叉學科，涉及機率論、統計學、逼近論、凸分析、計算複雜性理論等多門學科。機器學習理論主要是設計和分析一些讓電腦可以自動「學習」的演算法。機器學習演算法是一類從數據中自動分析獲得規律，並利用規律對未知數據進行預測的演算法。因為學習演算法中涉及了大量的統計學理論，機器學習與推論統計學聯繫尤為密切，也被稱為統計學習理論。演算法設計方面，機器學習理論關注可以實現的，行之有效的學習演算法。很多推論問題屬於無程式可循難度，所以部分的機器學習研究是開發容易處理的近似演算法。機器學習的主要目的是為了讓機器從使用者和輸入數據等處獲得知識，從而讓機器自動地去判斷和輸出相應的結果。這一方法可以幫助解決更多問題、減少錯誤，提高解決問題的效率。對於人工智慧來說，機器學習從一開始就很重要。

機器學習的方法各種各樣，主要分為監督學習和非監督學習兩大類。監督學習指事先已知 (given) 機器一些訓練樣本並且告訴樣本的類別，然後根據這些樣本的類別進行訓練，提取出這些樣本的共同屬性或者訓練一個分類器，等新來一個樣本，則通過訓練得到的共同屬性或者分類器進行判斷該樣本的類別。監督學習根據輸出結果的離散性和連續性，分為分類和迴歸兩類。非監督學習是不知訓練樣本，直接已知一些樣本和一些規則，讓機器自動根據一些規則進行分類。無論哪種學習方法都會進行誤差分析，從而知道所提的方法在理論上是否誤差有上限。

五、自然語言處理

最有名的例子，就是 Apple 手機的 Siri。自然語言處理探討如何處理及運用自然語言，自然語言認知則是指讓電腦「懂」人類的語言。自然語言生成系統把電腦數據轉化為自然語言。自然語言理解系統把自然語言轉化為電腦程式更易於處理的形式。

六、運動和控制

機器人學 (robotics) 是一項涵蓋了機器人的設計、建造、運作、以及應用的跨領域科技，就如同電腦系統之控制、感測回授、以及資訊處理。這些科技催生出能夠取代人力的自動化機器，在危險境或製造工廠運作，或塑造成外表、行為、心智的仿人機器人。如今許多的機器人受到自然界的啟發，貢獻於生物

啟發的機器人學的領域。

　　創造可自動運轉的機器的概念可追溯至古典時代，但是直到二十世紀以前，機器人的功能和潛在應用開發及研究沒有持續地成長。綜觀歷史，機器人常見於模仿人類行為，且常以類似的方法管理事務。時至今日，機器人學成為一個快速成長的領域，同時先進技術持續地研發、設計、以及建造用來達成各種實用目的新款機器人，例如家庭用機器人、工業機器人或軍用機器人。許多機器人從事對人類來講非常危險的工作，如拆除炸彈、地雷、探索沉船等。機器人學還被用於 STEM 教育 (科學 Science，技術 Technology，工程 Engineering，和數學 Mathematics) 作為教學輔助。

七、知覺

　　機器感知 (machine perception) 是指能夠使用感測器所輸入的數據 (如照相機、麥克風、聲納以及其他的特殊感測器) 然後推論世界的狀態 (Russell & Norvig,2003, p863-89)。(1) 電腦視覺 (computer vision) 能夠分析影像輸入。(2) 語音識別 (speech recognition)、人臉辨識和物體辨識 (object recognition) (Russell & Norvig, 2003, p885-892)。

八、社交：情感計算

　　情感和社交技能對於一個智慧 agent 是很重要的。首先，透過了解他們的動機和情感狀態，代理人能夠預測別人的行動 (這涉及要素博奕論、決策理論以及能夠塑造人的情感和情緒感知能力檢測)。此外，為了良好的人機互動，智慧代理人也需要表現出情緒來。至少它必須出現禮貌地和人類打交道。至少，它本身應該有正常的情緒。

　　情感計算 (Affective computing)，人工情感智慧 (artificial emotional intelligence) 或情感 (emotion AI)] 是一個跨學科領域，涉及計算機科學、心理學和認知科學，旨在研發能夠識別、解釋、處理、模擬人類情感的系統 (Rana, 2017)。雖然該學科最早可追溯至早期的哲學研究，即人們對情緒的剖析，但真正使其成為現代計算機科學分支的，則是 1995 年羅莎琳‧皮卡德發表的關於情感計算的論文 (James, 1884)。

　　文本情感分析 (sentiment analysis) 和情感分析的區別在於，前者僅辨識詞語的情感極性，後者辨識人類的不同情緒。

九、創造力

一個人工智慧的子領域，代表了理論 (從哲學和心理學的角度) 和實際 (通過特定的實現產生的系統輸出是可以考慮的創意，或系統識別和評估創造力) 所定義的創造力。相關領域研究的包括了人工直覺和人工想像。

十、經濟衝擊

CNN 財經網數字媒體未來學家，Amy Webb 曾預測一些即將被機器人取代的職業，日本野村總合研究所也與英國牛津大學的研究學者共同調查指出，10至 20 年後，日本有 49% 的職業 (235 種職業) 可能會被機械和人工智慧取代而消失，直接影響約達 2,500 萬人，例如：超市店員、一般事務員、計程車司機、收費站運營商和收銀員、市場行銷人員、客服人員、製造業工人、金融中間人和分析師、新聞記者、電話公司職員、麻醉師、士兵和保安、律師、醫生、軟體開發者和操盤手、股票交易員等等高薪資的腦力職業將最先受到衝擊。

1-1-2 強人工智慧 vs. 弱人工智慧

一、強人工智慧

具有強 AI 的機器能夠像人一樣思考和行動，它能夠從經驗中學習。由於沒有現實生活中強有力的 AI，然而最好的代表是好萊塢如何描繪機器人。

強人工智慧觀點認為有可能製造出真正能推理 (reasoning) 和解決問題的智慧機器，並且，這樣的機器將被認為是具有知覺、有自我意識的。強人工智慧可以分為兩類：
1. 類人的人工智慧，即機器的思考和推理就像人的思維一樣。
2. 非類人的人工智慧，即機器產生了和人完全不一樣的知覺和意識，使用和人完全不一樣的推理方式。

二、弱人工智慧

弱人工智慧，認為「不可能」製造出能「真正」地「推理」和「解決問題」的智能機器，這些機器只不過「看起來」像是智慧的，但是並不真正擁有智慧，也不會有自主意識。但人工智慧研究者不一定同意。

弱人工智慧是對比強人工智慧才出現的，因為人工智慧的研究一度處於停滯不前的狀態下，直到類神經網路有了強大的運算能力加以模擬後，才開始改

變並大幅超前。但人工智慧研究者不一定同意弱人工智慧，也不一定在乎或者了解強人工智慧和弱人工智慧的內容與差別，對定義爭論不休。

這些所謂的弱人工智慧在神經網路發展下已經有巨大進步，但對於要如何整合成強人工智慧，現在還沒有明確定論。

三、強人工智慧的哲學爭論

「強人工智慧觀點認為電腦不僅是用來研究人的思維的一種工具；相反，只要運行適當的程式，電腦本身就是有思維的」(Searle, 1980)。

強人工智慧的爭論，係不同於更廣義的一元論和二元論的爭論。其爭論要點是：如果一臺機器的唯一工作原理就是轉換編碼數據，那麼這臺機器是不是有思維的？希爾勒認為這是不可能的。如果機器僅僅是轉換數據，而數據本身是對某些事情的一種編碼表現，那麼在不理解這一編碼和這實際事情之間的對應關係的前提下，機器不可能對其處理的數據有任何理解。基於這一論點，希爾勒認為即使有機器通過了圖靈測試，也不一定說明機器就真的像人一樣有思維和意識。

Daniel(1992) 著作《意識的解釋》(*Consciousness Explained*) 裡，認為人也不過是一臺有靈魂的機器而已，為什麼我們認為：「人可以有智慧，而普通機器就不能」呢？他認為像上述的數據轉換機器是有可能有思維和意識的。

相對地，哲學家 Simon Blackburn，認為如果弱人工智慧是可實現的，那麼強人工智慧也是可實現的。一個人的看起來是「智慧」的行動並不能真正說明這個人就真的是智慧的。我永遠不可能知道另一個人是否真的像我一樣是智慧的，還是說她／他僅僅是看起來是智慧的。基於這個論點，既然弱人工智慧認為可以令機器看起來像是智慧的，那就不能完全否定這機器是真的有智慧的。布萊克本認為這是一個主觀認定的問題。

1-1-3 AI 研究方法

目前沒有統一的原理或典範指導人工智慧研究。許多問題上研究者都存在爭論 (Nils, 1983)。其中幾個長久以來仍沒有結論的問題是：是否應從心理或神經方面模擬人工智慧？或者像鳥類生物學對於航空工程一樣，人類生物學對於人工智慧研究是沒有關係的？(who make the analogy with aeronautical engineering) 智慧行為能否用簡單的原則 (如邏輯或最佳化) 來描述？還是必須解決大量完全無關的問題？(Russell & Norvig, 2003, p2-3)

智慧是否可以使用進階符號表達，如詞和想法？還是需要「子符號 (Symbolic vs. sub-symbolic AI)」的處理？John Haugeland 提出了 GOFAI (出色的老式人工智慧) 的概念，也提議人工智慧應歸類為 synthetic intelligence，這個概念後來被某些非 GOFAI 研究者採納 (Wang, 2008)。

一、控制論與計算神經科學

模控學是一門跨學科研究：多學科相互融合以實現一個全局目標的研究策略 (Müller, 2000)，它用於研究控制系統的結構，侷限和發展。例如對生物製藥研究中計算機建模系統的研究 (見生物資訊學)。跨學科研究可讓起源於一個領域的觀念或研究方法應用於其他領域，例如民族誌 (ethnography)，這個研究方法起源於人類學，現在在其他領域中已經廣泛使用。跨學科研究也已經應用到藝術和人文領域，在人類學領域尤其廣泛使用。

在二十一世紀，模控學的定義變得更加寬泛，主要用於指代「對任何使用科學技術的系統的控制」。由於這一定義過於寬泛，許多相關人士不再使用「模控學」一詞。模控學與對系統的研究有關，如自動化系統、物理系統、生物系統、認知系統、以及社會系統等等。模控學可被應用於研究包含信令迴路的系統。信令迴路在這裡指，當一個系統的運作改變了它所在的環境，而這些改變又反過來回饋於系統上，並導致系統本身的變化。這種循環最初被稱為「循環影響」關係。

計算神經科學 (Computational neuroscience) 也是一種跨領域科學，包含神經科學、認知科學、資訊工程、電腦科學、物理學及數學。

二、符號 (symbolic) 處理

在美國，史丹佛大學和麻省理工學院 (MIT)，在 AI 各自領風騷，John Haugeland 稱這些方法為 GOFAI(出色的老式人工智慧)。60 年代，符號方法在小型證明程式上模擬進階思考有很大的成就。基於控制論或神經網路的方法則置於次要 (Frank, 1969)。六〇 - 七〇年代的研究者確信符號方法最終可以成功創造強人工智慧的機器，同時這也是他們的目標。

控制論是一門跨學科研究，旨在研究控制系統的結構，侷限和發展。在二十一世紀，控制論的定義變得更加寬泛，主要用於指代「對任何使用科學技術的系統的控制」。由於這一定義過於寬泛，許多相關人士不再使用「控制論」一詞。控制論與對系統的研究有關，如自動化系統、物理系統、生物系統、認

知系統、以及社會系統等等。控制論可被應用於研究包含信令迴路的系統。信令迴路在這裡指，當一個系統的運作改變了它所在的環境，而這些改變又反過來回饋於系統上，並導致系統本身的變化。這種迴圈最初被稱爲「迴圈影響」關係。

人工神經網路 (Artificial Neural Network, ANN)，簡稱神經網路 (Neural Network, NN) 或類神經網路，在機器學習和認知科學領域，是一種模仿生物神經網路 (動物的中樞神經系統，特別是大腦) 的結構和功能的數學模型或計算模型，用於對函數進行估計或近似。

符號 (symbolic) 處理的應用領域，包括：

1. 認知模擬：經濟學家 Herbert Alexander Simon 研究人類問題解決能力和嘗試將其形式化，這也爲人工智慧的基本原理打下基礎，包括：認知科學、運籌學和經營科學。他們的研究團隊使用心理學實驗的結果開發模擬人類解決問題方法的程式 (cognitive simulation)。這種認知模擬法，至八〇年代，Soar 將它發展到高峰。

2. 基於邏輯：不像 Herbert Alexander Simon，認爲機器不需要模擬人類的思想，John McCarthy 認爲應嘗試找到抽象推理和解決問題的本質，不管人們是否使用同樣的演算法。McCarthy 在史丹佛大學的實驗室致力於使用形式化邏輯解決多種問題，包括知識表示、智慧規劃和機器學習。致力於邏輯方法的還有愛丁堡大學，而促成歐洲的其他地方開發程式語言 Prolog 和邏輯編程科學 (Crevier, 1993, p193-196)。

3. 反邏輯：史丹佛大學的研究者 (如 Marvin Lee Minsky 和 Seymour Aubrey Papert) 發現要解決電腦視覺和自然語言處理的困難問題 (Crevier, 1993, p83-102)，需要專門的方案：他們主張不存在簡單和通用原理 (如邏輯) 能夠達到所有的智慧行爲。Roger Schank 描述「反邏輯」方法謂之「scruffy」(Crevier, 1993, p168)。常識知識庫 (如道格拉斯・萊納特的 Cyc) 就是「scruffy」AI 的例子，因爲他們必須人工一次編寫一個複雜的概念 (Crevier, 1993, p239-243)。

4. 知識改革 (knowledge revolution)：大約在 1970 年出現大容量記憶體電腦，研究者分別以三個方法開始把知識構造成應用軟體 (Russell & Norvig, 2003, p22-23)。這場「知識革命」促成專家系統的開發與計畫，這是第一個成功的人工智慧軟體形式 (Crevier, 1993, p145-62)。「知識革命」同時讓人們意識到許多簡單的人工智慧軟體可能需要大量的知識。

三、子符號 (sub-symbolic) 方法

　　當 1980 年代符號人工智慧停滯不前，很多人認為符號系統永遠不可能模仿人類所有的認知過程，特別是感知、機器人、機器學習和模式識別。很多研究者開始關注子符號方法解決特定的人工智慧問題，包括 (Nilsson, 1998, p.7)：

1. 自下而上、介面 agent、嵌入環境 (機器人)、行為主義、新式 AI：機器人領域相關的研究者 (如 Rodney Brooks)，否定符號人工智慧而專注於機器人移動和求生等基本的工程問題。AI 研究者再次關注早期控制論研究者的觀點，同時提出了在人工智慧中使用控制理論。這與認知科學領域中的表徵感知論點是一致的：更高的智慧需要個體的表徵 (如移動，感知和形象)。

2. 計算智慧 (computational intelligence)：1980 年 Rumelhart 等再次提出神經網路和聯結主義 (Revival of connectionism)(Crevier, 1993, p214-215)。這和其他的子符號方法，如模糊控制和進化計算，都屬於計算智慧學科研究範疇。

四、AI 統計方法

　　1990 年代，人工智慧研究發展出複雜的數學工具來解決特定的分支問題。這些工具是真正的科學方法，即這些方法的結果符合科學的可測量的和可驗證的，同時也是近期人工智慧成功的原因。共用的數學語言也允許已有學科的合作 (如數學，經濟或運籌學)。Stuart J. Russell 和 Peter Norvig 指出這些進步不亞於「革命」和「neats 的成功」(Russell & Norvig, 2003, p25-26)。有人批評這些技術太專注於特定的問題，而沒有考慮長遠的強人工智慧目標 (Pat, 2011)。

五、AI 整合方法

　　智慧代理人 (agent) 是一個會感知環境並作出行動以達致目標的系統。最簡單的智慧代理人是那些可以解決特定問題的程式。更複雜的代理人包括人類和人類組織 (如公司)。這些範式可以讓研究者研究單獨的問題和找出有用且可驗證的方案，而不需考慮單一的方法。一個解決特定問題的代理人可以使用任何可行的方法——一些代理人用符號方法和邏輯方法，一些則是子符號神經網路或其他新的方法。範式同時也給研究者提供一個與其他領域溝通的共同語言——如決策論和經濟學 (也使用代理人的概念)。1990 年代智慧代理人範式被廣泛接受 (Russell & Norvig, 2003, p32-58)。

　　代理人體系結構和認知體系結構 (agent architectures, hybrid intelligent systems)：研究者設計出一些系統來處理多代理人系統中智慧代理人之間的相互

作用 (Russell & Norvig, 2003, p970-972)。一個系統中包含符號和子符號部分的系統稱爲混合智慧系統，而對這種系統的研究則是人工智慧系統整合。分級控制系統則給反應級別的子符號 AI 和最進階別的傳統符號 AI 提供橋梁，同時放寬了規劃和世界建模的時間。

1-2 機器學習 (machine learning)

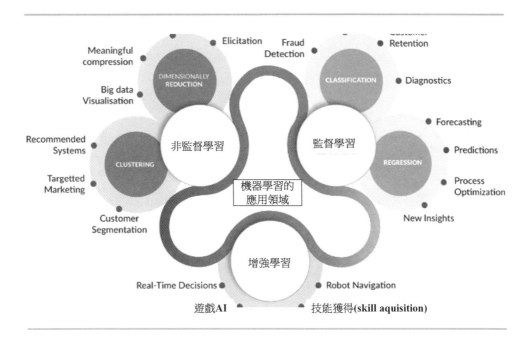

圖 1-2 機器學習的應用領域

　　機器學習爲人工智慧的應用之一，使機器能夠在沒有人或新編程的幫助下學習和改進。

　　機器學習透過演算法建構模型從大量的數據中找出規律，進而學習能做到識別數據或預測未來規律，並逐步完善精進，應用涵蓋金融、工業、零售、醫療……等等範圍相當廣泛。

　　機器學習是透過經驗自動改進的電腦演算法的研究。機器學習是用數據或以往的經驗，用它來最佳化電腦程式的效能。機器學習亦是一門人工智慧的科學，該領域的主要研究物件是人工智慧，特別是如何在經驗學習中改善具體演

算法的效能。

人工智慧的研究歷史有著一條從以「推理」為重點，到以「知識」為重點，再到以「學習」為重點的自然、清晰的脈絡。顯然，機器學習是實現人工智慧的一個途徑，即以機器學習為手段解決人工智慧中的問題。機器學習在近 30 多年已發展為一門多領域交叉學科，涉及機率論、統計學、逼近論、凸分析、計算複雜性理論等多門學科。機器學習理論主要是設計和分析一些讓電腦可以自動「學習」的演算法。機器學習演算法 (algorithm) 是一類從數據中自動分析獲得規律，並利用規律對未知數據進行預測的演算法。因為學習演算法中涉及了大量的統計學理論，機器學習與推論統計聯繫更是密切，故又稱統計學習理論。演算法設計方面，機器學習理論關注可以實作的，做最有效的學習演算法。很多推論問題多屬無程式可循之難度，所以部分的機器學習研究是開發容易處理的近似演算法。

統計學習理論 (statistical learning theory)，一種機器學習的架構，根據統計學與泛函數分析 (functional analysis) 而建立。統計學習理論基於數據 (data)，找出預測性函數，之後解決問題。例如：支持向量機 (support vector machine) 的理論基礎就來自統計學習理論。

機率論 (probability theory) 是集中研究機率及隨機現象的數學分支，是研究隨機性或不確定性等現象的數學。機率論主要研究對象為隨機事件、隨機變數以及隨機過程。對於隨機事件是不可能準確預測其結果的，然而對於一系列的獨立隨機事件：例如擲骰子、扔硬幣、抽撲克牌以及占卜等，會呈現出一定的、可以被用於研究及預測的規律，兩個用來陳述這些規律的最具代表性的數學結論分別是大數法則和中央極限定理。

大數法則又稱大數定律、大數律，是描述相當多次數重複實驗的結果的定律。根據這個定律知道，樣本數量愈多，則其平均就愈趨近期望值。

作為統計學的數學基礎，機率論對諸多涉及大量數據定量分析的人類活動極為重要，機率論的方法同樣適用於其他方面，例如是對只知道系統部分狀態的複雜系統的描述：統計力學，而二十世紀物理學的重大發現是以量子力學所陳述的原子尺度上物理現象的機率本質。

數學家和精算師認為機率是在 0 至 1 閉區間內的數字，指定給一發生與失敗 (failure) 是隨機的「事件 (event)」。機率 P(A) 根據機率定理來指定給事件 A。

事件 A 在事件 B 確定發生後會發生的機率稱爲「已知 (given)B 之 A 的條件機率」；其數值爲 $\dfrac{P(B \cap A)}{P(B)}$。若已知 (給定)B 之 A 的條件機率和 A 的機率相同時，則稱 A 和 B 爲獨立事件。且 A 和 B 的此一關係爲對稱的，這可以由一同價敘述：「當 A 和 B 爲獨立事件時，則 $P(A \cap B) = P(A)P(B)$。」中看出。機率論中的兩個重要概念，爲隨機變數和隨機變數的機率分布兩種。

定義：獨立事件

在一隨機試驗，A 事件發生與否往往影響 B 事件發生的機率，但也有可能 A 事件的發生並不影響 B 事件發生的機率，反之亦然。

此種情形，稱 A、B 爲獨立事件。即 A、B 爲獨立事件：

$\Leftrightarrow \dfrac{P(A \cap B)}{P(A)} = P(B)$，且 $\dfrac{P(A \cap B)}{P(B)} = P(A)$

$\Leftrightarrow P(A \cap B) = P(A)P(B)$

故所謂獨立事件定義如下：

設 A、B 是樣本空間 S 中的兩個事件，若 $P(A \cap B) = P(A)P(B)$，則稱 A 與 B 兩事件爲獨立事件，否則稱 A 與 B 爲相關事件。

1. 兩個非空事件 A 與 B 若爲互斥事件，則 A、B 一定不是獨立事件。

2. 三個或三個以上獨立事件的定義：設 A、B、C 爲樣本空間 S 的三個事件，若

    (1) $P(A \cap B) = P(A)P(B)$，$P(B \cap C) = P(B)P(C)$，$P(C \cap A) = P(C)P(A)$ (即 A 不影響 B，B 不影響 C，C 不影響 A)

    (2) $P(A \cap B \cap C) = P(A) \cdot P(B) \cdot P(C)$

    (即 A、B 與 B、C 與 C、A 分別不影響 C、A、B) 則稱 A、B、C 爲獨立事件。同理自行推廣三個事件以上之情形。

    (3) 直觀上，可得知擲銅板、骰子等前後出現之情形必爲獨立，若無法從直觀上判別是否，則利用定義檢驗之。

一、機器學習的應用

機器學習已應用在下列領域：

1. 數據探勘 (data mining)：用人工智慧、機器學習、統計學和資料庫的交叉方法

在相對較大型的數據集中發現模型的計算過程。

2. 訊號處理 (影像處理) 是指對圖像進行分析、加工、和**處理**，使其滿足視覺、心理或其他要求的技術。

3. 自然語言處理 (Natural Language Processing, NLP)：是人工智慧和語言學領域的分支學科。此領域探討如何處理及運用自然語言；自然語言認知則是指讓電腦「懂」人類的語言。

4. 生物特徵識別 (biometrics，也稱生物測定學)：就像人臉辨識，它用數理統計方法對生物進行分析。利用人體的生理特徵 (Physiological characteristics) 以及行為特徵 (Behavior characteristics) 來達到身分辨識／認證的目的。生理特徵 (Physiological characteristics) 包含指紋、掌紋、靜脈分布、虹膜、視網膜及臉部特徵等，而行為特徵 (Behavior characteristics) 則包含聲紋與簽名辨識等。
   生物辨識技術並不是一項新觀念，舉凡是犯罪偵防、海關出入境管制以及各種數位裝置的身分認證均已廣泛運用此項技術。然而隨著物聯網技術蓬勃發展，生物辨識技術的應用及需求也因此迅速擴張。

5. 智慧搜尋引擎 (Intelligent Search)：搜尋引擎是資訊檢索軟體程式，發現，爬行 (discovers, crawls, transforms and stores information)，以回應用戶查詢 (user queries) 轉換並儲存的資訊來進行檢索和展示 (presentation)。
   搜尋引擎通常由四個組件組成，例如搜尋介面，爬蟲 (crawler)(也稱為蜘蛛或 bot)，索引器 (indexer) 和資料庫 (database)。爬蟲旨在遍歷檔夾，解構檔夾的文本，並為搜尋引擎索引中的儲存分配代理。線上搜尋引擎還為文檔儲存圖像，聯結數據和 metadata。

6. 醫學診斷：診斷，在醫學意義上指對人體生理或精神疾病及其病理原因所作的判斷。這種判斷一般是由醫生等專業人員根據症狀、病史 (包括家庭病史)、病歷及醫療檢查結果等數據作出。
   其概念，已經被推廣用於生活與社會中各種問題及其原因的判斷，例如腦神經診斷、電腦故障或汽車故障診斷。

7. 檢測信用卡欺詐：深度學習，例如 Python 信用卡欺詐檢測 (掃文資訊)。

8. 證券市場分析：證券市場分析論，從十九世紀重視投機性的證券市場分析後，進入二十世紀，證券分析家逐漸提出了理論上的體系。包括：
   (1) 柯丁雷：「股票價格由供需規律來決定」。
   (2) 哥羅丁斯基：「基本分析」與「技術分析」。
   (3) 孟德爾：股價的變動不僅僅是由單一因素決定的。

(4) 多納：股票價格是由市場供求關係決定的。

(5) 雷富勒：「股價波動是以預期企業為根本因素」，加上了「預期」因素。

9. DNA 序列測序：核酸序列 (Nucleic acid sequence，核酸的一級結構) 使用一串字母表示的真實的或者假設的攜帶基因資訊的 DNA 分子的一級結構。每個字母代表一種核鹼基，兩個鹼基形成一個鹼基對，鹼基對的配對規律是固定的，A-T,C-G。三個相鄰的鹼基對形成一個密碼子。一種密碼子對應一種胺基酸，不同的胺基酸合成不同的蛋白質。在 DNA 的複製及蛋白質的合成過程中，鹼基配對規律是十分關鍵的。

可能的字母只有 A, C, G 和 T，分別代表組成 DNA 的四種核苷酸－腺嘌呤、胞嘧啶、鳥嘌呤、胸腺嘧啶。典型的他們無間隔的排列在一起，例如序列 AAAGTCTGAC。任意長度大於 4 的一串核苷酸被稱作一個序列。關於它的生物功能，則依賴於上下文的序列，一個序列可能被正讀、反讀；包含編碼或者無編碼。DNA 序列也可能包含非編碼 DNA。

核酸也具有二級結構和三級結構。一級結構有時被錯誤地稱為一級序列。相反，沒有並行的二級或三級序列概念。

10. 語音和手寫識別。例如：2007 年 Siri 是 iOS 平臺的應用程式，它是一款內建在蘋果 iOS 系統中的人工智慧助理軟體。此軟體使用自然語言處理技術，使用者可以使用自然的對話與手機進行互動，完成搜尋資料、查詢天氣、設定手機日曆、設定鬧鈴等許多服務。

11. 戰略遊戲：戰略遊戲也叫策略遊戲，是一種廣泛存在於圖板遊戲、電視遊戲和電腦遊戲的遊戲形式。它要求遊戲的參與者「擁有」做出決策的能力。在戰略遊戲中，決策對遊戲的結果產生非常重要的影響。戰略通常是與運氣相對，然而，很多遊戲既包含戰略成分又包含運氣成分，這給戰略遊戲的劃分帶來一定的困難。因此，我們可以用遊戲的戰略成分來描述這個遊戲。

12. 機器人 (Robot)：包括一切模擬人類行為或思想與模擬其他生物的機械 (如機器狗，機器貓等)。狹義上對機器人的定義還有很多分類法及爭議，有些電腦程式甚至也被稱為機器人。在當代工業中，機器人指能自動執行任務的人造機器裝置，用以取代或協助人類工作，一般會是機電裝置，由電腦程式或是電子電路控制。

二、機器學習的分類

1. 監督學習 (supervised learning) 從已知的訓練數據集中學習出一個函數，當新

的數據到來時，可以根據這個函數預測結果。監督學習的訓練集中要求是包括輸入 (特徵) 和輸出 (目標)。訓練集中的目標是由人來設定的標註 (label)。常見的監督學習演算法包括：迴歸分析和統計分類。監督學習和非監督學習的差別就是訓練集目標是否人有標註 (label)。

2. 無監督學習與監督學習相比，訓練集沒有人為標註的結果。常見的無監督學習演算法有生成對抗網路 (GAN)、聚群 (cluster)。

3. 半監督學習介於監督學習與無監督學習之間。

4. 增強學習通過觀察來學習做成如何的動作。每個動作都會對環境有所影響，學習物件根據觀察到的周圍環境的回饋來做出判斷。

5. 自適應學習是指根據學習內容和學習方式的不同，可以將人的學習分為三種不同的類型，它們是機械的學習、示教的學習以及自適應的學習。自適應學習通常是指給學習中提供相應的學習的環境、實例或場域，透過學習者自身在學習中發現總結，最終形成理論並能自主解決問題的學習方式。

1-2-1 監督 vs. 非監督機器學習

機器學習之範疇

機器學習與資料挖掘要解決的問題，包括：分類、聚類 (cluster)、迴歸預測、異常檢測、關聯規則、強化學習、結構預測、特徵學習、線上學習、半監督學習、語法歸納等。

(一) 監督學習：旨在做分類、迴歸預測。包括：決策樹、集成 (embedding) 學習「例如 (Bagging 團體學習法 (演算演算法)、提升方法 (Boosting)，隨機森林 (Random Forests)」、最近鄰居法 (k-NN)、線性迴歸、樸素貝葉斯、類神經網絡、邏輯斯迴歸、感知器、支持向量機 (SVM)、相關向量機 (RVM)。

(二) 聚類 (cluster) 的演算法：包括 BIRCH、階層聚群 (hierarchical clustering)、k-mean、期望值最大化演算法 (EM)、帶干擾之基於密度的空間聚類 (Density-Based Spatial Clustering of Applications with Noise, DBSCAN)、排序點來認定聚類結構 (Ordering Points To Identify the Clustering Structure, OPTICS)、均值飄移 (mean shift) 等。

(三) 降維度 (reduce dimensions) 的方法：因素分析 (factor、analysis)、典型相關分析 (Canonical Correlation Analysis, CCA)、獨立成分分析或獨立

分量分析 (ICA)、線性判別分析 (LDA)、非負矩陣分解 (Non-negative Matrix Factorization, NMF)、主成分分析 (PCA)、Lasso 演算法「一種同時進行特徵選擇和正規化 (數學) 的迴歸分析方法」、「t 分布隨機近鄰集成 (t-distributed Stochastic Neighbor Embedding, t-SNE)」等。

(四) 結構預測的演算法：包括機率圖模型 (貝葉斯網絡，CRF，HMM) 等。

(五) 異常檢測的方法：最近鄰居法 (k-NN)、局部離群因數 (local outlier factor) 等。

(六) 神經網絡演算法：包括自編碼、深度學習、多層感知機、遞迴神經網絡 (Recursive Neural Network, RNN)、受限玻爾茲曼機、自組織映射 (SOM)、卷積神經網絡 (Convolutional Neural Network, CNN)。

(七) 強化學習：包括 Q 學習 (State-Action-Reward-State-Action, SARSA)、時間差分學習。

(八) 機器學習的理論：常見的，偏誤—變異數取捨 (bias-variance trade-off)、計算學習理論、經驗風險最小化、機率近似正確學習 (Probably Approximately Correct learning, PAC)、統計學習 (基於數據來統計與泛函數分析來建構模型，找出預測性函數)、VC 理論 (Vapnik-Chervonenkis theory)。

全部數據分為 **inlier** 和 **outlier**；**inlier** 是距離迴歸函數夠近的數據，**outlier** 是距離迴歸函數太遠的數據。

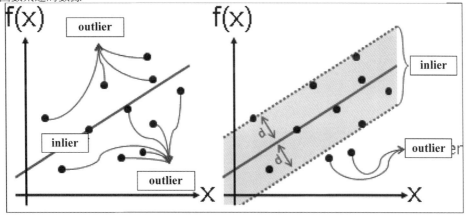

圖 1-3 離群值 (outlier) 之示意圖

1-2-2 機器學習的演算法 (algorithm)

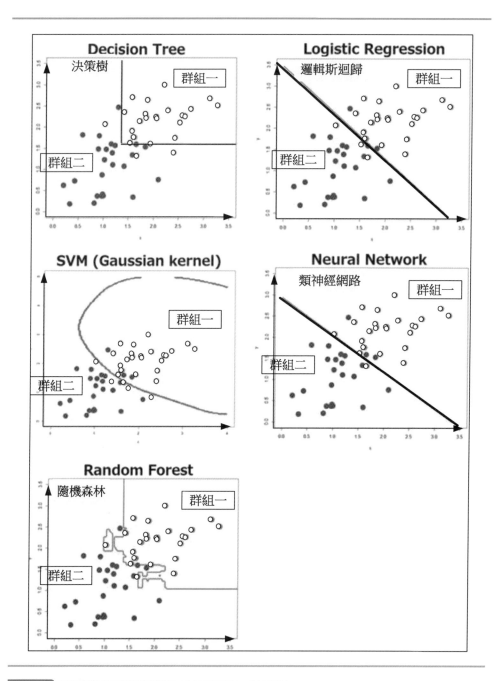

圖 1-4 五種機器學習演算法 (分類用途，分二群)

(一) 建構間隔理論分布：聚群分析和模型識別

1. 人工神經網路：人工神經網路 (Artificial Neural Networks, ANNs) 也簡稱爲神經網路 (NNs) 或稱作連接模型 (connectionist model)，是對人腦或自然神經網路 (natural neural network) 若干基本特性的抽象和模擬。人工神經網路以對大腦的生理研究成果爲基礎的，其目的在於模擬大腦的某些機理與機制，實現某個方面的功能。國際著名的神經網路研究專家，第一家神經電腦公司的創立者與領導人 Hecht Nielsen 對人工神經網路下的定義就是：「人工神經網路是由人工建立的以有向圖爲拓撲結構的動態系統，它通過對連續或斷續的輸入作狀態相應而進行資訊處理。」這一定義是恰當的。人工神經網路的研究，可以追溯到 1957 年 Rosenblatt 提出的感知器模型 (perceptron)。它幾乎與人工智慧 (Artificial Intelligence, AI) 同時起步，但 30 餘年來卻並未取得人工智慧那樣巨大的成功，中間經歷了一段長時間的蕭條。直到 80 年代，獲得了關於人工神經網路切實可行的演算法，以及以 Von Neumann 體系爲依託的傳統演算法在知識處理方面日益顯露出其力不從心後，人們才重新對人工神經網路發生了興趣，導致神經網路的復興。目前在神經網路研究方法上已形成多個流派，最富有成果的研究工作包括：多層網路 BP 演算法，Hopfield 網路模型，自適應共振理論，自組織特徵映射理論等。人工神經網路是在現代神經科學的基礎上提出來的。它雖然反映了人腦功能的基本特徵，但遠不是自然神經網路的逼眞描寫，而只是它的某種簡化抽象和模擬。

2. 決策樹：感知器 (perceptron)、邏輯斯迴歸、SVM 都是：在平面中用一條線將數據分爲兩類，並且邏輯斯迴歸以及支援向量機 (SVM) 都可以知道這筆數據是 A 類還是 B 類的機率，更強大的 SVM 還可以透過將平面數據投影到空間中來做到非線性分類。前面提到這些知名的模型 (model) 都有一個小缺點，想像一下你是一個 pizza 公司 (像是必勝客、達美樂) 的數據科學家，你成功建立一個模型能預測 pizza 是美味的 pizza 還是難吃的 pizza，假設使用在烤 pizza 的中間過程中的兩個量測數值：溫度以及濕度來建立的模型爲：

> 模型的決策邊界：$-100 + 6 \times$ 溫度 $+ 3 \times$ 濕度 $= 0$
> $-100 + 6 \times$ 溫度 $+ 3 \times$ 濕度 > 0 預測是一個美味的 pizza
> $-100 + 6 \times$ 溫度 $+ 3 \times$ 濕度 < 0 預測是一個難吃的 pizza

以上只是一個最簡單的模型，實際上的模型會複雜許多，像是：

$-100 + 6 \times$ 溫度 $^2 + 3 \times$ 濕度 $^3 + 20 \times$ 溫度 $\times$ 濕度 $^2 + (-70) \times$ 溫度 $\times$ 濕度 ^{2} $\times$ 氣壓 $+ \cdots\cdots$

3. 感知器 (perceptron)：是 Frank Rosenblatt 在 1957 年就職於康奈爾航空實驗室 (Cornell Aeronautical Laboratory) 時所發明的一種人工神經網路。它可以被視為一種最簡單形式的前饋神經網路，是一種二元線性分類器。

Frank Rosenblatt 給出了相應的感知機學習演算法，常用的有感知機學習、最小平方法 (OLS) 和梯度下降法。譬如：感知機利用梯度下降法對損失函數進行極小化，求出可將訓練數據進行線性劃分的分離超平面，從而求得感知機模型。

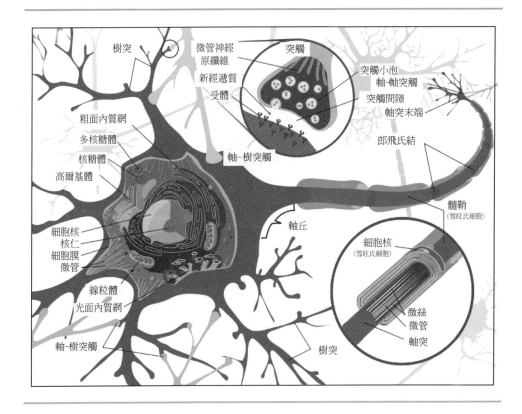

圖 1-5 神經細胞結構示意圖

感知機是生物神經細胞的簡單抽象。神經細胞結構大致可分爲：樹突、突觸、細胞體及軸突。單個神經細胞可被視爲一種只有兩種狀態的機器 —— 激動時爲『是』，而未激動時爲『否』。神經細胞的狀態取決於從其他的神經細胞收到的輸入信號量，及突觸的強度 (抑制或加強)。當信號量總和超過了某個閾值時，細胞體就會激動，產生電脈衝。電脈衝沿著軸突並通過突觸傳遞到其他神經元。爲了模擬神經細胞行爲，與之對應的感知機基礎概念被提出，如權量 (突觸)、偏置 (閾值) 及啓動函數 (細胞體)。

在人工神經網絡領域中，感知機也被指爲單層的人工神經網絡，以區別於較複雜的多層感知機 (multilayer perceptron)。作爲一種線性分類器，(單層) 感知機可說是最簡單的前向人工神經網絡形式。儘管結構簡單，感知機能夠學習並解決相當複雜的問題。感知機主要的本質缺陷是它不能處理線性不可分問題。

4. 支援向量機 (支援向量網路) (Support Vector Machine, SVM)：是在分類與迴歸分析中分析數據的監督式學習模型與相關的學習演算法。已知一組訓練例項，每個訓練例項被標記爲屬於兩個類別中的一個或另一個，SVM 訓練演算法建立一個將新的樣本分配給兩個類別之一的模型，使其成爲非機率二元線性分類器。SVM 模型是將例項表示爲空間中的點，這樣對映就使得單獨類別的例項被盡可能寬的明顯的間隔分開。然後，將新的例項對映到同一空間，並基於它們落在間隔的哪一側來預測所屬類別。

除了進行線性分類之外，SVM 還可以使用所謂的核技巧有效地進行非線性分類，將其輸入隱式對映到高維特徵空間中。

當數據未被標記時，不能進行監督式學習，需要用非監督式學習，它會嘗試找出數據到簇的自然聚群，並將新數據對映到這些已形成的簇。將支援向量機改進的聚群演算法被稱爲支援向量聚群，當數據未被標記或者僅一些數據被標記時，支援向量聚群經常在工業應用中用作分類步驟的預處理。

5. 整合學習 AdaBoost：整合學習按照個體學習器之間是否存在依賴關係可以分爲兩類：(1) 個體學習器之間存在強依賴關係；(2) 個體學習器之間不存在強依賴關係。前者的代表演算法就是是 boosting 系列演算法。在 boosting 系列演算法中，Adaboost 是最著名的演算法之一。Adaboost 既可以用作分類，也可以用作迴歸。

6. 降維與度量學習：主成分分析 (PCA) 是一種能夠極大提升無監督特徵學習速度的數據降維演算法。

假設你使用圖像來訓練演算法，因為圖像中相鄰的圖元高度相關，輸入數據是有一定冗餘的。具體來說，假如我們正在訓練的 16×16 灰度值圖像，記為一個 256 維向量 $x \in R^{256}$，其中特徵值 x_i 對應每個圖元的亮度值。由於相鄰圖元間的相關性，PCA 演算法可以將輸入向量轉換為一個維數低很多的近似向量，而且誤差非常小。

7. 聚群／聚類 cluster 分析 (群集分析) 是對於統計數據分析的一門技術，在許多領域受到廣泛應用，包括機器學習、資料挖掘、模型識別、圖像分析以及生物資訊。聚類是把相似的對象通過靜態分類的方法分成不同的組別或者更多的子集 (subset)，這樣讓在同一個子集中的成員對象都有相似的一些屬性，常見的包括在座標系中更加短的空間距離等。一般把數據聚類歸納為一種非監督式學習。

8. 貝葉斯分類器：單純貝氏 (Bayes) 分類器是一系列以假設特徵之間強 (樸素) 獨立下運用貝葉斯定理為基礎的簡單機率分類器。

   單純貝氏自二十世紀五〇年代已廣泛研究。在二十世紀六〇年代初就以另外一個名稱引入到文字資訊檢索界中，並仍然是文字分類的一種熱門 (基準) 方法，文字分類是以詞頻為特徵判斷檔案所屬類別或其他 (如垃圾郵件、合法性、體育或政治等等) 的問題。通過適當的預處理，它可以與這個領域更先進的方法 (包括支援向量機) 相競爭。它在自動醫療診斷中也有應用。

   單純貝氏分類器是高度可延伸的，因此需要數量與學習問題中的變數 (特徵／預測器) 成線性關係的參數。最大概似訓練可以通過評估一個封閉形式的運算式來完成，只需花費線性時間 [時間複雜度為 [O(n)]，而不需要其他很多類型的分類器所使用的費時的疊代逼近。

   在統計學和電腦科學文獻中，單純貝氏模型有各種名稱，包括簡單貝葉斯和獨立貝葉斯。所有這些名稱都參考了貝葉斯定理在該分類器的決策規則中的使用，但單純貝氏不 (一定) 用到貝葉斯方法；《Russell 和 Norvig》提到「單純貝氏有時被稱為貝葉斯分類器，這個馬虎的使用促使真正的貝葉斯論者稱之為傻瓜貝葉斯模型。

例子：樸素貝葉斯分類器 (Naïve Bayes Classifier, NBC)，它是一種簡單有效的常用分類演算法。

一、病人分類的例子

讓我從一個例子開始講起，你會看到貝葉斯分類器很好懂，一點都不難。

某個醫院早上收了六個門診病人，如下：

1. 症狀職業疾病

2. 打噴嚏護士感冒

3. 打噴嚏農夫過敏

4. 頭痛建築工人腦震盪

5. 頭痛建築工人感冒

6. 打噴嚏教師感冒

7. 頭痛教師腦震盪

現在又來了第七個病人，是一個打噴嚏的建築工人。請問他罹患感冒的機率有多大？

答：

根據貝葉斯定理：

$P(A|B) = P(B|A)P(A)/P(B)$

可得

P(感冒 | 打噴嚏 × 建築工人)

= P(打噴嚏 × 建築工人 | 感冒)×P(感冒)

　/P(打噴嚏 × 建築工人)

假定

「打噴嚏」和「建築工人」這兩個特徵是獨立的，因此，上面的等式就變成了

P(感冒 | 打噴嚏 × 建築工人)

= P(打噴嚏 | 感冒)×P(建築工人 | 感冒)×P(感冒)

　/P(打噴嚏)×P(建築工人)

這是可以計算的。

P(感冒 | 打噴嚏 × 建築工人)

= 0.66×0.33×0.5/0.5×0.33

= 0.66

因此，這個打噴嚏的建築工人，有 66% 的機率是得了感冒。同理，可以計算這個病人罹患過敏或腦震盪的機率。比較這幾個機率，就可以知道他最可能

得什麼病。

二、樸素貝葉斯分類器的公式

貝葉斯分類器就是計算出機率最大的那個分類，也就是求下面這個算式的最大值：

$$P(C|F_1F_2 ... F_n) = P(F_1F_2 ... F_n|C)P(C)/P(F_1F_2 ... F_n)$$

由於 $P(F_1F_2 ... F_n)$ 對於所有的類別都是相同的，可以省略，問題就變成了求

$$P(F_1F_2 ... F_n|C) \times P(C)$$

的最大值。

樸素貝葉斯分類器則是更進一步，假設所有特徵都彼此獨立，因此

$$P(F_1F_2 ... F_n|C) \times P(C) = P(F_1|C) \times P(F_2|C) ... P(F_n|C) \times P(C)$$

上式等號右邊的每一項，都可以從統計數據中得到，由此就可以計算出每個類別對應的機率，從而找出最大機率的那個類。

雖然「所有特徵彼此獨立」這個假設，在現實中不太可能成立，但是它可以大大簡化計算，而且有研究顯示對分類結果的準確性影響不大。

三、樸素貝葉斯分類器 (NaiveBayesclassifier)：演算法的假設

樸素的意思就是：這個演算法假設了一個把現實世界的問題簡化過的模型去計算，不過因為準確度並沒有因為簡化了計算方式就下降，反而降低了計算量以及難度而因此受到廣泛的使用。而這個簡化的假設就是「條件獨立」。

所謂的「條件」指的其實是指「特徵」。機器學習裡，我們希望給電腦訓練數據 (也就是「特徵 1」，「特徵 2」，「特徵 3」……，「特徵 n」對應到一個「模式」，舉例來說：「20 歲」，「喜歡動漫」，「男性」，「用 MAC」對應到「IC 工程師」，就是四個特徵對應到一個模式

而樸素貝葉斯分類器的假設就是，「20 歲」這個事件和「喜歡動漫」獨立 (就是兩者完全無關，本質上來說 (邏輯上而言) 一個人不會因為他是 20 歲就特別喜歡動漫，或特別不喜歡動漫，既無關聯也無邏輯推演關係)。

四、演算法的運作方式

假設訓練數據是：

	特徵 1	特徵 2	特徵 n	分類
樣本 1	T	T	F	A
樣本 2	T	F	T	B
樣本 n	F	T	T	B

假設已知某一個樣本 k，請判判斷它屬分類 A 或者 B？

測試樣本 K	T	T	T

答：

1. 計算樣本 K 是 A 的機率為：

    P(分類 = A)×P(特徵 1 = T| 分類 = A)×P(特徵 2 = T| 分類 = A)×P(特徵 n = T| 分類 = A) = $1/3 \times 1 \times 1 \times 1 = 1/3$

2. 計算樣本 K 不是 A(這裡不是 A 就是 B) 的機率為：

    P(分類 = B)×P(特徵 1 = T| 分類 = B)×P(特徵 2 = T| 分類 = B)×P(特徵 n = T| 分類 = B) = $2/3 \times 1/2 \times 1/2 \times 1 = 1/6$

由於樣本 K 是 A 的機率 = 1/3 > 樣本 K 不是 A(本例不是 A 就是 B) = 1/6，
所以判定樣本 K 分類於 A。

(二) 建構條件機率：迴歸分析和統計分類

1. 高斯過程 (Gaussian process) 迴歸

在機率論和統計學中，高斯過程 (Gaussian process) 是觀測值出現在一個連續域 (例如：時間或空間) 的統計模型。在高斯過程中，連續輸入空間中每個點都是與一個常態分布的隨機變數相關聯。此外，這些隨機變數的每個有限集合都有一個多元常態分布。高斯過程的分布是所有那些 (無限多個) 隨機變數的聯合分布，正因如此，它是連續域 (例如：時間或空間) 的分布。

高斯過程被認為是一種機器學習演算法，是以惰性學習 (lazy learning) 方

式，利用點與點之間同質性的度量作為核函數，以從輸入的訓練數據預測未知點的值。其預測結果不僅包含該點的值，同時包含不確定性的數據——它的一維高斯分布 (即該點的邊際分布)。

對於某些核函數，可以使用矩陣代數 (kriging 條目) 來計算預測值。若核函數有代數參數，則通常使用軟體以適配高斯過程的模型。

定義：機器學習裡的核 (kernel)

機器學習裡有 kernel 的概念有四個：(1) kernel density estimation, (2) kernel smoothing, (3)kernel method, (4)RKHS.

1. kernel density estimation 與 kernel smoothing 指的是同一個 kernel，這裡的 kernel function $K(x, y)$ 指的是定義在 $R^d \times R^d$ 上，取值於 R_+ 的二元函數，用來反映 x 和 y 之間的距離。

   最常用的例子為 Gaussian kernel：

$$K(x, y) = \exp\left(-\frac{(x-y)^2}{2\sigma^2}\right)$$

2. kernel method (kernel trick) 指的 kernel function $K(x, y)$ 也是定義在 $R^d \times R^d$ 上的二元函數，但取值在 R 上，它可以看成 x 和 y 的「內積」。事實上，$K(x, y)$ 的定義要求存在某個 Hilbert space v 和函數 $\psi : R^d \rightarrow v$ 使得 $K(x, y)$ = $(\psi(x), \psi(y))$，這裡的內積是 Hilbert space v 上的內積。這樣定義的 kernel function 滿足對稱性和正定性。

   另外 Mercer 定理說，任何滿足對稱性和正定性的二元函數 $K(x, y)$ 都能找到 Hilbert space v 和函數 $\psi : R^d \rightarrow v$ 使得 $K(x, y) = (\psi(x), \psi(y))$。這樣一來，我們無需知道 v 和 ψ，只需定義一個 kernel function，就能得到新的「內積」，這個「內積」是某個 Hilbert space v 上的歐氏內積。以 Kernel SVM(支持向量機) 為例，在低維空間裡的點可能無法用線性 hyperplane 分開，但可能投影到某個高維空間之後，這些點是 Linear separable 的，所以往往 kernel SVM 會比 linear SVM 有更大的靈活性。

3. Reproducing Kernel Hilbert Space 裡的 reproducing kernel 指的是一個二元函數 $K(.,.): \chi \times \chi \rightarrow R$ 滿足 $K(x, y) = (K_x, K_y)_H$, $K_x, K_y \in H$，其中 H 是一個由上函數構成的 Hilbert space，且對於任何 $x \in \chi$，存在唯一的 $K_x \in H$ 使得：

$$\forall f \in H, f(x) = \langle f, K_x \rangle_H \text{ (reproducing property).}$$

這個公式的意思是，RKHS(Reproducing Kernel Hilbert Space) 裡的任何一個元素 f，它在 χ 上的取值可以通過在 H 上做內積得到。另外 RKHS 還要求取值泛函 (evaluation functional) 是連續的，即

$$\forall x \in \chi, L_x: H \to R\ L_x(f) = f(x) \text{ 是 H 上的連續泛函。}$$

Moore-Aronszajn 定理說 $K(.,.): \chi \times \chi \to R$ 是一個 reproducing kernel 當且僅當它是對稱和正定的。

另外值得一提的是，reproducing kernel 可以用來做 kernel method 裡的 kernel，只要讓 $\psi(x) = K_x$ 即可。反之，有了 kernel method 的 feature mapping ψ，也可以定義一個 RKHS。

STaTa 有關核的指令有：

Kdensity：Univariate kernel density estimation。

lpoly：Kernel-weighted local polynomial smoothing。

npregress：Kernel-weighted local polynomial smoothing。

twoway kdensity：繪 Kernel density 圖。

tebalance density：Covariate balance density。

twoway__kdensity_gen：twoway kdensity subroutine。

由於高斯過程是基於高斯分布 (常態分布) 的概念，故其以 Karl Friedrich Gauß 為名。可以把高斯過程看成多元常態分布的無限維廣義延伸。

高斯過程常用於統計建模中，而使用高斯過程的模型可以得到高斯過程的屬性。例如：一隨機過程以高斯過程建模，則各種導出量 (包括隨機過程在一定範圍次數內的平均值，及使用小範圍採樣次數及採樣值進行平均值預測的誤差) 的分布即能輕易得出。

迴歸問題的任務是根據訓練集來學習輸入與輸出之間的映射關係，以此來預測出新的輸入值對應的最可能輸出值。通常我們最熟悉的用來確定映射函數的方法是參數化迴歸，即假設訓練數據是通過一個由參數定義的函數而產生得到的，然後再找出參數。一個簡單的例子，一元線性迴歸問題就是利用最小二乘法來求出具體的參數。

　　不過這樣的方法存在一定的問題，那就是容易因為在訓練集上降低模型誤差而產生過度適配 (over-fitting)，從而導致預測性能不好。但是如果爲了避免過適配而使用一個相對簡單的模型，又會因為模型過於簡單而造成預測性能差。

　　高斯過程是指一組服從高斯分布的隨機變數集合，它的性質完全由均值函數和共變數函數確定。而高斯過程迴歸模型就是將高斯過程用到了迴歸預測的問題之中。如果把迴歸問題中的 y 都看成是服從高斯分布的，那麼我們就不需要像之前講的第一種方法那樣去求解參數，我們需要的僅僅是了解與高斯的分布關係。

2. 線性判別分析

　　請讀作者《多變數統計之線性代數基礎：應用 STaTa 分析》一書，該書內容包括：平均數之假設檢定、多變數變異數分析 (MANOVA)、多元迴歸分析、典型相關分析、判別分析 (範例如下)、主成分分析、因素分析 (factor analysis)、集群分析 (cluster analysis)、多元尺度法 (multidimensional scaling, MDS)……。

```
. use discrim, clear
. candisc outdoor social conservative, group(job)

. xi: canon ( outdoor social conservative ) ( i.job )

* 區別分析，結果為：
Score1 = .3785725 ×zoutdoor - .8306986×zsocial + .5171682×zconservative
Score2 = .9261104 ×zoutdoor + .2128593×zsocial - .2914406×zconservative
```

3. 最近鄰居法

　　請讀作者《多變數統計之線性代數基礎：應用 STaTa 分析》一書。

4. 徑向基函數核

　　在機器學習中，高斯徑向基函數核 (radial basis function kernel)，或稱爲 RBF 核，是一種常用的核函數。它是支援向量機分類中最爲常用的核函數。

　　關於兩個樣本 x 和 x' 的 RBF 核可表示爲某個「輸入空間」(input space) 的特徵向量，它的定義如下所示：

$$K(x, x') = \exp\left(-\frac{\|x - x'\|_2^2}{2\sigma^2}\right)$$

$\|x - x'\|_2^2$ 可以看做兩個特徵向量之間的平方歐幾里得距離。σ 是一個自由參數。一種等價但更爲簡單的定義是設一個新的參數 γ，其表達式爲 $\gamma = \dfrac{1}{2\sigma^2}$：

$$K(x, x') = \exp(-\gamma \|x - x'\|_2^2)$$

因爲 RBF 核函數的值隨距離減小，並介於 0（極限）和 1（當 $x = x'$ 的時候）之間，所以它是一種現成的相似性度量表示法。核的特徵空間有無窮多的維數；對於 $\sigma = 1$，它的展開式爲：

$$\exp\left(-\frac{1}{2}\|x - x'\|_2^2\right) = \sum_{j=0}^{\infty} \frac{(x^T x')^j}{j!} \exp\left(-\frac{1}{2}\|x\|_2^2\right) \exp\left(-\frac{1}{2}\|x'\|_2^2\right)$$

(三) 透過再生模型建構機率密度函數

1. 最大期望 (EM) 演算法：詳情請見作者《有限混合模型 (FMM)：STaTa 分析 (以 EM algorithm 做潛在分類再迴歸分析)》一書，該書內容包括：FMM：線性迴歸、FMM：次序迴歸、FMM：Logit 迴歸、FMM：多項 Logit 迴歸、FMM：零膨脹迴歸、FMM：參數型存活迴歸……等理論與實作。

2. 機率圖模型，其分類如下：

   (1) 圖 (graph) 模型：在機率論、統計學及機器學習中，圖模型是用圖論方法以表現數個獨立隨機變數之關聯的一種建模法。其圖中的任一節點爲隨機變數，若兩節點間無邊相接則意味此二變數彼此條件獨立。

   兩種常見的圖模型是具有向性邊的圖及具無向性邊的圖。若爲具有向性邊的圖，該圖顯示了所有隨機變數的合成機率函數的因數分割。

   圖模型被廣泛地應用於機率論，數理統計等學科，特別是貝葉斯機率與機器學習中。

   (2) 條件隨機域：條件隨機域 (Conditional Random Field, CRF)，是一種鑑別式機率模型，是隨機場的一種，常用於標注或分析序列數據，如自然語言文字或是生物序列。

   如同 Markov 隨機場，條件隨機場爲無向性之圖模型，圖中的頂點代表隨機變數，頂點間的連線代表隨機變數間的相依關係，在條件隨機場當中，隨機變數 Y 的分布爲條件機率，已知的觀察值則爲隨機變數 X。原則上，條件隨機場的圖模型布局是可以任意已知的，一般常用的布局是聯結式的架構，聯結式架構不論在訓練 (training)、推論 (inference)、或是解碼

(decoding) 上，都存在有效率的演算法可供演算。

條件隨機場跟隱藏式 Markov 模型常被一起提及，條件隨機場對於輸入和輸出的機率分布，沒有如隱藏式 Markov 模型那般強烈的假設存在。線性鏈條件隨機域應用於標註問題是由 Lafferty 等人於 2001 年提出的。

(3) 貝氏網路 (Bayesian network)：又稱信念網路 (belief network) 或是有向無環圖模型 (directed acyclic graphical model)，是一種機率圖型模型，藉由有向無環圖 (Directed Acyclic Graphs, or DAGs) 中得知一組隨機變數 $\{X_1, X_2, ..., X_n\}$ 及其 n 組條件機率分配 (Conditional Probability Distributions, CPDs) 的性質。舉例而言，貝氏網路可用來表示疾病和其相關症狀間的機率關係；倘若已知某種症狀下，貝氏網路就可用來計算各種可能罹患疾病之發生機率。

一般而言，貝氏網路的有向無環圖中的節點表示隨機變數，它們可以是可觀察到的變數，抑或是潛在變數、未知參數等。連接兩個節點的箭頭代表此兩個隨機變數是具有因果關係或是非條件獨立的；而兩個節點間若沒有箭頭相互連接一起的情況就稱其隨機變數彼此間為條件獨立。若兩個節點間以一個單箭頭連接在一起，表示其中一個節點是「因 (parents)」，另一個是「果 (descendants 或 children)」，兩節點就會產生一個條件機率值。比方說，我們以 X_i 表示第 i 個節點，而 X_i 的「因」以 P_i 表示，X_i 的「果」以 C_i 表示。

定義：貝氏網路 (Bayesian network)

令 $G = (I, E)$ 表示一個有向無環圖（DAG），其中 I 代表圖中所有的節點的集合，而 E 代表有向連接線段的集合，且令 $X = (X_i)_{i \in I}$ 為其有向無環圖中的某一節點 i 所代表之隨機變數，若節點 X 的聯合機率分配可以表示成：

$$p(x) = \prod_{i \in I} p(x_i \,|\, x_{pa(i)})$$

則稱 X 為相對於一有向無環圖 G 的貝氏網路，其中 $pa(i)$ 表示節點 i 之「因」。

對任意的隨機變數，其聯合分配可由各自的局部條件機率分配相乘而得出：

$$P(X_1 = x_1, ..., X_n = x_n) = \prod_{i=1}^{n} P(X_i = x_i \,|\, X_{i+1} = x_{i+1}, ..., X_n = x_n)$$

依照上式，再將貝氏網路的聯合機率分配寫成：

$$P(X_1 = x_1, \ldots, X_n = x_n) = \prod_{i=1}^{n} P(X_i = x_i \mid X_j = x_j)$$

上面兩個表示式之差別在於條件機率的部分，在貝氏網路中，若已知其「因」變數下，某些節點會與其「因」變數條件獨立，只有與「因」變數有關的節點才會有條件機率的存在。

如果聯合分配的相依數目很稀少時，使用貝氏函數的方法可以節省相當大的記憶體容量。舉例而言，若想將 5 個變數其值皆為 0 或 1 儲存成一條件機率表型式，一個直觀的想法可知我們總共必須要計算 $2^5 = 32$ 個值；但若這 5 個變數中無任何變數之相關「因」變數是超過三個以上的話，則貝氏網路的條件機率表最多只需計算 $5 \times 2^3 = 40$ 個值即可。另一個貝式網路優點在於：對人類而言，它更能輕易地得知各變數間是否條件獨立或相依與其局部分配 (local distribution) 的型態來求得所有隨機變數之聯合分配。

(4) 隱 Markov 模型：隱 Markov 模型 (Hidden Markov Model, HMM) 是統計模型，它用來描述一個含有隱含未知參數的 Markov 過程。其難點是從可觀察的參數中確定該過程的隱含參數。然後利用這些參數來作進一步的分析，例如模型識別。

在正常的 Markov 模型中，狀態對於觀察者來說是直接可見的。這樣狀態的轉換機率便是全部的參數。而在隱 Markov 模型中，狀態並不是直接可見的，但受狀態影響的某些變數則是可見的。每一個狀態在可能輸出的符號上都有一機率分布。因此輸出符號的序列能夠透露出狀態序列的一些資訊。

(5) Markov 網路：

貝葉斯網和 Markov 隨機場

3. Generative Topographic Mapping

(四) 近似推論技術，包括：

1. Markov 鏈。

2. 蒙第卡羅方法：Monte Carlo sampling。

3. 變分法：variational Bayes。

(五) 最佳化

大多數以上方法，直接或者間接使用最佳化演算法。

1-2-3 何謂 Features(≈自變數)、Training、Label(≈類別依變數)？

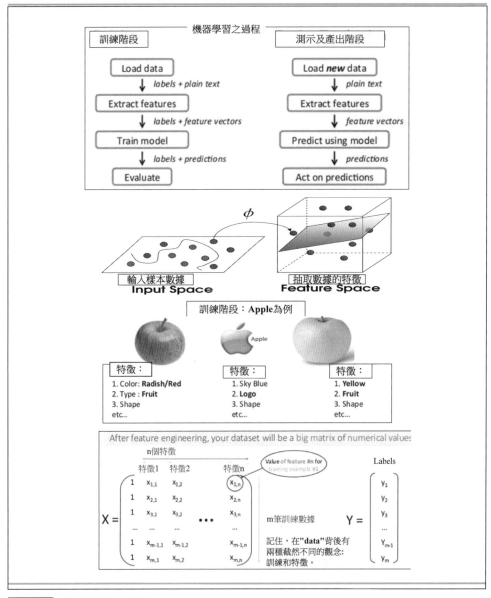

圖 1-6 機器學習之過程

40

　　機器學習 (machine learning)，顧名思義，就是讓機器 (主要是電腦) 能夠從 data 中學習的演算法。

　　舉例而言，我們要如何辨識什麼東西是狗？一個只有一兩歲的幼兒，可能不知道什麼東西是狗。但是，如果我們經常帶他在公園裡散步，只要看到狗，就告訴他這是狗……久而久之，他就知道什麼是狗。這其實就是人類的「學習」，學習什麼是一棵樹的過程。

　　那麼……我們該如何讓電腦能夠辨認狗？同樣的，我們也可以讓電腦來「學習」。對於輸入的影像，我們先擷取這影像的特徵 (features)。接著，我們再對電腦做訓練 (training)，告訴電腦哪張影像是狗，哪張影像不是狗。當訓練的數據量足夠之後，有新的影像進來時，電腦就可以判斷這張是不是狗的影像了。

1. features：數據的特徵 (features)，就是 machine learning 演算法的 input。就像人眼在辨認什麼東西是狗、什麼是魚、什麼是草、什麼是車，所依據的是東西的「特徵」，電腦也是先對影像擷取出特徵之後，再來做辨識。

   至於如何取出 data 的 features，該選取哪些 features，則完全依賴於 data 的種類和應用，以辨認「樹」而言，可以選取物體的顏色、高度、長寬比，有沒有類似樹枝或樹根的東西存在，來當成是辨識樹的「features」。若 data 是心電圖訊號，那麼 features 就可以是心跳的間隔、心電圖信號的高頻成分、低頻成分……等等。由於這份 tutorial 只在介紹 machine learning 的基本概念，因此不討論每個應用領域的 features 取法；而實際上應用 machine learning 的領域非常之廣，也無法一一討論，還請讀者依自己的應用領域尋找相關數據及演算法。

2. training：每個 machine learning algorithm 都需要一些已知、現有的 data 來進行 training (訓練)。training 會改變 machine learning 演算法中一些參數，使 machine learning 演算法能從現有的 data 特性去推測未來、未知的 data 結果。

   例如：我們可以持續的告訴電腦，擁有某些 features 的 data 是一棵樹或者不是一棵樹。當訓練的 data 夠多，且訓練的演算法夠好，有新的 data 進來時，電腦就可以自動判斷這個 data 是否為一棵樹。

3. label：就是 training data 所對應的 output。就好像我們要讓幼兒了解什麼是一棵樹時，就要告訴幼兒公園裡哪些東西是樹，哪些不是樹，否則幼兒將難以了解。同樣的，在對電腦做訓練時，必需要告訴電腦這些 data 所對應的 output (即 label)，否則電腦將無從學習。在訓練電腦自動地判斷樹的圖片時，我們可以將 training data 當中，不是樹的圖片的 label 設為 0，樹的圖片的 label 設為 1。

1-2-4 監督機器學習⊃多變數線性迴歸 (machine learning: linear regression with multiple variables)

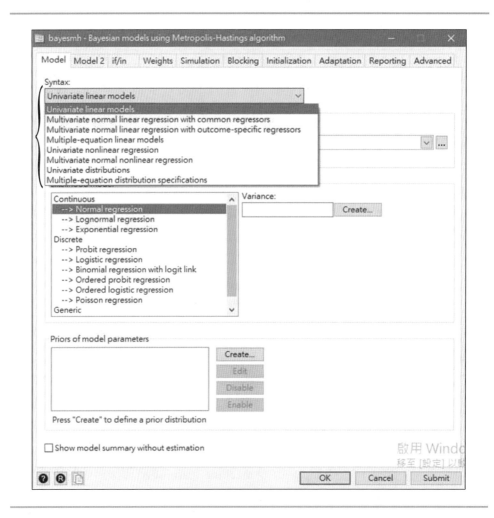

圖 1-7 bayesmh 指令對應「線性 vs. 非線性模型」有 8 種：Bayesian 模型使用 Metropolis-Hastings 演算法

　　STaTa 線性迴歸的指令，包括：(bayes: regress、bayes: glm、bayes: hetregress、bayes: meglm、bayes: mixed) 等指令。

一、機器學習：從數據中自行學會技能

機器學習是實現人工智慧的其中一種方式。傳統上實現人工智慧的方式需要人們將規則嵌入到系統，機器學習 (machine learning) 則是讓電腦能夠自行從歷史數據中學會一套技能、並能逐步完善精進該項技能。

什麼技能呢？舉例來說，辨識狗的技能。人類是如何學會辨識一隻狗的？我們不是熟背所有狗的詳細特徵：「尖耳朵、四隻腳、有鬍子、體型、毛色……」從土狗、狼犬、柴犬、等狗的外型特徵都不一樣，甚至要將野狼、土狼等類似狗但不是狗的照片排除出來。

一般只要父母帶小孩看看狗、或狗的圖片，只要看到就告訴孩子這是狗，當小孩把老虎看成狗時進行糾正，久而久之，我們就自然地「學」會辨識一隻狗了。雖然不是原本看過的狗，我們仍然知道這是一隻狗。

從前讓電腦辨識出狗時，需要工程師將所有狗的特徵以窮舉法的方式、詳細輸入所有狗的可能條件，比如狗有長臉、鬍子、肌肉型身體、尖耳朵和一條長尾巴；然而凡事總有例外，若我們在照片中遇到了一隻仰躺只露出肚子的狗？正在奔跑長毛的狗？尖臉短尾狗？也因此誤判的機率很高。

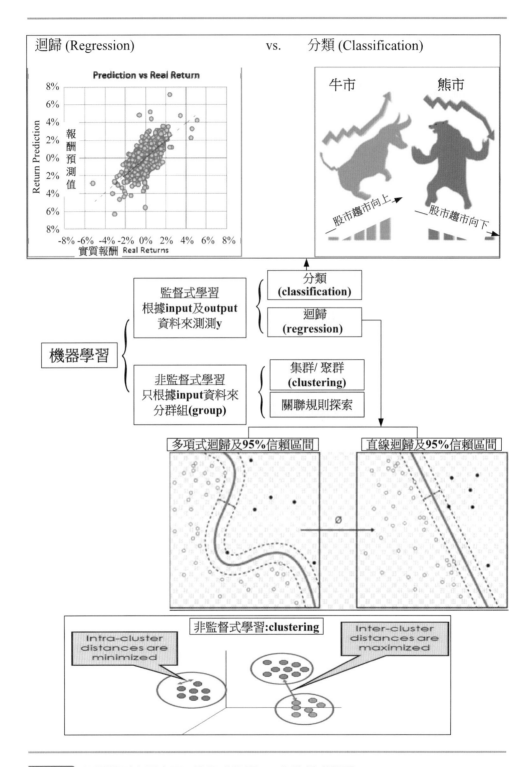

圖 1-8 學習模型之示意圖 (監督式學習 vs. 非監督式學習)

二、訓練機器學習模型時，技術上有哪些重要的部分呢？

(一) 數據清整 (data cleaning)

機器既然得從海量數據中挖掘出規律，「乾淨」的數據在分析時便非常地關鍵。在分析的一開始時，得處理數據的格式不一致、缺失值、無效值等異常狀況，並視數據分布狀態，決定如何填入數據，或移除欄位，確保不把錯誤和偏差的數據帶入到數據分析的過程中去。

(二) 特徵萃取 (feature extraction) 與特徵選擇 (feature selection)

特徵萃取 (feature extraction) 是從數據中挖出可以用的特徵，比如每個會員的性別、年齡、消費金額等；再把特徵量化、如性別可以變成 0 或 1，如此以來每個會員都可以變成一個多維度的向量。

經過特徵萃取後，特徵選擇 (feature selection) 根據機器學習模型學習的結果，去看什麼樣的特徵是比較重要的。若是要分析潛在客戶的話，那麼該客戶的消費頻率、歷年消費金額……等可能都是比較重要的特徵，而性別和年齡的影響可能便不會那麼顯著。

藉由逐步測試、或使用演算法篩選特徵，找出最恰當的特徵組合讓學習的效果最好。

(三) 模型選取

數據科學家會根據所要解決的問題、擁有的數據類型和過適化等情況進行衡量評估，選擇性能合適的機器學習模型。由於機器學習模型的數量與方法非常多，包括了神經網路、隨機森林、SVM、決策樹、集群……。以下僅將機器學習模型依據幾種常見的問題類別進行介紹。

三、學習模型 (model of supervised learning)：監督式學習 vs. 非監督式學習

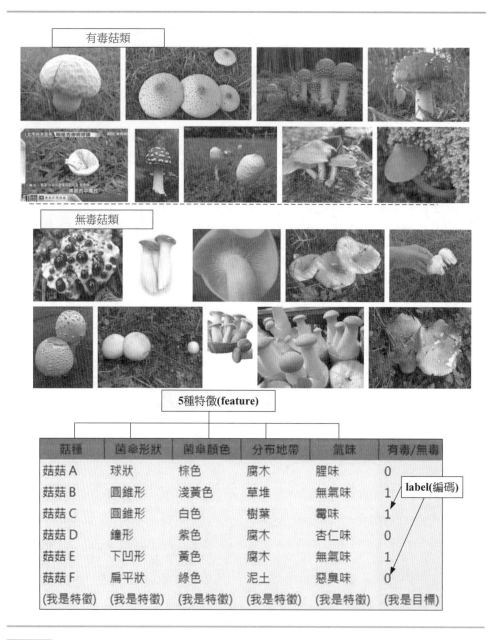

菇種	菌傘形狀	菌傘顏色	分布地帶	氣味	有毒/無毒
菇菇 A	球狀	棕色	腐木	腥味	0
菇菇 B	圓錐形	淺黃色	草堆	無氣味	1
菇菇 C	圓錐形	白色	樹葉	霉味	1
菇菇 D	鐘形	紫色	腐木	杏仁味	0
菇菇 E	下凹形	黃色	腐木	無氣味	1
菇菇 F	扁平狀	綠色	泥土	惡臭味	0
(我是特徵)	(我是特徵)	(我是特徵)	(我是特徵)	(我是特徵)	(我是目標)

圖 1-9　有毒菇類 vs. 無毒菇類的辨識 (訓練數據集)

　　如上圖，有毒菇類的數據標籤 (label) 為 1、無毒菇類的數據標籤為 0，讓機器如何學會辨識有毒菇的方法，事實上叫做「監督式學習」，除此之外還有「非監督式學習」。

1. 監督式學習 (supervised learning)：在訓練的過程中告訴機器答案、也就是「有標籤」的數據，比如給機器各看了 1,000 張蘋果和橘子的照片後，詢問機器新的一張照片中是蘋果還是橘子。

2. 非監督式學習 (unsupervised learning)：訓練數據沒有標準答案、不需要事先以人力輸入標籤，故機器在學習時並不知道其分類結果是否正確。訓練時僅須對機器提供輸入範例，它會自動從這些範例中找出潛在的規則。

　　簡單來說，若輸入數據有標籤，即為監督式學習；數據沒標籤、讓機器自行摸索出數據規律的則為非監督式學習，如集群 (clustering) 演算法：STaTa 提供 cluster 指令有 single linkage、average linkage、complete linkage、weighted-average linkage、median linkage、centroid linkage。

　　非監督式學習本身沒有標籤 (label) 的特點，使其難以得到如監督式一樣近乎完美的結果。就像兩個學生一起準備考試，一個人做的練習題都有答案 (有標籤)、另一個人的練習題則都沒有答案，想當然耳正式考試時，第一個學生容易考的比第二個人好。另外一個問題在於不知道特徵 (feature) 的重要性。

(一) 監督式學習模型 (model of supervised learning)

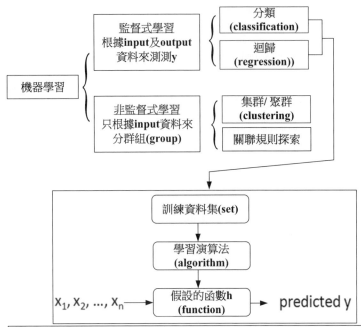

機器學習有關的Stata指令，如下：
1. Stata提供Bayesian線性迴歸的指令，包括：(bayes: regress、bayes: glm、bayes: hetregress、bayes: meglm、bayes: mixed)等指令。
2. Stata提供polynomial regression指令，包括：fp(fractional polynomial regression)、lpoly(Kernel-weighted local polynomial smoothing)、mfp(multivariable fractional polynomial models)、orthog(orthogonalize variables and compute orthogonal polynomials)等指令。
3. Stata提供gradient外掛指令，包括：colorscatter.ado(draw scatter plots with marker colors varying by a third variable)、gpfobl.ado(rotation after exploratory factor analysis)、boost.ado(implements the mart boosting algorithm described in hastie et al)。cd片 這三個外掛指令，將它copy 「c:\ado」資料夾即可使用它。
4. Stata提供classification的內建指令，包括：roc(receiver operating characteristic、roctab(nonparametric roc分析)、candisc(canonical linear discriminant分析)、discrim(discriminant分析)、discrim knn(kth-nearest-neighbor discriminant分析)、discrim lda(linear discriminant分析)、discrim logistic(logistic discriminant分析)、discrim qda(quadratic discriminant分析)。
外掛指令包括：episens.ado(deterministic and probabilistic sensitivity analysis of epidemiological results)、cart.ado(classification and regression tree analysis)、chaidforest.ado(random forest ensemble classification based on chi-square automated interaction detection (chaid) as base learner)、classtabi.ado(classtabi)、episens.ado(deterministic and probabilistic sensitivity analysis of epidemiological results)、icdpic.ado(international classification of diseases programs for injury categorization)、iscoegp.ado(isco package consists of a series of programs to recode isco-68)、iscoisei.ado、iscolab.ado、iscotrei.ado、isko8868.ado(isko package consists of a series of programs to recode isco-88)、iskoegp.ado、iskoisei.ado、iskolab.ado、iskotrei.ado、 kfoldclass.ado(classification statistics for k-fold cross-validation of binary outcomes)、krls.ado(kernel-based regularized least squares)、looclass.ado(classification statistics for leave-one-out cross-validation of binary outcomes)、mrprobit.ado (probit estimators with misclassification of the dependent variable)、mrprlik.ado(estimate probit with misclassification of the dependent variable)、iscooesch.ado (recode isco codes into oesch class scheme)、pvw.ado(predictive value weighting for covariate misclassification in logistic regression)、pvwcalc.ado (predictive value weighting for covariate misclassification in logistic regression)、roctabi.ado(nonparametric roc analysis using summarized data)、senspec.ado(sensitivity and specificity results saved in generated variables)、sicff.ado(create fama french industry variable from sic code)、supclust.ado(build superordinate categories from classification variables)。

圖 1-10　監督學習模型之示意圖

　　監督式學習 (supervised learning) 是機器學習任務，學習一種基於範例 input-output 對將 input 映射 (maps) 到 output 的函數 (learning a function)。它從包含一組訓練實例 (a set of training examples) 的已標記 / 編碼訓練數據 (labeled training data) 來推論出一個函數。在監督式學習中，每個例子都是由一個 input object(通常是一個向量) 和一個期望的 output 值 (即 supervisory signal，監督信號) 組成的一對數據。監督學習演算法分析訓練數據並產生推論函數 (inferred function)，它可用於映射新的範例。最佳方案 (optimal scenario) 將允許演算法正確決定不可見實例的類標籤 (class labels for unseen instances)。這需要學習演算法以「合理 (reasonable)」的方式從訓練數據推廣到看不見的情況 (歸納偏見)。

　　人類和動物心理學中的並行任務通常被稱為概念學習。

(二) 監督式學習的步驟
　　為了解決監督學習的已知問題，必須執行以下步驟：

1. 確定訓練實例的型態 (type of training examples)。在做其他事情之前，用戶應該決定將什麼樣的數據用作訓練集。例如：在筆跡 (handwriting) 分析的情況下，這可以是單個手寫字元，整個手寫字或整行手寫。

2. 收集訓練集 (training set)。訓練集應該代表真實世界所代表的函數。因此，收集一組 input objects 並且也收集相應的 output，無論是來自人類專家還是來自測量 (measurements)。

3. 確定學習函數的輸入特徵 (feature) 表示。學習函數的準確性是取決於 input object 的表示方式。通常，input objects 被轉換為一個特徵向量 (feature vector)，其中包含許多描述該對象的特徵。由於維度限制的詛咒，特徵的數量不應該太大；但應包含足夠的資訊以準確預測產出。

4. 確定學習函數的結構和對應的學習演算法。例如：工程師可以選擇使用支持向量機或決策樹 (support vector machines or decision trees)。

5. 完成設計。在收集的訓練集上運行學習演算法。一些監督學習演算法要你確定某些控制參數。可以通過優化訓練集的子集 (稱為 validation set) 上的績效或透過 cross-validation 來調整這些參數。

6. 評估學習函數的準確性 (accuracy)。在參數調整和學習之後，應該在與訓練集不同的測試集上測量結果函數的 performance。

(三) 非監督學習模型 (model of unsupervised learning)
　　非監督式學習是一種機器學習的方式，並不需要人力來輸入標籤。它是監

督式學習和強化學習等策略之外的一種選擇。在監督式學習中，典型的任務是分類和迴歸分析，且需要使用到人工預先準備好的範例 (base)。

比如說演算法「集群」(clustering)，給機器一個 2,000 名的顧客數據表 (含性別、生日、職業、教育……)，機器會自動爬梳出隱含的數據規律將這 2,000 人分群。其主要目的在於找出比較相似的數據聚集在一起，形成集群 (cluster)；而相似性的依據是採用「距離」，相對距離愈近、相似程度愈高，被歸類至同一群組。

一個常見的非監督式學習是數據聚類 (cluster)。在人工神經網路中，生成對抗網絡 (GAN)、自組織映射 (SOM) 和適應性共振理論 (ART) 則是最常用的非監督式學習。

1. 非監督式學習：集群 / 聚類 (cluster)

ART 模型允許集群 (cluster) 的個數可隨著問題的大小而變動，並讓使用者控制成員和同一個集群之間的相似度分數，其方式為透過一個由使用者自定而被稱為警覺參數的常數。ART 也用於模式識別，如自動目標辨識和數位信號處理。第一個版本為「ART1」，是由卡本特和葛羅斯柏格所發展的。

2. 非監督式學習：關聯規則探索

除了集群外，常見的非監督式學習尚包括關聯規則探索 (association rule discovery)、或稱共生分群 (co-occurrence grouping)，找出數據發生的關聯性。

關聯規則學習 (association rule learning) 是一種在大型資料庫中發現變數之間的有趣性關係的方法。它的目的是利用一些有趣性的量度來識別資料庫中發現的強規則。基於強規則的概念，Rakesh 等人 (1993) 引入了關聯規則以發現由超市的 POS 系統記錄的大批交易數據中產品之間的規律性。例如：從銷售數據中發現的規則 { 洋蔥蛋 } → { 漢堡 } 會表明如果顧客一起買洋蔥和蛋，他們也有可能買漢堡的肉。此類資訊可以作為做出促銷定價或產品置入等行銷活動決定的根據。除了上面購物籃分析中的例子以外，關聯規則如今還被用在許多應用領域中，包括網路用法挖掘、入侵檢測、連續生產及生物資訊學中。與序列挖掘相比，關聯規則學習通常不考慮在事務中、或事務間的專案的順序。

(四) 關聯規則學習之概念

關聯規則的定義：

假設 $I = \{ I_1, I_2, \ldots, I_m \}$ 是項的集合。已知一個交易資料庫 $D = \{ t_1, t_2, \ldots, t_n \}$，其中每個交易 (Transaction) t 是 I 的非空子集，即 $t \subseteq I$，每一個交易都與

一個唯一的標識符 TID(Transaction ID) 對應。關聯規則是形如 X ⇒ Y 的蘊涵式，其中 X，Y ⊆ I 且 X ∩ Y = ∅，X 和 Y 分別稱為關聯規則的先導 (antecedent 或 Left-Hand-Side, LHS) 和後繼 (consequent 或 Right-Hand-Side, RHS)。關聯規則 X ⇒ Y 在 D 中的支持度 (support) 是 D 中事務包含 X ∩ Y 的百分比，即機率 P (X ∩ Y)；信賴度 (confidence) 是包含 X 的事務中同時包含 Y 的百分比，即條件機率 P (Y | X)。如果同時滿足最小支持度閾值 (臨界值) 和最小信賴度閾值，則認為關聯規則是有趣的。這些閾值由用戶或者專家設定。

表 1-2　關聯規則的例子

TID	網球拍	網球	運動鞋	羽毛球
1	1	1	1	0
2	1	1	0	0
3	1	0	0	0
4	1	0	1	0
5	0	1	1	1
6	1	1	0	0

表 1-2 是關聯規則的例子。顧客購買記錄的資料庫 D，包含 6 個事務。項集 I = { 網球拍, 網球, 運動鞋, 羽毛球 }。考慮關聯規則：網球拍網球，事務 1,2,3,4,6 包含網球拍，事務 1,2,6 同時包含網球拍和網球，支持度 $\frac{3}{6}$，信賴度 $\frac{3}{5}$。若已知最小支持度，最小信賴度，關聯規則「網球拍和網球是有趣的」，認為購買網球拍和購買網球之間存在強關聯。

(五) 關聯規則有以下常見分類

1. 根據關聯規則所處理的值的類型

(1) 如果考慮關聯規則中的數據項是否出現，則這種關聯規則是布林關聯規則 (Boolean association rules)。例如表 1-1 的例子。

(2) 如果關聯規則中的數據項是數量型的，這種關聯規則是數量關聯規則 (quantitative association rules)。例如年齡 ("20-25") ⇒ 購買 (" 網球拍 ")，年齡是一個數量型的數據項。在這種關聯規則中，一般將數量離散化 (discretize) 為區間。

2. 根據關聯規則所涉及的數據維數

(1) 如果關聯規則各項只涉及一個維度，則它是單維關聯規則 (single-dimensional association rules)，例如：購買 (" 網球拍 ") ⇒ 購買 (" 網球 ") 只涉及「購買」一個維度。

(2) 如果關聯規則涉及兩個或兩個以上維度，則它是多維關聯規則 (multi-dimensional association rules)，例如：年齡 ("20-25") ⇒ 購買 (" 網球拍 ") 涉及「年齡」和「購買」兩個維度。

3. 根據關聯規則所涉及的抽象層次

(1) 如果不涉及不同層次的數據項，得到的是單層關聯規則 (single-level association rules)。

(2) 在不同抽象層次中挖掘出的關聯規則稱為廣義關聯規則 (generalized association rules)。例如年齡 ("20-25") ⇒ 購買 ("HEAD 網球拍 ") 和年齡 ("20-25") ⇒ 購買 (" 網球拍 ") 是廣義關聯規則，因為 "HEAD 網球拍 " 和 " 網球拍 " 屬於不同的抽象層次。

(六) 先驗演算法

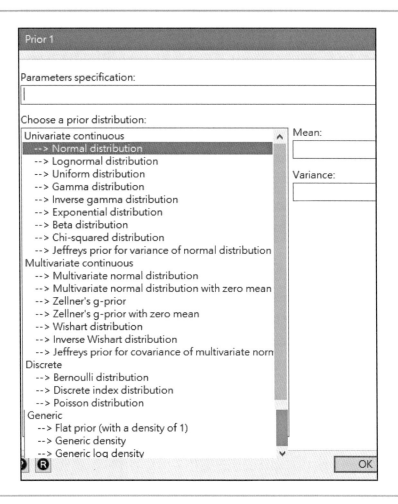

圖 1-11 bayesmh 指令對應先驗分配：單變量連續變數有 9 種，多變量連續變數有有 7 種，離散變數有 3 種，generic 有 3 種

在電腦科學以及數據探勘領域中，先驗演算法 (apriori algorithm) 是關聯規則學習的經典演算法之一。先驗演算法的設計目的是為了處理包含交易資訊內容的資料庫 (例如：顧客購買的商品清單，或者網頁常訪清單。)，而其他的演算法則是設計用來尋找無交易資訊 (如 Winepi 演算法和 Minepi 演算法) 或無時間標記 (如 DNA 測序) 的數據之間的聯繫規則。

Winepi 演算法：

在資料挖掘中，WINEPI 演算法是一個有影響的情節挖掘演算法，它有助於發現隱藏在事件序列中的知識 (Heikki Mannila 等人，1997)。

WINEPI 從它使用滑動窗口協定 (基於分組的特徵的數據傳輸協議) 事件序列的事實中推導其部分名稱 (WINEPI derives part of its name from the fact that it uses a sliding window to go through the event sequence)。

此演算法的結果是情節規則描述事件之間的時間關係，並形成關聯規則的延伸 (The outcome of the algorithm are episode rules describe temporal relationships between events and form an extension of association rules)。

在關聯式規則中，一般對於已知的專案集合 (例如：零售交易集合，每個集合都列出的單個商品的購買資訊)，演算法通常嘗試在專案集合中找出至少有 C 個相同的子集。先驗演算法採用自底向上的處理方法，即頻繁子集每次只擴充功能一個物件 (該步驟被稱爲候選集產生)，並且候選集由數據進行檢驗。當不再產生符合條件的擴充功能物件時，演算法終止。

先驗演算法採用廣度優先搜尋演算法進行搜尋並採用樹結構來對候選專案集進行高效計數。它通過長度爲 k-1 的候選專案集來產生長度爲 k 的候選專案集，然後從中刪除包含不常見子模式的候選項。根據向下封閉性引理，該候選專案集包含所有長度爲 k 的頻繁專案集。之後，就可以通過掃描交易資料庫來決定候選專案集中的頻繁專案集。

雖然先驗演算法具有顯著的歷史地位，但是其中的一些低效與權衡弊端也進而引致了許多其他的演算法的產生。候選集產生過程生成了大量的子集 (先驗演算法在每次對資料庫進行掃描之前總是嘗試載入盡可能多的候選集)。並且自底而上的子集瀏覽過程 (本質上爲寬度優先的子集格遍歷) 也直到遍歷完所有 $2^{|S|} - 1$ 個可能的子集之後才尋找任意最大子集 S。

小結

Apriori 演算法所使用的前置統計量包括：

1.最大規則物件數：規則中物件組所包含的最大物件數量。

2.最小支持：規則中物件或是物件組必頂符合的最低案例數。

3.最小信心水準：計算規則所必須符合的最低信心水準門檻。

Apriori 演算法使用頻繁項集的先驗知識，使用一種稱作逐層搜尋的疊代方法，k 項集用於探索 (k+1) 項集。首先，通過掃描事務 (交易) 記錄，找出所有的頻繁 1 項集，該集合記做 L1，然後利用 L1 找頻繁 2 項集的集合 L2，L2 找 L3，如此下去，直到不能再找到任何頻繁 k 項集。最後再在所有的頻繁集中找出強規則，即產生用戶感興趣的關聯規則。

其中，Apriori 演算法具有這樣一條性質：任一頻繁項集的所有非空子集也必須是頻繁的。因為假如 P(I) < 最小支持度閾值，當有元素 A 添加到 I 中時，結果項集 (A ∩ I) 不可能比 I 出現次數更多。因此 A ∩ I 也不是頻繁的。

四、多變數直線迴歸 (multivariate linear regression)：非曲線關係

「迴歸」就是找一個函數，盡量符合手邊的一堆數據。此函數稱作「迴歸函數」。

(一) 線性迴歸

直線迴歸式：

$$y_i = \beta_0 1 + \beta_1 x_{i1} + ... + \beta_p x_{ip} + \varepsilon_i + x_i^T \beta + \varepsilon_i \quad , \quad i = 1, ... , n,$$

或簡寫成：

$$y = X\beta + \varepsilon$$

其中

$$y = \begin{pmatrix} y_1 \\ y_2 \\ \vdots \\ y_n \end{pmatrix},$$

$$X = \begin{pmatrix} x_1^T \\ x_2^T \\ \vdots \\ x_n^T \end{pmatrix} = \begin{pmatrix} 1 & x_{11} & ... & x_{1p} \\ 1 & x_{21} & ... & x_{2p} \\ \vdots & \vdots & \ddots & \vdots \\ 1 & x_{n1} & ... & x_{np} \end{pmatrix},$$

$$\beta = \begin{pmatrix} \beta_0 \\ \beta_1 \\ \beta_2 \\ \vdots \\ \beta_p \end{pmatrix}, \quad \varepsilon = \begin{pmatrix} \varepsilon_1 \\ \varepsilon_2 \\ \vdots \\ \varepsilon_n \end{pmatrix}$$

在統計學中，線性迴歸是 scalar response(或依變數) 與一個以上解釋變數 (或自變數) 之間關係的線性方法。一個解釋變數的情況稱爲簡單線性迴歸。對於多個解釋變數，該過程稱爲多重線性迴歸。它不同於預測多個相關依變數的 multivariate 線性迴歸，而不是單一變數 (single scalar variable)。

在線性迴歸中，使用從數據來估計未知模型參數 (unknown model parameters a) 的線性預測函數來建模關係。這種模型被稱爲直線模型 (非曲線關係)。(1) 最常見的是：已知解釋變數 X(或預測變數) 值的條件均值，並假定爲這些值的仿射函數 (affine function)；(2) 但較不常用：使用條件中位數或其他分位數 (conditional median or some other quantile)。像所有迴歸分析的形式 (forms) 一樣，線性迴歸只著重在反應變數的條件機率分布 (conditional probability distribution of the response) 而不是所有變數的聯合機率分布 (joint probability distribution of all of these variables)(它是多變數分析的領域)。

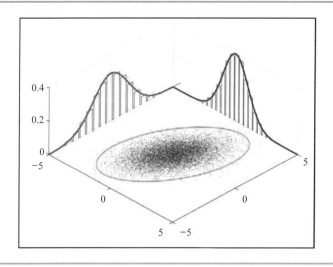

圖 1-12 聯合機率分布之示意圖

定義：條件期望值

在機率論中，條件期望值是一個實數隨機變數的相對於一個條件機率分布的期望值。換句話說，這是已知的一個或多個其他變數的值一個變數的期望值。它也被稱為條件期望值或條件均值。

條件期望值的概念緣自 Andrey Nikolaevich Kolmogorov 的測量理論機率論。條件機率的概念是由條件期望值來定義。

設 X 和 Y 是離散隨機變數，則 X 的條件期望值在已知事件 Y = y 條件下是 x 的在 Y 的值域 (range) 的函數：

$$E(X \mid Y=y) = \sum_{x \in \chi} x \, P(X=x \mid Y=y) = \sum_{x \in \chi} x \frac{P(X=x, Y=y)}{P(Y=y)}$$

其中，χ 是處於 X 的值域。

如果現在 X 是一個連續隨機變數，而在 Y 仍然是一個離散變數，條件期望值是：

$$E(X \mid Y=y) = \int_{\chi} x f_X \, (x \mid Y=y) dx$$

其中，$f_X \, (\cdot \mid Y=y)$ 是在給定 $Y=y$ 下 X 的條件機率密度函數。

定義：條件機率分布 (conditional probability distribution)

條件機率分布 (conditional probability distribution：條件分布，conditional distribution) 是現代機率論中的概念。已知兩個相關的隨機變數 x 和 y，隨機變數 y 在條件 {X = x} 下的條件機率分布是指當已知 x 的取值為某個特定值 x 之時，y 的機率分布。如果 y 在條件 {X = x} 下的條件機率分布是連續分布，那麼其密度函數稱作 y 在條件 {X = x} 下的條件機率密度函數 (條件分布密度、條件密度函數)。與條件分布有關的概念，常常以「條件」作為前綴，如條件期望、條件變異數等等。

當隨機變數是離散或連續時，條件機率分布有不同的表達方法：

1. 離散條件分布

   對於離散型的隨機變數 X 和 Y(取值範圍分別是 I 和 J)，隨機變數 Y 在條件 {X = x} 下的條件機率分布是：

$$\forall j \in J, \, p_{Y \mid X}(j) = p_Y \, (j \mid X=i) = P(Y=j \mid X=i) = \frac{P(X=i, Y=j)}{P(X=i)}, \, (P(X=i) > 0)$$

同樣的，X 在條件 {Y = y} 下的條件機率分布是：

$$\forall i \in I, p_{X|Y}(i) = p_X(i \mid Y = j) = P(X = i \mid Y = j) = \frac{P(X = i, Y = j)}{P(Y = j)}, \ (P(Y = j) > 0)$$

其中，P(X = i, Y = j) 是 X 和 Y 聯合分布機率，即「X = i，並且 Y = j 發生的機率」。如果用 p_{ij} 表示 P(X = i, Y = j) 的值：P(X = i, Y = j) = p_{ij} 那麼隨機變數 X 和 Y 的邊際分布就是：

$$P(X = i) = p_{i.} = \sum_{j \in J} p_{ij}$$

$$P(Y = j) = p_{.j} = \sum_{i \in I} p_{ij}$$

因此，隨機變數 Y 在條件 {X = x} 下的條件機率分布也可以表達為：

$$p_{Y|X}(j) = P(Y = j \mid X = i) = \frac{p_{ij}}{p_{i.}}, \ (p_{i.} > 0)$$

同樣的，X 在條件 {Y = y} 下的條件機率分布也可以表達為：

$$p_{X|Y}(i) = \frac{p_{ij}}{p_{.j}}, \ (p_{.j} > 0)$$

2. 連續條件分布

對於連續型的隨機變數 X 和 Y，P(X = i) = P(Y = j) = 0，因此對離散型隨機變數的條件分布定義不適用。假設其聯合密度函數為 f(x,y)，X 和 Y 的邊際密度函數分別是 $f_X(x)$ 和 $f_Y(y)$，那麼 Y 在條件 {X = x} 下的條件機率密度函數是：

$$f_{Y|X}(y \mid x) = f_Y(y \mid X = x) = \frac{f(x, y)}{f_X(x)}$$

同樣的，X 在條件 {Y = y} 下的條件機率密度函數是：

$$f_{X|Y}(x \mid y) = f_X(x \mid Y = y) = \frac{f(x, y)}{f_Y(y)}$$

線性迴歸是第一個被嚴格考驗的迴歸分析，迄今已被廣泛用於各行業。這是因為直線性是根據未知參數來建構模型，故它比其他非線性參數的模型更容易適配 (fit)，並且因為所得估計量的統計特性更易確定。

　　線性迴歸有許多實際用途。大多數應用程式屬於以下兩大類之一：

1. 如果目標是預測，或誤差最小化，線性迴歸可用於將預測模型適配到觀察到的反應值和解釋變數的數據集。在建構線性迴歸模型之後，如果在沒有伴隨的反應值的情況下收集解釋變數的附加值，則可以使用適配模型來預測反應。

2. 如果目標是解釋可歸因於解釋變數 X 變化對反應變數 Y 的變化，則可以應用線性迴歸分析來量化：反應 Y 與解釋變數 X 之間關係強度，尤其是確定是否一些解釋變數可能與反應根本沒有線性關係，或者確定哪些解釋變數的子集可能包含關於反應的冗餘資訊。

(二) 簡單線性迴歸

　　傳統的 OLS(最小平方法) 簡單線性迴歸 (simple linear regression)，即取一條和數據點誤差最小的直線，依照這條直線預測新的數據點應該落在何處，如下圖。

多變量線性迴歸 (Multivariate Linear Regression)

$$h_\theta(x) = \theta_0 + \theta_1 x_1 + \theta_2 x_2 + \ldots + \theta_n x_n$$

$\theta_0, \theta_1, \theta_2, \ldots, \theta_n$: parameters

For convenience of notation, define $x_0 = 1, x = \begin{bmatrix} x_0 \\ x_1 \\ \cdot \\ \cdot \\ \cdot \\ x_n \end{bmatrix} \in \mathbb{R}^{n+1}, \theta = \begin{bmatrix} \theta_0 \\ \theta_1 \\ \cdot \\ \cdot \\ \cdot \\ \theta_n \end{bmatrix} \in \mathbb{R}^{n+1}$

如此，原式可表示為：

$$h_\theta(x) = \theta_0 x_1 + \theta_1 x_1 + \theta_2 x_2 + \ldots + \theta_n x_n = \theta^T x$$

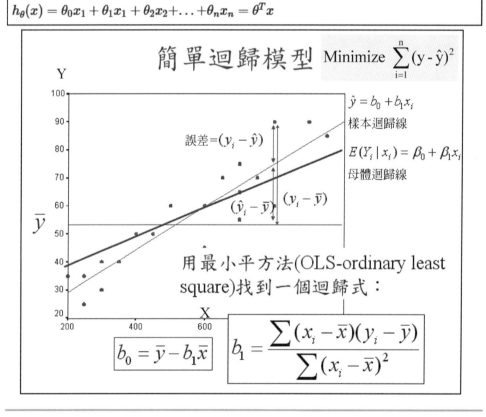

圖 1-13 多變量迴歸 vs. 簡單迴歸之示意圖 (將時間 x 和台積電股價 y 之間的關係用直線近似)

　　誤差的計算一般是選擇 least square，也就是最小平方誤差。假設上圖的 x 軸是個人收入 (input)，y 軸是個人花費 (output)。我們現在已有一群個人收入和花費數據，即圖上的黑點。我們再依據這些黑點，利用線性迴歸 (linear regression) 畫出最能夠代表這些點的直線，也就是和這些點誤差最小的線，如上圖中的藍線。

　　接下來，若我們有一個新的消費者數據，但只有個人收入，沒有花費。那麼我們可以依據這條直線，來判斷這樣一個個人收入，他的花費應該是多少。

　　另外，值得一提的是，OLS 線性迴歸只是迴歸之一，OLS 與監督學習分類 (supervised learning classification) 之函數不同。這兩者的差別在於分類輸出的結果是「label」，比如「1, 2, 3, ...」等 (即群組 1, 群組 2, 群組 3,…) 離散值 (discrete value)，代表樣本 data 所屬分類 (群組)：相對地，OLS 迴歸的輸出的結果則是一個連續型預測值 (continuous value)，例如學習效果、組織績效、台積電股價、工作滿意度……。

五、多變數線性迴歸的梯度下降 (gradient descent for linear regression with multiple variables)

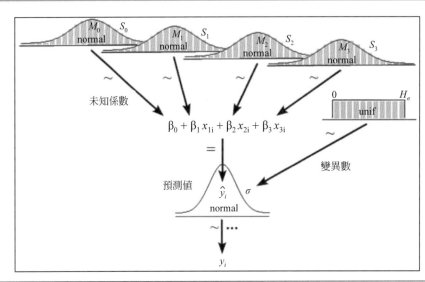

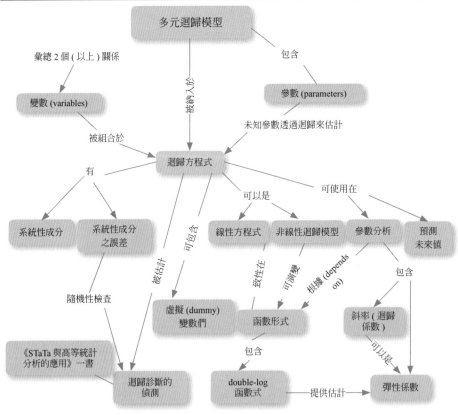

圖 1-14 多元迴歸模型之分析流程

STaTa 提供 gradient 外掛指令，包括：blp.ado(Berry Levinsohn Pakes random coefficients logit estimator)、colorscatter.ado(draw scatter plots with marker colors varying by a third variable)、gpfobl.ado(Rotation after Exploratory factor analysis / Principal components analysis)、boost.ado[implements the MART boosting algorithm described in Hastie et al. (2001)] 等指令。你可將書上 CD 片「\ado」，將它 copy「c:\ado」數據夾即可使用它。

六、特徵 (features) 及多項式迴歸 (polynomial regression)

STaTa 提供 polynomial regression 指令，包括：fp(fractional polynomial regression)、lpoly(Kernel-weighted local polynomial smoothing)、mfp(multivariable fractional polynomial models)、orthog(orthogonalize variables and compute orthogonal polynomials) 等指令。

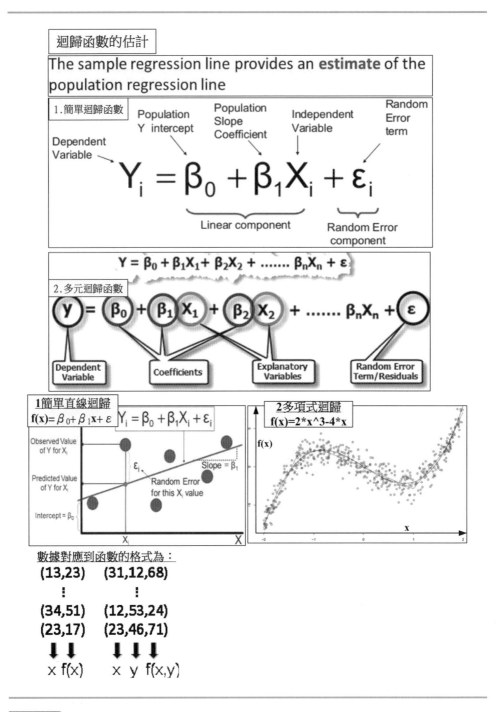

圖 1-15　直線 vs. 多項式「迴歸函數」

1. 求最佳解 (optimization)：

　　人腦考慮的「最符合」，放到了電腦就被設定成「所有數據的誤差總和最小」。把所有數據的誤差總和寫成一個函數，迴歸問題就變成了最佳化問題。

迴歸函數 $f(x) = ax^2 + bx + c$

符合數據 (2,3) ... (7,8)

每筆數據的平方誤差分別是

$(3 - f(2))^2 ... (8 - f(7))^2$

$(3 - (a \cdot 2^2 + b \cdot 2 + c))^2 ... (8 - (a \cdot 7^2 + b \cdot 7 + c))^2$

代數符號是

$(y_1 - f(x_1))^2 ... (y_N - f(x_N))^2$

所有數據的誤差總和是

$(3 - f(2))^2 + ... + (8 - f(7))^2$

代數符號是

$$e(a,b,c) = (y_1 - f(x_1))^2 + ... + (y_N - f(x_N))^2$$
$$= \sum (y_i - f(x_i))^2$$
$$= \sum (y_i - \hat{y}_i)^2$$
$$= \sum \|y_i - \hat{y}_i\|^2$$

令 $e(a,b,c)$ 愈小愈好。

選定一個最佳化演算法，求出 $e(a,b,c)$ 的最小值，求出此時 abc 的數值，

就得到迴歸函數 $f(x)$。

---

2. 線性迴歸性質較特殊，它不需要最佳化演算法。寫成線性方程組，套用「Normal Equation」。

直線函數 $f(x) = ax + b$

符合二維數據 (2,3) (5,6) (7,8)

[2 1] [a]　　[3]

[5 1] [b] = [6]

[7 1]   [8]

平面函數 f(x, y) = ax + by + c

符合三維數據 (2,3,4) (5,6,7) (7,8,9) (3,3,3) (4,4,4)

[2 3 1]   [4]

[5 6 1] [a]   [7]

[7 8 1] [b] = [9]

[3 3 1] [c]   [3]

[4 4 1]   [4]

七、計算參數分析 (computing parameters analytically)

Gradient Descent 是以疊代 (iterative) 的方式逐步找出成本函數 J(θ) 的最小值，而 Normal Equation 則能夠以計算的方式直接求得其最小值。

首先，考慮 θ 為 1D scalar value (而非 vector) 的情況：

$\theta \in R$

假設 cost function $J(\theta) = a\theta^2 + b\theta + c$

求 J(θ) 最小值的方式為設 $\frac{d}{d\theta}J(\theta) = 0$

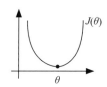

Solve for θ.

因為對 J(θ) 微分，得到的是切線，當切線斜率為 0 時，位置處於最低點。

當 θ 是 n + 1 dimensional vector 時：

$\theta \in R^{n+1}$

假設：成本函數為

$$J(\theta) = \frac{1}{2m}\sum_{i=1}^{m}(h_\theta(x^{(i)}) - y^{(i)})^2$$

m：訓練樣本個數

n：features 個數

訓練樣本，如下：

$(x^{(1)}, y^{(1)}), \dots , (x^{(m)}, y^{(m)})$

求 J(θ) 最小值的方式為設 $\frac{\partial}{\partial \theta_j}J(\theta) = 0$ (for every j)

Solve for $\theta_0, \theta_1, \ldots, \theta_n$.

$$x^{(i)} = \begin{bmatrix} x_0^{(i)} \\ x_1^{(i)} \\ \vdots \\ x_n^{(i)} \end{bmatrix}_{(n+1)*1} \in R^{n+1}, X = \begin{bmatrix} (x^{(1)})^T \\ (x^{(2)})^T \\ \vdots \\ (x^{(m)})^T \end{bmatrix}_{m*(n+1)}, y = \begin{bmatrix} y^{(1)} \\ y^{(2)} \\ \vdots \\ y^{(m)} \end{bmatrix}_{m*1}$$

$$\theta = (X^T X)^{-1} X^T y$$

定義：方程式的正規化 (Normal Equation)

先來看看單一變數的 Normal equation 方法：

1. 當 $\theta \in R$ 時，誤差函數爲：

$$J(\theta) = a\theta^2 + b\theta + c$$

此時只需要很簡單地對 θ 求導數，使其導數爲 0 即可求出 θ：

$$Let \quad \frac{\partial}{\partial \theta} J(\theta) = 0$$

2. 當 $\theta \in R^{n+1}$ 時，誤差函數爲：

$$J(\theta_0, \theta_1, \ldots, \theta_n) = \frac{1}{2m} \sum_{i=1}^{m} (h_\theta(x^{(i)}) - y^{(i)})^2$$

你只要對每個 θ 求偏導數，並使其爲 0，即可求每個 θ 的值：

$$令 \frac{\partial}{\partial \theta_j} J(\theta) = 0, j = 0, 1, 2, \ldots, n$$

1-2-5 機器學習：梯度下降演算法 (gradient descent algorithm)

STaTa 指令：moptimize() 旨在模型最優化 (model optimization)。由於本書篇幅有限，故範例請自修。

一、梯度的原理

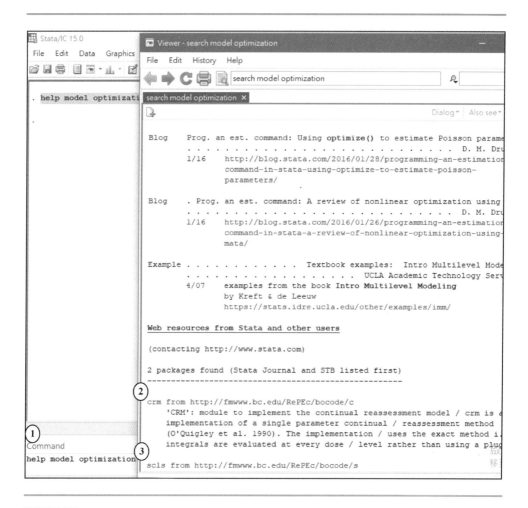

help model optimization

圖 1-16 「help model optimization」畫面 (又延伸二個外掛指令：crm 及 scls)

線性迴歸 (linear regression) 在線性代數一般都已學過，當時是使用二次式配方法及偏微分算出迴歸線：

$$y \cong h_\theta(x) = \theta_0 + \theta_1 x$$

其中 x 是 input，y 是 output，θ_0, θ_1 是待估的係數。

當我們所處理的數據是一維的，線性迴歸的問題就如同上式那麼簡單。但是在 Machine Learning 或 Data Mining 的領域，動輒要處理好幾個特徵 (features)

時，線性迴歸的問題將變得較複雜：

$$y \cong h_\theta(x) = \theta_0 + \sum_{j=1}^{N} \theta_j x_j$$

其中 x_j 是 input 的第 j 個特徵，$\theta_0, \theta_1, \dots, \theta_N$ 是線性組合 (linear combination) 之對應的係數 (coef.)。此時可使用一些最佳化演算法，比如梯度下降 (gradient descent)，來將 θ_j 算出來。

定義：梯度 (Gradient)

在向量微積分中，純量場的梯度是一個向量場。純量場中某一點的梯度指向在這點純量場增長最快的方向 (當然要比較的話必須固定方向的長度)，梯度的絕對值是長度為 1 的方向中函數最大的增加率，也就是說

$|\nabla f| = \max_{|v|=1} \{\nabla_v f\}$，其中 ∇_v 代表方向導數

以另一觀點來看，由多變數的泰勒展開式可知，從歐幾里得空間 R^n 到 R 的函數的梯度是在 R^n 某一點最佳的線性近似。在這個意義上，梯度是雅可比矩陣的一個特殊情況。

在單變數的實值函數的情況，梯度只是導數，或者，對於一個線性函數，也就是線的斜率。

梯度一詞有時用於斜度，也就是一個曲面沿著已知方向的傾斜程度。可以通過取向量梯度和所研究的方向的內積來得到斜度。梯度的數值有時也被稱為梯度。

純量場是黑白的，黑色表示大的數值，而其相應的梯度用藍色箭頭表示。

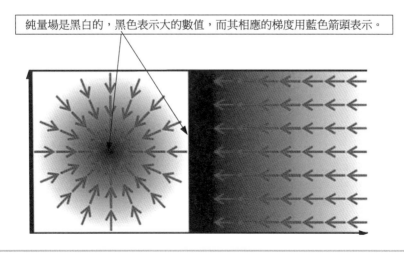

圖 1-17 梯度之示意圖

假設有一間房間，房間內所有點的溫度由一個純量場 ϕ 給出的，即點 (x, y, z)} (x, y, z) 的溫度是 ϕ(x, y, z)。假設溫度不隨時間改變。然後，在房間的每一點，該點的梯度將顯示變熱最快的方向。梯度的大小將表示在該方向上變熱的速度。

考慮一座高度在 (x, y) 點是 H(x, y) 的山。H 這一點的梯度是在該點坡度 (或者說斜度) 最陡的方向。梯度的大小告訴我們坡度到底有多陡。

梯度也可以告訴我們一個數量在不是最快變化方向的其他方向的變化速度。再次考慮山坡的例子。可以有條直接上山的路其坡度是最大的，則其坡度是梯度的大小。也可以有一條和上坡方向成一個角度的路，例如投影在水平面上是 60° 角。則，若最陡的坡度是 40%，這條路的坡度小一點，是 20%，也就是 40% 乘以 60° 的餘弦。

這個現象可以如下數學的表示。山的高度函數 H 的梯度點積一個單位向量給出了表面在該向量的方向上的斜率。這稱為方嚮導數。

數學式的定義：

一個純量函數 φ 的梯度記為：

$$\nabla \varphi \text{ 或 } \mathrm{grad}\ \varphi$$

其中 ∇（nabla）表示向量微分算子。

$\nabla \varphi$ 在三種直角座標中表示為

$$\nabla \varphi = \left(\frac{\partial \varphi}{\partial x}, \frac{\partial \varphi}{\partial y}, \frac{\partial \varphi}{\partial z} \right)$$

雖然使用座標表達，但結果是在正交變換下不變，從幾何的觀點來看，這是應該的。

範例：

函數 $\varphi = 2x + 3y^2 - \sin(z)$ 的梯度為：

$$\nabla \varphi = \left(\frac{\partial \varphi}{\partial x}, \frac{\partial \varphi}{\partial y}, \frac{\partial \varphi}{\partial z} \right) = (2, 6y, -\cos(z))$$

實純量函數的梯度：

相對於 n×1 向量 x 的梯度運算元 (∇_x)，定義為：

$$\nabla_x \overset{\text{def}}{=\!=} \left[\frac{\partial}{\partial x_1}, \frac{\partial}{\partial x_2}, \cdots, \frac{\partial}{\partial x_n}\right]^T = \frac{\partial}{\partial x}$$

m 維行向量函數 $f(x) = [f_1(x), f_2(x), \ldots, f_m(x)]$ 相對於 n 維實向量 x 的梯度為一 n×m 矩陣，定義為

$$\nabla_x f(x) \overset{\text{def}}{=\!=} \begin{bmatrix} \dfrac{\partial f_1(x)}{\partial x_1} & \dfrac{\partial f_2(x)}{\partial x_1} & \cdots & \dfrac{\partial f_m(x)}{\partial x_1} \\ \dfrac{\partial f_1(x)}{\partial x_2} & \dfrac{\partial f_2(x)}{\partial x_2} & \cdots & \dfrac{\partial f_m(x)}{\partial x_2} \\ \vdots & \vdots & \ddots & \vdots \\ \dfrac{\partial f_1(x)}{\partial x_n} & \dfrac{\partial f_2(x)}{\partial x_n} & \cdots & \dfrac{\partial f_m(x)}{\partial x_n} \end{bmatrix} = \frac{\partial f(x)}{\partial x}$$

對矩陣的梯度：

實純量函數 f(A) 相對於 m×n 實矩陣 A 的梯度為一 m×n 矩陣，簡稱梯度矩陣，定義為：

$$\nabla_x f(x) \overset{\text{def}}{=\!=} \begin{bmatrix} \dfrac{\partial f_1(x)}{\partial x_1} & \dfrac{\partial f_2(x)}{\partial x_1} & \cdots & \dfrac{\partial f_m(x)}{\partial x_1} \\ \dfrac{\partial f_1(x)}{\partial x_2} & \dfrac{\partial f_2(x)}{\partial x_2} & \cdots & \dfrac{\partial f_m(x)}{\partial x_2} \\ \vdots & \vdots & \ddots & \vdots \\ \dfrac{\partial f_1(x)}{\partial x_n} & \dfrac{\partial f_2(x)}{\partial x_n} & \cdots & \dfrac{\partial f_m(x)}{\partial x_n} \end{bmatrix} = \frac{\partial f(x)}{\partial x}$$

法則：

實純量函數對向量的梯度以及對矩陣的梯度，二者適用法則有：

‧線性法則：若 $f(A)$ 和 $g(A)$ 分別是矩陣 A 的實純量函數，c_1 和 c_2 為實常數，則

$$\frac{\partial [c_1 f(A) + c_2 g(A)]}{\partial A} = c_1 \frac{\partial f(A)}{\partial A} + c_2 \frac{\partial g(A)}{\partial A}$$

‧乘積法則：若 $f(A)$，$g(A)$ 和 $h(A)$ 分別是矩陣 A 的實純量函數，則

$$\frac{\partial f(A)g(A)}{\partial A} = g(A) \frac{\partial f(A)}{\partial A} + f(A) \frac{\partial g(A)}{\partial A}$$

$$\frac{\partial f(A)g(A)h(A)}{\partial A} = g(A)h(A) \frac{\partial f(A)}{\partial A} + f(A)h(A) \frac{\partial g(A)}{\partial A} + f(A)g(A) \frac{\partial h(A)}{\partial (A)}$$

· 商法則：若 $g(A) \neq 0$，則

$$\frac{\partial f(A)/g(A)}{\partial A} = \frac{1}{g(A)^2}\left[g(A)\frac{\partial f(A)}{\partial A} - f(A)\frac{\partial g(A)}{\partial A}\right]$$

· 鏈式法則：若 A 爲 m×n 矩陣，且 $y = f(A)$ 和 $g(y)$ 分別是以矩陣 A 和純量 y 爲變元的實純量函數，則

$$\frac{\partial g(f(A))}{\partial A} = \frac{dg(y)}{dy}\frac{\partial f(A)}{\partial A}$$

流形上的梯度：

一個黎曼流形 M 上的對於任意可微函數 f 的梯度 ∇f 是一個向量場，使得對於每個向量 ξ，

$$\langle \nabla f, \xi \rangle := \xi f$$

其中 $\langle \cdot, \cdot \rangle$ 代表 M 上的內積（度量）而 $\xi f(p), p \in M$ 是 f 在點 p，方向爲 $\xi(p)$ 的方向導數，換句話說，如果 $\varphi : U \subseteq M \mapsto R^n$ 爲 p 附近的局部座標，在此座標下有 $\xi(x) = \sum_j a_j(x)\frac{\partial}{\partial x_j}$，則 $\xi f(p)$ 將成爲：

$$\xi(f|_p) := \sum_j a_j\left(\frac{\partial}{\partial x_j}(f \circ \varphi^{-1})|_{\varphi(p)}\right)$$

函數的梯度和外微分相關，因爲 $\xi f = df(\xi)$，實際上內積容許我們可以用一種標準的方式將 1- 形式 df 和向量場 ∇f 建立聯繫，由 ∇f 的定義，$df(\xi) = \langle \nabla f, \xi \rangle$，這樣 f 的梯度可以「等同」於 0- 形式的外微分 df，這裡「等同」意味著：兩集合 $\{df\}$ 和 $\{\nabla f\}$ 之間有 1 對 1 的滿射。

由定義可算流形上 ∇f 的局部座標表達式爲：

$$\nabla f = \sum_{ik} g^{ik}\frac{\partial f}{\partial x^k}\frac{\partial}{\partial x^i}$$

請注意這是流形上對黎曼度量 $ds^2 = \sum_{ij} g_{ij}dx^i dx^j$ 的公式，跟 R^n 裡直角座標的公式不同，常常我們寫時會省略求和 $\sum$ 符號，不過爲了避免混淆，在這裡的公式還是加上去了。

柱座標下的梯度 (∇) 算符

$$\nabla f(\rho, \theta, z) = \frac{\partial f}{\partial \rho} e_\rho + \frac{1}{\rho} \frac{\partial f}{\partial \theta} e_\theta + \frac{\partial f}{\partial z} e_z$$

球座標下的梯度 (∇) 算符

$$\nabla f(r, \theta, \phi) = \frac{\partial f}{\partial r} e_r + \frac{1}{r} \frac{\partial f}{\partial \theta} e_\theta + \frac{1}{r \sin \theta} \frac{\partial f}{\partial \phi} e_\phi$$

其中 θ 為極角， ϕ 方位角。

定義：梯度下降法 (Gradient Descent)

梯度下降法是一個一階最佳化演算法，通常也稱為最速下降法。要使用梯度下降法找到一個函數的局部極小值，必須向函數上當前點對應梯度 (或者是近似梯度) 的反方向的規定步長距離點進行疊代搜索。如果相反地向梯度正方向疊代進行搜索，則會接近函數的局部極大值點；這個過程則被稱為梯度上升法。

梯度下降方法基於以下的觀察：如果實值函數 $F(x)$ 在點 a 處可微且有定義，那麼函數 $F(x)$ 在 a 點沿著梯度相反的方向 $-\nabla F(a)$ 下降最快。

因而，如果

$$b = a - \gamma \nabla F(a)$$

對於 $\gamma > 0$ 為一個夠小數值時成立，那麼 $F(a) \geq F(b)$ 。

考慮到這一點，我們可以從函數 F 的局部極小值的初始估計 x_0 出發，並考慮如下序列 $x_0, x_1, x_2, \cdots$ 使得

$$x_{n+1} = x_n - \gamma_n \nabla F(x_n), n \geq 0$$

因此可得到

$$F(x_0) \geq F(x_1) \geq F(x_2) \geq \cdots,$$

如果順利的話序列 (x_n) 收斂到期望的極值。注意每次疊代步長 γ 可以改變。

下圖 (等高線 / 等壓線) 顯示「梯度下降法」過程，這裡假設 F 定義在平面上，並且函數圖像是一個碗形。藍色的曲線是等高線 (水準集合)，即函數 F 為常

數的集合構成的曲線。紅色的箭頭指向該點梯度的反方向。(一點處的梯度方向與通過該點的等高線垂直)。沿著梯度下降方向，將最終到達碗底，即函數 F 值最小的點。

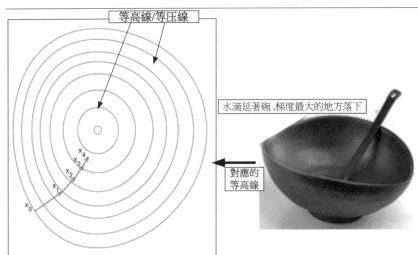

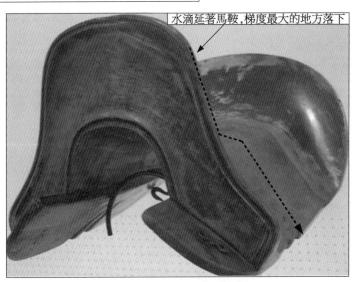

圖 1-18　梯度下降法在 (等高線 / 等壓線) 求解的過程

範例

梯度下降法處理一些複雜的非線性函數會出現問題，例如 Rosenbrock 函數

$$f(x, y) = (1 - x)^2 + 100(y - x^2)^2$$

其最小值在 $(x, y) = (1, 1)$ 處，數值為 $f(x, y) = 0$。但是此函數具有狹窄彎曲的山谷，最小值 $(x, y) = (1, 1)$ 就此這些山谷之中，並且谷底很平。優化過程是之字形的向極小值點靠近，速度非常緩慢。

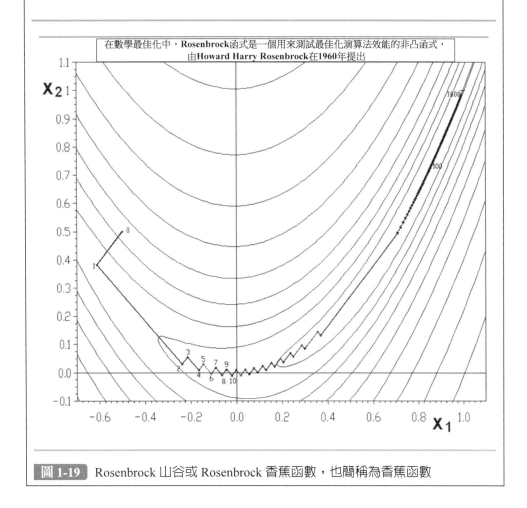

在數學最佳化中，**Rosenbrock**函式是一個用來測試最佳化演算法效能的非凸函式，由**Howard Harry Rosenbrock**在1960年提出

圖 1-19 Rosenbrock 山谷或 Rosenbrock 香蕉函數，也簡稱為香蕉函數

在解釋什麼是 Gradient Descent 演算法之前，必須先定義 linear regression 的成本函數 (cost function)。在這裡成本函數可以選用最小平方誤差 (如下列的式子)，m 為現有數據點數。

$$Cost(\theta) = \frac{1}{2m}\sum_{i=1}^{m}\left(h_\theta(x^{(i)}) - y^{(i)}\right)^2 \qquad (1\text{-}1)$$

其中 $x^{(i)} = \left(x_1^{(i)}, x_2^{(i)}, x_3^{(i)}, \ldots x_N^{(i)}\right)$ 是第 i 個 input data 的 N 個 features，$y^{(i)}$ 是 $x^{(i)}$ 對應的 output。我們要透過 Gradient Descent 演算法最小化這個 Cost(θ)。而此時 h_θ 也不限於二維的狀況，而是一條 $N+1$ 維線性迴歸線 (如果特徵數量為 N)，即

$$h_\theta(x^{(i)}) = \theta_0 + \theta_1 x_1^{(i)} + \theta_2 x_2^{(i)} + \ldots + \theta_N x_N^{(i)} \tag{1-2}$$

$\theta = (\theta_0, \theta_1, \ldots, \theta_N)$ 為迴歸線的係數向量。

用 Gradient Descent 來更新 θ_j 值的方法的架構如下：

1. 隨機選擇起始的 $(\theta_0, \theta_1, \ldots, \theta_N)$ 值
2. 以下列方式同時更新每個 θ_j 值，其中 α 稱作 learning rate，介於 0 和 1 之間

$$\theta_j = \theta_j - \alpha \frac{\partial}{\partial \theta_j} Cost(\theta) \tag{1-3}$$

3. 重複上述步驟，直到 θ_j 值收斂。

依據公式 (1-1) 和公式 (1-2)，求出 $Cost(\theta)$ 對每個 θ_j 偏微分後代入公式 (1-3) 可得 θ_0 及其他 θ_j 的更新公式

$$\theta_0 = \theta_0 - \alpha \frac{1}{m} \sum_{i=1}^{m} (h_\theta(x^{(i)}) - y^{(i)})$$

$$\theta_j = \theta_j - \alpha \frac{1}{m} \sum_{i=1}^{m} (h_\theta(x^{(i)}) - y^{(i)}) x_j^{(i)}$$

為什麼這樣能夠求得最佳解呢？以下圖為例，y 軸是 Cost Function $Cost(\theta)$ 值，x 軸則是 θ 向量當中的某個 θ_j。下圖的切線中，實切線的斜率為負，虛切線的斜率為正，由公式 (1-3) 觀察，可以發現若現在的 θ_j 在藍線部分，則由於 $\frac{\partial}{\partial \theta_j} Cost(\theta)$ 為負，θ_j 的值會往右調整；反之，若 θ_j 在紅線部分，則 θ_j 將往左調整。由圖 1-20 可以發現重複 Gradient Descent 演算法，可以找到一個最佳解 (optimal solution)。

另外，可以注意的是，若 $\frac{\partial}{\partial \theta_j} Cost(\theta)$ 的絕對值大，代表 θ_j 距離 $Cost(\theta)$ 最小值發生的地方愈遠，θ_j 調整的幅度也就會愈大，如公式 (1-3)。

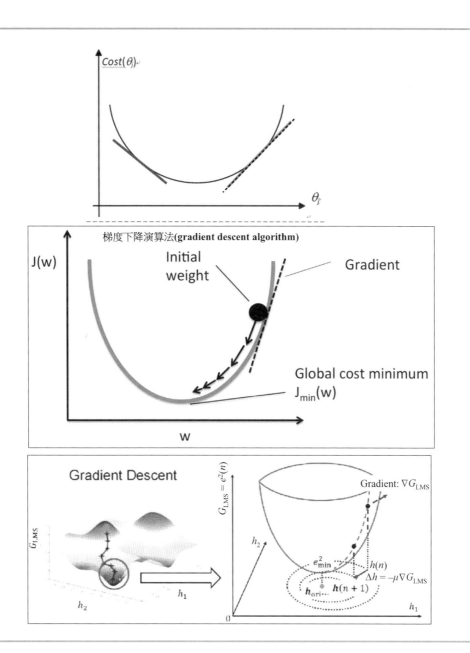

圖 1-20　Gradient Descent 示意圖

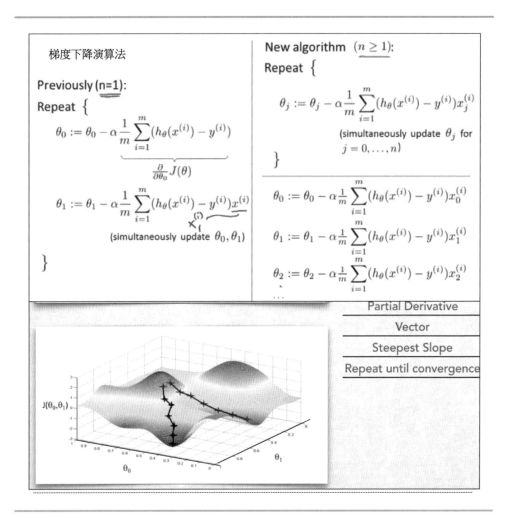

圖 1-21　(a) Gradient Descent Algorithm 運作圖

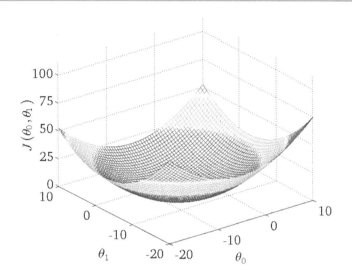

圖 1-22　(b)Gradient Descent 演算法：線性迴歸的 $J(\theta_0, \theta_1)$，Convex(凸形)

　　但值得注意的是，θ_j 的更新值雖然會使 Cost(θ) 往低處移動。但只會停在 Local Minimum 的點，不一定是 Global Minimum (若 θ_m 是 local minimum，則 Cost(θ_m) < Cost($\theta_m + \Delta\theta_m$)，但是如果 $Cost(\theta_m) \neq \min(Cost(\theta))$ 那麼 θ_m 就不能算是全部最小值 (global minimum))。至於停在哪個局部最小值 (local minimum) 則取決於起始值。如圖 1-22「(a) Gradient Descent Algorithm 運作圖」，在一般的情況下，Gradient Descent 只能找到局部最小值，但如果 $Cost(\theta)$ 的形狀是如圖 1-22「(b) 的 Convex(凸形)」則能保證可以找到全部最小值。

二、多元迴歸之梯度 (Gradient Descent for Linear Regression with Multiple Variables)

(一) 成本函數 (cost function) 演算法

定義：成本函數 **(cost function)**

$$J(\theta) = \frac{1}{2m}\sum_{i=1}^{m}\left(h_\theta(x^{(i)}) - y^{(i)}\right)^2$$

其中，m 爲訓練樣本數。

成本函數之 Octave 語言：

```
function J = computeCost(X, y, theta)
m = length(y);
J = 0;
for i = 1:m;
    J = J + (X(i,:)*theta-y(i))^2;
end
J = J/(2*m);
end
```

(二) Gradient Descent 演算法

Gradient Descent:

repeat until congergence {

$$\theta_j := \theta_j - \alpha \frac{\partial}{\partial \theta_j} J(\theta) \text{ (simultaneous update for every } j = 0, ..., n)$$

}

線性迴歸之 Gradient Descent:

repeat until convergence {

$$\theta_j := \theta_j - \alpha \frac{1}{m} \sum_{i=1}^{m} (h_\theta(x^{(i)}) - y^{(i)}) x_j^{(i)} \text{ (simultaneous update } \theta_j \text{ for } j = 0, ... , n)$$

}

線性迴歸 Gradient Descent 之 Octave 語言：

```
function [theta] = gradientDescent(X, y, theta, alpha, num_iters)
m = length(y);
J_history = zeros(num_iters, 1);
n = length(theta)
for iter = 1:num_iters
    delta=zeros(n, 1);
```

```
    for i = 1:m
        delta = delta + (X(i,:)*theta-y(i))*X(i,:)';
    end
    theta = theta - (alpha/m)* delta;
end
end
```

1-2-6 機器學習：特徵縮放 (feature scaling)

STaTa 提供維度縮放 (scaling) 之指令有二：mds、mdsmat，其範例，請見作者《多變量統計之線性代數基礎：應用 STaTa 分析》一書。

在機器學習 (machine learning) 問題中，Features 常常有很多很多個。如果 Features 間的 scale 差異過大，會導致某些 θ_j 的更新「步伐」，相對於其他 Features 而言會過小或過大。

因此，我們必須做特徵縮放 (feature scaling)，使每個特徵 (features) 的值落在差不多的範圍內。以下是二個常見的縮放 (scaling) 方式。F_{old} 代表原本的數據，F 代表經過 scaling 之後的數據：

$$F = \frac{F_{old} - mean(F_{old})}{\max(F_{old}) - \min(F_{old})}$$

如此一來，$mean(F) = 0$ 且 $\max(F) - \min(F) = 1$ 將滿足。

另一種常見的縮放 (scaling) 方式為 (較建議用這方式)

$$F = \frac{F_{old} - mean(F_{old})}{s_{old}} \text{ 其中 } s_{old} = \sqrt{mean\{[F_{old} - mean(F_{old})]^2\}} \tag{1-4}$$

如此一來，$mean(F) = 0$，且 F 的 variance 和 standard deviation 皆為 1。

1-3 參數估計：最大概似估計、最大後驗 (Max posterior)、貝葉斯估計

概率分類法 (probabilistic classification)：

1. 建構概率分類之模型

· 生成模型

$$P(C \mid X) \quad C = c_1, \dots, c_L, \ X = (X_1, \dots, X_n)$$

· 判別模型：

$$P(X \mid C) \quad C = c_1, \dots, c_L, \ X = (X_1, \dots, X_n)$$

2. 最大後驗 (MAP) 分類規則

· MAP: Maximum A Posterior

· Assign x to $c*$ if $P(C = c^* \mid X = x) > P(C = c \mid X = x) \quad c \neq c^*, c = c_1, \dots, c_L$

3. 用 MAP 規則來分類

· Apply Bayesian rule to convert: $P(C \mid X) = \dfrac{P(X \mid C) P(C)}{P(X)} \propto P(X \mid C) P(C)$

一、概似 (likelihood) ≠ 機率 (probability)

　　概似 (likelihood) 與機率 (probability) 兩者有什麼差別？根本來說，概似是指一個反向過程，已知結果來反推模型的因，結果本身無意義，不同結果的占比才有意義；機率是指一個正向過程，已知具體的模型參數 (因)，來推導其結果的可能性，結果本身有機率意義。

二、STaTa 提供的概似模型

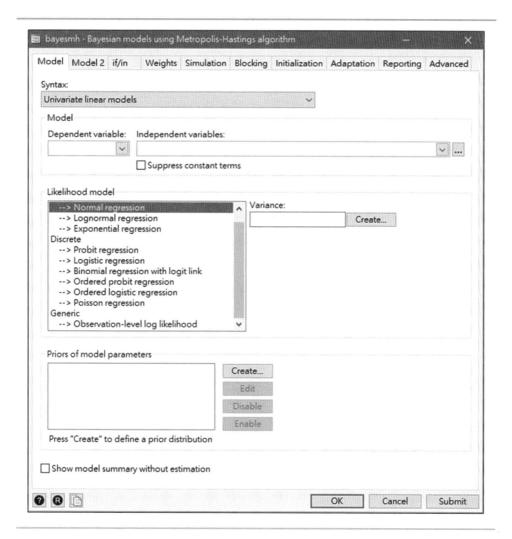

圖 1-23 bayesmh 指令之單變量線性模型的概似模型：連續依變數有 3 種，離散依變數有 6 種，generic 有 1 種 (Metropolis-Hastings 演算法)

1-3-1 何謂參數估計？

　　估計 (estimation) 理論是統計學和信號處理中的一個分支，主要是通過測量或經驗數據來估計機率分布參數的數值。這些參數描述了實質情況或實際對象，它們能夠回答估計函數提出的問題。

例如：估計投票人總體中，給特定候選人投票的人的比例。這個比例是一個不可觀測的參數，因爲投票人總體很大；估計値建立在投票者的一個小的隨機抽樣上。

又如，雷達的目的是物體 (飛機、船等) 的定位。這種定位是通過分析收到的回聲 (回波) 來實現的，定位提出的問題是「飛機在哪裡？」爲了回答這個問題，必須估計飛機到雷達之間的距離。如果雷達的絕對位置是已知的，那麼飛機的絕對位置也是可以確定的。

在估計理論中，通常假定資訊隱藏在包含雜訊的信號中。噪聲增加了不確定性，如果沒有不確定性，那麼也就沒有必要估計了。

參數估計是指用樣本指標 (稱爲統計量) 估計總體指標 (稱爲參數)。用樣本均數估計總體均數以及用樣本率估計總體率。

一、估計的意義

估計 (estimation) 又稱推定，其意義是指利用樣本統計量去估計母體中未知的參數，其內容又區分點估計及區間估計兩大類。

二、參數估計有點估計和區間估計兩種

估計 (estimation) 又稱推定，其意義是指利用樣本統計量去估計母體中未知的參數，其內容又區分點估計及區間估計兩大類。

點估計 (point estimation) 是依據樣本估計總體分布中所含的未知參數或未知參數的函數。通常它們是總體的某個特徵值，如數學期望、變異數和相關係數等。點估計問題就是要建構一個只依賴於樣本的量，作爲未知參數或未知參數的函數的估計值。例如：設一批產品的廢品率爲 θ。爲估計 θ，從這批產品中隨機地抽出 n 個作檢查，以 X 爲廢品個數，用 $\frac{X}{n}$ 來估計 θ，這就是一個點估計。

點估計常用的建構方法是：

1. 矩估計法。用樣本矩估計總體矩，如用樣本平均值估計總體平均值。
2. 最大概似估計法。於 1912 年由英國統計學家 R.A. Fisher 提出，利用樣本分布密度建構概似函數來求出參數的最大概似估計。
3. 最小平方法。主要用於線性統計模型中的參數估計問題。
4. 貝葉斯估計法。基於貝葉斯學派的觀點而提出的估計法。可以用來估計未知參數的估計量很多，於是產生了怎樣選擇一個優良估計量的問題。首先必須對優良性定出準則，這種準則是不唯一的，可以根據實際問題和理論研究的

方便進行選擇。優良性準則有兩大類：一類是小樣本準則，即在樣本大小固定時的優良性準則；另一類是大樣本準則，即在樣本大小趨於無窮時的優良性準則。最重要的小樣本優良性準則是無偏性及與此相關的一致最小變異數無偏估計，其次有容許性準則，最小化最大準則，最優同變準則等。大樣本優良性準則有相合性、最優漸近常態估計和漸近有效估計等。

　　區間估計 (interval estimation) 是依據抽取的樣本，根據一定的正確度與精確度的要求，建構出適當的區間，作為總體分布的未知參數或參數的函數的真值所在範圍的估計。例如人們常說的有百分之多少的把握保證某值在某個範圍內，即是區間估計的最簡單的應用。1934 年統計學家 J. Neyman 創立了一種嚴格的區間估計理論。求信賴區間常用的三種方法：(1) 利用已知的抽樣分布。(2) 利用區間估計與假設檢驗的聯繫。(3) 利用大樣本理論。

三、估計式的評斷標準

1. 符號：以 θ 表示 (某個我們感興趣的) 隨機變數之母體參數 (是一個固定但未知的常數)，$\hat{\theta}$ 代表 θ 的估計式 (隨機變數)。

2. 估計誤差 (estimation error)：以 $\hat{\theta}(x_1, x_2, \ldots , x_n)$ 估計 θ 時，$(\hat{\theta} - \theta)$ 稱為估計誤差。

3. 判斷估計式優劣的直覺：良好估計式的估計誤差應該愈小愈好。

   (1) 估計誤差有正有負，評估時應將估計誤差都變成正值 (平方)，所有可能的估計誤差均應納入考量 (期望值)，這就導致了底下的評估準則。

   (2) 均方誤 (Mean Squared Error, MSE；平均平方誤差)：一估計式 $\hat{\theta}$ 的均方誤差定義為

$$MSE(\hat{\theta}) = \text{E}[(\hat{\theta} - \theta)^2]$$

   口語上的解釋：誤差平方的平均值，可解釋為『估計式的平均誤差』。當然，MSE 愈小代表估計式愈準確。

   (3) 均方誤差可進一步拆解如下

$$MSE(\hat{\theta}) = E[(\hat{\theta} - \theta)^2] = E[[(\hat{\theta} - E[\hat{\theta}]) + (E[\hat{\theta}] - \theta)]^2]$$
$$= E[(\hat{\theta} - E[\hat{\theta}])^2] + E[(E[\hat{\theta}] - \theta)^2] + E[2(\hat{\theta} - E[\hat{\theta}])(E[\hat{\theta}] - \theta)]$$
$$= E[(\hat{\theta} - E[\hat{\theta}])^2] + E[(E[\hat{\theta}] - \theta)^2] + 2(E[\hat{\theta}] - \theta)E[\hat{\theta} - E[\hat{\theta}]]$$
$$= E[(\hat{\theta} - E[\hat{\theta}])^2] + E[(E[\hat{\theta}] - \theta)^2]$$
$$= \underbrace{V(\hat{\theta})}_{\text{估計式的變異數}} + \underbrace{[E(\hat{\theta}) - \theta]^2}_{\text{估計式的偏誤}}$$

(4) MSE 由兩個非負值的部分組成：估計式的變異數 $V(\hat{\theta})$ 估計式偏誤之平方 $E[(\hat{\theta} - \theta)^2]$。因此，要使得 MSE 較小可從二方面著手：

「$V(\hat{\theta})$ 愈小愈好」、「$E[(\hat{\theta} - \theta)^2]$ 愈小愈好」。

(5) 我們定義 (下圖最左邊) 第一個估計式評估準「不偏性」，目的就在使得 $E[(\hat{\theta} - \theta)^2] = 0$。

4. 定義：偏誤 (bias)

E($\hat{\theta}$) 與 θ 的差距，稱為偏誤。即 Bias($\hat{\theta}$) = E($\hat{\theta}$) $- \theta$

當 Bias($\hat{\theta}$)=0 $\Rightarrow$ 不偏 (左圖)

當 Bias($\hat{\theta}$)>0 $\Rightarrow$ 正偏 (中圖) $\Rightarrow$ 平均而言，估計值比真實參數大，高估參數值。

當 Bias($\hat{\theta}$)<0 $\Rightarrow$ 負偏 (右圖) $\Rightarrow$ 平均而言，估計值比真實參數小，低估參數值。

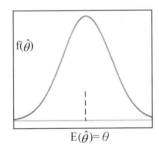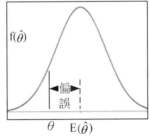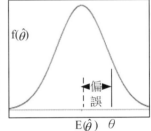

圖 1-24 三種偏誤情況之示意圖

5. 定義：不偏性 (unbiasedness)

當估計量之抽樣分布的期望值等於母體參數值時，稱之為不偏性 (unbiased)，而具有不偏性的估計量，是一不偏估計量 (unbiased estimator)；反之，則稱為偏估計量 (biased estimator)。

(1) 設 $\hat{\Theta}$ 為參數 θ 之估計式，若 $E(\hat{\Theta}) \neq \theta$，但

$$\lim_{n \to \infty} E(\hat{\Theta}) = \theta$$

則稱估計式 $\hat{\Theta}$ 為參數 θ 之極限不偏估計式 (asymptotic unbiased estimator)。

(2) 設 $\hat{\Theta}(X_1, X_2, \ldots, X_n)$ 為參數 θ 之函數 $\pi(\theta)$ 之估計式，且

$$E(\hat{\Theta}(X_1, X_2, \ldots, X_n)) = \pi(\theta)$$

則稱 $\hat{\Theta}(X_1, X_2, \ldots, X_n)$ 為函數 $\pi(\theta)$ 之不偏估計式。

四、常態分布：θ 的估計

在很多的機器學習或資料挖掘的問題中，我們所面對的只有數據，但數據中潛在的機率密度函數是不知道的，其機率密度分布需要我們從數據中估計出來。想要確定數據對應的機率密度分布，就需要確定兩個東西：**機率密度函數的形式**和**機率密度函數的參數**。

有時可能知道的是機率密度函數的形式 (Gaussian 等)，但是不知道具體的參數，例如：平均數或者變異數；有時候可能不知道機率密度的類型，但是知道一些估計的參數，譬如平均數和變異數。

關於上面提到需要確定的兩個東西：機率密度函數的**形式**和**參數**，至少在機器學習的教科書上，我所看到的情況都是：給了一堆數據，然後假設其機率密度函數的形式為**高斯分布**，或者是混合高斯分布，那麼，剩下的事情就是對高斯分布的參數，μ 和 σ^2 進行估計。所以，參數估計，便成了極其最重要的問題。

> 坊間，常見的參數估計方法有五種：最大概似估計、最大後驗估計、貝葉斯估計、最大熵估計、混合模型估計。他們之間是有循序漸進關係的，想要理解後一個參數估計方法，最好對前一個參數估計有足夠的理解。

要想清晰的說明貝葉斯線性迴歸，或者叫做貝葉斯參數估計，就必須對最大概似估計、最大後驗估計做詳細的說明，他們之間是有循序漸進的關係。

1-3-2a 估計法一：最大概似估計 (MLE) ≠ 概似比 (LR)

簡單解說，常見的預測模型之建構：一般會考慮 3 種預測模式：最大概似估計 (Maximum Likelihood estimation, ML)、最大後驗估計 (Maximum A Posteriori estimation, MAP)、貝葉斯模型。前兩者屬於先驗點估計 (point estimation)，又稱事前機率。

1. 概似 (likelihood) ≈ 機率 (probability)

請參考前文【1-3】之【一、概似 (likelihood) ≠ 機率 (probability) 】

2. 何謂概似 (likelihood)？

要講最大概似估計 (Maximum Likelihood Estimation, MLE) 之前，要先定義概似函數 (likelihood function)。定義之前先來看看為什麼要有這個？

在日常生活中，很多時候我們知道某些數據是來自於某個分布，但卻不知道其相關參數爲何？

舉個情境來說明，已知某個學校有好幾千位學生，其身高分布符合高斯分布 (Gaussian distribution)，如今我們抽取其中 250 位學生來量身高，想要透過這些數據知道高斯分布的參數 (μ 和 σ) 爲何？這就是最大概似估計要做的事情。也就是說，已知 N 採樣 {X_1, X_2, X_3, ... , X_N} 來自於某分布 (如上例的 250 位學生來自於高斯分布)。目的是要尋找該分布的分布參數 θ(如上例，高斯分布的分布參數 $\theta = (\mu, \sigma)$)。因此我們在所有 θ 可能值裡面選一個使這個採樣的可能性最大。爲什麼要說「使這個採樣的可能性最大」呢？

先來看個例子，假設抽菸 (先驗) 的人罹患肺癌 (後驗) 的機率是不抽菸的人的 15 倍。已知某人罹患了肺癌 (後驗)，試問某人是否有抽菸 (先驗) 呢？在正常情況下，我們會去猜某人有抽菸。

因爲「某人有抽菸 (先驗)」這件事情會得到「某人罹患肺癌 (後驗)」的機率會是最大的。

所以我們認爲某人有抽菸，雖然這個結果並不是百分之百正確。

有抽菸不能百分之百保證就會得到肺癌。

有肺癌也不能百分之百保證就是有抽菸。

但是我們用這樣的方法來使這個模型「最合理」。

知道了最大概似估計的涵義後，我們就來看看什麼叫做概似函數？已知 (given) 一組採樣 X 要去求分布參數 θ(分布的平均數 μ 及變異數 σ^2)。故概似函數通常都被寫作 $L(\theta \mid X)$。

但事實上概似函數可以看作是條件機率的逆反，$L(\theta \mid X)$ 的值其實會等於 $P(X \mid \theta)$。

$P(X \mid \theta)$ 是什麼呢？就是在已知 θ 的情況下得到採樣 X 的機率。

以 250 個學生爲例，我們獲得這 250 個學生採樣的全機率就是每個學生採樣機率的乘積 (學生互相獨立)：

即 $P(X \mid \theta) = P(X_1 \mid \theta) \times P(X_2 \mid \theta) \times P(X_3 \mid \theta) \times ... \times P(X_{250} \mid \theta)$

最大概似估計的原理：

給定一個機率分布 D，已知其機率密度函數 (連續分布) 或機率質量函數 (離散分布) 爲 f_D，以及一個分布參數 θ，我們可以從這個分布中抽出一個具有 n 個值的採樣 $X_1, X_2, ... , X_n$，利用 f_D 計算出其概似函數：

$$\text{lik}(\theta \mid x_1, \dots, x_n) = f_\theta(x_1, \dots, x_n)$$

若 D 是離散分布，f_θ 即是在參數為 θ 時觀測到這一採樣的機率。若其是連續分布，f_θ 則為 $X_1, X_2, \dots, X_n$ 聯合分布的機率密度函數在觀測值處的取值。一旦我們獲得 $X_1, X_2, \dots, X_n$，我們就能求得一個關於 θ 的估計。最大概似估計會尋找關於 θ 的最可能的值 (即，在所有可能的 θ 取值中，尋找一個值使這個採樣的「可能性」最大化)。從數學上來說，我們可以在 θ 的所有可能取值中尋找一個值使得概似函數取到最大值。這個使可能性最大的 $\hat{\theta}$ 值即稱為 θ 的最大概似估計。由定義，最大概似估計是樣本的函數。

注意

· 這裡的概似函數是指 $x_1, x_2, \dots, x_n$ 不變時，關於 θ 的一個函數。

· 最大概似估計不一定存在，也不一定唯一。

最大概似估計 (MLE) 之解說

已知一個概率分布 D，假定其概率密度函數 (連續分布) 或概率聚集函數 (離散分布) 為 f_D，以及一個分布參數 θ，我們可以從這個分布中抽出一個具有 n 個值的採樣 $X_1, X_2, \dots, X_n$，通過利用 f_D，我們就能計算出其概率：

$$P(x_1, x_2, \dots, x_n) = f_D(x_1, \dots, x_n \mid \theta)$$

但是，我們可能不知道 θ 的值，儘管我們知道這些採樣數據來自於分布 D。那麼我們如何才能估計出 θ 呢？一個自然的想法是從這個分布中抽出一個具有 n 個值的採樣 $X_1, X_2, \dots, X_n$，然後用這些採樣數據來估計 θ。

一旦我們獲得 $X_1, X_2, \dots, X_n$，我們就能從中找到一個關於 θ 的估計。最大概似估計會尋找關於 θ 的最可能的值 (即，在所有可能的 θ 取值中，尋找一個值使這個採樣的「可能性」最大化)。這種方法正好與一些其他的估計方法不同，如 θ 的非偏估計，非偏估計未必會輸出一個最可能的值，而是會輸出一個既不高估也不低估的 θ 值。

要在數學上實現最大概似估計法，我們首先要定義可能性：

$$\text{lik}(\theta) = f_D(x_1, \dots, x_n \mid \theta)$$

> 並且在 θ 的所有取值上，使這個函數最大化。這個使可能性最大的 $\hat{\theta}$ 值即被稱為 θ 的最大概似估計。
>
> 1. 這裡的可能性是指 $x_1, x_2, \ldots, x_n$ 不變時，關於 θ 的一個函數。
>
> 2. 最大概似估計函數不一定是唯一的，甚至不一定存在。

3. 最大概似估計 (Maximum Likelihood Estimation, MLE)

MLE 是最簡單的點估計 (point estimation)，也就是我們需要去計算 P(D|W)，從而找到最佳化的 W(係數)。它的缺點就是數據比較少時，會往往過度適配 (overfit)。

MLE 可以解釋為什麼常用的線性迴歸使用的是最小平方法 (二次方)，而不是四次方。

$$\underset{\mu}{\text{argma}} \times p\,(\mathrm{X}; \mu)$$

$$p(x_1, x_2, \ldots, x_n; \mu) = \prod_{i=1}^{n} p(x_i; \mu)$$

4. MLE 思考與最大後驗估計 (MAP) 不同

在機率統計領域，頻率學派 vs. 貝葉斯學派的思考不一樣；其中還涉及到對於機器學習中 Regularization 的理解也不一樣。最大後驗估計與貝葉斯估計、樸素貝葉斯分類器及 Logistic 迴歸概似比 (LR) 都有相關。

(1) 頻率學派 (Frequentist)：Maximum Likelihood Estimation (MLE，最大概似估計)。頻率學派認為世界是確定的，有一個本體，這個本體的真值是不變的，我們的目標就是要找到這個真值或真值所在的範圍。

(2) 貝葉斯學派 (Bayesian)：Maximum A Posteriori (MAP，最大後驗估計)。認為世界是不確定的，人們對世界先有一個預判，而後通過觀測數據對這個預判做調整，我們的目標是要找到最優的陳述這個世界的機率分布。貝葉斯學派是一個隨機變數，符合一定的機率分布。在貝葉斯學派裡有兩大輸入和一大輸出，輸入是先驗 (prior) 和概似 (likelihood)，輸出是後驗 (posterior)。先驗，即，指的是在沒有觀測到任何數據時對的預先判斷，例如給我一個硬幣，一種可行的先驗是認為這個硬幣有很大的機率是均勻的，有較小的機率是不均勻的；概似，即是假設已知後我們觀察到的數據應該是什麼樣子的；後驗，即是最終的參數分布。貝葉斯估計的基礎是貝葉斯公式，如下：同樣是拋硬幣的例子，對一枚均勻硬幣拋 5 次得到 5 次

正面，那麼，即是一個 distribution，最大值會介於 0.5～1 之間，而不是武斷的 = 1。

$$\hat{\theta}_{\mathrm{MAP}}(x) = \arg\max_{\theta} f(\theta \mid x) = \arg\max_{\theta} \frac{f(x \mid \theta)g(\theta)}{\int_{\theta} f(x \mid \theta)g(\theta)d\theta} = \arg\max_{\theta} f(x \mid \theta)g(\theta)$$

MLE 思想，是機器學習十大演算法之一。其思考很像 EM 演算法 (下圖)。

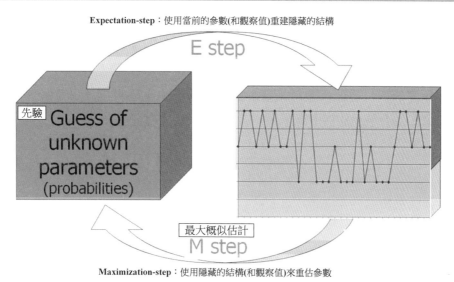

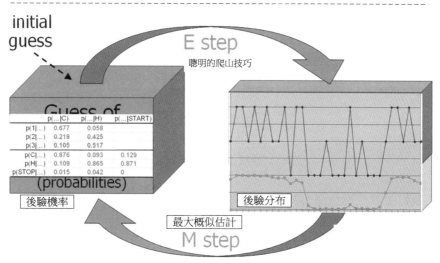

圖 1-25 期望最大化 (EM) 之示意圖 [潛在馬可夫 (Hidden Markov) 模型] (聰明的爬山技巧)

5. 最大概似 ≠ 概似比檢定 (LR test)

定義：概似函數 ≠ 概似比檢定 (LR test)

在數理統計學中，概似函數是一種關於統計模型中的參數的函數，表示模型參數中的概似性。概似函數在統計推論中有重大作用，如在最大概似估計和費雪資訊之中的應用等等。「概似性」與「或然性」或「機率」意思相近，都是指某種事件發生的可能性，但是在統計學中，「概似性」和「或然性」或「機率」又有明確的區分。機率用於在已知一些參數的情況下，預測接下來的觀測所得到的結果，而概似性則是用於在已知某些觀測所得到的結果時，對有關事物的性質的參數進行估計。

在這種意義上，概似函數可以理解為條件機率的逆反。在已知某個參數 B 時，事件 A 會發生的機率寫作：

$$P(A \mid B) = \frac{P(A, B)}{P(B)}$$

利用貝氏定理：

$$P(B \mid A) = \frac{P(A \mid B)\, P(B)}{P(A)}$$

因此，我們可以反過來構造表示概似性的方法：已知有事件 A 發生，運用概似函數 L(B|A)，估計參數 B 的可能性。形式上，概似函數也是一種條件機率函數，但我們關注的變數改變了：

$$b \mapsto P(A \mid B = b)$$

注意到這裡並不要求概似函數滿足歸一性：

$$\sum_{b \in B} P(A \mid B = b) = 1$$

一個概似函數乘以一個正的常數之後仍然是概似函數。對所有 $\alpha > 0$，都可以有概似函數：

$$L(b \mid A) = \alpha P(A \mid B = b)$$

請參考前文【1-3】之【一、概似 (likelihood) ≠ 機率 (probability)】。

> **定義：概似比檢定 (LR test)**
>
> 概似比檢定是利用概似函數來檢定某個虛無假設 (或限制) 是否有效的一種檢定。一般情況下，要檢定某個附加的參數限制是否是正確的，可以將加入附加限制條件的較複雜模型的概似函數最大值與之前的較簡單模型的概似函數最大值進行比較。如果參數限制是正確的，那麼加入這樣一個參數應當不會造成概似函數最大值的大幅變動 (即卡方未達統計顯著性，p>.05)。一般使用兩者的比例來進行比較，這個比值是卡方 (Chi-square) 分配。

6. STaTa 概似分布有很多種可以挑

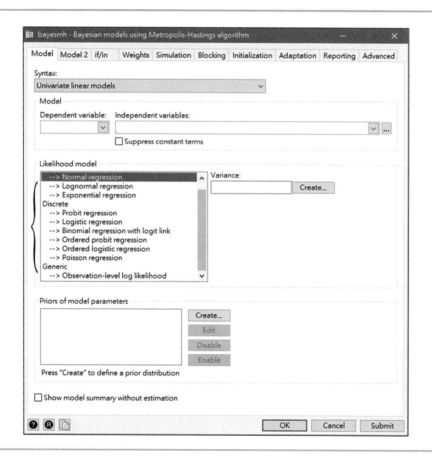

圖 1-26　bayesmh 指令之單變量線性模型的概似模型：連續依變數有 3 種，離散依變數有 6 種，generic 有 1 種 (Metropolis-Hastings 演算法)

一、最大概似估計 (MLE) 旨在求得最大後驗估計 (MAP)

公式：最大後驗估計 (MAP) ∝ 概似估計 (MLE) × 前驗

❑ 單變量Gaussian分配

$$\mathscr{N}(x \mid \mu, \sigma) = \frac{1}{\sqrt{2\pi\sigma^2}} e^{-\frac{(x-\mu)^2}{2\sigma^2}}$$

mean   variance

❑ 多變量Gaussian分配

$$\mathscr{N}(x \mid \mu, \Sigma) = \frac{1}{(2\pi|\Sigma|)^{1/2}} \exp\left\{-\frac{1}{2}(x-\mu)^T \Sigma^{-1}(x-\mu)\right\}$$

mean   covariance

用概似法來估計Gaussian分配之這些參數

❑ 考慮   log of Gaussian Distribution

$$\ln p(x \mid \mu, \Sigma) = -\frac{1}{2}\ln(2\pi) - \frac{1}{2}\ln|\Sigma| - \frac{1}{2}(x-\mu)^T \Sigma^{-1}(x-\mu)$$

❑   偏微分，並令方程式為**0**

$$\frac{\partial \ln p(x \mid \mu, \Sigma)}{\partial \mu} = 0 \qquad\qquad \frac{\partial \ln p(x \mid \mu, \Sigma)}{\partial \Sigma} = 0$$

$$\mu_{ML} = \frac{1}{N}\sum_{n=1}^{N} x_n \qquad \Sigma_{ML} = \frac{1}{N}\sum_{n=1}^{N}(x_n - \mu_{ML})(x_n - \mu_{ML})^T$$

其中，N為樣本數或資料點數

圖 1-27 對數高斯分布最大概似之示意圖

請參考前文【1-3-2a】之【4. MLE 思考與最大後驗估計 (MAP) 不同】。

定義：最大概似法 (method of maximum likelihood)

它是假設母體分布已知的估計法。

1. 假設 $\{X_i\}_{i=1}^n$ 為來自母體分布 $f(x, \theta)$ 的隨機樣本，其中函數 $f(\cdot)$ 已知，但 θ 為未知的母體參數。

2. 由於 $X_1, \dots, X_n$ 為隨機樣本，其聯合機率分布可以寫成：

$$f(x_1, \dots, x_n; \theta) = f(x_1; \theta) \dots f(x_n; \theta) = \prod_i f(x_i; \theta)$$

3. 對於上式，我們過去習慣解讀成已知 θ 下，$x_1, \dots, x_n$ 的函數。

4. 然而，我們也可以解讀爲已知 $x_1, \dots, x_n$ 下，θ 的函數。

5. 在第二種解讀下，把這樣的函數稱爲概似函數 (likelihood function)：

$$L(\theta) = \prod_i f(x_i; \theta)$$

亦即這組隨機樣本出現的可能性

6. 最大概似估計式就是要找到一個參數值，使得概似函數 $L(\theta)$ 極大：

$$\hat{\theta} = \arg \max_{\theta \in \Theta} L(\theta)$$

其中，Θ 爲參數空間

7. 用白話解釋就是說，我們要找出一個參數值 $\theta = \hat{\theta}$，使得該組樣本出現的可能性最大。

8. 亦即，已知某組樣本 $\{X_i\}_{i=1}^n$，如果參數值 $\theta = \hat{\theta}_1$ 比 $\theta = \hat{\theta}_2$ 最有可能 (more likely) 觀察到這組樣本特性，則毫無疑問地 $\hat{\theta}_1$ 比 $\hat{\theta}_2$ 估計更優。

9. 而最大概似法就是要在參數空間中，找出能夠讓我們最有可能 (most likely) 觀察到這組樣本的參數。

MLE 之性質：

1. MLE 不一定具有不偏性。

2. MLE 爲在最樂觀的評判標準下所選出之估計式，故並不能保證爲最好的估計式。

3. MLE 不一定只有一個，即不唯一。

4. $MLE(\hat{\Theta}) \overset{漸近}{\sim} N(\theta, CRLB)$

5. MLE 具有不變性（invariance），即若 $\hat{\Theta}$ 為 θ 的最大概似估計式，則 $u(\hat{\Theta})$ 亦為 $u(\theta)$ 之最大概似估計式，其中 $u(\theta)$ 為 θ 之任意函數。

二、概似函數 vs. 對數概似函數

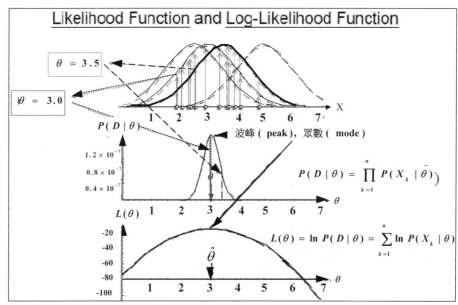

說明：如果是常態分布，通常 $\theta=(\mu,\delta^2)$

圖 1-28 likelihood 函數與 log-likelihood 函數

簡單地說，maximum likelihood 是用來推論如何從觀察到的樣本 (samples) 中，推測出整個群組最合理的分布狀況。例如：在工程系中，隨機抽樣六個學生的身高，如何推出整個工程系學生身高分布的真正情況。

假設這些樣本符合 Gaussian 分布，那我們要如何找出合適的平均數 (mean) 及變異數 (variance) 呢？

首先我們先定義 likelihood function：$P(D|\theta) = \prod_{k=1}^{n} P(X_k|\hat{\theta})$

其中，X_k 是樣本數據。θ 是分布參數 (如平均數 μ、變異數 σ)。

那麼 log likelihood function 為：$L(\theta) = \ln P(D|\theta) = \sum_{k=1}^{n} \ln P(X_k|\theta)$。

　　由上面可以明顯的體會出，當 $\ln P(D \mid \theta)$ 為最大時，此時 distribution parameter θ 最合理。

1-3-2b 最大概似估計法 (MLE) 做分類

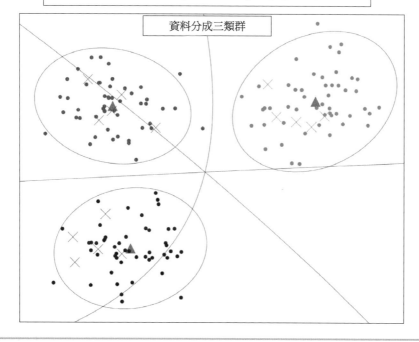

資料分群組的二個方法：**MLE vs. Mahalanobis距離**

Maximum Likelihood Estimation (MLE)

$$p(x \mid \Phi) = \frac{1}{(2\pi)|S_C|^{\frac{1}{2}}} \exp\left[-\frac{1}{2}(x - \mu_C)^T S_C^{-1}(x - \mu_C) \right]$$

$$S_c = \text{cov}(X) = E[(X - \mu_X)(X - \mu_X)^T]$$

Mahalanobis Distance

$$MD(x) = (\mu_C - x)^T \cdot S_C^{-1} \cdot (\mu_C - x)$$

資料分成三類群

圖 1-29 最大概似估計法 (MLE) 做分類之示意圖

一、參數 θ (平均數 μ，變異數 Σ) 估計法：OLS vs. MLE

(一) 最大概似估計做分類

先以一個分類問題來說明，一般參數估計面對的數據形式。思考一個 M 類的問題，特徵向量服從 $p(x|\omega_i)$, $i = 1, 2 \ldots , M$ 分布。這是現實情況中最常見的一種數據存在形式，數據集合 X 是由 M 個類別的數據子集 X_m, $m = 1, 2 \ldots , M$ 組成的，第 m 類別的數據子集 X_m 對應的機率密度函數是 $p(x|\omega_m)$。

前面已經介紹過了，想要確定數據的機率分布，需要知道機率密度函數的形式和參數，這裡首先做一個基本假定：機率分布的形式已知，例如假設每個類別的數據都滿足 Gaussian 分布，那麼，概似函數就可以以參數 θ_i 的形式表示，如果是 Gaussian 分布，則參數爲 μ_i 和 σ_i^2，即 $\theta_i = (\mu_i, \sigma_i^2)$。

爲了強調機率分布 $p(x|\omega_i)$ 和 θ_i 有關，將對應的機率密度函數記爲 $p(x|\omega_i; \theta_i)$，這種記法屬於頻率機率學派的記法。這裡的最大概似估計對應於一個類條件機率密度函數。

在機率論中一直有兩大學派，分別是頻率學派和貝葉斯學派。簡單點說，頻率學派認爲，機率是頻率的極限，譬如投硬幣，當實驗次數足夠大時，正面朝上的頻率可以認爲是這枚硬幣正面朝上的機率，這個是頻率學派。但是，如果要預測一些未發生過的事情，譬如：北極的冰山在 2050 年完全融化的機率，由於這個事情完全沒有發生過，所以無法用頻率來代替機率表示，只能研究過去幾十年，北極冰山融化的速率，並將其作爲先驗條件，來「預測」北極的冰山在 2050 年完全融化的機率，這就是機率的貝葉斯學派。上面的問題，如果用貝葉斯學派的記法的話，是：$p(x|\omega_i, \theta_i)$。這兩個學派適用的情況不太一樣，但是，在我目前所用到的機率論的知識中，貌似這兩個學派並沒有什麼太大的區別，只是記法略有不同，稍微注意即可。

從上面的描述可以知道，利用每一個類 X_i 中已知的特徵向量集合，可以估計出其對應的參數 θ_i。**進一步假設每一類中的數據不影響其他類別數據的參數估計**，那麼上面的 M 個類別的參數估計就可以用下面這個統一的模型，獨立的解決：

設 $x_1, x_2, ..., x_N$ 是從機率密度函數 $p(x; \theta)$ 中隨機抽取的樣本，那麼就可以得到**聯合機率密度函數** $p(X; \theta)$，其中 $X = \{x_1, x_2, \ldots , x_N\}$ 是樣本集合。假設不同的樣本之間具有統計獨立性，那麼：

$$p(X; \theta) \equiv p(x_1, x_2, \ldots , x_N; \theta) = \prod_{k=1}^{N} p(x_k; \theta)$$

注意：這裡的 $p(x_k; \theta)$ 本來的寫法是 $p(x|\omega_i, \theta_i)$，是一個類條件機率密度函數，只是因為這裡是一個統一的模型，所以可以將 ω_i 省略。

需要重申一下，想要得到上面這個公式，是做了三個基本的假定：

1. 假設 M 個類別的數據子集的機率密度函數形式一樣，只是參數的取值不同。

2. 假設類別 i 中的數據和類別 j 中的數據是相互獨立抽樣的，即類別 j 的參數僅僅根據類別 j 的數據就可以估計出來，類別 i 的數據並不能影響類別 j 的參數估計，反之亦然。

3. 每個類別內的樣本之間具有統計獨立性，即每個類別內的樣本之間是獨立同分布 (Independent and Identically Distributed, IID) 的。

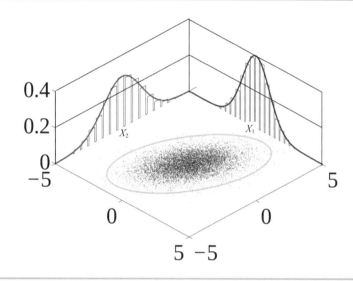

圖 1-30 相同且獨立分布 [Independently Identical Distribution, IID] 之示意圖

此時，就可以使用最大概似估計 (Maximum Likelihood, ML) 來估計參數 θ 了：

$$\hat{\theta}_{ML} = \arg \max_{\theta} \prod_{k=1}^{N} p(x_k; \theta)$$

為了得到最大值，$\hat{\theta}_{ML}$ 必須滿足的必要條件是，概似函數對 θ 的梯度必須為 0，即：

$$\frac{\partial \prod_{k=1}^{N} p(x_k; \theta)}{\partial \theta} = 0$$

一般我們取其對數形式：

$$L(\theta) = \ln \prod_{k=1}^{N} p(x_k; \theta)$$

$$\sum_{k=1}^{N} \frac{\partial \ln p(x_k; \theta)}{\partial \theta} = \sum_{k=1}^{N} \frac{1}{p(x_k; \theta)} \frac{\partial p(x_k; \theta)}{\partial \theta} = 0$$

需要注意：最大概似估計對應於概似函數的峰值。

(二) 漸進無偏誤和漸進一致性

最大概似估計有兩個非常重要的性質：漸進無偏誤和漸進一致性，有了這兩個性質，使得最大概似估計成為非常簡單而且實用的參數估計方法。這裡假設 θ_0 是密度函數 $p(x; \theta)$ 中未知參數的準確值。

1. 性質一：漸進無偏誤

最大概似估計是漸進無偏的，即：

$$\lim_{N \to \infty} E[\hat{\theta}_{ML}] = \theta_0$$

也就是說，這裡認為估計值 $\hat{\theta}_{ML}$ 本身是一個隨機變數 (因為不同的樣本集合 X 會得到不同的 $\hat{\theta}_{ML}$)，那麼其平均數就是未知參數的真實值，這就是漸進無偏。

2. 性質二：漸進一致

最大概似估計是漸進一致的，即：

$$\lim_{N \to \infty} prob\{ \| \hat{\theta}_{ML} - \theta_0 \| \le \epsilon \} = 1$$

這個公式還可以表示為：

$$\lim_{N \to \infty} E \| \hat{\theta}_{ML} - \theta_0 \|^2 = 0$$

對於一個估計器而言，一致性是非常重要的，因為存在滿足無偏性，但是不滿足一致性的情況，譬如，$\hat{\theta}_{ML}$ 在 θ_0 周圍震盪。如果不滿足一致性，那麼就會出現很大的變異數。

注意：以上兩個性質，都是在漸進的前提下 (N →∞) 才能討論的，即只有 N 足夠大時，上面兩個性質才能成立。

1-3-3 估計法二：最大後驗 (Max posterior) 估計

現在先定義幾類機率之符號：

$p(\theta)$ 是 (先驗分布)。

$p(\theta \mid X)$ 是 (後驗分布)。

$p(X)$。

$p(X \mid \theta)$ 是 (概似函數)。

一、公式：後驗 = 概似 × 先驗

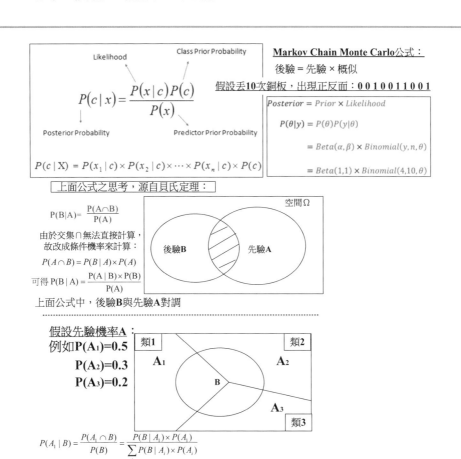

圖 1-31 後驗、概似及先驗之公式 (後驗 = 概似 × 先驗)

101

二、何謂最大概似估計 (Maximum Likelihood Estimation, MLE)？

在統計學中，最大概似估計 (Maximum Likelihood Estimation, MLE)，也稱最大似然估計，是用來估計一個機率模型的參數的一種方法。

最大概似估計 (Maximum Likelihood Estimation, MLE) 與最大後驗機率估計 (Maximum A Posteriori estimation, MAP) 是很常用的兩種參數估計方法，如果不理解這兩種方法的思路，很容易混淆。

定義：最大後驗估計 (Maximum A Posteriori (MAP) Estimation)

最大後驗估計是根據經驗數據獲得對難以觀察的量的點估計。與最大概似估計類似，但最大的不同是，最大後驗估計融入了要估計量的先驗分布在其中。故最大後驗估計可以看作正規化的最大概似估計。

首先，回顧上面的最大概似估計，假設 x 為獨立同分布的抽樣，θ 為模型參數，f 為我們所使用的模型。那麼最大概似估計可以表示為：

$$\hat{\theta}_{MLE}(x) = \arg \max_{\theta} f(x \mid \theta)$$

現在，假設 θ 的先驗分布為 g。通過貝葉斯理論，對於 θ 的後驗分布如下式所示：

$$\theta \mapsto f(\theta \mid x) = \frac{f(x \mid \theta)g(\theta)}{\int_{\theta \in \Theta} f(x \mid \theta')g(\theta')d\theta'}$$

後驗分布的目標為：

$$\hat{\theta}_{MAP}(x) = \arg \max_{\theta} \frac{f(x \mid \theta)g(\theta)}{\int_{\Theta} f(x \mid \theta')g(\theta')d\theta'} = \arg \max_{\theta} f(x \mid \theta)g(\theta)$$

總之，最大後驗估計可以看作貝葉斯估計的一種特定形式。

MAP 是在 ML 的基礎上加了先驗 (prior)，也就是假定了一些 P(W) 的分布。在 MAP 情況下我們需要計算 P(W|D)（從貝葉斯定理：$P(A \mid B) = \frac{P(B \mid A)P(A)}{P(B)}$，對應的後驗機率 $P(W \mid D) = \frac{P(D \mid W)P(W)}{P(D)}$）。

在線性迴歸上加上先驗 (prior)，其實相當於加了正規化 (regularization)。如

果假定 P(W) 服從 (符合) 高斯分布，那我們加的實際上是 L2_norm，如果我們假定 P(W) 服從 (符合) 拉普拉斯分布，那我們加的是 L1_norm(線性 regression 情況下就是相當於 LASSO，會有 sparse 的特點)。

三、最大概似估計 (MLE) ≠ 最大後驗估計

在**最大概似估計**中，將 θ 看作是未知的參數，說的通俗一點，最大概似估計是 θ 的函數，其求解過程就是找到使得最大概似函數最大的那個參數 θ。

從最大後驗估計開始，將參數 θ 看成一個隨機變數，並在已知樣本集 $\{x_1, x_2, ... , x_N\}$ 的條件下，估計參數 θ。

這裡一定要注意，在最大概似估計中，參數 θ 是一個定值，只是這個值未知，最大概似函數是 θ 的函數，這裡 θ 是沒有機率意義的。但是，在最大後驗估計中，θ 是有機率意義的，θ 有自己的分布，而這個分布函數，需要通過已有的樣本集合 X 得到，即最大後驗估計需要計算的是 $p(\theta \mid X)$。

根據貝葉斯理論：

$$p(\theta \mid X) = \frac{p(\theta)p(X \mid \theta)}{p(X)}$$

這就是參數 θ 關於已有數據集合 X 的後驗機率，要使得這個後驗機率最大，和最大概似估計一樣，這裡需要對後驗機率函數求導。由於分子中的 $p(x)$ 相對於 θ 是獨立的，隨意可以直接忽略掉 $p(x)$。

$$\hat{\theta}_{MAP} = \arg \max_{\theta} p(\theta \mid X) = \arg \max_{\theta} p(\theta)p(X \mid \theta)$$

為了得到參數 θ，和 ML 一樣，需要對 $p(\theta \mid X)$ 求梯度，並使其等於 0：

$$\frac{p(\theta \mid X)}{\partial \theta} = \frac{p(\theta)p(X \mid \theta)}{\partial \theta} = 0$$

注意：這裡 $p(X \mid \theta)$ 和最大概似估計中的概似函數 $p(x; \theta)$ 是一樣的，只是記法不一樣。MAP 和 ML 的區別是：MAP 是在 ML 的基礎上加上了 $p(\theta)$。

這裡需要說明，雖然從公式上來看 MAP = ML*$p(\theta)$，但是這兩種演算法有本質的區別，ML 將 θ 視為一個確定未知的值，而 MAP 則將 θ 視為一個隨機變數。

在 MAP 中，$p(\theta)$ 稱為 θ 的先驗，假設其服從均勻分布，即對於所有 θ 取值，

$p(\theta)$ 都是同一個常量，則 MAP 和 ML 會得到相同的結果。如果 $p(\theta)$ 的變異數非常的小，也就是說，$p(\theta)$ 是近似均勻分布的話，MAP 和 ML 的結果自然也會非常的相似。

四、最大後驗估計法有三種

在貝葉斯統計學中，「最大後驗機率估計」是後驗機率分布的眾數。利用最大後驗機率估計可以獲得對實驗數據中無法直接觀察到的量的點估計。它與最大概似估計中的經典方法有密切關係，但是它使用了一個增廣的優化目標，進一步考慮了被估計量的先驗機率分布。所以最大後驗機率估計可以看作是正規化 (regularization) 的最大概似估計。

假設我們需要根據觀察數據 x 估計沒有觀察到的總體參數 θ，讓 f 作為 x 的抽樣分布，這樣 $f(x|\theta)$ 就是總體參數為 θ 時 x 的機率。函數

$$\theta \mapsto f(x \,|\, \theta)$$

就是 θ 的最大概似估計。

$$\hat{\theta}_{ML}(x) = \arg\max_{\theta} f(x \,|\, \theta)$$

假設 θ 存在一個先驗分布 g，這就允許我們將 θ 作為貝葉斯統計 (Bayesian statistics) 中的隨機變數，這樣 θ 的後驗分布就是：

$$\theta \mapsto \frac{f(x \,|\, \theta) g(\theta)}{\int_{\Theta} f(x \,|\, \theta') g(\theta') d\theta'}$$

其中，θ 是 g 的 domain，這是貝葉斯定理的直接應用。

最大後驗估計方法於是估計 θ 為這個隨機變數的後驗分布的眾數 (mode)：

$$\hat{\theta}_{MAP}(x) = \arg\max_{\theta} \frac{f(x \,|\, \theta) g(\theta)}{\int_{\Theta} f(x \,|\, \theta') g(\theta') d\theta'} = \arg\max_{\theta} f(x \,|\, \theta) g(\theta)$$

後驗分布的分母與 θ 無關，所以在優化過程中不起作用。注意，當先驗 g 是常數函數時最大後驗估計與最大概似估計重合。

最大後驗估計可以用下列三種方法計算：

1. **解析方法**，當後驗分布的模能夠用「**解析解**」方式表示的時候用這種方法。當使用共軛先驗的時候就是這種情況。

2. 通過如**共軛積分法**或者**牛頓法**這樣的數值優化方法進行，這通常需要一階或者導數，導數需要通過解析或者數值方法得到。

3. 通過「**期望最大化 (EM) 演算法**」的修改實作，這種方法不需要後驗密度的導數。

儘管最大後驗估計與 Bayesian 統計共用先驗分布的使用，通常並不認為它是一種 Bayesian 方法，這是因為最大後驗估計是點估計，然而 Bayesian 方法的特點是使用這些分布來總結數據 (平均數、眾數、信賴區間……)、得到推論。Bayesian 方法試圖算出後驗均值或者中值以及 posterior interval，而不是後驗模。尤其是當後驗分布沒有一個簡單的解析形式的時候更是這樣：在這種情況下，後驗分布可以使用 Markov chain Monte Carlo 技術來模擬，但是找到它的模的優化是很困難或者是不可能的。

五、貝葉斯模型

最大後驗估計 (MAP) 的一些極限 (limitation)，使用貝葉斯即可輕易解決。貝葉斯的特點就是考慮整個 W 的分布，自然而然就可防止過度適配 (overfitting)。在貝葉斯模型下，你需要計算 P(W|D)，但不要忘記，在這裡我們是計算 W 的分布，而不是 W 的一個最佳化的值 (不同於 MAP)。當然，貝葉斯的優點也帶來了一些麻煩，就是它的計算比前兩個方法複雜的多，但 STaTa 提供 45 種貝葉斯模型就輕鬆多了。

理想上，如果我們的數據非常多，ML 的效果就會很好了。樣本數據愈多，prior P(W) 的作用會愈小。

1-3-4 估計法三：貝葉斯估計

注意：以下所有的機率分布表述方式均為貝葉斯學派的表述方式。

一、貝葉斯估計核心問題

為了防止標號混淆，這裡定義已有的樣本集合為 D，而不是之前的 X。樣本集合 D 中的樣本都是從一個固定但是未知的機率密度函數 $p(x)$ 中獨立抽取出來的，要求根據這些樣本估計 X 的機率分布，記為 $p(x \mid D)$，並且使得 $p(x \mid D)$ 儘量的接近 $p(x)$，這就是貝葉斯估計的核心問題。

二、貝葉斯估計第一個重要元素

雖然 $p(x)$ 是未知的，但是前面提到過，一個密度分布的兩個要素為：形式和參數，我們可以假設 $p(x)$ 的形式已知，但是參數 θ 的取值未知。這裡就有了貝葉斯估計的第一個重要元素 $p(x \mid \theta)$，這是一個條件機率密度函數，準確的說，是一個類條件機率密度函數 (具體原因參見本文前面關於極大概似估計的說明)。強調一下：$p(x \mid \theta)$ 的形式是已知的，只是參數 θ 的取值未知。由於這裡的 x 可以看成一個測試樣本，所以這個條件密度函數，從本質上講，是 θ 在點 x 處的概似估計。

三、貝葉斯估計第二個重要元素

由於參數 θ 的取值未知，且，我們將 θ 看成一個隨機變數，那麼，在觀察到具體的訓練樣本之前，關於 θ 的全部知識，可以用一個先驗機率密度函數 $p(\theta)$ 來表示，對於訓練樣本的觀察，使得我們能夠把這個先驗機率密度轉化成為後驗機率密度函數 $p(\theta \mid D)$，根據後驗機率密度相關的論述知道，我們希望 $p(\theta \mid D)$ 在 θ 的真實值附近有非常顯著的尖峰。這裡的這個後驗機率密度，就是貝葉斯估計的第二個主要元素。

現在，將貝葉斯估計核心問題 $p(x \mid D)$，和貝葉斯估計的兩個重要元素：$p(x \mid \theta)$、$p(\theta \mid D)$ 聯繫起來：

$$p(x \mid D) = \int p(x, \theta \mid D) \, d\theta = \int p(x \mid \theta, D) \, p(\theta \mid D) d\theta$$

上面式子中，x 是測試樣本，D 是訓練集，x 和 D 選取是獨立進行的，因此，$p(x \mid \theta, D)$ 可以寫成 $p(x \mid \theta)$。所以，貝葉斯估計的核心問題就是下面這個公式：

$$p(x \mid D) = \int p(x \mid \theta) \, p(\theta \mid D) d\theta$$

下面這句話一定要理解：這裡 $p(x \mid \theta)$ 是 θ 關於測試樣本 x 這一個點的概似估計，而 $p(\theta \mid D)$ 則是 θ 在已有樣本集合上的後驗機率。這就是為什麼本文一開始並沒有直接講貝葉斯估計，而是先說明最大概似估計和最大後驗估計的原因。其中，後驗機率 $p(\theta \mid D)$ 為：

$$p(\theta \mid D) = \frac{p(D \mid \theta) p(\theta)}{p(D)} = \frac{p(D \mid \theta) p(\theta)}{\int p(D \mid \theta) p(\theta) d\theta}$$

$$p(D \mid \theta) = \prod_{k=1}^{N} p(x_k \mid \theta)$$

其中，Π 是連乘的符號；相對地，Σ 是連加的符號。

四、貝葉斯估計的深入

為了明確的表示樣本集合 D 中有 n 個樣本，這裡採用記號：$D^n = \{x_1, x_2, \ldots, x_n\}$。根據前一個公式，在 $n > 1$ 的情況下有：

$$p(D^n \mid \theta) = p(x_n \mid \theta)p(D^{n-1} \mid \theta)$$

可以很容易得到：

$$p(\theta \mid D^n) = \frac{p(x_n \mid \theta)p(D^{n-1} \mid \theta)p(\theta)}{\int p(x_n \mid \theta)p(D^{n-1} \mid \theta)p(\theta)d\theta} = \frac{p(x_n \mid \theta)p(\theta \mid D^{n-1})}{\int p(x_n \mid \theta)p(\theta \mid D^{n-1})d\theta}$$

當沒有觀測樣本時，定義 $p(\theta \mid D^0) = p(\theta)$，為參數 θ 的初始估計。然後讓樣本集合依次疊代上述公式，就可以得到一系列的機率密度函數：$p(\theta \mid D^0)$、$p(\theta \mid D^1)$、$p(\theta \mid D^2)$、……、$p(\theta \mid D^n)$，這一過程稱為參數估計貝葉斯遞迴法，也叫貝葉斯估計的增量學習。這是一個學習演算法，它和隨機梯度下降法有很多相似之處。

1-4 期望最大化 (EM) 演算法

MLE 思想，是機器學習十大演算法之一，其思考很像 EM 演算法。

最大期望演算法 (Expectation-Maximization algorithm，期望最大化演算法) 在統計中被用於尋找，依賴於不可觀察的隱性變數的機率模型中，參數的最大概似估計。

在統計計算中，最大期望 (EM) 算法是在機率模型中尋找參數最大概似估計或者最大後驗估計的算法，其中機率模型依賴於無法觀測的隱性變數。最大期望算法經常用在機器學習和計算機視覺的數據聚類 (data clustering) 領域。最大期望算法經過兩個步驟交替進行計算，第一步是計算期望 (E)，利用對隱藏變數的現有估計值，計算其最大概似估計值；第二步是最大化 (M)，最大化在 E 步上求得的最大概似值來計算參數的值。M 步上找到的參數估計值被用於下一個 E 步計算中，這個過程不斷交替進行。

有關期望最大化 (EM) 演算法如何應用在 17 種迴歸模型，詳情請見作者《有限混合模型 (FMM)：STaTa 分析 (以 EM algorithm 做潛在分類再迴歸分析)》一書。

一、有限混合模型 (Finite Mixture Model, FMM) 的功能

(一) 填補樣本中遺漏值 (missing data)。

(二) 發現潛在變數的價值 (Discovering the value of latent variables)。

(三) 估計 Hidden Markov Model 的參數 (Estimating the parameters of HMMs)
HMM 是一個統計 Markov 模型，被建模的系統被假定為具有不可觀察 (即潛在藏) 狀態 (state) 的 Markov 過程。潛在 Markov 模型可以表示為最簡單的動態貝葉斯 (Bayesian) 網絡。在較簡單的 Markov 模型 (如 Markov chain) 中，狀態對於觀察者是直接可見的，因此狀態轉移概率是唯一的參數，而在潛在 Markov 模型中，狀態不是直接可見的，但輸出是可見的 (依賴於狀態)。每個狀態都有輸出標記的概率分布。因此，由 HMM 生成的 sequence of tokens 會出現關於狀態序列 (sequence of states) 的一些資訊。

(四) 估算有限混合模型的參數 (平均數 μ，變異數 Σ)。

(五) 非監督式集群學習 (Unsupervised learning of clusters)。

(六) 半監督分類和聚類 (Semi-supervised classification and clustering)。

二、最大概似估計 (MLE) 之思想，很像有限混合模型採用的 EM 演算法

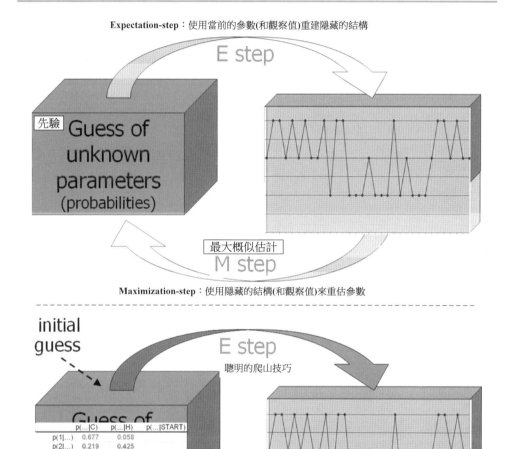

Expectation-step：使用當前的參數(和觀察值)重建隱藏的結構

Maximization-step：使用隱藏的結構(和觀察值)來重估參數

圖 1-32 期望最大化 (EM) 之示意圖 [潛在馬可夫 (Hidden Markov) 模型] (聰明的爬山技巧)

三、期望值最大演算法 (Expectation Maximization, EM) 之重點整理

<u>EM algorithm for mixture of Gaussians</u>

GMM 許多高斯的加權和，其權重由分布 π 來決定

$$p(x) \quad n_0 N(x \mid u_0, \Sigma_0) - n_1 N(x \mid u_1, \Sigma_1) + \cdots + n_k N(x \mid u_k, \Sigma_k)$$

What is a mixture of K Gaussians? $p(x) = \sum_{k=1}^{k} \pi_k F(x \mid \Theta_k)$

約束：$\sum_{k=1}^{k} \pi_k = 1$

and $F(x \mid \Theta)$ is the Gaussian distribution with parameters $\Theta = \{u, \Sigma\}$

If all points $x \in X$ are mixtures of K Gaussians then

$$p(X) = \prod_{i=1}^{n} p(x_i) = \prod_{i=1}^{n} \prod_{k=1}^{K} \pi_k F(x_i \mid \Theta_k)$$

目標：Find $\pi_1, ..., \pi_k$ and $\Theta_1, ..., \Theta_k$ such that $P(X)$ is maximized

或 $\ln(P(X))$ is maximized： $\quad L(\Theta) = \sum_{i=1}^{n} \ln \left\{ \sum_{k=1}^{k} \pi_k F(x_i \mid \Theta_k) \right\}$

· Every point x_i is *probabilistically* assigned (generated) to (by) the k-th Gaussian

· Probability that point x_i is generated by the k-th Gaussian is $w_{ik} = \dfrac{\pi_k F(x_i \mid \Theta_k)}{\sum_{j=1}^{K} \pi_j F(x_i \mid \Theta_j)}$

· Every Gaussian (cluster) C_k has an effective number of points assigned to it N_k

$$N_k = \sum_{i=1}^{n} w_{ik} \qquad \text{其中，平均數：} \mu_k = \frac{1}{N_k} \sum_{i=1}^{n} w_{ik} x_i$$

$$\text{變異數：} \Sigma_k = \frac{1}{N_k} \sum_{i=1}^{n} w_{ik} (x_i - \mu_k) x_i (x_i - \mu_k)^T$$

<u>EM for Gaussian 混合模型</u>

· Initialize the means μ_k, variances $\Sigma_k(\Theta_k = (\mu_k, \Sigma_k))$ and mixing coefficients π_k, and evaluate the initial value of the loglikelihood

· Expectation step：使用當前的參數（和觀察值）重建隱藏的結構（Evaluate weights）
用當前參數評估每個集群的 "responsibilities"。

$$w_{ik} = \frac{\pi_k F(x_i \mid \Theta_k)}{\sum_{j=1}^{K} \pi_j F(x_i \mid \Theta_j)}$$

· Maximization step：使用隱藏的結構（和觀察值）來重估參數
使用現有的 "responsibilities" 重新估計參數

$$\mu_k^{new} = \frac{1}{N_k} \sum_{i=1}^{n} w_{ik} x_i$$

$$\Sigma_k^{new} = \frac{1}{N_k} \sum_{i=1}^{n} w_{ik} (x_i - \mu_k^{new}) x_i (x_i - \mu_k^{new})^T$$

Evaluate $L(\Theta^{new})$ and stop if converged

<u>Latent Variable Representation</u>

$$p(x) = \sum_{i=0}^{k} \pi_i N(x \mid \mu_k, \Sigma_k) = \sum_{z} p(z) p(x \mid z)，其中：$$

$$p(z) = \prod_{k=1}^{K} \pi_k^{Z_k} \qquad\qquad p(x \mid z) = \prod_{k=1}^{K} N(x \mid \mu_k, \Sigma_k)^{Z_k}$$

圖 1-33 EM for Gaussian 混合模型

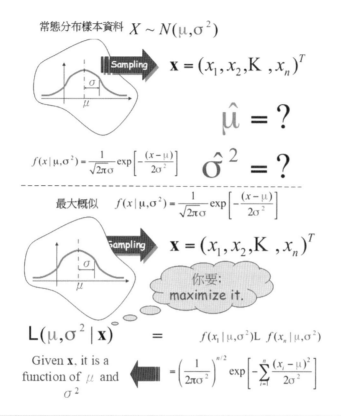

圖 1-34 如何估計常態樣本的平均數及變異數呢

Log-Likelihood Function ： $L(\mu,\sigma^2 \mid \mathbf{x}) = \left(\frac{1}{2\pi\sigma^2}\right)^{n/2} \exp\left[-\sum_{i=1}^{n}\frac{(x_i-\mu)^2}{2\sigma^2}\right]$

$$\mathcal{L}(\mu,\sigma^2 \mid \mathbf{x}) = \log L(\mu,\sigma^2 \mid \mathbf{x})$$

$$= \frac{n}{2}\log\frac{1}{2\pi\sigma^2} - \sum_{i=1}^{n}\frac{(x_i-\mu)^2}{2\sigma^2}$$

Maximize this instead

$$= -\frac{n}{2}\log\sigma^2 - \frac{n}{2}\log 2\pi - \frac{1}{2\sigma^2}\sum_{i=1}^{n}x_i^2 + \frac{\mu}{\sigma^2}\sum_{i=1}^{n}x_i - \frac{n\mu^2}{2\sigma^2}$$

By setting

$$\frac{\partial}{\partial\mu}l(\mu,\sigma^2 \mid \mathbf{x}) = 0 \quad 且 \quad \frac{\partial}{\partial\sigma^2}l(\mu,\sigma^2 \mid \mathbf{x}) = 0$$

Max. the Log-Likelihood Function

$$\mathcal{L}(\mu,\sigma^2 \mid \mathbf{x}) = -\frac{n}{2}\log\sigma^2 - \frac{n}{2}\log 2\pi - \frac{1}{2\sigma^2}\sum_{i=1}^{n}x_i^2 + \frac{\mu}{\sigma^2}\sum_{i=1}^{n}x_i - \frac{n\mu^2}{2\sigma^2}$$

$$\frac{\partial}{\partial\mu}l(\mu,\sigma^2 \mid \mathbf{x}) = \frac{1}{\sigma^2}\sum_{i=1}^{n}x_i - \frac{n\mu}{\sigma^2} = 0 \qquad \hat{\mu} = \frac{1}{n}\sum_{i=1}^{n}x_i$$

$$\hat{\mu} = \frac{1}{n}\sum_{i=1}^{n}x_i \qquad \hat{\sigma}^2 = \frac{1}{n}\sum_{i=1}^{n}x_i^2 - \hat{\mu}^2$$

$$\mathcal{L}(\mu,\sigma^2 \mid \mathbf{x}) = -\frac{n}{2}\log\sigma^2 - \frac{n}{2}\log 2\pi - \frac{1}{2\sigma^2}\sum_{i=1}^{n}x_i^2 + \frac{\mu}{\sigma^2}\sum_{i=1}^{n}x_i - \frac{n\mu^2}{2\sigma^2}$$

$$\frac{\partial}{\partial\sigma^2}l(\mu,\sigma^2 \mid \mathbf{x}) = -\frac{n}{2\sigma^2} + \frac{1}{2\sigma^4}\sum_{i=1}^{n}x_i^2 - \frac{\mu}{\sigma^4}\sum_{i=1}^{n}x_i + \frac{n\mu^2}{2\sigma^4} = 0$$

$$n\sigma^2 = \sum_{i=1}^{n}x_i^2 - 2\mu\sum_{i=1}^{n}x_i + n\mu^2$$

$$= \sum_{i=1}^{n}x_i^2 - \frac{2}{n}\left(\sum_{i=1}^{n}x_i\right)^2 + \frac{1}{n}\left(\sum_{i=1}^{n}x_i\right)^2$$

圖 1-35 Log-Likelihood 函數

你在做背景模型訓練時，最終的目的是估測最佳的高斯混合模型參數 λ，所謂的「最佳」指的是，影像圖元值眞正的分布，與模型參數 λ 估測出來的分布有最大的相似度，估測最佳參數的方法有很多，但最受歡迎、最適合的方法是『最佳相似性估測法』(Maximum Likelihood Estimation, MLE)。

在高斯密度函數的假設下，當 $x = x_i$ 時，其機率密度爲 $P(x_i \mid \lambda)$。如果 x_i 之間是互相獨立的事件 ($i = 1 \sim n$)，則發生 $X = \{x_1, x_2, \ldots, x_n\}$ 的機率密度之相似函數 (likelihood function) 可以表示成：

$$P(X \mid \lambda) = \prod_{i=1}^{n} P(x_i \mid \lambda)$$

由於 X 是確定的，因此 MLE 主要是找出使高斯混合模型的相似函數值為最大時的參數 λ'，也就是 $\lambda' = \arg\max_{\lambda} P(x \mid \lambda)$。但是上式對 λ 而言，是一個非線性的方程式，無法直接最大化相似函數，所以採用期望值最大演算法 (Expectation Maximization Algorithm)， 用疊代的方式找出 MLE 的估測參數 λ'。

EM 演算法的基本做法是先由之前 K 平均值分類法找出的初始化參數 λ，再用 EM 估計出新的參數 $\overline{\lambda}$，使得滿足 $P(x \mid \overline{\lambda}) \geq P(X \mid \lambda)$，令 $\lambda = \overline{\lambda}$ 這種新疊代估計新的 $\overline{\lambda}$，直到 $P(X \mid \lambda)$ 收斂或是達到某個門檻值才停止。EM 演算法主要分成 2 個部分，與 likelihood 函數有關的 E-Step，以及更新參數方程式的 M-Step。

(一) E-Step：使用當前的參數 (和觀察值) 重建隱藏的結構

目的是測試我們所求的 likelihood 函數值，是否達到我們的要求，若符合要求，EM 演算法就停止，反之就繼續執行 EM 演算法。這裡為了數學推導的方便，假設模型是由三個高斯分布函數所構成，則其密度函數可表示成：

$$P(x) = w_1 g(x; \mu_1, \Sigma_1) + w_2 g(x; \mu_2, \Sigma_2) + w_3 g(x; \mu_3, \Sigma_3)$$

其中，共變異矩陣部分 Σ_j，每個維度彼此獨立，所以只剩對角有值，$P(x)$ 的參數 $\lambda = [w_1, w_2, w_3, \mu_1, \mu_2, \mu_3, \Sigma_1, \Sigma_2, \Sigma_3]$，參數個數為 (1+1+1+d+d+d+d+d+d)=3+6d 個。依前述 MLE 原則，求出 likelihood 的最大值：

$$E(\lambda) = \ln\left(\prod_{i=1}^{n} P(x_i)\right) = \sum_{i=1}^{n} \ln P(x_i)$$
$$= \sum_{i=1}^{n} \ln[w_1 \times g(x_i; \mu_1, \Sigma_1) + w_2 \times g(x_i; \mu_2, \Sigma_2) + w_3 \times g(x_i; \mu_3, \Sigma_3)]$$

為簡化討論，再引進另一個數學符號稱事後機率 (post probability)：

$$\beta_j(x) = p(j \mid x) = \frac{p(j \cap x)}{p(x)} = \frac{p(j)p(x \mid j)}{p(x)}$$
$$= \frac{p(j)p(x \mid j)}{p(1)p(x \mid 1) + p(2)p(x \mid 2) + p(3)p(x \mid 3)}$$
$$= \frac{w_j g(x; \mu_i, \Sigma_i)}{w_1 g(x; \mu_1, \Sigma_1) + w_2 g(x; \mu_2, \Sigma_2) + w_3 g(x; \mu_3, \Sigma_3)}$$

(二) M-Step：使用隱藏的結構 (和觀察值) 來重估參數

主要目的是爲了要找到使 likelihood 函數最大化的參數，因此我們分別對 w_1, x_i, Σ_1 做偏導數，再做後續的運算，於是便可以得到所求的參數，接著返回 E-Step 繼續做。假設初始參數是 λ_{old}，我們希望找出新的 λ 值，滿足 $\lambda > \lambda_{old}$，因 爲根據 $\ln\left(\dfrac{a}{b}\right) = \ln(a) - \ln(b)$，$E(\lambda) > E(\lambda_{old})$ 可以延伸成下式：

$$
\begin{aligned}
E(\lambda) - E(\lambda_{old}) &= \sum_{i=1}^{n} \ln\left[\frac{w_1 g(x_i; \mu_1, \Sigma_1) + w_2 g(x_i; \mu_2, \Sigma_2) + w_3 g(x_i; \mu_3, \Sigma_3)}{w_{1,old} g(x_i; \mu_{1,old}, \Sigma_{1,old}) + w_{2,old} g(x_i; \mu_{2,old}\Sigma_{2,old}) + w_{3,old} g(x_i; \mu_{3,old}, \Sigma_{3,old})}\right] \\
&= \sum_{i=1}^{n} \ln\left[\frac{w_1 g(x_i, \mu_1, \Sigma_1)}{D(\lambda_{old})} \frac{\beta_1(x_i)}{\beta_1(x_i)} + \frac{w_2 g(x_i, \mu_2, \Sigma_2)}{D(\lambda_{old})} \frac{\beta_2(x_i)}{\beta_2(x_i)} + \frac{w_3 g(x_i, \mu_3, \Sigma_3)}{D(\lambda_{old})} \frac{\beta_3(x_i)}{\beta_3(x_i)}\right] \\
&\geq \sum_{i=1}^{n} \left[\beta_1(x_i)\ln\frac{w_1 g(x_i; \mu_1, \Sigma_1)}{D(\lambda_{old})\beta_1(x_i)} + \beta_2(x_i)\ln\frac{w_2 g(x_i; \mu_2, \Sigma_2)}{D(\lambda_{old})\beta_2(x_i)} + \beta_3(x_i)\ln\frac{w_3 g(x_i; \mu_3, \Sigma_3)}{D(\lambda_{old})\beta_3(x_i)}\right] \\
&= Q(\lambda)
\end{aligned}
$$

上式中，因爲 ln(x) 是一個凸函數 (Convex Function)，滿足下列不等式

$$
\ln[\alpha x_1 + (1 - \alpha)x_2] \geq \alpha \ln(x_1) + (1 - \alpha)\ln(x_2)
$$

推廣上式到「傑森不等式」(Jensen Inequality)：

$$
\ln\left(\sum_{i=1}^{n} \alpha_i x_i\right) \geq \sum_{i=1}^{n} \alpha_i \ln(x_i)，約束條件是 \sum_{i=1}^{n} \alpha_i = 1
$$

因爲 $\sum_{j=1}^{3} \beta_j(x_i) = 1$，所以可以將傑森不等式套用在上上上式，最後得到下式：

$$
E(\lambda) \geq E(\lambda_{old}) + Q(\lambda)
$$

只要 $Q(\lambda) > 0$，必滿足 $E(\lambda) > E(\lambda_{old})$，但我們通常希望 $E(\lambda)$ 愈大愈好，最直接的 方式就是找出使得 $Q(\lambda)$ 最大的 λ 值，那 $E(\lambda)$ 也會跟著變大，見下圖。

$Q(\lambda)$ 是 λ 的函數，將一些與 λ 不相關的部分併入常數項，並重新整理 $Q(\lambda)$ 成下式：

$$
\begin{aligned}
Q(\lambda) &= \sum_{i=1}^{n} \sum_{j=1}^{3} \beta_j(x_i)[\ln w_j + \ln g(x_i; \mu_j, \Sigma_j)] + c1 \\
&= \sum_{i=1}^{n} \sum_{j=1}^{3} \beta_j(x_i)\left\{\ln w_j + \ln\left[\frac{1}{(2\pi)^{d/2}[\det \Sigma_j]^{1/2}} \exp\left(-\frac{(x_i - \mu_j)\Sigma_j^{-1}(x_i - \mu_j)^T}{2}\right)\right]\right\} + c1
\end{aligned}
$$

對 μ_j 偏微分，$\partial_{\mu_j} Q = 0 \Rightarrow \mu_j = \dfrac{\sum\limits_{i=1}^{n} \beta_j(x_i) x_i}{\sum\limits_{i=1}^{n} \beta_j(x_i)}$

對 Σ_j 偏微分，$\partial_{\Sigma_j} Q = 0 \Rightarrow \Sigma_j = \dfrac{\sum\limits_{i=1}^{n} \beta_j(x_i)(x_i - \mu_j)(x_i - \mu_j)^T}{\sum\limits_{i=1}^{n} \beta_j(x_i)}$

欲得到最佳之 w_j 值，須將 w_j 的總合為 1 的條件加入，引進 Lagrange Multiplier，並定義新的目標函數 (object function) 為：

$$E_{new}(\lambda) = E(\lambda) + \alpha(w_1 + w_2 + w_3 - 1)$$

將 E_{new} 對 3 個 weighting 做偏微分，可得到下面 3 個方程式：

$$\frac{\partial E_{new}}{\partial w_j} = -\frac{1}{w_j} \sum_{i=1}^{n} \beta_j(x_i) + \alpha, \quad j = 1,2,3$$

最後將上式的 3 個式子相加，可得到：

$$(w_1 + w_2 + w_3)\alpha = -\sum_{i=1}^{n}[\beta_1(x_i) + \beta_2(x_i) + \beta_3(x_i)]$$

$$\Rightarrow \alpha = -\sum_{i=1}^{n} 1 = -n$$

$$\Rightarrow w_j = \frac{1}{n}\sum_{i=1}^{n}\beta_j(x_i), \quad j = 1, 2, 3$$

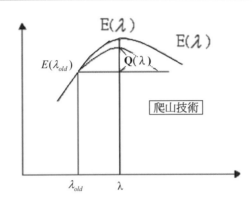

圖 1-36 Likelihood function E(λ) 最大化的示意圖

小結

　　有關 EM 更深入的應用範例，請見作者《有限混合模型 (FMM)：STaTa 分析 (以 EM algorithm 做潛在分類再迴歸分析)》一書，該書內容包括：〈FMM：線性迴歸〉、〈FMM：次序迴歸〉、〈FMM：Logit 迴歸〉、〈FMM：多項 Logit 迴歸〉、〈FMM：零膨脹迴歸〉、〈FMM：參數型存活迴歸〉……等理論與實作。

貝葉斯 (Bayesian) 迴歸
有 45 種

概率分類法 (probabilistic classification)：

1. 建構概率分類之模型

‧生成模型

$$P(C|X)\ C=c_1,\ldots,c_L,\ X=(X_1,\ldots,X_n)$$

‧判別模型：

$$P(X|C)\ C=c_1,\ldots,c_L,\ X=(X_1,\ldots,X_n)$$

2. 最大後驗 (MAP) 分類規則

‧MAP: Maximum A Posterior

‧Assign x to $c*$ if $P(C=c^*|X=x)>P(C=c|X=x)$　$c\neq c^*, c=c_1,\ldots,c_L$

3. 用 MAP 規則來分類

‧Apply Bayesian rule to convert: $P(C|X)=\dfrac{P(X|C)P(C)}{P(X)}\propto P(X|C)\,P(C)$

生成模型做分類：Bayes

1. 已知變數 $x=(x_1, x_2, \ldots, x_M)$，及類別變數 y。

2. 聯合 pdf 為 $p(x, y)$

　(1) 因為我們可以人工生成更多樣本，謂之生成模型。

3. 已知 full join pdf，我們即可

　‧Marginalize　$p(y)=\sum\limits_{x}p(x,y)$

　‧Condition　$p(y|x)=\dfrac{p(x,y)}{p(x)}$

　‧By conditioning the joint pdf we form a classifier

4. 仍有計算問題

　(1) 若 x 是 bianry 變數，則需 2^M 個數值。

　(2) 若有 100 個樣本去估計已知機率，M = 10，分二類別則須 2048 個樣本。

2-1 貝氏定理與條件機率 (重點整理)

　　貝葉斯推論 (Bayesian Inference) 是一套可以用來精進預測的方法，在數據 (data) 不是很多、又想盡量發揮預測能力時特別有用。

　　雖然有些人會抱著敬畏的心情看待貝葉斯推論，但它其實一點也不神奇或神祕，而且撇開背後的數學運算，理解其原理完全沒有問題。簡單來說，貝葉斯推論可以幫助你根據數據，整合相關資訊，並下更強的結論。

　　「貝葉斯推論」取名自一位大約三百年前的倫敦長老會 (Presbyterian) 牧師：湯瑪士‧貝葉斯 (Thomas Bayes)。他寫過兩本書，一本和神學有關，另一本和統計學有關，其中包含了當今有名的貝氏定理 (Bayes' Theorem) 的雛形。這個定理之後被廣泛應用於推論問題，即用來做出有根據的推測。如今，貝葉斯的諸多想法之所以會這麼熱門，另一位主教理查德‧普萊斯 (Richard Price) 也功不可沒。他發現了這些想法的重要性，並改進和發表了它們。考慮到這些歷史因素，更精確一點地說，貝氏定理應該被稱作「貝葉斯－普萊斯規則」。

　　貝氏推論之重點整理：

1. 先驗分布是在觀測數據前的參數分布 $p(\theta \,|\, \alpha)$。

2. 先驗分布可能不容易確認，此時可以用傑佛裡斯事前分配在更新較新的觀測值時，先獲得後驗分布。

3. 抽樣分布是以觀測數據的條件，其參數的分布 $p(X \,|\, \theta)$。這也稱為概似函數，尤其是視為是參數的函數時，有時會寫成 $L(\theta \,|\, X) = p(X \,|\, \theta)$。

4. 邊際 (marginal) 概似率 (有時也稱為證據) 是觀測數據在參數上的邊際分布：

$$p(X \,|\, \alpha) = \int_0 p(X \,|\, \theta) p(\theta \,|\, \alpha)\, d\theta$$

5. 後驗分布是考慮觀測數據後的參數分布。可以由貝葉斯法則確認，也是貝葉斯推論的核心：

$$p(\theta \,|\, X, \alpha) = \frac{p(X \,|\, \theta) p(\theta \,|\, \alpha)}{p(X \,|\, \alpha)} \propto p(X \,|\, \theta) p(\theta \,|\, \alpha)$$

　　若用文字表示，即為「後驗和先驗及概似率的乘積成正比 (符號 $\propto$)」，有時也會寫成「後驗 = 先驗 × 概似率，在有證據的情形下」。

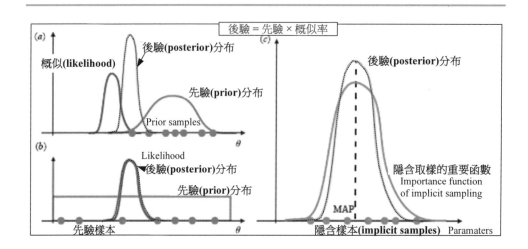

Prior: beta(52.22,9.52); Data: B(50,25); Posterior: beta(77.22,34.52)

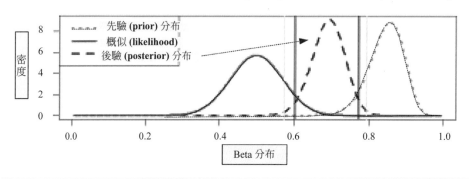

圖 2-1 Prior, Likelihood 及 posterior 分布，三者關係圖

定義：後驗機率

條件機率：$P(A \mid B) = \dfrac{P(B \mid A)P(A)}{P(B)}$ ，

對應的後驗機率如下：

令先驗機率分布函數為 $p(\theta)$，及觀測值 x 的概似為 $p(x \mid \theta)$，那麼後驗機率定義為：

$$p(\theta \mid x) = \frac{p(x \mid \theta)p(\theta)}{p(x)}$$

後驗機率可以寫成易記的形式：

Posterior probability $\propto$ Likelihood $\times$ Prior probability.

貝葉斯定理結合：參數的先驗信念 (prior belief) 與數據的概似函數，來產生參數 β (係數) 和 σ (標準差) 的後驗信念 (posterior belief)。先驗可根據該領域和事先可用的資訊來採取不同的函數形式 (STaTa 有 45 種迴歸模型，你可自訂：概似分布、先驗分布值)。

2-1-1 貝氏機率 (Bayesian probability)

一、貝氏機率的歷史

貝氏定理 (Bayes' theorem) 是條件機率一個重要概念，它是十八世紀英國長老派教會牧師貝氏 (Reverend Thomas Bayes, 1702-1761) 提出的。

事實上，貝氏並未明確已知 (given) 定理的公式，只是在一篇論文 [(關於解決機遇論的一個問題 (An Essay towards solving a Problem in the Doctrine of Chances)] 中，討論其相關問題，法國著名的數學家拉普拉斯 (Laplace 1749-1827)，才是第一位給出明確公式的人。甚至於貝氏在生前並沒有公布他的發現，而是由數學家的普萊斯 (Richard Price)，於 1764 年將貝氏的論文發表在英國皇家學會的會刊上。據說，貝氏在一次玩弄條件機率的公式時，無意中發現這些公式都是內部對稱的。這意味著，我們可以由因至果來計算「正向機率」，也可以反轉過來由果推估因來計算所謂的「逆機率 (inverse probability)」。例如：某校男女生的比例爲：45% 及 55%，而根據經驗，男女生抽菸的比例分別爲 5% 與 3%，那麼我們可以計算已知由男性，有抽菸的比例；也可以反問：教官遠處發現有一人在走道暗處抽菸，則由男生的機率有多大？

欲計算後面事件發生的機率 (後驗) 而以前面發生的事件爲條件，是有意義；貝氏特別之處在於發現也可以反過來考量，在後面事件已發生的條件下 (後驗)，反問前面的事件發生的機率 (先驗)。利用貝氏定理，當我們碰到的現象背後變因有很多時，經由分析各項變因的事前機率 (prior probability) 和蒐集的新資訊，可以幫助我們反推測哪個才最可能是主要的原因，釐清前後關聯，進而做出正確的判斷和決策。今日，它被廣泛應用在許多領域中，例如：流行病學、藥品檢驗、故障原因診斷、人工智慧、品質管理等。

因爲要談貝氏定理須以條件機率爲基礎，故以下條件機率及貝氏定理，會舉例一些範例，再從中比較與體會條件機率與貝氏定理的關聯。

二、貝氏機率的變種

術語主觀機率、個人機率、認知機率和邏輯機率陳述了通常成爲貝氏學派的思想中的一些。這些概念互相重疊，但有不同的側重。這裡提到的一些人物不會自稱是貝氏學派的。

貝氏機率應該測量某一個體對於一個不確定命題的可信程度，因此在這個意義下是主觀的。有些自稱貝氏學派的人並不接受這種主觀性。客觀主義學派的主要代表是 Edwin Thompson Jaynes 和 Harold Jeffreys。也許現在還在世的主要客觀貝氏學派人物是杜克大學的 James Berger。Jose Bernardo 和其他一些人接受一定程度的主觀性，但相信在很多實際情況中有使用「先驗參照 (reference priors)」的需要。

邏輯 (或者說，客觀認知) 機率的推崇者，例如 Harold Jeffreys, Rudolf Carnap, Richard Threlkeld Cox 和 Edwin Jaynes，希望將能夠在兩個有相同關於某個不確定命題的眞實性相關的資訊的人，計算出同樣的機率的技術規律化。這種機率不和個人相關，而只和認知情況相關，因此位於主觀和客觀之間。但是，他們推薦的方法有爭議。批評者對這個聲稱發起了挑戰，在關於相關事實的資訊缺乏的時候，更偏好某一個信賴度是有現實依據的。另一個問題是迄今爲止的技術，對於處理實際問題還是不夠的。

三、貝氏機率和頻率機率

貝氏機率和統計機率相對，它從確定的分布中觀測到的頻率或者在樣本空間中的比例來導出機率。

採用統計機率的統計和機率的理論由 R.A. Fisher, Egon Pearson 和 Jerzy Neyman 在二十世紀上半葉發展起來。A. N. Kolmogorov 也採用頻率機率來通過勒貝格積 (Lebesgue) 分爲測度論中的機率奠定數學基礎 (機率論基礎，1933 年)。Savage, Koopman, Abraham Wald 和其他一些學者自 1950 年以來發展了貝氏機率。

貝氏學派和頻率學派在機率解釋上的分歧在統計學實踐上有重要的結果。例如：在用同樣的數據比較兩個假設的時候，假設測試理論基於機率的頻率解釋，它允許基於錯誤推出數據更支援另外那個模型 / 假設的機率來否定或接受

一個模型 / 假設 (null 假設)。出現這種錯誤的機率稱爲型一誤差 (α)，它要求考慮從同樣的數據源導出的假想的數據集合，要比實際觀測到的數據更爲極端。這個方法允許論斷或者兩個假設不同或者觀測到的數據是誤導性的集合。相對應的是，貝氏方法基於實際觀測到的數據，因此能夠對於任何數量的假設直接賦予後驗機率。對於代表每個假設的模型的參數，必須賦予機率的要求是這種直接方法的代價。

四、小結

貝氏定理亦可用於連續機率分布。由於機率密度函數嚴格上並非機率，由機率密度函數導出貝氏定理觀念上較爲困難。貝氏定理與機率密度的關係是由求極限的方式建立：

$$f(x \mid y) = \frac{f(x, y)}{f(y)} = \frac{f(y \mid x) f(x)}{f(y)}$$

總 (total) 機率定理也有類似的論述：

$$f(x \mid y) = \frac{f(y \mid x) f(x)}{\int_{-\infty}^{\infty} f(y \mid x) f(x) dx}$$

如同離散的情況，公式中的每項均有名稱。$f(x, y)$ 是 X 和 Y 的聯合分布；$f(x \mid y)$ 是給定 $Y = y$ 後，X 的後驗分布；$f(y \mid x) = L(x \mid y)$ 是 $Y = y$ 後，X 的相似度函數 (爲 x 的函數)；$f(x)$ 和 $f(y)$ 則是 X 和 Y 的邊際分布；$f(x)$ 則是 X 的先驗分布。爲了方便起見，這裡的 f 在這些專有名詞中代表不同的函數 (可以由引數的不同判斷之)。

2-1-2 貝氏 (Bayes) 定理、條件機率

貝氏推論 (Bayesian inference) 是推論統計的一種方法。這種方法使用貝氏定理，在有更多證據及信息時，更新特定假設的機率。貝氏推論是統計學 (特別是數理統計學) 中很重要的技巧之一。貝氏更新 (Bayesian updating) 在序列分析中格外的重要。貝氏推論應用在許多的領域中，包括：醫學、財經、人工智慧、科學、工程學、哲學、醫學、體育運動、法律等。在決策論的哲學中，貝氏推論和主觀機率有密切關係，常常稱爲貝氏機率。

一、條件機率之定義

數學中的貝氏定理，只要「前提愈清楚、預測就愈精準」，例如「颱風對臺北市帶來災情」在沒有絕對的把握時，就在規定期限前蒐集最多的數據，再做最後決定。

定義：設 A、B 為樣本空間 S 中的兩個事件，$P(A) > 0$，則在事件 A 發生的條件下，事件 B 發生的條件機率為 $P(B \mid A) = \dfrac{P(A \cap B)}{P(A)}$。

1. **條件機率 (conditional probability)** 就是事件 A 在另外一個事件 B 已經發生條件下的發生機率。條件機率表示為 $P(A \mid B)$，讀作「在已知 B 條件下 A 的機率」，由於交集∩無法直接計算，故需改成條件機率來算，事後機率 $P(A_i \mid B) = \dfrac{P(A_i \cap B)}{P(B)}$。

> 已知 (given) 事前機率 $P(B \mid A_i)$。欲求事後機率 $P(A_i \mid B)$，由於交集∩無法直接計算，故需改成條件機率來算：
>
> 事後機率 $P(A_i \mid B) = \dfrac{P(A_i \cap B)}{P(B)} = \dfrac{P(B \mid A_i) \times P(A_i)}{\sum\limits_{i=1}^{n} P(B \mid A_i) \times P(A_i)}$

   (1) 如果事件 B 的機率 $P(B) > 0$，那麼 $Q(A) = P(A \mid B)$ 在所有事件 A 上所定義的函數 Q 就是機率估計。

   (2) 如果 $P(B) = 0$，則 $P(A \mid B)$ 沒有定義。

2. **聯合機率**表示兩個事件共同發生的機率 (交集)。A 與 B 的聯合機率符號記為 $P(A \cap B)$、$P(A, B)$ 或 $P(AB)$。由於 $P(A \cap B)$ 無法直接計算，通常都要轉成條件機率才可計算。

3. **邊際機率 (marginal probability)**：在有兩個以上的事件的樣本空間中，若僅考慮某一事件個別發生的機率，稱為邊際機率。在聯合機率中，把最終結果中不需要的那些事件合併成其事件的全機率而消失 (對離散隨機變數求和 (summation) 求得全機率，對連續隨機變數用積分求得全機率)。這稱為邊際化 (marginalization)。A 的邊際機率表示為 P(A)(已沒有下標字)，B 的邊際機率表示為 P(B)。

定義 1.

設 (X, Y) 為離散型的隨機向量，以 $f(x, y)$ 為聯合 p.d.f.，$f_X(x), f_Y(y)$ 為邊際 p.d.f.。對任意 x，只要 $f_X(x) > 0$，在給定 $X = x$ 之下，Y 之條件 p.d.f. $f(y \mid x)$ 為

$$f(y \mid x) = P(Y = y \mid X = x) = \frac{f(x, y)}{f_X(x)}$$

對任意 y，只要 $f_Y(y) > 0$，在給定 $Y = y$ 之下，X 之條件 p.d.f. $f(x \mid y)$ 為

$$f(x \mid y) = P(X = x \mid Y = y) = \frac{f(x, y)}{f_Y(y)}$$

定義 2.

設 (X, Y) 為連續型的隨機向量，以 $f(x, y)$ 為聯合 p.d.f.，$f_X(x), f_Y(y)$ 為邊際 p.d.f.。對任意 x，只要 $f_X(x) > 0$，在給定 $X = x$ 之下，Y 之條件 p.d.f. 為

$$f(y \mid x) = \frac{f(x, y)}{f_X(x)}$$

對任意 y，只要 $f_Y(y) > 0$，在給定 $Y = y$ 之下，X 之條件 p.d.f. 為

$$f(x \mid y) = \frac{f(x, y)}{f_Y(y)}$$

需要注意的是，在這些定義中 A 與 B 之間不一定有因果或者時間順序關係。A 可能會先於 B 發生，也可能相反，也可能二者同時發生。A 可能會導致 B 的發生，也可能相反，也可能二者之間根本就沒有因果關係。

例如：考慮一些新的資訊的機率條件性，可利用貝葉斯定理來求得。

二、貝氏定理之計算基礎：條件機率之解說

(一) 條件機率

定義：條件機率

若設 A、B 為樣本空間 S 的兩事件，且 $P(A) \neq 0$，則在事件 A 發生的條件下，事件 B 發生的機率稱為條件機率，符號為 $P(B \mid A)$，其值定義成 $P(B \mid A) = \dfrac{P(A \cap B)}{P(A)}$。

[討論]：

1. 在古典機率的情形下，$P(A \cap B) = \dfrac{n(A \cap B)}{n(S)}$，$P(A) = \dfrac{n(A)}{n(S)}$

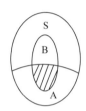

故 $P(B \mid A) = \dfrac{P(A \cap B)}{P(A)} = \dfrac{\dfrac{n(A \cap B)}{n(S)}}{\dfrac{n(A)}{n(S)}} = \dfrac{n(A \cap B)}{n(A)}$

[結論]：

1. $P(B \mid A) = \dfrac{P(A \cap B)}{P(A)} = \dfrac{n(A \cap B)}{n(A)}$ (在古典機率的情形下)

2. 根據前面的式子，在 A 已發生的狀況下，事件 B 的條件機率，可以有兩種解釋，以樣本空間 S 的觀點來說，$P(B \mid A)$ 為 $P(A \cap B)$ 與 $P(A)$ 的比值；另一觀點，若以事件 A 為新的樣本空間，則 $P(B \mid A)$ 可視為 $A \cap B$ 發生的機率。

   因此 $P(B \mid A) = \dfrac{n(A \cap B)}{n(A)}$。

   由於交集 $\cap$ 無法直接計算，故改成條件機率來計算，公式改成：

   $$P(A \cap B) = P(B \mid A) \times P(A)$$

   B 的全機率為：

   $$P(B) = P(B \cap A_1) + P(B \cap A_2) + P(B \cap A_3)$$
   $$= \sum_{i=1}^{3} P(B \mid A_i) \times P(A_i)$$

   故可求出：

   $$P(A_1 \mid B) = \frac{P(A_1 \cap B)}{P(B)} = \frac{P(B \mid A_1) \times P(A_1)}{\sum_{i=1}^{n} P(B \mid A_i) \times P(A_i)}$$

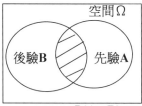

$$P(B|A) = \frac{P(A \cap B)}{P(A)}$$

由於交集∩無法直接計算，
故改成條件機率來計算：

$$P(A \cap B) = P(B \mid A) \times P(A)$$

可得 $P(B \mid A) = \dfrac{P(A \mid B) \times P(B)}{P(A)}$

Markov Chain Monte Carlo 之公式：

後驗 = 先驗 × 概似

$$Posterior = Prior \times Likelihood$$

$$P(\theta|y) = P(\theta)P(y|\theta)$$

$$= Beta(\alpha, \beta) \times Binomial(y, n, \theta)$$

$$= Beta(1,1) \times Binomial(4,10,\theta)$$

樣本 A_n 之先驗機率：

例如 $P(A_1) = 0.5$
$P(A_2) = 0.3$
$P(A_3) = 0.2$

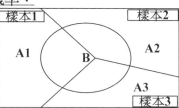

$$P(A_1 \mid B) = \frac{P(A_1 \cap B)}{P(B)} = \frac{P(B \mid A_1) \times P(A_1)}{\sum_i P(B \mid A_i) \times P(A_i)}$$

可得，後驗 B 之全機率：

$$P(B) = P(B \cap A_1) + P(B \cap A_2) + P(B \cap A_3)$$

$$= \sum_{i=1}^{3} P(B \mid A_i) \times P(A_i)$$

概似函數(likelihood)就是已知一組採樣 **X** 要去求分布參數 θ。
故概似函數通常都被寫作 $L(\theta|X)$。
但事實上概似函數可以看作是條件機率的逆反。
$L(\theta|X)$ 的值其實會等於 $P(X|\theta)$。
已知某人罹患了肺癌(後驗)，試問某人是否有抽菸(先驗)呢？在正常
情況下，我們會去猜某人有抽菸。
$P(X|\theta)$ 是什麼呢？就是在已知 θ 的情況下得到採樣 **X** 的機率。
以 **250** 個學生為例，我們獲得這 250 個學生採樣的全機率就是每個學生
採樣機率的乘積（學生互相獨立）：
即 $P(X|\theta) = P(X_1|\theta) \times P(X_2|\theta) \times P(X_3|\theta) \times ... \times P(X_{250}|\theta)$

圖 2-2 條件機率之示意圖

(二) STaTa 可自定先驗與概似

執行 STaTa 45 種 Bayesian 迴歸時，都可根據分析目的 (分類、估計預測) 及樣本特性 (離散 vs. 連續變數)，來事前界定：概似模型及先驗分布，進而求得後驗機率。如下圖所示。

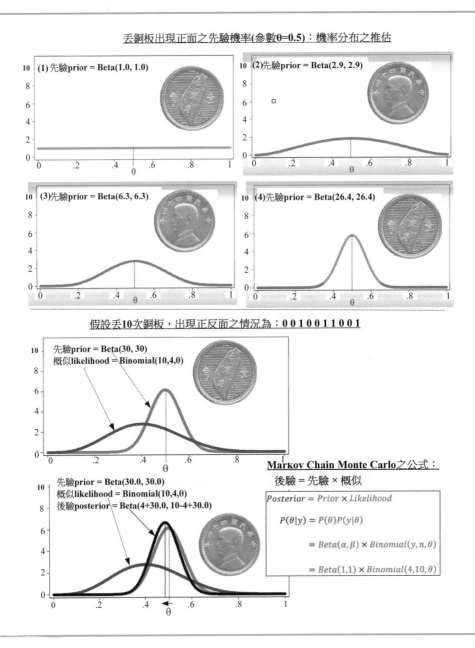

圖 2-3 實例估計：參數 θ 之先驗分布 (機率) 及概似分布 (機率)，求得後驗機率 Markov Chain Monte Carlo 公式：後驗 = 先驗 × 概似

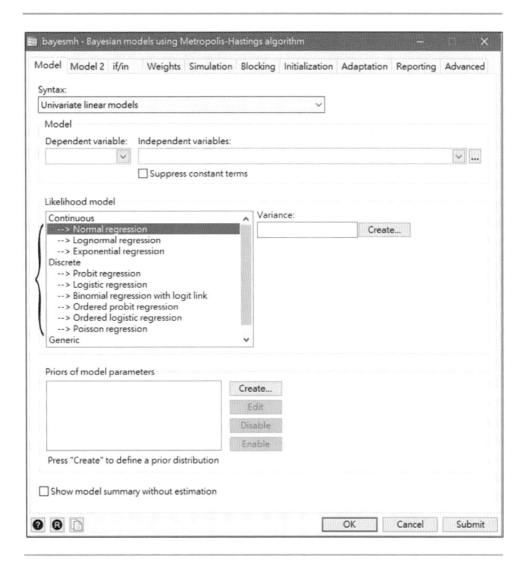

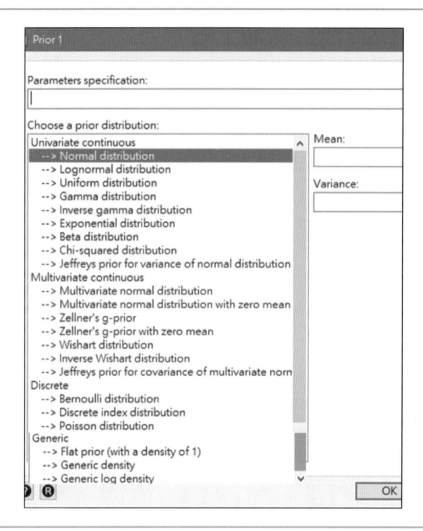

圖 2-5 bayesmh 指令對應先驗分配：單變量連續變數有 9 種，多變量連續變數有 7 種，離散變數有 3 種，generic 有 3 種

三、【例 1】條件機率

　　本例，P(A | B) 與 P(B | A) 的差距可能令人驚訝，同時也相當明顯。

　　若想分辨某些個體是否有重大疾病，以便早期治療，我們可能會對一大群人進行檢驗。雖然其益處明顯可見，但同時，檢驗行為有一個地方引起爭議，就是有檢出偽陽性的結果的可能：若有個未得疾病的人，卻在初檢時被誤檢為得病，他可能會感到苦惱煩悶，一直持續到更詳細的檢測顯示他並未得病為

止。而且就算再告知他其實是健康的人後，也可能因此對他的人生有負面影響。

這個問題的重要性，最適合用條件機率的觀點來解釋。

假設人群中有 1% 的人罹患此疾病，而其他人是健康的。我們隨機選出任一個體，並將患病以 disease、健康以 well 表示：

$$P(\text{disease}) = 1\% = 0.01，P(\text{well}) = 99\% = 0.99$$

假設檢驗動作實施在未患病的人身上時，有 1% 的機率其結果為偽陽性 (陽性以 positive 表示)。意即：

$$P(\text{positive} \mid \text{well}) = 1\%，而且 P(\text{negative} \mid \text{well}) = 99\%$$

最後，假設檢驗動作實施在患病的人身上時，有 1% 的機率其結果為偽陰性 (陰性以 negative 表示)。意即：

$$P(\text{negative} \mid \text{disease}) = 1\% 且 P(\text{positive} \mid \text{disease}) = 99\%$$

現在，由計算可知：

$$P(\text{well} \cap \text{negative}) = P(\text{well}) \times P(\text{negative} \mid \text{well}) = 99\% \times 99\% = 98.01\%$$

是整群人中健康、且測定為陰性者的比率。

$$P(\text{disease} \cap \text{positive}) = P(\text{disease}) \times P(\text{positive} \mid \text{disease}) = 1\% \times 99\% = 0.99\%$$

是整群人中得病、且測定為陽性者的比率。

$$P(\text{well} \cap \text{positive}) = P(\text{well}) \times P(\text{positive} \mid \text{well}) = 99\% \times 1\% = 0.99\%$$

是整群人中被測定為偽陽性者的比率。

$$P(\text{disease} \cap \text{negative}) = P(\text{disease}) \times P(\text{negative} \mid \text{disease}) = 1\% \times 1\% = 0.01\%$$

是整群人中被測定為偽陰性者的比率。

進一步得出：

$$P(\text{positive}) = P(\text{well} \cap \text{positive}) + P(\text{disease} \cap \text{positive}) = 0.99\% + 0.99\% = 1.98\%$$

是整群人中被測出為陽性者的比率。

$$P(\text{disease} \mid \text{positive}) = \frac{P(\text{disease} \cap \text{positive})}{P(\text{positive})} = \frac{0.99\%}{1.98\%} = 50\%$$

是某人被測出為陽性時，實際上真的得了病的機率。

本例，可以看出 P(positive | disease) = 99% 與 P(disease | positive) = 50% 的差距：前者是你得了病，而被檢出為陽性的條件機率；後者是你被檢出為陽性，而你實際上真得了病的條件機率。由我們在本例中所選的數字，最終結果可能令人難以接受：被測定為陽性者，其中的半數實際上是偽陽性。

四、【例 2】後驗機率

在貝葉斯統計中，一個隨機事件或者一個不確定事件的後驗機率，是在考慮和已知 (given) 相關證據或數據後所得到的條件機率。同樣，後驗機率分布是一個未知量 (視為隨機變數) 基於試驗 (trial) 或調查後得到的機率分布。「後驗」在本文中代表考慮了被測試事件的相關證據。

例如：先驗：某學校裡有 60% 男生和 40% 女生。女生短頭髮的人數和長頭髮的人數相等，所有男生都是短頭髮。一個人在遠處隨機看到了一個短頭髮的學生。那麼這個學生是女生的機率是多少 (條件機率)？

使用貝葉斯定理，事件 A 是看到女生 (即先驗)，事件 B 是看到一個短頭髮的學生。我們所要計算的是 P(A | B) (即條件機率)。

先驗：P(A) 是忽略其他因素，看到女生的機率，在這裡是 40%

先驗：P($\overline{A}$) 是忽略其他因素，看到不是女生 (即看到男生) 的機率，在這裡是 60%。

P(B | A) 是女生短頭髮的機率，在這裡是 50%。

P(B | $\overline{A}$) 是男生短頭髮的機率，在這裡是 100%。

已知條件下：P(B) 是忽略其他因素，學生短頭髮的機率，公式：

P(B) = P(B | A)P(A) + P(B | $\overline{A}$)P($\overline{A}$)，在這裡是 $0.5 \times 0.4 + 1 \times 0.6 = 0.8$。

根據貝葉斯定理，我們計算出後驗機率 P(A | B)：

$$P(A \mid B) = \frac{P(B \mid A)P(A)}{P(B)} = \frac{0.5 \times 0.4}{0.8} = 0.25$$

由此可見，後驗機率實際上就是條件機率。對應的 Markov Chain Monte Carlo 之公式：後驗 = 先驗 × 概似。

例如：假設丟 10 次銅板，出現正反面之情況為：0 0 1 0 0 1 1 0 0 1，先驗符

合～Beta(α, β) 分布。概似模型符合～Binomial(y, n, θ)，則後驗分布如下：

$$
\begin{aligned}
\text{Posterior} &= \text{Prior} \times \text{Likelihood} \\
P(\theta \mid y) &= P(\theta)P(y \mid \theta) \\
&= \text{Beta}(\alpha, \beta) \times \text{Binomial}(y, n, \theta) \\
&= \text{Beta}(1, 1) \times \text{Binomial}(4, 10, \theta)
\end{aligned}
$$

五、貝氏定理的延伸

對於變數有二個以上的情況，貝氏定理亦成立。例如：

$$
P(A \mid B, C) = \frac{P(A)P(B \mid A)P(C \mid A, B)}{P(B)P(C \mid B)}
$$

這個式子可以由套用多次二個變數的貝式定理及條件機率的定義導出：

$$
P(A \mid B, C) = \frac{P(A, B, C)}{P(B, C)} = \frac{P(A, B, C)}{P(B)P(C \mid B)} = \frac{P(C \mid A, B)P(A, B)}{P(B)P(C \mid B)} = \frac{P(A)P(B \mid A)P(C \mid A, B)}{P(B)P(C \mid B)}
$$

一般化的方法則是利用聯合機率去分解待求的條件機率，並對不加以探討的變數積分 (意即對欲探討的變數計算邊際機率)。取決於不同的分解形式，可以證明某些積分必爲 1，因此分解形式可被簡化。利用這個性質，貝氏定理的計算量可能可以大幅下降。貝氏網路爲此方法的一個例子，貝氏網路指定數個變數的聯合機率分布的分解形式，該機率分布滿足下述條件：當其他變數的條件機率已知時，該變數的條件機率爲一簡單形式。

六、延伸：可能性 (odds，勝算) 與概似比來表示貝氏定理

貝氏定理亦可由概似率 Λ 和可能性 O 表示：

$$
O(A \mid B) = O(A) \cdot \Lambda(A \mid B)
$$

其中

$$
O(A \mid B) = \frac{P(A \mid B)}{P(A^C \mid B)}
$$

定義爲 B 發生時，A 發生的勝算 (odds)：

$$O(A) = \frac{P(A)}{P(A^C)}$$

則是 A 發生的可能性，概似比 (Likelihood ratio) 則定義爲：

$$\Lambda(A \mid B) = \frac{L(A \mid B)}{L(A^C \mid B)} = \frac{P(B \mid A)}{P(B \mid A^C)}$$

七、貝氏定理之範例：疾病檢驗

在流行病學的領域中，關於利用機率理論來計算某種疾病檢驗所帶來的僞陽性比率，也有許多類似關於機率解讀的問題。

例子 1

假設根據某段時間的研究報告，一種 C 型肝炎在某地區每 10 萬人中有 8 人 (盛行率) 罹患此病，且在醫學上已有方法可以檢驗此種 C 型肝炎，但不是百分百有效，對於已經罹患此病的人有 98%(敏感度) 的檢驗結果呈現陽性反應，而對於未染病的人也有 1.6% 的機率 (僞陽性) 檢驗出罹患此病。已知某人剛做完此 C 型肝炎的檢驗後呈陽性反應，請問此人眞的罹患此罕見 C 型肝炎的機率有多大？

解：

由 $P(D) = \frac{8}{100000}$，$P(T^+ \mid D) = \frac{98}{100}$，$P(T^+ \mid D') = \frac{1.6}{100}$，以及貝氏定理

$$P(T^+) = P(D) \cdot P(T^+ \mid D) + P(D') \cdot P(T^+ \mid D')$$

$$= \frac{8}{100000} \cdot \frac{98}{100} + \left(1 - \frac{8}{100000}\right) \cdot \frac{1.6}{100} = 0.01607712$$

所求 $P(D \mid T^+) = \frac{P(D) \cdot P(T^+ \mid D)}{P(T^+)} = \frac{0.0000784}{0.01607712} \approx 0.00488$

可知此人眞的罹患 C 型肝炎的機率約爲 0.00488，意即每 100,000 人做此疾病檢驗呈陽性反應，約有 488 人眞正罹患此病。

例子 2 吸毒者檢測

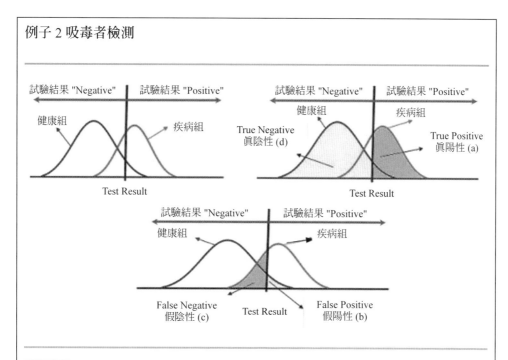

試驗結果 "Negative" ← → 試驗結果 "Positive"

健康組 疾病組

Test Result

試驗結果 "Negative" ← → 試驗結果 "Positive"

健康組 疾病組

True Negative
真陰性 (d)

True Positive
真陽性 (a)

Test Result

試驗結果 "Negative" ← → 試驗結果 "Positive"

健康組 疾病組

False Negative
假陰性 (c)

Test Result

False Positive
假陽性 (b)

圖 2-6 將真陽性、假陽性、假陰性、真陰性之細格人數分別以 a, b, c, d 來表示

假設一個常規的檢測結果的敏感度與可靠度均為 99%，即吸毒者每次檢測呈陽性 (+) 的機率為 99%。而不吸毒者每次檢測呈陰性 (–) 的機率為 99%。從檢測結果的機率來看，檢測結果是比較準確的，但是貝氏定理卻可以揭示一個潛在的問題。假設某公司對全體雇員進行吸毒檢測，已知 0.5% 的雇員吸毒。請問每位檢測結果呈陽性的雇員吸毒的機率有多高？

令「D」為雇員吸毒事件，「N」為雇員不吸毒事件，「+」為檢測呈陽性事件。可得：

1. P(D) 代表雇員吸毒的機率，不考慮其他情況，該值為 0.005。因為公司的預先統計表明該公司的雇員中有 0.5% 的人吸食毒品，所以這個值就是 D 的先驗機率。

2. P(N) 代表雇員不吸毒的機率，顯然該值為 0.995，也就是 1 – P(D)。

3. P(+|D) 代表吸毒者陽性檢出率，這是一個條件機率，由於陽性檢測準確性是 99%，因此該值為 0.99。

4. P(+|N) 代表不吸毒者陽性檢出率，也就是出錯檢測的機率，該值為 0.01，因為對於不吸毒者，其檢測為陰性的機率為 99%，因此，其被誤檢測成陽

性的機率為 1 − 0.99 = 0.01。

5. P(+) 代表不考慮其他因素的影響的陽性檢出率。該值為 0.0149 或者 1.49%。我們可以透過總機率公式計算得到：此機率 = 吸毒者陽性檢出率 (0.5%×99% = 0.495%) + 不吸毒者陽性檢出率 (99.5%×1% = 0.995%)。P(+) = 0.0149 是檢測呈陽性的先驗機率。用數學公式描述為：

$$P(+) = P(+, D) + P(+, N) = P(+|D)P(D) + P(+|N)P(N)$$

根據上述描述，我們可以計算某人檢測呈陽性時確實吸毒的條件機率 P(D|+)：

$$
\begin{aligned}
P(D\,|+) &= \frac{P(+\,|\,D)P(D)}{P(+)} \\
&= \frac{P(+\,|\,D)P(D)}{P(+\,|\,D)P(D) + P(+\,|\,N)P(N)} \\
&= \frac{0.99 \times 0.005}{0.99 \times 0.005 + 0.01 \times 0.995} \\
&= 0.3322
\end{aligned}
$$

儘管吸毒檢測的準確率高達 99%，但貝氏定理告訴我們：如果某人檢測呈陽性，其吸毒的機率只有大約 33%，不吸毒的可能性比較大。假陽性高，則檢測的結果不可靠。

2-2 貝葉斯推論 (Bayesian inference)

一、推理 (reasoning)

推理是「使用理智從某些前提產生結論」的行動。以下三種推理是屬於哲學、邏輯、心理學和人工智慧等學門所感興趣的領域。例如：rule-based 推理式：若 P 則 Q(記為 P → Q)。若有效度則有信度。

(一) 演繹推理

演繹推理 (deductive reasoning)，已知 (given) 正確的前提 P，就必然推出結論 Q(結論不能為假)。演繹推理無法使知識擴增，因為結論自包含於前提之內。邏輯學中有名的三段論 (syllogism) 就是典型的例子：

> 人皆有一死
> 蘇格拉底是人
> 所以，蘇格拉底會死

(二) 歸納推理

在歸納推理 (inductive reasoning) 當中，當前提 P 爲眞時，可推出某種機率性的結論 Q。歸納推理可以擴展知識，因爲結論比前提包含更多的資訊。David Hume 曾舉出一個歸納推理的範例：

> 在我記得的過去每一天中，太陽都會升起
> 所以，太陽明天將會升起

(三) 溯因推理

溯因推理 (abductive reasoning)，或者說推論到最佳解釋。這種推理方法的結構較爲複雜而且可能包括演繹與歸納兩種論證。溯因推理的主要特徵是已知一組或多或少有爭議的假定，要嘛證僞其他可能的解釋，要嘛展示出贊成的結論的概似 (likelihood)，來嘗試贊成多個結論中的一個。

二、推論 (inference)

在數學上，推論指能夠「簡單明瞭地」從前述命題推出的論斷，推論往往在定理後出現。如果命題 B 能夠被簡單明瞭的從命題 A 推導出，則稱 B 爲 A 的推論。

推論、定理、命題等術語的使用區別往往是比較主觀的，因爲「簡單明瞭」的定義本來就與作者及上下文相關。當然，推論一般被認爲不像定理那麼重要。

邏輯推理中有三種方式：演繹、歸納和溯因。已知 (given) 前提、結論和法則，而前提導致結論，例如：

> 前提：下雨了
> 法則：下雨使草地變溼
> 結論：草地是溼的

1. 演繹用來決定結論。它使用法則和前提 P 來推導出結論 Q。數學家通常使用這種推理。舉例：「若下雨，則草地會變溼。因爲今天下雨了，所以今天草地是溼的。」

2. 歸納用來決定法則。它藉由大量的前提 P 和結論 Q 所組成的例子來學習法則。科學家通常使用這種推理。舉例：「每次下雨，草地都是溼的。所以下雨會使草地變溼。」

3. 溯因用來決定前提。它藉由結論和法則來支援前提以解釋結論。診斷通常使用這種推理。舉例：「若下雨，草地會變溼。之所以草地是溼的，因爲曾下過雨。」

2-2-1 貝葉斯法則 (Bayesian rule)

一、什麼是貝葉斯法則 (貝葉斯定理)

貝葉斯推論 (Bayesian inference) 是統計推論法之一，貝葉斯定理 (Bayes' theorem) 會隨著更多證據或資訊來更新假設的機率 (the probability for a hypothesis)。貝葉斯推論是統計學中的一項重要技術，尤其是數理統計學。貝葉斯更新 (Bayesian updating) 在數據序列的動態分析尤其重要。貝葉斯推論迄今在：生醫、財經、科學、工程、哲學、醫學、體育和法律等領域已被廣泛應用。在決策理論中，貝葉斯推論與主觀機率 (subjective probability) 有密切相關，又稱爲「貝葉斯機率」。

貝葉斯定理是由統計學家托馬斯‧貝葉斯 (Thomas Bayes) 根據許多特例推導而成，後來被許多研究者推廣爲一普遍的定理 (Douglas, 2007)。

貝葉斯法則又稱爲貝葉斯定理、貝葉斯規則是機率統計中的應用所觀察到的現象對有關機率分布的主觀判斷 (即先驗機率) 進行修正的標準方法。

所謂貝葉斯法則，是指當分析樣本大到接近總體數時，樣本中事件發生的機率將接近於總體中事件發生的機率。

但行爲經濟學家發現，人們在決策過程中往往並不遵循貝葉斯規律，而是給予最近發生的事件和最新的經驗以更多的權值，在決策和做出判斷時過分看重近期的事件。面對複雜而籠統的問題，人們往往走捷徑，依據概似 (likelihood) 而非根據機率來決策。這種對經典模型的系統性偏離稱爲「偏差」。由於心理偏差的存在，投資者在決策判斷時並非絕對理性，會行爲偏差，進而影響資本市場上價格的變動。但長期以來，由於缺乏有力的替代工具，經濟學

家不得不在分析中堅持貝葉斯法則。

二、貝葉斯法則的原理

通常，事件 A 在事件 B(發生) 的條件下的機率，與事件 B 在事件 A 的條件下的機率是不一樣的；然而，這兩者是有確定的關係，貝葉斯法則就是這種關係的陳述。

作為一個規範的原理，貝葉斯法則對於所有機率的解釋是有效的；然而，頻率主義者和貝葉斯主義者對於在應用中機率如何被賦值有著不同的看法：頻率主義者根據隨機事件發生的頻率，或者總體樣本裡面的個數來賦值機率；貝葉斯主義者要根據未知的命題來賦值機率。一個結果就是，貝葉斯主義者有更多的機會使用貝葉斯法則。

貝葉斯法則是關於隨機事件 A 和 B 的條件機率和邊際機率的

$$\Pr(A\,|\,B) = \frac{\Pr(B\,|\,A)\Pr(A)}{\Pr(B)} \propto L(A\,|\,B)\Pr(A)$$

其中 L(A|B) 是在 B 發生的情況下 A 發生的概似 (likelihood)。

在貝葉斯法則中，每個名詞都有約定俗成的名稱：

1. Pr(A) 是 A 的先驗機率或邊際機率。之所以稱為「先驗」是因為它不考慮任何 B 方面的因素。

2. Pr(A|B) 是已知 B 發生後 A 的條件機率，也由於得自 B 的取值而被稱作 A 的後驗機率。

3. Pr(B|A) 是已知 A 發生後 B 的條件機率，也由於得自 A 的取值而被稱作 B 的後驗機率。

4. Pr(B) 是 B 的先驗機率或邊際機率，也作標準化常量 (normalized constant)。

　　按這些術語，Bayes 法則可表述為：

　　後驗機率 = (概似 × 先驗機率) / 標準化常量

　　也就是說，後驗機率與先驗機率和概似的乘積成正比。

　　此外，比例 $\dfrac{\Pr(B\,|\,A)}{\Pr(B)}$ 也有時被稱作標準概似 (standardised likelihood)，

Bayes 法則可表述為：

$$後驗機率 = 標準概似 × 先驗機率$$

三、正式解釋 vs. 非正式解釋

符號的定義

x 是數據點，可能是一個有許多數值形成的向量。

θ 是數據點分布的參數，也就是說 $x \sim p(x|\theta)$。這也有可能是參數形成的向量。

α 是參數的超參數，也就是說 $\theta \sim p(\theta|\alpha)$。這也有可能是超參數形成的向量。

X，由觀測到的 n 個數據點組成的一組數據，$x_1, \ldots, x_n$。

$\tilde{x}$，需預測分布的新數據點。

定義：超參數 (hyperparameters)

1. **參數**：就是模型可以根據數據可以自動學習出的變數，應該就是參數。比如，深度學習的權重，偏差等

2. **超參數**：就是用來確定模型的一些參數。若超參數不同，則代表的模型也是不同的 (這個模型不同的意思就是有微小的區別，比如假設都是 CNN 模型，如果層數不同，模型不一樣，雖然都是 CNN 模型。)，超參數一般就是根據經驗確定的變數。在深度學習中，超參數有：學習速率、疊代次數、層數、每層神經元的個數等等。

    在貝葉斯統計中，超參數是先驗分布的參數。**超參數**旨在區分它們與正在分析的底層系統 (underlying system under analysis) 的模型參數。

    例如：如果使用 beta 分布的 β 分布來模擬參數 p 的分布，則：

    (1) p 是底層系統的參數 (Bernoulli 分布)。

    (2) 且 α 和 β 是先驗分布 (β 分布) 的參數，因此是超參數。

    對於已知的超參數，可以採用單個值，或者可以對超參數本身進行疊代並採用機率分布，稱為超級參數。

小結

所謂超參數，就是機器學習模型裡面的框架參數，比如聚類 (cluster) 方法裡面類的個數，或者話題模型裡面話題的個數等等，都稱為超參數。它們跟訓練過程中學習的參數 (權重) 是不一樣的，通常是手工設定，不斷試錯調整，或者對一系列窮舉出來的參數組合一通枚舉 (稱做網格搜索)。深度學習和神經網路模型，有很多這樣的參數需要學習，這就是為什麼過去這麼多年從業者棄之不顧的原因。以前給人的印象，深度學習就是「黑魔法」。時至今

日，非參數學習研究正在幫助深度學習，更加自動的優化模型參數選擇，當然有經驗的專家仍然是必須的。

超參數的學習早已有之，但是直到最近才做出一點進展。這裡面比較早期的主要貢獻者 (在應用到機器學習非參數學習領域之前) 是 Frank Hutter 團隊，他在 2009 年的博士論文，就是關於軟體系統裡面如何用非參數學習來代替人手設定參數。

(一) 正式解釋 (formal explanation)

貝葉斯推論將後驗機率 (考慮相關證據或數據後，某一事件的條件機率) 推導為二個前件、先驗機率 (考慮相關證據或數據前，某一事件不確定性的機率) 及概似函數 (由機率模型推導而得) 的結果。貝葉斯推論根據貝葉斯定理來計算後驗機率 (posterior probability)：

$$P(H|E) = \frac{P(E|H) \cdot P(H)}{P(E)}$$

其中

1. 「|」：將某事件成立作為條件 (因此 (A|B) 表示「假定 B 成立的 A」)。

2. H：假設，其機率可能會受實驗數據 (以下會稱為證據) 影響。一般來說會有許多互相矛盾的對立假設，任務是要確認哪一個假設概似 (likelihood) 最高。

3. E：證據。證據對應新的數據，也就是還沒用來計算先驗機率的數據。

4. P(H)：先驗機率，是觀察到數據 E(目前證據) 之前，假設 H 的機率。

5. P(H|E)：後驗機率，是在已知證據 E 之後，假設 H 的機率，是希望求得的資訊，也就是在有目前證據時，假設 H 的機率。

6. P(E|H)：假定 H 成立時，觀察到 E 的機率。在 H 不變時，這是 E 的函數，也是概似函數，指出在已知假設下假設和證據的相容程度。概似函數是證據 E 的函數，而後驗機率是假設 H 的函數。

7. P(E)：有時會稱為邊際概似率。此係數對所有可能的假設都是定值，因此在判斷不同假設的相對機率時，不會用到這個係數中。

針對不同的 H 數值，只有 P(H) 和 P(E|H)(都在分子) 會影響 P(H|E) 的數值。假設的後驗機率和其先驗機率 (固有概似率)，和新產生的概似率 (假設和新得到證據的相容性) 乘積成正比。

貝葉斯定理也可以寫成下式：

$$P(H \mid E) = \frac{P(E \mid H)}{P(E)} \times P(H)$$

其中係數 $\frac{P(E \mid H)}{P(E)}$ 可以解釋成 E 對 H 機率的影響。

(二) 非正式的介紹貝葉斯推論

貝葉斯推論最關鍵的點是可以利用貝葉斯定理結合新的證據及以前的先驗機率，來得到新的機率 (這和頻率論推論相反，頻率論推論只考慮證據，不考慮先驗機率)。

而且貝葉斯推論可以疊代使用：在觀察一些證據後得到的後設機率可以當作新的先驗機率，再根據新的證據得到新的後設機率。因此貝葉斯定理可以應用在許多不同的證據上，不論這些證據是一起出現或是不同時出現都可以，這個程式稱爲貝葉斯更新 (Bayesian updating)。

四、貝葉斯預測

1. 後驗預測分布 (posterior predictive distribution) 是一個新數據點的分布，後驗的邊際化 (marginalized)，即：

$$p(\tilde{x} \mid X, \alpha) = \int p(\tilde{x} \mid \theta) p(\theta \mid X, \alpha) \, d\theta$$

2. 先驗的預測分布是一個新的數據點的分布，先驗的邊際化，即：

$$p(\tilde{x} \mid \alpha) = \int p(\tilde{x} \mid \theta) p(\theta \mid \alpha) \, d\theta$$

貝葉斯理論要求使用後驗預測分布 (posterior predictive distribution) 來做預測推論 (predictive inference)，即預測新的未觀察數據點的分布。也就是說，不是固定點 (fixed point) 作爲預測，而是返回可能點的分布 (a distribution over possible points is returned)。只有這樣，才能使用參數 (parameters) 的整個後驗分布。相形之下，頻率主義統計中的預測常常涉及通過最大概似或最大後驗估計 (Maximum A Posteriori estimation, MAP) 找到參數的最優點估計 (最大概似或最大後驗估計法)，將該估計插入用於分布數據點的公式中。其缺點是它沒有考慮參數值的任何不確定性 (uncertainty)，因此會低估預測分布的變異數 (the variance of the predictive distribution)。

在某些情況下，頻率主義統計 (frequentist statistics) 可以解決這個問題。例如：未知的常態分布的平均值和變異數，從 Student's t 分布來求得信賴區間和預測區間 (confidence intervals and prediction intervals)。因爲有二個事實：(1) 常態分布的隨機變數的平均值也是常態分布，所以這正確地估計了變異數。(2) 具有未知平均值和變異數的常態分布數據點的預測分布，使用共軛或無資訊 (conjugate or uninformative priors) 的先驗，仍是符合 Student's t 分布。然而，在貝葉斯統計中，當使用數值方法 (numerical methods) 時，後驗預測分布 (posterior predictive distribution) 總是具有一定程度的精確地 (precision)。

請注意，兩種類型的預測分布都具有復合機率分布的形式 (marginal likelihood 也一樣)。事實上，如果先驗分布是共軛先驗 (conjugate prior)，且先驗和後驗分布來自同一個分布家族 (family)，那麼可容易看到先驗和後驗預測分布也來自同一族複合分布 (compound distributions)。唯一的區別是，後驗預測分布使用超參數的更新值 (the updated values of the hyperparameters)(應用 Bayesian update rules)，而先驗的預測分布 (prior predictive distribution) 使用先驗分布中的超參數的值(the values of the hyperparameters that appear in the prior distribution)。

2-2-2 推論「排他性和窮舉命題」的可能性 (inference over exclusive and exhaustive possibilities)

如果使用證據，同時更新一組「排他性及窮舉命題」的信念 (update belief over a set of exclusive and exhaustive propositions)，那麼貝葉斯推論是整體對這個信念分布採取行動。

一、一般公式 (general formulation)

假設某程式 (process) 正在產生「獨立且相同分布 (Independent and Identically Distributed, IID)」的事件 E_n，但機率分布是未知的。令事件空間 Ω 爲當前對這個程式的信念狀態 (current state of belief for this process)。每個模型由事件 M_m 來表示。

界定條件機率 $P(E_n \mid M_m)$ 來定義模型。$P(M_m)$ 推理第一步驟之前，$P(M_m)$ 是一組初始先驗機率 (a set of initial prior probabilities)。這組先驗機率總和必須爲 1，但在其他方面則可任意界定。

假設觀察過程產生 $E \in \{E_n\}$。對於每個 $M \in \{M_m\}$，先驗 $P(M)$ 被更新爲後驗 $P(M \mid E)$。

從貝葉斯定理 $P(A \mid B) = \dfrac{P(B \mid A)P(A)}{P(B)}$ ，可推導出後驗：

$$P(M \mid E) = \frac{P(E \mid M)}{\Sigma_m P(E \mid M_m)P(M_m)} \cdot P(M)$$

後驗　　　　　　　　　　　　　先驗

在觀察到進一步的證據後，可以重複該程式。

二、多個觀察值 (multiple observations)

對於一系列獨立且分布相同的觀測值 E $=(e_1 , \dots , e_n)$，可以通過歸納法顯示，重複應用上述公式，等同於：

$$P(M \mid E) = \frac{P(E \mid M)}{\Sigma_m P(E \mid M_m)P(M_m)} \cdot P(M)$$

後驗　　　　　　　　　　　　　先驗

其中 $P(E \mid M) = \prod\limits_k P(e_k \mid M)$。

即使，觀察值條件獨立性亦不能保證得到序列 (sequence)，Rachael Bond 和 Thomas Ormerod 從量子力學 (quantum mechanics)，證明出：

$$P(M_\alpha \mid E_1 \cap E_2 \dots \cap E_m) = \frac{\sum\limits_{i,j} \sqrt{E_{i\alpha} E_{j\alpha}} c_{ij}^{\alpha}}{\sum\limits_{i,j,\beta} \sqrt{E_{i\beta} E_{j\beta}} c_{ij}^{\beta}}$$

使得

$P(M_1 \mid E_1 \cap E_2) =$

$$\frac{\dfrac{P(E_1 \mid M_1)P(E_2 \mid M_1)}{P(E_1 \mid M_2)P(E_2 \mid M_2)} + P(E_1 \mid M_1) + P(E_2 \mid M_1)}{\dfrac{P(E_1 \mid M_1)P(E_2 \mid M_1)}{P(E_1 \mid M_2)P(E_2 \mid M_2)} + P(E_1 \mid M_1) + P(E_2 \mid M_1) + \dfrac{P(E_1 \mid M_2)P(E_2 \mid M_2)}{P(E_1 \mid M_1)P(E_2 \mid M_1)} + P(E_1 \mid M_2) + P(E_2 \mid M_2)}$$

三、參數的公式 (parametric formulation)

通過參數化模型的空間，所有模型的信念 (belief) 可以在單一步驟中更新。在模型空間的信念分布 (distribution of belief) 就是參數空間的信念分布。為了便利因素，本節的分布表示僅用連續型機率密度來表示，然而，該技術同樣適用於離散型分布。

令向量 θ 為跨越 (span) 參數空間。令 θ 的初始先驗分布為 p(θ|α)，其中，α 是先驗本身的一組參數，或超參數 (hyperparameters)。令 E = (e_1, ... , e_n) 為一系列「獨立且相同分布 (IID)」的事件觀察值，其中對於某個 θ，所有 e_i 分布為 p(e|θ)。應用貝葉斯定理來求出 θ 的後驗分布：

$$p(\theta \,|\, E, \alpha) = \frac{p(E \,|\, \theta, \alpha)}{p(E \,|\, \alpha)} \cdot p(\theta \,|\, \alpha)$$

$$= \frac{p(E \,|\, \theta, \alpha)}{fp(E \,|\, \theta, \alpha) p(\theta \,|\, \alpha) d\theta} \cdot p(\theta \,|\, \alpha)$$

其中 $p(E \,|\, \theta, \alpha) = \prod_k p(e_k \,|\, \theta)$。

2-2-3a 貝葉斯推論之數學性質 (mathematical properties)

一、因素的解釋 (Interpretation of factor)

(一) 情況一

$$\frac{P(E \,|\, M)}{P(E)} > 1 \Rightarrow P(E \,|\, M) > P(E).$$

也就是說，如果模型 M 是真的，證據 E 將比當前信念狀態預測的更有可能。相反，適用於信念的減少。如果信念沒有改變，

(二) 情況二

$$\frac{P(E \,|\, M)}{P(E)} = 1 \Rightarrow P(E \,|\, M) = P(E).$$

也就是說，證據與模型無關。如果模型是真的，證據將與當前信念狀態所預測的完全一樣。

二、克倫威爾的法則 (Cromwell's rule)

如果 P(M) = 0 則 P(M | E) = 0。

如果 P(M) = 1，則 P(M | E) = 1。

這可以解釋為硬判決對反證據不敏感 (hard convictions are insensitive to counter-evidence)。

三、後驗的漸近行為 (Asymptotic behaviour of posterior)：常態性

考慮信念分布 (belief distribution) 的行為，因為它通過「獨立且相同分布 (IID)」的試驗 (trials) 進行了大量更新。對於足夠好的先驗機率，Bernstein-von Mises 定理在無限試驗的極限中，1948 年由 Joseph L. Doob 首次證明的某些條件下，後驗收斂於高斯分布而不依賴於初始先驗，即如果考慮的隨機變數具有有限的機率空間。

接著，統計學家 David A. Freedman 求得更為一般性的結果，他在 1963 年和 1965 發表了兩篇開創性的研究論文，在什麼情況下保證了後驗的漸近行為。他的 1963 年的論文像 Doob(1949) 一樣對待有限的情況，並得出令人滿意的結論。然而，如果隨機變數具有無限但可數的機率空間 (即，對應於具有無限多個面的骰子)，那麼 1965 年論文證明，對於先驗的密集子集，Bernstein-von Mises 定理是不適用的。在這種情況下，幾乎肯定沒有漸近收斂。後來在二十世紀，Freedman 和 Persi Diaconis 繼續研究無限可數機率空間的情況 (infinite countable probability spaces)。總之，可能沒有足夠的試驗來抑制初始選擇的影響，特別是對於大型 (但有限) 系統而言，收斂可能非常緩慢。

中央極限定理在貝氏統計中所對應的理論是關於後驗分配的常態性，也稱為 Bernstein-von Mises theorem。不論是中央極限定理或是後驗分配的常態性，兩者都有若干高次漸近結果。

四、共軛先驗 (Conjugate priors)

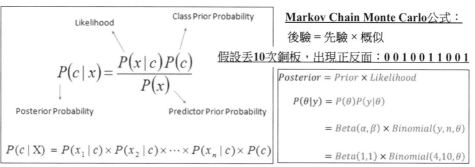

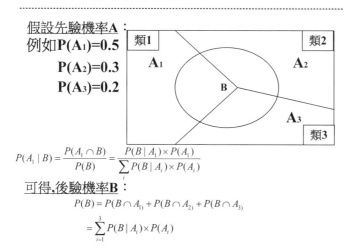

圖 2-7　後驗、概似及先驗之公式 (後驗＝概似 × 先驗)

現在先定義幾類機率之符號：

p(θ) 是 (先驗分布)。

p(θ | X) 是 (後驗分布)。

p(X)。

p(X | θ) 是 (概似函數)。

它們之間的關係可以通過貝葉斯公式進行連接：

後驗分布 $= \dfrac{概似函數 \times 先驗分布}{P(X)}$。之所以採用共軛先驗的原因是可以使得先驗分布和後驗分布的形式相同，這樣一方面符合人的直觀 (它們應該是相同形式的；另外一方面是可以形成一個先驗鏈，即現在的後驗分布可以作為下一次計算的先驗分布，如果形式相同就可以形成一個鏈條。為了使得先驗分布和後驗分布的形式相同，我們定義：如果先驗分布和概似函數可以使得先驗分布和後驗分布有相同的形式，那麼就稱先驗分布與概似函數是共軛的。所以共軛是指：先驗分布和概似函數共軛。

常見的幾個先驗分布與其共軛分布：

Distribution(分布)	共軛先驗 (Conjugate priors)
Bernoulli 分布	Beta 分布
Multinomial 分布	Dirichlet 分布
Gaussian，已知變數異，未知平均數	Gaussian 分布
Gaussian，未知變數異，已知平均數	Gamma 分布
Gaussian，變數異平均數都未知	Gaussian-Gamma 分布

(一) 共軛先驗 (conjugate prior) 的意義

定義：後驗分布 vs. 先驗分布

後驗分布是一個隨機事件或者一個不確定事件的**後驗機率**，是在考慮和已知相關證據或數據後所得到的條件機率。同樣，後驗機率分布是一個未知量 (視為隨機變數) 基於試驗和調查後得到的機率分布。「後驗」代表考慮了被測試事件的相關證據。

先驗分布是某一不確定量 p 的先驗機率分布是在考慮「觀測數據」前，能表達 p 不確定性的機率分布。它旨在陳述這個不確定量的不確定程度，而不是這個不確定量的隨機性。這個不確定量可以是一個參數，或者是一個隱含變數。

在貝葉斯統計中，如果後驗分布與先驗分布屬於同類，則先驗分布與後驗分布被稱為**共軛分布**，而先驗分布被稱為概似函數的共軛先驗。比如，高斯分布 (常態分配) 家族在高斯概似函數下與其自身共軛 (自共軛)。這個概念，以及「共軛先驗」這個說法，由 Howard Raiffa 和 Robert Schlaifer 在他們關於貝葉斯決策理論的工作中提出。類似的概念也曾由 George Alfred Barnard 獨自提出。

具體地說，就是貝葉斯公式

$$p(\theta \mid x) = \frac{p(x \mid \theta)p(\theta)}{\int p(x \mid \theta')p(\theta')d\theta'}$$

假定概似函數是已知的，問題就是選取什麼樣的先驗分布會讓後驗分布與先驗分布具有相同的數學形式。

共軛先驗 (conjugate priors) 的好處主要在於代數上的方便性，可以直接已知後驗分布的封閉形式，否則的話只能數值計算。共軛先驗也有助於獲得關於概似函數如何更新先驗分布的直觀印象。

所有指數家族的分布都有共軛先驗。只要是概率密度函數能夠寫成特定的形式，那麼這個分布就可以稱作指數族分布。常見的指數族分布，包括：高斯 (常態) 分布、二項分布、伯努利分布、多項分布、Poisson 分布、指數分布、beta 分布、拉普拉斯分布、gamma 分布。

使得貝葉斯推理更加方便，比如在 Sequential Bayesian inference(連續貝葉斯推理) 中，得到一個 observation 之後，可以算出一個 posterior(後驗)。由於選取的是 Conjugate prior 共軛先驗，因此後驗和原來先驗的形式一樣，可以把該後驗當做新的先驗，用於下一次 observation，然後繼續疊代。

令 D 是一個 N 點的數據集合，multinomial 有 K 結果，則

$$p(D \mid \mu) = \prod_{k=1}^{K} \mu_k^{m_i}$$

其中，m_k 是 N 個點中第 k一個結果 (狀態) 出現的次數。

$$p(\mu \mid \alpha) \propto \prod_{k=1}^{K} \mu_k^{\alpha_k - 1}$$

這個分布的 prior 是參數 μ 的分布，固 hype parameter 控制，為了使其為 conjugate proor，假設這個分布是：

$$p(\mu \mid \alpha) \propto \prod_{k=1}^{K} \mu_k^{\alpha_k - 1}$$

注意，上面還不是等號，因為右端可能不是一個分布。但是假如可以為其增加一個係數 (用 α 表示)，使得右端積分後為 1，那麼它就是一個分布，事實上：

$$Dir(\mu \mid \alpha) = \frac{\Gamma(\alpha_1 + ... + \alpha_K)}{\Gamma(\alpha_1) + ... + \Gamma(\alpha_K)} \prod_{k=1}^{K} \mu_k^{\alpha_k - 1}$$

這個分布就是 Dirichlet 分布，它是 multinomial 的共軛先驗。

(二) Dirichlet 分布

定義：Dirichlet 分布

狄利克雷分布是一組連續多變數機率分布，是多變數普遍化的 Beta 分布。為了紀念德國數學家狄利克雷 (Peter Gustav Lejeune Dirichlet) 而命名。狄利克雷分布常作為貝葉斯統計的先驗 (事前) 機率。當狄利克雷分布維度趨向無限時，便成為狄利克雷過程 (Dirichlet Process)。

狄利克雷分布奠定了狄利克雷過程的基礎，被廣泛應用於自然語言處理特別是主題模型 (topic model) 的研究。

機率密度函數

維度 $K \geq 2$ 的狄利克雷分布在參數 $\alpha_1, ..., \alpha_K > 0$ 上、基於歐幾里得空間 R^{K-1} 裡的勒貝格測度有個機率密度函數，定義為：

$$f(x_1, ..., x_K; \alpha_1, ..., \alpha_K) = \frac{1}{\mathrm{B}(\alpha)} \prod_{i=1}^{K} x_i^{\alpha_i - 1}$$

$x_1, ..., x_{K-1} > 0$ 並且 $x_1 + ... + x_{K-1} < 1$，$x_K = 1 - x_1 - ... - x_{K-1}$，在 $(K - 1)$ 維的單純形開集上密度為 0。

歸一化衡量 $B(\alpha)$ 是多項 B 函數，可以用 Γ 函數 (gamma function) 表示：

$$\mathrm{B}(\alpha) = \frac{\prod_{i=1}^{K} \Gamma(\alpha_i)}{\Gamma(\sum_{i=1}^{K} \alpha_i)}, \quad \alpha = (\alpha_1, ..., \alpha_K).$$

下面的**α**向量（順時針，從左上角開始）描述了一個**2**單純形上**(2-simplex)**的幾個狄利克雷分佈的概率密度函數: **(1.3, 1.3, 1.3), (3,3,3), (7,7,7), (2,6,11), (14, 9, 5), (6,2,6).**

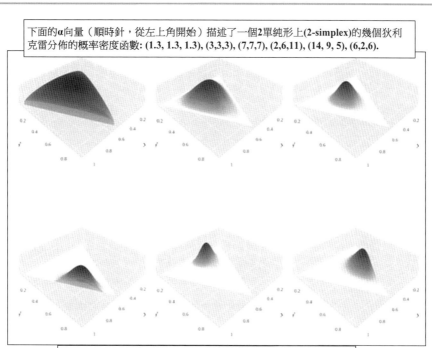

Parameters 參數	$K \geq 2$ number of categories (integer) $\alpha_1, \dots, \alpha_K$ concentration parameters, where $\alpha_i > 0$
Support 支持	$x_1, \dots, x_K$ where $x_i \in (0, 1)$ and $\sum_{i=1}^{K} x_i = 1$
PDF	$\dfrac{1}{\mathrm{B}(\boldsymbol{\alpha})} \prod_{i=1}^{K} x_i^{\alpha_i - 1}$ where $\mathrm{B}(\boldsymbol{\alpha}) = \dfrac{\prod_{i=1}^{K} \Gamma(\alpha_i)}{\Gamma\left(\sum_{i=1}^{K} \alpha_i\right)}$ where $\boldsymbol{\alpha} = (\alpha_1, \dots, \alpha_K)$
Mean 平均數	$\mathrm{E}[X_i] = \dfrac{\alpha_i}{\sum_k \alpha_k}$ $\mathrm{E}[\ln X_i] = \psi(\alpha_i) - \psi(\sum_k \alpha_k)$ (see digamma function)
Mode 眾數	$x_i = \dfrac{\alpha_i - 1}{\sum_{k=1}^{K} \alpha_k - K}, \quad \alpha_i > 1.$
Variance 變異數	$\mathrm{Var}[X_i] = \dfrac{\alpha_i(\alpha_0 - \alpha_i)}{\alpha_0^2(\alpha_0 + 1)},$ where $\alpha_0 = \sum_{i=1}^{K} \alpha_i$ $\mathrm{Cov}[X_i, X_j] = \dfrac{-\alpha_i \alpha_j}{\alpha_0^2(\alpha_0 + 1)} \quad (i \neq j)$

圖 2-8 Dirichlet 分布之示意圖

(三) 共軛先驗之例子

共軛先驗通常可以由分布的 pdf 或 pmf 來確定。

考慮二項模型：

$$p(x) = \binom{n}{x} q^x (1-q)^{n-x}$$

寫成以 q 爲參數的函數形式：

$$f(q) \propto q^a (1-q)^b$$

通常這個函數應該還缺少一個乘數因數，以保證 pdf 的積分值爲 1。

這個乘數項是 a，b 的函數。寫作下面的形式：

$$p(q) = \frac{q^{a-1}(1-q)^{\beta-1}}{B(\alpha, \beta)}$$

可以看出，乘上的 B(α, β) 作爲歸一化的目的，根據上面定義，可得二項分布的共軛分布族是貝塔 (Beta) 分布。

與共軛先驗對應的概念是共軛分布族 (Conjugate family of distribution)，所謂共軛分布族是指參數 θ 的後驗 pdf 與作爲先驗的分布族是相同的，則稱此類先驗 pdf 關於具有

$$\text{pdf } f(x \mid \theta), \theta \in \Omega$$

的分布族爲共軛分布。

例如：已知 θ 時隨機變數 X 的 pmf 是均值爲 θ 的 Poisson 分布。若我們選取 gamma 先驗，由貝葉斯定理計算出後驗也是 gamma 分布族。則稱，gamma 分布族構成這種 Poisson 模型的共軛先驗類。

補充：PMF vs. PDF 的差別

在機率論中，機率質量函數 (Probability Mass Function, PMF) 是離散隨機變數在各特定取值上的機率。機率質量函數和機率密度函數不同之處在於：機率質量函數是對離散隨機變數定義的，本身代表該值的機率；機率密度函數 (PDF) 是對連續隨機變數定義的，本身不是機率，只有對連續隨機變數的機率密度函數在某區間內進行積分後才是機率。

如下圖爲一個機率質量函數的圖像，函數的所有值必須非負，且總和爲 1。

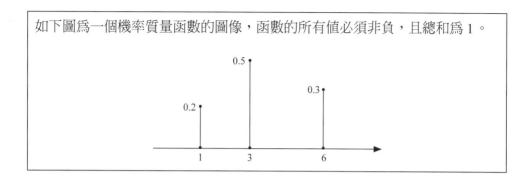

2-2-3b 貝葉斯決策理論

貝葉斯決策理論是主觀貝葉斯派歸納理論的重要組成部分。

貝葉斯決策就是在不完全情報下，對部分未知的狀態用主觀機率估計，然後用貝葉斯公式對發生機率進行修正，最後再利用期望值和修正機率做出最優決策。

貝葉斯決策理論方法是統計模型決策中的一個基本方法，其基本思想是：

1. 已知類條件機率密度參數表達式和先驗機率。

2. 利用貝葉斯公式轉換成後驗機率。

3. 根據後驗機率大小進行決策分類。

一、貝葉斯公式

令 $D_1, D_2, ... , D_n$ 爲樣本空間 S 的一個劃分，如果以 $P(D_i)$ 表示事件 D_i 發生的機率，且 $P(D_i) > 0(i = 1, 2, ..., n)$。對於任一事件 x，$P(x) > 0$，則：

$$P(D_j \mid x) = \frac{P(x \mid D_j) \times P(D_j)}{\sum_{i=1}^{n} P(x \mid D_i) \times P(D_i)}$$

1. 如果我們已知被分類類別機率分布的形式和已經標記類別的訓練樣本集合，那我們就需要從訓練樣本集合中來估計機率分布的參數。在現實世界中有時會出現這種情況。(如已知爲正態分布了，根據標記好類別的樣本來估計參數，常見的是極大概似率和貝葉斯參數估計方法)

2. 如果我們不知道任何有關被分類類別機率分布的知識，已知已經標記類別的訓練樣本集合和判別式函數的形式，那我們就需要從訓練樣本集合中來估計判別式函數的參數。在現實世界中有時會出現這種情況。(如已知判別式函數

為線性或二次的，那麼就要根據訓練樣本來估計判別式的參數，常見的是線性判別式和神經網路)

3. 如果我們既不知道任何有關被分類類別機率分布的知識，也不知道判別式函數的形式，只有已經標記類別的訓練樣本集合。那我們就需要從訓練樣本集合中來估計機率分布函數的參數。在現實世界中經常出現這種情況。(如首先要估計是什麼分布，再估計參數。常見的是非參數估計。)

4. 只有沒有標記類別的訓練樣本集合。這是經常發生的情形。我們需要對訓練樣本集合進行聚類，從而估計它們機率分布的參數。(這是無監督的學習)

5. 如果我們已知被分類類別的機率分布，那麼，我們不需要訓練樣本集合，利用貝葉斯決策理論就可以設計最優分類器。但是，在現實世界中從沒有出現過這種情況。這裡是貝葉斯決策理論常用的地方。

問題

假設我們將根據特徵向量 x 提供的證據來分類某個物體，那麼我們進行分類的標準是什麼？決定 w_j，if($p(w_j \mid x) > p(w_i \mid x)$)($i$ 不等於 j) 應用貝葉斯展開後可以得到 $p(x \mid w_j)p(w_j) > p(x \mid w_i)p(w_i)$ 即機率 $p(x \mid w_j)/p(x \mid w_i) > p(w_i)/p(w_j)$，決策規則就是概似率測試規則。

> **小結**
> 　　對於任何給定問題，可以通過概似率測試決策規則得到最小的錯誤機率。這個錯誤機率稱為貝葉斯錯誤率，且是所有分類器中可以得到的最好結果。最小化錯誤機率的決策規則就是最大化後驗機率判據。

二、貝葉斯分類法之應用

利用已知的事件發生之機率來推測未知資料的類別，此為貝氏分類最大的特色。當新的樣本資料加入時，只要再調整某些機率，即可以得到新的分類的模型 (機率)，因此當資料不斷增加的時候，會有比較好的分類效能，但因貝氏分類器採用機率模型所建構，故有時會有不易解釋分類原因。

(一) 貝氏分類應用

新聞依照內容描述來自動分類為汽車 (C)、運動 (S)、科技 (T)。

迴歸到貝氏分類，我們該如何應用貝氏定理來幫我們執行分類的工作呢？

前面提到「後驗機率」可以解釋成：

給定一些觀察特徵值，我們能計算事物是屬於某個分類的機率。

上述的觀察特徵值我們可以表示成一個向量，對於新聞分類這問題，我們可以把特徵關鍵字字詞頻率表示成向量：

$$\vec{tf} = (tf_1, tf_2, tf_3, \cdots, tf_n)$$

我們現在的問題是要把新聞自動分類，那麼「後驗機率」就可以說成：

給定一些特徵關鍵字字詞頻率向量，我們能計算這篇新聞是屬於某個分類的機率。

寫成貝氏定理的公式就是：

$$P(分類|特徵關鍵字字詞頻率向量) = \frac{P(特徵關鍵字字詞頻率向量|分類) \cdot P(分類)}{P(特徵關鍵字字詞頻率向量)}$$

換成實際的例子就是

$$P(汽車|賓士, 寶馬, 籃球, 路跑, 手機, App) =$$
$$\frac{P(賓士, 寶馬, 籃球, 路跑, 手機, App|汽車) \cdot P(汽車)}{P(賓士, 寶馬, 籃球, 路跑, 手機, App)}$$

中文解釋就是

在出現「賓士, 寶馬, 籃球, 路跑, 手機, App」這些特徵關鍵字的情況下，該篇新聞是屬於「汽車」的機率是多少？

會等於

在「汽車」新聞當中出現「賓士, 寶馬, 籃球, 路跑, 手機, App」字詞的機率 ×「汽車」新聞的機率 /「賓士, 寶馬, 籃球, 路跑, 手機, App」字詞的機率。

(二) 訓練階段

貝氏分類器的訓練階段是計算：

$$P(特徵關鍵字字詞頻率向量|分類) \cdot P(分類)$$

這個算式的數值就要從訓練集合而來，我們要準備各個分類 (汽車、運動、科技) 的數篇新聞集合，然後做切字並且比對計算特徵關鍵字字詞頻率向量。

新聞	分類	賓士	寶馬	籃球	路跑	手機	App
C63 發表會	P	15	25	0	5	8	3
BMW i8	P	35	40	1	3	3	2
林書豪	S	5	0	35	50	0	0
湖人隊	S	1	5	32	15	0	0
Android 9.0	T	10	5	7	0	2	30
iPhone XS	T	5	5	5	15	8	32

$$\rightarrow P(賓士,寶馬,籃球,路跑,手機,App|汽車) \cdot P(汽車)$$
$$\rightarrow P(賓士,寶馬,籃球,路跑,手機,App|運動) \cdot P(運動)$$
$$\rightarrow P(賓士,寶馬,籃球,路跑,手機,App|科技) \cdot P(科技)$$

這邊已經沒有寫 P(特徵關鍵字字詞頻率向量)，因為比較不同分類之間的後驗機率時，分母 P(特徵關鍵字字詞頻率向量) 總是常數，因此可以忽略。

(三) 獨立事件

實際上，即便有了各分類的新聞集合，我們也很難計算 P(特徵關鍵字字詞頻率向量 | 分類)，也就是很難計算：

$$P(賓士,寶馬,籃球,路跑,手機,App|汽車) \cdot P(汽車)$$

所以要引進貝氏分類最重要的「獨立事件」假設，所謂獨立事件就是一個事件 A 的結果不會影響另一個事件 B 發生的機率，舉個例子，給予兩個公正的硬幣，投擲硬幣兩次，那麼第一次投擲的結果不影響第二次投擲的機率。兩個獨立事件發生的機率就會變成兩個事件機率的乘積。

$$P(A \cap B) = P(A) \cdot P(B)$$

回到我們的 P(特徵關鍵字字詞頻率向量 | 分類)，我們假設每個分類下的各個特徵關鍵字出現的機率彼此獨立，所以公式可以寫成：

$$P(賓士 , 寶馬 , 籃球 , 路跑 , 手機 , App| 汽車) \cdot P(汽車) =$$
$$P(賓士 | 汽車) \cdot P(寶馬 | 汽車) \cdot P(籃球 | 汽車) \cdot P(路跑 | 汽車) \cdot P(手機 | 汽車) \cdot P(App| 汽車) \cdot P(汽車)$$

(四) 字詞分布模型

這邊我們有兩個字詞分布模式，分別為：

1. Bernouli 分布：只判斷字詞是否有出現，出現就是 1，沒有出現就是 0。

    (1) P(分類) = 該分類新聞篇數 / 所有訓練集合新聞篇數

    (2) P(特徵關鍵字 | 分類) = (該分類下包含特徵關鍵字的新聞篇數 + 1) / (該分類下包含特徵關鍵字的新聞篇數 + 2)

2. Multinomial 分布：直接採用字詞出現頻率。

    (1) P(分類) = 該分類下字詞頻率總和 / 所有訓練集合字詞頻率總和

    (2) P(特徵關鍵字 | 分類) = (該分類下、該關鍵字字詞頻率總和 + 1) / (該分類下所有關鍵字字詞頻率總和 + 訓練集合關鍵字個數)

(五) 計算步驟

以下我們都採用 Multimonimal 來計算。

我們開始先訓練分類器，這邊只用「汽車」分類當作例子，其他分類計算方式類似，各個特徵關鍵字的分類機率如下：

$$P(賓士|汽車) = \frac{((15+35)+1)}{140+6} = 0.3493150684931507$$

$$P(寶馬|汽車) = \frac{((25+40)+1)}{140+6} = 0.4520547945205479$$

$$P(籃球|汽車) = \frac{((0+1)+1)}{140+6} = 0.0136986301369863$$

$$P(路跑|汽車) = \frac{((5+3)+1)}{140+6} = 0.06164383561643835$$

$$P(手機|汽車) = \frac{((25+40)+1)}{140+6} = 0.0821917808219178$$

$$P(App|汽車) = \frac{((25+40)+1)}{140+6} = 0.0410958904109589$$

$$P(汽車) = 0.343980343980344$$

訓練階段完成，這些數值等等會使用到。

現在有一篇新的新聞，其特徵關鍵字字詞頻率：

地點	分類	賓士	寶馬	籃球	路跑	手機	App
騎士隊	?	10	2	50	56	8	5

我們要計算該篇新聞屬於「汽車」的機率：

$$P(汽車 \mid 特徵關鍵字) = (0.3493150684931507^{10} \cdot 0.4520547945205479^2 \cdot$$
$$0.0136986301369863^{50} \cdot 0.06164383561643835^{56} \cdot 0.0821917808219178^8 \cdot$$
$$0.0410958904109589^5) \cdot 0.343980343980344$$

這些乘積出來的結果就是這篇新的新聞屬於「汽車」的機率。

(六) 向下溢位

如果把這個公式的數值給電腦算，應該有 99.99999% 的機率算不出來，為何？因為機率小於 1，愈小的數字會愈乘愈小，這樣乘下去電腦就產生「向下溢位」的問題，這邊我們要修改一下機率的計算公式，我們把公式兩邊都取 log，指數就變成相乘，原本相乘就變成相加，算出來的就是機率的 log 值。

注意，這邊我們重點在於比較各分類的機率大小關係，而非數值本身，所以所有分類機率數值都取 log 一樣可以比較所屬分類。

小結

1. 貝氏分類對於少量的訓練集合一樣會有不錯的分類準度，它的威力恰好在於小樣本下，專家意見或歷史經驗，也就是所謂的先驗分配，能夠補足小樣本的不足，使得推論能夠進行。
2. 適合用在資料會不斷成長的應用。

三、貝葉斯決策判據

貝葉斯決策理論方法是統計模式識別中的一個基本方法。貝葉斯決策判據既考慮了各類參考總體出現的機率大小，又考慮了因誤判造成的損失人小，判

別能力強。貝葉斯方法更適用於下列場合：

1. 樣本的數量 (容量) 不夠大，則大樣本的統計理論不適宜的場合。

2. 試驗 (trial) 具有繼承性，反映在統計學上就是要具有在試驗之前已有先驗資訊的場合。用這種方法進行分類時要求兩點：

   (1) 要決策分類的參考總體的類別數是一定的。例如兩類參考總體 (正常狀態 D_1 和異常狀態 D_2)，或 L 類參考總體 $D_1, D_2, ... , D_L$(如良好、滿意、可以、不滿意、不允許、…)。

   (2) 各類參考總體的機率分布是已知的，即每一類參考總體出現的先驗機率 $P(D_i)$ 以及各類機率密度函數 $P(x \mid D_i)$ 是已知的。顯然，$0 \leq P(D_i) \leq 1$，$(i = 1, 2, ... , L)$，歸一化 $\sum P(D_i) = 1$。

    對於兩類故障診斷問題，就相當於在識別前已知正常狀態 D_1 的機率 $P(D_1)$ 和異常狀態的機率 $P(D_2)$，它們是由先驗知識確定的狀態先驗機率。如果不做進一步的仔細觀測，僅依靠先驗機率去作決策，那麼就應給出下列的決策規則：若 $P(D_1) > P(D_2)$，則做出狀態屬於 D_1 類的決策；反之，則做出狀態屬於 D_2 類的決策。例如：某設備在 365 天中，有故障是少見的，無故障是經常的，有故障的機率遠小於無故障的機率。因此，若無特別明顯的異常狀況，就應判斷為無故障。顯然，這樣做對某一實際的待檢狀態根本達不到診斷的目的，這是由於只利用先驗機率提供的分類資訊太少了。為此，我們還要對系統狀態進行狀態檢測，分析所觀測到的資訊。

四、參數估計和預測 (Estimates of parameters and predictions)

    通常希望使用後驗分布來估計參數或變數。貝葉斯估計有幾種方法從後驗分布檢選中心趨勢的測量。

    對於一維之問題，實際連續問題存在唯一的中位數，則後驗中位數 (posterior median) 可當估計值是可行的。

    若後驗分布存在有限平均值 (finite mean)，則後驗平均值是一種估計方法。

$$\tilde{\theta} = E[\theta] = \int \theta p(\theta \mid X, \alpha) d\theta$$

以最大概率取值，定義最大後驗概率 (MAP) 估計值：

$$\{\theta_{\mathrm{MAP}}\} \subset \arg \max_{\theta} p(\theta \mid X, \alpha)$$

有些例子沒有達到最大值，在這種情況下，MAP 估計值是空的。

還有其他估計方法可以使損失函數的後驗風險 (expected-posterior loss) 最小化，並且這些方法對於使用抽樣分布的統計決策理論 (frequentist statistics)[是有意義的。

一個新的觀測值 $\tilde{x}$ 的後驗預測分布 (與先前的觀測無關) 由下式確定：

$$p(\tilde{x} \mid \mathrm{X}, \alpha) = \int p(\tilde{x}, \theta \mid \mathrm{X}, \alpha)d\theta = \int p(\tilde{x} \mid \theta)p(\theta \mid \mathrm{X}, \alpha)d\theta$$

2-2-4 貝葉斯推論之案例

貝葉斯推論旨在做：假設的機率 (probability of a hypothesis)、預測分析。案例如下：

【例 1】參加乳房攝影檢查的 40 歲婦女中，患乳腺癌的機率是 1%。如果一位婦女患了乳腺癌，她的 X 光片呈陽性的機率是 80%。如果一位婦女她沒有患乳腺癌，她的 X 光片呈陽性的機率是 9.6%。現有一位該年齡層的婦女她的 X 光片呈陽性，那麼她實際患乳腺癌的機率有多少？如果把患乳腺癌和不患乳腺癌作爲兩個互斥事件 H 和 $\overline{H}$，他們的機率分別爲 P(H) 和 P($\overline{H}$)；把 X 光片呈陽性作爲在 H 和 $\overline{H}$ 中都能觀察到某一共同特徵 D，它在兩個事件中出現的機率分別爲 P(D|H) 和 P(D|$\overline{H}$)；那麼，當 D 出現時，根據以上機率資訊就可以計算出事件 H 發生的機率 P(H|D)。一般將 P(H) 和 P($\overline{H}$) 稱爲基礎機率 (base rate)，將 P(D|H) 稱爲擊中率 (hit rate)，將 P(D|$\overline{H}$) 稱爲誤報率 (false-alarm rate)，將 P(H|D) 稱爲後驗機率，其計算方法爲：

$$P(H|D) = \frac{P(H)P(D \mid H)}{(P(H)P(D \mid H) + P(D \mid \overline{H})} = \frac{(1\% \times 80\%)}{1\% \times 80\% + 99\% \times 10\%} = 0.078$$

這就是貝葉斯公式，利用貝葉斯公式進行推論的過程則稱之爲貝葉斯推理。根據公式，P(H|D) = 0.078。也就是說，陽性的檢查結果顯示該婦女有 7.8% 的機率患病。但是 Eddy 用該問題讓內科醫生判斷，結果 95% 的答案介於 70%～80%，遠高於 7.8%。儘管貝葉斯公式只是一些簡單的乘法、加法以及除法過程的結合，一個並沒有學過該公式的人也有可能在推論中不自覺的應用這種方法，但是在包括上述乳腺癌問題在內的許多研究均發現，人們常常會犯類似的推理錯誤，稱之爲基礎機率忽略 (base-rate neglect) 現象。Kahneman 等 (1982) 提出經驗法則—偏差理論 (heuristics and biases approach) 來解釋這一現象，並由此引發了關於貝葉斯推理問題的大量研究和爭論國內外，關於貝葉斯推理問題

的研究方法主要是實驗法，將不同類型貝葉斯問題呈現給受試者並要求他們解答，採用一定的指標對受試者的解題過程和結果進行評價，據此來考察貝葉斯推理的認知過程和影響因素。本文以貝葉斯推理的影響因素爲線索回顧了以往的研究，並對其中的一些問題進行了初步的分析和探討。

【例 2】某地區居民的肝癌發病率爲 0.0004，現用甲胎蛋白法進行普查。醫學研究表明，化驗結果是存有錯誤的。已知有罹患肝癌的人其化驗結果 99% 呈陽性 (有病)，而沒罹患肝癌的人其化驗結果 99.9% 呈陰性 (無病)。試問：在化驗結果呈陽性的人中可能有多少人有罹患肝癌？

如果我們用 A 表示樣本的觀察證據「化驗結果呈陽性」，用 H 爲假設「被檢查者有罹患肝癌」，那麼由上面可知：

P(H)(即某地區居民的肝癌發病率) = 0.0004

P($\overline{H}$)(即某地區居民沒罹患肝癌的比率) = 1 − 0.0004 = 0.9996

P(E | H)(即有罹患肝癌者其化驗結果呈陽性的比率) = 0.99

P(E | $\overline{H}$)(即沒罹患肝癌者其化驗結果呈陽性的比率) = 1 − 0.999 = 0.001

現在需要我們推論的是 P(H | E)，即在化驗結果呈陽性的條件下，假設「被檢查者有罹患肝癌」的比率。顯然，根據重新解釋過的貝葉斯定理，我們可以很容易地得出 P(H | E) 的值。

$$P(H \mid E) = \frac{P(H) \times P(E \mid H)}{P(H) \times P(E \mid H) + P(\overline{H})P(E \mid \overline{H})} = \frac{0.0004 \times 0.99}{(0.0004 \times 0.99) + (0.9996 \times 0.001)} = 0.284$$

這表明，在化驗結果呈陽性的人中，眞正罹患肝癌的人不到 0.3%。這個結果可能會使人吃驚，但仔細分析一下就可以理解了。因爲肝癌發病率很低，在 10,000 個人中約有 4 人罹患肝癌，而 9996 個人未罹患肝癌。對 10,000 個人用甲胎蛋白法進行檢查，按其錯檢的機率可知，9996 個不罹患肝癌者中約有 9996×0.001 ≅ 9.994 個呈陽性，另外 4 個眞正罹患肝癌者的檢查報告中約有 4×0.99 ≅ 3.96 個呈陽性。僅從 13.954(9.994 + 3.96) 個呈陽性者中看，眞正患肝癌的 3.96 個人約占 0.284%。

從上例可以看出，貝葉斯推理實際是借助於新的資訊修正先驗機率的推理方法。顯然，這樣的方法如果運用得當，可以使我們在依據機率作出決斷時，不必一次蒐集一個長期過程的大量數據，而可以根據事物發展的情況，不斷利用新的資訊來修正前面的機率，作出正確決策。下面的例子很好地說明這一點。

【例 3】有甲、乙、丙三家工廠生產同一種零件，市場占有率分別爲 10%、

25% 和 65%。已知甲、乙、丙三家工廠生產零件的不合格率分別是 30%、20% 和 10%。現從市場上某批零件中隨機抽取一件，經檢驗該零件不合格，則這個零件由甲廠、乙廠、丙廠生產的機率各是多少？

在沒有抽取零件之前，我們知道，來自甲廠的產品其機率是 10%，來自乙廠的機率是 25%，來自丙廠的機率是 65%，這些就是先驗機率。相比來說，丙廠生產產品的機率最高。現在我們在市場上隨機抽出的是不合格品，這是一個新的資訊，可以利用這個資訊修正先驗機率。如果我們用 E 表示「抽出的零件是不合格品」，用 H_1、H_2 和 H_3 分別為假設「這個零件是由甲廠生產的」、「這個零件是由乙廠生產的」、「這個零件是由丙廠生產的」，那麼由上面可知：

$$P(H_1) = 0.1 \cdot P(H_2) = 0.25 \cdot P(H_3) = 0.65$$
$$P(E \mid H_1) = 0.3 \cdot P(E \mid H_2) = 0.2 \cdot P(E \mid H_3) = 0.1$$

根據貝葉斯推理我們可以很容易地得出 $P(H \mid E)$、$P(H)$ 和 $P(H \mid E)$。其中：

$$P(H_1 \mid E) = 0.1 \times 0.3/((0.1 \times 0.3) + (0.25 \times 0.2) + (0.65 \times 0.1)) = 0.207$$
$$P(H_2 \mid E) = 0.25 \times 0.2/((0.1 \times 0.3) + (0.25 \times 0.2) + (0.65 \times 0.1)) = 0.345$$
$$P(H_3 \mid E) = 0.65 \times 0.1/((0.1 \times 0.3) + (0.25 \times 0.2) + (0.65 \times 0.1)) = 0.448$$

顯然，根據上面的結果，我們判斷該零件是丙廠生產的機率已從 65% 下降到 44.8%，而該零件是乙廠生產的機率已從 25% 上升到 34.5%，是甲廠生產的機率也已從 10% 上升到 20.7%。

在上面的例子中，如果隨機抽取一件產品還不能提供充足的資訊，可以再隨機抽取一件產品以獲取更多的資訊。現在我們假定連續抽取兩件產品都是不合格品，那麼這批產品來自各廠的機率又是多少呢？為了說明這個問題，首先要分別計算甲廠、乙廠、丙廠產品連續抽取兩個都是不合格品的機率各是多少。這裡假設產品是無限的，則有：

$$P(E \mid H_1) = 0.3 \times 0.3 = 0.09$$
$$P(E \mid H_2) = 0.2 \times 0.2 = 0.04$$
$$P(E \mid H_3) = 0.1 \times 0.1 = 0.01$$

然後仍然根據貝葉斯推理依次地得出 $P(H_1 \mid E)$、$P(H_2 \mid E)$ 和 $P(H_3 \mid E)$。其中

$$P(H_1 \mid E) = \frac{0.1 \times 0.09}{(0.1 \times 0.09) + (0.25 \times 0.04) + (0.65 \times 0.01)} = 0.353$$

$$P(H_2 \mid E) = \frac{0.25 \times 0.04}{(0.1 \times 0.09) + (0.25 \times 0.04) + (0.65 \times 0.01)} = 0.392$$

$$P(H_3 \mid E) = \frac{0.65 \times 0.01}{(0.1 \times 0.09) + (0.25 \times 0.04) + (0.65 \times 0.01)} = 0.255$$

根據上面的結果，我們可看到，如果連續兩次抽取的都是不合格品，則這批產品來自甲、乙、丙三廠的機率為 35.3%、39.2% 和 25.5%。這種情況下，這批產品來自乙廠的機率變為最大。

我們還可以再進一步，假定從一批產品中隨機抽取三件產品，抽樣結果是：不合格、不合格、合格。此時甲廠、乙廠、丙廠產品抽取結果為不合格、不合格、合格的機率分別為 (此時 A 表示「抽出的零件是不合格、不合格、合格」)

$$P(E \mid H_1) = 0.3 \times 0.3 \times (1 - 0.3) = 0.063$$
$$P(E \mid H_2) = 0.2 \times 0.2 \times (1 - 0.2) = 0.032$$
$$P(E \mid H_3) = 0.1 \times 0.1 \times (1 - 0.1) = 0.009$$

根據貝葉斯推理依次地可得出這批產品來自甲、乙、丙三廠的機率分別為：

$$P(H_1 \mid E) = \frac{0.1 \times 0.063}{(0.1 \times 0.063) + (0.25 \times 0.032) + (0.65 \times 0.009)} = 0.313$$

$$P(H_2 \mid E) = \frac{0.25 \times 0.032}{(0.1 \times 0.063) + (0.25 \times 0.032) + (0.65 \times 0.009)} = 0.397$$

$$P(H_3 \mid E) = \frac{0.65 \times 0.009}{(0.1 \times 0.063) + (0.25 \times 0.032) + (0.65 \times 0.009)} = 0.290$$

顯然，根據新的抽樣資訊，我們修正了先驗機率，使來自甲、乙、丙三廠的機率分別修正為 31.3%、39.7% 和 29.0%。

我們再來看一個用貝葉斯推理分析《伊索寓言》之〈孩子與狼 〉的例子。

《伊索寓言》之〈孩子與狼 〉講的是一個小孩每天到山上放羊，山裡有狼出沒。第一天，他在山上喊：「狼來了！狼來了！」，山下的村民聞聲便去打狼，可到山上發現狼沒有來。第二天仍是如此。第三天狼真的來了，可是無論小孩怎麼喊叫，也沒有人來救他，因為前二次他說了謊，人們不再相信他了。現在用貝葉斯推理來分析此寓言中村民對這個小孩的可信程度是如何下降的。

我們用 E 表示「小孩說謊」，用 H 表示「小孩可信」。不妨設村民過去對這個小孩的印象為 P(H) = 0.8，則 P($\overline{H}$) = 0.2

我們現在用貝葉斯推理來推論 P(H | E)，亦即這個小孩說了一次謊後，村民對他可信程度的改變。

在貝葉斯推論中我們要用到機率 P(E | H) 和 P(E | $\overline{H}$)，前者為可信的孩子說謊的機率，後者為不可信的孩子說謊的機率。在此不妨設 P(E | H) = 0.1，P(E | $\overline{H}$) = 0.5

第一次村民上山打狼，發現狼沒有來，即小孩說了謊。村民根據這個資訊，對這個小孩的可信程度改變為 P(H | E) = 0.8×0.1/((0.8×0.1) + (0.2×0.5)) = 0.444 這表明村民上了一次當後，對這個小孩的可信程度由原來的 0.8 下降到了 0.444。

在此基礎上，我們再一次用貝葉斯推理來推論 P(H | E)，亦即這個小孩第二次說謊後，村民對他的可信程度改變為 P(H | E) = 0.444×0.1/((0.444×0.1) + (0.556×0.5)) = 0.138 這表明村民們經過兩次上當，對這個小孩的可信程度已經從 0.8 下降到了 0.138，如此低的可信度，村民聽到第三次呼叫時怎麼還會上山打狼呢？

【例 4】透過觀察知道，牽牛花是在清晨 4 時左右開放，野薔薇是在清晨 5 時左右開放，龍葵花是在清晨 6 時左右開放，芍藥花是在清晨 7 時左右開放。它們開放的時間雖然不同，但都有確定的開放時間，由此可見所有的花都有確定的開花時間。

顯然，這是一個簡單枚舉歸納推理，相對於觀察前提，結論「所有的花都有確定的開花時間」可靠嗎？結論為真的可信程度有多大？是否可以用量來刻劃？這些問題用貝葉斯推理的方法是可以解決的。

我們用 E_1、E_2、E_3、E_4 分別表示牽牛花有確定的開放時間、野薔薇有確定的開放時間、龍葵花有確定的開放時間、芍藥花有確定的開放時間，它們的合取用字母 E 來表示。結論「所有的花都有確定的開花時間」用 H 表示。這樣，我們現在需要確定的就是 P(H | E)。

根據貝葉斯推理的形式，我們有：

1. $P(H \mid E) = \dfrac{P(H) \times P(E \mid H)}{P(H) \times P(E \mid H) + P(\overline{H})P(E \mid \overline{H})}$

由於枚舉歸納的前提可從結論中必然推出，即 P(E|H)=1。因此，由 1. 可得：

2. P(H | E) = P(H)/P(H) + P($\overline{H}$) × P(E | $\overline{H}$) 根據邏輯否定法則，由 2. 可得出：

3. P(H | E) = P(H)/P(H) + (1 − P(H))×P(E | $\overline{H}$)

在 3. 中，P(E | $\overline{H}$) 表示，假定歸納結論 H 不眞，E(即 E_1、E_2、E_3、E_4 等) 爲肯定事例的機率。

現在上面的問題可以解決了。相對於背景知識，已知歸納結論 H 的先驗機率 P(H) = 0.5，在 H 不眞時「牽牛花有確定的開放時間」、「野薔薇有確定的開放時間」等肯定事例出現的先驗機率 P(E | $\overline{H}$) = 0.8。把以上數據代入 3. 得：

$$P(H | E) = 0.5/0.5 + (1 − 0.5)×0.84$$
$$= 0.5/0.70 = 0.71$$

這說明，相對於觀察證據 E_1、E_2、E_3、E_4 而言，歸納結論 H(所有的花都有確定的開花時間) 的可信程度爲 71%。

2-2-5 頻率統計和決策理論之貝葉斯模型，誰優？Bayesian Information Criterion(BIC)

一、敵對模型之選擇準則：Bayesian Information Criterion (BIC)、Schwarz Criterion (SBC, SBIC)，IC 值愈小表示該模型愈佳

通常，對一堆數據進行建模的時候，特別是分類和迴歸模型，我們有很多的變數可供使用，選擇不同的變數組合可以得到不同的模型，例如我們有 5 個自變數，2 的 5 次方，我們將有 32 種自變數組合，可以訓練出 32 個模型。但是哪個模型更加的好呢？目前常用有如下方法：

AIC = −2 ln(L) + 2 k (Akaike Information Criterion)

BIC = −2 ln(L) + ln(n)*k (貝葉斯資訊準則 Bayesian Information Criterion)

HQ = −2 ln(L) + ln(ln(n))*k (Hannan-Quinn criterion)

其中，k 是模型中估計參數的個數。n 爲樣本數。L 是在該模型下的最大概似。

很多參數估計問題均採用概似函數作爲目標函數，當訓練數據足夠多時，可以不斷提高模型精度，但是以提高模型複雜度爲代價的，同時帶來一個機器學習中非常普遍的問題：過度適配。所以，模型選擇問題在模型複雜度與模型對數據集陳述能力 (即概似函數) 之間尋求最佳平衡。

至今已有許多資訊準則，透過加入模型複雜度的懲罰項來避免過度適配問題，其中最常用的模型選擇有兩個方法：貝葉斯資訊準則 (Bayesian Information

Criterion, BIC)、Schwarz criterion。在有限模型集中，挑選那一個模型較優的標準是：BIC 值愈小表示該模型愈優。BIC 是基於概似函數，它與 Akaike 資訊準則 (AIC) 密切相關。

在適配模型時，雖然添加參數來提升可能性，但這樣做可能會導致過度適配。故 BIC 和 AIC 都在模型引入的參數數量時，會有一個懲罰項抑制你誤用過多的參數，且 BIC 的懲罰項 (penalty term) 又多於 AIC。

模型選擇主要有兩個思路：

(一) 解釋性框架

在已有數據下，重點關注哪些變數是模型的重要變數，模型的形式應該怎樣。好的模型應該是最能解釋現有數據的模型。

(二) 預測性框架

重點關注哪些變數是模型的潛在變數以及模型的可能形式。好的模型應該是最能預測結果的模型。

在選擇模型來預測推理時內定一個假定 (assumption)，即已知數據下存在一個最佳的模型，且該模型可以通過已有數據估計出來，根據某個選擇標準選擇出來的模型，用它所做的推理應該是最合理的。這個選擇標準就可以是 AIC 和 BIC。沒有模型的選擇的絕對標準，好的選擇標準應該根據數據分布不同而不同，並且要能融入到統計推理的框架中去。

1. AIC：基於 Kullback-Leibler (K-L) 資訊損失的，提供了生成模型與適配近似模型之間的預期 Kullback 差異的漸近無偏估計 (provides an asymptotically unbiased estimator of the expected Kullback discrepancy between the generating model and the fitted approximating model).

2. BIC：基於貝葉斯因子 (Byaes Factor, BF)。STaTa「bayesstats ic A B, bayesfactor」，印出 BF 而不是內定的 log BFs，且比較敵對模型，誰優？
   定義式為：

$$AIC = 2ln(f(y \mid \theta_k)) - 2K$$
$$BIC = 2ln(f(y \mid \theta_k)) - Klog(n)$$

在模型適配時，增加參數可是使得概似概率增大，但是卻引入了額外的變數。AIC 和 BIC 都在目標式中添加了模型參數個數的懲罰項。

二、BIC 公式推導

在選擇模型時，貝葉斯方法的做法是在已知數據 $\{y_j\}_{j=1}^n$ 下最大化模型 (M_i) 的後驗概率。根據貝葉斯定理，有：

$$P(M_i \,|\, y_1, y_2, \ldots, y_n) = \frac{P(y_1, y_2, \ldots, y_n \,|\, M_i) P(M_i)}{P(y_1, y_2, \ldots, y_n)} \tag{2-1}$$

其中，是模型的邊際概率，在已知數據 $\{y_j\}_{j=1}^n$ 時，$P(y_1, y_2, \ldots, y_n)$ 是固定的，且假設在不知道任何數據的情況下各個模型是同樣合理的，即 $P(M_i)$ 是定值，於是，最大化後驗概率等價於最大化模型的邊際概率。而：

$$P(y_1, \ldots, y_n \,|\, M_i) = f_{\Theta_i} L(\theta_i \,|\, y_1, \ldots, y_n) g_i(\theta_i) d_{\theta_i} \tag{2-2}$$

其中，Θ_i 是模型 M_i 的參數向量，L 是概似函數，$g_i(\theta_i)$ 是參數 θ_i 的概率分布。

在選擇模型時，選擇後驗概率最大的模型，比如有兩個模型 M_0 和 M_1 其後驗概率分別為 $P(y \,|\, M_0)$ 和 $P(y \,|\, M_1)$，通過比較這兩個值的大小或者比較 $B_{01}(y) = \dfrac{P(y \,|\, M_0)}{P(y \,|\, M_1)}$ 與 1 的大小，從而確定選擇模型 0 還是 1，當它比 1 大時選擇模型 M_0；比 1 小時選擇模型 M_1。$B_{01}(y)$ 被稱為貝葉斯因子。可以看到，使用貝葉斯因子方法來選擇模型，不需要考慮參數的先驗概率 (其實是假設了先驗相等)，這在很多參數先驗無法求出時很有用，貝葉斯因子可以比較任意兩個模型的好壞。Kass 等人 1995 年證明在某種情況下，基於 BIC 的模型選擇方法近似等價於基於貝葉斯因子的模型選擇方法。貝葉斯因子方法不預測結果，隸屬於解釋性框架。

三、AIC，BIC 比較

AIC 和 BIC 的公式中前半部分是一樣的，後半部分是懲罰項，當 $n \geq 8$ 時，k ln(n) = 2k，所以，BIC 相比 AIC 在大數據量時對模型參數懲罰得更多，導致 BIC 更傾向於選擇參數少的簡單模型。

2-2-6 貝葉斯認識論 (Bayesian epistemology)

知識論是探討知識的本質、起源和範圍的一個哲學分支。目前知識論和認識論之間的關係存在爭議，有人認為它們是同一個概念，而也有人認為它們其實是存在一些密切聯繫的兩個不同概念。

(一) 知識的定義

知識是被證實的眞實的信念。

《認識論》(*epistemology*) 中，關於知識的作品，最有影響力的作品是柏拉圖的《泰阿泰德篇》，書中他發展了知識的定義。我們知道，想要被定義爲知識，它必須是被證實的，並且必須被我們相信是眞的。蘇格拉底認爲這還不夠，人們還必須爲之找到理由或證明。

柏拉圖將知識定義爲被證實的眞實的信念 (被相信的事物)。

這個定義暗示我們不能因爲「相信一件事並且那件事是眞實的」便說我們知道 (了解) 這件事。一個沒有任何醫學知識的病人相信他很快會康復，即便日後事實如此，我們不能說這個病人知道他會好，因爲他的相信在當時缺乏證實。

因此知識由於證實而區別於人們所相信並且眞實的事。《認識論》所解決的問題就是怎樣恰當地證實眞實的相信。人們有時將這稱爲實證理論。

(二) 先驗與後驗知識

西方哲學家將知識分爲兩種：先驗與後驗。

先驗意味著僅憑推理得到的知識 (先於經驗觀察)，而不受直接或間接經驗 (這裡經驗通常指通過感官對於世界的觀察) 的影響。

後驗指其他種類的知識，也就是知識的得來和證實需要藉助經驗 (經驗觀察之後)，也被稱作經驗性知識。

知識論的核心問題之一爲是否存在先驗綜合知識。概括地講，理性主義者認爲存在，因而就要面對「先驗綜合知識如何可能」的問題。相反的，經驗主義者認爲所有的知識在一定程度上都是外界經驗的體現，並不存在先驗綜合知識。

經常被認爲有著先驗地位 (priori status) 的知識領域是邏輯和數學，他們探討的主要是抽象的、形式上的對象 (客體)。

經驗主義者否認這些領域有前知。兩個較著名的反駁是這些知識都是透過經驗得來的 (如約翰·斯圖亞特·穆勒, John Stuart Mill) 及這些領域不構成眞正的知識 (如休謨 David Hume)。

定義：先驗 p(*θ*)、後驗 p(*θ* | y)
先驗 (a priori；先天) 在拉丁文中指「來自先前的東西」，或稍稍引申指「在經驗之前」。近代西方傳統中，認爲先驗指無需經驗或先於經驗獲得的知

識。它通常與後驗知識相比較，後驗意指「在經驗之後」，需要經驗。這一區分來自於中世紀邏輯所區分的兩種論證，從原因到結果的論證稱為「先驗的」，而從結果到原因的論證稱為「後驗的」(a posteriori)。

知識論的基本問題之一是究竟是否存在任何重要的先驗知識。通常來說，理性主義者相信存在先驗知識，而經驗主義者認為所有知識根本上源於某種經驗 (通常是外部經驗)，即便有先驗知識在某種意義上也不重要。還有些經驗主義者認為先驗知識只是對語詞意義的分析，而與世界無關。

理性主義思想家給予使用先驗這個術語合適的立足點，如笛卡兒和萊布尼茲，他們認為知識通過推理獲得，而非經驗，數學和邏輯真理的必然性即是其佐證。笛卡兒認為關於自我的知識，或者說我思故我在，是先驗的，因為他認為一個人無需訴諸過去的經驗就能確認自我的存在。萊布尼茲區分了先驗真理，即理性真理，與後驗真理，即由經驗確立的真理。

康德說，不論是空間，還是空間的任何一個幾何學的先天規劃，都不是一種先驗的表象，而只有關於這些表象根本不具有經驗的來源、以及何以它們還是能夠先天地與經驗對象發生關係的這種可能性的知識，才能稱之為先驗的。

洛克認為反思只是經驗的一部分，提出先驗這整個觀念應被拋棄的綱領。休謨認為所有先驗知識不過是觀念之間的關係，這在他的《人類理智研究》中多次提及。由於經驗主義認為一切知識基於經驗，對數學真理和邏輯真理提供一個經驗主義的說明就成為其重要任務。

(三) 貝葉斯統計的內容：先驗分布 vs. 後驗分布

現在先定義幾類機率之符號：

$p(\theta)$ 是 (先驗分布)。
$p(\theta \mid X)$ 是 (後驗分布)。
$p(X)$。
$p(X \mid \theta)$ 是 (概似函數)。

貝葉斯統計中的兩個基本概念是先驗分布和後驗分布。

1. **先驗分布**。總體分布參數 θ 的一個概率分布。貝葉斯學派的根本觀點，是認為在關於總體分布參數 θ 的任何統計推論問題中，除了使用樣本所提供的資

訊外，還必須規定一個先驗分布，它是在進行統計推論時不可缺少的一個要素。他們認爲先驗分布不必有客觀的依據，可以部分地或完全地基於主觀信念。

2. **後驗分布**。根據樣本分布和未知參數的先驗分布，用概率論中求條件概率分布的方法，求出在樣本已知下，未知參數的條件分布。因爲這個分布是在抽樣以後才得到的，故稱爲後驗分布。貝葉斯推論方法的關鍵是任何推論都必須且只須根據後驗分布，而不能再涉及樣本分布。

貝葉斯統計 (Bayesian statistics)，推論統計理論的一種。英國學者貝葉斯在 1763 年發表的論文《論有關機遇問題求解》中提出。依據獲得樣本 $(X_1, X_2, ... , X_n)$ 之後 θ 的後驗分布 $\pi(\theta \mid X_1, X_2, ... , X_n)$ 對總體參數 θ 作出估計和推論。它不是由樣本分布作出推論。其理論基礎是先驗概率和後驗分布，即在事件概率時，除樣本提供的後驗資訊外，還會憑藉自己主觀已有的先驗資訊來估計事件的概率。而以 R・A・費希爾 (Fisher) 爲首的經典統計理論對事件概率的解釋是頻率解釋，即通過抽取樣本，由樣本計算出事件的頻率，而樣本提供的資訊完全是客觀的，一切推論的結論或決策不允許加入任何主觀的先驗的資訊。以對神童出現的概率 P 的估計爲例。按經典統計的做法，完全由樣本提供的後驗資訊來估計，認爲參數 p 是一個「值」。貝葉斯統計的做法是，除樣本提供的後驗資訊外，人類的經驗對 p 有了一個了解，如 p 可能取 p_1 與 p_2，且取 p_1 的機會很大，取 p_2 機會很小。先驗資訊關於參數 p 的資訊是一個「分布」，如 $P(p = p_1) = 0.9$，$P(p = p_2) = 0.1$，即在抽樣之前已知道 (先驗的)p 取 p_1 的可能性爲 0.9。

1. 若不去抽樣便要作出推論，自然會取 $p = p_1$。

2. 但若抽樣後，除非後驗資訊 (即樣本提供的資訊) 包含十分有利於「$p = p_2$」的支持論據，否則採納先驗的看法「$p = p_1$」。

1950 年代後貝葉斯統計得到眞正發展，但在發展過程中始終存在著與經典統計之間的爭論。

2-2-7 貝葉斯推理的影響因素

一、問題內容

貝葉斯推理問題總是透過某種具體事例來進行表述的。Kahneman 和 Amos Tversky 認爲，受試者在機率推理中使用了代表性經驗法則 (representativeness heuristics)，他們進行推論所依據的是：問題內容中特徵 (feature) 對事件的代表

性程度而不是貝葉斯法則。按照他們的理論，例如：乳腺癌問題中，由於陽性的檢查結果基本上代表了有病的資訊，所以受試者在判斷中忽略了問題的基礎機率，而主要根據擊中率資訊進行推理。Gavanski 等同所提出的自然抽樣空間 (natural sample spaces) 理論認為，受試者的判斷錯誤不在於忽略了基礎機率，而是把後驗機率 P(H | D) 表徵為了擊中率 P(D | H)，因為從事件 H(患有乳腺癌) 中抽取特徵 D(檢查呈陽性) 的抽樣方式更為自然。或者說，事件是原因，特徵是結果，從原因到結果的抽樣方向才更符合人類的思維習慣。事件與特徵之間的因果關係或代表性程度都是由問題的內容所決定，因此可以認為這兩種理論都是從問題內容角度來解釋貝葉斯推理中的認知錯覺的。後來的一些研究者雖然也使用了不同內容的貝葉斯問題，但主要是考察它們的平均效果，很少考慮到問題內容對貝葉斯推理的影響。

　　Girotto 和 Gonzalez(2001) 在他們的研究中使用了疾病問題、入學問題等貝葉斯推理任務，他們發現受試者在這兩類問題上的推理成績並沒有表現出顯著差異，即貝葉斯推理問題不存在內容效果 (effect of content)。但有研究者認為，人們對入學考試和醫學檢查的結果都比較信賴，因此，以考試結果預測錄取率和以檢查結果預測患病率一樣具有權威性，仍然可以用代表性啟發法進行推論。研究者自行編製了「作家問題」，將貝葉斯問題中的事件與特徵換成了作家和影迷。影迷與作家之間並不像陽性與疾病之間那樣存在著關聯，因此不能用代表性啟發法進行推論。他們將作家問題與疾病問題進行對比研究，發現在同樣的基礎機率、擊中率和誤報率條件下，人們對作家問題的機率估計值顯著低於疾病問題，並由此得出結論：貝葉斯推理中存在著內容效果。

　　近年來，隨著社會認知研究的興起，愈來愈多的研究開始關注「熱」認知的過程。張向陽等 (2006) 設計不同內容的問題研究了情緒、動機等因素對貝葉斯推理的影響。他們採用 2(事件性質：積極事件 / 消極事件)×2(事件與主體的關係：與主體有關 / 與主體無關) 的混合設計進行實驗，其中事件性質為受試內 (within-subject) 因素，事件與主體關係為受試間 (between-subject) 因素。研究發現受試者對於消極事件的機率估計值顯著低於積極事件，對與己有關的消極事件的機率估計值顯著低於與己無關的消極事件 。

　　由此可見，問題內容會導致受試者在認知、情緒和動機等方面產生一定的傾向性，從而在不同程度上影響貝葉斯推理的結果。這與主觀機率的支持理論是一致的，該理論認為：人類在不確定條件下的機率判斷不符合外延性原則 (extensionality principle) 而是表現出描述依賴性，即對同一外延事件的不同描述

所做出的主觀機率不同。

二、資訊格式

資訊格式 (information format) 指的是貝葉斯推理問題中機率數據的形式，包括數據的類型及其相互關係。早期研究中採用的數據大都是百分位數形式，Gigerenzer 和 Hoffrage(1995) 指出，從進化論角度來說，人類祖先在其進化環境中所遇到的資訊形式是自然頻數 (natural frequencies) 格式而不是近代才出現的機率和百分數形式，受試者在某些問題中犯推理錯誤並不說明人類不能按照貝葉斯法則進行推理，而是由於問題的資訊格式與人類的認知演算法法則不一致造成的。他們用自然頻數的資訊格式，對乳腺癌問題中的機率資訊進行如下描述：每 1,000 名婦女中有 10 名患有乳腺癌 (對應於 1% 的基礎機率)。在患有乳腺癌的 10 名婦女中，有 8 名婦女 X 光片呈陽性 (對應於 80% 的擊中率)。未患乳腺癌的 990 婦女中，有 95 名 X 光片呈陽性 (對應於 9.6% 的誤報率)。研究發現：在自然頻率形式條件下，46% 的判斷符合貝葉斯定理，而機率條件下只有 16% 的判斷符合貝葉斯定理。因此他們認為，採用自然頻數的資訊格式可以幫助人們在無需刻意指導的情況下按照貝葉斯法則進行推論。Cosmides 和 Tooby(1996) 同意 Gigerenzer 和 Hoffrage 的生態與進化觀點，並通過進一步的研究支援了他們的理論。Sedlmeier 等 (2001) 也認為自然頻數格式更符合人類的資訊表徵方式，他們採用相應的「頻數樹」(frequency tree) 方法對人們的貝葉斯推理能力進行訓練，並認為該方法可以使人們更快的學會使用貝葉斯推理法則，其效果優於「機率樹」(probability tree) 訓練法。

Lewis 和 Keren(1999) 認為，自然頻數格式下的乳腺癌問題改變了兩個因素：一是，數據形式由機率變為頻數；二是，資訊抽樣方式由條件式 (conditional) 變為結合式 (joint)。他們提出了條件式頻數的資訊表徵方式：每 1,000 名婦女中有 10 名患有乳腺癌 (對應於 1% 的基礎機率)。在患有乳腺癌的婦女中，每 1,000 人中有 800 名婦女 X 光片呈陽性 (對應於 80% 的擊中率)。未患乳腺癌的婦女中，每 1,000 人有 96 人 X 光片呈陽性 (對應於 9.6% 的誤報率)。研究發現，受試者在該條件下的正確率為 4%，顯著低於結合式頻率 (即自然頻率) 條件下的 30%。因此他們認為受試者成績的提高不是因為數據形式由機率變為了頻數，而是資訊由條件式變為了結合式。Mellers 和 McGraw(1999) 則認為，頻數和結合式都可以改進貝葉斯推理，哪種條件占優勢取決於事件的性質。頻數格式比機率格式更有利於人們對稀有事件的理解，此類問題中，頻數格式更容易提高

受試者的成績；結合式有助於人們建立適宜的心理模型 (mental models)，一般性事件中，他的優勢會更加明顯。

Fiedler 等 (2000) 也對 Gigerenzer 和 Hoffrage 的研究提出質疑，他們認為自然頻數格式一方面將數據形式由機率變為頻數，另一方面也將參照尺度 (reference scale) 由不一致變為了一致。自然頻數格式中，所有資訊都是來自同一個 1,000 人的樣本，有著一致的參照尺度，數據之間可以進行直接的比較和計算，因此推理顯得容易。他們通過實驗研究發現，無論哪一種數據形式，只要參照尺度一致，受試者進行推理的成績都比較好。由此同樣證明頻數並不是成績提高的關鍵。

Girotto 和 Gonzalez(2001) 認為是提問形式和資訊結構共同影響了推理成績。自然頻數的表述中，不僅是將機率數據變成了頻率數據，而且還將提問形式由一步變成了兩步 (⋯⋯人中有⋯⋯人)，將資訊結構由未分割數據變為了分割數據 (partitioned data)。所謂分割結構數據就是將 1,000 分割為了 10 和 990 兩部分，又從 10 中分割出 8，從 990 中分割出 95。他們通過實驗考察了提問形式、資訊結構以及數據類型等因素，結果發現，無論在機率還是頻數格式下，兩步提問的貝葉斯推理的成績優於單步提問的成績，具有分割的資訊結構的問題成績優於不具有分割的資訊結構的問題。

以上關於貝葉斯推理的資訊格式的研究和爭議最初是源於 Gigerenzer 和 Hofrage 提出的自然頻數理論。但後來的研究者似乎誤解了他們的原意，主要是在「頻數」上作爭論，而忽視了「自然」的意義。Gigerenzer 和 Hofrage 強調，他們所說的頻數並非任意形式下的頻數，而是通過自然抽樣獲得的自然頻數。因為自然頻數攜帶了有關基礎比率的資訊，所以簡化了貝葉斯計算。很顯然，他們所說的「自然頻數」就是 Lewis 和 Kere 所說的「結合式頻數」、Fiedler 等所說的「一致性參照尺度下的頻數」以及 Girotto 和 Gonzalez 所說的「分割結構的頻數」。這些研究者都同意，該方式下推理會變得簡單。但頻數是否能起到作用呢？Gigerenzer 和 Hofrage 不同意其他研究者的觀點，他們通過考察「結合式頻數」和「結合式機率」兩種條件，發現前者的成績明顯好於後者。但 Fiedler 等 (2000) 的研究顯示，這兩種條件下，受試者成績的差異是不顯著的，這可能與兩種研究使用了不同的表述方式有關。整體來說，資訊格式中所包括的數據類型和結構都會對貝葉斯推理的成績產生影響，其中後者的作用更為明顯。

三、資訊呈現方式

大多數有關貝葉斯推理的研究中，機率資訊都是以整理好的百分數或自然數的形式直接呈現給受試者的，但也有的研究中採用另一種資訊呈現方式，得到了一些不同的結果。Fiedler 等 (2000) 將乳腺癌問題中的患病資訊和診斷資訊分別在卡片的正反兩面先後呈現給受試者，讓他們根據其中一種資訊搜索另一種資訊。例如：先在電腦上呈現患病資訊，受試者點擊後回饋診斷資訊。研究發現，受試者根據診斷資訊搜索患病資訊時，判斷的準確性更高，且與相反條件下差異顯著。李曉明等 (2004) 類比人們平時獲得資訊的情景對貝葉斯推理問題進行了研究，他們將患病資訊和診斷資訊以樣例的方式逐個呈現給受試者，例如：其中一個樣例為「體檢者 1 號，化驗結果：陰性；診斷結果：沒有甲病」，以此類推。測試階段為「體檢者 2 號，化驗結果：陽性；診斷結果：請你判斷該人實際患有甲病的機率有多大？」研究發現受試者在該條件下的成績優於機率資訊集中呈現條件下的成績，但是比頻率集中呈現條件下的成績差。一般將這種讓受試者在實驗中通過經歷事件過程主動收集資訊的研究範式叫做經驗範式，而將直接在實驗中向受試者提供機率資訊的方式稱為文本範式。不同的資訊呈現方式會影響資訊的獲取與加工方式，從而影響推理的過程與結果。

四、個體因素

除了問題本身的內容、資訊格式和呈現方式等因素之外，推理者的知識、經驗以及思維方式等因素也會影響貝葉斯推理問題的解決。張向陽等 (2006) 認為，醫務人員之所以對人患病的機率作出高估，可能正是他們的醫學經驗在起作用。另一方面，如果受試者具備相關的機率知識，則可能會促進貝葉斯推理問題的解決。研究者以受試者的知識背景為引數，用專家 (有機率知識的數學系大學生) 和新手 (無機率知識的其他系大學生) 進行對比實驗。研究顯示：在貝葉斯推理中，專家的機率知識背景有助於他們運用貝葉斯法則進行推理，機率估計準確性明顯好於新手。這一結論與史滋福等 (2006) 的研究結果有所不同，他們以數學系和中文系的大學生為受試者進行實驗，發現兩者之間機率估計的準確性沒有顯著差異。研究者認為，文理科受試者之間並不存在所謂的思維類型不同而導致複雜機率推理成績差異的現象。傅小蘭等 (2005) 在考察不同資訊表徵方式對貝葉斯推理的影響時發現，中外受試者在某些條件下的表現不同甚至相反。

在 Girotto 和 GonZalez 的研究中，受試者解決兩步問題的成績總是優於解決

一步問題的成績。而傅小蘭等的研究卻表明：對於中國受試者而言，兩步問題形式並不能改進他們解決貝葉斯推理問題的成績，甚至在某些情況下還會干擾他們做出正確的回答。研究者認為，這可能在一定程度上反映了東西方人的不同思維風格和特點：對西方人而言，分析性的思維操作有助於他們順利解決貝葉斯推理問題，而中國受試者面對貝葉斯推理問題時則更傾向於整體性解決，因此，他們解決兩步問題與解決一步問題的成績之間沒有出現顯著差別，甚至解決一步問題的表現可能還會更好一些。另外，問題提問資訊格式對中國受試者解決貝葉斯推理問題也有影響，與機率格式相比，頻數格式可以顯著改善兩步問題的貝葉斯推理成績。這也與 Girotto 和 Gonzalez 的研究結果也不一致。後者的研究結果顯示，問題提問的資訊格式不影響受試者解決貝葉斯推理問題的成績。研究者認為，這可能也是由於東西方人思維方式的差異造成的。

2-3 常見的分布有 15 種

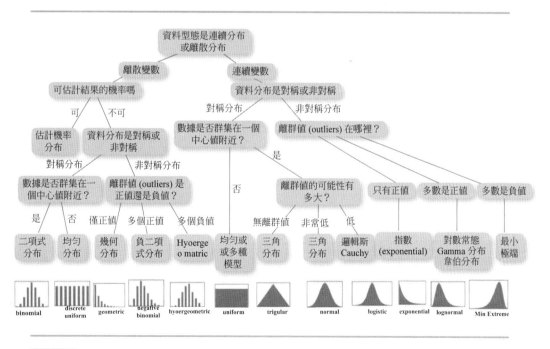

圖 2-9 分布的選擇

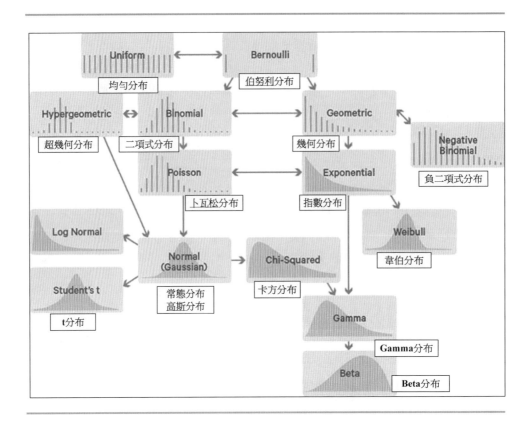

圖 2-10 分布的類型 (常見有 15 種分布)

1. 均勻分布

　　一個均勻分布在區間 (a 到 b 之間) 上的連續型隨機變數。一隨機的連續變數 X，其值介於最小值 a 到最大值 b 之間。假設每一點出現的機率都是均等，那麼就稱這個變數 X 的機率分布是連續均勻分布。例如：生物學上如族群密度中所提及：竹林或針葉樹林的分布因陽光、空間關係，故維持一定的均勻分布情形亦稱之；人造林與水稻田的分布亦屬之。

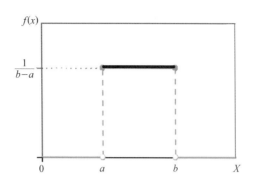

圖 2-11　均勻分布之 pdf

2. 伯努利分布 (Bernoulli distribution)：離散型

又名兩點分布或者 0-1 分布，是一個離散型概率分布，爲紀念瑞士科學家雅各布・伯努利而命名。若伯努利試驗成功，則伯努利隨機變數取值爲 1。若伯努利試驗失敗，則伯努利隨機變數取值爲 0。記其成功概率爲 p ($0 \leq p \leq 1$)，失敗機率爲 q = 1 − p。

伯努利分布是指一個分布離散型概率分布，爲紀念瑞士科學家雅各布布・伯努利而命名。若伯努利試驗成功，則伯努利隨機變數取值爲 1。若伯努利試驗失敗，則伯努利隨機變數取值爲 0。

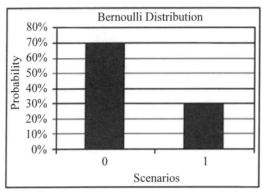

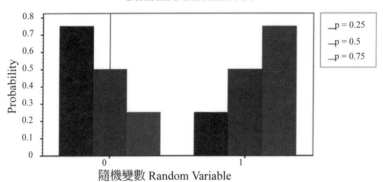

Probability mass function：機率密度函數	$f(x) = p^x (1-p)^{1-x}$
Cumulative distribution function:	$F(0) = 1 - p, F(1) = 1$
Parameter restriction:	$0 \le p \le 1$
Domain：定義域	$x = \{0, 1\}$
Mean：平均數	p
Mode：眾數	$\lfloor 2p \rfloor$
Variance：變異數	$p(1-p)$
Skewness：偏態	$\dfrac{1 - 2p}{\sqrt{p(1-p)}}$
Kurtosis：峰度	$\dfrac{6p^2 - 6p + 1}{p(1-p)}$

圖 2-12 Bernoulli 分布之 pdf

3. 超幾何分布 (hypergeometric probability distribution)：**離散型**

在伯努利試驗中，若每次成功的機率不一樣，則每次試驗後，所得成功次數就不是二項分布了。試驗中抽樣歸還時：使用二項分布計算機率。不歸還時：

使用超幾何分布計算機率。因此民意調查及品質管制的研究裡常出現此分布。
生物學例子如：標記再捕捉法，計算河川中魚的數量時，可將一定數量的魚做
標記動作，而後假設捉出十隻中有六隻標記即可回推河川中總共的魚數，即為
該分布情形。

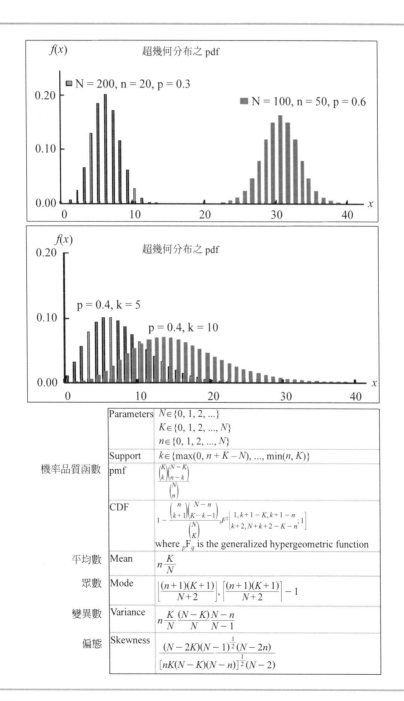

機率品質函數	Parameters	$N \in \{0, 1, 2, ...\}$
		$K \in \{0, 1, 2, ..., N\}$
		$n \in \{0, 1, 2, ..., N\}$
	Support	$k \in \{\max(0, n + K - N), ..., \min(n, K)\}$
	pmf	$\dfrac{\binom{K}{k}\binom{N-K}{n-k}}{\binom{N}{n}}$
	CDF	$1 - \dfrac{\binom{n}{k+1}\binom{N-n}{K-k-1}}{\binom{N}{K}} {}_3F_2\left[\begin{matrix}1, k+1-K, k+1-n \\ k+2, N+k+2-K-n\end{matrix}; 1\right]$ where ${}_pF_q$ is the generalized hypergeometric function
平均數	Mean	$n\dfrac{K}{N}$
眾數	Mode	$\left\lfloor\dfrac{(n+1)(K+1)}{N+2}\right\rfloor, \left\lceil\dfrac{(n+1)(K+1)}{N+2}\right\rceil - 1$
變異數	Variance	$n\dfrac{K}{N}\dfrac{(N-K)}{N}\dfrac{N-n}{N-1}$
偏態	Skewness	$\dfrac{(N-2K)(N-1)^{\frac{1}{2}}(N-2n)}{[nK(N-K)(N-n)]^{\frac{1}{2}}(N-2)}$

圖 2-13 超幾何分布之 pdf

4. 二項式分布 (binomial distribution)：離散型

　　n 個獨立的「是 / 非」試驗中，成功次數的離散分布機率。二項分布來計算機率的前提是，每次抽出樣品後再放回去，並且只能有兩種試驗結果，例如丟銅板正面跟反面。

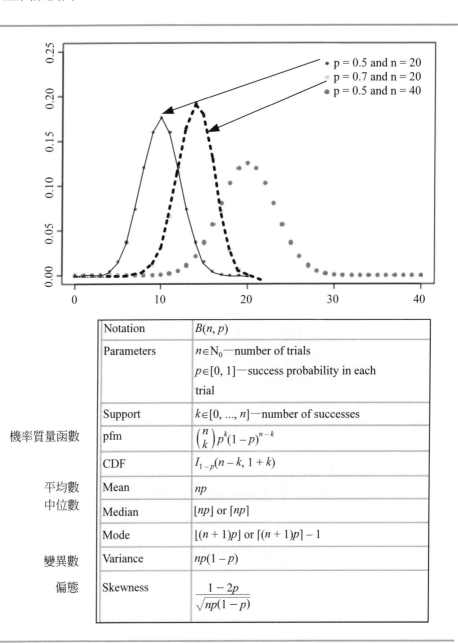

機率質量函數		
	Notation	$B(n, p)$
	Parameters	$n \in N_0$—number of trials
		$p \in [0, 1]$—success probability in each trial
	Support	$k \in [0, ..., n]$—number of successes
機率質量函數	pfm	$\binom{n}{k} p^k (1-p)^{n-k}$
	CDF	$I_{1-p}(n-k, 1+k)$
平均數	Mean	np
中位數	Median	$\lfloor np \rfloor$ or $\lceil np \rceil$
	Mode	$\lfloor (n+1)p \rfloor$ or $\lceil (n+1)p \rceil - 1$
變異數	Variance	$np(1-p)$
偏態	Skewness	$\dfrac{1-2p}{\sqrt{np(1-p)}}$

圖 2-14 二項式分布之 pdf

機率質量函數

一般地，如果隨機變數 X 服從參數為 n 和 p 的二項分布，我們記 $X \sim b(n, p)$ 或 $X \sim B(n, p)$。n 次試驗中正好得到 k 次成功的機率由機率質量函數給出：

$$f(k; n, p) = \Pr(X = k) = \binom{n}{k} p^k (1-p)^{n-k}$$

對於 $k = 0, 1, 2, \cdots, n$，其中 $\binom{n}{k} = \dfrac{n!}{k!(n-k)!}$ 是二項式係數 (這就是二項分布的名稱的由來)，又記為 $C(n, k)$，$_nC_k$，或 ^nC_k。該公式可以用以下方法理解：我們希望有 k 次成功 (p^k) 和 $n - k$ 次失敗 $(1 - p)^{n-k}$。然而，k 次成功可以在 n 次試驗的任何地方出現，而把 k 次成功分布在 n 次試驗中共有 $C(n, k)$ 個不同的方法。

在製造二項分布機率的參考表格時，通常表格中只填上 $n/2$ 個值，這是因為 $k > n/2$ 時的機率可以從它的補集計算出：

$$f(k; n, p) = f(n - k; n, 1 - p)$$

因此，我們要看另外一個 k 和另外一個 p(二項分布一般不是對稱的)。然而，它的表現不是任意的，總存在一個整數 M，滿足

$$(n + 1)p - 1 < M \leq (n + 1)p$$

作為 k 的函數，表達式 $f(x; n, p)$ 當 $k < M$ 時單調遞增，$k > M$ 時單調遞減，只有當 $(n + 1)p$ 是整數時例外。在這時，有兩個值使 f 達到最大：$(n + 1)p$ 和 $(n + 1)p - 1$。M 是伯努利試驗的最可能的結果，稱為眾數。注意它發生的機率可以很小。

補充：PMF vs. PDF 的差別

請參考前文【2-2-3a】之【(三) 共軛先驗之例子】

如下圖為一個機率質量函數的圖像，函數的所有值必須非負，且總和為 1。

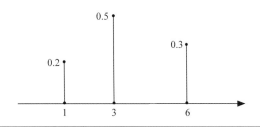

---

5. 幾何分布：離散型

指的是以下兩種離散型機率分布中的一種：(1) 在伯努利試驗中，得到一次成功所需要的試驗次數 X。X 的值域是 {1, 2, 3, ... }；(2) 在得到第一次成功之前所經歷的失敗次數 Y = X − 1。

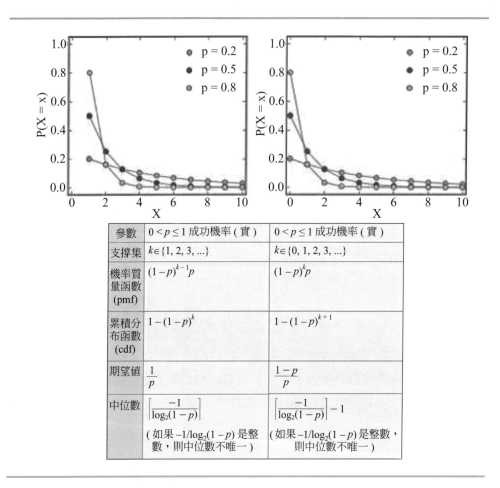

參數	$0 < p \leq 1$ 成功機率 (實)	$0 < p \leq 1$ 成功機率 (實)
支撐集	$k \in \{1, 2, 3, ...\}$	$k \in \{0, 1, 2, 3, ...\}$
機率質量函數 (pmf)	$(1-p)^{k-1}p$	$(1-p)^{k}p$
累積分布函數 (cdf)	$1-(1-p)^{k}$	$1-(1-p)^{k+1}$
期望值	$\dfrac{1}{p}$	$\dfrac{1-p}{p}$
中位數	$\left\lceil \dfrac{-1}{\log_2(1-p)} \right\rceil$ (如果 $-1/\log_2(1-p)$ 是整數，則中位數不唯一)	$\left\lceil \dfrac{-1}{\log_2(1-p)} \right\rceil - 1$ (如果 $-1/\log_2(1-p)$ 是整數，則中位數不唯一)

圖 2-15 幾何分布之 pdf

6. 負二項分布：離散型

它是統計學上一種離散概率分布。常見離散隨機變數的分布如下表五種：

二項分布	$X \sim B(n, p)$ $P(X=x) = C_x^n p^x q^{n-x}$	$E(X) = np$	$V(X) = npq$
負二項分布	$X \sim NB(k, p)$ $P(X=x) = C_{k-1}^{x-1} p^k q^{x-k}$	$E(X) = \dfrac{k}{p}$	$V(X) = k \cdot \dfrac{q}{p^2}$
幾何分布	$X \sim G(p)$ $P(X=x) = pq^{x-1}$	$E(X) = \dfrac{1}{p}$	$V(X) = \dfrac{q}{p^2}$
超幾何分布	$X \sim HG(n, K, N)$ $P(X=x) = \dfrac{C_x^K C_{n-x}^{N-K}}{C_n^N}$	$p = K/N$ $E(X) = np$	$V(X) = npq \cdot \dfrac{N-n}{N-1}$
卜瓦松分布	$X \sim Poi(\lambda), \lambda = np$ $P(X=x) = \dfrac{e^{-\lambda} \lambda^x}{x!}$	$E(X) = \lambda$	$V(X) = \lambda$ (1) $n > 20$ & $p <= 0.05$ (2) $n > 50$ & $p < 0.1$

「負二項分布」與「二項分布」的區別在於：「二項分布」是固定試驗總次數 N 的獨立試驗中，成功次數 k 的分布；而「負二項分布」是所有到成功 r 次時即終止的獨立試驗中，失敗次數 k 的分布。舉例說，若我們擲骰子，擲到一即視為成功。則每次擲骰的成功率是 1/6。要擲出三次一，所需的擲骰次數屬於集合 { 3, 4, 5, 6, ... }。擲到三次一的擲骰次數是負二項分布的隨機變數。要在第三次擲骰時，擲到第三次一，則之前兩次都要擲到一。注意擲骰是伯努利試驗，之前的結果不影響隨後的結果。

· 二項分布：丟出現正面機率為 p 的銅板 n 次，出現 k 次正面的機率為

$$\binom{n}{k} p^k (1-p)^{n-k}$$

· 負二項分布：丟出現正面機率為 p 的銅板，在失敗 r 次後，出現 k 次正面的機率為下式：$(n = r + k)$

$$\binom{-r}{k} p^k (1-p)^{n-k} = \binom{-r}{k} p^k (1-p)^r = (-1)^k \binom{r+k-1}{k} p^k (1-p)^r$$

· 例如：成功機率 0.6，5 次內有 3 次成功的機率為

$$\binom{5}{3} \times \left(\frac{3}{5}\right)^3 \left(\frac{2}{5}\right)^2 = 0.3456$$

· 在失敗 2 次前已經 3 次成功的機率為

$$(-1)^3 \binom{-2}{3} \times \left(\frac{3}{5}\right)^3 \left(\frac{2}{5}\right)^2 = \binom{3+2-1}{3} \times \left(\frac{3}{5}\right)^3 \left(\frac{2}{5}\right)^2 = 0.13824$$

請參考【12-1-2】之【一、負二項分配 (negative binomial distribution)】。

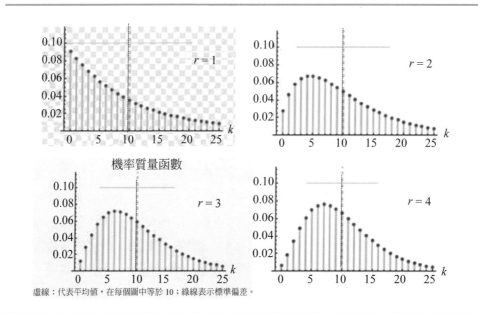

圖 2-16 負二項分布之 pdf

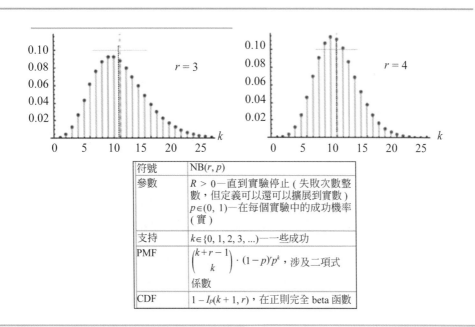

符號	NB(r, p)
參數	$R > 0$ ─ 直到實驗停止 (失敗次數整數，但定義可以還可以擴展到實數) $p \in (0, 1)$ ─ 在每個實驗中的成功機率 (實)
支持	$k \in \{0, 1, 2, 3, ...\}$ ─ 一些成功
PMF	$\binom{k+r-1}{k} \cdot (1-p)^r p^k$，涉及二項式係數
CDF	$1 - I_p(k + 1, r)$，在正則完全 beta 函數

圖 2-16 負二項分布之 pdf (續)

7. 卜瓦松 (Poisson) 分布：離散型

適合於描述單位時間內隨機事件發生的次數的機率分布。

由法國數學家 Simon Denis Poisson 提出。卜瓦松分布之特性：

(1) 在兩個不相交的時間間隔，特定事件發生變化的次數爲獨立。

(2) 在短時間間隔或小空間區域發生一次變化的機率，近乎與區間長度、面積或體積成正比。

(3) 在同樣的一個短時間間隔，有兩個或以上的變化發生之機率近乎 0。滿足上述特性者，稱之爲卜瓦松過程。若隨機變數 X 表示卜瓦松過程每段時間變化的次數，則 X 稱爲卜瓦松隨機變數。

(4) 發生於一段時間或某特定區域的成功次數之期望值爲已知。

卜瓦松分布之推演：設 $g(x, w)$ 表示在長 w 的時間內有 X 次變化的機率，則由卜瓦松過程知：

(1) 設 X_1 表示在 h_1 時間間隔內發生之次數，X_2 表示在 h_2 時間間隔內發生之次數，若 h_1、h_2 不相交，則 X_1、X_2 爲隨機獨立。

(2) $g(1, h) = \alpha h + o(h)$，其中 α 爲一常數，$h > 0$，且 $o(h)$ 表任何滿足：

$$\lim_{h \to 0} \frac{o(h)}{h} = 0 \quad \text{之函數}$$

(3) $\sum_{x=2}^{\infty} g(x,h) = o(h)$

由上述三個式子導出 X 的 PDF 為：

$$f(x) = \begin{cases} \dfrac{e^{-\lambda}\lambda^x}{x!} & , x = 0,1,2,...,n \\ 0 & , \text{其他} \end{cases}$$

此分布常以 $p(x, \lambda)$ 表示。

例如 7-11 便利商店每個小時的來客數，因為以時段區分，所以有間隔屬於離散。又如某一服務設施在一定時間內受到的服務請求的次數、電話交換機接到呼叫的次數、汽車站臺的候客人數、機器出現的故障數、自然災害發生的次數、DNA 序列的變異數、放射性原子核的衰變數、雷射的光子數分布等等。

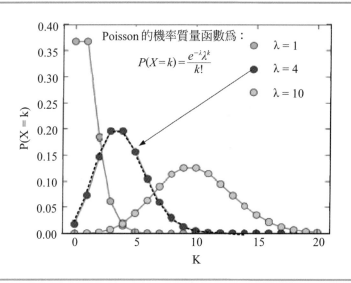

圖 2-17 Poisson 分布之 pdf

Parameters	$\lambda > 0$ (real) — rate
Support	$k \in \mathbb{N} \cup \{0\}$
機率質量函數 pmf	$\dfrac{\lambda^k e^{-\lambda}}{k!}$
CDF	$\dfrac{\Gamma(\lfloor k+1 \rfloor, \lambda)}{\lfloor k \rfloor!}$, or $e^{-\lambda} \displaystyle\sum_{i=0}^{\lfloor k \rfloor} \dfrac{\lambda^i}{i!}$, or $Q(\lfloor k+1 \rfloor, \lambda)$ (for $k \geq 0$, where $\Gamma(x,y)$ is the upper incomplete gamma function, $\lfloor k \rfloor$ is the floor function, and Q is the regularized gamma function)
平均數 Mean	λ
Median	$\approx \lfloor \lambda + 1/3 - 0.02/\lambda \rfloor$
眾數 Mode	$\lceil \lambda \rceil - 1, \lfloor \lambda \rfloor$
變異數 Variance	λ
偏態 Skewness	$\lambda^{-1/2}$

圖 2-17 Poisson 分布之 pdf (續)

8. **指數分布 (exponential distribution)：偏態且連續型機率分布**

當伽瑪分布之 $\alpha = 1$, $\beta = \dfrac{1}{\lambda}$ 時，隨機變數 X 之指數分布 PDF 為

$$f(x) = \begin{cases} \lambda e^{-\lambda x} & , x > 0 \\ 0 & , \text{其他} \end{cases}$$

則稱 X 服從指數分布。

指數分布可以用來表示獨立隨機事件發生的時間間隔，比如旅客進入機場的時間間隔、打進客服中心電話的時間間隔、中文維基百科新條目出現的時間間隔等等。此指數關係，常見於邏輯斯迴歸或存活分析的分布圖。

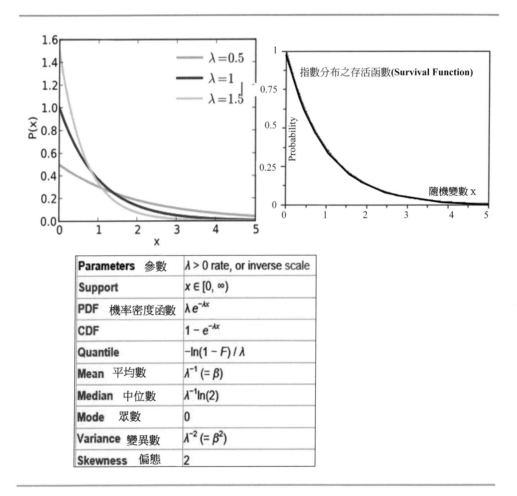

圖 2-18 exponential 分布之 pdf

9. 韋伯分布 (Weibull distribution)：偏態且連續型

Weibull 分布是可靠性分析和壽命檢驗的理論基礎，其中，x 是隨機變數，λ > 0 是比例參數 (scale parameter)，k > 0 是形狀參數 (shape parameter)。顯然，它的累積分布函數是擴展的指數分布函數，而且，Weibull distribution 與很多分布都有關係。如，當 k = 1，它是指數分布；k = 2 時，是 Rayleigh distribution(瑞利分布)。

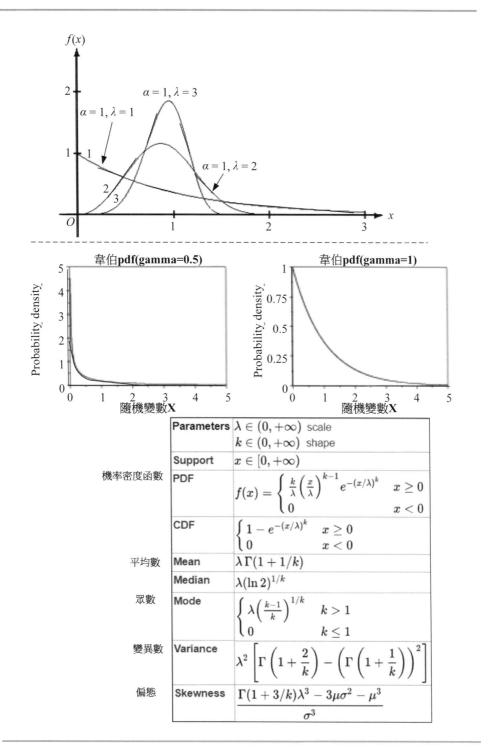

圖 2-19 韋伯分布之 pdf

10. t 分布 (Student's t-distribution)

用於根據小樣本來估計呈常態分布且變異數未知的總體的均值。如果總體變異數已知 (例如在樣本數量足夠多時)，則應該用常態分布來估計總體均值。它是對兩個樣本均值差異進行顯著性測試的學生 t 檢定的基礎。此圖形呈現較爲常態分布瘦長。

t 分布：可用來描述 n 個常態分布樣本平均值的分布，與常態分配密切相關，且是對「常態分配 – 中央極限定理 / 樣本平均數分配 – 統計顯著性考驗」程序的一種特殊情形處理。如果要比較的數據有三組以上時，因爲誤差無法被壓低，此時可以用變異數分析 (ANOVA) 代替 t 檢定。

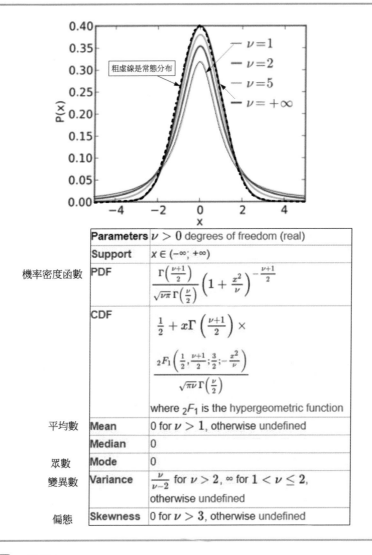

Parameters	$\nu > 0$ degrees of freedom (real)
Support	$x \in (-\infty; +\infty)$
機率密度函數 PDF	$\dfrac{\Gamma\left(\frac{\nu+1}{2}\right)}{\sqrt{\nu\pi}\,\Gamma\left(\frac{\nu}{2}\right)}\left(1+\dfrac{x^2}{\nu}\right)^{-\frac{\nu+1}{2}}$
CDF	$\dfrac{1}{2} + x\Gamma\left(\dfrac{\nu+1}{2}\right) \times$ $\dfrac{{}_2F_1\left(\frac{1}{2},\frac{\nu+1}{2};\frac{3}{2};-\frac{x^2}{\nu}\right)}{\sqrt{\pi\nu}\,\Gamma\left(\frac{\nu}{2}\right)}$ where ${}_2F_1$ is the hypergeometric function
平均數 Mean	0 for $\nu > 1$, otherwise undefined
Median	0
眾數 Mode	0
變異數 Variance	$\dfrac{\nu}{\nu-2}$ for $\nu > 2$, ∞ for $1 < \nu \leq 2$, otherwise undefined
偏態 Skewness	0 for $\nu > 3$, otherwise undefined

圖 2-20　t 分布之 pdf

11. 常態分布 (高斯分布，Gaussian distribution)：連續型

常態分布是一種理論模式，其分部曲線最重要的特性是其形狀爲左右對稱彷若鐘形之曲線。此曲線衆數，並與中位數、平均數三者合一。曲線兩尾項兩端無限延伸。

於生物學上常見的常態分布爲多基因遺傳中，如：人身高、膚色、果實重量等。

常態分布理論首先由法國學者 De Moivre 提出，約一百年後學者 Gauss & Laplace 亦導出相同的結果，在英美地區 (包括我國) 稱此分布爲高斯分布。因爲分布圖形類似鐘型，因此又稱爲鐘型分布或常態分布 (normal distribution)。

常態分布重要性：

(1) 自然界中大部分之分布現象均屬常態分布。

(2) 許多複雜而非常態的分布，可用常態分布近似 (大數法則，中央極限定理)。

(3) 統計上許多推定和檢定，均引用常態分布，例如抽樣分布理論。

常態分布 PDF 爲：

$$f(x) = \frac{1}{\sqrt{2\pi}\,\sigma} \exp[-\frac{1}{2}(\frac{x-\mu}{\sigma})^2]\,,$$
$$-\infty < x < \infty, \sigma > 0, -\infty < \mu < \infty$$

則稱 X 爲常態隨機變數，X 之分布稱爲常態分布。其中，μ 爲平均數，σ 爲標準差。

標準常態分布

若將常態分布之隨機變數 X 予以標準化處理：

$$Z = \frac{X - \mu}{\sigma}$$

則隨機變數 Z 服從常態分布 N(0, 1)，其中平均數爲 0，標準差爲 1。此分布稱爲標準常態分布。

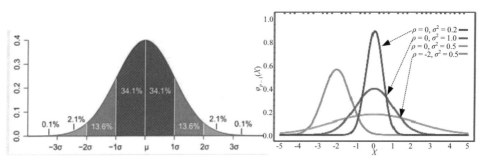

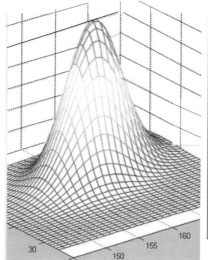

Notation	$\mathcal{N}(\mu, \sigma^2)$
Parameters	$\mu \in \mathbb{R}$ = mean (location)
	$\sigma^2 > 0$ = variance (squared scale)
Support	$x \in \mathbb{R}$
PDF 機率密度函數	$\dfrac{1}{\sqrt{2\pi\sigma^2}} e^{-\frac{(x-\mu)^2}{2\sigma^2}}$
CDF	$\dfrac{1}{2}\left[1 + \mathrm{erf}\left(\dfrac{x-\mu}{\sigma\sqrt{2}}\right)\right]$
Quantile	$\mu + \sigma\sqrt{2}\,\mathrm{erf}^{-1}(2F-1)$
Mean 平均數	μ
Median 中位數	μ
Mode	μ
Variance 變異數	σ^2
Skewnes 偏態	0

圖 2-21　常態分布之 pdf

定義：常態分布 (normal distribution)

常態分布又名 Gaussian 分布 (Gaussian distribution)，是一個非常常見的連續機率分布。常態分布在統計學上十分重要，經常用在自然和社會科學來代表一個不明的隨機變數。

若隨機變數 X 服從一個位置參數為 μ、尺度參數為 σ 的常態分布，記為：

$$X \sim N(\mu, \sigma^2)$$

則其機率密度函數為：

$$f(x) = \frac{1}{\sigma\sqrt{2\pi}} e^{-\frac{(x-\mu)^2}{2\sigma^2}}$$

常態分布的數學期望值或期望值 μ 等於位置參數，決定了分布的位置；其變異數 σ^2 的開平方或標準差 σ 等於尺度參數，決定了分布的幅度。

常態分布的機率密度函數曲線呈鐘形，因此人們又經常稱之為鐘形曲線 (類似於寺廟裡的大鐘，因此得名)。我們通常所說的標準常態分布是位置參數 μ = 0，尺度參數 $\sigma = 1$ 的常態分布。

12. 卡方分布 (chi-square distribution, χ^2-distribution)

是概率論與統計學中常用的一種概率分布。k 個獨立的標準常態分布變數的平方和服從自由度為 k 的卡方分布。卡方分布是一種特殊的伽瑪分布，是統計推論中應用最為廣泛的概率分布之一，例如假設檢驗和可信區間的計算。

卡方分布：卡方分布是機率論與統計學中常用的一種機率分布。K 個獨立的標準常態分布變數的平方和，服從自由度為 K 的卡方分布。

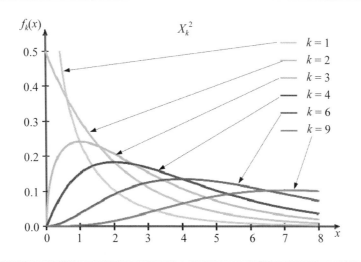

圖 2-22 卡方分布之 pdf

Notation	$\chi^2(k)$ or χ_k^2
Parameters	$k \in \mathbb{N}_{>0}$ (known as "degrees of freedom")
Support	$x \in (0, +\infty)$ if $k = 1$, otherwise $x \in [0, +\infty)$
機率密度函數 PDF	$\dfrac{1}{2^{k/2}\Gamma(k/2)} x^{k/2-1} e^{-x/2}$
CDF	$\dfrac{1}{\Gamma(k/2)} \gamma\left(\dfrac{k}{2}, \dfrac{x}{2}\right)$
平均數 Mean	k
中位數 Median	$\approx k\left(1 - \dfrac{2}{9k}\right)^3$
Mode	$\max(k-2, 0)$
變異數 Variance	$2k$
偏態 Skewness	$\sqrt{8/k}$

圖 2-22 卡方分布之 pdf（續）

13. Gamma 分布：連續型機率函數

伽瑪分布為等候時間常用之機率分布，例如顧客到達郵局要求服務的人數，若單位時間內平均到達 λ 人之卜瓦松分布，而此郵局自某時間開始到第 k 個顧客到達為止所經過之時間為 W，則 W 服從伽瑪分布。若連續隨機變數 X 之 PDF 為：

$$f(x) = \begin{cases} \dfrac{1}{\Gamma(\alpha)\beta^\alpha} x^{\alpha-1} e^{-\frac{x}{\beta}} & , x > 0 \\ 0 & , \text{其他} \end{cases}$$

其中，$\Gamma(t) = \int_0^\infty e^{-x} x^{t-1} dx$

Gamma 分布家族包括：t 分布、卡方分布、F 分布、Beta 分布、Poisson 分布 (類同以上分布，當計量對象為類別數據時)。伽瑪分布可用來計算等候時間。在波氏歷程裡，單位時間成功次數為 λ，那麼等候第一個成功事件出現的時間，平均就需要 b = $1/\lambda$。若要等候至第 n 個成功事件，那麼 μ = n，這個等候的

時間就是伽瑪分布。指數分布和伽瑪分布可用來計算等候時間、產品可靠度、
排隊問題等。

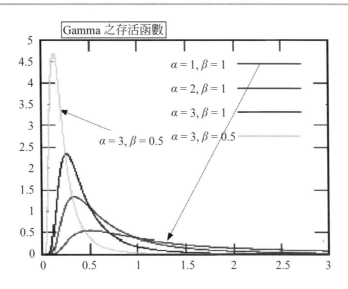

機率密度函數			
Parameters	• $k > 0$ shape • $\theta > 0$ scale	• $\alpha > 0$ shape • $\beta > 0$ rate	
Support	$x \in (0, \infty)$	$x \in (0, \infty)$	
PDF	$\dfrac{1}{\Gamma(k)\theta^k} x^{k-1} e^{-\frac{x}{\theta}}$	$\dfrac{\beta^\alpha}{\Gamma(\alpha)} x^{\alpha-1} e^{-\beta x}$	
CDF	$\dfrac{1}{\Gamma(k)} \gamma\left(k, \dfrac{x}{\theta}\right)$	$\dfrac{1}{\Gamma(\alpha)} \gamma(\alpha, \beta x)$	
Mean	$\mathrm{E}[X] = k\theta$	$\mathrm{E}[X] = \dfrac{\alpha}{\beta}$	
Median	No simple closed form	No simple closed form	
Mode	$(k-1)\theta$ for $k \geq 1$	$\dfrac{\alpha-1}{\beta}$ for $\alpha \geq 1$	
Variance	$\mathrm{Var}(X) = k\theta^2$	$\mathrm{Var}(X) = \dfrac{\alpha}{\beta^2}$	
Skewness	$\dfrac{2}{\sqrt{k}}$	$\dfrac{2}{\sqrt{\alpha}}$	

平均數 — Mean
中位數 — Median
變異數 — Variance
偏態 — Skewness

圖 2-23 Gamma 分布之機率密度函數

14. Beta 分布 (Beta distribution)

Beta 分布，是常見分布中，少數取值在一有限區間的分布，可用來當做取值在 0 至 1 的母體之機率模式。由於 Beta 分布有二參數 (α, β)，參數的改變，可使 pdf 之圖形有很大的變化，底下給出在不同參數下，Beta 分布之 pdf 之圖形。

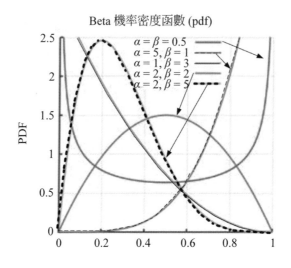

圖 2-24 Beta 分布圖

常用於模型化：比率，如 IC 產品中不良的比率，機器處在維修狀態所占的比率，……，故其可能值∈ [0, 1]。正式定義如下：

定義 1.

$Y \sim beta\ (\alpha, \beta),\ \alpha > 0, \beta > 0$，若且唯若 Y 的 pdf

$$f(y) = \begin{cases} \dfrac{y^{\alpha-1}(1-y)^{\beta-1}}{B(\alpha, \beta)}, & 0 \le y \le 1 \\ 0 & , \text{其他} \end{cases}$$

其中

$$B(\alpha, \beta) = \int_0^1 y^{\alpha-1}(1-y)^{\beta-1}dy = \frac{\Gamma(\alpha)\ \Gamma(\beta)}{\Gamma(\alpha+\beta)}$$

註 1. 雖然 Beta 的 pdf 定義在 $0 \leq y \leq 1$，但透過轉換

$$y^* = \frac{y - c}{d - c}$$

可將 Beta 的 pdf 推廣至任意區間：$c \leq y \leq d$ (結果待證)。

　　觀察一系列的二項分布，但是每一個二項分布的 n, p 都是未知的情況下，成功率 p 的分布。其中 α 與成功事件數相關，β 與失敗事件數相關。例如在一個收費站，收費站一段時間 (比如每隔 1H) 會經過一些車 (n 輛)。假設經過的車只分兩種，大車和小車。你希望通過觀察收費站一長段時間 (比如 10H) 的車輛經過情況，估計小車占所有車的比例 (p)。這時候就可以使用 Beta 分布：記每小時的小車數為 α，大車數為 β，則小車的比例為 frac{α}\{α+β}。而這個比例就服從 Beta(α, β)。也就是說，計算每小時觀測到的小車比例，可以認為他們服從 Beta 分布。

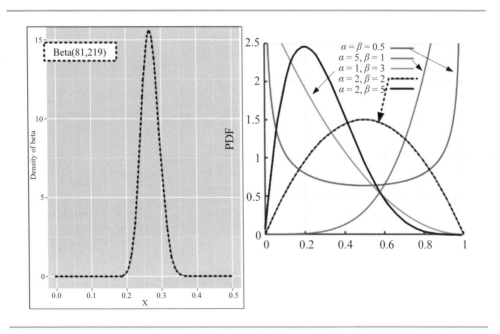

圖 2-25 Beta 分布之 pdf

Notation	Beta(α, β)
Parameters	$\alpha > 0$ shape (real)
	$\beta > 0$ shape (real)
Support	$x \in [0, 1]$ or $x \in (0, 1)$
PDF 機率密度函數	$\dfrac{x^{\alpha-1}(1-x)^{\beta-1}}{\mathrm{B}(\alpha, \beta)}$
	where $\mathrm{B}(\alpha, \beta) = \dfrac{\Gamma(\alpha)\Gamma(\beta)}{\Gamma(\alpha+\beta)}$
CDF	$I_x(\alpha, \beta)$
	(the regularised incomplete beta function)
Mean 平均數	$\mathrm{E}[X] = \dfrac{\alpha}{\alpha+\beta}$
	$\mathrm{E}[\ln X] = \psi(\alpha) - \psi(\alpha+\beta)$
	$\mathrm{E}[X \ln X] = \dfrac{\alpha}{\alpha+\beta}\left[\psi(\alpha+1) - \psi(\alpha+\beta+1)\right]$
	(see digamma function **and** see section: Geometric mean)

圖 2-25 Beta 分布之 pdf (續)

15. 對數常態分布

是指一個隨機變數的對數服從常態分布，則該隨機變數服從對數常態分布。對數常態分布從短期來看，與常態分布非常接近。但長期來看，對數常態分布向上分布的數值更多一些。此分布結果如生物學上的演化上因環境極端異同，而使得物種分布呈現對數常態分布。

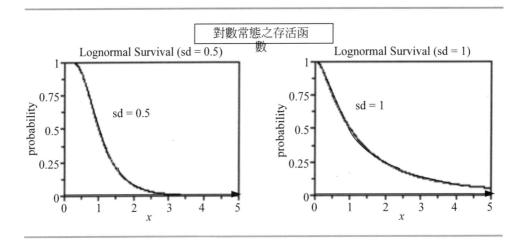

圖 2-26 對數常態分布之 pdf

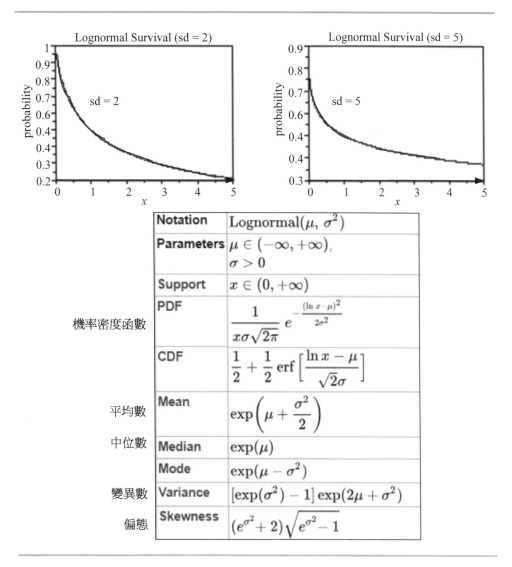

Notation	$\text{Lognormal}(\mu, \sigma^2)$
Parameters	$\mu \in (-\infty, +\infty)$, $\sigma > 0$
Support	$x \in (0, +\infty)$
PDF	$\dfrac{1}{x\sigma\sqrt{2\pi}}\, e^{-\frac{(\ln x - \mu)^2}{2\sigma^2}}$
CDF	$\dfrac{1}{2} + \dfrac{1}{2}\,\mathrm{erf}\left[\dfrac{\ln x - \mu}{\sqrt{2}\sigma}\right]$
Mean	$\exp\left(\mu + \dfrac{\sigma^2}{2}\right)$
Median	$\exp(\mu)$
Mode	$\exp(\mu - \sigma^2)$
Variance	$[\exp(\sigma^2) - 1]\exp(2\mu + \sigma^2)$
Skewness	$(e^{\sigma^2} + 2)\sqrt{e^{\sigma^2} - 1}$

機率密度函數 ─ PDF
平均數 ─ Mean
中位數 ─ Median
變異數 ─ Variance
偏態 ─ Skewness

圖 2-26 對數常態分布之 pdf（續）

一、機率密度函數 (PDF)

(一) 定義

將隨機變數個數值出現的機率，按這些數值之大小順序排列，或以函數 $f(x)$ 表示隨機變數所有可能數值及其對應之機率，則稱 f 為隨機變數 X 的機率分布或機率密度函數 (簡稱 PDF)，即 $f(x) = P(X = x)$。

機率分布常以繪圖方式表示，有助於了解其機率密度函數。

(二) 機率密度函數具備下述兩個條件

1. $f(x) \geq 0$，對任何 x。

2. $\sum_x f(x) = 1$　當 X 為離散型

   $\int_{-\infty}^{\infty} f(x)\,dx = 1$　當 X 為連續型

(三) 累積分布函數 (Cumulative Distribution Function, CDF)

設 X 為一隨機變數，x 為一實數，且設 $F(x) = P(X \leq x)$，則稱 F 為隨機變數 X 的累積分布函數，以 CDF 表示。

1. 若 X 為離散型，則 $F(x) = P(X = x) = \sum_{t \leq x} f(t)$。

2. 若 X 為連續型，則 $F(x) = P(X = x) = \int_{-\infty}^{x} f(t)\,dt$。

(四) 期望值 μ 與變異數 σ^2

1. 期望值定義：設 $f(x)$ 為隨機變數 X 的 PDF，隨機變數的期望值以 E(X) 表示，而 E(X) 是 X 之所有可能觀測值的加權平均數，以各機率值為其權數。E(X) 簡稱為 X 機率分布之平均數，常以 μ 表示，即 E(X) = μ。

   (1) 當 X 為離散型時：$E(X) = \sum_x x\,f(x)$。

   (2) 當 X 為連續型時：$E(X) = \int_{-\infty}^{\infty} x\,f(x)$。

2. 變異數定義：設 f(x) 為隨機變數 X 的 PDF，平均數為 μ，定義 X 之變異數為 $E(X - \mu)^2$，常以 V(X) 或 σ^2 表示變異數。變異數之平方根稱為標準差，以 σ 表示。

$$\sigma^2 = E(X - \mu)^2 = E\{([X - E(X)]^2)$$

   (1) 當 X 為離散型時：$E(X) = \sum_x (x - \mu)^2 f(x)$。

   (2) 當 X 為連續型時：$E(X) = \int_{-\infty}^{\infty} (x - \mu)^2 f(x)\,dx$。

二、連續隨機變數之常用的機率分布

隨機變數 (random variable) 是指變數的值無法預先確定，僅以一定的可能性 (機率) 取值的量。由於它是隨機而獲得的非確定值，故也是機率中重要概念之一。在經濟活動中，隨機變數是某一事件在相同的條件下，可能發生也可能不發生的事件。(A random variable is a number associated with the outcome of a stochastic process.)

　　「連續」隨機變數與「離散」隨機變數有一個很重要的不同點：「機率函數」$f_X(x)$ 代表「連續」隨機變數 X 的「機率密度函數」，它不是「機率」。不能談「連續」隨機變數 X 等於某個特定值 x 的機率，因爲對所有的 x, $P(X = x) = 0$。我們只能談 X 落於某一個區間的機率。例如，X 會落於區間 (a, b) 的機率爲

$$P(a \leq X \leq b) = \int_a^b f_X(x)dx$$

　　常見的「連續」「隨機變數」的機率分布有：

1. 常態分布 (normal distribution)：自然界常存在一個現象：就是大部分都是中庸的情形，兩邊極端的情形很少。例如：身高、體重、收入、智商等等，這些隨機變數的分布可以假設爲「常態分配」。「常態分配」的「機率密度函數」的圖形像一個鐘形 (中間高兩邊低)，亦即大部分爲中庸的情形，偏大或偏小的情形較少。

2. 韋伯分布 (Weibull distribution)：「韋伯分布」也常用於電子元件「壽命」的假設，因其具有「累積分布函數」的公式，可使分析變得簡便。

3. 伽瑪分布 (Gamma distribution)：電子元件「壽命」常假設具有「伽瑪分布」，因其具有動差 (moment) 的公式 (例如，「平均數」E(X)、「變國營企業數」Var(X)、第三階動差 E(X^3) 與第四階動差 E(X^4))，可使分析變得簡便。

4. 指數分布 (Exponential distribution)：「隨機程序」(stochastic process) 中「事件」之間的間隔時間常假設具有「指數分布」，其「無記憶性」(memoryless) 的特性可大幅簡化公式的推導。

常態分布 (normal distribution)

　　若 X 具有「參數」爲 μ 及 σ^2 的「常態分布」，通常記爲 $X \sim N(\mu, \sigma^2)$。

定理：「常態分布」的「平均數」與「變異數」

若 X 具有「機率密度函數」

$$f_X(x) = \frac{1}{\sqrt{2\pi}\sigma} e^{-(x-\mu)^2/(2\sigma^2)}, \ -\infty < x < \infty$$

的「常態分布」，則

$$\begin{cases} \text{E}(X) = \mu \\ \text{Var}(X) = \sigma^2 \end{cases}$$

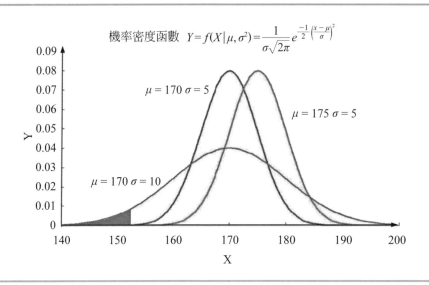

圖 2-27 常態分布的機率密度函數

三、參數存活模型：以就業時間 T 為例 (相反即失業)

在參數估計模型裡，我們第一個須假設就業時間 T 在已知的解釋變數 X 下，服從何種機率分布 (parametric probability distribution)。存活分析中常用的機率分布有：exponential 分布、Weibull 分布、lognormal 分布、log logistic 分布、generalized Gamma 分布、generalized F 分布。表 2-1 中彙整了這些分布的就業期間 (T) 之機率密度函數 $f(t)$、存活函數 $S(t)$ 以及危險函數 $h(t)$，其中除了 exponential 分布與 generalized F 分布分別為一個與四個參數的模型外，其他分布為二個參數的模型 (λ 與 γ)，λ 為狀態參數 (location parameter)，γ 為尺度參數 (scale parameter)，其轉機函數的時間依賴性 (duration dependence) 會受 λ、γ 與 t 之影響。其次，在進行實證分析時，我們經常需要了解解釋變數群 (x) 對於就業期間 T 之影響，因此在估計上將上列分布之隨機變數 T(就業時間) 做以下的變數轉換 (Kiefer 1988, Lancaster, 1990)：

$$\omega = (\log T - x'\beta) / \sigma$$

表 2-1 各種分布的函數

分布名稱	機率密度函數 $f(t)$	存活函數 $s(t)$	危險函數 $h(t)$
Exponential	$\lambda \exp(-\lambda t)$	$\exp(-\lambda t)$	λ
Weibull	$\lambda\gamma(\lambda t)^{\gamma-1}\exp(-(\lambda t)^{\gamma})$	$\exp(-(\lambda t)^{\gamma})$	$\lambda\gamma(\lambda t)^{\gamma-1}$
Lognormal	$\phi(-\gamma\ln(\lambda t))$	$\Phi(-\gamma\ln(\lambda t))$	$\phi(-\gamma\ln(\lambda t))/\Phi(-\gamma\ln(\lambda t))$
Gamma	$\lambda\gamma(\lambda t)^{\gamma\theta-1}\left(\dfrac{\exp(-(\lambda t)^{\gamma})}{\Gamma(\theta)}\right)$	No closed form	No closed form
Generalized F	$\lambda\gamma(\lambda t)^{\gamma-1}/\beta(M1, M2)K^{M1}\times$ $(1+K)^{-(M1+M2)}$ $K=(M1/M2)(\lambda t)^{\gamma}$ $\beta(M1, M2)=$ beta function	No closed form	No closed form
Weibull with Gamma heterogeneity	$s(t)^{\theta+1}\lambda\gamma(\lambda t)^{\gamma-1}$	$[1+\theta(\lambda t)^{\gamma}]^{-1/\theta}$	$s(t)^{\theta}\lambda\gamma(\lambda t)^{\gamma-1}$

說明：λ：狀態參數，$\gamma = 1/\sigma$：尺度參數。
資料來源：Lancaster (1990)。

σ 為 T 的標準差，在此，ω 決定於存活期間 T 之分率；例如：當 T 是 exponential、Weibull 或 log logistic 分布時，ω 為一極限最小分布 (extreme minimum distribution)。而當 T 是 lognormal 分布時，ω 為一標準常態分布 (Greene, 2002)。其中原來的狀態參數 $\lambda = \exp(-x'\beta)$ 且尺度參數 $\gamma = 1/\sigma$。分布之危險函數之函數型式，我們可以了解隨時間的加長其下個時點會轉變狀態之機率 (時間相依性 duration dependence) 與其參數之關係，其關係整理如上表所示。例如，在 Weibull 分布中，(1) 假若尺度參數 $\gamma > 1$ (即 $\sigma < 1$) 時，危險 (hazard) 函數為時間 t 之遞增函數，表示隨著時間的增加脫離原來狀態 (就業狀態) 的機率 (hazard rate) 變大。(2) 反之，尺度參數 $\gamma < 1$ (即 $\sigma > 1$) 時，危險函數為時間 t 之遞減函數，表示隨著時間的增加脫離原來狀態 (就業狀態) 的機率 (hazard rate) 變小。至於連續時間的分布是屬於何種分布我們無法預先得知，唯有透過 STaTa 的 log likelihood 值的評比，看哪個模型 log likelihood 值較高，其模型適配度就愈佳。

以上之估計模型，都假定各**觀察值**之間的存活函數 s(t|X) 是同質的 (homogeneity)，假若不是同質則參數估計值會產生不一致性 (inconsistency) 以及參數估計之標準差會有誤差 (Heckman and Singer, 1984)。因此你亦將加入異質性 (即脆弱性) 的隨機變數 (分布)，並將其納入實證中。Hui (1986) 提出韋伯模型的修正建議：令

$$s(t \mid v) = v\{\exp(-\lambda t)^{\gamma}\}，v \text{ 為異質性的隨機變數。}$$

假設 v 為伽瑪分布 (Gamma distribution)，其中伽瑪分布裡的參數分別為 k 和 R，則其 pdf 為 $f(v) = [k^{R} / \Gamma(R)]e^{-kv}v^{R-1}$。如果這個存活模型包含常數，則可假設 v 的平均值等於 1 時，則 $E(v) = k / R = 1$ 或 $k = R$。此時，我們可以發現，$s(t) = \int_{0}^{\infty} vs(t \mid v)f(v)dv$，如此可得考慮異質性下的 $s(t) = [1 + \theta(\lambda t)^{\gamma}]^{-1/\theta}$ 及 $h(t) = s(t)^{\theta}\lambda p(\lambda t)^{\gamma-1}$。

表 2-2　各種分布下危險函數 [h(t)] 之特質

分布名稱	危險函數 $h(t)$ 之特質
Weibull	當 $\gamma > 1$ (即 $\sigma < 1$) 時，危險函數為時間 t 之遞增函數。 當 $\gamma < 1$ (即 $\sigma > 1$) 時，危險函數為時間 t 之遞減函數。 當 $\gamma = 1$ 時，危險函數不受 t 之影響 (即為 exponential 分布之危險函數)。
Lognormal	轉機函數為時間 t 之先遞增而後遞減函數 (倒 U 字型)。
Gamma	當 $\gamma\lambda > 1$，且 $\gamma < 1$（即 $\sigma > 1$）時，危險函數為先遞增而後遞減函數 (倒 U 字型)。 當 $\gamma\lambda < 1$，且 $\gamma > 1$（即 $\sigma < 1$）時，危險函數為先遞減而後遞增函數 (U 字型)。
Generalized F	依其參數值 M1 及 M2 可畫出包含以上分布所有的圖。

2-4　STaTa likelihood-based Bayesian 迴歸有 45 種

在頻率論推論中，在已知特定觀察數據的情況下，概似函數 (簡稱概似 likelihood) 是統計模型的參數的函數。概似函數在頻率推理中占重要角色，尤其是從一組統計中估計參數的方法。在非正式情境中，likelihood 通常當作「概率」的同義詞。在數理統計中，這兩個術語具有不同的涵義。在已知模型參數值的情況下，該數學上下文中的概率描述了隨機結果的合理性，而沒有參考任何觀察到的數據。在已知特定觀察數據的情況下，概似描述了模型參數值的合理性。

在貝葉斯推理中，雖然可以說出已知另一個隨機變數的任何命題 (proposition) 或隨機變數 (random variable) 的概似：例如參數值或統計模型的概似 (邊際概似)，已知指定數據或其他證據，概似函數保持相同的實體 (entity)，並附加解釋：(1) 已知參數的數據的條件密度 (因為它是隨機變數)；(2) 數據帶來的關於參數值的度 (measure) 量、資訊量、模型。由於在參數空間或模型

集合上引入概率結構,可能出現參數值或統計模型對於已知的指定觀測數據具有大的概似值,並且具有低概率,或相反亦然。在醫學背景下通常就是這種情況。在貝葉斯規則之後,將條件密度的概似乘以參數的先驗概率密度再歸一化 (normalized),以求得後驗概率密度。

2-4-1 STaTa 共 12 類:45 種 Bayesian 迴歸

STaTa 的 12 大類 Bayesian 迴歸,如下,將在第 5 章至第 17 章中介紹:

1. Linear 迴歸。
2. Nonlinear 迴歸。
3. Multivariate 迴歸。
4. Multivariate nonlinear 迴歸。
5. 廣義線性模型 (Generalized linear models)。
6. Generalized nonlinear models with canonical links
7. Zero-inflated 模型 (models)。
8. Sample-selection 模型 (models)。
9. Survival 模型 (models)。
10. Multilevel 模型 (models)。
11. Autoregressive 模型 (models)。
12. Multiple-equation 模型 (models)。

一、STaTa 概似模型 (likelihood-based) 共有 45 種 Bayesian 迴歸

STaTa 之估計 (estimation) 的指令有 2 種語法:

1.「bayes:某迴歸」指令:Bayesian regression models using the bayes prefix.

STaTa 指令	功能說明
直線迴歸模型	
bayes: regress	Linear 迴歸
bayes: hetregress	Heteroskedastic linear 迴歸
bayes: tobit	Tobit 迴歸
bayes: intreg	Interval 迴歸
bayes: truncreg	Truncated 迴歸
bayes: mvreg	Multivariate 迴歸

STaTa 指令	功能說明
Binary response 迴歸模型	
bayes: logistic	邏輯斯迴歸 (求 odds ratios)
bayes: logit	邏輯斯迴歸 (求係數)
bayes: probit	Probit 迴歸
bayes: cloglog	Complementary log-log 迴歸
bayes: hetprobit	Heteroskedastic probit 迴歸
bayes: binreg	GLM for the binomial family
bayes: biprobit	Bivariate probit 迴歸
Ordinal response 迴歸模型	
bayes: ologit	Ordered 邏輯斯迴歸
bayes: oprobit	Ordered probit 迴歸
bayes: zioprobit	Zero-inflated ordered probit 迴歸
Categoricalresponse 迴歸模型	
bayes: mlogit	Multinomial (polytomous) 邏輯斯迴歸
bayes: mprobit	Multinomial probit 迴歸
bayes: clogit	Conditional 邏輯斯迴歸
Categorical-response 迴歸模型	
bayes: mlogit	Multinomial (polytomous) logistic 迴歸
bayes: mprobit	Multinomial probit 迴歸
bayes: clogit	Conditional logistic 迴歸
Count respose 迴歸模型	
bayes: poisson	Poisson 迴歸
bayes: nbreg	Negative binomial 迴歸
bayes: gnbreg	Generalized negative binomial 迴歸
bayes: tpoisson	Truncated Poisson 迴歸
bayes: tnbreg	Truncated negative binomial 迴歸
bayes: zip	Zero-inflated Poisson 迴歸
bayes: zinb	Zero-inflated negative binomial 迴歸
廣義線性模型 (Generalized linear models)	
bayes: glm	Generalized linear models

STaTa 指令	功能說明
Fractional response 迴歸模型	
bayes: fracreg	Fractional response 迴歸
bayes: betareg	Beta 迴歸
Survival 迴歸模型	
bayes: streg	Parametric survival models
Sample selection 迴歸模型	
bayes: heckman	Heckman selection model
bayes: heckprobit	Probit 迴歸 with sample selection
bayes: heckoprobit	Ordered probit model with sample selection
Multilevel 迴歸模型	
bayes: mixed	Multilevel linear 迴歸
bayes: metobit	Multilevel tobit 迴歸
bayes: meintreg	Multilevel interval 迴歸
bayes: melogit	Multilevel 邏輯斯迴歸
bayes: meprobit	Multilevel probit 迴歸
bayes: mecloglog	Multilevel complementary log-log 迴歸
bayes: meologit	Multilevel ordered 邏輯斯迴歸
bayes: meoprobit	Multilevel ordered probit 迴歸
bayes: mepoisson	Multilevel Poisson 迴歸
bayes: menbreg	Multilevel negative binomial 迴歸
bayes: meglm	Multilevel generalized linear model
bayes: mestreg	Multilevel parametric survival 迴歸

2. bayesmh 指令：Bayesian models using MH. 且可以自定 Bayesian models 的概似及先驗。

機器學習有關的 STaTa 指令，如下：

1. STaTa 提供 Bayesian 線性迴歸的指令，包括：(bayes: regress、bayes: glm、bayes: hetregress、bayes: meglm、bayes: mixed) 等指令。

2. STaTa 提供 polynomial regression 指令，包括：fp(fractional polynomial regression)、lpoly(Kernel-weighted local polynomial smoothing)、mfp(multivariable fractional polynomial models)、orthog(orthogonalize variables

and compute orthogonal polynomials) 等指令。

3. STaTa 提供 gradient 外掛指令，包括：colorscatter.ado(draw scatter plots with marker colors varying by a third variable)、gpfobl.ado(rotation after exploratory factor analysis)、boost.ado(implements the mart boosting algorithm described in hastie et al)。CD 片這三個外掛指令，將它 copy「c:\ado」數據夾即可使用它。

4. STaTa 提供 classification 的內建指令，包括：roc(receiver operating characteristic、roctab(nonparametric roc 分析)、candisc(canonical linear discriminant 分析)、discrim(discriminant 分析)、discrim knn(kth-nearest-neighbor discriminant 分析)、discrim lda(linear discriminant 分析)、discrim logistic(logistic discriminant 分析)、discrim qda(quadratic discriminant 分析)。

外掛指令包括：episens.ado(deterministic and probabilistic sensitivity analysis of epidemiological results)、cart.ado(classification and regression tree analysis)、chaidforest.ado(random forest ensemble classification based on chi-square automated interaction detection (chaid) as base learner)、classtabi.ado(classtabi)、episens.ado(deterministic and probabilistic sensitivity analysis of epidemiological results)、icdpic.ado(international classification of diseases programs for injury categorization)、iscoegp.ado(isco package consists of a series of programs to recode isco-68)、iscoisei.ado、iscolab.ado、iscotrei.ado、isko8868.ado(isko package consists of a series of programs to recode isco-88)、iskoegp.ado、iskoisei.ado、iskolab.ado、iskotrei.ado、kfoldclass.ado(classification statistics for k-fold cross-validation of binary outcomes)、krls.ado(kernel-based regularized least squares)、looclass.ado(classification statistics for leave-one-out cross-validation of binary outcomes)、mrprobit.ado(probit estimators with misclassification of the dependent variable)、mrprlik.ado(estimate probit with misclassification of the dependent variable)、iscooesch.ado(recode isco codes into oesch class scheme)、pvw.ado(predictive value weighting for covariate misclassification in logistic regression)、pvwcalc.ado(predictive value weighting for covariate misclassification in logistic regression)、roctabi.ado(nonparametric roc analysis using summarized data)、senspec.ado(sensitivity and specificity results saved in generated variables)、sicff.ado(create fama french industry variable from sic code)、supclust.ado(build superordinate categories from classification variables)。

STaTa 共 45 種 Bayesian 迴歸，電腦會主動幫你內定：概似分布及先驗分布

之初始參數值。

　　相對地，你可改用 bayesmh 指令來自定：概似分布及先驗分布之初始參數
值。

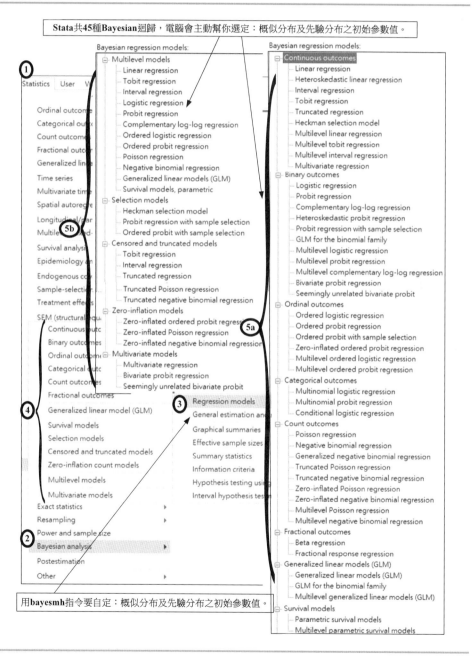

圖 2-28 Bayesian45 種迴歸模型 (「bayes: 某迴歸」指令)

其中，線性多層次模型 (mixed, xtmixed 指令) 除外，HLM 約略可分成三大類：

類 1.Hierarchical Linear Model(多層次模型，HLM) 依變數是連續變數，STaTa 線性多層次模型之對應指令包括：(mixed、xtmixed)。

類 2.Hierarchical Generalized Linear Model(廣義多層次模型，HGLM) 依變數是類別型、計數型、次序型、離散型變數稱階層廣義線性模型，STaTa 線性多層次模型之對應指令包括：(menl、melogit、meprobit、mecloglog、meologit、meoprobit、mepoisson、menbreg、metobit、meintreg、meglm、mestreg、meqrlogit、meqrpoisson)。

類 3.Bayeisan 多層次迴歸包括：(bayes: mixed、bayes: metobit、bayes: meintreg、bayes: melogit、bayes: meoprobit、bayes: mecloglog、bayes: meologit、bayes: meoprobit、bayes: mepoisson、bayes: menbreg、bayes: meglm、bayes: mestreg)。

二、Bayesian 迴歸的事後指令

STaTa 事後指令	功能說明
bayesgraph	圖形匯總和收斂性診斷 (graphical summaries and convergence diagnostics)
bayesstats ess	有效樣本數和相關統計數據 (effective sample sizes and related statistics)
bayesstats summary	貝葉斯統計模型參數及其函數 (Bayesian summary statistics for model parameters and their functions)
bayesstats ic	貝葉斯資訊準則和貝葉斯因子 (Bayesian information criteria and Bayes factors)
bayestest model	使用模型後驗機率的假設檢定 (hypothesis testing using model posterior probabilities)
bayestest interval	區間假設檢定 (interval hypothesis testing)
estimates	編目估算結果 (cataloging estimation results)

註：印出估計表 (值) 之「estimates」指令不適合「bayesmh 或 bayes」估計結果

三、bayesmh 指令對應「線性 vs. 非線性模型」有 8 種：Bayesian 模型使用 Metropolis-Hastings 演算法

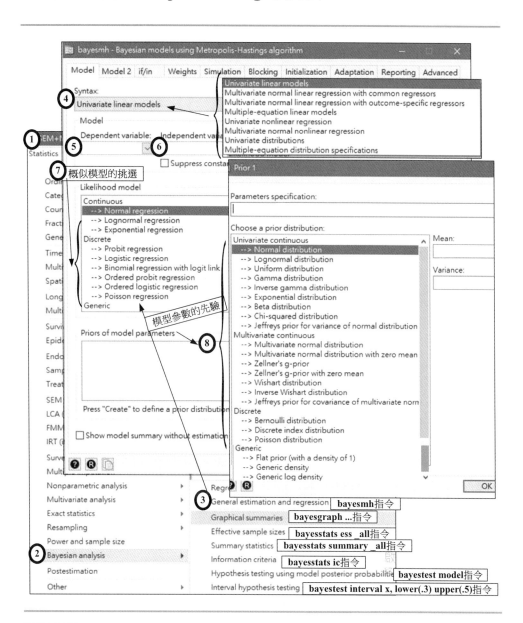

圖 2-29 貝氏迴歸之相關配套指令

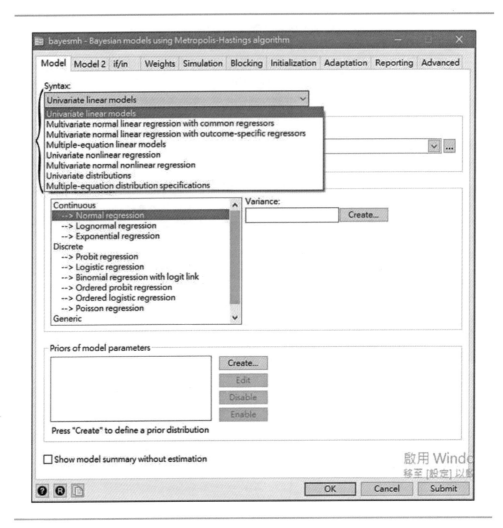

圖 2-30 bayesmh 指令對應「線性 vs. 非線性模型」有 8 種：Bayesian 模型使用 Metropolis-Hastings 演算法

依變數為主的概似分布 (likelihood models)，包括：

1. Normal

2. Student's t

3. Lognormal

4. Exponential

5. Probit

6. Logit/Logistic

7. Binomial

8. Ordered probit

9. Ordered logistic

10. Poisson

11. Negative binomial

12. Multivariate normal (MVN)

13. 自定 (User-defined)

Multilevel 模型的概似分布 (likelihood models)，又細分：

1. Normal

2. Probit, logit/logistic, complementary log-log

3. Ordered probit and logit

4. Poisson and negative binomial

5. Generalized linear models

6. Survival

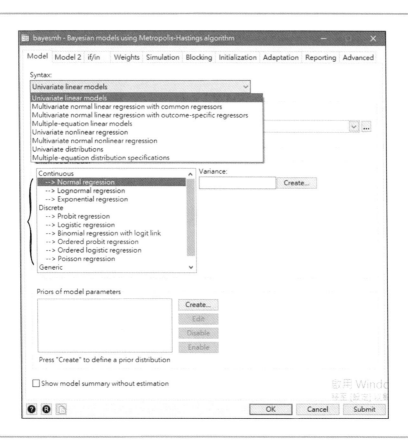

圖 2-31 bayesmh 指令之單變量線性模型的概似模型：連續依變數有 3 種，離散依變數有 6 種，generic 有 1 種 (Metropolis-Hastings 演算法)

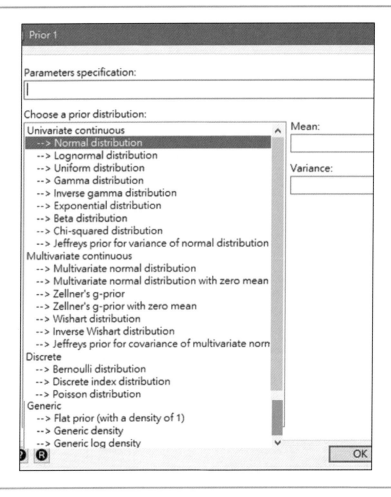

圖 **2-32** bayesmh 指令對應先驗分配：單變量連續變數有 9 種，多變量連續變數有 7 種，離散變數有 3 種，generic 有 3 種

自變數及截距的先驗分布 (prior distributions)，包括：

1. Normal

2. Generalized (location-scale) t New

3. Lognormal

4. Uniform

5. Gamma

6. Inverse gamma

7. Exponential

8. Laplace New

9. Cauchy New

10. Beta

11. Chi-squared

12. Multivariate normal

13. Wishart

14. Inverse Wishart

15. Bernoulli

16. Discrete

17. Poisson

18. User-defined density

19. User-defined log density

　　特殊先驗 (specialized priors) 又細分：

20. Flat

21. Jeffreys

22. Multivariate Jeffreys

23. Zellner's g

2-4-2 Metropolis-Hastings 演算法 (bayesmh 指令) 和 Monte Carlo

一、Metropolis-Hastings 演算法 (algorithm)

　　貝葉斯推論有在人工智慧及專家系統上應用。自 1950 年代後期開始，貝葉斯推論技巧就是電腦模式識別技術中的基礎。現在也越來越多將貝葉斯推論和以模擬為基礎的蒙地卡羅方法合併使用的應用，因為一些複雜的模型無法用貝葉斯分析得到解析解，因圖模式結構可以配合一些快速的模擬方式 (例如 Gibbs 抽樣或是其他 Metropolis-Hastings 演算法)。因為上述理由，貝葉斯推論在系統發生學研究社群中愈受到重視，許多的應用可以同時估測許多人口和進化參數。

　　Monte Carlo 是統計學中用於 Markov Chain Monte Carlo Simulations (MCMC) 的一種演算法，用於在難以直接抽樣時從某一多變數機率分布中近似抽樣本序列。該序列可用於近似聯合分布、部分變數的邊際分布或計算積分 (如某一變數的期望值)。某些變數可能為已知變數，故對這些變數並不需要抽樣。

Metropolis-Hasting 演算法和 Gibbs sampling 演算法都是馬爾科夫鏈蒙第卡羅 (MCMC) 方法。

在統計學和統計物理學中，Metropolis-Hastings 演算法是 Markov Chain Mento Carlo (MCMC) 方法，用於從難以直接採樣的概率分布獲得隨機樣本序列。該序列可用於近似分布 [例如：生成 (to generate) 直方圖]，或計算積分 (例如預期值)。Metropolis-Hastings 和其他 MCMC 演算法通常用於從多維分布中進行採樣，特別是當維數很高時。對於單維分布，通常可以使用其他方法 [例如：自適應拒絕採樣 (Adaptive Rejection Sampling, ARS)]，其可以直接從分布中返回獨立樣本，並且沒有 MCMC 方法中固有的自相關樣本的問題。

在科學研究中，如何生成服從某個機率分布的樣本是一個重要的問題。如果樣本維度很低，只有一兩維，我們可以用反切法、拒絕採樣和重要性採樣等方法。但是對於高維樣本，這些方法就不適用了。這時我們就要使用一些「高檔」的演算法，比如下面要介紹的 Metropolis-Hasting 演算法和 Gibbs sampling 演算法。

Metropolis–Hastings algorithm，用於在難以直接抽樣時從某一機率分布中抽取隨機樣本序列。得到的序列可用於估計該機率分布或計算積分(如期望值)等。

Metropolis–Hastings 或其他 MCMC 演算法一般用於從多變數 (尤其是高維) 分布中抽樣。對於單變數分布而言，常會使用自適應拒絕抽樣 (adaptive rejection sampling) 等其他能抽取獨立樣本的方法，而不會出現 MCMC 中樣本自相關的問題。

Metropolis-Hastings 演算法：

假設 $P(x)$ 為目標機率分布。梅特羅波利斯－黑斯廷斯算法的過程為：

1. 初始化

  (1) 選定初始狀態 x_0；

  (2) 令 $t = 0$；

2. 疊代過程

  (1) 生成：從某一容易抽樣的分布 $Q(x'|x_t)$ 中隨機生成候選狀態 x'；

  (2) 計算：計算是否採納候選狀態的機率 $A(x'|x) = \min\left(1, \dfrac{P(x')}{P(x)}\dfrac{Q(x|x')}{Q(x'|x)}\right)$；

  (3) 接受或拒絕；

---

①從 [0, 1] 的均勻分布中生成隨機變數 u；

②如 $u \leq A(x'|x)$，則接受該狀態，並令 $x_{t+1} = x'$；

③如 $u > A(x'|x)$，則拒絕該狀態，並令 $x_{t+1} = x_t$ (複製原狀態)。

(4) 增量：令 $t = t + 1$；

Metropolis algorithm (symmetric proposal distribution)

Let $f(x)$ be a function that is proportional to the desired probability distribution $P(x)$ (a.k.a. a target distribution).

1. Initialization: Choose an arbitrary point x_0 to be the first sample, and choose an arbitrary probability density $g(x \mid y)$ (sometimes written $Q(x \mid y)$) that suggests a candidate for the next sample value x, given the previous sample value y. For the Metropolis algorithm, g must be symmetric, in other words, it must satisfy $g(x \mid y) = g(y \mid x)$. A usual choice is to let $g(x \mid y)$ be a Gaussian distribution centered at y, so that points closer to y are more likely to be visited next-making the sequence of samples into a random walk. The function g is referred to as the *proposal density* or *jumping distribution*.

2. For each iteration t.

· Generate: Generate a candidate x' for the next sample by picking from the distribution $g(x' \mid x_t)$.

· Calculate: Calculate the *acceptance ratio* $\alpha = f(x') / f(x_t)$, which will be used to decide whether to accept or reject the candidate. Because f is proportional to the density of P, we have that

$\alpha = f(x') / f(x_t) = P(x') / P(x_t)$.

· Accept or Reject:

· Generate a uniform random number u on [0, 1].

· If $u \leq \alpha$ *accept* the candidate by setting $x_{t+1} = x'$

· If $u > \alpha$ *reject* the candidate and set $x_{t+1} = x_t$, instead.

　　Metropolis-Hastings 演算法透過隨機嘗試在樣本空間周圍移動來進行，有時接受移動並且有時保持在原位。注意，接受率 (acceptance ratio) α 表示根據分布 P(x)，新提出的樣本相對於當前樣本的可能性。如果我們試圖移動到比現有點更可能的點 (即 P(x) 的更高密度區域中的點)，我們將始終接受移動。但是，如

果我們試圖轉向不太可能的點，我們有時會拒絕這一舉動，下降的概率相對越多，我們就愈有可能拒絕這一點。因此，我們傾向於留在 P(x) 的高密度區域 (並返回大量樣本)，只偶爾訪問低密度區域。直觀地，這就是該演算法工作的原因，並返回遵循所需分布 P(x) 的樣本。

若與直接從分布生成獨立樣本的自適應拒絕採樣 (adaptive rejection sampling) 演算法來相比，Metropolis-Hastings 和其他 MCMC 演算法有許多缺點：

1. 樣本是相關的 (correlated)。儘管從長遠來看它們確實遵循 P(x)，但是一組附近的樣本將彼此相關並且不能正確地反映分布。這意味著如果我們想要一組獨立的樣本，我們必須丟棄大多數樣本並且只取每 n 個樣本，對於某個 n 值 (通常通過檢查相鄰樣本之間的自相關來確定)。通過增加跳躍寬度 (跳躍的平均大小，與跳躍分布的方差有關) 可以減少自相關，但這也會增加拒絕建議跳躍的可能性。跳躍尺寸太大或太小將導致慢速混合 Markov 鏈，即高度相關的樣本集合，因此將需要非常大量的樣本來獲得對分布的任何期望屬性的合理估計。

2. 雖然 Markov chain 最終會收斂到所需的分布，但初始樣本可能遵循非常不同的分布，特別是如果起點位於低密度區域。結果，通常需要老化期，其中，丟棄初始數量的樣本 (例如：前 1,000 個左右)。

另一方面，大多數簡單的拒絕抽樣方法遭受「維數災難」，其中拒絕概率隨著維度的數量呈指數增加。Metropolis-Hastings 以及其他 MCMC 方法在這種程度上沒有這個問題，因此當要採樣的分布的維數很高時，這通常是唯一可用的解決方案。因此，MCMC 方法通常是從階層貝葉斯 (hierarchical Bayesian) 模型和當今許多學科中使用的其他高維統計模型生成樣本的首選方法。其中，STaTa 提供階層貝葉斯迴歸指令，包括：

STaTa 指令	說明
bayes: mecloglog	Bayesian multilevel complementary log-log reg.
bayes: meglm	Bayesian multilevel generalized linear model
bayes: meintreg	Bayesian multilevel interval regression
bayes: melogit	Bayesian multilevel logistic regression
bayes: menbreg	Bayesian multilevel negative binomial regression
bayes: meologit	Bayesian multilevel ordered logistic regression
bayes: meoprobit	Bayesian multilevel ordered probit regression

STaTa 指令	說明
bayes: mepoisson	Bayesian multilevel Poisson regression
bayes: meprobit	Bayesian multilevel probit regression
bayes: mixed	Bayesian multilevel linear regression

在多變量分布中，如上所述的古典 Metropolis-Hastings 演算法涉及選擇新的多維樣本點。當尺寸數量很高時，找到正確的跳躍分布 (jumping distribution) 可能很困難，因為不同的個別維度 (individual dimensions) 表現都會非常不同，並且跳躍寬度 (width) 對於所有維度必須「恰到好處」避免過慢混合 (slow mixing)。在這種情況下，通常更好地工作的替代方法 (稱為 Gibbs sampling) 涉及為每個維度選擇與其他維度分開的新樣本，而不是一次為所有維度選擇樣本。當多變量分布由一組單獨的隨機變數組成時，這特別適用，其中每個變數僅以少數其他變數為條件，如大多數的分層模型一樣。然後逐個採樣一個變數，每個變數以所有其他變數的最新值為條件。根據多變數分布的形式，可以使用各種演算法來選擇這些單獨的樣本：一些可能性是自適應拒絕採樣方法 (adaptive rejection Metropolis sampling) 演算法或其改進 (如 one-dimensional Metropolis-Hastings step，或切片 sampling)。

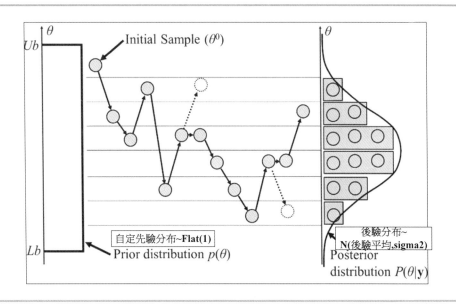

圖 2-33 Metropolis-Hastings 演算法之示意圖

Algorithm 1 Metropolis-Hastings algorithm

Initialize $x^{(0)} \sim q(x)$

for iteration $i = 1, 2, \dots$ **do**

    Propose: $x^{cand} \sim q(x^{(i)}|x^{(i-1)})$

    Acceptance Probability:

        $\alpha(x^{cand}|x^{(i-1)}) = \min\left\{1, \frac{q(x^{(i-1)}|x^{cand})\pi(x^{cand})}{q(x^{cand}|x^{(i-1)})\pi(x^{(i-1)})}\right\}$

    $u \sim \text{Uniform}\,(u; 0, 1)$

    if $u < \alpha$ **then**

        Accept the proposal: $x^{(i)} \leftarrow x^{cand}$

    else

        Reject the proposal: $x^{(i)} \leftarrow x^{(i-1)}$

    end if

end for

圖 2-33 Metropolis-Hastings 演算法之示意圖 (續)

接著，發展出 Generalized M-H，黎曼流形哈密爾頓蒙第卡羅演算法 (RMHMC)，此演算法的接受概率更高。RMHMC 演算法如下：

1. Initialize θ^0

2. for $t = 1$ to T do

3. $p_*^0 \sim N(p\,|\,0, G(\theta^{t-1}))$

4. $\theta_*^0 = \theta^{t-1}$

5. $e \sim u_{[0,1]}$

6. $N = \text{ceil}(\epsilon L)$

    {Simulate the Hamiltonian using a generalized leapfrog integrator for N steps}

7.   for $n = 0$ to N do

8.   solve $p_*^{n+\frac{1}{2}} = p_*^n - \frac{\epsilon}{2}\nabla_\theta H\left(\theta_*^n, p_*^{n+\frac{1}{2}}\right)$

9.   solve $\theta_*^{n+1} = \theta_*^n + \frac{\epsilon}{2}\left[\nabla_p H\left(\theta_*^n, p_*^{n+\frac{1}{2}}\right) + \nabla_p H\left(\theta_*^{n+1}, p_*^{n+\frac{1}{2}}\right)\right]$

10. $p_*^{n+1} = p_*^{n+\frac{1}{2}} - \frac{\epsilon}{2}\nabla_\theta H\left(\theta_*^{n+1}, p_*^{n+\frac{1}{2}}\right)$

11.   end for

12. $(\theta^*, p^*) = (\theta_*^{N+1}, p_*^{N+1})$

    {Metropolis-Hastings ration}

13. $r = \min\{1, \exp(-H(\theta^*, p^*) + H(\theta^{t-1}, p^{t-1}))\}$

14. $e \sim u_{[0,1]}$

15.   if $r > u$ then

16. $\theta^t = \theta^*$

17.   else

18. $\theta^t = \theta^{t-1}$

19.   end if

20. end for

直覺

    Metropolis-Hastings 演算法可以從任何概率分布 P(x) 中提取樣本，前提是可以計算與 P 的密度成比例的函數 f(x) 的值。最後要求 f(x) 應該僅僅是與密度成比例，而不是與它完全相等，使 Metropolis-Hastings 演算法特別有用，因爲在實踐中計算必要的歸一化因數通常是非常困難的。

    Metropolis-Hastings 演算法的工作原理是生成一系列樣本值，使得隨著越來越多的樣本值產生，值的分布更接近於所需的分布 P(x)。這些樣本值是疊代生成的，下一個樣本的分布僅取決於當前樣本值 (從而使樣本序列成爲 Markov 鏈)。具體地，在每次疊代時，演算法基於當前樣本值選擇下一樣本值的候選者。然後，以某種可能性，候選者被接受 (在這種情況下候選值在下一次疊代中使用) 或被拒絕 (在這種情況下候選值被丟棄，並且當前值在下一次疊代中被重用)，概率通過比較當前和候選樣本值的函數 f(x) 相對於期望分布 P(x) 的值來確定接受程度。

    其中，Metropolis 演算法，其中提議函數是對稱的 Metropolis-Hastings 演演算法的特例。

二、蒙第卡羅 (Monte Carlo)

> **定義：蒙地卡羅法 (Monte Carlo method)**
>
> Monte Carlo 方法，也稱統計模擬方法，是 1940 年代中期由於科學技術的發展和電子電腦的發明，而提出的一種以機率統計理論爲指導的數值計算方法。是指使用亂數 (或更常見的僞亂數) 來解決很多計算問題的方法。
>
> 1. Monte Carlo 方法的基本思想
>
> 　通常 Monte Carlo 方法可以粗略地分成兩類：一類是所求解的問題本身具有內在的隨機性，藉助電腦的運算能力可以直接模擬這種隨機的過程。例如在核子物理研究中，分析中子在反應爐中的傳輸過程。中子與原子核作用受到量子力學規律的制約，人們只能知道它們相互作用發生的機率，卻無法準確獲得中子與原子核作用時的位置以及裂變產生的新中子的行進速率和方向。科學家依據其機率進行隨機抽樣得到裂變位置、速度和方向，這樣模擬大量中子的行爲後，經過統計就能獲得中子傳輸的範圍，作爲反應爐設計的依據。
>
> 　另一種類型是所求解問題可以轉化爲某種隨機分布的特徵數，比如隨機事件出現的機率，或者隨機變數的期望值。通過隨機抽樣的方法，以隨機事件出現的頻率估計其機率，或者以抽樣的數字特徵估算隨機變數的數字特徵，並將其作爲問題的解。這種方法多用於求解複雜的多維積分問題。
>
> 　假設我們要計算一個不規則圖形的面積，那麼圖形的不規則程度和分析性計算 (比如，積分) 的複雜程度是成正比的。Monte Carlo 方法基於這樣的思想：假想你有一袋豆子，把豆子均勻地朝這個圖形上撒，然後數這個圖形之中有多少顆豆子，這個豆子的數目就是圖形的面積。當你的豆子愈小，撒的愈多的時候，結果就愈精確。藉助電腦程式可以生成大量均勻分布座標點，然後統計出圖形內的點數，通過它們占總點數的比例和座標點生成範圍的面積就可以求出圖形面積。
>
> 2. Monte Carlo 方法的工作過程
>
> 　在解決實際問題的時候應用 Monte Carlo 方法主要有兩部分工作：
>
> 　用 Monte Carlo 方法模擬某一過程時，需要產生各種機率分布的隨機變數。
>
> 　用統計方法把模型的數字特徵估計出來，從而得到實際問題的數值解。

---

3. Monte Carlo 方法分子模擬的計算步驟

使用 Monte Carlo 方法進行分子模擬計算是按照以下步驟進行的：

(1) 使用亂數生成器產生一個隨機的分子構型。

(2) 對此分子構型的其中粒子座標做無法則的改變，產生一個新的分子構型。

(3) 計算新的分子構型的能量。

(4) 比較新的分子構型與改變前的分子構型的能量變化，判斷是否接受該構型。

　① 若新的分子構型能量低於原分子構型的能量，則接受新的構型，使用這個構型重複再做下一次疊代。

　② 若新的分子構型能量高於原分子構型的能量，則計算玻爾茲曼因數，並產生一個亂數。

　　A. 若這個亂數大於所計算出的玻爾茲曼因數，則放棄這個構型，重新計算。

　　B. 若這個亂數小於所計算出的玻爾茲曼因數，則接受這個構型，使用這個構型重複再做下一次疊代。

(5) 如此進行疊代計算，直至最後搜尋出低於所給能量條件的分子構型結束。

Monte Carlo 方法又稱隨機抽樣或 – 統計試驗方法，簡單地理解就是利用亂數去解決許多計算問題，通過實驗去求解一些數學問題。通常是通過一些隨機模擬實驗去求解一些概率或者期望的問題。

(一) 生成亂數 (generate random number)

1. 求解概率問題

貝葉斯先驗轉後驗：

$$p(\theta \mid D) = \frac{p(D \mid \theta)p(\theta)}{D}$$

概率歸一化問題：

$$p(\theta) = \frac{\bar{p}(\theta)}{z}$$

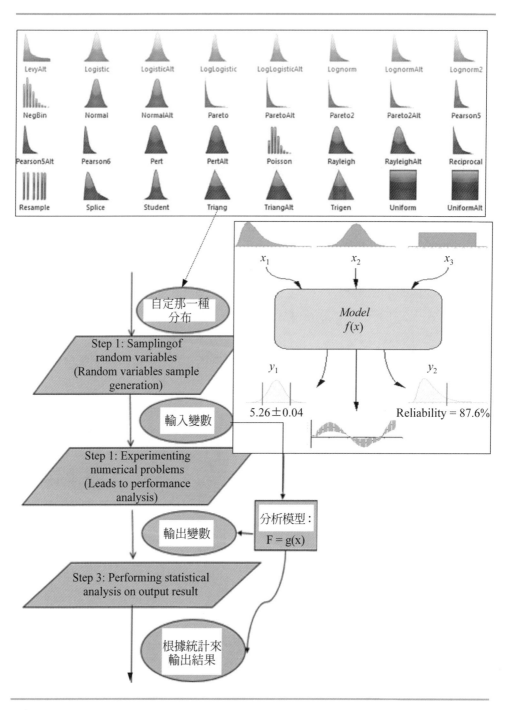

圖 2-34 Monte Carlo 隨機抽樣之示意圖

通常，我們需要從貝葉斯後驗和歸一化後的概率中抽樣，但是通常這兩個概率很難求，主要是因為分母很難求，分母可能涉及到複雜的積分計算。因此，我們無法通過簡單的數學公式將均勻分布的亂數映射到服從該分布的亂數。

(二) 求解概率和期望問題

如上所述，如果一個概率的運算式沒法求出，我們無法求得期望。但是如果我們能生成許多連續的服從該分布的亂數，根據切比雪夫大數定理就能通過簡單地加和近似地求得概率。

切比雪夫大數定理：

$$\lim_{n \to \infty} p\left(\left\|\frac{1}{S}\sum_{s=1}^{S}f(x_s) - \frac{1}{S}\sum_{s=1}^{S}E\|f(X)\|\right\| < \epsilon\right) = 1$$

計算期望：

$$E[f(X)] = \int f(x)p(x)dx \simeq \frac{1}{S}\sum_{s=1}^{S}f(x_s)$$

其中

$$x_s \sim p(X)$$

2-4-3 貝葉斯線性迴歸的基本原理

貝葉斯線性迴歸不只加了先驗 p(w) 來推估後驗機率。坊間任何一形式的迴歸模型都可演變成貝葉斯模型。在傳統任一基礎模型之下，你需要去估計 (estimate) 一些未知的**參數** (比如在線性迴歸，需要去計算權重 W 這個係數向量)，但在貝葉斯模型下你需要去計算的是 **W 的分布** (分配)[而非 W 的點估計 (point estimation)]，再用此分布 D 來計算對 y 的預測值 p(y|x,D)，故我們需要去整合 (integrate)W 分布，也就是說我們把所有可能的 W 向量都要考慮，這也是為什麼貝葉斯模型電腦程式較為棘手 (intractable)，所以我們需要用 **MCMC 或者變分貝葉斯方法 (Variational Bayesian methods)** 之推論法，而不是直接用最佳化的方法。在貝葉斯模型之下，若樣本愈多 (observe more and more data)，就愈能對 W 向量的分布更佳清晰的推論，這其實就是**後驗推論** (posterior inference)。

執行 STaTa 45 種 Bayesian 迴歸時，你都可根據分析目的 (分類、估計預測) 及樣本特性 (離散 vs. 連續變數)，來事前界定：概似模型及先驗分布，進而求得後驗機率。如下圖所示。

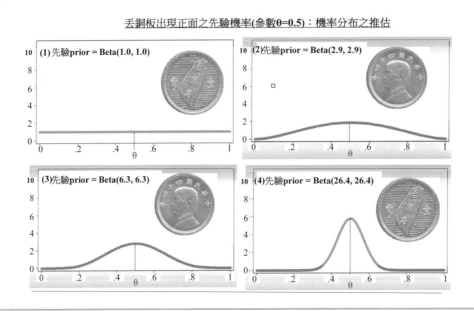

圖 2-35 實例估計：參數 θ 之先驗分布 (機率) 及概似分布 (機率)，求得後驗機率 Markov Chain Monte Carlo 公式：後驗＝先驗 × 概似

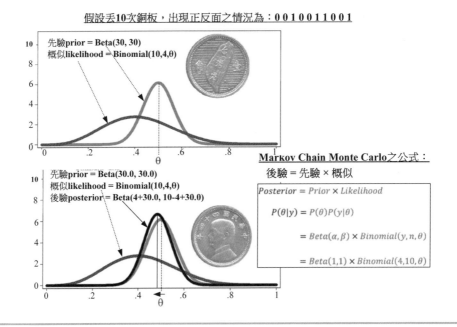

圖 2-35 實例估計：參數 θ 之先驗分布 (機率) 及概似分布 (機率)，求得後驗機率 Markov Chain Monte Carlo 公式：後驗＝先驗 × 概似 (續)

定義：**Markov Chain Monte Carlo 演算法 (MCMC)**
來計算貝氏網路的聯合機率分布，此方法透過對前一事件進行隨機改變而產生事件樣本，其演算法如下所示。

Algorithm MCMC-Ask(X,e,bn, N) returns an estimate of P(X|e)

  local variables : N[X], a vector of counts over X, initially zero

                                    Z, the nonevidence variables in bn

                                    x, the current state of the network, initially

copied from e.

    initialize x with random values for the variable for the variables in Z

    for j=1 to N do

        N[x] = N[x] + 1 where x is the value of X in x

        for each Zi in Z do

            sample the value of Zi in x from P(Zi | mb(Zi)) given the value of

MB(Zi) in X

    return Normalize(N[X])

定義：**變分貝葉斯方法 (Variational Bayesian methods)**
變分貝葉斯方法是用於逼近貝葉斯推論和機器學習中出現的難處理積分的技術族。它們通常用於由觀察變數 (通常稱為「數據」) 以及未知參數和潛在變數 (unknown parameters and latent variables) 所組成的複雜統計模型，以及三種隨機變數之間的各種關係，如下圖之圖形模型 (graphical model) 所陳述的那樣。

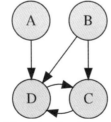

每個箭頭表示依賴關係。本例：**D**依賴於**A**，
D依賴於**B**，**D**依賴於**C**，**C**依賴於**B**，而**C**依賴於**D**.

圖 2-36　圖形模型的例子 (graphical model、probabilistic graphical model (PGM)、structured probabilistic model)

正如貝葉斯推理中的典型情況，未知的**參數**和**潛在變數**被歸爲「未觀測變數」。變分貝葉斯方法主要用於兩個目的：

1. 爲了對未觀測變數的後驗機率提供分析近似，以便對這些變數進行統計推論。

2. 爲觀測數據的邊際概似 (likelihood)(有時稱爲「證據」) 推導一個下界 (即給定模型的數據的邊際機率，邊際化對未觀察到的變數進行)。這通常用於執行模型選擇，一般的想法是給定模型的較高邊際概似 (likelihood) 表明該模型更好地適配數據，因此所討論的模型更可能是生成數據的模型。

在前者的目的 (即近似後驗機率的)，變分貝葉斯是一個蒙第卡羅抽樣 (Monte Carlo sampling) 之替代法，具體而言，Markov chain Monte Carlo 法如 Gibbs 抽樣：用 fully Bayesian approach 來推論更複雜分布之直接評估或抽樣。雖然 Monte Carlo 技術使用一組樣本來提供精確後驗的近似值，但變分貝葉斯爲後驗的近似值提供更精確之局部最優解析解。

變分貝葉斯可以看作是 **EM**(期望最大化，Expectation-Maximization) 演算法的擴展，從每個參數的最可能的最大後驗估計 (MAP 估計) 到完全貝葉斯估計 (fully Bayesian)，其計算 (近似) 整個後驗分布的參數和潛在變數。它與 EM 一樣，旨在找到一組最優的參數值，並且它具有與 EM 相同的交替結構，基於一組相互依賴(mutually dependent)的方程，這些方程無法通過分析求解。對於許多應用而言，變分貝葉斯以更高的速度產生與 Gibbs sampling 相當的準確度的解決方案。然而，與推導可比 Gibbs 抽樣方程 (deriving the comparable Gibbs sampling equations) 相比，推導採用疊代來更新參數的一組方程(deriving the set of equations used to iteratively update the parameters)，通常它需要大量的工作。甚至對於許多概念上非常簡單的模型也是如此，如下面在只有兩個參數且沒有潛在變數的基本非分層模型中所證明的那樣。

2-5 貝葉斯統計及正規化 (Bayesian statistics and Regularization)

一、貝葉斯統計

英國學者 T. 貝葉斯 1763 年在《論有關機遇問題的求解》中提出一種歸納推

理的理論，後被一些統計學者發展爲一種系統的統計推論方法，稱爲貝葉斯方法。採用這種方法作統計推論所得的全部結果，構成貝葉斯統計的內容。認爲貝葉斯方法是唯一合理的統計推論方法的統計學者，組成數理統計學中的貝葉斯學派，其形成可追溯到二十世紀三○年代。直到五○～六○年代，已發展爲一個有影響的學派。時至今日，其影響日益擴大。

二、貝葉斯統計的內容

請參考前文【2-2-6】之【(三) 貝葉斯統計的內容：先驗分布 vs. 後驗分布】

2-5-1 過度適配 vs. 不足適配 (overfitting and underfitting)

之前作者專書已介紹了線性迴歸模型與 logistic 迴歸模型，它們在很多方面都有應用，例如利用線性迴歸模型 (也可以是多項式) 進行房價預測，logistic 迴歸模型垃圾郵件分類等。但是，在應用過程中可能存在一些問題，例如過度適配 (overfitting)，與之相對的就是不足適配 (underfitting)。

所謂過度適配，簡單的說就是我們設計的學習模型對訓練樣本的學習能力太強大了，導致對訓練樣本適配的太好。此時可能同學就有疑問：適配得很好不是好事嗎？爲什麼還是問題呢？請注意，我們設計學習模型的目的並不是對訓練樣本適配就 OK 了，我們訓練模型是爲了它能夠對不在訓練集中的數據有較好的預測。訓練集是我們所研究的全體數據集的一個子集，我們認爲它應該有像其他屬於全體數據集的特徵，但同時，它也通常有它自己獨有的特徵。所以，如果學習模型的學習能力太強，學到了訓練集獨有的特徵，對訓練樣本適配得太好，也就是過度適配，那麼它可能對不屬於訓練集但屬於我們研究的數據集的數據預測得不好，也就是泛化能力 (generalization) 下降。而不足適配，就是對訓練樣本適配得太差，連我們所研究的數據集都具有的特徵都沒有學到。從數學上分析，不足適配將會導致很大的偏差 (bias)，而過度適配將會導致很大的變異數 (variance)。

下圖是線性迴歸中預測房價的三種適配情況。

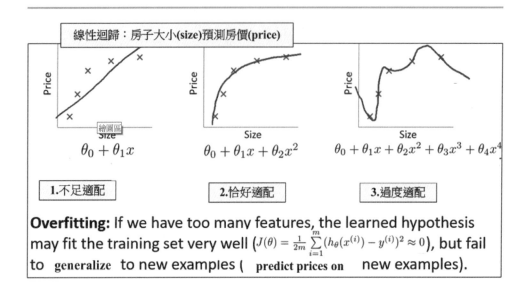

圖 2-37　不足適配 vs. 過度適配 (線性迴歸)

下圖是邏輯斯迴歸對「健康組 vs. 疾病組的分類」三種適配情況。

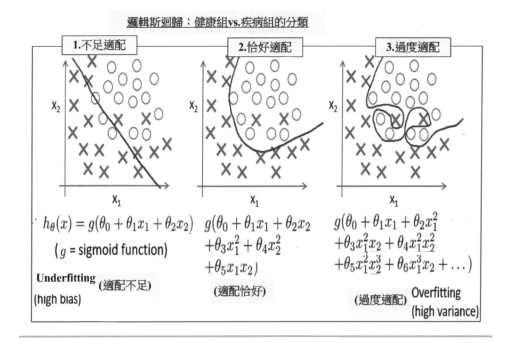

圖 2-38　(logit 迴歸) 不足適配 vs. 過度適配

通常來說，不足適配是比較好解決的，例如在線性迴歸和 Logistic 迴歸中，我們可能通過增加新的特徵或者用較高次數的多項式。但過度適配是比較難以控制的，因爲它非常的矛盾：我們認爲選出的訓練集可以在基本上代表所研究的全體數據集，所以我們希望模型能夠較好的適配，但是，我們又知道訓練集不可避免的有無法泛化的特徵。所以或多或少我們的學習模型都會學到訓練集所獨有的特徵。雖說如此，但還是有一些措施來減少過度適配的風險：

1. 減少特徵的數量

   (1) 儘量選擇我們認爲具有一般化的特徵，除去可能只有訓練集才有的特徵 (採人工的)。

   (2) 採用模型選擇演算法 (Model selection algorithm)。

2. 正規化 (Regularization)。

2-5-2 Bayesian statistics 及正規化 (regularization)

正規化 (regularization) 的基本思想是保留所有的特徵量，但透過減少參數 θ 來避免某個特徵量影響過大。

下面從 Bayesian statistics(貝葉斯統計) 學派來理解正規化。

在之前，我們通過利用最大概似法 (Maximum Likelihood, ML) 對參數 θ 進行估計，進而得到代價函數，認爲 θ 的取值應使得概似函數最大，也就使得代價函數最小，即有：

$$\theta_{\mathrm{ML}} = \arg \max_{\theta} \prod_{i=1}^{m} p(y^{(i)} | x^{(i)}; \theta)$$

所以最大概似估計中認爲 θ 是我們不知道的參數，而不是一個變數，這就是頻率學派 (frequentist statistics) 的觀點。這種觀點認爲，θ 不是隨機的 (自然也就沒有隨機分布這一說法)，它是常量，理應等於某些值。所以我們的工作是用比如最大概似這樣統計學的方法來估計它。

但是貝葉斯學派認爲，θ 是未知的隨機變數，所以在我們對訓練集進行訓練之前，θ 就可能服從某種分布 p(θ)，我們稱之爲先驗機率 (prior distribution)。對於一個訓練集 $S = \{(x^{(i)}, y^{(i)})\}_{i=1}^{m}$，如果我們要對新的進行預測，我們可以通過貝葉斯公式算出 θ 的後驗機率 (posterior distribution)，即：

$$p(\theta \mid S) = \frac{p(S \mid \theta)p(\theta)}{p(S)}$$

$$= \frac{\left(\prod_{i=1}^{m} p(y^{(i)} \mid x^{(i)}, \theta)\right) p(\theta)}{\int_{\theta} \left(\prod_{i=1}^{m} p(y^{(i)} \mid x^{(i)}, \theta) p(\theta)\right) d\theta} \tag{2-3}$$

上式的 $p(y^{(i)} \mid x^{(i)}, \theta)$ 取決於具體的學習模型，例如：當使用 Bayesian Logistic 迴歸時，可就有 $p(y^{(i)} \mid x^{(i)}, \theta) = h_\theta(x^{(i)})^{y^{(i)}} (1 - h_\theta(x^{(i)}))^{(1-y^{(i)})}$，其中 $h_\theta(x^{(i)}) = 1/(1 + \exp(-\theta^T x^{(i)}))^3$。

然後，使用 θ 的後驗分布對新的 x 進行預測，有：

$$p(y \mid x, S) = \int_{\theta} p(y \mid x, \theta) p(\theta \mid S) d\theta \tag{2-4}$$

如果要預測 y 的方差，則有：

$$\mathrm{E}[y \mid x, S] = \int_{y} y p(y \mid x, S) dy \text{ (註：如果 y 爲離散值，則用求和而不是積分)}$$

上面就是完整的貝葉斯預測，但是事實上很難計算出 θ 的後驗機率，因爲 (2-3) 式要求對 θ 進行積分，而 θ 往往是高維的，所以很難實現。

因此在實際應用中我們常常是近似 θ 的後驗機率。一種常用的近似方式就是一個點的估計來代替 (2-4) 式。The MAP(maximum a posteriori) 估計如下：

$$\theta_{\mathrm{MAP}} = \arg \max_{\theta} \prod_{i=1}^{m} p(y^{(i)} \mid x^{(i)}; \theta) p(\theta) \tag{2-5}$$

我們發現 (2-5) 式相較於最大概似估計，只是後面乘了 θ 的先驗機率。

在實際應用中，通常假設 $\theta \sim N(0, \tau^2 I)$ (當然也有其他的假設方式)。在實際中，Bayesian MAP 估計比最大概似估計更好的減少過適配。例如：用 Bayesian Logistic 迴歸演算法可以用來處理特徵數遠大於訓練樣本數文本分類問題。

2-5-3 最佳成本函數之正規化 (optimize cost function by regularization)

下面說明如何利用正規化來完善 cost function。首先圖 2-8 的直觀例子，一開始由於多項式次數過高導致過適配，但是如果在成本函數 (cost function) 後加上 $1000\theta_3^2 + 1000\theta_4^2$，爲了使成本函數最小，那麼在優化 (疊代) 過程中，會使得 θ_3 和 θ_4 趨近於 0，這樣四次方多項式後兩項的高次作用就減少，過度適配就可得到改善。這就相當於對非一般化特徵量的懲罰。

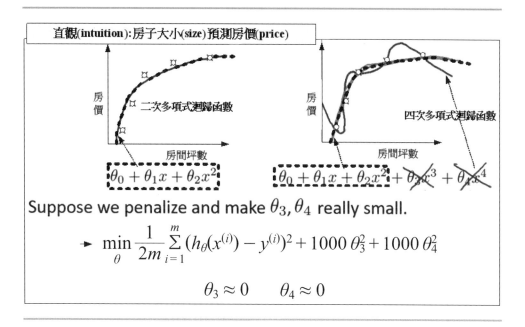

圖 2-39 正規化的直觀感受

線性迴歸之正規化 (regularized linear regression)

Gradient Descent

Previously (n=1):

Repeat {

$$\theta_0 := \theta_0 - \alpha \frac{1}{m} \sum_{i=1}^{m} (h_\theta(x^{(i)}) - y^{(i)})$$

$$\underbrace{\qquad\qquad\qquad\qquad}_{\frac{\partial}{\partial \theta_0} J(\theta)}$$

$$\theta_1 := \theta_1 - \alpha \frac{1}{m} \sum_{i=1}^{m} (h_\theta(x^{(i)}) - y^{(i)}) x^{(i)}$$

(simultaneously update(θ_0, θ_1)

}

New algorithm $(n \geq 1)$:

Repeat {

$$\theta_j := \theta_j - \alpha \frac{1}{m} \sum_{i=1}^{m} (h_\theta(x^{(i)}) - y^{(i)}) x_j^{(i)}$$

(simultaneously update θ_i for $j = 0, \dots, n$)

}

$$\theta_0 := \theta_0 - \alpha \frac{1}{m} \sum_{i=1}^{m} (h_\theta(x^{(i)}) - y^{(i)}) x_0^{(i)}$$

$$\theta_1 := \theta_1 - \alpha \frac{1}{m} \sum_{i=1}^{m} (h_\theta(x^{(i)}) - y^{(i)}) x_1^{(i)}$$

$$\theta_2 := \theta_2 - \alpha \frac{1}{m} \sum_{i=1}^{m} (h_\theta(x^{(i)}) - y^{(i)}) x_2^{(i)}$$

Algorithm 2: Gradient Descent

---

input: $f: R^n \rightarrow R$ a differentiable function

$x^{(0)}$ an initial solution

output: x*, a local minimum of the cost function f.

1 begin

2 $\quad k \leftarrow 0;$

3 $\quad$ while STOP-CRIT and ($k < k$max) do

4 $\quad\quad x^{(k+1)} \leftarrow x^{(k)} - \alpha^{(k)} \nabla f(\mathrm{x});$

5 $\quad\quad$ with $\alpha^{(k)} = \arg \min\limits_{\alpha \in R_+} f(x^{(k)} - \alpha \nabla f(x))$

6 $\quad\quad k \leftarrow k+1;$

7 $\quad$ return $\mathrm{x}^{(k)}$

8 end

ALGORITHM 1: Stochastic Gradient Descent (SGD)

Input: Training dats S, regularization parameters λ, learning rate η, initialization σ

Output: Model parameters $\Theta = (\omega_0, \mathrm{w}, \mathrm{V})$

$\omega_0 \leftarrow 0; \mathrm{w} \leftarrow (0, ..., 0); \mathrm{V} \sim N(0, \sigma);$

repeat

$\quad$ for $(x, y) \in S$ do

$$\omega_0 \leftarrow \omega_0 - \eta\left(\frac{\partial}{\partial \omega_0} l(\hat{y}(x|\Theta), y) + 2\lambda^0 \omega_0\right);$$

$\quad\quad$ for $i \in \{1, ..., p\} \wedge x_i \neq 0$ do

$$\omega_i \leftarrow \omega_i - \eta\left(\frac{\partial}{\partial \omega_i} l(\hat{y}(x|\Theta), y) + 2\lambda^\omega_{\pi(i)} \omega_i\right);$$

$\quad\quad\quad$ for $f \in \{1, ..., k\}$ do

$$v_{i,f} \leftarrow v_{i,f} - \eta\left(\frac{\partial}{\partial v_{i,f}} l(\hat{y}(x|\Theta), y) + 2\lambda^v_{f\pi(i)} v_{i,f}\right);$$

$\quad\quad\quad$ end

$\quad\quad$ end

$\quad$ end

until *stopping criterion is met*;

一般的，對於線性模型正規化後的成本函數如下：

$$J(\theta) = \frac{1}{2m}\left[\sum_{i=1}^{m}(h_\theta(x^{(i)}) - y^{(i)})^2 + \lambda\sum_{j=1}^{n}\theta_j^2\right] (\text{注意正規化不包括 } \theta_0)$$

λ(讀音 lambda) 的取值應該合適，如果過大 (如 10^{10}) 將會導致 θ(讀音 theta

都) 趨於 0，所有的特徵量沒有被學習到，導致適配不足。後面將會討論 λ 的取值，現在暫時認爲在 0～10 之間。

既然成本函數改變了，那麼如果採用梯度下降法來優化，自然也要做相應的改變，如下：

作爲線性迴歸的另一種模型，正規方程 (the normal equations) 也可以正規化，方式如下：

$$\theta = \left(X^T X + \lambda \begin{bmatrix} 0 & 0 & 0 & 0 & 0 & 0 \\ 0 & 1 & 0 & 0 & 0 & 0 \\ 0 & 0 & 1 & 0 & 0 & 0 \\ 0 & 0 & 0 & 1 & 0 & 0 \\ 0 & 0 & 0 & 0 & 1 & 0 \\ 0 & 0 & 0 & 0 & 0 & 1 \end{bmatrix}_{(n+1)\times(n+1)} \right)^{-1} X^T Y$$

如果訓練樣本數 m ≤ 特徵數 n，那麼 $X^T X$ 是不可逆的，但是如果 $\lambda > 0$，則加上 λ 乘以上圖形式的矩陣後就可逆了。

最大概似 (ML) 各家族 (family)：機器學習技術

　　最大概似 (ML) 這種點估計之家族 (family)，包括：迴歸 regression 家族、貝氏為主 (bayes-based) 家族、熵為主 (entropy-based) 家族、樹為主 (tree-base)d 家族、核為主 (kernel-based) 家族、boosting 家族、增強學習 (reinforcement learning) 家族、因素化 (factorization) 家族、集群 (clustering) 家族。本章因受限於篇幅限制，故只談前面三個家族。

　　其中，貝氏迴歸家族是本書的焦點，故在第 5 章以後，分章來介紹各種分布之貝氏迴歸。

符號定義

　　本文如無特殊說明，符號涵義均按下述定義解釋：

符號	含義
x_j	第 j 維特徵 (feature)
x	樣本中的特徵向量，$x = (1, x_1, x_2, ..., x_n)$
$x^{(i)}$	第 i 條樣本
$x_j^{(i)}$	第 i 條樣本的第 j 維特徵 (feature)
$y^{(i)}$	第 i 條樣本的結果 (label)
X	所有樣本的特徵全集，即 $X = (x^{(1)}, x^{(2)}, ..., x^{(m)})^T$
Y	所有樣本的 label 全集，即 $Y = (y^{(1)}, y^{(2)}, ..., y^{(m)})^T$
w	參數向量，即 $w = (w_0, w_1, ..., w_n)$
w_j	第 j 維參數

3-1 最大概似 (ML) 之 Regression 家族 (family)

前言

　　迴歸技術在整個數據科學體系中占有非常重要的位置，迴歸分析是統計學中的相關分析知識體系中重要組成部分。在機器學習中，迴歸、分類和標注共同構成了監督學習技術。

3-1-1 迴歸分析介紹

一、什麼是迴歸分析？

迴歸分析 (regression analysis) 是一種統計學上分析數據的方法，目的在於了解兩個或多個變數間是否相關、相關方向與強度，並建立數學模型以便觀察特定變數來預測研究者感興趣的變數。更具體的來說，迴歸分析可以幫助人們了解在只有一個自變數變化時依變數的變化量。一般來說，透過迴歸分析我們可以由給出的自變數估計依變數的條件期望。

迴歸分析是建立依變數 Y(或稱依變數，反應變數、label) 與自變數 (或稱自變數，解釋變數) 之間關係的模型。簡單線性迴歸使用一個自變數 X(特徵)，複迴歸使用超過一個自變數 $(X_1, X_2, ... , X_i)$。

迴歸分析旨在解決預測建模任務時的一種方法，用於研究參數與依變數之間的關係。該方法主要用於預測、時間序列建模以及尋找變數之間的因果關係。舉例，司機疲勞駕駛與發生的交通事故次數，透過迴歸技術可以進行更好的研究。

迴歸分析是用於建模和數據分析的一個重要工具。在此，我們用曲線／直線來適配數據點，希望所有數據點到曲線或直線的距離差異之和最小。

迴歸曲線

原始序列

圖 3-1 曲線來適配樣本數據之示意圖 (非單調函數可用：共整合、VAR、核迴歸)

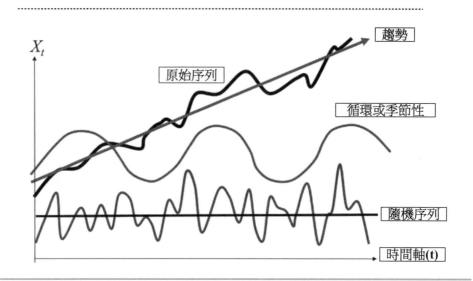

圖 3-1 曲線來適配樣本數據之示意圖 (非單調函數可用：共整合、VAR、核迴歸)(續)

　　「曲線關係」的迴歸分析，亦可見作者《高等統計：應用 SPSS 分析》、《多層次模型 (HLM) 及重複測量：使用 STaTa》二本書。

二、為什麼要使用迴歸分析？

　　正如上面描述，迴歸分析多用於建立兩個或多個變數之間的關係表達。例如：你想根據當前的經濟環境 (GDP) 預估企業的營收增長情況。公司最近的財報表明營收增長大約是 GDP 增長的 2 倍。利用這個關係，就可以根據當前和過去的營收和經濟數據，預測公司未來的營收增長情況。

　　使用迴歸分析有諸多好處，比如：

1. 它可以清晰的表示參數 (特徵) 與依變數 (結果) 之間的顯著關係；
2. 還可以表明多個參數 (特徵) 對依變數 (結果) 的影響程度 (根據 feature 對應權重大小)。

　　同時，迴歸分析也可以去比較兩個變數之間的影響，比如促銷活動的次數與價格波動的影響。這些有助於幫助市場研究人員 / 數據分析師 / 數據科學家去消除或評估最佳的一組變數用於建立預測模型。

3-1-2 線性迴歸 (linear regression)

一、線性迴歸模型

線性迴歸 (linear regression) 是在數據點中找出規律、畫出一條直線的專業說法。

(一) 理論模型

給一個隨機樣本 $(Y_i, X_{i1}, \ldots, X_{ip})$，$i = 1, \ldots, n$，一個線性迴歸模型假設迴歸子 Y_i 和迴歸量 $X_{i1}, \ldots, X_{ip}$ 之間的關係是除了 X 的影響以外，還有其他的變數存在。我們加入一個誤項 ε_i (也是一個隨機變量) 來捕獲除了 $X_{i1}, \ldots, X_{ip}$ 之外任何對 Y_i 的影響。所以一個多變量線性迴歸模型表示爲以下的形式：

$$Y_i = \beta_0 + \beta_1 X_{i1} + \beta_2 X_{i2} + \ldots + \beta_p X_{ip} + \varepsilon_i, \quad i = 1, \ldots, n$$

(二) 數據和估計

區分隨機變數及這些變數的觀測值是很重要的。通常來說，觀測值或數據 (以小寫字母表記) 包括了 n 個值 $(y_i, x_{i1}, \ldots, x_{ip})$，$i = 1, \ldots, n$。

我們有 $p + 1$ 個參數 $\beta_0, \ldots, \beta_p$ 需要決定，爲了估計這些參數，使用矩陣表記是很有用的。

$$Y = X\beta + \varepsilon$$

其中 Y 是一個包括了觀測值 $Y_1, \ldots, Y_n$ 的列向量，ε 包括了未觀測的隨機成分 $\varepsilon_1, \ldots, \varepsilon_n$ 以及迴歸量的觀測值矩陣 X：

$$X = \begin{pmatrix} 1 & x_{11} & \cdots & x_{1p} \\ 1 & x_{21} & \cdots & x_{2p} \\ \vdots & \vdots & \ddots & \vdots \\ 1 & x_{n1} & \cdots & x_{np} \end{pmatrix}$$

X 通常包括一個常數項。

如果 X 列之間存在線性相依，那麼參數向量 β 就不能以最小平方法估計除非 β 被限制，比如要求它的一些元素之和爲 0。

(三) 線性迴歸模型：另一種模型表達

$$y(x, w) = w_0 + w_1 x_1 + ... + w_n x_n$$

其中，$x_1, x_2, ..., x_n$ 表示自變數 (集合)；y 是依變數 (即 label)；w 為參數向量；w_i 表示對應自變數 (特徵) 的權重，w_0 是截距。

關於參數：w

1. 在物理上可以這樣解釋：自然數 (特徵) 之間相互獨立的前提下，反映自然變數 x_i 對依變數影響程度，w_i 越大，說明 x_i 對結果 y 的影響越大。

2. 通過每個自變數 (特徵) 前面的參數，可以很直觀的看出哪些特徵分量對結果的影響比較大。

3. 在統計中，$w_1, w_2, ...$ 稱為偏迴歸係數，w_0 稱為截距。

如果令 $x_0 = 1, y(x, w) = h_w(x)$，可以將上式寫成向量形式，即：

$$h_w(x) = w^T \phi(x)$$

其中，$w = (w_0, w_1, ..., w_n)$，$x = (1, x_1, x_2, ..., x_n)$ 均為向量，w^T 為 w 的轉置。

(四) 參數學習準則

上式的參數向量 w 是 $n + 1$ 維，每個參數的取值是實數集合，也就是說參數向量 w 在 $n + 1$ 維實數空間中取值結果有無窮種可能。

那麼，如何利用一個規則或機制幫助我們評估求得的參數 w，並且使得到的線性模型效果最佳？直觀地認為，如果求得的參數 w 線性求和後，得到的結果 $h_w(x)$ 與真實值 y 之差越小越好。

這是我們需要引入一個函數用來衡量 $h_w(x)$ 表示真實值 y 好壞的程度，該函數稱為損失函數 (loss function，也稱為錯誤函數)。數學表示如下：

$$\min_w J(w) = \sum_{i=1}^{m} \left(h_w(x^{(i)}) - y^{(i)} \right)^2 \tag{3-1}$$

其中，損失函數用的是 $x^{(i)}$ 的**估計值** $h_w(x^{(i)})$ 與真實值 $y^{(i)}$ 之差的平方和。從優化的角度講，上式是待優化的**目標函數 (Object Function)**(如果不考慮其他問題，諸如過度適配等)，可將其轉化為最優化問題求參數。

二、參數學習：線性迴歸目標函數

如何調整參數 w 使得 $J(w)$ 取得最小值？方法有很多，在此先介紹兩種比較經典的方法，即最小平方法和梯度下降法。

(一) 最小平方法 (Least Square)

最小平方法是一種完全數學描述的方法，直接給出閉式解結果。它用 X 表示觀測數據中的特徵矩陣，結果表示成 Y 向量，目標函數仍是 (3-1) 式，那麼 w 可直接用下面公式表示：

$$w = (X^T X)^{-1} X^T Y$$

公式來源：

$$X^T X w = X^T Y$$

(二) 梯度下降法 (Gradient Descent)

由於最小平方法直接進行矩陣運算 (求逆等)，儘管可以得到全局最優解。但是在網際網路海量數據背景下的迴歸分析或預測問題，其計算效率較低，甚至無法完成 (涉及超大矩陣的求逆運算)。

而基於梯度法求解參數是一個不錯的選擇，原因主要有 2 點：

1. 演算法複雜度與樣本規模 (樣本數 m、特徵維度 n) 呈線性關係；
2. 如果目標函數是凸函數，批梯度法可保證能得到最優解，隨機梯度法也能近似得到最優解。

(三) 最小平方法與梯度下降法之求解異同

1. 相同點

(1) 本質相同：兩種求解方法都是在給定已知數據 (參數 x，依變數 y) 的前提下對依變數 y 算出一個估值函數 (x 與 y 關聯運算式)，然後對已知的新輸入 x 透過估值函數得出 y。

(2) 目標相同：都是在已知數據的框架下，使得估算值與真實值之差的平方和盡可能小。

2. 不同點

實現方法與結果不同：最小平方法直接透過建立等價關係找到全局最小，非疊代法。而梯度下降法作為疊代法的一種，先給定一個參數向量初始值，然

後向目標函數下降最快的方向調整 (即梯度方向)，在若干次疊代之後找到全局最小。相比最小平方法，隨機梯度下降法的一個缺點是：在接近極值時收斂速度變慢，並且該方法對初始值的選取比較敏感。

三、機率解釋：迴歸模型目標函數

一般地，機器學習中不同的模型會有相應的目標函數。而迴歸模型 (尤其是線性迴歸類) 的目標函數通常用平方損失函數作為優化的目標函數 (即真實值與預測值之差的平方和)。為什麼要選用誤差平方和作為目標函數呢？答案可以從機率論中的中心極限定理、高斯分布等知識中找到。

(一) 中心極限定理

目標函數的機率解釋需要用到中心極限定理。中心極限定理本身就是研究**獨立隨機變數和的極限分布為常態分布**的問題。

1. 中心極限定理公式表示

設 n 個隨機變數 $X_1, X_2, ... , X_n$ 相互獨立，均具有相同的數學期望與變異數，即 $E(X_i) = \mu$；$D(X_i) = \sigma^2$。令 Y_n 為隨機變數之和，有

$$Y_n = X_1 + X_2 + ... + X_n$$

$$Z_n = \frac{Y_n - E(Y_n)}{\sqrt{D(Y_n)}} = \frac{Y_n - n\mu}{\sqrt{n}\sigma} \sim N(0, 1)$$

稱隨機變數 Z_n 為 n 個隨機變數 $X_1, X_2, ... , X_n$ 的規範和。

2. 中心極限定理定義

假設，從平均值為 μ、變異數為 σ^2 (有限) 的任意一個總體中抽取樣本量為 n 的樣本，當 n 充分大時，**樣本均值的抽樣分布** $[\frac{1}{n}Y_n]$ 近似服從於平均值為 μ、變異數為 σ^2 的常態分布。

(二) 高斯分布 (常態分布)

假設已知一個輸入樣例 $x^{(i)}$ 根據下列公式：

$$y(x, w) = w_0 + w_1 x_1 + ... + w_n x_n$$

得到預測值 $w^T x^{(i)}$ 與真實值 $y^{(i)}$ 之間存在誤差，即為 $\varepsilon^{(i)}$。那麼，它們之間的關係表示如下：

$$y^{(i)} = w^T x^{(i)} + \epsilon^{(i)}$$

而這裡假設誤差 $\varepsilon^{(i)}$ 服從標準高斯分布是合理的。解釋如下：

> 迴歸模型的最終目標是建立參數 x 與結果 y 之間的關係 (透過函數運算式)，希望透過 x 能較準確的表示結果 y。
>
> 而在實際應用場景中，很難甚至不可能把導致 y 結果的所有變數 (特徵) 都找出來，並放到迴歸模型中。那麼模型中存在的 x 通常認為是影響結果 y 最主要的變數集合 (又稱因數，在 ML 中叫做特徵集)。根據中心極限定理，把那些對結果影響比較小的變數 (假設獨立同分布) 之和認為服從常態分布是合理的。

示例說明誤差服從高斯分布是合理的：

之前，Andrew Ng〈機器學習〉的線性迴歸例子中，根據訓練數據建立房屋的面積 x 與房屋的售價 y 之間的函數式。

它的數據集中把房屋面積最為主要的變數。除此之外我們還知道房屋所在的地段 (地鐵、學區、城區、郊區)，周邊交通狀況，當地房價，樓層，採光，綠化面積，……等等諸多因素會影響房價。

在實際中，因數據收集問題可能拿不到所有影響房屋售價的因素 (變數 y)，可以假定 (assumption) 多個因素變數相互獨立，根據中心極限定理，認為變數之線性組合服從高斯分布。即：

$$\epsilon^{(i)} = y^{(i)} - w^T x^{(i)} \sim N(0, \sigma^2)$$

那麼 x 和 y 的條件機率可表示為：

$$p(y^{(i)} \,|\, x^{(i)}; w) = \frac{1}{\sqrt{2\pi}\sigma} \exp\left(-\frac{(y^{(i)} - w^T x^{(i)})^2}{2\sigma^2}\right)$$

(三) 極大概似估計與損失函數極小化等價

根據上式，估計得到一條樣本的結果機率，模型的最終目標是希望在全部樣本上預測最準，也就是機率積最大，這個機率積就是概似函數。優化的目標的函數即為概似函數，表示如下：

$$\max_w L(w) = \prod_{i=1}^{m} \frac{1}{\sqrt{2\pi}\sigma} \exp\left(-\frac{(y^{(i)} - w^T x^{(i)})^2}{2\sigma^2}\right)$$

其中，$\prod$ 是連乘運算子 (operator)。

對 L(x) 取對數，可得：

$$\max_w l(w) = -m \cdot \log\sqrt{2\pi}\sigma - \frac{1}{2\sigma^2} \sum_{i=1}^{m} (y^{(i)} - w^T x^{(i)})^2$$

由於 n, σ 變數為常數，因此上式等價於：

$$\min_w \frac{1}{2} \sum_{i=1}^{m} (y^{(i)} - w^T x^{(i)})^2$$

我們可以發現，經過最大概似估計推導出來的待優化的目標函數 (上式) 與平方損失函數 (1 式) 是等價的。因此，可以得出下列結論：

線性迴歸誤差平方損失極小化與極大概似估計等價。其實在機率模型中，**目標函數的原函數 (或對偶函數) 極小化 (或極大化) 與極大概似估計等價，這是一個帶有普遍性的結論。**

3-2 多元迴歸的自變數選擇法有三：子集合選取法、正規化、資訊準則法 (bayesstats ic 指令)

多元迴歸分析 (multiple regression) 是統計學的重要突破，在「解釋」、「個體預測」、「趨勢預測」中都扮演著舉足輕重的地位。在多元迴歸模型中該如何進行變數選擇呢？請看下面介紹。

一、多元迴歸模型與最小平方法 (least square estimation)

在多元迴歸模型中，通常我們有數個解釋變數 (explanatory variable) $(1, X_1, X_2, \dots, X_p)$，以及一個反應變數 (response variable) Y，在多元迴歸模型中，我們假設母體 (population) 的性質為：反應變數與解釋變數存在著線性關係，以條件期望值 (conditional expectation) 的形式表示可以寫為：

$E(Y|X_1, \dots, X_p) = \beta_0 \times 1 + \beta_1 X_1 + \dots + \beta_p X_p$，其中 $(\beta_0, \dots, \beta_p)$ 為待估計參數。

實際上，我們會蒐集 n 個個體作為隨機樣本 (random sample)，因此第 i 個個體我們會得到一組解釋變數的實際值 $(1, X_{i1}, \dots, X_{ip})$ 與一個反應變數的實際值

Y_i，因此我們通常可以將樣本的迴歸模型寫爲：

$$Y_i = \beta_0 \times 1 + \beta_1 X_{i1} + ... + \beta_p X_{ip} + \epsilon_i，其中 i = 1, 2, ..., n。$$

我們可以將 n 個個體反應變數的值寫作一個向量 $Y_{n \times 1} = \begin{bmatrix} Y_1 \\ Y_2 \\ \vdots \\ Y_n \end{bmatrix}$，並將解釋變數

寫作一個矩陣 $X_{n \times (p+1)} = \begin{bmatrix} 1 & X_{11} & X_{12} & \cdots & X_{1p} \\ 1 & X_{21} & X_{22} & \cdots & X_{2p} \\ \vdots & \vdots & \vdots & \vdots & \vdots \\ 1 & X_{n1} & X_{n2} & \cdots & X_{np} \end{bmatrix}$，那麼就可以將多元迴歸模型以矩

陣的形式表達：

$Y = X\beta + \epsilon$，其中係數爲 $\beta_{(p+1) \times 1} = [\beta_0 \quad \beta_1 \quad \cdots \quad \beta_p]^T$，殘差項爲 $\epsilon_{n \times 1} = [\epsilon_1 \quad \cdots \quad \epsilon_n]^T$。

　　爲什麼我們要寫成矩陣表達式呢？最主要的原因在於方便計算，另外我們也可以透過線性代數的理論來了解多元迴歸的投影性質，不過在此處不會探討這些問題。在我們寫出樣本的迴歸模型後，我們就需要用我們抽樣得到的解釋變數實際值 X 與反應變數實際值 Y 來估計母體參數 β，在傳統的多元迴歸模型，我們透過最小平方法 (least square estimation) 進行估計，目標是極小化我們估計的平方誤差和 (sum of square error)，數學形式寫作：

$min_{\beta_0, ..., \beta_p} \sum_{i=1}^{n} [Y_i - (\beta_0 + \beta_1 X_{i1} + ... + \beta_p X_{ip})]^2$，或是寫作 $min_\beta \| Y - X\beta \|_2^2$。透過矩陣的微積分，我們可以很容易得出 β 的最小平方估計式爲 $\hat{\beta}_{ols} = (X^T X)^{-1} X^T Y$，也就完成了整個迴歸分析最重要的部分——參數估計。

二、為什麼需要進行變數選擇 (variable selection)？

　　大部分的時候，我們沒有辦法選出能夠完全解釋反映變數？Y 的解釋變數，有時候可能會選到不相關的變數，有時候可能會少放了重要的變數。如果我們少放了重要的變數，最小平方法得出的估計式將會是一個偏誤估計式 (biased estimator)，也就是說對於係數 β_j 而言，$E(\hat{\beta}_{j\,ols}) \neq \beta_j$，這樣的狀況我們稱作「省略變數的偏誤」(omitted variable bias)。

　　另一種情況是，我們放了太多的變數，也就是說，實際上我們只有 p 個重要的解釋變數，但我們蒐集到了 $k > p$ 個解釋變數 $(X_1, ..., X_k)$，蒐集到的解釋變

數中存在不重要的變數。什麼樣的情況下我們會將一個變數 X_i 稱作「不重要的變數」呢？很簡單，就是變數 X_i 對應到的迴歸係數 β_i 為 0 時，也就是解釋變數 X_i 對於反應變數 Y 不會造成任何影響。放入太多不重要的變數會有什麼問題呢？從解釋的觀點來看，當我們放入太多不重要的變數，會造成我們對於其他重要變數係數估計的品質變差，詳言之，若 β_i 不等於 0，且迴歸模型中存在不重要的解釋變數，此時 $Var(\widehat{\beta}_{j\,ols})$ 將會變大，也就是估計的誤差變大了。從預測的角度來看，由於多元迴歸的演算法本身在極小化平方誤差和，所以變數越多在樣本內的平方誤差和通常會越低，但可能會造成過度配適 (overfitting) 的問題。變數選擇對於迴歸模型的品質有著決定性的影響，以下將會介紹三種常用的自變數選擇法，分別是「子集合選取法」、「正規化」、以及「資訊準則法」。

(一)「解釋」的變數選擇：子集合選取法 (subset selection)

「子集合選取法」的概念很簡單，就是在所有解釋變數 $X_1, \ldots, X_k$，找出這些變數中哪一個組合有最強的「解釋能力」。舉例而言，假設我們有 k 個解釋變數，則我們將會有 2^k 種可能的組合 (每一個變數都可以選 / 不選)，我們的演算法是在這 2^k 種可能的解釋變數組合中，選出一組使得調整後 R^2 最大的變數組合，作為最終的多元迴歸模型，而這樣的方法，我們叫做最佳子集合選取法 (best subset selection)。

在上述的方法中，有一項很重要的議題必須在選取最佳的子集合前先行決定，就是決定衡量「解釋能力」的指標。常見的指標有：殘差平方和 (Residual Sum of Squares, RSS)、調整後 R^2(adjusted R^2)、Mallow's Cp 等，範例請見作者《STaTa 與高等統計分析的應用》一書。在決定「解釋能力」指標後，我們可以試著用窮盡法去找出最佳的子集合，但這樣的方法最大的問題在於：假設我們現在有 1000 個解釋變數 (常見於醫療問題)，則我們將會有 2^{1000} 種可能的子集合，對電腦的運算能力看來，很難運用最佳子集合選取法進行變數選擇，因此在找出「好的子集合」的方法中，也有許多其他不同的演算法，如 forward/backward regression、stagewise regression 等不同的方法。

(二)「個體預測」的變數選擇：正規化 (regularization)

另外一種被大量使用在預測方法中的變數選擇方法叫做「正規化」 (regularization)，或者叫做「懲罰化」 (penalization)。這個方法的概念很簡單，假設我們現在有解釋變數 $(X_1, \ldots, X_k)$，此時最小平方法會試著進行以下最佳化：

$$min_{\beta_0,\,\ldots,\,\beta_k}\Sigma_{i=1}^{n}[Y_i - (\beta_0 + \beta_1 X_{i1} + \ldots + \beta_k X_{ik})]^2$$

此時，我們可以試著在本來試圖極小化的目標函數 $f(\beta_0,\ldots,\beta_p) = \Sigma_{i=1}^{n}$ $[Y_i - (\beta_0 + \beta_1 X_{i1} + \ldots + \beta_k X_{ik})]^2$ 中加上「正規項」(regularizer) 或是懲罰項 (penalty term)。正規化的目的是在於，當估計出的非 0 參數太多時，我們認為有可能會選擇到不重要的參數，因此我們在極小化平方誤差和時，也同時要考量到非 0 係數的大小或個數。

常用的正規化迴歸模型有兩種，一種稱為脊迴歸 (ridge regression)，他的正規項是係數的平方和 $\Sigma_{j=0}^{k}\beta_j^2$，因此 ridge regression 的參數估計問題變為以下形式：

$$min_{\beta_0,\,\ldots,\,\beta_k}\Sigma_{i=1}^{n}[Y_i - (\beta_0 + \beta_1 X_{i1} + \ldots + \beta_k X_{ik})]^2 + \lambda\Sigma_{j=0}^{k}\beta_j^2 \text{，其中 } \lambda \text{ 為事先給定的常數}$$

此處的 λ 我們稱為「調整參數」(tuning parameter)，它的目的是用來控制「懲罰」的輕重程度，λ 越大，代表我們對於係數大小的懲罰越重。通常我們會透過交叉驗證 (cross validation) 的方法來決定 γ 的值。Ridge regression 有兩個特色，一是估計出來的參數 $\hat{\beta}_{jridge}$ 將會是有偏誤的估計式，二是 ridge regression 其實跟主成分分析 (principal component analysis) 有很大的關係，由於背後的理論跟線性代數中的投影 (projection) 有關，因此我們在此暫不討論。

另外，ridge regression 有一個非常重要的「存在性定理」(existence theorem)，這也是為什麼許多與迴歸分析有關的機器學習演算法喜歡用 ridge regression 的原因，「存在性定理」是針對調整參數 λ 的定理，其敘述如下：

一定存在一個調整參數值 λ_0，使得 ridge regression 得出的迴歸參數其平方誤差比最小平方法得出來的迴歸模型更小，也就是指，$E \parallel \hat{\beta}_{ridge} - \beta \parallel^2 <$ $E \parallel \hat{\beta}_{ols} - \beta \parallel^2$。

嚴格來說，ridge regression 並沒有真正進行「變數選擇」，主要原因在於我們可能會估計出許多靠近 0 但非 0 的 $\hat{\beta}_{jridge}$，因此有了另一個劃時代的迴歸模型誕生—Lasso (least absolute shrinkage and selection operator)，當時這篇論文至經已經被引用了 17,067 次，非常的驚人！其實 Lasso 的想法非常簡單，就是將正規項改為 $\sum_{j=0}^{n}|\beta_j|$，因此 Lasso 其實是在解以下的最佳化問題：

$$min_{\beta_0,\,\ldots,\,\beta_k}\Sigma_{i=1}^{n}[Y_i - (\beta_0 + \beta_1 X_{i1} + \ldots + \beta_k X_{ik})]^2 + \gamma\Sigma_{j=0}^{k}|\beta_j| \text{，其中 } \gamma \text{ 為事先給定的常數。}$$

僅僅改動了正規項，Lasso 卻能夠得到一項非常了不起的結果—稀疏表達 (sparse representation)。什麼是稀疏表達呢？前面有提到，ridge regression 會估計出許多靠近 0 但非 0 的 $\hat{\beta}_{jridge}$，如此一來並沒有真正的解決變數選擇的問題，而 Lasso 的正規化可以強制使得不重要的解釋變數 X_j 其估計出的係數 $\hat{\beta}_{jlasso}=0$，因此也達到了變數選擇的功能。Lasso 在實務上最大的缺點就是「極小化」比較困難，此外 Lasso 在高維度的變數選擇 (也就是變數個數比樣本數還多時)，會有一些不夠好的性質。因此，還有許多其他的分枝，如：結合 ridge regression 與 Lasso 的 elastic net、將變數分群化的 group Lasso 等，在此就不一一介紹。

小結

　　進行迴歸分析時，當遭遇以下幾種情況時，可能要注意迴歸模式中是否存在多元共線性 (multi-collinearity) 的問題：(1) 共線性指標超過標準 (含容忍度 tolerance、變異膨脹因數 VIF、條件指標 CI)，(2) 迴歸係數的方向性與相關係數相反，(3) 解釋力 R^2 過高，但個別變數的係數未達顯著水準。

　　解決多元共線性的統計模式或方式還蠻多的，根據經驗，可以優先考慮的第一種作法：是將選擇變數的方法改為逐步法 (stepwise)，若能將存在共線性的自變數排除在模式之外，可大幅改善統計結果的不合理；第二種作法，則是先利用主成分分析 (Principal Components Analysis, PCA) 將線性重合的自變數重新建構成新的潛在變數 (主成分得分)，來替代原有的自變數，詳細的操作流程可參考，不過主成分分數的命名，又是另一個頭痛的問題；第三種作法，則是脊迴歸 (ridge regression)。

　　脊迴歸是一種修改最小平方法，允許有偏估計量，進而改善多元共線性的方法，一個簡單易懂的圖示如下 (假設真實值為 β，不偏估計式所求得統計量為 b，有偏估計式所求得統計量為 b^R)，估計量 b 雖然不偏，但因為標準誤較大，因此估計結果較不精確，此時我們會傾向選擇有偏估計量 b^R，雖然有偏誤，但 b^R 落在真實值 β 的機率會高於不偏估計量 b。

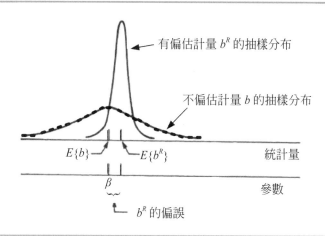

有偏估計量 b^R 的抽樣分布

不偏估計量 b 的抽樣分布

$E\{b\}$ $E\{b^R\}$ 統計量

β

參數

b^R 的偏誤

圖 3-2 脊迴歸之示意圖

　　脊迴歸分析在進行時，由小到大代入不同的 c 值，去檢視每次的估計結果是否比普通最小平方估計量 b 有更小的總均方誤差，雖然 c 值越大可得到更小的總均方誤差，但 c 值越大會使得估計結果的偏誤不斷擴大，因此 c 值並沒有最佳解答，建議會同時使用脊跡 (ridge trace) 與變異數膨脹因數 (VIF) 作為判斷偏化常數的依據。所謂的脊跡，是將所有估計的脊標準化迴歸係數同時對應不同的 c 值作圖，可以從圖上看出在不同的 c 值之下，各自變數所估計的標準化迴歸係數為何，並選擇一個較穩定且合理的結果；至於 VIF，則是去檢視當 c 值要達到多少的數值時，各變數的 VIF 值才能落在適當的範圍內，通常以 1～2 為優先考量。

　　此脊迴歸方程式有以下幾點特性：

1. 當偏化常數 c = 0 時，即為原先的不偏估計式；
2. 當 c 值由 0 開始微些增加時，此時估計參數 b^R 的改變幅度最大，甚至發生係數正負值的改變，隨著 c 值再增加時，迴歸係數 b^R 的改變幅度會不斷變小，且迴歸係數 b^R 越趨近於 0；
3. 個別 VIF 和估計參數 b^R 的情形一樣，當 c 值由 0 開始些微增加時，VIF 值會迅速下降，隨著 c 值再增加時，VIF 的下降幅度會不斷減少；
4. 當偏化常數 c 不斷增加時，迴歸模式的解釋力 R^2 會不斷降低。

　　根據以上幾點特性，在進行脊迴歸分析時，會建議從脊跡選擇一個迴歸係數趨於穩定 (變數迴歸係數的正負值合理)，VIF 夠小 (盡量維持在 1～2 之間)，

且 c 值盡量越小越好。

(三)「資訊角度」的變數選擇：Akaike 資訊準則 (AIC、BIC)

迴歸分析中還有一種很常見的變數選擇方式，是從「資訊量」的角度出發，這種類型的變數選擇方法最常被應用在時間序列預測 (time series forecasting) 中，假設 $(X_1, X_2, X_3, \ldots, X_t)$ 爲一時間序列，我們常常建立自我迴歸模型 (autoregressive model，AR) 來預測 X_t，AR(p) 模型的形式如下：

$$X_t = \beta_0 + \beta_1 X_{t-1} + \beta_2 X_{t-1} + \ldots + \beta_p X_{t-p} + \epsilon_t$$

在 AR 的迴歸模型中，我們最常遇到的問題是，要運用落後幾期的資訊？也就是要決定 p 的值。這時我們時常會用到 Akaike 資訊準則 (Akaike Information Criterion, AIC)，AIC 的背後其實隱藏著一個非常深的理論，是關於「分配間距離」的 Kullback–Leibler divergence (KL divergence)。KL divergence 的概念其實不難，主要是想要衡量兩個不同的分配「差距多大」，運用在此處，就是想了解「估計出的迴歸模型」與「眞實的迴歸模型」的差距，實際上我們需要用觀察到的樣本來估計 KL divergence，因此 AIC 提供了一個大樣本底下的不偏估計式：

$AIC = -2\ln(L(\beta_0, \ldots, \beta_p)) + 2p$，其中 $L(\beta_0, \ldots, \beta_p)$ 是最大化的概似函數。

透過極小化 AIC，我們可以選出最適合的 p，如此一來也就幫我們在過去無數的落後期數中選擇出重要的前 p 期，進而達到變數選擇的功能。AIC 的優點在於：極小化 AIC 在大樣本時等同於極小化一步預測 (one-step prediction) 的平均平方誤差 (Mean Squared Error, MSE)，同時也針對變數進行選擇，但最大的缺點就是對於模型有分配的假設，當分配假設錯誤時 AIC 便不是一個衡量 KL divergence 的好指標。

小結：多元迴歸的變數選擇

「變數選擇」可說是迴歸分析裡面最重要的議題之一，目前常見的手法是「子集合選擇」、「正規化」、「資訊準則」等三種方法。其實，每一種方法都是一個非常非常大的問題，在這裡只能帶過最簡單的觀念，最重要的是：了解不同情境與問題下該採用哪一種變數選擇的方法。

3-2-1 迴歸模型與正規項 (regulation)：Ridge 迴歸、Lasso 迴歸原理

在進行特徵 (feature) 選擇時 (挑選最佳的自變數組合)，一般有三種方式：

1. 子集選擇。

2. 收縮方式 (shrinkage method)，又稱為正規化 (regularization)。主要包括脊迴歸 個 Lasso 迴歸。

3. 維數縮減。

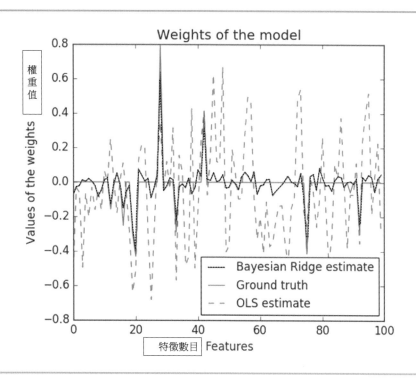

<u>圖 **3-3**</u>　在不同特徵數之下，Bayesian Ridge 優於 OLS 估計

所謂脊迴歸，就是對於一個線性模型，在原來的損失函數加入參數的 l_2 範數的懲罰項，其損失函數為如下形式：

$$J_w = \min_w \{\|Xw - y\|^2 + \alpha\|w\|^2\}$$

其中，α 是平法損失或正規項之間的一個係數，$\alpha \geq 0$。

α 的數值越大，那麼正規項，也是懲罰項的作用就越明顯；α 的數值越小，

正規項的作用就越弱。極端情況下，$\alpha = 0$ 則和原來的損失函數是一樣的，如果 $\alpha = \infty$，則損失函數只有正規項，此時其最小化的結果必然是 $w = 0$。

關於 alpha 的數值具體的選擇，歸於「模型選擇」章節，具體的方法可以參見「模型選擇」。

其實，這個式子和 Lagrange multiplier 的結果差不多，如果逆用 Lagrange multiplier 的話，那麼，上面的損失函數可以是下面的這種優化模型：

$$J_w = \min_w \{\|Xw - y\|^2\}$$
$$\|w\|^2 \le t$$

在〈線性迴歸〉中，給出了線性迴歸的損失函數可以寫為：

$$\|Xw - y\|^2 = (Xw - y)^T(Xw - y)$$

關於參數 w 求導之後：

$$X^T(Xw - y) + X^T(Xw - y) = 0$$

其解為：

$$w = (X^TX)^{-1}X^Ty$$

這裡，脊迴歸的損失函數為：

$$\|Xw - y\|^2 + \alpha\|w\|^2 = (Xw - y)^T(Xw - y) + \alpha w^Tw$$

關於參數 w 求導之後：

$$X^T(Xw - y) + X^T(Xw - y) + \alpha w = 0$$

其解為：

$$w = (X^TX + \alpha I)^{-1}X^Ty$$

一、ridge 迴歸：吉洪諾夫正規化 (Tikhonov regularization)

吉洪諾夫正規化方法，總結如下。

1. 正規化

定義：正規化 (regularization)，是指在線性代數理論中，不適定 (ill-posed) 問題通常是由一組線性代數方程定義的，而且這組方程組通常來源於有著很大的條件數的不適定反問題。大條件數意味著捨入誤差或其他誤差會嚴重地影響問題的結果。

另外一個解釋性定義：對於線性方程 Ax=b，當解 x 不存在或者解不唯一時，就是所謂的不適定問題 (ill-posed problem)。但是在很多時候，我們需要對不適定問題求解，那怎麼做？

情況 1：對於解不存在的情況，解決辦法是增加一些條件找一個近似解；

情況 2：對於解不唯一的情況，解決辦法是增加一些限制縮小解的範圍。這種透過增加條件或限制要求求解不適定問題的方法就是正規化方法。

正規化 (regularization)，即規則化，調整。透過一些調整或者其他辦法，使不適定問題也能得到唯一解。在這個調整的過程中，使用的技術就是正規化技術，所用的方法就是正規化方法。

2. 求解線性方程的標準方法是最小平方法，即求解 min $\| Ax - b \|^2$，對於不適定的線性方程，吉洪諾夫提出使用 $\| Ax - b \|^2 + \| \Gamma x \|^2$

對於一些適當選擇的 Tikhonov 矩陣 Γ。在許多情況下，該矩陣被選為單位矩陣的倍數 ($\Gamma = \alpha I$)，優先考慮規範較小的解決方案；它又稱 L^2 正規化。在其他情況下，如果認為基礎向量大部分是連續的，則可以使用高通運算符 (例如：差分運算 (旨在微分方程數值求解，尤其是邊值問題) 或加權的 Fourier transform) 來實現平滑性。這種正規化改善了問題的調節，從而實現了直接的數值解。顯式解決方案為 $\hat{x}$：

$$\hat{x} = (A^T A + \Gamma^T \Gamma)^{-1} A^T b$$

定義：範數 (norm)

在線性代數、函數分析 (functional analysis) 及相關的數學領域中，範數 (norm) 是一個函數，它為向量空間中的每個向量分配嚴格正長度：保存零向量，其長度為零。在另一方面，半範數 (seminorm)，則允許零長度分配給某個非零向量。

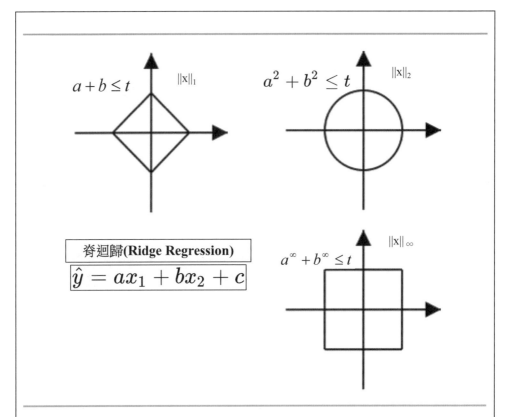

圖 3-4 擁有不同範數的單位圓 (依序為 L^1, L^2, L^∞)

範數 (norm)，是具有「長度」概念的函數。在線性代數、泛函分析及相關的數學領域，是一個函數，其為向量空間內的所有向量賦予非零的正長度或大小。半範數反而可以為非零的向量賦予零長度。

舉一個簡單的例子，一個二維度的歐氏幾何空間 R^2 就有歐氏範數。在這個向量空間的元素 (譬如：(3,7)) 常常在笛卡兒座標系統被畫成一個從原點出發的箭號。每一個向量的歐氏範數就是箭號的長度。

擁有範數的向量空間就是賦範向量空間。同樣，擁有半範數的向量空間就是賦半範向量空間。

定義

假設 V 是域 F 上的向量空間；V 的半範數是一個函數

$p : V \to \mathrm{R}：x \mapsto p(x)$，滿足：

$\forall a \in F, \forall u,v \in V$，

1. $p(v) \geq 0$ (半正定性)

2. $p(av) = |a| p(v)$ (絕對一次齊次性)

3. $p(u + v) \leq p(u) + p(v)$ (三角不等式)

範數是一個半範數加上額外性質：

4. $p(v) = 0$，若且唯若 v 是零向量 (正定性)

如果拓撲向量空間的拓撲可以被範數導出，這個拓撲向量空間被稱為賦範向量空間。

歐幾里得範數

在 n 維歐幾里得空間 R^n 上，向量 $x = (x_1, x_2, \ldots, x_n)^T$ 的最符合直覺的長度由以下公式給出

$$\|x\| := \sqrt{x_1^2 + \ldots + x_n^2}.$$

根據勾股定理，它給出了從原貼到點 x 之間的 (通常意義下的) 距離。歐幾里得範數是 R^n 上最常用的範數，但正如下面舉出的，R^n 上也可以定義其他的範數。然而，以下定義的範數都定義了同一個拓撲結構，因此它們在某種意義上都是等價的。

在一個 n 維複數空間 C^n 中，最常見的範數是：

$$\|z\| := \sqrt{|z_1|^2 + \ldots + |z_n|^2} = \sqrt{z_1 \bar{z}_1 + \ldots + z_n \bar{z}_n}.$$

以上兩者又可以以向量與其自身的內積的平方根表示：

$$\|x\| := \sqrt{x^* x},$$

其中 x 是一個列向量 ($[x_1, x_2, \ldots, x_n]^T$)，而 x^* 表示其共軛轉置。

以上公式適用於任何內積空間，包括歐式空間和複空間。在歐幾里得空間裡，內積等價於點積，因此公式可以寫成以下形式：

$$\|x\| := \sqrt{x \cdot x}.$$

特別地，R^{n+1} 中所有的歐幾里得範數為同一個給定正實數的向量的集合是一個 n 維球面。

定義：笛卡兒座標系

在數學裡，笛卡兒座標系，也稱直角座標系，是一種正交座標系。參閱下圖，二維的直角座標系是由兩條相互垂直、相交於原點的數線構成的。在平面內，任何一點的座標是根據數軸上對應的點的座標設定的。在平面內，任何一點與座標的對應關係，類似於數軸上點與座標的對應關係。

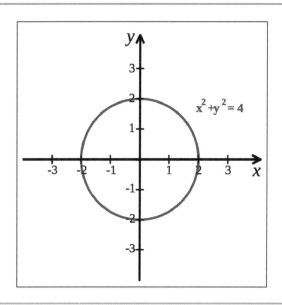

圖 3-5 笛卡兒座標系

二、矩陣不滿秩 (共線性) 時、為何需正規項 (regulation)？

正規項 **(regulation)** 是由參數 theta 的平方和與權重項參數 λ 組成。因為在機器學習的一些模型中，如果模型的參數太多，而訓練樣本又太少的話，這樣訓練出來的模型很容易產生過度適配現象。因此在模型的損失函數中，需要對模型的參數進行「懲罰」，這樣的話這些參數就不會太大，而愈小的參數說明模型愈簡單，愈簡單的模型則愈不容易產生過度適配現象。添加正規項後，應用梯度下降演算法疊代優化計算時，如果參數 theta 比較大，則此時的正規項數值也比較大，那麼在下一次更新參數時，參數削減的也比較大。可以使適配結果看起來更平滑，不至於過度適配。

當迴歸變數 X 矩陣不是列滿秩的時候，我們固然需要透過正規化來獲得唯

一解 ($\min_{\beta}\|y - X\beta\|^2 \to \min_{\beta}\|y - X\beta\|^2 + \lambda\|\beta\|^2$)。但即使 X 列滿秩，我們來看矩陣 X 中兩列相關程度很高時，會發生什麼？

例如模型中有二個迴歸係數 (β)：身高 x_1 及體重 x_2，假設依變數 y 是某種性激素的水準 (或者別的什麼跟身體發育相關的因子)。雖然我們適配後能得到唯一解 $\hat{y} = ax_1 + bx_2 + c$，但由於 x_1 和 x_2 高度相關，所以係數 a 和 b 之間存在互相抵消的效應：你可以把 a 弄成一個很大的正數，同時把 b 弄成一個絕對值很大的負數，最終 $\hat{y}$ 可能不會改變多少。這會導致用不同人群適配出來的 a 和 b 差別可能會很大，模型的可解釋性就大大降低了。怎麼辦？最簡單就是給一個限制，令 $a^2 + b^2 \le t$，這正好就是脊迴歸。

最小平方迴歸，OLS 求解的最小化目標是：$\min \| y - Ax \|^2$，這個問題解存在且唯一的條件是 A 列滿秩：$rank(A) = dim(x)$。

當此條件不滿足時，你需要添加一些額外的假設來達到唯一的解。比如脊迴歸在 cost function 中加 L^2 的測度項。

而 A 不滿足列滿秩這個條件，在迴歸上可以簡單理解為：所有的樣本沒有辦法提供給你足夠的有效的資訊。

之前，談到了線性迴歸 (包括多項式迴歸) 模型的函數表達、損失函數、優化方法和機率解釋等。以線性迴歸模型為例 $h_w(x^{(i)}) = w^T x^{(i)}$，平方損失為損失函數，優化的目標函數為：

$$\min_w J(w) = \sum_{i=1}^m \left(h_w(x^{(i)}) - y^{(i)}\right)^2$$

為了簡潔，上式暫省去平方損失累加前面的 $\frac{1}{2}$。

但是，當樣本特徵很多且樣本數有限時，按照上式求得的參數 w 容易使得模型陷入過度適配 (過度適配的直觀理解)。為了緩解過度適配問題，對上式引入正規化項。如果引用 L^2 正規化，則有：

$$\min_w \sum_{i=1}^m (w^T x^{(i)} - y^{(i)})^2 + \lambda \| w \|_2^2$$

其中，正規化參數 $\lambda > 0$，上式稱為脊迴歸 (Ridge Regression，又稱 Tikhonov Regularization)，它引入 L^2 範數 (norm) 正規化，卻能顯著降低過度適配的風險。

那麼，能否將下面公式

$$\min_{w} J(w) = \sum_{i=1}^{m} \left(h_w(x^{(i)}) - y^{(i)}\right)^2$$

正規化項中的 L^2 範數，替換爲 L^q 範數呢？理論上是可以的，我們先看一下 q 分別取 {0.5,1,2,4} 時，正規項函數的圖形情況，如下圖所示 (圖中曲線爲等値線)：

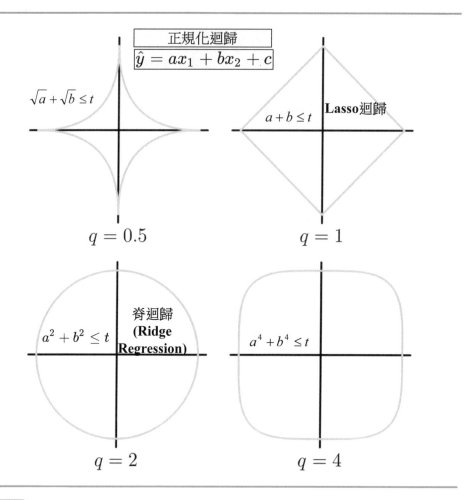

圖 3-6 L^q 範數：q = 0.5、1、2、4 四種情況 (不同範數的單位圓)

如果令 q = 1，即採用 L^1 正規化項，又稱爲 Lasso，即：

$$\min_{w} \sum_{i=1}^{m} (w^T x^{(i)} - y^{(i)})^2 + \lambda \| w \|_1$$

其中正規化參數 $\lambda > 0$。

三、L^1 與 L^2

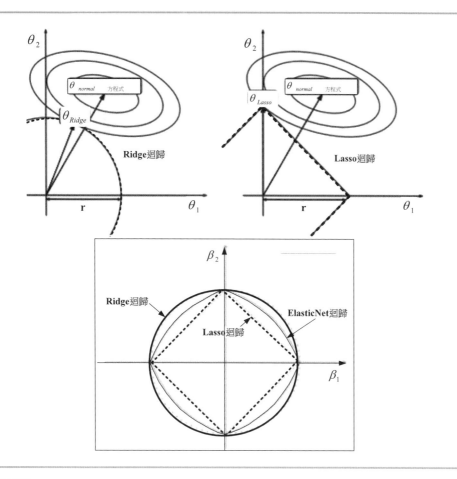

圖 3-7 對比 L^1 與 L^2 之示意圖

L^1 範數與 L^2 範數正規化都有助於降低過度適配風險，但 L^1 還會帶來一個額外的好處，就是 **L^1 正規化更易於獲得「稀疏」(sparse) 解**，即它求得的**參數 w 會有更少的非零分量。**

下面結合 PRML(pattern recognition and machine learning) 的內容，給出為什麼 L^1 更容易獲得稀疏解？我們假定特徵集合 x 只有兩個特徵，表示為 $x = (x_1, x_2)$。那麼對應的參數向量 w 也對應兩個分量，即 $w = (w_1, w_2)$，我們將它作為兩個座標軸，分別在二維座標上繪製出損失函數的等值線 (即在 (w_1, w_2) 空間中平方誤差項取值相同的點的連線)。然後分別在左右兩個圖上繪製出 L^1 範數和 L^2 範數的等值線。如下圖所示：

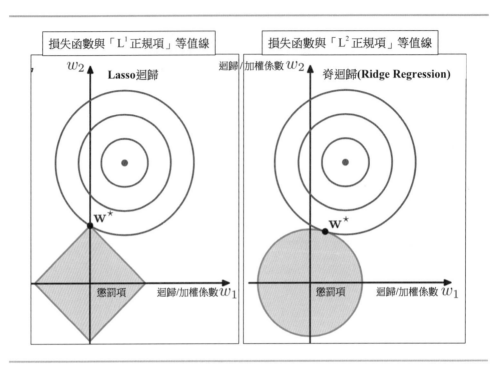

圖 3-8 損失函數與「L^1、L^2 正規項」等值線

　　帶正規化項求得的解 w 要在損失函數項和正規化項之間這種，即出現在圖中損失函數項等值線與正規化項等值線相交處。從圖可看出，採用 L^1 範數時平方損失項的等值線與正規化項等值線的交點出現在 (參數空間) 座標軸上，即 w_1 或 w_2 為 0；而在採用 L^2 範數時，兩個等值線的相交點常出現在某個象限內 (如圖示第 2 象限)，即 w_1 或 w_2 均非 0。從圖示例可以看出，在目標函數中，加入採用 L^1 範數比 L^2 範數更易於得到稀疏解。

3-2-2 脊迴歸 / 嶺迴歸 (ridge) 的原理：多重共線性 (ridgeregress 外掛指令)

　　脊迴歸是一種專門用於共線性數據分析的有偏估計迴歸方法，實質上是改良的最小平方估計法，通過放棄最小平方法的無偏性 (在反覆抽樣的情況下，樣本均值的集合的期望等於總體均值)，以損失部分資訊、降低精度為代價獲得迴歸係數更為符合實際、更可靠的迴歸方法，對共線性問題和不適定數據的適配要強於最小平方法，經常用於多維問題與不適定問題 (ill-posed problem)。

　　脊迴歸通過引入一個懲罰變數解決了普通最小平方法的問題。脊迴歸相關係數是懲罰殘差平方和最小：

$$\min_{w} \|Xw - y\|_2^2 + \alpha\|w\|_2^2$$

其中，α 是收縮率，即控制模型複雜度的因數。α 是平法損失或正規項之間的一個係數，$\alpha \geq 0$。

　　α 的數值越大，那麼正規項，也是懲罰項的作用就越明顯；α 的數值越小，正規項的作用就越弱。極端情況下，$\alpha = 0$ 則和原來的損失函數是一樣的，如果 $\alpha = \infty$，則損失函數只有正規項，此時其最小化的結果必然是 $w = 0$。

一、原理

　　對於有些矩陣，矩陣中某個元素的一個很小的變動，會引起最後計算結果誤差很大，這種矩陣稱為「不適定矩陣」。有些時候不正確的計算方法也會使一個正常的矩陣在運算中表現出不適定。對於高斯消去法來說，如果主元 (即對角線上的元素) 上的元素很小，在計算時就會表現出不適定的特徵。

　　迴歸分析中常用的最小平方法是一種無偏估計。對於一個適定問題，X 通常是列滿秩的

$$X\theta = y$$

採用最小平方法，定義損失函數為殘差的平方，最小化損失函數

$$\| X\theta - y \|^2$$

　　上述優化問題可以採用梯度下降法進行求解，也可以採用如下公式進行直接求解

$$\theta = (X^TX)^{-1}X^Ty$$

　　當 X 不是列滿秩 (full rank) 時 (矩陣是秩不足)，或者某些列之間的線性相關性比較大時，X^TX 的行列式接近於 0，即 X^TX 接近於奇異，上述問題變為一個不適定問題，此時，計算 $(X^TX)^{-1}$ 時誤差會很大，傳統的最小平方法缺乏穩定性與可靠性。

　　為了解決上述問題，我們需要將不適定問題轉化為適定問題：我們為上述損失函數加上一個正規化項，變為：

$$\| X\theta - y \|^2 + \| \Gamma\theta \|^2$$

其中，我們定義：

$$\Gamma = \alpha I$$

於是：

$$\theta(\alpha) = (X^T X + \alpha I)^{-1} X^T y$$

上式中，I 是單位矩陣。

　　隨著 α 的增大，$\theta(\alpha)$ 各元素 $\theta(\alpha)_i$ 的絕對值均趨於不斷變小，它們相對於正確值 θ_i 的偏差也越來越大。α 趨於無窮大時，$\theta(\alpha)$ 趨於 0。其中，$\theta(\alpha)$ 隨 α 的改變而變化的軌跡，就稱為脊跡。實際計算中可選非常多的 α 值，做出一個脊跡圖，看看這個圖在取哪個值的時候變穩定了，那就確定 α 值了。

　　脊迴歸是對最小平方迴歸的一種補充，它損失了無偏性，來換取高的數值穩定性，從而得到較高的計算精度。

二、特點

　　通常脊迴歸方程的 R^2 會稍低於 OLS 迴歸分析，但 ridge 迴歸係數的顯著性往往明顯高於 OLS 迴歸，在存在共線性問題和不適定數據偏多的研究中有較大的實用價值。

(一) 共線性對一般複迴歸分析之影響

　　設一複迴歸模式如下：

$$\underset{(n\times 1)}{Y} = \underset{(n\times p)}{X}\ \beta + e \tag{3-2}$$

其中 Y 為隨機變數向量，β 為未知母數向量。$X = (X_1, X_2, \ldots, X_p)$ 為全階 (full rank) 之 n×p 自變數矩陣，e 為隨機誤差向量，且假設：

$$e \sim N(0, \sigma^2 I_n)，X'_j I_n = 0，X'_j X_j = 1$$

即 X，Y 均予以標準化，$1_n = [1, 1, \ldots, 1]$，則以最小平方法可求得 β 之估式 $\hat{\beta}$ 及其變異數 $V(\hat{\beta})$ 如下：

$$\hat{\underset{\sim}{\beta}} = (X'X)^{-1}X'Y = \sum_{j=1}^{p} \lambda_j^{-1} h_j \underset{\sim}{t_j} \tag{3-3}$$

$$V(\hat{\underset{\sim}{\beta}}) = (X'X)^{-1}\sigma^2 = \sigma^2 \sum_{j=1}^{p} \lambda_j^{-1} h_j \underset{\sim}{t_j'} \tag{3-4}$$

其中 $h_j = \underset{\sim}{t_j'} X'Y$，而 $\lambda_{\max} = \lambda_1 \geq \lambda_2 \geq \lambda_3 \geq ... \geq \lambda_p \geq 0$ 為 $X'X$ 的特徵解，而 $\underset{\sim}{t_1}$、$\underset{\sim}{t_2}$、…、$\underset{\sim}{t_p}$ 為其相對應之特徵向量，因 X、$\underset{\sim}{Y}$ 均已標準化，故 $X'X$ 即為自變數間的相關矩陣，$X'Y$ 為自變量與隨機變數間的相關向量，由 Gauss-Markov 定理知 $\hat{\underset{\sim}{\beta}}$ 為 $\underset{\sim}{\beta}$ 之最小變異數不偏估式：

$$MSE(\hat{\underset{\sim}{\beta}}) = \sigma^2 \sum_{j=1}^{p} \frac{1}{\lambda_j} > \sigma^2 / \lambda_{\max} \tag{3-5}$$

由 (3-5) 式，可知 $\sigma^2 / \lambda_{\max}$ 為 $MSE(\hat{\underset{\sim}{\beta}})$ 之一下限，故若具有高度共線性時，$X'X$ 有一個或數個非常小的特徵解時，$MSE(\hat{\underset{\sim}{\beta}})$ 會變得很大，即 $\hat{\underset{\sim}{\beta}}$ 與 $\underset{\sim}{\beta}$ 間距離可能很大。

(二) 脊估式之誘導

脊迴歸分析為 Hoerl 及 Kennard (1970) 提出，主要目的是在共線性資料下，已損失少許的準確度來換取較高精密度的一種偏性迴歸係數估算法。

若令 $\hat{\underset{\sim}{\beta}}$ 為一般最小平方法之 $\underset{\sim}{\beta}$ 估算，$\hat{\underset{\sim}{B}}$ 為 $\underset{\sim}{\beta}$ 任一估計值，則剩餘機差平方和 ϕ 可表之如下：

$$\phi = (\underset{\sim}{Y} - X\hat{\underset{\sim}{B}})'(\underset{\sim}{Y} - X\hat{\underset{\sim}{B}}) = (\underset{\sim}{Y} - X\hat{\underset{\sim}{\beta}})'(\underset{\sim}{Y} - X\hat{\underset{\sim}{\beta}}) + [X(\hat{\underset{\sim}{B}} - \hat{\underset{\sim}{\beta}})]'[X(\hat{\underset{\sim}{B}} - \hat{\underset{\sim}{\beta}})]$$

$$= (\underset{\sim}{Y} - X\hat{\underset{\sim}{\beta}})'(\underset{\sim}{Y} - X\hat{\underset{\sim}{\beta}}) + (\hat{\underset{\sim}{B}} - \hat{\underset{\sim}{\beta}})'X'X(\hat{\underset{\sim}{B}} - \hat{\underset{\sim}{\beta}}) = \phi_{\min} + \phi(\hat{\underset{\sim}{B}}) \tag{3-6}$$

其中 $\phi_{\min} = (\underset{\sim}{Y} - X\hat{\underset{\sim}{\beta}})'(\underset{\sim}{Y} - X\hat{\underset{\sim}{\beta}})$ 為一般最小平方法和剩餘機差平方和。$\phi(\hat{\underset{\sim}{B}}) = (\hat{\underset{\sim}{B}} - \hat{\underset{\sim}{\beta}})'X'X(\hat{\underset{\sim}{B}} - \hat{\underset{\sim}{\beta}})$ 為偏差平方的固定增加量。欲在 $\phi(\hat{\underset{\sim}{B}}) = \phi$ 固定值下 (即偏差在可容忍的範圍內)，求得 $\hat{\underset{\sim}{B}}'\hat{\underset{\sim}{B}}$ 長度平方為最小，以保證純量估計值 β_1 不會變得很大，可利用 Lagrangian Multiplier 方法。

令 $F = \hat{\underset{\sim}{B}}'\hat{\underset{\sim}{B}} + \frac{1}{k}[(\hat{\underset{\sim}{B}} - \hat{\underset{\sim}{\beta}})'X'X(\hat{\underset{\sim}{B}} - \hat{\underset{\sim}{\beta}}) - \phi_0] (k > 0)$，欲使 F 為最小，將 F 對 $\hat{\underset{\sim}{B}} B$ 微分，令其結果為 0，得 $\frac{\partial F}{\partial \hat{\underset{\sim}{B}}} = 2\hat{\underset{\sim}{\beta}}^* + \frac{1}{k}[2(X'X)\hat{\underset{\sim}{\beta}}^* - 2(X'X)\hat{\underset{\sim}{\beta}}] = 0$，化簡可得：

$$\hat{\underset{\sim}{\beta}}^* = (X'X + kI)^{-1}X'X\hat{\underset{\sim}{\beta}} \tag{3-7}$$

但 $X'X\hat{\underset{\sim}{\beta}} = X'Y$，故得脊估式

$$\hat{\underset{\sim}{\beta}}^* = (X'X + kI)^{-1} X'\underset{\sim}{Y} = \sum_{j=1}^{p} (X_j - k)^{-1} h_j t_{-j} \tag{3-8}$$

$$\hat{\underset{\sim}{\beta}}^* = (X'X + kI)^{-1} X'X \hat{\underset{\sim}{\beta}} \tag{3-9}$$

但 $X'X\hat{\underset{\sim}{\beta}} = X'\underset{\sim}{Y}$，故得脊估式

$$\hat{\underset{\sim}{\beta}}^* = (X'X + kI)^{-1} X\underset{\sim}{Y} = \sum_{j=1}^{p} (X_j - k)^{-1} h_j t_{-j}$$

(三) 脊變數 (偏性因子) k 之選擇

兩不偏估式 (estimator) 向量優劣之比較，只需以其總變異數之大小作爲評斷的標準，而在偏性估式向量的情況，卻不能忽略偏差 (bias) 之影響，必須以估式離差均方作爲評斷的標準，脊迴歸分析爲偏性迴歸係數估算法，不同的偏性因子 k 本身即爲隨機變數，於此吾人若能覓得使脊迴歸係數估式離差均方爲最小之脊偏性因子 k，即覓得了最佳脊迴歸法，然而：

$$MSE\,(\hat{\underset{\sim}{\beta}}^*) = \sigma^2 \sum_{i=1}^{p} \frac{\lambda_i}{(\lambda_i + \lambda)^2} + k^2 \sum_{i=1}^{p} (\lambda_i - k)^{-2} \,(\,t_i' \underset{\sim}{\beta})^2$$

之最小值，即無人求出，「最佳偏性因子 k 值之決定」一直是脊迴歸分析中最主要也是最困難的課題。

三、脊迴歸和最小平方法之區分？什麼時候比較適合用脊迴歸？

先從優化的角度講講這個問題。

請參考前文【3-2-1】之【二、矩陣不滿秩 (共線性) 時、爲何需正規項 (regulation)？】

這時候，你就需要一些額外的假設。從 bayesian 的角度，比如你假設 x 應該是服從多元常態分布 $N(0, \Sigma_x)$，那麼根據 Bayes' theorem，你可以推知脊迴歸的結果就是 MAP(maximum a priori) 的估計。

3-2-3a 迴歸正規項 (regulation)：lasso 迴歸、Ridg 迴歸、elastic-net 迴歸 (lassoregress、ridgeregress、elasticregress 外掛指令)

一、適配問題

在講解正規化之前，我們需要先了解一下適配的概念。

　　還記得房價預測的例子嗎？我們通過房屋面積預測房價，給定一個訓練集，我們要用假設函數去適配這些數據。但其實房屋面積和房價的關係並非線性關係，不能簡單地用一條直線來表示。

(一) 適配不足 (underfitting)

　　下圖所示，藍色直線 (假設函數) 並不能很好地適配樣本數據，我們將這種情況稱爲 underfitting (適配不足)，也可以稱爲 high bias(高偏誤)。

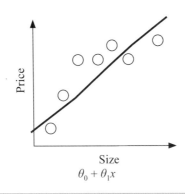

圖 3-9 適配不足 (underfitting) 之示意圖

(二) 恰恰好適配 (just-right fitting)

　　在原有的假設函數上增加一個二次項，原來的線性函數變成了二次函數，下圖爲適配效果，顯然，比之前的適配得更好。藍色的直線較好地適配了樣本數據，我們可以認爲其剛好適配。

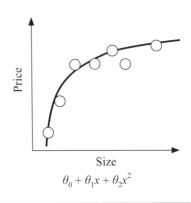

圖 3-10 恰恰好適配 (just-right fitting) 之示意圖

(三) 過度適配 (over fitting)

由前面兩種情況，我們發現增加了新的參數 (增加了一個二次項)，數據適配得更好了。現在，我們增加一個三次項和四次項，適配效果將如下所示，藍色的線經過了每一個點，而且上下扭曲。這就屬於過度適配 (overfitting)，也可稱之為高變異數 (high variance)。

你也許會問，我們不是說要讓假設函數儘量適配嗎？為什麼現在每個數據都適配了，我們還要去處理它呢？

這是因為，儘管現在的數據適配得很完美，但它只是和訓練樣本的適配，如果我們加入新的測試樣本，這樣的假設函數往往預測的效果很糟糕。

也就是說，這種模型無法泛化到新的數據，無法預測新的數據。(泛化：指一個假設模型應用到新樣本的能力)

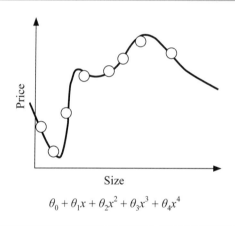

$$\theta_0 + \theta_1 x + \theta_2 x^2 + \theta_3 x^3 + \theta_4 x^4$$

圖 3-11 過度適配 (over fitting) 之示意圖

同理，在邏輯迴歸中也存在適配不足和過度適配的情況。

定義：過度適配 (over-fitting)

在統計學中，過度適配 (overfitting，或稱過度適配) 現象是指在調適一個統計模型時，使用過多參數 [parameter 是使用通用變數來建立函數和變數之間關係 (當這種關係很難用方程來闡述時) 的一個數量。在不同的語境裡這一術語可能有特殊用途]。

對比於可取得的數據總量，一個荒謬的模型只要足夠複雜，是可以完美地適應數據。**過度適配**一般可以視為違反奧卡姆 (lex parsimoniae，簡約之法則) 剃刀原則。當可選擇的參數的自由度超過數據所包含資訊內容時，這會導致最後 (調適後) 模型使用任意的參數，這會減少或破壞模型一般化的能力更甚於適應數據。過度適配的可能性不只取決於參數個數和數據，也跟模型架構與數據的一致性有關。此外對比於數據中預期的雜訊或誤差數量，跟模型錯誤的數量也有關。

過度適配現象的觀念對機器學習也是很重要的。通常一個學習演算法是藉由訓練範例來訓練的。亦即預期結果的範例是可知的。而學習者則被認為須達到可以預測出其他範例的正確的結果，因此，應適用於一般化的情況而非只是訓練時所使用的現有數據 (根據它的歸納偏向)。然而，學習者卻會去適應訓練數據中太特化但又隨機的 Features，特別是在當學習過程太久或範例太少時。在過度適配的過程中，當預測訓練範例結果的表現增加時，應用在未知數據的表現則變更差。

相反地，另一常見的現象是使用太少參數，以致於不適應數據，這則稱為乏適 (underfitting，適配不足) 現象。

在統計和機器學習中，為了避免過適現象，須要使用額外的技巧，包括：

1. 交叉驗證 (交叉效度)：將數據樣本切割成較小子集的實用方法。於是可以先在一個子集上做分析，而其他子集則用來做後續對此分析的確認及驗證。一開始的子集被稱為訓練集。而其他的子集則被稱為驗證集或測試集。交叉驗證的目標是在訓練階段定義一組用於「測試」模型的數據集，以便減少像過度適配的問題，得到該模型將如何衍生到一個獨立的數據集的提示。

2. 提早停止 (early stopping)。

3. 貝氏資訊量準則 (Bayesian Information Criterion)：BIC 值越小代表該模型越佳。

4. Akaike 資訊量準則 (Akaike information criterion)：評估統計模型的複雜度和衡量統計模型「適配」數據之優良性的一種標準，是由日本統計學家赤池弘次創立和發展的。赤池信息量準則建立在資訊熵的概念基礎上。

5. 模型比較：分類正確性、預測誤差 / 績效。

人工神經網路的過適過程亦被認知為過度訓練 (overtraining)。在 treatmeant learning 中，使用最小最佳支援值 (minimum best support value) 來避免過適。

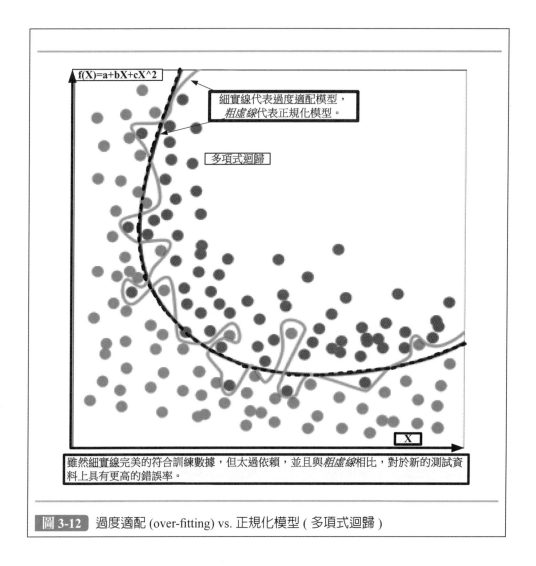

圖 3-12 過度適配 (over-fitting) vs. 正規化模型 (多項式迴歸)

二、lasso 迴歸、ridg 迴歸的適用時機

當你的模型是：過多預測變數 (predictors)、ill-conditioned X 時，就須迴歸正規項 (regulation)。

在統計學和機器學習中，Lasso 演算法 (least absolute shrinkage and selection operator，又譯最小絕對值收斂和選擇運算子、套索演算法) 是一種同時進行特徵選擇和正規化 (數學) 的迴歸分析方法，旨在增強統計模型的預測準確性和可解釋性，最初由史丹佛大學統計學教授 Robert Tibshirani 於 1996 年基於 Leo Breiman 的非負參數推斷 (Non-Negative Garrote, NNG) 提出。Lasso 演算法最初

用於計算最小平方法模型，這個簡單的演算法揭示了很多估計量的重要性質，如估計量與脊迴歸 (Ridge regression，也叫 Tikhonov regularization) 和最佳子集選擇的關係，Lasso 係數估計值 (estimate) 和軟閾值 (soft thresholding) 之間的聯繫。它也揭示了當共變數共線時，Lasso 係數估計值不一定唯一 (類似標準線性迴歸)。

三、lasso 與 ridge 兩者原理

lasso 在優化過程的目標函數中使用如下的 L^1 penalty：

$$\frac{1}{2}\|y - X\beta\|_2^2 + \lambda\|\beta\|_1$$

從而把一些線性迴歸項的係數「逼成」零；ridge 是用 L^2 penalty，旨在把係數變得小一些，但非完全為零。

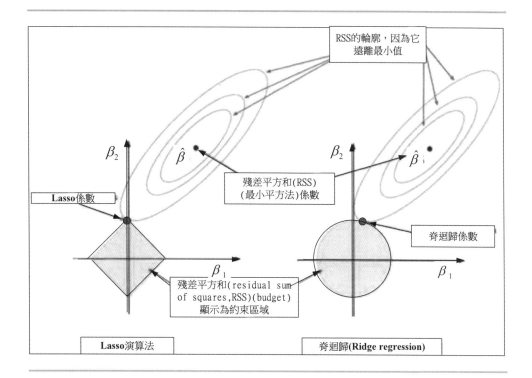

圖 3-13 lasso 與 ridge 兩者原理上區別之示意圖

上圖顯示，由於 L^1 penalty 規定的範圍「四四方方、有稜有角」，所以最優解的係數會被剛好縮成零，因此 lasso 可以實現對變數的選擇 (係數為零的變數

就被篩掉了)。

有趣的是，我們還可以將所有變數分組，然後在目標函數中懲罰每一組的 L^2 範數，這樣達到的效果就是可以將一整組的係數同時消成零，即抹掉一整組的變數，這種手法叫做 group lasso，其目標函數如下：

$$\min_\beta \frac{1}{2}\left\| y - \sum_{l=1}^{m} X^{(l)} \beta^{(l)} \right\|_2^2 + \lambda \sum_{l=1}^{m} \sqrt{p_l} \, \| \beta^{(l)} \|_2$$

其中我們把所有變數分為 m 組，第一項是通常的 OLS，第二項是每一組係數的 L^2 範數之和。這裡，λ 控制整體懲罰的力度，$\sqrt{p_l}$ 是每一組的加權，可以按需調節。

比如一個 regression 若有 10 個係數 $\beta_1, \beta_2, \ldots, \beta_{10}$，如果選擇將其分成 2 組：其中 $\beta_1, \ldots, \beta_5$ 一組，$\beta_6, \ldots, \beta_{10}$ 一組。那麼 group lasso 的懲罰項目將會是：

$$\rho\left(\sqrt{p_1} \sqrt{\sum_{i=1}^{5} \beta_i^2} + \sqrt{p_2} \sqrt{\sum_{j=6}^{10} \beta_j^2} \right)$$

通過施加 group-wise 的 L^2 penalty，有可能促使 $\beta_1 = \beta_2 = \ldots = \beta_5 = 0$ 或者 $\beta_6 = \beta_7 = \ldots = \beta_{10} = 0$。

最後，還有一種 lasso 和 group lasso 的奇葩結合，叫做 sparse group lasso，由 Simon et al 在 2013 年提出，sparse group lasso 的目標函數 (如下) 的懲罰項中，既有所有係數的 L^1 範數，又有每一組係數的 L^2 範數：

$$\frac{1}{2n}\left\| y - \sum_{l=1}^{m} X^{(l)} \beta^{(l)} \right\|_2^2 + (1 - \alpha)\lambda \sum_{l=1}^{m} \sqrt{p_l} \, \| \beta^{(l)} \|_2 + \alpha\lambda \, \| \beta \|_1$$

其中 λ 依然控制總體的懲罰力度，有新引入 α 控制兩個懲罰項之間的相互強弱。所以 sparse group lasso 既可以把係數和變數一組一組地篩掉，又可以在剩下的組中篩掉一些單個的係數，原理圖如下：

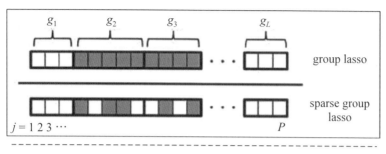

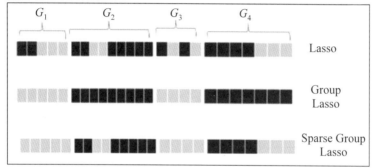

圖 3-14　group lasso vs. 稀疏 group lasso 之示意圖

當然了，這只是在簡單 OLS 背景下的 lasso、ridge、和 group lasso 和 sparse group lasso，更常用的目標函數的第一項一般是 log likelihood(用於 maximum likelihood 手法)。相似的概念也可以遷移到其他場景，比如因子分析模型 (factor analysis model)，其中 group lasso 可以幫助進行對可被觀測的變數選取，而 sparse group lasso 可以選取隱藏因子。

四、脊迴歸 (Ridge Regression)

標準最小平方法優化問題：

$$f(w) = \sum_{i=1}^{m} (y_i - x_i^T w)^2$$

也可以通過矩陣表示：

$$f(w) = (y - Xw)^T (y - Xw)$$

得到的迴歸係數為：

$$\hat{w} = (X^TX)^{-1}X^Ty$$

這個問題解存在且唯一的條件就是 X 列滿秩：$rank(X) = dim(X)$。

即使 X 列滿秩，但是當數據特徵中存在共線性，即相關性比較大的時候，會使得標準最小平方求解不穩定，X^TX 的行列式接近零，計算 X^TX 的時候誤差會很大。這個時候我們需要在 cost function 上添加一個懲罰項 $\lambda\sum_{i=1}^{n}w_i^2$，稱為 L^2 正規化。

這個時候的 cost function 的形式就為：

$$f(w) = \sum_{i=1}^{m}(y_i - x_i^Tw)^2 + \lambda\sum_{i=1}^{n}w_i^2$$

通過加入此懲罰項進行優化後，限制了迴歸係數 w_i^2 的絕對值，數學上可以證明上式的等價形式如下：

$$f(w) = \sum_{i=1}^{m}(y_i - x_i^Tw)^2$$
$$s.t.\sum_{i=1}^{n}w_j^2 \leq t$$

其中 t 為某個閾值。

將脊迴歸係數用矩陣的形式表示：

$$\hat{w} = (X^TX + \lambda I)^{-1}X^Ty$$

可以看到，就是通過將 X^TX 加上一個單位矩陣的矩陣變成非奇異矩陣並可以進行求逆運算。

(一) 脊迴歸的幾何意義

以兩個變數為例，殘差平方和可以表示為 w_1, w_2 的一個二次函數，是一個在三維空間中的拋物面，可以用等值線來表示。而限制條件 $w_1^2 + w_2^2 < t$，相當於在二維平面的一個圓。這個時候等值線與圓相切的點便是在約束條件下的最優點，如下圖所示，

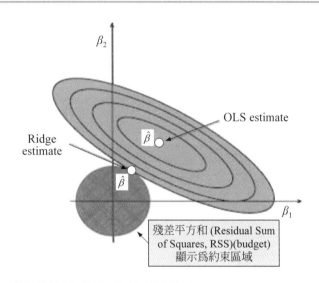

圖 3-15 脊迴歸的幾何意義 (相對於 OLS)

(二) 脊迴歸的性質

1. 當脊參數 $\lambda = 0$ 時，得到的解就是最小平方解 (OLS)。

2. 當脊參數 λ 趨向更大時，脊迴歸係數 w_i 趨向於 0，約束項 t 很小。

五、先安裝「elasticregress、lars、lassopack、pdslasso、pdslasso」外掛指令

Step 1 　安裝「elasticregress、lars、lassopack、pdslasso、pdslasso」外掛指令，請用「findit lasso」指令

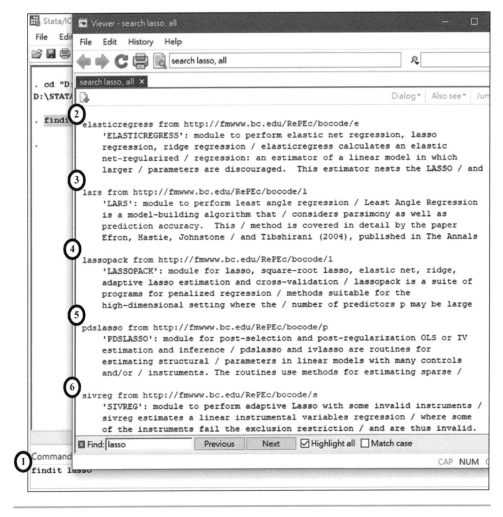

圖 3-16 　安裝「elasticregress、lars、'lassopack、pdslasso、pdslasso」外掛指令：用「findit lasso」指令之畫面 (STaTa v15 版本)

　　亦可將本書所附光碟片中，「ado 數據夾」全部 copy 至硬碟 C 之「ado 數據夾」，即可使用本書所有 STaTa 外掛指令。

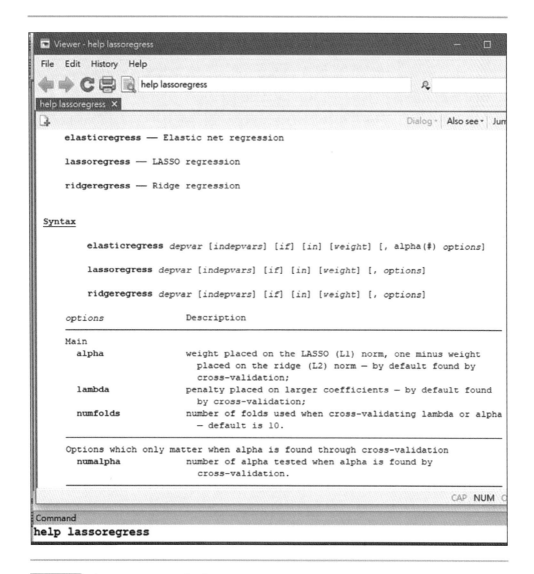

圖 3-17 在 command 區下指「help lassoregress」，顯示「elasticregress、lassoregress、ridgeregress」三者的指令語法

六、範例：lasso 迴歸、ridg 迴歸、Elastic-Net 迴歸 (lassoregress、ridgeregress、elasticregress 外掛指令)

請參考前文【3-2-1】之【二、矩陣不滿秩 (共線性) 時、為何需正規項 (regulation)？】

所謂彈性網路 Elastic-Net(elasticregress 指令) 是一種使用 L^1 和 L^2 先驗作為正規化矩陣的線性迴歸模型。這種組合用於只有很少的權重非零的稀疏模型，比如：class:Lasso，但是又能保持：class:Ridge 的正規化屬性。我們可以使用 l1_ratio 參數來調節 L^1 和 L^2 的凸組合 (一類特殊的線性組合)。

當多個特徵和另一個特徵相關的時候彈性網路非常有用。Lasso 傾向於隨機選擇其中一個，而彈性網路更傾向於選擇兩個。在實務中，Lasso 和 Ridge 之間權衡的一個優勢是它允許在迴圈過程 (under rotate) 中繼承 Ridge 的穩定性。

(一) 問題說明

為了解耗油率 (mpg) 之影響因素有哪些？(分析單位：汽車)

研究者收集數據並整理成下表，此「auto.dta」數據檔內容之變數如下：

變數名稱	說明	編碼 Codes/Values
label/ 依變數：mpg	耗油率 (mpg, 每加侖幾英里)	12～41 miles
features/ 自變數：gear_ratio	變速箱齒輪比 Gear Ratio	2.19～3.89 比
features/ 自變數：displacement	Displacement (cu. in.)	79～425
features/ 自變數：weigh	車重量 (lbs.)	1760～4840

(二) 數據檔之內容

「auto.dta」數據檔內容如下圖。

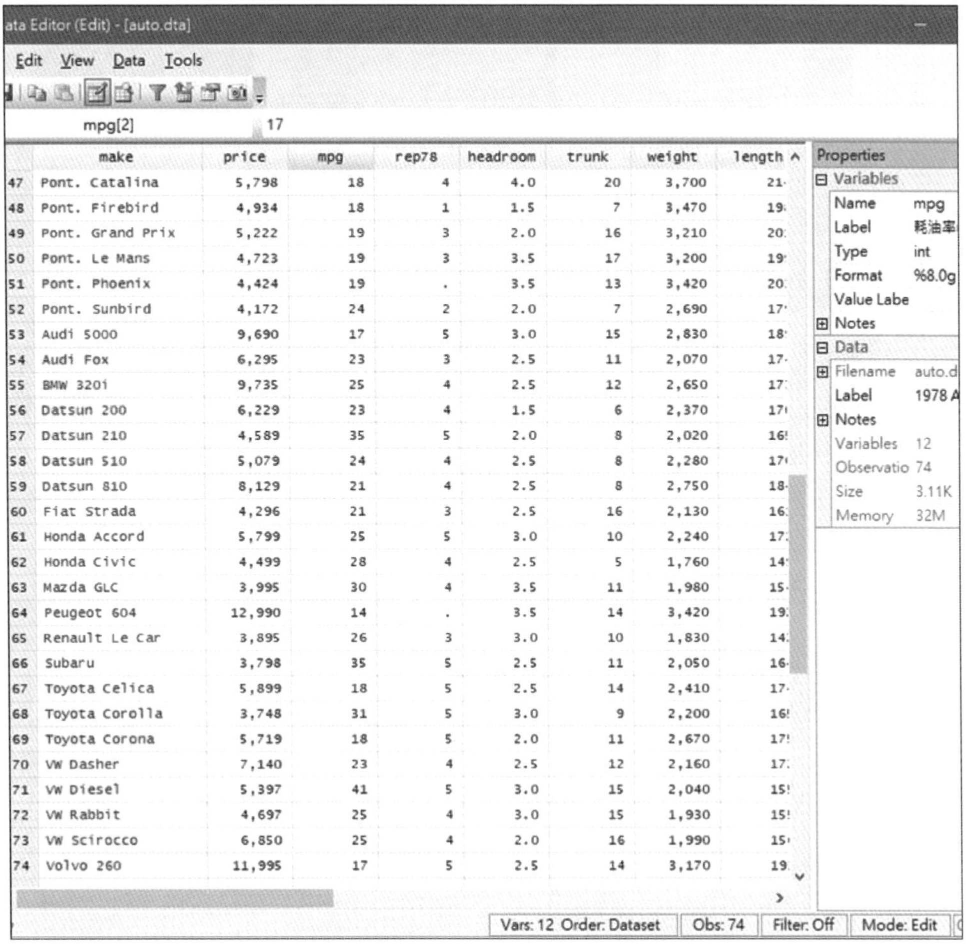

	make	price	mpg	rep78	headroom	trunk	weight	length ^
47	Pont. Catalina	5,798	18	4	4.0	20	3,700	21·
48	Pont. Firebird	4,934	18	1	1.5	7	3,470	19·
49	Pont. Grand Prix	5,222	19	3	2.0	16	3,210	20·
50	Pont. Le Mans	4,723	19	3	3.5	17	3,200	19·
51	Pont. Phoenix	4,424	19	.	3.5	13	3,420	20·
52	Pont. Sunbird	4,172	24	2	2.0	7	2,690	17·
53	Audi 5000	9,690	17	5	3.0	15	2,830	18·
54	Audi Fox	6,295	23	3	2.5	11	2,070	17·
55	BMW 320i	9,735	25	4	2.5	12	2,650	17·
56	Datsun 200	6,229	23	4	1.5	6	2,370	17·
57	Datsun 210	4,589	35	5	2.0	8	2,020	16!
58	Datsun 510	5,079	24	4	2.5	8	2,280	17·
59	Datsun 810	8,129	21	4	2.5	8	2,750	18·
60	Fiat Strada	4,296	21	3	2.5	16	2,130	16·
61	Honda Accord	5,799	25	5	3.0	10	2,240	17·
62	Honda Civic	4,499	28	4	2.5	5	1,760	14·
63	Mazda GLC	3,995	30	4	3.5	11	1,980	15·
64	Peugeot 604	12,990	14	.	3.5	14	3,420	19·
65	Renault Le Car	3,895	26	3	3.0	10	1,830	14·
66	Subaru	3,798	35	5	2.5	11	2,050	16·
67	Toyota Celica	5,899	18	5	2.5	14	2,410	17·
68	Toyota Corolla	3,748	31	5	3.0	9	2,200	16!
69	Toyota Corona	5,719	18	5	2.0	11	2,670	17!
70	VW Dasher	7,140	23	4	2.5	12	2,160	17·
71	VW Diesel	5,397	41	5	3.0	15	2,040	15!
72	VW Rabbit	4,697	25	4	3.0	15	1,930	15!
73	VW Scirocco	6,850	25	4	2.0	16	1,990	15·
74	Volvo 260	11,995	17	5	2.5	14	3,170	19·

圖 **3-18** 「auto.dta」數據檔內容 (N=74 輛汽車)

觀察數據之特徵

```
. use "D:\CD\auto.dta", clear
.
. des mpg gear_ratio displacement weigh
```

```
                  storage  display    value
variable name    type     format     label        variable label
----------------------------------------------------------------------
mpg              int      %8.0g                    耗油率 (mpg, 每加侖幾英里 )
gear_ratio       float    %6.2f                    Gear Ratio
displacement     int      %8.0g                    Displacement (cu. in.)
weight           int      %8.0gc                   車重量 (lbs.)
```

(三) 分析結果與討論

Step 1　對照組：regress 指令執行 OLS 迴歸分析

```
* 開啟官網之數據檔
. sysuse auto, clear

*OLS 方法：當對照組
. regress mpg weight foreign

      Source |       SS       df       MS              Number of obs =      74
-------------+------------------------------           F(  2,    71) =   69.75
       Model |  1619.2877      2  809.643849           Prob > F      =  0.0000
    Residual |  824.171761     71  11.608053           R-squared     =  0.6627
-------------+------------------------------           Adj R-squared =  0.6532
       Total |  2443.45946     73  33.4720474          Root MSE      =  3.4071


         mpg |      Coef.   Std. Err.      t    P>|t|     [95% Conf. Interval]
-------------+----------------------------------------------------------------
      weight |  -.0065879   .0006371   -10.34   0.000    -.0078583   -.0053175
     foreign |  -1.650029   1.075994    -1.53   0.130     -3.7955     .4954422
       _cons |    41.6797   2.165547    19.25   0.000     37.36172    45.99768
```

1. 傳統人們常用 OLS 法 (當對照組)，求得線性迴歸式：

mpg = 41.68 − 0.0065×weight − 1.650×(foreign=1)

　　其中，foreign 是虛擬變數。

Step 2 實驗組：lassoregress、lassoregress 指令執行 Lasso 迴歸分析

```
* 方法一、Calculate a Lasso model:
* Set the seed, for consistent cross-validation:
. set seed 1
. lassoregress mpg weight foreign

Lasso regression                    Number of observations   =        74
                                    R-squared                =    0.6466
                                    alpha                    =    1.0000
                                    lambda                   =    0.4034
                                    Cross-validation MSE     =   12.0339
                                    Number of folds          =        10
                                    Number of lambda tested  =       100
------------------------------------------------------------------------
         mpg |      Coef.
-------------+----------------------------------------------------------
      weight |  -.0054861
     foreign |          0
       _cons |   37.86231
------------------------------------------------------------------------

* 方法二、Calculate a ridge-regression model:
. ridgeregress mpg weight foreign

Warning: the smallest λ tested was the MSE-minimising λ.
Consider re-running estimation with a smaller epsilon.

Ridge regression                    Number of observations   =        74
                                    R-squared                =    0.2343
                                    alpha                    =    0.0000
                                    lambda                   =    4.6383
                                    Cross-validation MSE     =   27.1411
                                    Number of folds          =        10
                                    Number of lambda tested  =       100
------------------------------------------------------------------------
         mpg |      Coef.
-------------+----------------------------------------------------------
```

```
        weight |  -.0010224
       foreign |   .6956361
         _cons |   24.17757
--------------------------------------------------------------
```

* 方法三、**Calculate OLS** — equivalent to lasso or ridge with lambda=0:
. lassoregress mpg weight foreign, lambda(0)

```
Lasso regression                    Number of observations   =         4
                                    R-squared                =    0.6627
                                    alpha                     =    1.0000
                                    lambda                    =    0.0000
--------------------------------------------------------------
         mpg |    Coef.
-------------+------------------------------------------------
        weight |  -.0065875
       foreign |  -1.649645
         _cons |   41.67843
--------------------------------------------------------------
```

* 方法四、Calculate an elastic-net regression:
. elasticregress mpg weight foreign

Warning: the smallest λ tested was the MSE-minimising λ.
Consider re-running estimation with a smaller epsilon.

```
Elastic-net regression              Number of observations   =         4
                                    R-squared                =    0.6622
                                    alpha                     =    0.2000
                                    lambda                    =    0.0232
                                    Cross-validation MSE      =   12.8399
                                    Number of folds           =        10
                                    Number of alpha tested    =
                                    Number of lambda tested   =        00
--------------------------------------------------------------
         mpg |    Coef.
-------------+------------------------------------------------
        weight |  -.0063764
       foreign |  -1.402116
         _cons |   40.96739
--------------------------------------------------------------
```

1. 傳統 OLS 法 (當對照組)，求得線性迴歸式：

   mpg = 41.68 − 0.0065×weight − 1.650×(foreign = 1)

   其中，foreign 是虛擬變數。

2. 改用 Lasso 法 (當實驗組 1)，求得線性迴歸式：

   mpg = 37.862 − 0.005×weight + 0×(foreign = 1)

   其中，foreign 是虛擬變數是省略。

3. 改用 ridge 法 (當實驗組 2)，求得線性迴歸式：

   mpg = 24.177 − 0.001×weight + 0.695×(foreign = 1)

   其中，foreign 是虛擬變數要保留。

4. 改用彈性網路 (Elastic-Net) (當實驗組 3)，求得線性迴歸式：

   mpg = 40.967 − 0.006×weight − 1.40×(foreign = 1)

3-2-3b 機器學習演算法：套索迴歸 (Lasso Regrission) (lassoregress、lasso2、elasticregress 指令)

STaTa 提供 Lasso Regrission 外掛指令 (安裝：將光碟片「ado 數據夾」，覆蓋至硬碟 C 的「ado 數據夾」) 包括：

lassoregress.ado 指令：lassoregress 估計 the Lasso; it is a convenience command equivalent to elasticregress with the option alpha(1).
三個指令語法如下：

```
elasticregress depvar [indepvars] [if] [in] [veight] [, alpha(#) options]
lassoregress depvar [indepvars] [if] [in] [veight] [, options]
ridgeregress depvar [indepvars] [if] [in] [veight] [, options]
```

範例如下：

```
* Load data
. sysuse auto.dta, clear

* Set the seed, for consistent cross-validation:
. set seed 1

* Calculate a Lasso model:
. lassoregress mpg weight foreign
```

分析結果：

```
Lasso regression                    Number of observations   =        74
                                    R-squared                =    0.6466
                                    alpha                    =    1.0000
                                    lambda                   =    0.4034
                                    Cross-validation MSE     =   12.0339
                                    Number of folds          =        10
                                    Number of lambda tested  =       100
-------------------------------------------------------------------------
         mpg |     Coef.
-------------+-----------------------------------------------------------
      weight |  -.0054861
     foreign |          0
       _cons |   37.86231
-------------------------------------------------------------------------
```

lasso2.ado 指令：做 lasso, square-root lasso, elastic net, ridge, adaptive lasso estimation and cross-validation

語法如下：

範例如下：

```
. use prostate_v12.dta
. des
-------------------------------------------------------------------------
                storage    display     value
variable name    type      format      label       variable label
-------------------------------------------------------------------------
v1              byte       %8.0g
lcavol          float      %9.0g
lweight         float      %9.0g
age             byte       %8.0g
lbph            float      %9.0g
svi             byte       %8.0g
lcp             float      %9.0g
gleason         byte       %8.0g
pgg45           byte       %8.0g
lpsa            float      %9.0g
train           str1       %9s
-------------------------------------------------------------------------
```

* Step1 估計 coefficient lasso path over (default) list of lambda values.
. lasso2 lpsa lcavol lweight age lbph svi lcp gleason pgg45
* 執行結果如下：

Knot	ID	Lambda	s	L1-Norm	EBIC	R-sq	Entered/removed
1	1	163.62492	1	0.00000	35.57115	0.0000	Added _cons.
2	2	149.08894	2	0.06390	34.98739	0.0043	Added lcavol.
3	9	77.73509	3	0.40800	-0.15868	0.1488	Added svi.
4	11	64.53704	4	0.60174	-1.67592	0.2001	Added lweight.
5	21	25.45474	5	1.35340	-21.40796	0.4268	Added pgg45.
6	22	23.19341	6	1.39138	-13.98342	0.4436	Added lbph.
7	29	12.09306	7	1.58269	-10.83200	0.5334	Added age.
8	35	6.92010	8	1.71689	-5.57543	0.5820	Added gleason.
9	41	3.95993	9	1.83346	1.73747	0.6130	Added lcp.

Use 'long' option for full output. Type 'lasso2, lic(ebic)' to run the model selected by EBIC.

* 重新執行一次語法，來印出估計結果
. lasso2

* Step2 使用者自 lambda list.
. lasso2 lpsa lcavol lweight age lbph svi lcp gleason pgg45, lambda(100 50 10)

* Step3 The list of returned e() objects depends on whether lambda() is a list (the default) or a scalar value. For example, if lambda is a scalar, one vector of coefficient estimates is returned. If lambda is a list, the whole coefficient path for a range of lambda values is obtained. The last row of e(betas) is equal to the row vector e(b).
. lasso2 lpsa lcavol lweight age lbph svi lcp gleason pgg45, lambda(100 50 10)
. ereturn list
. mat list e(betas)
. lasso2 lpsa lcavol lweight age lbph svi lcp gleason pgg45, lambda(10)
. ereturn list
. mat list e(b)

* Step4 Sqrt-lasso.
. lasso2 lpsa lcavol lweight age lbph svi lcp gleason pgg45, sqrt

```
* Step5 Ridge regression.  All predictors are included in the model.
. lasso2 lpsa lcavol lweight age lbph svi lcp gleason pgg45, alpha(0)

* Elastic net with alpha=0.1.  Even though alpha is close to zero (Ridge
regression), the elastic net can produce
* sparse solutions.
. lasso2 lpsa lcavol lweight age lbph svi lcp gleason pgg45, alpha(0.1)

* The option ols triggers the use of post-estimation OLS.  OLS alleviates
the shrinkage bias induced by L1 and L2 norm
* penalization.
. lasso2 lpsa lcavol lweight age lbph svi lcp gleason pgg45, ols
. lasso2 lpsa lcavol lweight age lbph svi lcp gleason pgg45, sqrt ols
. lasso2 lpsa lcavol lweight age lbph svi lcp gleason pgg45, alpha(0.1) ols
```

elasticregress.ado 指令：執行 elastic net regression, lasso regression, ridge regression
三個指令語法如下：

```
elasticregress depvar [indepvars] [if] [in] [veight] [, alpha(#) options]
lassoregress depvar [indepvars] [if] [in] [veight] [, options]
ridgeregress depvar [indepvars] [if] [in] [veight] [, options]
```

範例如下：

```
* Load data
. sysuse auto, clear

* Set the seed, for consistent cross-validation:
. set seed 1

* Calculate a Lasso model:
* Calculate an elastic-net regression: 彈性網路多工 Lasso 迴歸 (MultiTask Lasso)
. elasticregress mpg weight foreign
```
分析結果：

Elastic-net regression		
Number of observations	=	74
R-squared	=	0.6622
alpha	=	0.2000
lambda	=	0.0232
Cross-validation MSE	=	12.8399
Number of folds	=	10

```
                              Number of alpha tested    =        6
                              Number of lambda tested   =      100
---------------------------------------------------------------------
       mpg |     Coef.
-----------+---------------------------------------------------------
    weight |   -.0063764
   foreign |   -1.402116
     _cons |    40.96739
---------------------------------------------------------------------
```

ridgeregress.ado 指令：ridgeregress 估計 a ridge regression; it is a convenience command equivalent to elasticregress with the option alpha(0).

三個指令語法如下：

```
elasticregress depvar [indepvars] [if] [in] [veight] [, alpha(#) options]
lassoregress depvar [indepvars] [if] [in] [veight] [, options]
ridgeregress depvar [indepvars] [if] [in] [veight] [, options]
```

範例如下：

```
* Load data
. sysuse auto, clear

* Set the seed, for consistent cross-validation:
. set seed 1
* Calculate a ridge-regression model:
. ridgeregress mpg weight foreign
```

分析結果：

```
Ridge regression              Number of observations   =       74
                              R-squared                =   0.2343
                              alpha                    =   0.0000
                              lambda                   =   4.6383
                              Cross-validation MSE     =  27.1411
                              Number of folds          =       10
                              Number of lambda tested  =      100
---------------------------------------------------------------------
       mpg |     Coef.
-----------+---------------------------------------------------------
```

```
     weight |   -.0010224
    foreign |    .6956361
      _cons |    24.17757
-------------------------------------------------------------
```

小結

　　Lasso 迴歸的特點是在適配廣義線性模型的同時進行變數篩選 (variable selection) 和複雜度調整 (regularization)。因此，不論反應變數 (dependent/ response varaible) 是連續型 (continuous)，還是二元或者多元離散型 (discrete)，都可以用 Lasso 迴歸建模然後預測。變數篩選是指不把所有的變數都放入模型中進行適配，而是有選擇的把變數放入模型從而得到更好的性能參數。複雜度調整是指透過一系列參數控制模型的複雜度，從而避免過度適配 (overfitting)。對於線性模型來說，複雜度與模型的變數數有直接關係，變數數越多，模型複雜度就越高。更多的變數在適配時往往可以給出一個看似更好的模型，但是同時也面臨過度適配的危險。此時如果用全新的數據去驗證模型 (validation)，通常效果很差。一般來說，變數數大於數據點數量很多，或者某一個離散變數有太多獨特值時，都有可能過度適配。

　　Lasso 迴歸複雜度調整的程度由參數 λ 來控制，λ 越大對變數較多的線性模型的懲罰力度就越大，從而最終獲得一個變數較少的模型。Lasso 迴歸與 Ridge 迴歸同屬於一個被稱為 Elastic Net 的廣義線性模型家族。這一家族的模型除了相同作用的參數 λ 之外，還有另一個參數 α 來控制應對高相關性 (highly correlated) 數據時模型的性狀。Lasso 迴歸 $\alpha = 1$，Ridge 迴歸 $\alpha = 0$，一般 Elastic Net 模型 $0 < \alpha < 1$。

3-2-4a 機器學習演算法：脊迴歸 (Ridge Regression) (rxridge、rxrcrlq、rxrmaxl 等 14 個指令)

　　在線性迴歸中提過，當使用最小平方法計算線性迴歸模型參數的時候，如果數據集合矩陣 X [也叫做設計矩陣 (design matrix)]，存在多重共線性，那麼最小平方法對輸入變數中的雜訊非常的敏感，其解會極為不穩定。為了解決這個問題，就有了這一節脊迴歸 (Ridge Regression)。

　　當設計矩陣 X 存在多重共線性的時候 (數學上稱為不適定矩陣)，最小平方法求得的參數 w 在數值上會非常的大，而一般的線性迴歸其模型是 $y = w^T x$，顯然，就是因為 w 在數值上非常的大，所以，如果輸入變數 X 有一個微小的變動，其反應在輸出結果上也會變得非常大，這就是對輸入變數總的雜訊非常敏感的原因。

　　如果能限制參數 w 的增長，使 w 不會變得特別大，那麼模型對輸入 w 中雜訊的敏感度就會降低。這就是脊迴歸和套索迴歸 (Ridge Regression and Lasso Regrission) 的基本思想。

　　為了限制模型參數 w 的數值大小，就在模型原來的目標函數上加上一個懲罰項，這個過程叫做正規化 (regularization)。

1. 如果懲罰項是參數的 L^2 範數，就是脊迴歸 (Ridge Regression)

2. 如果懲罰項是參數的 L^1 範數，就是套索迴歸 (Lasso Regrission)

　　正規化同時也是防止過度適配有效的手段，這在「多項式迴歸」會有說明。

　　請參考前文【3-2-3a】之【二、lasso 迴歸、ridg 迴歸的適用時機】

　　雖然最早是為應用最小平方法而定義的演算法，Lasso 正規化可以簡單直接地拓展應用於許多統計學模型上，包括廣義線性模型，廣義估計方程，成比例災難模型和 M- 估計。Lasso 選擇子集的能力依賴於限制條件的形式並且有多種表現形式，包括幾何學、貝葉斯統計及凸分析。

　　STaTa 提供 Ridge Regrission 外掛指令如下表 (安裝：將光碟片「ado 數據夾」，覆蓋至硬碟 C 的「ado 數據夾」)。

---

ridgeregress.ado 指令

三個指令語法如下：

```
elasticregress depvar [indepvars] [if] [in] [veight] [, alpha(#) options]
lassoregress   depvar [indepvars] [if] [in] [veight] [, options]
ridgeregress   depvar [indepvars] [if] [in] [veight] [, options]
```

1. elasticregress calculates an elastic net-regularized regression: an estimator of a linear model in which larger arameters are discouraged. This estimator nests the Lasso and the ridge regression, which can be estimated by setting alpha equal to 1 and 0 respectively.

2. lassoregress estimates the Lasso; it is a convenience command equivalent to elasticregress with the option alpha(1).

3. ridgeregress estimates a ridge regression; it is a convenience command equivalent to elasticregress with the option alpha(0).

範例如下：

```
* Load data
. sysuse auto, clear

* Set the seed, for consistent cross-validation:
. set seed 1
* Calculate a ridge-regression model:
. ridgeregress mpg weight foreign
```

分析結果：

```
Ridge regression                    Number of observations   =          74
                                    R-squared                =      0.2343
                                    alpha                    =      0.0000
                                    lambda                   =      4.6383
                                    Cross-validation MSE     =     27.1411
                                    Number of folds          =          10
                                    Number of lambda tested  =         100
------------------------------------------------------------------------------
        mpg |      Coef.
------------+-----------------------------------------------------------------
     weight |  -.0010224
    foreign |   .6956361
      _cons |   24.17757
------------------------------------------------------------------------------
```

rxridge.ado 指令：Maximum likelihood ridge regression。

語法如下：

```
rxridge depvar varlist [if exp] [in range]
        [, msteps(#) qshape(#) rescale(#) tol(#)]
```

範例如下：

```
. rxridge mpg cylnds cubins hpower weight, q(-1)
```

rxrcrlq.ado 指令：廣義 (generalized) ridge regression: shrinkage shape
語法如下：

```
rxrcrlq depvar varlist [if exp] [in range]
        [, nq(#) qmax(#) qmin(#) rescale(#) tol(#)]
```

範例如下：
. rxrcrlq mpg cylnds cubins hpower weight

rxrmaxl.ado 指令：廣義 (generalized) ridge regression: shrinkage extent
語法如下：

```
rxrmaxl depvar varlist [if exp] [in range]
        [, msteps(#) omdmin(#) qshape(#) rescale(#) tol(#)]
```

範例如下：
. rxrmaxl mpg cylnds cubins hpower weight, q(-1)

---

lasso2.ado 指令：
lasso, square-root lasso, elastic net, ridge, adaptive lasso estimation and cross-validation。

---

dlagif.ado 指令：
估計 Irving Fisher Arithmetic Distributed Lag Model。

---

ridge2sls.ado 指令：
compute Two-Stage Least Squares Ridge & Weighted Regression。

---

xtregbn.ado 指令：
估計 Balestra-Nerlove Random-Effects Panel Data: Ridge and Weighted Regression。

---

xtregfem.ado 指令：
估計 Fixed-Effects Panel Data: Ridge and Weighted Regression。

---

xtregmle.ado 指令：
估計 Trevor Breusch MLE Random-Effects Panel Data: Ridge and Weighted Regression。

---

xtregrem.ado 指令：
估計 Fuller-Battese GLS Random-Effects Panel Data: Ridge and Weighted Regression。

---

xtregsam.ado 指令：
估計 Swamy-Arora Random-Effects Panel Data: Ridge and Weighted Regression。

xtregwem.ado 指令：
estimates Within-Effects Panel Data: Ridge and Weighted Regression and calculate Panel Heteroscedasticity, Model Selection Diagnostic Criteria, and Marginal Effects and Elasticities.

xtregwhm.ado 指令：
估計Wallace-Hussain Random-Effects Panel Data: Ridge and Weighted Regression。

一、一般線性迴歸遇到的問題

在處理複雜的數據的迴歸問題時，普通的線性迴歸會遇到一些問題，主要表現在：

(一) 預測精度

這裡要處理樣本的數量 n 和特徵的數量 p(自變數的個數)。

1. $n \gg p$ 時，最小平方法迴歸會有較小的變異數 (variance)。

2. $n \approx p$ 時，容易產生過度適配。

3. $n < p$ 時，最小平方法迴歸得不到有意義的結果。

(二) 模型的解釋能力

如果模型中的特徵之間有相互關係，這樣會增加模型的複雜程度，並且對整個模型的解釋能力並沒有提高，這時，我們就要進行特徵選擇。

以上的這些問題，主要就是表現在模型的變異數和偏誤問題上，這樣的關係可以通過下圖說明：

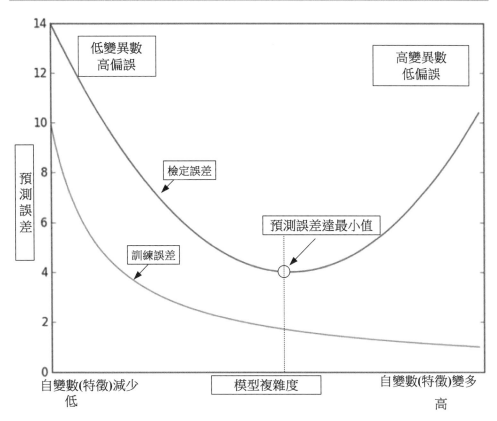

偏差變異數取捨**(bias variance tradeoff)**說明了檢定誤差和訓練誤差**(test error and training error)**。為了創建最佳預測，我們應該調整模型複雜度，使其檢定誤差最小。

圖 3-19 偏差變異數取捨 (bias variance tradeoff) 說明了檢定誤差和訓練誤差

　　變異數 (variance) 指的是模型之間的差異，而偏誤指的是模型預測值和數據之間的差異。我們需要找到變異數和偏誤的折中。

3-2-4b Ridge 迴歸分析：解決共線性 (rxridg 外掛指令)

　　當自變數們 (features) 之間具有共線性問題時 (矩陣不滿秩)，解決方法常見有三個：

1. 逐步 (stepwise) 迴歸：它是一種線性迴歸的建模方式，主要概念就是逐步一個一個的判斷每一個自變數 (independent variables) 是否顯著影響應變數 (dependent variable)，顯著影響的就納入模型中，不顯著的就剔除。逐步迴歸的方式通常有兩種，Forward 和 Backward。

2. 先 rsquare 指令挑選「最佳自變數的組合」，再執行「bayes : regression」等迴歸指令)，詳見第 5 章。

3. ridge 迴歸分析。詳見上例及本例。

Step 1 　安裝 rxridge.ado 外掛指令：用「findit ridge」指令

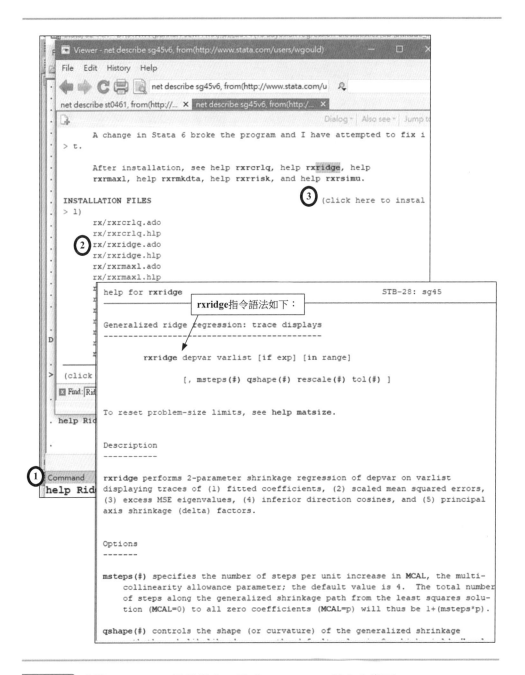

圖 3-20　安裝 rxridge.ado 外掛指令：用「findit ridge」指令之畫面

範例：ridge 迴歸 (rxridg 外掛指令)

(一) 問題說明

為了解耗油率 (mpg) 之影響因素有哪些？(分析單位：汽車)

研究者收集數據並整理成下表，此「auto.dta.dta」數據檔內容之變數如下：

變數名稱	說明	編碼 Codes/Values
label/ 依變數：mpg	耗油率 (mpg, 每加侖幾英里)	12～41 miles
features/ 自變數：gear_ratio	變速箱齒輪比 Gear Ratio	2.19～3.89 比
features/ 自變數：displacement	Displacement (cu. in.)	79～425
features/ 自變數：weigh	車重量 (lbs.)	1760～4840

(二) 數據檔之內容

「auto.dta」數據檔內容如下圖。

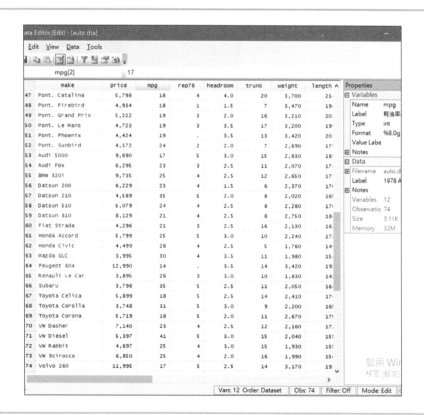

圖 3-21 「auto.dta」數據檔內容 (N=74 輛汽車)

觀察數據之特徵

```
. use "D:\CD\auto.dta", clear
.
. des mpg gear_ratio displacement weigh

              storage  display    value
variable name  type    format     label     variable label
-------------------------------------------------------------
mpg            int     %8.0g                 耗油率 (mpg, 每加侖幾英里 )
gear_ratio     float   %6.2f                 Gear Ratio
displacement   int     %8.0g                 Displacement (cu. in.)
weight         int     %8.0gc                車重量 (lbs.)
```

(三) 分析結果與討論

Step 1 ridge 迴歸分析

```
. use "D:\CD\auto.dta", clear
(1978 Automobile Data)

* 安裝 rxridge.ado 外掛指令 ( 如上圖 )
. findit ridge
. rxridge mpg gear_ratio displacement weight, q(-1)

RXridge:  收縮路徑有 Qshape( Shrinkage Path has Qshape) =-1.00
RXridge:  Adjusted response sum-of-squares =          73
RXridge:  OLS Residual Variance = .36110262
RXridge:  Variance of Principal Correlations = .00494661
MCAL = 0.000 ... True  OLS Summed SMSE = .2066484
MCAL = 0.250 ... Estimated Summed SMSE =   .187176
MCAL = 0.500 ... Estimated Summed SMSE = .25257277
MCAL = 0.750 ... Estimated Summed SMSE = .38145688
MCAL = 1.000 ... Estimated Summed SMSE = .54686599
MCAL = 1.250 ... Estimated Summed SMSE = .72314343
MCAL = 1.500 ... Estimated Summed SMSE = .89787946
MCAL = 1.750 ... Estimated Summed SMSE = 1.083936
```

```
MCAL =  2.000 ... Estimated Summed SMSE = 1.2576601
MCAL =  2.250 ... Estimated Summed SMSE = 1.3606546
MCAL =  2.500 ... Estimated Summed SMSE = 1.5083714
MCAL =  2.750 ... Estimated Summed SMSE = 1.7050789
MCAL =  3.000 ... Estimated Summed SMSE = 2.0033598


RXridge:  Shrinkage Coefficients...
number of observations (_N) was 0, now 13
(note: file rxridge1.dta not found)
file rxridge1.dta saved


RXridge:  Scaled MSE Risk Estimates...
number of observations (_N) was 0, now 13
(note: file rxridge2.dta not found)
file rxridge2.dta saved


RXridge:  Excess Eigenvalue Estimates...
number of observations (_N) was 0, now 13
(note: file rxridge3.dta not found)
file rxridge3.dta saved


RXridge:  Inferior Direction Cosine Estimates...
number of observations (_N) was 0, now 13
(note: file rxridge4.dta not found)
file rxridge4.dta saved


RXridge:  Shrinkage DELTA Factors...
number of observations (_N) was 0, now 13
(note: file rxridge5.dta not found)
file rxridge5.dta saved


RXridge:  Estimated Sigma = .60091815


RXridge: Uncorrelated Components...                    Number of obs =        0
-------------------------------------------------------------------------------
       mpg |    Coef.    Std. Err.      t     P>|t|    [95% Conf. Interval]
-----------+-------------------------------------------------------------------
        c1 |  -.4631216   .0431511   -10.73   0.000    -.5491837   -.3770594
        c2 |  -.4405697   .1406539    -3.13   0.003    -.7210951   -.1600443
```

c3	.6158581	.2301646	2.68	0.009	.1568093	1.074907

1. 求得 ridge 迴歸式的收縮路徑 (如下圖)：

　c1 = -.4631216

　c2 = -.4405697

　c3 = 0.6158581

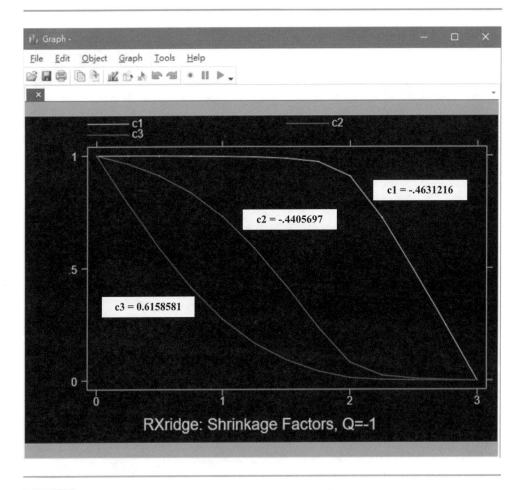

3-2-5 機器學習演算法：彈性網路多工 Lasso 迴歸 (multi task Lasso)(elasticregress 指令)

ElasticNet 是一種使用 L^1 和 L^2 先驗作為正規化矩陣的線性迴歸模型。這種組合用於只有很少的權重非零的稀疏模型，比如：class:Lasso，但是又能保持：class:Ridge 的正規化屬性。我們可以使用 l1_ratio 參數來調節 L^1 和 L^2 的凸組合 (一類特殊的線性組合)。

當多個特徵和另一個特徵相關的時候，彈性網路非常有用。Lasso 傾向於隨機選擇其中一個，而彈性網路更傾向於選擇兩個。

在實踐中，Lasso 和 Ridge 之間取捨的一個優勢是它允許在迴圈過程 (under rotate) 中繼承 Ridge 的穩定性。

彈性網路的目標函數是最小化：

$$\underset{\beta}{\mathrm{argmin}}\left\{\sum_{i=1}^{N}\left(y_i - \sum_{j=1}^{p}x_{ij}\beta_j\right)^2 + K\sum_{j=1}^{p}(\alpha\beta_j^2 + (1-\alpha)|\beta_j|)\right\}$$

ElasticNetCV 可以通過交叉驗證用來設置參數 alpha (α) 和 l1_ratio (p)。

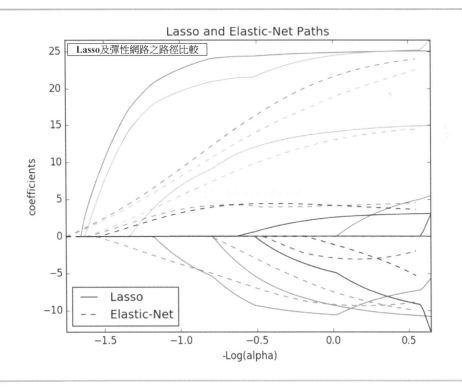

圖 3-23 Lasso 及彈性網路之路徑比較

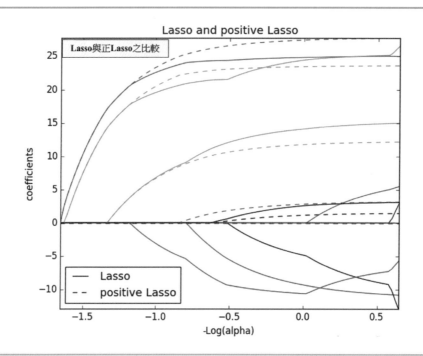

圖 3-24 Lasso 與正 Lasso 之比較

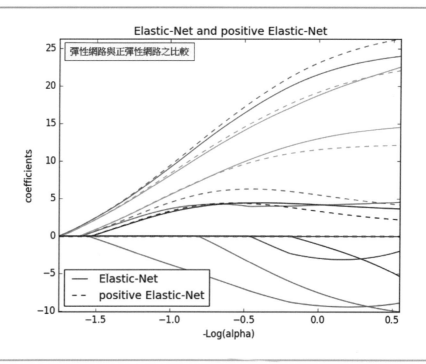

圖 3-25 彈性網路與正彈性網路之比較

3-2-6 邏輯斯迴歸 (logistic regression)

當我們想要「預測」一件事情，最常用的統計工具就是「迴歸」(regression)，要被預測或被了解的變數叫做依變數 (dependent variable)，它可以是名目變數 (nominal)、次序變數 (ordinal)、等距變數 (interval) 以及比率變數 (ratio)。如果依變數是屬於後兩者，我們稱作連續變數 (continuous)，那麼我們習慣用線性迴歸 (linear regression) 去適配 (fit) 數據。

然而在實際的情況下，所收集回來的數據不見得會是連續變數，而常常是名目變數與順序變數 (稱為間斷變數，discrete variable)，例如醫學統計最常遇到的就是「死亡與否」、「有無生病」、「有無發生事件 (復發、犯罪……)」，此時依變數只有兩種情況，那麼傳統的線性迴歸再也不適用於適配這樣的類別性數據，原因有很多，例如殘差常態性不可能成立、依變數的預測值可能會超過 1 等等。此時若對依變數作一個轉換，稱作 logit 轉換則可以解決以上諸多問題。

傳統線性迴歸的迴歸係數 (regression coefficient) 的解釋為「當自變數增加一個單位，依變數則會增加多少單位」，但是在 logistic regression 的迴歸係數解釋為「當自變數增加一個單位，依變數 1 相對依變數 0 的機率會增加幾倍」，也就是說「自變數增加一個單位，依變數有發生狀況 (習慣稱為 event) 相對於沒有發生狀況 (non-event) 的比值」，這個比值就是勝算比 (Odds ratio, OR)。我們可以這樣說，除了迴歸係數的解釋方法不太相同之外，基本上可說傳統線性迴歸跟 logistic regression 是一樣的分析。

一、邏輯斯分布

設 X 是**連續隨機變數**，如果隨機變數 X 對應的機率密度函數 f(x) 和累積分布函數 F(x) 分別是：

$$f(x) = \frac{e^{-\frac{x-\mu}{s}}}{s\left(1 + e^{-\frac{x-\mu}{s}}\right)^2}$$

$$F(x) = P(X \leq x) = \int_{-\infty}^{x} f(x)dx = \frac{1}{1 + e^{-\frac{x-\mu}{s}}}$$

那麼，X 服從邏輯斯分布。其中，μ 為位置參數，s > 0 為形狀參數。

累積分布函數屬於邏輯斯函數，其圖形是一條 S 型曲線 (又稱為 Sigmoid 曲線)。該曲線的特點是：以點 (μ, $\frac{1}{2}$) 為中心對稱，即滿足：

$$F(-x+\mu) - \frac{1}{2} = -F(x-\mu) + \frac{1}{2}$$

曲線在中心附近增長較快，在兩端增長速度較慢。從密度函數和分布函數圖形都能看出，形狀參數 s 的值越小，曲線在中心附近增長的越快。

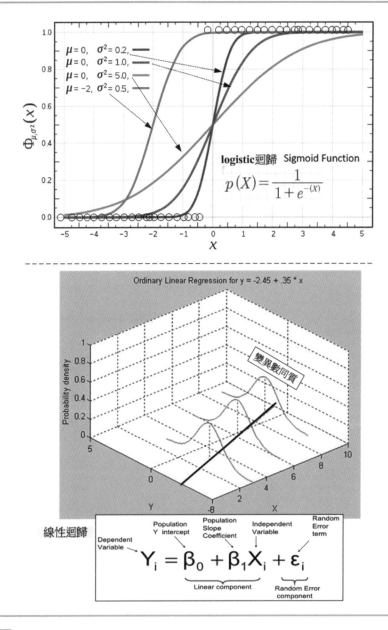

圖 3-26 logistic 迴歸 vs. 線性迴歸

二、邏輯斯迴歸模型

之前介紹的線性迴歸，簡稱迴歸分析，一般它不用在分類問題上。原因可以概括為以下兩個：

1. 線性迴歸模型是連續型模型，即預測出的值都是連續值(實數值)，非離散值；
2. 預測結果受樣本雜訊的影響比較大。

而本節要介紹的邏輯斯迴歸模型 (Logistic Regression model，LR 模型) 是一種可用來分類的模型。在此，參數 X 取值為連續值或離散值，依變數 Y 取值為 1 或 0。

(一) 邏輯斯模型運算式

LR 模型運算式為參數化的邏輯斯 (累積) 分布函數 (內定參數值 μ = 0, s = 1) 即：

$$h_w(x) = \frac{1}{1 + e^{-w^T \cdot x}}$$

$h_w(x)$ 作為事件結果 $y = 1$ 的概率取值。這裡，$x \in R^{n+1}$，$y \in \{1, 0\}$，$w \in R^{n+1}$ 是權值向量。其中權值向量 w 中包含偏置項，即 $w = (w_0, w_1, \dots, w_n)$, $x = (1, x_1, \dots, x_n)$。

(二) 理解邏輯斯模型

1. 對數機率

一個事件發生的機率 (odds) 是指該事件發生的概率與該事件不發生的概率的比值。如果事件發生的概率是 p，那麼該事件的機率為 $\frac{p}{1-p}$，該事件的對數機率 (log odds，用 logit 函數表示) 是：

$$logit(p) = \log\frac{p}{1-p}$$

對概似比 (Likelihood ratio, LR) 而言，根據上面二個公式，可得：

$$\log\frac{h_w(x)}{1-h_w(x)} = w^T x$$

即在邏輯斯模型中，輸出 $y = 1$ 的對數機率是輸入實例 x 的線性函數。

2. 函數映射

除了從對數機率的角度理解邏輯斯模型外，從函數映射也可以理解邏輯斯模型。

考慮對輸入實例 x 進行分類的線性運算式 $w^T x$，其值域為實數域 ($x \in R^{n+1}$, $w \in R^{n+1}$)。透過 LR 模型運算式 [上面 logit(p) 式] 可以將線性函數 $w^T x$ 的結果映射到 (0,1) 區間，取值表示為結果為 1 的概率 (在二分類場景中)。

線性函數的值愈接近正無窮∞，概率值就越接近 1；反之，其值越接近負無窮，概率值就越接近 0。這樣的模型就是**邏輯斯模型**。

邏輯斯迴歸本質上還是線性迴歸，只是特徵到結果的映射過程中加了一層函數映射 (即 sigmoid 函數)，即先把特徵 / 變數線性求和，然後使用 sigmoid 函數將線性和約束至 (0,1) 之間，結果值用於二分或迴歸預測。

定義：sigmoid 函數

Sigmoid 函數 $S(X)$ 由下列公式定義

$$S(x) = \frac{1}{1 + e^{-x}}$$

其對 x 的導數 $S'(X)$ 可以用自身 $S(X)$ 來表示：

$$S'(x) = \frac{e^{-x}}{(1 + e^{-x})^2} = S(x)(1 - S(x))$$

(三) 邏輯斯模型：機率解釋

LR 模型多用於解決二分類問題，如廣告是否被點擊 (是 / 否)、商品是否被購買 (是 / 否) 等網際網路領域中常見的應用場景。

但是實際場景中，我們又不把它處理成「絕對的」分類問題，而是用其預測值作為事件發生的概率。

在此從事件、變數以及結果的角度給予解釋。

我們所能拿到的訓練數據統稱為觀測樣本。問題：樣本是如何生成的？

一個樣本可以理解為發生的一次事件，樣本生成的過程即事件發生的過程。對於 0/1 分類問題來講，產生的結果有兩種可能，符合伯努利試驗的概率假設。因此，我們可以說樣本的生成過程即為伯努利試驗過程，產生的結果 (0/1)

服從伯努利分布。在此我們假設結果爲 1 的概率爲 $h^T w$，結果爲 0 的概率爲 $1 - h^T w$。

那麼，對於第 i 個樣本，概率公式表示如下：

$$P(y^{(i)} = 1 \mid x^{(i)}; w) = h_w(x^{(i)})$$
$$P(y^{(i)} = 0 \mid x^{(i)}; w) = 1 - h_w(x^{(i)})$$

將上面二個公式合併在一起，即可得第 i 個樣本正確預測的概率：

$$P(y^{(i)} \mid x^{(i)}; w) = (h_w(x^{(i)}))^{y^{(i)}} \cdot (1 - h_w(x^{(i)}))^{1 - y^{(i)}}$$

上式是對一條樣本進行建模的數據表達。對於多條樣本，假設每條樣本生成過程獨立，在整個樣本空間中 (m 個樣本) 的概率分布爲：

$$(Y \mid X; w) = \prod_{i=1}^{m} ((h_w(x^{(i)}))^{y^{(i)}} \cdot (1 - h_w(x^{(i)}))^{1 - y^{(i)}})$$

透過最大概似估計 (Maximum Likelihood Evaluation, MLE) 方法求概率參數。具體地，下面給出了透過隨機梯度下降法 (Stochastic Gradient Descent, SGD) 求參數。

定義：梯度下降法的三種形式：BGD、SGD 及 MBGD

在應用機器學習演算法時，我們通常採用梯度下降法來對採用的演算法進行訓練。其實，常用的梯度下降法還具體包含有三種不同的形式，它們也各自有著不同的優缺點。

下面我們以線性迴歸演算法來對三種梯度下降法進行比較。

一般線性迴歸函數的假設函數爲：

$$h_\theta = \sum_{j=0}^{n} \theta_j x_j$$

對應的能量函數 (損失函數) 形式爲：

$$J_{train}(\theta) = 1 / (2m) \sum_{i=1}^{m} (h_\theta(x^{(i)}) - y^{(i)})^2$$

下圖爲一個二維參數 (θ_0 和 θ_1) 組對應能量函數的視覺化圖

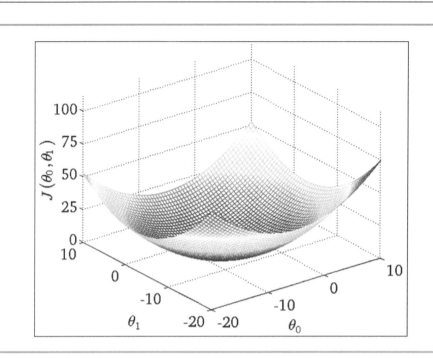

圖 3-27 二維參數 (θ_0 和 θ_1) 組對應能量函數的變化程度

BGD(Batch Gradient Descent)

批量梯度下降法是梯度下降法最原始的形式，它的具體思路是在更新每一參數時都使用所有的樣本來進行更新。它得到的是一個全局最優解，批量梯度下降法在更新每一個參數時，即每疊代一步，都要用到訓練集所有的數據，訓練過程會隨著樣本數量的加大而變得異常的緩慢。

優點：全局最優解；易於並行實現。

缺點：當樣本數目很多時，訓練過程會很慢。

從疊代的次數上來看，BGD 疊代的次數相對較少。其疊代的收斂曲線示意圖可以表示如下：

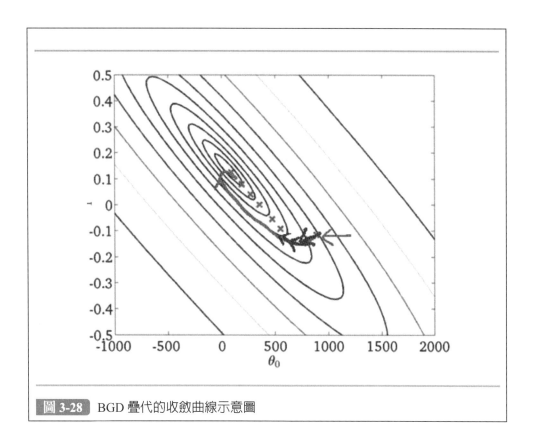

圖 3-28 BGD 疊代的收斂曲線示意圖

(四) 參數學習演算法

參數學習方法：假設了一個在整個輸入空間上有效的模型，將問題歸結為在樣本上估計少量參數，(如：線性模型估計 w，高斯分布估計 μ 和 σ)。參數學習方法假定了一個模型，當模型假定不成立或樣本不是一個分組可能導致很大的誤差。(如：語音識別中由於不同口音、性別、年齡、發音等沒有單個同樣的模型)。

參數方法：為樣本每個分組假定一個參數模型，(如：使用混合分布估計輸入樣本)。

非參數方法：只假定相似輸入具有相似輸出 (如：k 近鄰)，非參數方法使用合適的聚類 (cluster) 度量相似性，對於輸入樣本，從訓練集中找出它們的相似示例 (輸入樣本的鄰域)，並由相似的實例插值得到正確的輸入。參數模型定義了一個全局模型，所以訓練樣本都影響最終估計，而非參數方法不存在全局模型，需要時估計局部模型 (如：局部加權線性迴歸)，它們只受鄰近訓

> 練樣本影響，是局部回應。因此非參數模型不是固定的，複雜性依賴訓練集大小，非參數學習方法又稱基於實例或基於記憶的方法，輸入樣本搜索訓練集中相似樣本，並基於相似子集插值。

對於多條樣本，假設每條樣本生成過程獨立，在整個樣本空間中 (m 個樣本) 的概率分布為：

$$(Y|X;w) = \prod_{i=1}^{m} ((h_w(x^{(i)}))^{y^{(i)}} \cdot (1 - h_w(x^{(i)}))^{1-y^{(i)}})$$

再透過最大概似估計 (Maximum Likelihood Evaluation, MLE) 方法求概率參數。

上面公式不僅可以理解為在已觀測的樣本空間中的概率分布運算式。如果從統計學的角度可以理解為參數 w 概似性的函數運算式 (即概似函數運算式)。參數在整個樣本空間中的概似函數可表示為：

$$L(w) = P(Y|X;w)$$
$$= \prod_{i=1}^{m} P(y^{(i)}|x^{(i)};w)$$
$$= \prod_{i=1}^{m} ((h_w(x^{(i)}))^{y^{(i)}} \cdot (1 - h_w(x^{(i)}))^{1-y^{(i)}})$$

為了方便參數求解，對上式取對數，可得：

$$l(w) = logL(w)$$
$$= \sum_{i=1}^{m} (y^{(i)} \cdot \log(h_w(x^{(i)})) + (1 - y^{(i)}) \cdot \log(1 - h_w(x^{(i)})))$$

最大化 log 概似函數，就是最小化交叉熵誤差 (Cross Entropy Error)。

補充說明：交叉熵誤差 (Cross Entropy Error)

監督學習的 2 大分支：

1. 分類問題：目標變數是離散的。

2. 迴歸問題：目標變數是連續的數值。

一、理解 cross entropy 之前，先了解何謂 entropy(熵)

熵直觀上的理解代表一個狀況的混亂情況，情況越混亂，熵越大，如果有一枚作弊的硬幣，怎麼丟都是正面，那它的情況就很穩定，熵就等於零。

Quora 的問答舉了一個例子，如果有四個不同顏色的球 (紅橙黃綠)，每個抽到的機率都是 1/4，其中一種最好的問法是，請問是不是紅球或橙球，分為兩組後，再問是否為紅球及是否為黃球，就能找出所有的球，由於問了兩道題目，1/4(機率) * 2 道題目 * 4 顆球 = 2，平均需要問兩道題目才能找出不同顏色的球，也就是說期望值為 2，代表 entropy。

逆推回來，1 顆球抽到的機率是 1/4，找出這顆球的題目數是 $\log_2(\frac{1}{1/4}) = 2$，

需要問兩題才能找出，所以把所有的**可能性**與**問的問題數**加總起來，就代表情況平均所需的問題數目，也就是期望值，公式如下，i 代表可能的情況：

$$\sum_{i=1}^{N} P_i \times \log_2(\frac{1}{P_i})$$

二、cross entropy(交叉熵)：目前策略所需的問題數量 (成本)

剛才在算 entropy，都隱含了最佳解的設定，**但現實狀況下，並不會這麼幸運**，於是有了 cross entropy，在某一策略下，猜彩色球需要的問題數，可能有些人比較傻，一開始只問了是不是藍色，這樣就導致了需要更多題目才能得到結果，計算出的 cross entropy 就會比較大。

公式上變動不大，第一個 P_i 一樣，代表情況不變，每個彩色的球抽到機率跟原本設定的一樣，但 $\log_2(\frac{1}{P_i})$ 的 P_i 是你目前策略所假設的機率，它所代表的意義是**策略所產生的問題數量**，以 P_i'' 表示你執行策略所設定的機率，公式變為：

$$\sum_{i=1}^{N} P_i \times \log_2(\frac{1}{P_i''})$$

不好的執行策略，就是對於原本的機率 P_i 的錯誤假設，P_i 與 P_i'' 的差距很大，導致 cross entropy 很高。

小結

　分類問題，都用：onehot + cross entropy。

1. 訓練 (training) 過程中，分類問題用 cross entropy，迴歸問題用誤差均方 MS_E(mean squared error)。

2. 訓練 (training) 之後，事後驗證 (validation / testing) 時，使用分類錯誤率 (classification error) 更直觀，且是很好適配指標。

先不考慮累加和 $\sum m_i = 1$，針對每個參數 w_j 求偏導：

$$\frac{\partial}{\partial w_j} l(w) = \left(y\frac{1}{h_w(x)} - (1-y)\frac{1}{1-h_w(x)}\right)\frac{\partial}{\partial w_j} h_w(x)$$
$$= \left(\frac{y - h_w(x)}{h_w(x) \cdot (1 - h_w(x))}\right) \cdot h_w(x)(1 - h_w(x)) \cdot \frac{\partial}{\partial w_j} w^T x$$
$$= (y - h_w(x)) \cdot \frac{\partial}{\partial w_j} w^T x$$
$$= (y - h_w(x)) \cdot x_j$$

最後，通過掃描樣本，疊代下述公式可求得參數：

$$w_{j+1} = w_j + \alpha \cdot (y^{(i)} - h_w(x^{(i)})) \cdot x_j^{(i)}$$

上面公式中的 α 表示學習率 (learning rate，又稱學習步長)。

此外，還有 **Batch GD**、共軛梯度、**擬牛頓法 (LBFGS)**、**ADMM** 分布學習演算法等都可用於求解參數，這些都是「最優化演算法」之一。

基於梯度法求目標函數極值，另一種推導方式：

$$l(w) = \log L(w)$$
$$= \sum_{i=1}^{m}(y^{(i)} \cdot \log(h_w(x^{(i)})) + (1 - y^{(i)}) \cdot \log(1 - h_w(x^{(i)})))$$
$$= \sum_{i=1}^{m}\left(y^{(i)} \cdot \log\frac{h_w(x^{(i)})}{1 - h_w(x^{(i)})} + \log(1 - h_w(x^{(i)}))\right)$$
$$= \sum_{i=1}^{m}(y^{(i)} \cdot w^T x^{(i)} - \log(1 + \exp(w^T x^{(i)})))$$

同樣的，對每個參數求偏導，推導結果為：

$$\frac{\partial}{\partial w_j} l(w) = y^{(i)} x_j^{(i)} - \frac{\exp(w^T x^{(i)})}{1 + \exp(w^T x^{(i)})} x_j^{(i)} = (y^{(i)} - h_w(x^{(i)})) \cdot x_j^{(i)}$$

Sigmoid 函數性質：

1. $h_w(-x) = 1 - h_w(x)$

2. $h'_w(x) = (1 - h_w(x)) \cdot h_w(x)$

推導得：

$$h'(x) = \left(\frac{1}{1+e^{-x}} \right)' = -\frac{1}{(1+e^{-x})^2} \cdot (e^{-x})'$$

$$= \frac{e^{-x}}{(1+e^{-x})^2} = \frac{e^{-x}}{1+e^{-x}} \cdot \frac{1}{1+e^{-x}}$$

$$= (1-h(x)) \cdot h(x)$$

公式：

$$l(w) = \log L(w)$$

$$= \sum_{i=1}^{m} (y^{(i)} \cdot \log(h_w(x^{(i)})) + (1-y^{(i)}) \cdot \log(1-h_w(x^{(i)})))$$

其實上面公式，不難看出，LR 模型的對數概似函數對應的就是交叉熵的運算式。在已知樣本空間下，對於條件概率 $P(y \mid x) = h_w(yx)$ 來說，其概似函數運算式為：

$$\max_{h} likelihood(h) \propto \prod_{i=1}^{m} h_w(y^{(i)} x^{(i)})$$

式表示函數 h 的可能性，即 $likelihood(h)$。該式越大，說明 h 越逼近真實目標函數 f。將其轉化為求極小值問題 (添加負號)，並寫成 log 形式為：

$$\min_{w} \frac{1}{m} \sum_{i=1}^{m} -\log(h_w(y^{(i)} x^{(i)})) \tag{3-10}$$

$$\Rightarrow \min_{w} \frac{1}{m} \sum_{i=1}^{m} \log(1 + \exp(-y^{(i)} w^T x^{(i)})) \tag{3-11}$$

$$\Rightarrow \min_{w} \frac{1}{m} \underbrace{\sum_{i=1}^{m} err(w, y^{(i)}, x^{(i)})}_{E_{in}(w)} \tag{3-12}$$

(3-10) 式添加了 $\frac{1}{m}$ 是為了寫成 loss function 的長相 (對於已知數據來說，其作為一個常數，對求解無妨)；(3-12) 運算式又稱為交叉熵損失 (**Cross-Entropy Error**)。

值得一提的是：不止 LR 模型的損失函數是交叉熵損失，幾乎所有的條件概率模型對應的 loss function 都是交叉熵損失。

三、邏輯斯模型與廣義線性模型、最大熵模型、指數族分布

(一) 邏輯斯模型是廣義線性模型的特例

當目標值分布服從伯努利分布時。

(二) 邏輯斯模型是最大熵模型的特例

最大熵模型是基於最大熵原理，優化條件概率 p(y | x) 熵，並通過對偶函數極大化或最大概似估計得到的概率模型。當 y 滿足二項分布時，得到的概率模型即為 $P(y = 1 | x)$。

(三) 邏輯斯模型滿足指數族分布

LR 模型與指數族分布也存在密切的關係，指數族分布的歸一化形式 (Canonical Form)：

$$p(y|\eta) = h(y) \cdot g(\eta) \cdot \exp\{\eta^T \mu(y)\}$$

前面提到，LR 模型對應的結果只有兩種可能，多次獨立同分布實驗服從二項分布。LR 模型是指數族分布中 y 服從二項分布的特例。

四、邏輯斯模型在工業界的應用

邏輯斯模型在工業界中的應用。毫不誇張地說，LR 模型是工業界應用最多的模型之一，不管是在各種預估問題場景 (如推薦、廣告系統中的點擊率預估，轉化率預估等)，亦或是分類場景 (如用戶畫像中的標籤預測，判斷內容是否具有商業價值，判斷點擊作弊等等)，我們發現都會出現 LR 的身影。

總之，LR 模型自身的特點具備了應用廣泛性，LR 模型具有特性如下：

1. 模型易用：LR 模型建模思路清晰，容易理解與掌握；
2. 概率結果：輸出結果可以用概率解釋 (二項分布)，天然的可用於結果預估問題上；
3. 強解釋性：特徵 (向量) 和標籤之間通過線性累加與 Sigmoid 函數建立關聯，參數的取值直接反應特徵的強弱，具有強解釋性；
4. 簡單易用：有大量的機器學習開源工具包含 LR 模型，如 sklearn、spark-mllib 等，使用起來比較方便，能快速的搭建起一個 learning task pipeline。

　　但在工業界中典型的大規模學習任務－如廣告的 CTR 預估問題。除了預估模型自身外，還要考慮模型能否解決學習任務、業務場景中出現的問題。比如：

1. 學習的 over-fitting 問題。

2. 學習的數據稀疏性問題。

3. 模型自身的學習效率 (收斂速度，穩定性)。

4. 訓練模型時數據、特徵的擴展性問題，即學習演算法可否在分散式環境下工作。

5. 如何結合實際應用場景 (比如多資源位 / 多廣告位的點擊預估問題)，給出相應的解決方案。

　　從模型的角度，over-fitting 和稀疏性問題可以在優化求解中的 LR 損失函數基礎上加上正規項來解決：

1. loss function $+ \lambda |w|_2^2$：解決 over-fitting。

2. loss function $+ \lambda |w|_1$：解決稀疏性。

　　超大規模稀疏 LR 模型學習問題，LR 模型自身是做不到的。這個時候需要我們為它選擇一個學習演算法和分散式系統。在分散式環境下，約束優化求解理想方案之一：ADMM(交叉方向乘子法) 演算法 (Alternating Direction Method of Multipliers)，可用於求解形式為 "loss function + 正規項 " 目標函數極值問題。

　　交替方向乘子法 (Alternating Direction Method of Multipliers, ADMM) 是一種求解優化問題的計算框架，適用於求解分散式凸優化問題，特別是統計學習問題。ADMM 通過分解協調 (decomposition-coordination) 過程，將大的全局問題分解為多個較小、較容易求解的局部子問題，並通過協調子問題的解而得到大的全局問題的解。

　　關於 ADMM，在此給出簡單的概括：

1. ADMM 演算法在拉格朗日函數中引入懲罰函數項 (二階項) 用於保證求解時的收斂效率 (收斂速度) 和結果的健壯性 (放鬆目標函數為強凸的限制)。

2. 目標函數可分的，可以將數據集劃分多了數據 block，各自學習得到局部參數，然後匯總得到全局參數；進一步將全局參數「廣播」(broadcast) 至各個計算節點，用於下一輪局部參數學習的初始值。

3. ADMM 演算法框架將目標函數劃分為兩部分 (為了引入全局參數)，局部參數與全局參數的組合作為約束條件；演算法自身結構也是為了適應在分散式環境下求解。

小結

　　LR 模型用於解決大規模預估問題還是有很多挑戰的。比如上面提到的幾個問題，當然都不是預估模型的問題，而是一個大規模機器學習任務所面臨的問題：

1. 特徵離散化表示後 (尤其是 ID 類特徵)，特徵會非常稀疏，學習時需要考慮稀疏性問題；
2. 訓練數據集相比樣本的高維度特徵向量表示來說，顯得「捉襟見肘」時，學習時要考慮 over-fitting 問題；
3. 如何在更多的訓練數據集和更高的數據特徵維度上，藉助分散式框架＋優化求解演算法框架解決超大規模離散 LR 模型學習問題？

名詞解說：

1. 廣義線性迴歸 (第 9 章非線性迴歸：廣義線性模型)

　　其實，迴歸家族的模型可以統稱為廣義上的線性迴歸。如果把 w 看作是參數，而 x_i, x_ix_j, x_i^2 等看作參數的常量 (他們可直接從線性觀測數據中計算得到)，如此上面介紹的迴歸模型都可以看作是參數 w 的線性函數。

2. 線性迴歸與非線性 (曲線) 關係

　　線性迴歸固然可以表達線性關係，但是也可以表達非線性關係。如「廣義線性迴歸」中解釋的那樣，如果先把每個特徵變數映射到一個函數 (如 $x_i \rightarrow x_i^2$)，然後再進行線性計算。如此，線性迴歸可以表達特徵與結果之間的非線性關係。

　　廣義線性迴歸既可以表達線性關係，也可以表達非線性關係。

3-3 機器學習法：隨機森林 (外掛指令 randomforest)、支援向量機 (外掛指令 svmachines)

3-3-1 機器學習法：隨機森林 (外掛指令：randomforest)

　　實證醫學的文獻，很多學者都認定，隨機森林做二分變數 (binary variable) 的分類，都比「SVM、類神經網路、logistic 迴歸」正確率來得高。因此，本書特別介紹，如何使用 STaTa 統計軟體來執行隨機森林的分類、迴歸預測，在以

下例子，也顯示隨機森林做分類效果，達到 100% 正確率。

機器學習方法，由於決策樹的決策樹演算法很容易過度適配 (overfitting)，因為它是通過最佳策略來進行屬性分裂的，這樣往往容易在訓練資料 (train data) 上效果好，但是在待驗證資料 (test data) 上效果不好。隨機森林 (random forest) 演算法，本質上是一種 ensemble 的方法，可以有效的降低過度適配。

一、隨機森林 (random forest) 概述

在機器學習中，隨機森林是一個包含多個決策樹的分類器，並且其輸出的類別是由個別樹輸出的類別的眾數而定。Leo Breiman 和 Adele Cutler 發展出推論出隨機森林的演算法。而 "Random Forests" 是他們的商標。這個術語是 1995 年由貝爾實驗室的 Tin Kam Ho 所提出的隨機決策森林 (random decision forests) 而來的。這個方法則是結合 Breimans 的 "Bootstrap aggregating" 想法和 Ho 的 "random subspace method" 來建造決策樹的集合。

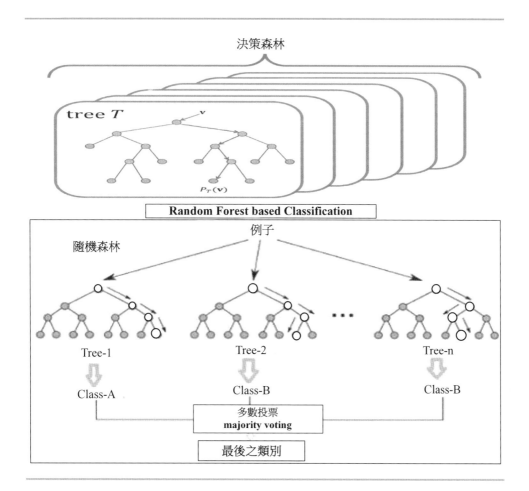

圖 3-29 隨機森林 (random forest)

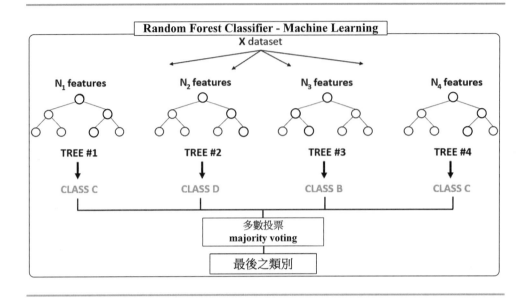

圖 3-29 隨機森林 (random forest) (續)

(一) 學習演算法

根據下列演算法而建造每棵樹：

1. 用 N 來表示訓練用例 (樣本) 的個數，M 表示特徵數目。
2. 輸入特徵數目 m，用於確定決策樹上一個節點的決策結果；其中 m 應遠小於 M。
3. 從 N 個訓練用例 (樣本) 中以有放回抽樣的方式，取樣 N 次，形成一個訓練集 (即 bootstrap 取樣)，並用未抽到的用例 (樣本) 作預測，評估其誤差。
4. 對於每一個節點，隨機選擇 m 個特徵，決策樹上每個節點的決定都是基於這些特徵確定的。根據這 m 個特徵，計算其最佳的分裂方式。
5. 每棵樹都會完整成長而不會剪枝 (Pruning，這有可能在建完一棵正常樹狀分類器後會被採用)。

(二) 隨機森林的優點

1. 它可以產生高準確度的分類器。
2. 它可以處理大量的輸入變數。

3. 它可以在決定類別時，評估變數的重要性。

4. 在建造森林時，它可以在內部對於一般化後的誤差產生不偏差的估計。

5. 它包含一個好方法可以估計遺失的資料，並且，如果有很大一部分的資料遺失，仍可以維持準確度。

6. 它提供一個實驗方法，可以去偵測 variable interactions。

7. 對於不平衡的分類資料集來說，它可以平衡誤差。

8. 它計算各例中的親近度，對於資料探勘、偵測離群點 (outlier) 和將資料視覺化非常有用。

9. 使用上述。它可被延伸應用在未標記的資料上，這類資料通常是使用非監督式聚類。也可偵測偏離者和觀看資料。

10. 學習過程是很快速。

二、隨機森林：迴歸分析、分類分析 (外掛指令：randomforest)

範例 1：隨機森林：做迴歸 (regression) 分析

(一) 問題說明

試用隨機森林，以迴歸法來預測汽車價格之影響因素有哪些？(分析單位：汽車)

研究者收集數據並整理成下表，此「auto.dta」資料檔內容之變數如下：

變數名稱	說明	編碼 Codes/Values
依變數 (連續變數)：price	車價	3291～15906 美元
features/ 自變數：weight	車重	1760～4840 磅
features/ 自變數：length	車長	142～233 吋

(二) 資料檔之內容

「auto.dta」資料檔內容如下圖。

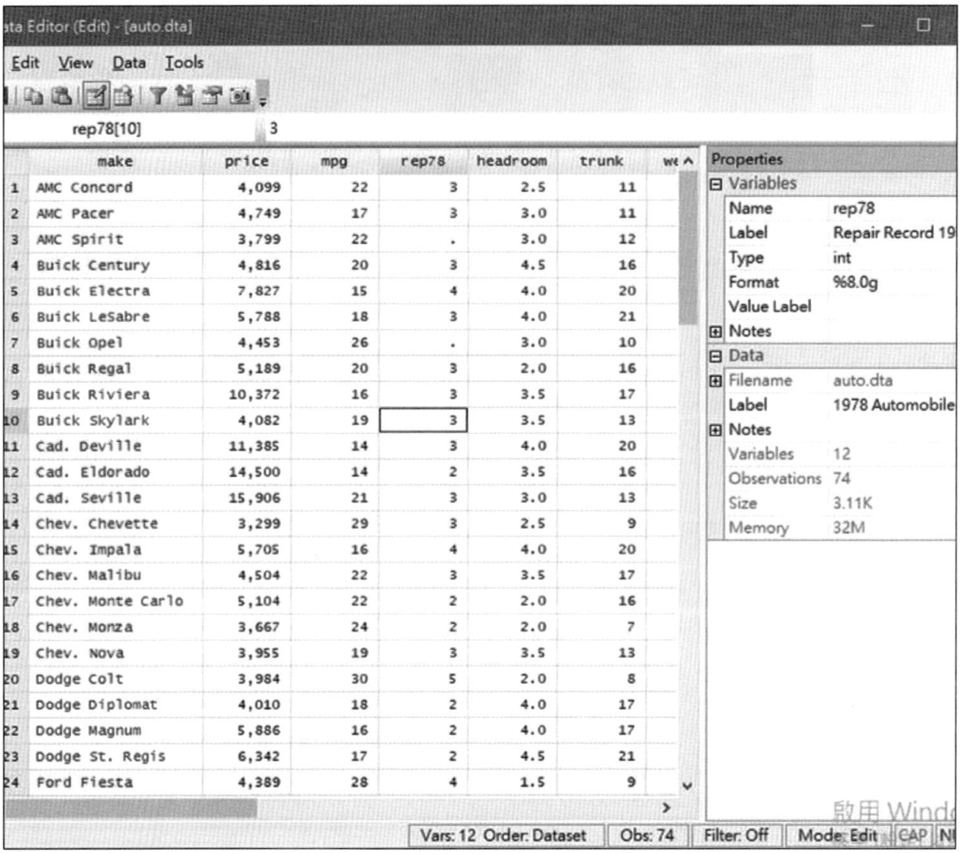

	make	price	mpg	rep78	headroom	trunk
1	AMC Concord	4,099	22	3	2.5	11
2	AMC Pacer	4,749	17	3	3.0	11
3	AMC Spirit	3,799	22	.	3.0	12
4	Buick Century	4,816	20	3	4.5	16
5	Buick Electra	7,827	15	4	4.0	20
6	Buick LeSabre	5,788	18	3	4.0	21
7	Buick Opel	4,453	26	.	3.0	10
8	Buick Regal	5,189	20	3	2.0	16
9	Buick Riviera	10,372	16	3	3.5	17
10	Buick Skylark	4,082	19	3	3.5	13
11	Cad. Deville	11,385	14	3	4.0	20
12	Cad. Eldorado	14,500	14	2	3.5	16
13	Cad. Seville	15,906	21	3	3.0	13
14	Chev. Chevette	3,299	29	3	2.5	9
15	Chev. Impala	5,705	16	4	4.0	20
16	Chev. Malibu	4,504	22	3	3.5	17
17	Chev. Monte Carlo	5,104	22	2	2.0	16
18	Chev. Monza	3,667	24	2	2.0	7
19	Chev. Nova	3,955	19	3	3.5	13
20	Dodge Colt	3,984	30	5	2.0	8
21	Dodge Diplomat	4,010	18	2	4.0	17
22	Dodge Magnum	5,886	16	2	4.0	17
23	Dodge St. Regis	6,342	17	2	4.5	21
24	Ford Fiesta	4,389	28	4	1.5	9

圖 3-30 「auto.dta」資料檔內容 (N=74 汽車)

觀察資料之特徵

```
* 開啟資料檔
* 清除以前的數據
. clear

* 網站上，讀資料檔
. sysuse auto

. sum price weight length

    Variable |        Obs        Mean    Std. Dev.       Min        Max
-------------+---------------------------------------------------------
```

price |	74	6165.257	2949.496	3291	15906
weight |	74	3019.459	777.1936	1760	4840
length |	74	187.9324	22.26634	142	233

安裝 STaTa v15 外掛指令：randomforest

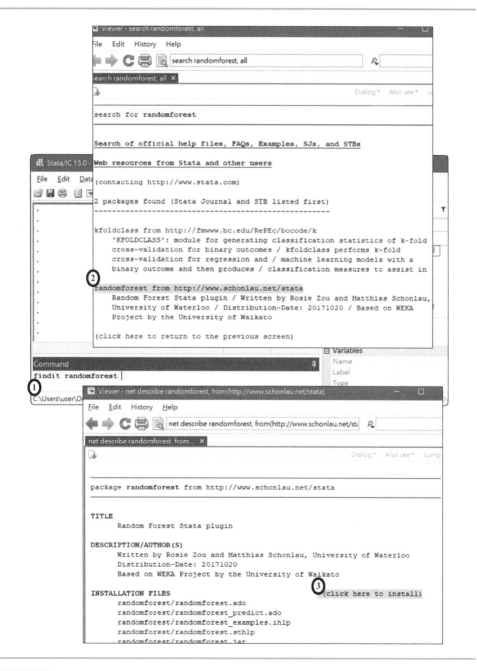

圖 3-31 「安裝 STaTa 外掛指令：randomforest」畫面

STaTa 外掛指令：randomforest 語法

Syntax

    randomforest depvar indepvars [if] [in] , [options]

    predict {nevvar|varlist|stub*}[if][in],[pr]

options	Description
Model	
type(str)	The type of decision tree. Must be one of "class" (classification) or "reg" (regression).
iterations(int)	Set the number of itezations (trees), default to 100 if not specified.
numvars(int)	Set the number of variables to randomly investigate, default to sqrt (number of indepvars).
Tree Size	
depth(int)	Set the maxim depth of the random forest, default to 0 for unlimited ' if not specified.
lsize(int)	Set the minimum number of observations per leaf, default to 1 if not specified.
variance(real)	Set the minimum proportion of the variance on all the date that needs to be pressent at a node in order for splitting to be performed in regression trees, default to le^(03) if not specified. Only applicable to regr p_end)
Other	
seed(int)	Set the seed value, default to 1 if not specified.
numdecimalplaces (int)	Set the precision for computation, default to minimus 5 decimal places if not specified.

Predict Syntax

    predict {nevvar|newvarlist|stub*}[if][in], [pr]

    If option pr is specified, the post-estimation command returns the class probabilities, This option is only applicable to classification problems.

Options for randomforest

    ┌─ Model └

type specifies whether the prediction is categorical or continuous. type(class) builds a classification tree and type(reg) builds a regression tree.

iterations sets the number of trees to be generated when constructing the model, The default value is 100 if not specified.

numvars sets the number of independent variables to randomly investrigate at each aplit. The default value is sqrt(numer of independent variables) if not specified.

    ┌─ Tree Size └

depth sets the maximum depth of the random forest model, which is the length of the longest path from the root not to a leaf node, The default value is 0, which indicates that the maximum height is unlimited.

lisize sets the minimum number of observations to include at each leaf node. The default value is 1 if not specifi

variance sets the minimum proportion of the variance on all the data that needs to be present at a node in order splitting to be performed in regression trees. If the variance of the dependent variable is a on the full dataset, and this er is set to b, then a node will only be considered for splitting if the variance of the dependent variable at this node is at least a*b.

(三) 分析結果與討論

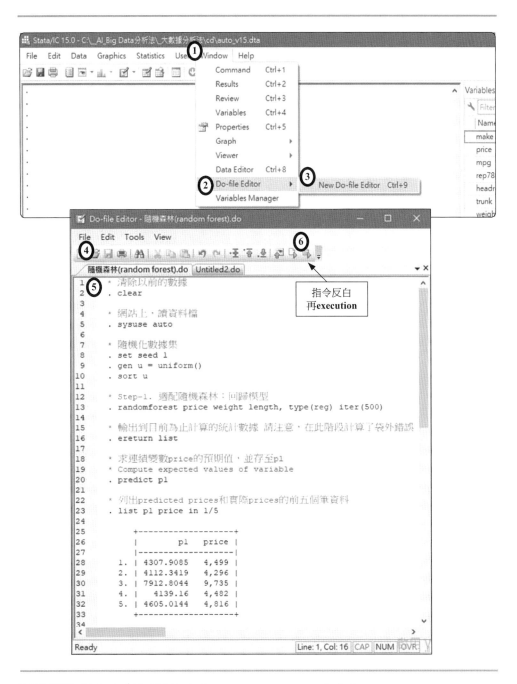

圖 3-32 批次指令檔「隨機森林 (random forest).do」之內容

Step 1 隨機森林：迴歸 (regression) 分析

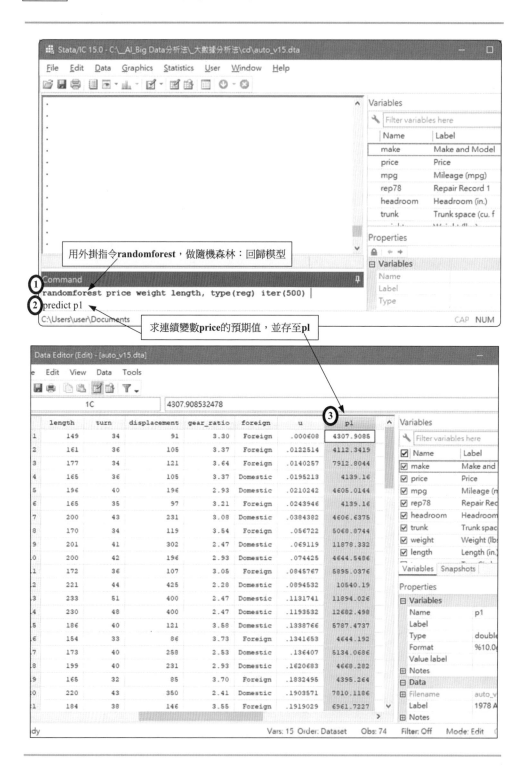

圖 3-33 執行「randomforest price weight length, type(reg) iter(500)」畫面

指令語法如下：

```
* 清除以前的數據
. clear

* 網站上，讀資料檔
. sysuse auto

* 隨機化數據集
. set seed 1
. gen u = uniform()
. sort u

* 先安裝外掛指令：randomforest
. findit randomforest

* Step-1 適配隨機森林：迴歸模型
. randomforest price weight length, type(reg) iter(500)

* 輸出到目前為止計算的統計數據 請注意，在此階段計算了袋外錯誤。
. ereturn list

* 求連續變數 price 的預期值，並存至 p1
* Compute expected values of variable
. predict p1

* 列出 predicted prices 和實際 prices 的前五個筆資料
. list p1 price in 1/5

     +-------------------+
     |        p1   price |
     |-------------------|
  1. | 4307.9085   4,499 |
  2. | 4112.3419   4,296 |
  3. | 7912.8044   9,735 |
  4. |  4139.16    4,482 |
  5. | 4605.0144   4,816 |
     +-------------------+
```

```
* 輸出到目前為止計算的統計數據，此階段計算 mean absolute error 和 root mean
squared 誤差
. ereturn list


scalars:
        e(Observations) =  74
          e(features) =  2
        e(Iterations) =  500
         e(OOB_Error) =  1493.44966573811
              e(MAE) =  655.5163188347408
             e(RMSE) =  887.4723791281133


macros:
              e(cmd) : "randomforest"
          e(predict) : "randomforest_predict"
           e(depvar) : "price"
       e(model_type) : "random forest regression"


matrices:
       e(importance) :  2 x 1
```

範例 2 ：隨機森林：分類 (classification) 分析

(一) 問題說明

進行汽車分類 (國產車 vs. 進口車) 之 features(即自變數) 有哪些？並求出分類的正確率 (分析單位：汽車)

研究者收集數據並整理成下表，此「auto.dta」資料檔內容之變數如下圖。

變數名稱	說明	編碼 Codes/Values
依變數：(類別變數) foreign	進口車嗎？	Binary(0,1)
features/ 自變數：price	車價	3291～15906 美元
features/ 自變數：weight	車重	1760～4840 磅
features/ 自變數：length	車長	142～233 吋

Step 2 隨機森林：classification 模型

圖 3-34 執行「randomforest foreign price weight length, type(class) iter(500)」畫面

指令如下：

```
. use auto.dta, clear
* Step-2 適配隨機森林：classification 模型
* features 有：price、weight、length 三個自變數。Label 是二分變數 (foreign)
. randomforest foreign price weight length, type(class) iter(500)

* 求類別變數 price 的預期值 ( 預期分類 )，並存至 p2
. predict p2

* 實際分類 foreign vs. 預測分類 p2，二者求分類的正確率為 (52+22)/74= 100%
. tabulate foreign p2, chi2 rowsort colsort


           |   predicted classes
 Car type | Domestic   Foreign |   Total
-----------+----------------------+----------
 Domestic |      52         0 |      52
  Foreign |       0        22 |      22
-----------+----------------------+----------
    Total |      52        22 |      74

    Pearson chi2(1) =   74.0000   Pr = 0.000
```

本例子，顯示隨機森林做分類效果，達到 100% 正確率。

3-3-2　機器學習法：支援向量機 SVM(外掛指令：svmachines)

　　往昔的文獻，很多學者大力提倡，支援向量機 (Support Vector Machine, SVM) 的分類正確率、迴歸預測，都與「SVM、類神經網路、logistic 迴歸、判別分析」在伯仲之間。因此，本書特別介紹，如何使用 STaTa 統計軟體來執行支援向量機的分類、迴歸，以下例子，也顯示支援向量機做分類、迴歸的效果不錯。

　　早期，Support Vector Machines(支援向量機，SVM) 是一種分類 (classification) 演算法，由 Vapnik 等根據統計學習理論提出的一種新的機器學習方法。

　　SVM 在解決小樣本、非線性及高維模式識別問題中表現出許多特有的優

勢。迄今 SVM 已經應用於手寫體識別、3D 目標識別、人臉識別、文本圖像分類等實際問題中，性能優於已有的學習方法，表現出良好的學習能力。SVM 從有限訓練樣本得到的決策規則對獨立的測試集仍能夠得到較小的誤差。

一、SVM 的概念

簡單來說，SVM 想要解決以下的問題：找出一個超平面 (hyperplane)，使之將兩個不同的集合分開。為什麼使用超平面這個名詞，因為實際資料可能是屬於高維度的資料，而超平面意指在高維中的平面。

以二維的例子來說，如下圖，我們希望能找出一條線能夠將黑點和白點分開，而且我們還希望這條線距離這兩個集合的邊界 (margin) 越大越好，這樣我們才能夠很明確的分辨這個點是屬於那個集合，否則在計算上容易因精度的問題而產生誤差。

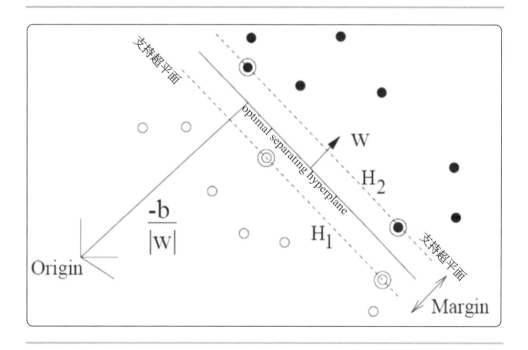

圖 3-35　支援向量機 (Support Vector Machine, SVM)

首先，用「數學」的觀點來描述上面的問題。

假設我們有一堆點集合 $\{x_i, y_i\}$, $i = 1, \ldots, n$ and $x_i \in R^d, y_i \in \{+1, -1\}$。

我們希望能找到一條直線 $f(x) = w^T x - b$ 使所有 $y_i = -1$ 的點落在 $f(x) < 0$ 的

這一邊，且使所有 $y_i = +1$ 的點落在 $f(x) > 0$ 的這一邊，這樣我們就可以根據 $f(x)$ 的正負號來區分這個點是屬於這兩個集合之中的那一個。我們把這樣的超平面稱為 separating hyperplane，而距離兩邊邊界最大的就稱為 optimal separating hyperplane (OSH)。接下來的問題就是我們要如何找出這個超平面。

(一) 支持超平面 (support hyperplane)

在解決這個問題之前，先認識新名詞：**支持超**平面是指與 optimal separating hyperplane 平行，並且最靠近兩邊的超平面。以上面二維的例子來說，那兩條虛線就是支持超平面。將支持超平面寫成如下的式子：

$$w^T x = b + \delta$$
$$w^T x = b - \delta$$

這是一個有過多待解參數的問題 (over-parameterized problem)。假設我們對 x, b, δ 都乘上任意一個常數，等式仍然成立，也就是說有無限多組的 x, b, δ 滿足條件。

為了簡化問題並且消除這個不確定性，我們在等式兩邊乘上一個常數使得 $\delta = 1$，這樣就可以去掉一個待解的參數。在接下來的討論，我們所指的 x 及 b 都做過這樣的尺度調整 (scale)。

找出 optimal separating hyperplane 的問題就等於找出相距最遠 (margin 最大) 的支持超平面 (在兩個支持超平面正中間切一刀就是 OSH)。

定義 separating hyperplane 與兩個支持超平面的距離為 d：

$$d = (\|b+1\| - |b|) / \|w\| = 1 / \|w\| \ \ if \ b \notin (-1, 0)$$
$$d = (\|b+1\| + |b|) / \|w\| = 1 / \|w\| \ \ if \ b \in (-1, 0)$$
$$\text{margin} = 2d = 2/\|w\| \ \rightarrow \ \|w\| \text{ 越大則 margin 越大}$$

我們知道支持超平面與 optimal separating hyperplane 的距離在 ±1 以內 (已經先做過尺度調整)，所以將限制條件寫成下面兩個式子：

$$w^T x_i - b \le -1 \quad \forall y_i = -1$$
$$w^T x_i - b \ge +1 \quad \forall y_i = +1$$

上面兩個限制式可以進一步寫成一個限制式，如下：

$$y_i(w^T x_i - b) - 1 \ge 0$$

總合上面所有的討論，我們有了以下的目標函式：

$$minimize \ \frac{1}{2}\| w \|^2$$
$$subject \ to \ y_i(w^T x_i - b) - 1 \geq 0 \ \ \forall i$$

這就是 SVM 所要解決的主要問題 (the primal problem of the SVM)。

因爲限定條件的關係，上面的最佳化問題有點棘手，還好可以利用 Lagrange Multiplier Method 將上面的式子轉成一個二次方程式，找出可以使 L 爲最小值的 w, b, α_i。(α_i 就是 Lagrange Multiplier)

$$L(w, b, \alpha) = \frac{1}{2}\| w \|^2 - \sum_{i=1}^{N} \alpha_i [y_i(w^T x_i - b) - 1]$$

符合條件的極值點會出現在：
當 $y_i(w^T x_i - b) - 1 = 0$ 時，$\alpha_i \geq 0$
當 $y_i(w^T x_i - b) - 1 > 0$ 時，α_i 必爲 0
Lagrange Multiplier Method 的概念就是把限制條件也變成目標函式的一部分。

(二) Lagrange 乘數法 (Lagrange multiplier method)

Lagrange（拉格朗日，1736～1813）18 世紀最偉大的數學家之二，另一位是長他 29 歲的 Euler（尤拉，1707～1783）。Euler 賞識 Lagrange，在 1766 年和 d'Alembert 一起推薦 Lagrange 爲（柏林科學院）Euler 的繼承人。

在他一生浩瀚的工作中，最爲所有數學家熟知的發明就是 Lagrange multiplier（拉格朗日乘數）或 Lagrange multiplier method，這是一個求極值的方法。比方在兩個變數的時候，我們要找 f(x, y) 的極值，一個必要的條件是：

$$\frac{\partial f}{\partial x} = \frac{\partial f}{\partial y} = 0$$

但是如果 x, y 的範圍一開始就被另一個函數 $g(x, y) = 0$ 所限制，Lagrange 提出以 $f(x,y) + \lambda g(x,y)$ 對 x 和 y 的偏導數爲 0，來代替 $\frac{\partial f}{\partial x} = \frac{\partial f}{\partial y} = 0$ 作爲在 $g(x, y) = 0$ 上面尋找 $f(x, y)$ 極值的條件。式中引入的 λ 是一個待定的數，稱爲乘數，因爲是乘在 g 的前面而得名。

首先我們注意，要解的是 x, y 和 λ 三個變數，而

$$\frac{\partial f}{\partial x} + \lambda \frac{\partial g}{\partial x} = 0$$

$$\frac{\partial f}{\partial y} + \lambda \frac{\partial g}{\partial y} = 0$$

$$g(x, y) = 0$$

雖然有三個方程式，原則上是可以解得出來的。

以 $f(x,y) = x$，$g(x,y) = x^2 + y^2 - 1$ 爲例，當 x, y 被限制的 $x^2 + y^2 - 1 = 0$ 上活動時，對下面三個方程式求解

$$\frac{\partial}{\partial x}[x + \lambda(x^2 + y^2 - 1)] = 1 + 2\lambda x$$

$$\frac{\partial}{\partial y}[x + \lambda(x^2 + y^2 - 1)] = 2\lambda y$$

$$x^2 + y^2 - 1 = 0$$

答案有兩組，分別是 $x = 1$，$y = 0$，$\lambda = -\dfrac{1}{2}$ 和 $x = -1$，$y = 0$，$\lambda = \dfrac{1}{2}$。對應的是 $x^2 + y^2 - 1 = 0$ 這個圓的左、右兩個端點。它們的 x 座標分別是 1 和 -1，一個是最大可能，另一個是最小可能。

讀者可能認爲爲何不把 $x^2 + y^2 - 1 = 0$ 這個限制改寫爲 $x = \cos\theta$、$y = \sin\theta$ 來代入得到 $f(x, y) = f(\cos\theta, \sin\theta)$，然後令對 θ 的微分等於 0 來求解呢？對以上的這個例子而言，當然是可以的，但是如果 $g(x, y)$ 是相當一般的形式，而無法以 x, y 的參數式代入滿足，或是再更多變數加上更多限制的時候，舊的代參數式方法通常是失效的。

這個方法的意義爲何？原來在 $g(x, y) = 0$ 的時候，不妨把 y 想成是 x 的隱函數，而有 $g(x, y(x)) = 0$，並且 $f(x, y)$ 也變成了 $f(x, y(x))$。令 $\dfrac{d}{dz} f(x, y(x)) = 0$ 根據連鎖法則，我們得到：

$$f_x + f_y \frac{dy}{dx} = 0$$

和 (因爲 $\dfrac{d}{dx} g(x, y(x))$ 恆等於 0)

$$g_x + g_y \frac{dy}{dx} = 0$$

因此有行列式爲 0 的結論。

$$\begin{vmatrix} f_x & f_y \\ g_x & g_y \end{vmatrix} = 0$$

這表示 $f_x f_y$ 和 $g_x g_y$ 成比例，所以有 λ

$$f_x = \lambda g_x$$
$$f_y = \lambda g_y$$

另外一個解釋是幾何圖形的角度來考量。我們考慮 $f(x, y)$ 的等位曲線，亦即 $f(x, y) = c$ 諸曲線，如果曲線 $f(x, y) = c$ 與 $g(x, y) = 0$ 互相穿過，亦即如果互不相切，則 $f(x, y)$ 稍稍大於 c(或稍稍小於 c) 都會持續穿過 $g(x, y) = 0$，這就表示在 $g(x, y) = 0$ 之上，c 不可能是一個極值。反過來說，如果 c 是極值的話，$f(x, y) = c$ 這條曲線和 $g(x, y) = 0$ 一定互相切著，會有相同的切線，也可以說有相同的法線。但是 $f(x, y) = c$ 和 $g(x, y) = 0$ 的法線方向分別是 $\left(\frac{\partial f}{\partial x}, \frac{\partial f}{\partial y}\right)$ 和 $\left(\frac{\partial g}{\partial x}, \frac{\partial g}{\partial y}\right)$，它們必須平行，因此：

$$\left(\frac{\partial f}{\partial x}, \frac{\partial f}{\partial y}\right) = \lambda\left(\frac{\partial g}{\partial x}, \frac{\partial g}{\partial y}\right)$$

λ 待定。從這裡也可以看出萬一 $\left(\frac{\partial g}{\partial x}, \frac{\partial g}{\partial y}\right) = (0, 0)$ 那 λ 多半是求不出來的。然而 $\left(\frac{\partial g}{\partial x}, \frac{\partial g}{\partial y}\right) \neq (0, 0)$ 恰好保證了 y 是 x 或 x 是 y 的隱函數，這又回到了上一段以隱函數為出發點來解釋乘數法的前提。

乘數法有許多用處，舉凡在若干限制條件之下求極值的問題，都可以考慮引用這個方法。當然如前所述，引用本法雖然有若干限制，這些限制反映了問題本身的特質，本來就是問題的一部分，值得好好推敲。

二、支援向量機：迴歸分析、分類分析 (外掛指令：svmachines)

範例 1：支援向量機：二元變數的分類 (Binary classification)

(一) 問題說明

試用支援向量機，以迴歸法來預測汽車價格之影響因素有哪些？(分析單位：汽車)

研究者收集數據並整理成下表，此「auto.dta」資料檔內容之變數如下：

變數名稱	說明	編碼 Codes/Values
依變數 (連續變數)：price	車價	3291～15906 美元
features/ 自變數：weight	車重	1760～4840 磅
features/ 自變數：length	車長	142～233 吋

(二) 資料檔之內容

「auto.dta」資料檔內容如下圖。

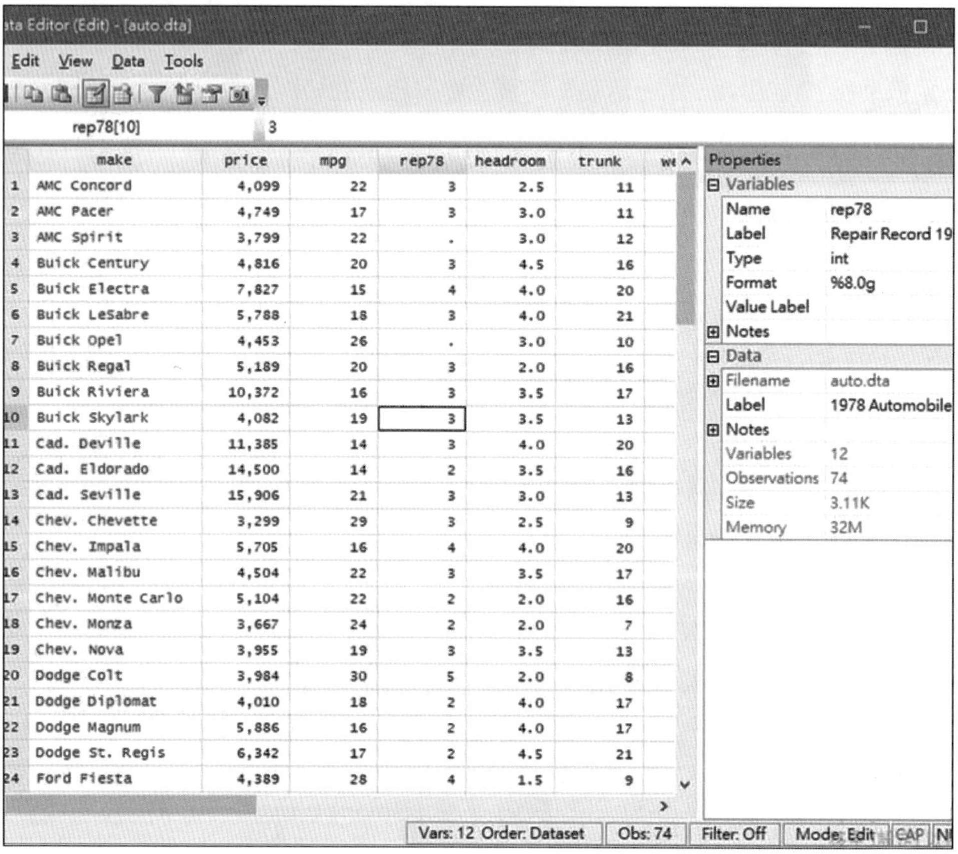

	make	price	mpg	rep78	headroom	trunk
1	AMC Concord	4,099	22	3	2.5	11
2	AMC Pacer	4,749	17	3	3.0	11
3	AMC Spirit	3,799	22	.	3.0	12
4	Buick Century	4,816	20	3	4.5	16
5	Buick Electra	7,827	15	4	4.0	20
6	Buick LeSabre	5,788	18	3	4.0	21
7	Buick Opel	4,453	26	.	3.0	10
8	Buick Regal	5,189	20	3	2.0	16
9	Buick Riviera	10,372	16	3	3.5	17
10	Buick Skylark	4,082	19	3	3.5	13
11	Cad. Deville	11,385	14	3	4.0	20
12	Cad. Eldorado	14,500	14	2	3.5	16
13	Cad. Seville	15,906	21	3	3.0	13
14	Chev. Chevette	3,299	29	3	2.5	9
15	Chev. Impala	5,705	16	4	4.0	20
16	Chev. Malibu	4,504	22	3	3.5	17
17	Chev. Monte Carlo	5,104	22	2	2.0	16
18	Chev. Monza	3,667	24	2	2.0	7
19	Chev. Nova	3,955	19	3	3.5	13
20	Dodge Colt	3,984	30	5	2.0	8
21	Dodge Diplomat	4,010	18	2	4.0	17
22	Dodge Magnum	5,886	16	2	4.0	17
23	Dodge St. Regis	6,342	17	2	4.5	21
24	Ford Fiesta	4,389	28	4	1.5	9

圖 3-36 「auto.dta」資料檔內容 (N=74 汽車)

安裝 STaTa v15 外掛指令：svmachines

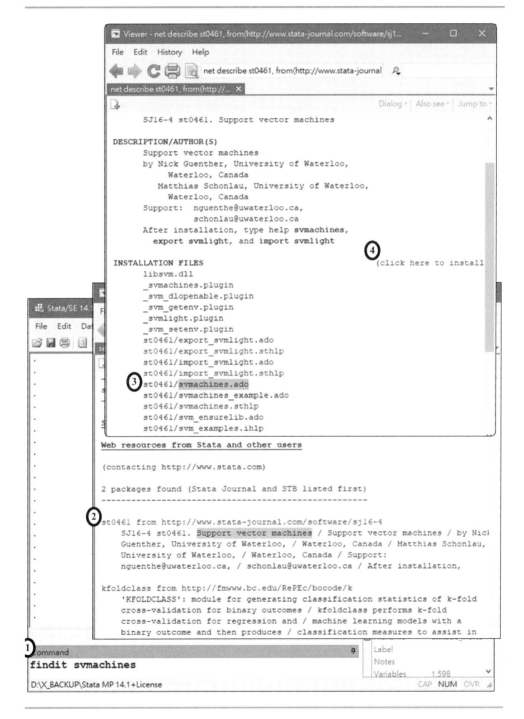

圖 3-37 「安裝 STaTa 外掛指令：svmachines」畫面

333

STaTa 外掛指令：**svmachines** 語法

<u>Support vector machine 語法：</u>

swmachines *depvar indepvers* [*if*] [*in*] [,*options*]

swmachines *indepvers* [*if*] [*in*], type(one class) [*options*]

options	Description
Model	
<u>type</u>(*type*)	type of model to fit: svc, nu_svc, svr, or nu_svr, or one_class; default is type(svc)
kernel(*kernel*)	SVM kernel function to use: linear, poly, rbf, sigmoid, or precomputed, default is karnal (rbf)
Tuning	
c(#)	for type(svc), type(svr), and type(nu_svr) SVMs, the weight on the margin of error; should be > 0; default is c(1)
epsilon(#)	for type(svr) SVMs, the margin of error that determines which observations will be support veccors; default is eps(0.1)
<u>nu</u>(#)	for type(nu_svc), type(one_class), and type(nu_svr) SVMs; tunes the proportion of expected support vectors; should be in [0, 1]; default is nu(0.5)
gamma(#)	for kernel(poly), kernel(rbf), and kernel(sigmoid), a scaling factor for the linear part of the kernel; default is gamma{1/[# indepvars]}
coef0(#)	for kernel(poly) and kernel(sigmoid), a bias ("intercept") term for the linear part of the kernel; default is coef0 (0)
<u>degree</u>(#)	for kernel(poly),the degree of the polyncmial to use; default is degree (3)
<u>shrinking</u>(#)	Whether to use shrinkage heuristics to improve the fit
Features	
<u>probability</u>	whether to precompute for predict, probability during estimation; only applicable to classification problems
sv(nevvar)	an indicator variable to generate to mark each row as a support vector or not
Performance	
<u>tole</u>rance(#)	stopping tolerance used to decide convergence; default is epsilon(0.001)
<u>verbose</u>(#)	turn of verbose mode
<u>cache</u> size(#)	amount of RAM used to cache kernel values during fitting, in megabytes; default is cache size(100)

All variables must be numeric, including categorical variables. If you have categories stored in strings, use encode before svmachines.

indepvars may contation factor variables; see fvvarlist.

<u>Syntax for predict after svmachines</u>

predict nevvar [if] [in] [, options]

options	Description
<u>probability</u>	estimate class probabilities for each observation; the fit must have been previously made with probability
scores	output the scores, sometimes called decision values, that measure each observation's distance to its hyperplane; incompatible with probability
<u>verbosa</u>	turn on verbose mode

(三) SVM 分析結果與討論

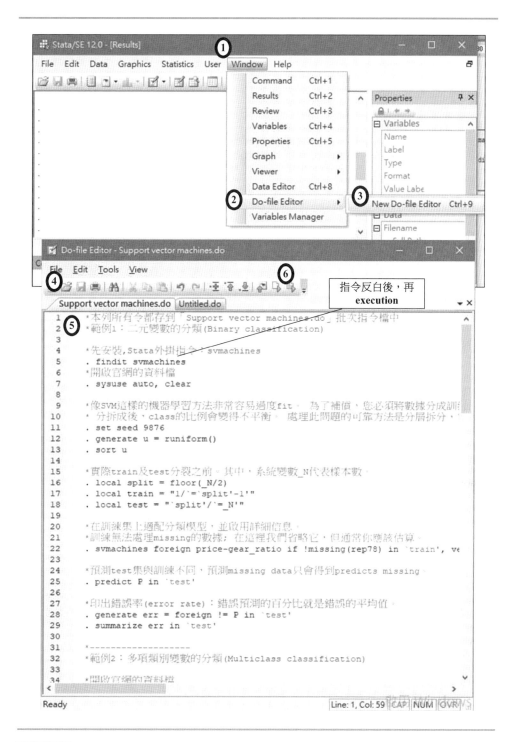

圖 3-38　批次指令檔「Support vector machines.do」之內容

Step 1 支援向量機：迴歸 (regression) 分析

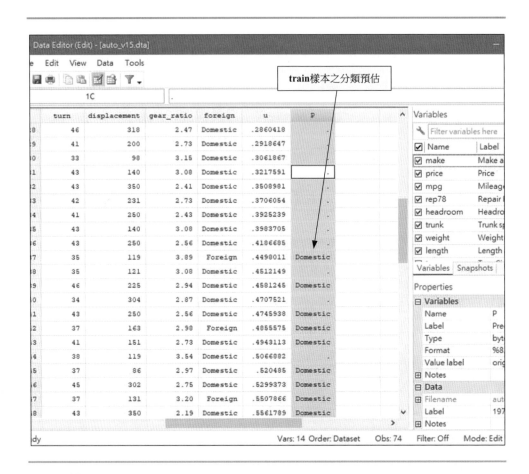

圖 3-39 「svmachines foreign price-gear_ratio if !missing(rep78) in `train', verbose」 再
「predict P in `test'」結果

指令語法如下：

```
* 本列所有指令都存到「Support vector machines.do」批次指令檔中
* 範例 1：二元變數的分類 (Binary classification)
* 先安裝，STaTa 外掛指令：svmachines
. findit svmachines
* 開啟官網的資料檔
. sysuse auto, clear
```

* 像 SVM 這樣的機器學習方法非常容易過度 fit。為了補償，您必須將數據分成訓練和測試集，適合前者，並測量後者的性能，使性能測量是為了本數據不會被人為地誇大。

* 分拆成後，class 的比例會變得不平衡。處理此問題的可靠方法是分層拆分，它可以修復每個類的每個分區中每個類的比例。快速而骯髒的方式就是洗牌，

```
. set seed 9876
. generate u = runiform()
. sort u
```

* 樣本分割成 train 及 test 二組。其中，系統變數 _N 代表樣本數。

```
. local split = floor(_N/2)
. local train = "1/`=`split'-1'"
. local test = "`split'/`=_N'"
```

* 在訓練集上適配分類模型，並啟用詳細信息。
* 訓練無法處理 missing 的數據；在這裡我們省略它，但通常你應該估算。
* 自變數是從 price 至 gear_ratio，共 10 個：price、mpg、rep78、headroom、trunk、weight、length、turn、displacement、gear_ratio。

```
. svmachines foreign price-gear_ratio if !missing(rep78) in `train', verbose
```

*------ 結果如下 ------------

```
optimization finished, #iter = 84
nu = 0.514286
obj = -11.942305, rho = 0.653846
nSV = 35, nBSV = 9
Total nSV = 35
```

* 預測 test 集與訓練不同，預測 missing data 只會得到 predicts missing。

```
. predict P in `test'
```

* 印出錯誤率 (error rate)：錯誤預測的百分比就是錯誤的平均值。
* test 樣本中，若預測估計類別不等實際類別 (foreign)，令 err=1, 求得錯誤率 (Mean)=42.1%

```
. generate err = foreign != P in `test'
. summarize err in `test'
```

*------ 結果如下：test 樣本數有 38 個 ------------

Variable	Obs	錯誤率 Mean	Std. Dev.	Min	Max
err	38	.4210526	.5003555	0	1

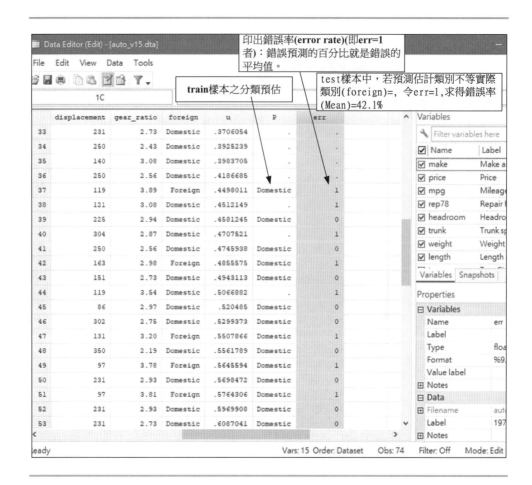

圖 3-40 「generate err = foreign != P in `test'」再「ummarize err in `test'」結果

範例 2：支援向量機：多類別之分類 (classification) 分析

(一) 問題說明

進行 4 個類別之態度 (attitude) 的分類，其 features(即自變數) 有哪些？並求出多類別分類的正確率 (分析單位：個人)。

研究者收集數據並整理成下表，此「attitude_indicators.dta」資料檔內容之變數如下圖。

變數名稱	說明	編碼 Codes/Values
label 變數 (多類別變數)：attitude	態度	1= 有害 (destructive)、2= 被動 (passive)、3= 有些 (somewhat)、4= 主動 (proactive)
features/ 自變數：q1～q1592，共 1597 個	「q*」代表 q 開頭的所有變數	Binary(0,1)，虛擬變數 (dummy variable) 之 features

(二) 資料檔之內容

「attitude_indicators.dta」資料檔內容如下圖。

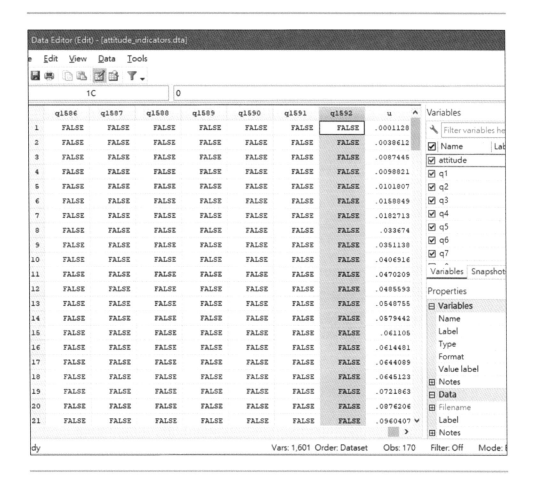

(三) SVM 統計分析

Step 2　支援向量機：多類別之 classification 模型

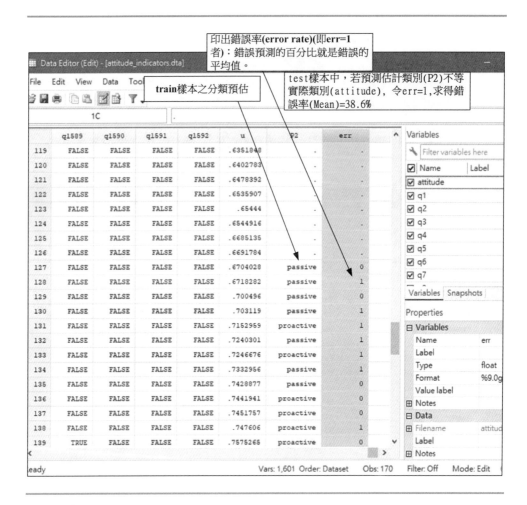

圖 3-42　「svmachines attitude q * in `train', kernel(poly) gamma(0.5) coef0(7)」再「predict P2 in `test'」結果

指令如下：

*範例 2：多項類別變數的分類 (Multiclass classification)
. clear

```
* 開啟官網的資料檔
. sysuse attitude_indicators
* 或先設定 CD 資料檔之儲存路徑為「"D:\_ 大數據分析法 \cd"」，再開啟 attitude_in-
dicators_v14
. cd "D:\__AI_Big Data 分析法 \_ 大數據分析法 \cd"
. use attitude_indicators_v14.dta

* 拖曳 (shuffle)：設定每個觀察值都是均勻出現
. set seed 4532
. generate u = runiform()
. sort u

* 分拆成 train、test 二組樣本
. local split = floor(_N*3/4)
. local train = "1/`=`split'-1'"
. local test = "`split'/`=_N'"

* 通常，您需要進行網格 (grid) 搜索以找到良好的調整參數 (good tuning parameters)。
*kernel(), gamma(), coef0()，這三個值恰好足夠好。
*「q*」代表 q 開頭的所有變數，本例 q1~q1592 共 1597 個虛擬變數 (dummy variable) 之
features
* 代表 label 之多類別變數 attitude，其 coding 是：1= 有害 (destructive)、2= 被動
(passive)、3= 有些 (somewhat)、4= 主動 (proactive)
. svmachines attitude q* in `train', kernel(poly) gamma(0.5) coef0(7)

*test 樣本所做的分類結果，存至新變數 P
. predict P2 in `test'

* 印出錯誤率 (error rate)
*test 樣本中，若預測估計類別 (P2) 不等實際類別 (attitude)，令 err=1，求得錯誤率
(Mean)=42.1%
. generate err = attitude != P2 in `test'
. summarize err in `test'

*---------- 印出結果：錯誤率 =38.6%------------
```

Variable	Obs	錯誤率 Mean	Std. Dev.	Min	Max
err	44	.3863636	.4925448	0	1

```
* 印出 SV，假如 SV 的百分比過高，意味著過度適配 (overfitting)，本例有 overfit-
ting 問題
. display "Percentage that are support vectors: `=round(100*e(N_SV)/e(N),.3)'"

Percentage that are support vectors: 97.5
```

本例子，顯示支援向量機做多類別之分類，達到 61.4% 正確率。

範例 3：支援向量機：多類別之分類機率 (class probability)

(一) 問題說明

進行 4 個類別之態度 (attitude) 的分類，其 features(即自變數) 有哪些？並求出多類別分類的分類機率 (class probability) (分析單位：個人)。

研究者收集數據並整理成下表，此「attitude_indicators.dta」資料檔內容之變數如下圖。

變數名稱	說明	編碼 Codes/Values
label 變數 (多類別變數)：attitude	態度	1= 有害 (destructive)、2= 被動 (passive)、3= 有些 (somewhat)、4= 主動 (proactive)
features/ 自變數：q1～q1592，共 1597 個	「q*」代表 q 開頭的所有變數	Binary(0,1)，虛擬變數 (dummy variable) 之 features

(二) 資料檔之內容

同上例之資料檔「attitude_indicators.dta」。

(三) SVM 統計分析

Step 3　支援向量機：多類別之分類機率 (class probability)

指令如下：

```
* 範例 3：支援向量機：多類別之分類機率 (class probability)
* 開啟官網的資料檔
. sysuse attitude_indicators

* 拖曳 (shuffle)：設定每個觀察值都是均勻出現
. set seed 12998
```

```
. generate u = runiform( )
. sort u

* 分拆成 train、test 二組樣本
. local split = floor(_N*3/4)
. local train = "1/`=`split'-1'"
. local test = "`split'/`=_N'"

*svm 建模 (model)
. svmachines attitude q* in `train', kernel(poly) gamma(0.5) coef0(7) prob
* 將 test 樣本的預測機率，存至新變數 P3
. predict P3 in `test', prob

*The value in column P3 matches the column P_<attitude> with the highest probability.
* 印出 test 樣本中，所有 P 開頭的變數
. list attitude P* in `test'

*--------- 分析結果如下：-----------------
     +------------------------------------------------------------------+
     |   attitude       P3    P3_proa~e   P3_pass~e   P3_dest~e   P3_some~t |
     |------------------------------------------------------------------|
127. |  proactive    passive   .45813131   .46557232   .01804813   .05824824 |
128. |   passive     passive   .24672643   .69076976   .02146376   .04104005 |
129. | destructive  proactive  .39670289   .27602378   .27249746   .05477586 |
130. |   passive    proactive  .74250554   .20286558   .01806483   .03656405 |
131. |   passive    proactive  .48485496   .44200642   .03863818   .03450043 |
     |------------------------------------------------------------------|
132. |   passive    proactive  .53929267   .3764553    .04568733   .0385647  |
133. |  proactive   proactive  .7268582    .1874909    .04560326   .04004764 |
134. |   passive    proactive  .60439692   .34181486   .0175985    .03618972 |
135. |  proactive   proactive  .67459913   .23166544   .0358578    .05787764 |
136. |  proactive   proactive  .79217688   .15302443   .01989137   .03490732 |
     |------------------------------------------------------------------|
137. |  somewhat    proactive  .50225262   .42500835   .0343867    .03835233 |
138. |  proactive   proactive  .5524065    .38840265   .02584224   .0333486  |
139. | destructive  proactive  .4625955    .20619823   .26886688   .06233938 |
140. |  proactive   proactive  .84218931   .08251719   .0286098    .04668369 |
141. |   passive     passive   .37923824   .53275698   .04582939   .04217538 |
```

```
     |----------------------------------------------------------------------------|
142. |  proactive    passive     .44084472    .482357     .04260303    .03419525 |
143. |   passive     passive    .43833501    .48497098    .04251014    .03418387 |
144. |   passive    proactive   .52347974    .38037391    .05777059    .03837576 |
145. |   passive    proactive   .58409844    .34890771    .02748464    .03950921 |
146. |   passive    proactive   .72906447    .11836247    .08507992    .06749313 |
     |----------------------------------------------------------------------------|
147. |  proactive   proactive   .46831326    .16503868    .28953859    .07710947 |
148. |   passive    proactive   .81698586    .13012148    .02284852    .03004415 |
149. |  proactive   proactive   .53679826     .348669     .03411594     .0804168 |
150. |  proactive   proactive   .75104387    .15269704    .04879255    .04746655 |
151. |  proactive    passive    .46573976    .48021984    .01195913    .04208127 |
     |----------------------------------------------------------------------------|
152. |   passive    proactive   .65881774    .29150712     .0178325     .03184264 |
153. |  proactive   proactive   .63147341    .28883282    .04328934    .03640444 |
154. |   passive     passive    .46177321    .46332217    .03512756    .03977706 |
155. |  somewhat    proactive   .57069804     .2085496    .14786536      .072887 |
156. |   passive    proactive   .68443322    .26081553    .02347695    .03127429 |
     |----------------------------------------------------------------------------|
157. |   passive    proactive   .50995658    .39656448    .03529792    .05818102 |
158. |  proactive   proactive   .78649393    .15565425    .03133924    .02651258 |
159. |   passive     passive    .39347965    .53738408    .03232153    .03681475 |
160. |   passive     passive    .28183467    .65266307    .02315078    .04235148 |
161. |   passive    proactive   .54184717    .37524414    .04719723    .03571146 |
     |----------------------------------------------------------------------------|
162. |  somewhat     passive    .31929168    .60597609    .03813754    .03659469 |
163. |  somewhat    proactive   .57790782    .34752144    .02709082    .04747992 |
164. |  proactive   proactive   .73657249    .18041155    .03959018    .04342578 |
165. |  proactive   proactive   .69906101    .23534734    .02661413    .03897753 |
166. |   passive     passive     .3070379    .62671629    .03198606    .03425975 |
     |----------------------------------------------------------------------------|
167. |  proactive   proactive   .65713426    .18612692    .02942073    .12731809 |
168. |  proactive   proactive   .74658585    .17153543    .03363166    .04824706 |
169. |  proactive    passive    .36659819    .54925247    .04797571    .03617363 |
170. |  proactive   proactive    .7355939     .19799331    .02530492    .04110787 |
     +----------------------------------------------------------------------------+
```

```
* 印出 test 樣本中，分類的錯誤率 (error rate).
. generate err = attitude != P3 in `test'
(126 missing values generated)

. summarize err in `test'

    Variable |       Obs    錯誤率 (Mean)   Std. Dev.       Min        Max
-------------+---------------------------------------------------------
         err |        44             .5    .5057805          0          1
```

* 注意：概率是一種與預測不同的演算法，且不同於預測。如果與糟糕的調整相結合，這種分歧將變得荒謬。

```
. predict P4 in `test'
. generate agree = P3 == P4 in `test'
(126 missing values generated)
```

*test 樣本中，若預測估計類別 (P3) 不等實際類別 (attitude)，令 err=1，求得正確率 (Mean)=77.27%
```
. summarize agree in `test'

    Variable |       Obs    正確率 Mean   Std. Dev.       Min        Max
-------------+---------------------------------------------------------
       agree |        44      .7727273    .4239151          0          1
```

本例子，顯示支援向量機做多類別之分類機率，達到 77.27 正確率。

範例 4：SVM 做迴歸 (regression)

(一) 問題說明

影響體重 (weight) 之 features(即自變數) 有哪些？並求出 SVM 的誤差 (分析單位：學生)

研究者收集數據並整理成下表，此「highschool.dta」資料檔內容之變數如下圖。

變數名稱	說明	編碼 Codes/Values
依變數 (連續變數) weight	體重	68.533～332.64 吋
features/ 自變數：height	身高	355.13～512.825 磅
features/ 自變數：race	種族	1～3
features/ 自變數：sex	性別	1～2

(二) 資料檔之內容

「highschool.dta」資料檔內容如下圖。

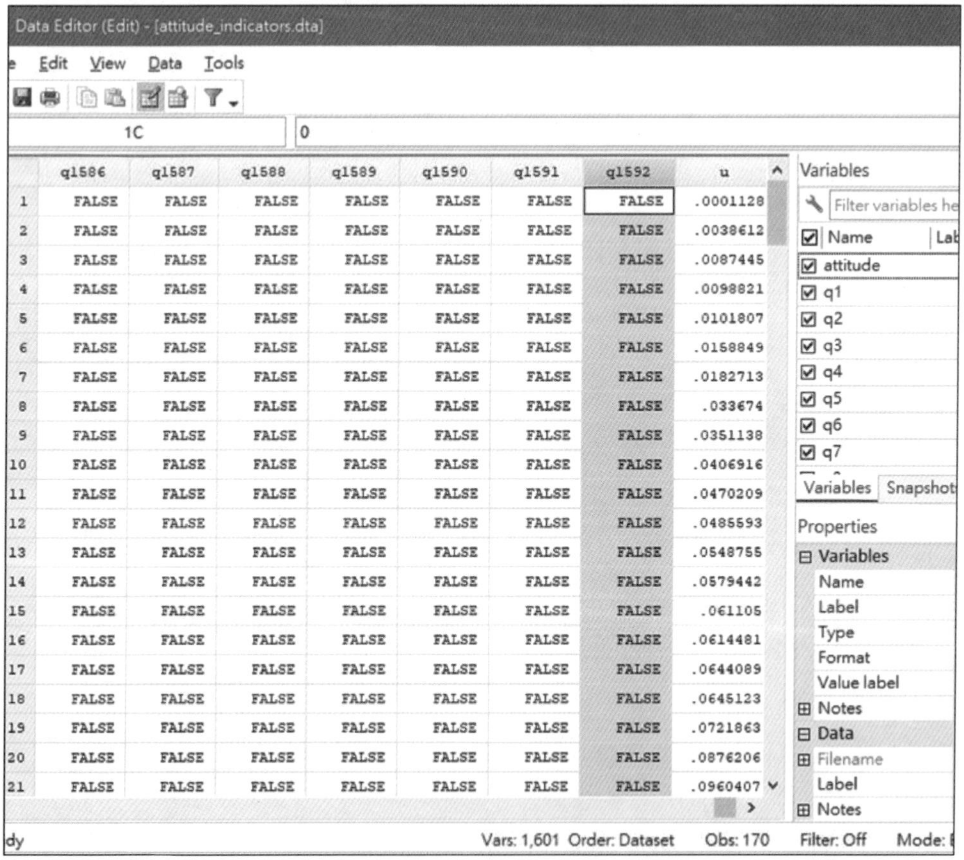

	q1586	q1587	q1588	q1589	q1590	q1591	q1592	u
1	FALSE	FALSE	FALSE	FALSE	FALSE	FALSE	FALSE	.0001128
2	FALSE	FALSE	FALSE	FALSE	FALSE	FALSE	FALSE	.0038612
3	FALSE	FALSE	FALSE	FALSE	FALSE	FALSE	FALSE	.0087445
4	FALSE	FALSE	FALSE	FALSE	FALSE	FALSE	FALSE	.0098821
5	FALSE	FALSE	FALSE	FALSE	FALSE	FALSE	FALSE	.0101807
6	FALSE	FALSE	FALSE	FALSE	FALSE	FALSE	FALSE	.0158849
7	FALSE	FALSE	FALSE	FALSE	FALSE	FALSE	FALSE	.0182713
8	FALSE	FALSE	FALSE	FALSE	FALSE	FALSE	FALSE	.033674
9	FALSE	FALSE	FALSE	FALSE	FALSE	FALSE	FALSE	.0351138
10	FALSE	FALSE	FALSE	FALSE	FALSE	FALSE	FALSE	.0406916
11	FALSE	FALSE	FALSE	FALSE	FALSE	FALSE	FALSE	.0470209
12	FALSE	FALSE	FALSE	FALSE	FALSE	FALSE	FALSE	.0485593
13	FALSE	FALSE	FALSE	FALSE	FALSE	FALSE	FALSE	.0548755
14	FALSE	FALSE	FALSE	FALSE	FALSE	FALSE	FALSE	.0579442
15	FALSE	FALSE	FALSE	FALSE	FALSE	FALSE	FALSE	.061105
16	FALSE	FALSE	FALSE	FALSE	FALSE	FALSE	FALSE	.0614481
17	FALSE	FALSE	FALSE	FALSE	FALSE	FALSE	FALSE	.0644089
18	FALSE	FALSE	FALSE	FALSE	FALSE	FALSE	FALSE	.0645123
19	FALSE	FALSE	FALSE	FALSE	FALSE	FALSE	FALSE	.0721863
20	FALSE	FALSE	FALSE	FALSE	FALSE	FALSE	FALSE	.0876206
21	FALSE	FALSE	FALSE	FALSE	FALSE	FALSE	FALSE	.0960407

圖 3-43 「highschool.dta」資料檔內容 (N=4071 學生)

(三) SVM 統計分析

Step 4　svm 做迴歸 (regression)

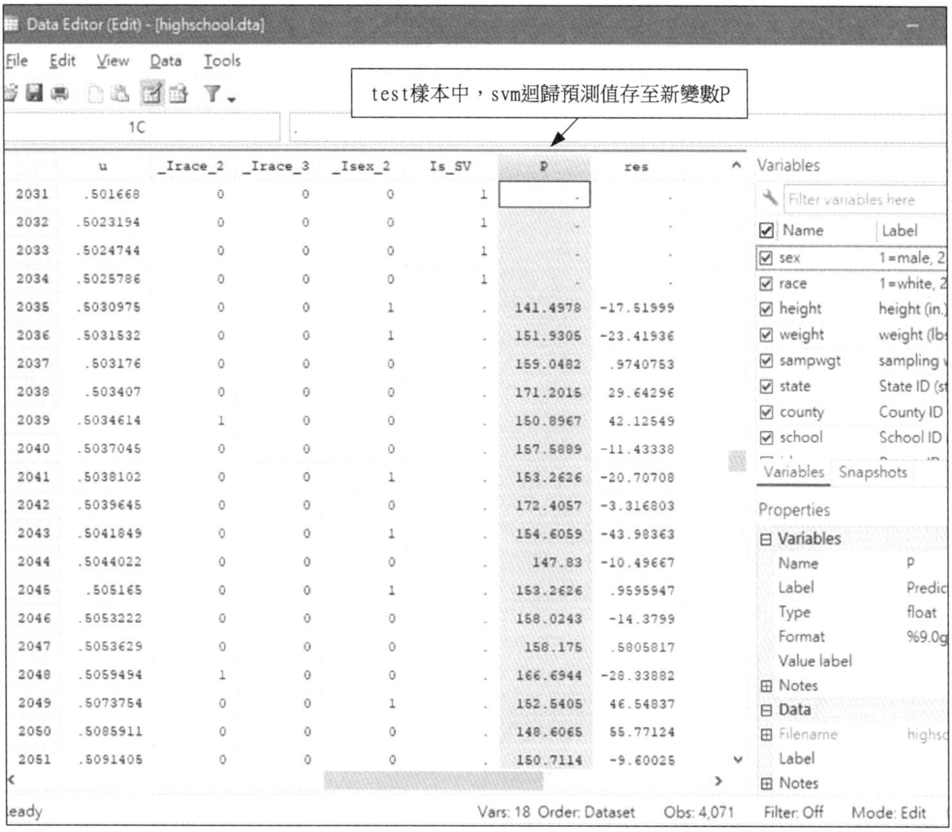

圖 3-44　「svmachines weight height i.race i.sex in `train', type(svr) sv(Is_SV)」再「predict P in `test'」結果

　　指令如下：

```
*範例4：svm 做迴歸 (regression)
* 開啟官網之資料檔
. webuse highschool

* 拖曳 (shuffle)：設定每個觀察值都是均勻出現
```

```
. set seed 793742
. generate u = runiform()
. sort u
```

* 分拆成 Train、test 二組樣本
```
. local split = floor(_N/2)
. local train = "1/`=`split'-1'"
. local test = "`split'/`=_N'"
```

* 語法：svm 迴歸有二種可選連續型依變數：type(svr)、type(nu_svr)；type(svr) 界定 SVM 依變數是連續變數。
*syntax, and you can record which observations were chosen as support vectors with sv().
* 請注意，您可用運算子 i 將 factors 變數（categorical 變數）擴展為指標（Boolean and dummy）變數。
*svm 語法：您可用 sv() 記錄哪些觀察結果被選為支持向量。
```
. svmachines weight height i.race i.sex in `train', type(svr) sv(Is_SV)
```

* 檢查哪些觀察結果是 SVs。理想情況下，少量的 SVs 就足夠了。
```
. tab Is_SV in `train'

    Is_SV |      Freq.     Percent        Cum.
----------+-----------------------------------
        0 |          5        0.25        0.25
        1 |      2,029       99.75      100.00
----------+-----------------------------------
    Total |      2,034      100.00
```

* test 樣本中，svm 迴歸預測值存至新變數 P
```
. predict P in `test'
```

* 印出殘差 (residuals) 值，介於 -75.35946～173.702。
```
. generate res = (weight - P) in `test'
(2,034 missing values generated)

. summarize res

    Variable |       Obs        Mean    Std. Dev.        Min         Max
-------------+--------------------------------------------------------------
         res |     2,037    6.278176    32.51042   -75.35946     173.702
```

3-4 最大概似的 Kernel-Based 家族：小樣本、非線性及高維模型識別

核迴歸是統計學中用於估計隨機變量的條件期望的非參數技術。目的是找到一對隨機變量 X 和 Y 之間的非線性關係。

在任何非參數迴歸中，變數的條件期望 Y 相對於變數 X 可以寫成：

$$E(Y|X) = f(X)$$

其中，f 是一個未知的函數。

前言

機器學習中有這樣一個結論：低維空間線性不可分割的數據通過非線性映射到高維特徵空間則可能線性可分。極端地，假設數據集中有 m 個樣本，一定可以在 m − 1 維空間中線性可分。

每一個樣本在特徵空間中對應一個點，試想一下，2 個點可以用一維空間分開、3 個點可以在一二維空間 (平面) 上線性來分開、…、m 個點，可以在 m − 1 維空間中線性來分開。

高維空間可以讓樣本線性可分，這固然是優點。但是如果直接採用非線性映射技術在高維空間進行一個學習任務 (如分類或迴歸)，則需要確定**非線性映射函數的形式和參數、高維特徵空間維數**等問題；而最大的問題在於在高維特徵空間運算時可能存在的「維數災難」。該如何解決呢？

本章節要介紹的核函數方法可以有效地解決這類問題。在此先給出核函數工作的基本思路：

設樣本集 $X(X \in R^k)$ 中有兩條樣本 x 和 z，非線性函數 ϕ 實現輸入空間 R^k 到特徵空間 R^n 的映射 (即 $\phi(z) \in R^n$)，$k << n$。核函數公式：

$$k(x, z) = <\phi(x), \phi(z)>$$

其中，$< , >$ 表示內積，$k(x,z)$ 為核函數。

從上式可以看出，核函數將 n 維高維特徵空間的內積計算轉化為 k 維低維輸入空間的核函數計算，巧妙地解決了在高維特徵空間中計算可能出現的「維

數災難」等問題。從而爲高維特徵空間解決複雜的學習問題奠定了理論基礎。

本節的安排是這樣。首先介紹一些對偶優化問題的基本形式，引出核函數並且爲後面的 SVM 做鋪墊；然後給出核函數的發展、常用的核函數等方法；最後詳細介紹核函數在分類方法中的經典應用－支援向量機。

定義：內積、點積

在數學中，點積 (dot product) 又稱數量積或純量積 (scalar product)，是一種接受兩個等長的數字序列 (通常是座標向量)、返回單個數字的代數運算。在歐幾里得幾何中，兩個笛卡兒座標向量的點積常稱爲內積 (inner product)。

從代數角度看，先對兩個數字序列中的每組對應元素求積，再對所有積求和，結果即爲點積。從幾何角度看，點積則是兩個向量的長度與它們夾角餘弦的積。這兩種定義在笛卡兒座標系中等價。

點積的名稱源自表示點乘運算的點號 (a·b)，純量積的叫法則是在強調其運算結果爲純量而非向量。向量的另一種乘法是又乘 (a×b)，其結果爲向量，稱爲又積或向量積。

點積是內積的一種特殊形式。

代數定義

兩個向量 $\vec{a} = [a_1, a_2, ... , a_n]$ 和 $\vec{b} = [b_1, b_2, ... , b_n]$ 的點積定義爲：

$$\vec{a} \cdot \vec{b} = \sum_{i=1}^{n} a_i b_i = a_1 b_1 + a_2 b_2 + ... + a_n b^n$$

這裡的 Σ 是求總和 (summation) 符號，而 n 是向量空間的維數。

例如：兩個三維向量 [1, 3, −5] 和 [4, −2, −1] 的點積是

$$[1, 3, -5] \cdot [4, -2, -1] = (1)(4) + (3)(-2) + (-5)(-1)$$
$$= 4 - 6 + 5$$
$$= 3$$

點積還可以寫爲：

$$\vec{a} \cdot \vec{b} = |\vec{a}\,\vec{b}^T| \circ$$

這裡，$\vec{b}^T$ 是行向量 $\vec{b}$ 的轉置，而 $|\vec{a}\,\vec{b}^T|$ 是 $\vec{a}\,\vec{b}^T$ 的行列式。

使用上面的例子，一個 1×3 矩陣 (行向量) 乘以一個 3×1 矩陣 (列向量) 的行列式就是結果 (通過矩陣乘法得到 1×1 矩陣，再利用行列式得出純量答案)：

$$\left| [1 \quad 3 \quad -5][4 \quad -2 \quad -1]^{T} \right| = |3| = 3$$

幾何定義

在歐幾里得空間中，點積可以直觀地定義為

$$\vec{a} \cdot \vec{b} = |\vec{a}| \, |\vec{b}| \cos \theta$$

這裡 $|\vec{x}|$ 表示 $\vec{x}$ 的模 (長度)，θ 表示兩個向量之間的角度。

注意：點積的形式定義和這個定義不同；在形式定義中，$\vec{a}$ 和 $\vec{b}$ 的夾角是通過上述等式定義的。

這樣，兩個互相垂直的向量的點積總是 0。若 $\vec{a}$ 和 $\vec{b}$ 都是單位向量 (長度為 1)，它們的點積就是它們的夾角的餘弦。那麼，給定兩個向量，它們之間的夾角可以透過下列公式得到：

$$\cos \theta = \frac{a \cdot b}{|\vec{a}| \, |\vec{b}|}$$

這個運算可以簡單地理解為：在點積運算中，第一個向量投影到第二個向量上 (這裡，向量的順序是不重要的，點積運算是可交換的)，然後通過除以它們的標量長度來「標準化」。這樣，這個分數一定是小於等於 1 的，可以簡單地轉化成一個角度值。

一、對偶 (dual) 優化問題

我們都知道，機器學習模型參數學習過程，大多要透過〈最優化演算法〉中的一些方法來求解。其中，帶約束條件的最優化問題 (極值求解問題) 一般是引入 Lagrange Multiplier 法，構建拉格朗日對偶函數，通過求其對偶函數的解，從而得到原始問題的最優解。

其實不僅是帶約束的最優化問題，任何一個最優化問題都伴隨著一個「影子」最優化問題。其中一個稱為原始問題，另一個稱為對偶問題。

在此，先以迴歸模型的目標函數為例，給出其對偶形式；然後在簡要描述帶約束的最優化問題求解的一般思路，引出核函數。

二、核方法

ML 之 Regression 家族，我們給出了迴歸模型的目標函數：

$$\min_{w} \ J(w) = \frac{1}{2} \sum_{i=0}^{m} \left(h_w(x^{(i)}) - y^{(i)} \right)^2 + \frac{\lambda}{2} \| w \|_2^2$$
$$= \frac{1}{2} \sum_{i=0}^{m} \left(w^T \phi(x^{(i)}) - y^{(i)} \right)^2 + \frac{\lambda}{2} w^T w$$

迴歸模型通用形式：$h_w(x) = w^T\phi(x)$，其中 $\phi(x)$ 是一個 $n \times 1$ 向量。對參數向量 w 求導，可得：

$$w = -\frac{1}{\lambda} \sum_{i=1}^{m} \left(w^T \phi(x^{(i)}) - y^{(i)} \right) \cdot \phi(x^{(i)}) = \sum_{i=1}^{m} \alpha^{(i)} \cdot \phi(x^{(i)}) = \Phi^T \alpha$$

其中

$$\alpha^{(i)} = -\frac{1}{\lambda} \left(w^T \phi(x^{(i)}) - y^{(i)} \right)$$

$\alpha_{m \times 1} = (\alpha^{(1)}, \alpha^{(2)}, \dots, \alpha^{(m)})^T$ 是一個向量；$\Phi_{m \times n} = (\phi(x^{(1)}), \phi(x^{(2)}), \dots, \phi(x^{(m)}))$ 稱為設計矩陣。

接下來，按照對偶表示的思路，重新定義目標函數。將 $w = \Phi^T \alpha$ 帶入上式可得：

$$J(\alpha) = \frac{1}{2} a^T \Phi \Phi^T \Phi \Phi^T a - \frac{1}{2} a^T \Phi \Phi^T \cdot Y + \frac{1}{2} Y^T Y + \frac{\lambda}{2} a^T \Phi \Phi^T \alpha$$

其中真實結果集合 $Y = (y^{(1)}, y^{(2)}, \dots, y^{(m)})^T$。定義 Gramian Matrix $K = \Phi\Phi^T$ 一個 $m \times m$ 的對稱矩陣，每一個元素：

$$K_{ij} = \phi(x^{(i)})^T \cdot \phi(x^{(j)}) = k(x^{(i)}, x^{(j)})$$

Gramian 矩陣形式：

$$K = \begin{bmatrix} (x^{(1)}, x^{(1)}) & (x^{(1)}, x^{(2)}) & \cdots & (x^{(1)}, x^{(m)}) \\ (x^{(2)}, x^{(1)}) & (x^{(2)}, x^{(2)}) & \cdots & (x^{(2)}, x^{(m)}) \\ \vdots & \vdots & \ddots & \vdots \\ (x^{(m)}, x^{(1)}) & (x^{(m)}, x^{(2)}) & \cdots & (x^{(m)}, x^{(m)}) \end{bmatrix}$$

Gramian 矩陣的一個重要應用是計算線性無關：一組向量線性無關當且僅當格拉姆矩陣行列式不等於 0。

(如果 $\phi(x)$ 是隨機變數，得到的格拉姆矩陣是共變數矩陣。)

$$L(w, \beta) = f(w) + \sum_{i=1}^{k} \beta_i \cdot h_i(w)$$

上列公式是一個表示任意兩個樣本之間關係的函數。後面會提到，每一個預設值可通過定義核函數來計算。

3-4-1 非線性分類之核函數

adimir Naumovich Vapnik 在 1963 年提出的原始最大間隔超平面演算法構造了一個線性分類器。而 1992 年，Bernhard E. Boser、Isabelle M. Guyon 和弗拉基米爾‧萬普尼克提出了一種通過將核技巧，應用於最大邊界超平面來建立非線性分類器的方法。所得到的演算法形式上類似，除了把點積換成了非線性核函式。這就允許演算法在變換後的特徵空間中適配最大間隔超平面。該變換可以是非線性的，而變換空間是高維的；雖然分類器是變換後的特徵空間中的超平面，但它在原始輸入空間中可以是非線性的。

值得注意的是，更高維的特徵空間增加了支援向量機的泛化誤差，但給定足夠多的樣本，演算法仍能表現良好。

常見的核函式包括：

· 齊次多項式：$k(\vec{x_i}, \vec{x_j}) = (\vec{x_i} \cdot \vec{x_j})^d$

· 非齊次多項式：$k(\vec{x_i}, \vec{x_j}) = (\vec{x_i} \cdot \vec{x_j} + 1)^d$

· 高斯徑向基函式：$k(\vec{x_i}, \vec{x_j}) = \exp(-\gamma \|\vec{x_i} - \vec{x_j}\|^2)$，基中 $\gamma > 0$。有時參數化表示 $\gamma = 1/2\sigma^2$

· 雙曲正切：$k(\vec{x_i}, \vec{x_j}) = \tanh(k\vec{x_i} \cdot \vec{x_j} + c)$，其中一些 (而非所有) $k > 0$ 且 $c < 0$

由等式 $k(\vec{x_i}, \vec{x_j}) = \varphi(\vec{x_i}) \cdot \varphi(\vec{x_j})$，核函式與變換 $\varphi(\vec{x_i})$ 有關。變換空間中也有 w 值，$\vec{w} = \sum_i \alpha_i y_i \varphi(\vec{x_i})$。與 w 的點積也要有核技巧來計算，即 $\vec{w} \cdot \varphi(\vec{x}) = \sum_i \alpha_i y_i k(\vec{x_i}, \vec{x})$。

3-4-2 支援向量機 (SVM) 分類器：原型、對偶型、核技巧、現代方法

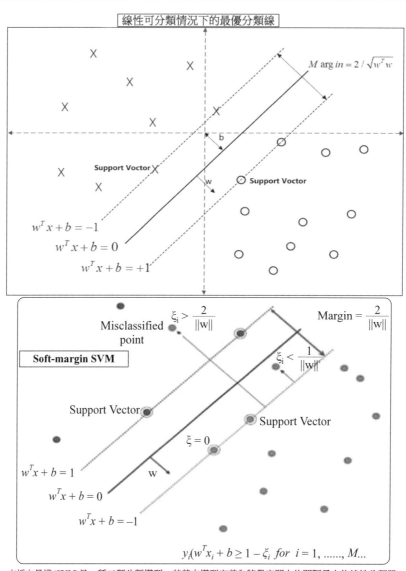

支援向量機(**SVM**)是一種二類分類模型，其基本模型定義為特徵空間上的間隔最大的線性分類器，其學習策略便是間隔最大化，最終可轉化為一個凸二次規劃問題的求解。在**SVM**中，需要找到一個超平面將給定的數據劃分為兩類，超平面的方程為，公式的來源可以參考平面方程。在**SVM**模型中，定義函數，通過觀察的符號與類標記**y**的符號是否一致來判斷分類是否正確，所以，可以用的正負來判定或表示分類的正確性。於此，我們便引出了函數間隔(**functional margin**)的概念。

STaTa外掛指令：**svmachines、lpoly、npregress**

圖 3-45 支援向量機 (SVM) 分類器之示意圖

SVM 屬於廣義線性分類器的一族，並且可以解釋為感知器的延伸。它們也可以被認為是提克洛夫正規化 (Tikhonov Regularization) 的特例。它們有一個特別的性質，就是可以同時最小化經驗誤差和最大化幾何邊緣區；因此它們也被稱為最大間隔分類器。

計算 (軟間隔)SVM 分類器等同於使下面運算式最小化：

$$\left[\frac{1}{n} \sum_{i=1}^{n} \max(0, 1 - y_i(w \cdot x_i + b)) \right] + \lambda \| w \|^2$$

如上所述，由於我們關注的是軟間隔分類器，λ 選擇足夠小的值就能得到線性可分類輸入數據的硬間隔分類器。下面會詳細介紹將 (上式) 簡化為二次規劃問題的經典方法。之後會討論一些最近才出現的方法，如次梯度下降法和座標下降法。

定義：正規化 (regularization)

請參考【13-2-1】之【一、ridge 迴歸：吉洪諾夫正規化 (Tikhonov regularization)】

wellposedness 的定義就是解存在唯一以及穩定。前兩個好理解，要理解穩定，先說一下什麼是問題。問題就是給一些 input 進入一個黑匣子，出來一些 output。穩定是說如果 input 有少量的擾動，那 output 也只會有少量的擾動。反問題就是如果我們知道 output 能不能知道 input。一個例子就是有一個鐵杆，一端正在燒紅，我們需要知道火的溫度然而直接測量會被燙死，於是我們距離 100 米測量，然後反推回去。然而非常常見的，反問題不是 well-posed 的問題，尤其有時候不是穩定的問題。(比如一個很簡單的例子，y=0*x 無論 input x 是多少 output 都是 0) 如果不是穩定的，這個問題就沒有研究的意義。假設上面這個問題不是穩定的，那麼就有可能出現我們測量溫度是 10 度的時候火的溫度是 100 度，測量溫度是 10.01 度的時候火的溫度是 10,000 度。

ill-posed 就是不 well-posed.

圖像處理中不適定問題 (ill posed problem)

圖像處理中不適定問題 (ill posed problem) 或稱為反問題 (inverse problem) 的研究從二十世紀末成為國際上的熱點問題，成為現代數學家、電腦視覺和圖像處理學者廣為關注的研究領域。數學和物理上的反問題的研究由來已久，法國數學家阿達馬 (Hadamard Jacques-Salomon) 早在十九世紀就提出了不適定

問題的概念：稱一個數學物理定解問題的解存在、唯一並且穩定的則稱該問題是適定的 (well posed)，如果不滿足適定性概念中的上述判據中的一條或幾條，稱該問題是不適定的。典型的圖像處理不適定問題包括：圖像去噪 (image de-nosing)、圖像恢復 (image restorsion)、圖像放大 (image zooming)、圖像修補 (image inpainting)、圖像去馬賽克 (image demosaicing)、圖像超分辨 (image super-resolution) 等。迄今為止，人們已經提出許多方法來解決圖像處理中的不適定性。但是如何進一步刻畫圖像的邊緣、紋理和角形等圖像中重要視覺幾何結構，提高該類方法在雜訊抑制基礎上有效保持結構和紋理能力是有待深入研究的問題。

一、原型

上式之最小化，可以用下面的方式覆寫為目標函式可微的約束最佳化問題。

對所有 $i \in \{1, \dots, n\}$ 我們引入變數 $\zeta_i = \max(0, 1 - y_i(w \cdot x_i + b))$。注意到 ζ_i 是滿足 $y_i(w \cdot x_i + b) \geq 1 - \zeta_i$ 的最小非負數。

因此，我們可以將最佳化問題敘述如下

$$\text{minimize } \frac{1}{n} \sum_{i=1}^{n} \zeta_i + \lambda \| w \|^2$$

$$\text{subject to } y_i(x_i \cdot w + b) \geq 1 - \zeta_i \text{ and } \zeta_i \geq 0, \text{ for all } i.$$

這就叫做原型問題。

二、對偶型

通過求解上述問題的 Lagrange 對偶 [Duality (optimization)]，得到簡化的問題：

$$\text{maximize } f(c_1 \dots c_n) = \sum_{i=1}^{n} c_i - \frac{1}{2} \sum_{i=1}^{n} \sum_{j=1}^{n} y_i c_i (x_i \cdot x_j) y_j c_j,$$

$$\text{subject to } \sum_{i=1}^{n} c_i y_i = 0, \text{ and } 0 \leq c_i \leq \frac{1}{2n\lambda} \text{ for all } i.$$

這就叫做對偶問題。由於對偶最小化問題是受線性約束的 c_i 的二次函式，所以它可以通過二次規劃演算法高效地解出。這裡，變數 c_i 定義為滿足：

$$\vec{w} = \sum_{i=1}^{n} c_i y_i \vec{x}_i.$$

此外，當 $\vec{x}_i$ 恰好在間隔的正確一側時 $c_i = 0$，且當 $\vec{x}_i$ 位於間隔的邊界時 $0 < c_i < (2n\lambda)^{-1}$。因此，$\vec{w}$ 可以寫爲支援向量的線性組合。可以通過在間隔的邊界上找到一個 $\vec{x}_i$ 並求解

$$y_i (\vec{w} \cdot \vec{x}_i + b) = 1 \Leftrightarrow b = y_i - \vec{w} \cdot \vec{x}_i.$$

得到偏移量 b。(注意由於 $y_i = \pm 1$ 因而 $y_i^{-1} = y_i$)

拉格朗日對偶 (Lagrange Duality)

對於帶有不等式約束的極值問題，形式化表示如下：

$$\min_{w} f(w)$$
$$s.t.\ g_i(w) \le 0,\ i = 1, \dots, l$$
$$h_i(w) = 0,\ i = 1, \dots, l$$

定義 Lagrange 公式：

$$L(w, \alpha, \beta) = f(w) + \sum_{i=1}^{l} \alpha_i g_i(w) + \sum_{i=1}^{k} \beta_i h_i(w)$$

上式中的 α_i 和 β_i 都是 Lagrange Multiplier。但如果按照該公式求解會出現以下問題。

因爲目標函數要求的是最小值，而約束條件 $h_i(w) \le 0$，如果將 α_i 調整爲很大的正數，會使得最後的函數結果爲負無窮 $(-\infty)$。

因此，我們需要排除上述情況的發生。策略如下，定義函數：

$$\theta_p(w) = \max_{\alpha, \beta;\, \alpha_i \ge 0} L(w, \alpha, \beta)$$

上式中的 p 表示原問題，即 primal。假設 $g_i(w) > 0$ 或者 $h_i(w) \ne 0$，那麼我們總可以通過調整 α_i 和 β_i，使得 $\theta_p(w)$ 趨向正無窮。而只有當函數 g 和 h 滿足約束條件時，$\theta_p(w)$ 爲 $f(w)$。

公式精妙之處就在於 $\alpha_i \ge 0$，而且是求極大值。因此它可以寫爲

$$\theta_p(w) \begin{cases} f(w), & \text{如果} w\text{滿足原問題約束；} \\ \infty, & \text{否則} \end{cases}$$

上面二個公式，都是理解 Lagrange 對偶的關鍵。

如此，我們原來要求解的 $\min_w f(w)$ 可以轉化為求解 $\min_w \theta_p(w)$ 了。即：

$$\min_w f(w) = \min_w \theta_p(w) = \min_w \max_{\alpha, \beta; \alpha_i \geq 0} L(w, \alpha, \beta)$$

在此先用 p^* 表示 $\min_w \theta_p(w)$。如果直接求解，又會面臨如下問題：

首先面對兩個參數 α、β，並且參數 α_i 也是一個不等式約束；然後再在 w 上求極小值。這個過程不容易做，可否有相對容易的解法呢？

我們換一個角度考慮該問題，令 $\theta_D(\alpha, \beta) = \min_w L(w, \alpha, \beta)$。D 是對偶的意思，$\theta_D(\alpha, \beta)$ 將問題轉化為：先求 Lagrange 關於 w 的最小值，將 α 和 β 看作是固定值。然後再求 $\theta_D(\alpha, \beta)$ 的極大值。即：

$$\max_{\alpha, \beta; \alpha_i \geq 0} \theta_D(\alpha, \beta) = \max_{\alpha, \beta; \alpha_i \geq 0} \min_w L(w, \alpha, \beta)$$

問題轉化為原問題的對偶問題來求解。其實，相對於原問題來說只是更換了 max 和 min 的順序，而一般更換順序的結果是：$\max\min f(x) \leq \min\max f(x)$。用 D^* 表示對偶問題，與原問題 p^* 關係如下：

$$D^* = \max_{\alpha, \beta; \alpha_i \geq 0} \min_w L(w, \alpha, \beta) \leq \min_w \max_{\alpha, \beta; \alpha_i \geq 0} L(w, \alpha, \beta) = P^*$$

即將：最小最大問題 _ 轉化為最大最小問題。

三、核技巧

在機器學習中，核方法被形式化為特徵空間的向量內積，又被稱為核技巧 (kernel trick)，或核置換 (kernel substitution)。

(一) 核函數介紹

早在機器學習學科成立之前，核函數相關理論、核函數技術以及核函數的有效性定理就已經存在。1964 年 Aizerman 等人把勢函數 (potential function) 相關研究引入到模型識別領域。中間過去很多年，直到 1992 年 Boser 等人在研究機器學習中最大間隔分類器中再次將核函數引入進來，產生了支援向量機技術。從這開始，核函數在機器學習的理論和應用得到了更多地關注和極大的興趣。

例如：Scholkopf 等人將核函數應用到主成分分析 (PCA) 中產生了核主元分析法 (kernel PCA)，Mika 等人將核函數引入到 Fisher 判別中產生了核 Fisher 判

別分析 (kernel Fisher discriminant) 等等。這些技術在機器學習、模型識別等不同領域中起到了很重要的作用。

(二) 核函數方法

假設我們要學習與變換後數據點 $\varphi(\vec{x_i})$ 的線性分類規則對應的非線性分類規則。此外，我們有一個滿足：

$k(\vec{x_i}, \vec{x_j}) = \varphi(\vec{x_i}) \cdot \varphi(\vec{x_j})$ 的核函式 k。

我們知道變換空間中的分類向量 $\vec{w}$ 滿足

$$\vec{w} = \sum_{i=1}^{n} c_i y_i \varphi(\vec{x_i})$$

其中，c_i 可以透過求解最佳化問題：

$$\text{maximize } f(c_1 \ldots c_n) = \sum_{i=1}^{n} c_i - \frac{1}{2} \sum_{i=1}^{n} \sum_{j=1}^{n} y_i c_i \, (\varphi(\vec{x_i}) \cdot \varphi(\vec{x_j})) y_i c_i$$
$$= \sum_{i=1}^{n} c_i - \frac{1}{2} \sum_{i=1}^{n} \sum_{j=1}^{n} y_i c_i k(\vec{x_i}, \vec{x_j}) y_j c_j$$
$$\text{subject to } \sum_{i=1}^{n} c_i y_i = 0, \text{ and } 0 \le c_i \le \frac{1}{2n\lambda} \text{ for all } i$$

得到，與前面一樣，可以使用二次規劃來求解除係數 c_i。同樣，我們可以找到讓 $0 < c_i < (2n\lambda)^{-1}$ 的索引 i，使得 $\varphi(\vec{x_i})$ 位於變換空間中間隔的邊界上，然後求解：

$$b = \vec{w} \cdot \varphi(\vec{x_i}) - y_i = \left[\sum_{k=1}^{n} c_k y_k \varphi(\vec{x_k}) \cdot \varphi(\vec{x_i}) \right] - y_i$$
$$= \left[\sum_{k=1}^{n} c_k y_k k(\vec{x_k}, \vec{x_i}) \right] - y_i$$

最後，可以通過計算下式來分類新點：

$$\vec{z} \mapsto \text{sgn} \, (\vec{w} \cdot \varphi(\vec{z}) + b) = \text{sgn} \left(\left[\sum_{i=1}^{n} c_i y_i k(\vec{x_i}, \vec{z}) \right] + b \right)$$

四、現代方法

用於找到 SVM 分類器的最近的演算法包括次梯度下降和座標下降。當處理大的稀疏數據集時，這兩種技術已經被證明有著顯著的優點——當存在許多訓

練例項時次梯度法是特別有效的，並且當特徵空間的維度高時，座標下降特別有效。

(一) 次梯度下降

次梯度法是求解凸函數最優化 (凸優化) 問題的一種疊代法。次梯度法能夠用於不可微的目標函數。當目標函數可微時，對於無約束問題次梯度法與梯度下降法具有同樣的搜索方向。

SVM 的次梯度下降演算法直接用運算式：

$$f(\vec{w}, b) = \left[\frac{1}{n} \sum_{i=1}^{n} \max(0, 1 - y_i(w \cdot x_i + b)) \right] + \lambda \| w \|^2$$

注意 f 是 $\vec{w}$ 與 b 的凸函式。因此，可以採用傳統的梯度下降 (或 SGD) 方法，其中不是在函式梯度的方向上前進，而是在從函式的次梯度中選出的向量的方向上前進。該方法的優點在於，對於某些實現，疊代次數不隨著數據點的數量 n 而增加或減少。

(二) 座標下降

座標下降法是一種非梯度優化演算法。演算法在每次疊代中，在當前點處沿一個座標方向進行一維搜索以求得一個函數的局部極小值。在整個過程中迴圈使用不同的座標方向。對於不可拆分的函數而言，演算法可能無法在較小的；疊代步數中求得最優解。為了加速收斂，可以採用一個適當的座標系，例如通過主成分分析獲得一個座標間盡可能不相互關聯的新座標系。

SVM 的座標下降演算法基於對偶問題：

$$\text{maximize } f(c_1 \dots c_n) = \sum_{i=1}^{n} c_i - \frac{1}{2} \sum_{i=1}^{n} \sum_{j=1}^{n} y_i c_i (x_i \cdot x_j) y_j c_j,$$

$$\text{subject to } = \sum_{i=1}^{n} c_i y_i = 0, \text{ and } 0 \le c_i \le \frac{1}{2n\lambda} \text{ for all } i.$$

對所有 $i \in \{1, \dots, n\}$ 進行疊代，使係數 c_i 的方向與 $\partial f / \partial c_i$ 一致。然後，將所得的係數向量 $(c'_1, \dots, c'_n)$ 投影到滿足給定約束的最接近的係數向量。(通常使用歐氏距離。) 然後重複該過程，直到獲得接近最佳的係數向量。所得的演算法在實踐中執行非常快，儘管已經證明的效能保證很少。

3-4-3a 支援向量機 (SVM) 原理：小樣本、非線性及高維模型識別

在機器學習中，支援向量機 (Support Vector Machine, SVM，支援向量網路) 是在分類 (classification) 與迴歸分析中分析數據的監督式學習模型，由 Vapnik 等根據統計學習理論提出的一種新的機器學習方法。

請參考前文【1-2-2】之【(一) 建構間隔理論分布：聚群分析和模型識別。】

一、SVM 的概念

請參考前文【3-3-2】之【一、SVM 的概念】

二、支援向量機：核函數

(一) 核函數的興起

問題 1：

支援向量機 (SVM) 顯然是線性分類器，但數據如果根本就線性不可分割怎麼辦？

解決方案 1：

數據在原始空間 (稱為輸入空間) 線性不可分，但是映射到高維空間 (稱為特徵空間) 後很可能線性就可區分。

問題 2：

映射到高維空間同時帶來一個問題：在高維空間上求解一個帶約束的優化問題，明顯比在低維空間上計算量要大得多，這就是所謂的「維數災難」。

解決方案 2：

於是就引入了「核函數」，核函數的價值在於，它將特徵進行從低維到高維的轉換。

(二) 實例說明

例如下圖二個例子中的兩類數據，分別分布為兩個圓圈的形狀，不論是任何高級的分類器，只要它是線性的，就沒法處理，SVM 也不行。因為這樣的數據本身就是線性不可分的。

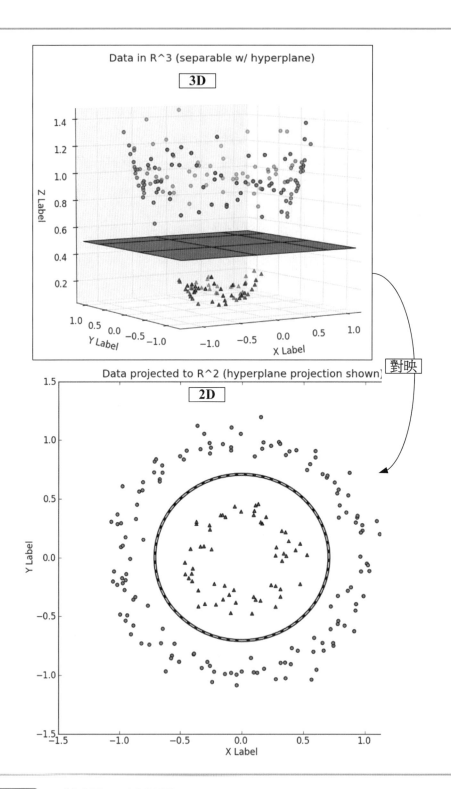

圖 3-46 3D 對映到 2D 之示意圖

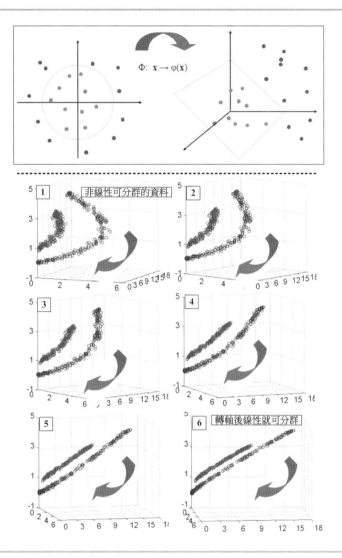

圖 3-47 非線性問題：核函數將它轉換成直線的過程 (資料在光碟片裡，檔名為「非線性問題之核函數轉軸 .gif」)

上圖核函數共有六個轉軸序，其核函數如下：

$$K(x, z) = (x^T z + c)^2$$
$$= \sum_{i,j=1}^{n} (x_i x_j)(z_i z_k) + \sum_{i=1}^{n} (\sqrt{2c} x_i)(\sqrt{2c} z_i) + c^2$$

對應的映射函數 (n = 3 時) 是：

$$\phi(x) = \begin{bmatrix} x_1 x_1 \\ x_1 x_2 \\ x_1 x_3 \\ x_2 x_1 \\ x_2 x_2 \\ x_2 x_3 \\ x_3 x_1 \\ x_3 x_2 \\ x_3 x_3 \\ \sqrt{2c}x_1 \\ \sqrt{2c}x_2 \\ \sqrt{2c}x_3 \\ c \end{bmatrix}$$

更一般地，核函數 $K(x, z) = (x^T z + c)^d$ 對應的映射後特徵維度為 $\binom{n+d}{d}$。

如何映射到核函數 K(x, z) 呢？

現在介紹了核函數之後那到底怎麼來使用核函數到樣本？

設超平面實際的方程是這個樣子 (圓心在 X_2 軸上的一個正圓)：

$$a_1 X_{21} + a_2 (X_2 - c)2 + a_3 = 0$$

因此我只需要把它映射到 $Z_1 = X_{21}, Z_2 = X_{22}, Z_3 = X_2$ 這樣一個三維空間中即可，上圖是映射之後的結果，將座標軸經過適當的旋轉，就可以很明顯地看出，數據是可以通過一個平面來分開的。

現在讓我們再回到 SVM 的情形，假設原始的數據是非線性的，我們通過一個映射 $\phi (\cdot)$ 將其映射到一個高維空間中，數據變得線性可分了，這個時候，我們就可以使用原來的推導來進行計算，只是所有的推導現在是在新的空間，而不是原始空間中進行。

我們上一次得到的最終的分類函數是這樣的：

$$f(x) = \sum_{i=1}^{n} \alpha_i y_i \langle x_i, x \rangle + b$$

現在則是在映射過後的空間，即：

$$f(x) = \sum_{i=1}^{n} \alpha_i y_i \langle \phi(x_i), \phi(x) \rangle + b$$

而其中的 α 也是通過求解如下 dual 問題而得到的：

$$\max_{\alpha} \sum_{i=1}^{n} \alpha_i - \frac{1}{2} \sum_{i,j=1}^{n} \alpha_i \alpha_j y_i y_j \langle \phi(x_i), \phi(x_j) \rangle$$

$$s.t., \alpha_i > 0, i = 1, \ldots, n$$

$$\sum_{i=1}^{n} \alpha_i y_i = 0$$

回到我們之前構造的一個五維的空間：到現在貌似我們還沒有用到核函數，但是現在我們可以看出，數據映射到新空間後，因為新空間是多維的，計算量肯定是增加了不少，現在就只能用核函數來解決了。

$$\sum_{i=1}^{5} \alpha_i Z_i + \alpha_6 = 0$$

不妨還是從最開始的簡單例子出發，設兩個向量 $x_1 = (\eta_1, \eta_2)^T$ 和 $x_2 = (\xi_1, \xi_2)^T$，而 $\phi(*)$ 即是到前面說的五維空間的映射，五個座標的值分別為 $Z_1 = X_1$, $Z_2 = X_{21}$, $Z_3 = X_2$, $Z_4 = X_{22}$, $Z_5 = X_1 X_2$，

因此映射過後的內積為：

$$\langle \phi(x_1), \phi(x_2) \rangle = \eta_1 \xi_1 + \eta_1^2 \xi_1^2 + \eta_2 \xi_2 + \eta_2^2 \xi_2^2 + \eta_1 \eta_2 \xi_1 \xi_2$$

根據我們之前簡介的核函數的實現，具體來說，上面這個式子的計算結果實際上映射了

$$\varphi(X_1, X_2) = (\sqrt{2} X_1, X_1^2, \sqrt{2} X_2, X_2^2, \sqrt{2} X_1 X_2, 1)^T$$

這樣一來計算的問題就算解決了，避開了直接在高維空間中進行計算，而結果卻是等價的。

三、詳細分析

之前我們用內積 $\langle x^{(i)}, x^{(j)} \rangle$。這裡是二維模型，但是現在我們需要三維或者更高的維度來表示樣本。在此我們假設維度是三，那麼首先需要將特徵 x 擴展到三維 (x, x^2, x^3)，然後尋找特徵和結果之間的模型。我們將這種特徵變換稱作特徵映射 (feature mapping)，映射函數稱作 ϕ。

在上圖之例子中，

$$\phi(x) = \begin{bmatrix} x \\ x^2 \\ x^3 \end{bmatrix}$$

我們希望將得到的特徵映射後的特徵應用於 SVM 分類，而不是最初的特徵。這樣，我們需要將前面 $w^T x + b$ 公式中的內積從 $\langle x^{(i)}, x \rangle$，映射到 $\langle \phi(x^{(i)}), \phi(x) \rangle$。

為什麼需要映射後的特徵而不是最初的特徵來參與計算，一個重要原因是樣例可能存在線性不可分的情況，而將特徵映射到高維空間後，往往就可分了。

將核函數形式化定義，如果原始特徵內積是 $\langle x, z \rangle$，映射後為 $\langle \phi(x), \phi(z) \rangle$，那麼定義核函數 (Kernel) 為：

$$K(x, z) = \phi(x)^T \phi(z)$$

有了以上的概念，我們現在要計算 $K(x, z)$ 只要簡單的計算 $\phi(x)$，然後計算 $\phi(x)^T, \phi(z)$，再求出它們的內積。但是現在有一個問題，那是計算 $K(x,z)$ 的時間複雜度是提高了。即使是 $\phi(x)$ 計算也是很複雜的。那怎麼解決呢？

現在我們假設：x，z 都是 n 維，同時有：

$$K(x, z) = (x^T z)^2$$

展開

$$\begin{aligned}
K(x, z) &= \left(\sum_{i=1}^{n} x_i z_i \right) \left(\sum_{j=1}^{n} x_i z_i \right) \\
&= \sum_{i=1}^{n} \sum_{j=1}^{n} x_i x_j z_i z_j \\
&= \sum_{i,j=1}^{n} (x_i x_j)(z_i z_j)
\end{aligned}$$

發現我們可以只計算原始特徵 x 和 z 內積的平方 (時間複雜度是 O(n))，就等價與計算映射後特徵的內積。也就是說我們不需要 $O(n^2)$ 時間了。

現在看一下映射函數 (n = 3 時)，根據上面的公式，得到：

$$\phi(x) = \begin{bmatrix} x_1 x_1 \\ x_1 x_2 \\ x_1 x_3 \\ x_2 x_1 \\ x_2 x_2 \\ x_2 x_3 \\ x_3 x_1 \\ x_3 x_2 \\ x_3 x_3 \end{bmatrix}$$

也就是說核函數 $K(x, z) = (x^T z)^2$ 只能在選擇這樣的 ϕ 作爲映射函數時才能夠等價於映射後特徵的內積。

四、高斯核函數

再看另外一個核函數

$$K(x, z) = \exp\left(-\frac{\|x - z\|^2}{2\sigma^2}\right)$$

這時，如果 x 和 z 很相近 ($\|x - z\| \approx 0$)，那麼核函數值爲 1，如果 x 和 z 相差很大 ($\|x - z\| \gg 0$)，那麼核函數值約等於 0。由於這個函數類似於高斯分布，因此稱爲高斯核函數，也叫做徑向基函數 (Radial Basis Function, RBF)。它能夠把原始特徵映射到無窮維。

既然高斯核函數能夠比較 x 和 z 的相似度，並映射到 0 到 1，回想 logistic 迴歸，sigmoid 函數可以，因此還有 sigmoid 核函數等等。

注意，使用核函數後呢？怎麼分類新來的樣本呢？線性的時候我們使用 SVM 學習出 w 和 b，新來樣本 x 的話，我們使用 $w^T x + b$ 來判斷，如果值大於等於 1，那麼是正類，反之，則是負類。在兩者之間，認爲無法確定。如果使用了核函數後，$w^T x + b$ 就變成了 $w^T \phi(x) + b$，是否先要找到 $\phi(x)$，然後再預測？答案肯定不是了，找 $\phi(x)$ 很麻煩，回想我們之前說過的：

$$w^T x + b = \left(\sum_{i=1}^{m} \alpha_i y^{(i)} x^{(i)}\right)^T x + b$$
$$= \sum_{i=1}^{m} \alpha_i y^{(i)} \langle x^{(i)}, x \rangle + b$$

只需將 $\langle x^{(i)}, x \rangle$ 替換成 $K(x^{(i)}, x)$，然後值的判斷同上。

總結：對於非線性的情況，SVM 的處理方法是選擇一個核函數 $\kappa(*)$，通過將數據映射到高維空間，來解決在原始空間中線性不可分的問題。由於核函數的優良品質，這樣的非線性擴展在計算量上並沒有比原來複雜多少，這一點是非常難得的。當然，這要歸功於核方法——除了 SVM 之外，任何將計算表示爲數據點的內積的方法，都可以使用核方法進行非線性擴展。

3-4-3b 支援向量機做分類 (svmachines 外掛指令)

Step 1　安裝 svmachines 外掛指令

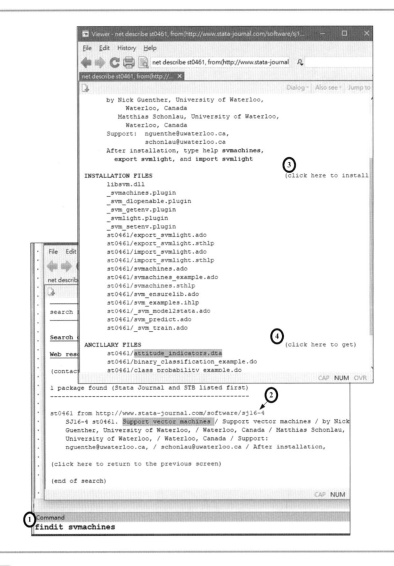

圖 3-48　安裝 svmachines 外掛指令：用「findit svmachines」指令之畫面

範例 1：binary 分類 (svmachines 指令)

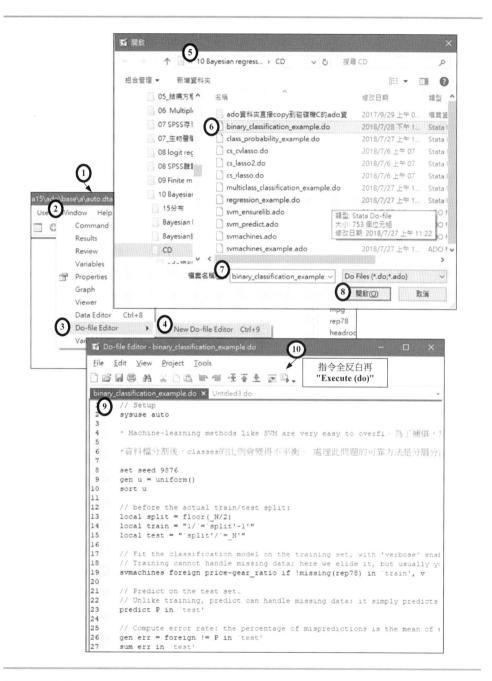

圖 3-49 「binary_classification_example.do」指令檔

```
* 存在「binary_classification_example.do」指令檔
* Binary classification
* 設定數據檔之路徑：例如：硬碟 D 的 CD 數據夾
. cd "D:\CD\"
. sysuse auto, clear
```

* Machine-learning methods like SVM are very easy to overfitting。為了補償，您必須將數據分成訓練 (train) 和測試集 (test)，train 來適配模型，並測量 test 的性能，以便性能測量不會被他們已經看到的數據人為地誇大。

* 數據檔分割後，classes 的比例會變得不平衡。處理此問題的可靠方法是分層分割 (stratified split)，它可以修復每個 class 的每個分區 (partition) 中每個類的比例。The quick-and-dirty way is a shuffle：

```
. set seed 9876
. generate u = runiform()
. sort u
```

```
* before the actual train and test split:
. local split = floor(_N/2)
. local train = "1/`=`split'-1'"
. local test = "`split'/`=_N'"
```

* Fit the classification model on the training set, with verbose enabled. Training cannot handle missing data; here we omit it, but usually you should impute.

```
. svmachines foreign price-gear_ratio if !missing(rep78) in `train', verbose
```

* Predict on the test set. Unlike training, predict can handle missing data it simply predicts missing.

```
. predict P in `test'
```

* Compute error rate: the percentage of mispredictions is the mean of err.
```
. generate err = foreign != P in `test'
. summarize err in `test'
```

```
*--------- 執行結果如下：------------
. summarize err in `test'
```

Variable		Obs	Mean	Std. Dev.	Min	Max
err		38	.3421053	.4807829	0	1

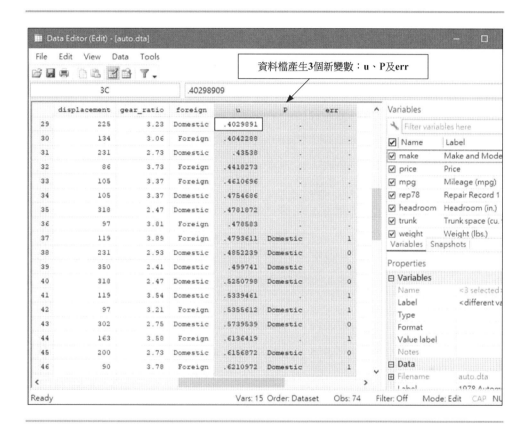

圖 3-50 執行結果，數據檔產生 3 個新變數：u、P 及 err

範例 2：分類的機率 (svmachines 指令)

```
*存在「class_probability_example.do」指令檔
* Class probability
// 開啟數據檔 attitude_indicators.dat
. use attitude_indicators

// Shuffle
```

```
. set seed 12998
. gen u = uniform()
. sort u

// Train/test split
. local split = floor(_N*3/4)
. local train = "1/`=`split'-1'"
. local test = "`split'/`=_N'"

// Model
. svmachines attitude q* in `train', kernel(poly) gamma(0.5) coef0(7) prob
. predict P in `test', prob

// the value in column P matches the column P_<attitude> with the highest
probability
. list attitude P* in `test'

// Compute error rate.
. gen err = attitude != P in `test'
. sum err in `test'

// Beware:
//   predict, prob is a *different algorithm* than predict, and can disagree
about predictions.
//   This disagreement will become absurd if combined with poor tuning.
. predict P2 in `test'
. gen agree = P == P2 in `test'
. sum agree in `test'

*--------- 執行結果如下：------------
. sum agree in `test'

    Variable |        Obs        Mean    Std. Dev.       Min        Max
-------------+--------------------------------------------------------
       agree |         44    .7727273    .4239151          0          1
```

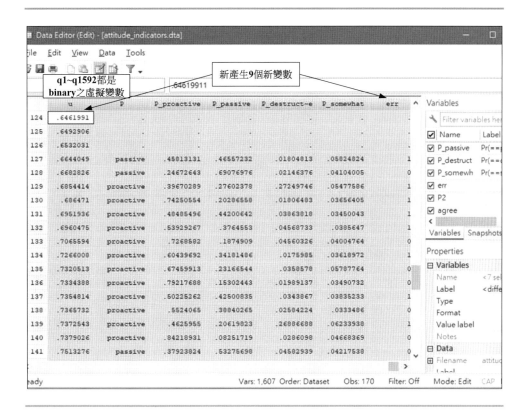

圖 3-51 svmachines 執行結果，數據檔產生 9 個新變數：u、P、P_proactive、P_
passive、P_destructive、P_somewhat、err、P2、agree

範例 3：multiclass 分類 (svmachines 指令)

```
* 存在「multiclass_classification_example.do」指令檔
* multiclass classification
// Setup
. use attitude_indicators, clear

// Shuffle
. set seed 4532
. gen u = uniform()
. sort u
```

```
// Train/test split
. local split = floor(_N*3/4)
. local train = "1/`=`split'-1'"
. local test = "`split'/`=_N'"

// In general, you need to do grid-search to find good tuning parameters.
// These values of kernel, gamma, and coef0 just happened to be good enough.
svmachines attitude q* in `train', kernel(poly) gamma(0.5) coef0(7)

. predict P in `test'

// Compute error rate.
. gen err = attitude != P in `test'
. sum err in `test'

// An overly high percentage of SVs means overfitting
. di "Percentage that are support vectors: `=round(100*e(N_SV)/e(N),.3)'"

*--------- 執行結果如下：------------
. di "Percentage that are support vectors: `=round(100*e(N_SV)/e(N),.3)'"
Percentage that are support vectors: 97.5
```

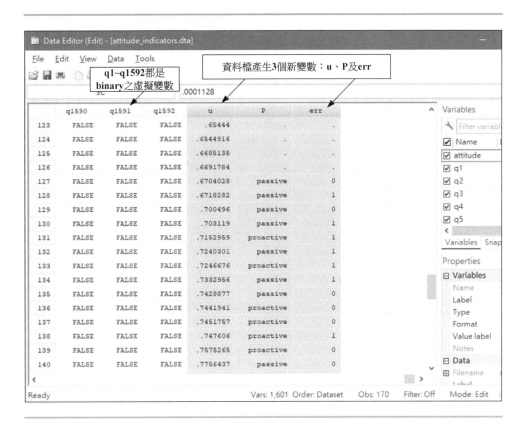

圖 3-52 svmachines 執行結果，數據檔產生 3 個新變數：u、p 及 err

範例 4：迴歸預測 (svmachines 指令)

```
* 存在「regression_example.do」指令檔
* regression
* Setup
. webuse highschool

* Shuffle
. set seed 793742
. gen u = uniform( )
. sort u

* Train/test split
. local split = floor(_N/2)
```

```
. local train = "1/`=`split'-1'"
. local test = "`split'/`=_N'"

* Regression is invoked with type(svr) or type(nu_svr).
* Notice that you can expand factors (categorical predictors) into sets of
* indicator (boolean/dummy) columns with standard i. syntax, and you can
* record which observations were chosen as support vectors with sv().
svmachines weight height i.race i.sex in `train', type(svr) sv(Is_SV)

* Examine which observations were SVs. Ideally, a small number of SVs are
enough.
. tab Is_SV in `train'

. predict P in `test'

* Compute residuals( 殘差 ).
. gen res = (weight - P) in `test'
. sum res

*--------- 執行結果如下：------------
. sum res


    Variable |      Obs        Mean    Std. Dev.        Min        Max
-------------+--------------------------------------------------------
         res |    2,037    6.278176    32.51042   -75.35946    173.702
```

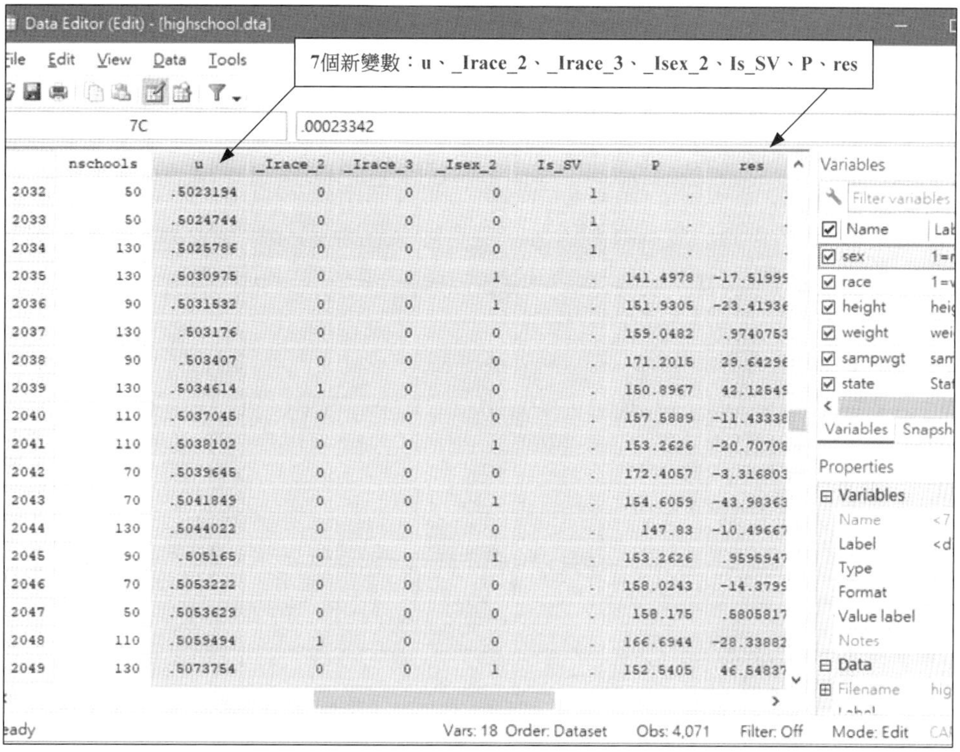

圖 3-53 svmachines 執行結果，數據檔產 7 個新變數：u、_Irace_2、_Irace_3、_
Isex_2、Is_SV、P、res

3-4-4 核迴歸 / 分段加權迴歸 (kernel regression)：非單調 函數 (lpoly、npregress、teffects 指令)

核邏輯迴歸使用表示定理 (Representer Theorem)，將邏輯迴歸編成 Kernel 的
形式，這一節我們沿著這個思路出發，看看如何將迴歸問題和 Kernel 的形式結
合起來。

Kernel Ridge Regression 的表示定理告訴我們，如果我們要處理的是有 L^2 的
正規項的線性模型，其最優解是數據 z_n 的線性組合。我們可以將這樣的線性模
型變成 Kernel 的形式。

定義：表示定理 (Representer Theorem)

學習理論中，在訓練集數據，表示定理是幾個相關結果中的任何一個，表明在再生核 Hilbert 空間上定義的正規化經驗風險函數的最小化器 f^* 可以表示為在輸入點上，評估的核產品的有限線性組合。

定理：讓 x 是一個非空的集合 k 一個正定的實值內核 $x \times x$ 具有相應的再生核 Hilbert 空間 H_k。給出訓練樣本 $(x_1, y_1), \ldots, (x_n, y_n) \in x \times \mathrm{R}$，嚴格單調遞增的實值函數 g: $[0, \infty) \to \mathrm{R}$，以及任意的經驗風險函數 E: $(x \times \mathrm{R}^2)^n \to \mathrm{R} \cup \{\infty\}$，然後為任何 $f^* \in H_k$ 滿意的

$$f^* = \mathrm{argmin}_{f \in H_k}\{E((x_1, y_1, f(x_1))), \ldots, (x_n, y_n, f(x_n))) + g(\|f\|)\}, (*)$$

f^* 承認表格的代表：

$$f^*(\,\cdot\,) = \sum_{i=1}^{n} \alpha_i k(\,\cdot\,, x_i),$$

哪裡 $\alpha_i \in \mathrm{R}$ 對全部 $1 \le i \le n$，

證明：定義映射

$\varphi: x \to \mathrm{R}^x$

$\varphi(x) = k(\,\cdot\,, x)$

(以便 $\varphi(x) = k(\,\cdot\,, x)$ 本身就是一張地圖 $x \to \mathrm{R}$)。以來 k 那麼是一個再生內核

$$\varphi(x)(x') = k(x', x) = \langle \varphi(x'), \varphi(x) \rangle,$$

哪裡 $\langle \,\cdot\,, \,\cdot\, \rangle$ 是內在的產品 H_k。

鑑於任何 $x_1, \ldots, x_n$，可以使用正交投影來分析任何 $f \in H_k$ 成為兩個函數的總和，一個在於 $\mathrm{span}\{\varphi(x_1), \ldots, \varphi(x_n)\}$，另一個位於正交補碼：

$$f = \sum_{i=1}^{n} \alpha_i \varphi(x_i) + v,$$

哪裡 $\langle v, \varphi(x_i) \rangle = 0$ 對全部 i。

上述正交分解和再現特性一起表明應用 f 到任何訓練點 x_j 產生

$$f(x_j) = \left\langle \sum_{i=1}^{n} \alpha_i \varphi(x_i) + v,\ \varphi(x_j) \right\rangle = \sum_{i=1}^{n} \alpha_i \langle \varphi(x_i), \varphi(x_j) \rangle,$$

我們觀察到的是獨立的 v。因此，經驗風險的價值 E in (*) 同樣獨立於 v。對於第二個術語 (正規化術語)，因為 v 是正交的 $\sum\limits_{i=1}^{n} \alpha_i \varphi(x_i)$ 和 g 我們有嚴格的單調性

$$\begin{aligned}
g(\| f \|) &= g\left(\left\| \sum_{i=1}^{n} \alpha_i \varphi(x_i) + v \right\|\right) \\
&= g\left(\sqrt{\left\| \sum_{i=1}^{n} \alpha_i \varphi(x_i) \right\|^2 + \| v \|^2}\right) \\
&\geq g\left(\left\| \sum_{i=1}^{n} \alpha_i \varphi(x_i) \right\|\right).
\end{aligned}$$

因此設定 $v = 0$ 不影響 (*) 的第一項，而它嚴格減少第二項。因此，任何最小化器 f^* in (*) 必須有 $v = 0$，即它必須是形式：

$$f^*(\,\cdot\,) = \sum_{i=1}^{n} \alpha_i \varphi(x_i) = \sum_{i=1}^{n} \alpha_i k(\,\cdot\,, x_i),$$

這是理想的結果。

一、任何 $\mathbf{L}^2$ 正規化的線性模型都可以用核函數

證明

只要需要優化的目標函數如下：

$$\min_{w} Loss(w) = \min_{w} \sum_{i=1}^{n} error(y_i, w^T x_i) + \lambda w^T w$$

即優化的目標是一個廣義線性損失函數 (這裡指 w 需要和 x_i 簡單做內積)，同時帶有一個 $w^T w$ 的 L^2 正規。

那麼：最優的 w^* 就能表示為 x_i 的線性組合

證明如下：

假設最優解 w^* 存在，那麼把 w^* 分成兩個部分，一個平行於 x_i 的線性組合 $\sum\limits_{i=1}^{n} \alpha_i x_i$ 部分 $w_\|$，另一個是垂直於其線性組合的部分 $w_\perp$。即：

$$w^* = w_\| + w_\perp$$

帶入到上面的 Loss(w) 目標函數中得到：

對於 error 部分：

$$error(y_i, (w_\parallel + w_\perp)^T x_i)$$

因為 $w_\perp$ 部分也垂直於所有的 x_i 所以，error 部分就等同於：

$$error(y_i, w_\parallel^T x_i)$$

對於正規化部分：

$$w^T w = (w_\parallel + w_\perp)^T (w_\parallel + w_\perp) = w_\parallel^T w_\parallel + 2 * w_\parallel^T w_\perp + w_\perp^T w_\perp = w_\parallel^T w_\parallel + w_\perp^T w_\perp$$

所以此時的 Loss(w^*) 目標函數為：

$$
\begin{aligned}
Loss(w^*) &= \sum_{i=1}^{n} error(y_i, w^T x_i) + \lambda w^T w \\
&= \sum_{i=1}^{n} error(y_i, w_\parallel^T x_i) + \lambda(w_\parallel^T w_\parallel + w_\perp^T w_\perp) \\
&\geq \sum_{i=1}^{n} error(y_i, w_\parallel^T x_i) + \lambda w_\parallel^T w_\parallel \\
&= Loss(w_\parallel)
\end{aligned}
$$

因為已經假設了 w^* 是最優解，即使得 Loss(w) 最小的解，而上面又證明：

$$Loss(w^*) \geq Loss(w_\parallel)$$

所以只有取得等號的時候才能滿足題意，而只有當 $w_\perp = \vec{0}$ 時才能取得等號。所以證得：

$$w^* = w_\perp$$

所以說明其最優的 w^* 可以由每個數據集線性表示出來，即：

$$w^* = \sum_{i=1}^{n} \alpha_i x_i$$

二、線性迴歸、脊迴歸、局部加權線性迴歸和邏輯斯迴歸的特點

迴歸分析主要有兩類用途：適配預測、分類。

線性迴歸、脊迴歸都是：

$$y^{(j)} = \sum_{i=1}^{n} \theta_i^{(j)T} \theta_i^{(j)}$$

此式就是一個「超平面」方程，因為是「平的」，所以如果沿某一個平面的三個點 (兩頭是同一個類型，中間是另一種)，x 依次增加，但是 y 是「兩頭大，中間小」，則一個平面是無法分開的。

對於邏輯斯迴歸而言，因為 sigma 函數並沒有改變單調性 (趨勢未變)，所以和上面的同理。

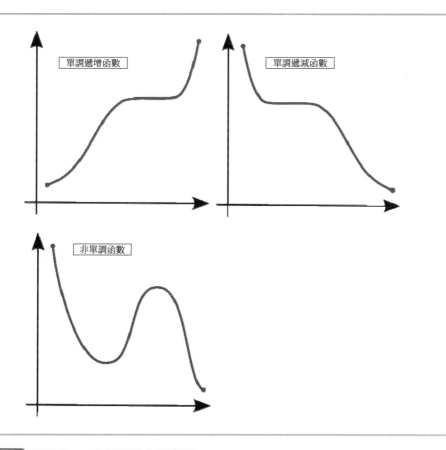

圖 3-54 單調性 vs. 非單調性之示意圖

定義：單調 (monotone) 函數

在數學中在有序集合之間的函數是單調 (monotone) 的，如果它們保持給定的次序。這些函數最先出現在微積分，後來推廣到序理論中更加抽象結構。儘管概念一般是一致的，兩個學科已經發展出稍微不同的術語。在微積分中，我們經常說函數是單調遞增和單調遞減的，在序理論中偏好術語單調、反單調或序保持、序反轉。

設：

$$f : P \rightarrow Q$$

是在兩個帶有偏序≤的集合 P 和 Q 之間的函數。在微積分中，它們是帶有平常次序的實數集的子集之間的函數，但是定義仍保持同更一般的序理論定義一樣。

函數 f 是**單調**的，如果只要 $x \leq y$，則 $f(x) \leq f(y)$。因此單調函數保持次序關係。

但是對於局部加權線性迴歸 (核迴歸)，因為是針對單個預測點單獨估值 θ，即便被估值的點在「凹點或凸點」，因為是「局部直線」也會比較精確。

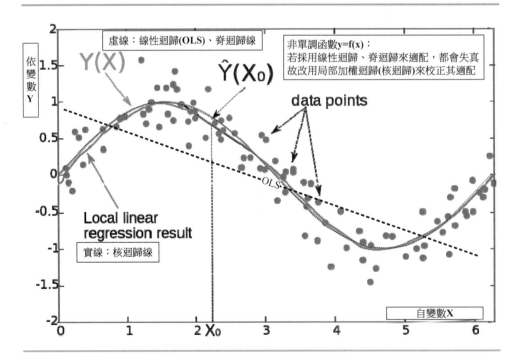

圖 3-55 虛線：線性迴歸、脊迴歸線 vs. 實線：核迴歸線

換句話說，一般的線性迴歸或邏輯斯迴歸，這種先用所有樣本點算出參數後再代入預測值 x，對於「凹點或凸點」x 來說，會被兩側距離遠的點影響，從而出現「區段性偏誤 (bias)」的情況 (上圖虛線處)。

三、脊迴歸 / 嶺迴歸 (Ridge Regression) 之重點

請參考前文【3-2-2 脊迴歸 / 嶺迴歸 (ridge) 的原理：多重共線性 (ridgeregress 外掛指令)】

四、核迴歸分析 (Kernel Regression)

範例 1：曲線估計：Kernel-weighted local polynomial smoothing(lpoly 指令)

lpoly 的指令語法如下：

```
lpoly yvar xvar [if] [in] [weight] [, options]

options                          說明

Main
  kernel(kernel)                 specify kernel function; defaul is kernel(epanechnikov)
  bwidth [#|varname)             specify kernel bandwidth
  degree(#)                      specify degree of the polynomial smooth; default is degree(0)
  generate([nevva_x] nevvar_s)   store smoothing grid in nevvar_x and smoothed points in nevvar_s
  n(#)                           obtain the smooth at # points; default is min(N,50)
  at(varname)                    obtain the smooth at the values specified by varname
  nograph                        suppress graph
  noscatter                      sappzess scatterplot only

SE/CI
  ci                             plot confidence bans
  level(#)                       set confidence level; default is level(95)
  se(nevvra)                     store standard erros in nevvar
  pwidth(#)                      specify pilot bandwidth for standard error calculation
  var(#|varname)                 specify estimates of residual variance

Scatterplot
  marker_options                 change look of markers (color, size, etc.)
  marker_label_options           add marker labels; change look or position

Smoothed line
  lineopts(cline_options)        affect rendition of the smoothed line

CI plot
  ciopts(cline_options)          affect rendition of the confidence bands

Add plots
  addplot(plot)                  add other plots to the generated graph
```

```
Y axis, X axis, Titles, Legend, Overall
  tvovay_options                    any options other than by() documented in [G-3] tovway_options

kernel                              說明

epanechnikov                        Epanechnikov kernel function; the default
epan2                               alternative Epanechnikov kernel function
biweight                            biweight kernel function
cosine                              cosine trace kernel function
gaussian                            Gaussian kernel function
parzen                              Parzen kernel function
rectangle                           rectangle kernel fnnction
triangle                            triangle kernel function
```

(一) 問題說明

本例源自：Fan, J. and I. Gijbels. 1996. Local Polynomial Modelling and Its Applications. London: Chapman & Hall.

Motorcycle data from Fan & Gijbels(1996)。

其研究主旨：非參數平滑技術中的一個決定性問題是帶寬或平滑參數的選擇。本文在使用局部多項式近似估計迴歸函數及其導數時解決了這個問題。

本例樣本：Motorcycle data from Fan & Gijbels(1996)，旨在解決非單調函數如何迴歸分析，並了解 *** 之影響因素有哪些？(分析單位：個人)

研究者收集數據並整理成下表，此「motorcycle.dta」數據檔內容之變數如下：

變數名稱	說明	編碼 Codes/Values
label/ 依變數：accel	acceleration (g)	−134～75 克
features/ 自變數：time	time (msec)	2.4～57.6(msec)

(二) 數據檔之內容

「motorcycle.dta」數據檔內容如下圖。

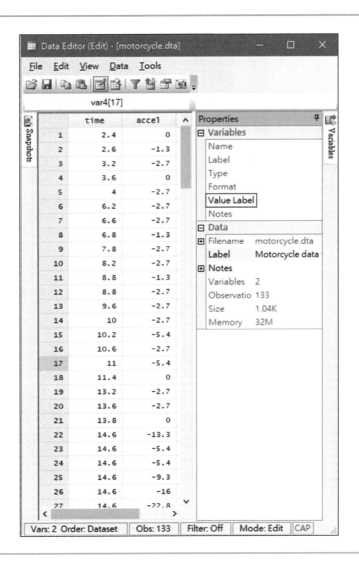

圖 3-56 「motorcycle.dta」數據檔內容 (N=133 機車)

觀察數據之 Features

```
* 開啟數據檔
. webuse motorcycle
* 繪「accel time」二個變數的散布圖
. twoway (scatter accel time, sort)
```

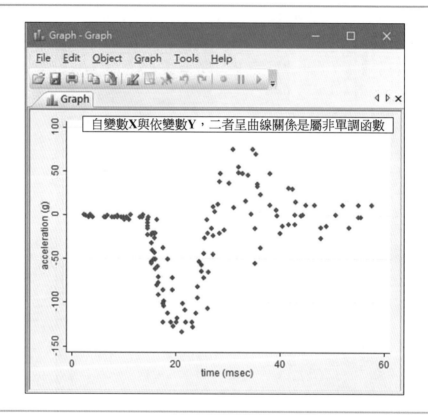

圖 3-57 「twoway (scatter accel time, sort)」所繪的散布圖

　　自變數 X 與依變數 Y，二者呈曲線關係是屬非單調函數，故應改核迴歸分析才對。

(三) 分析結果與討論

Step 1 Kernel-weighted local polynomial smoothing

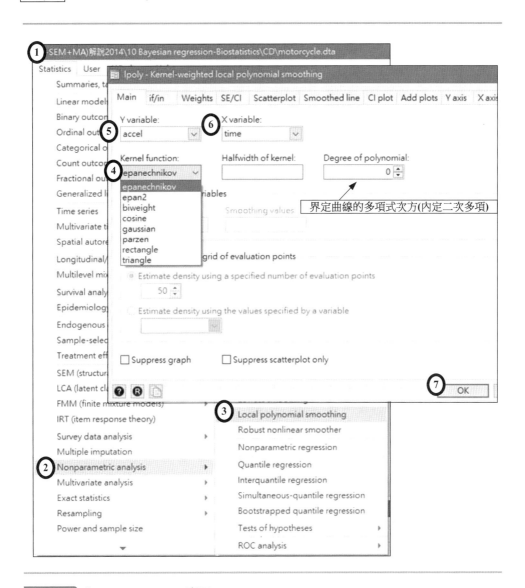

圖 3-58 「lpoly accel time」畫面

註：Statistics > Nonparametric analysis > Local polynomial smoothing

「lpoly」搭配的核函數有 8 種：

核函數	說明
epanechnikov	Epanechnikov kernel function; 此為內定值
epan2	alternative Epanechnikov kernel function
biweight	biweight kernel function
cosine	cosine trace kernel function
gaussian	Gaussian kernel function
parzen	Parzen kernel function
rectangle	rectangle kernel function
triangle	triangle kernel function

```
* 開啟數據檔
. webuse motorcycle

*Local mean smoothing
. lpoly accel time

*Local cubic polynomial smoothing
. lpoly accel time, degree(3) kernel(epan2)

*Same as above, but save smoothed values and standard errors as variables in-
stead of graphing
. lpoly accel time, degree(3) kernel(epan2) generate(x s) se(se) nograph
```

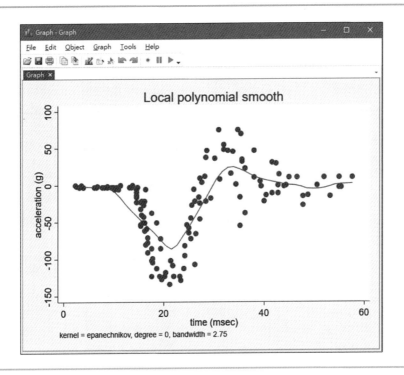

圖 3-59 「lpoly accel time」繪出的圖

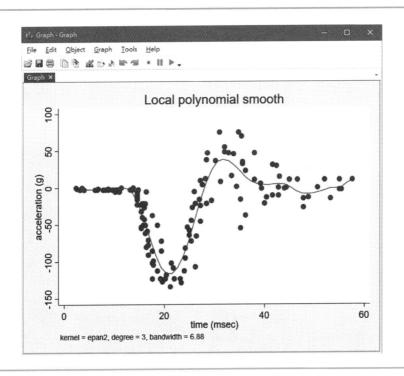

389

圖 3-60 「lpoly accel time, degree(3) kernel(epan2)」繪出的圖 (它比上圖更逼真)

範例 2：無母數迴歸 Nonparametric regression(npregress 指令)

npregress 執行非參數局部線性和局部固定核迴歸 (nonparametric local-linear and local-constant kernel regression)。npregress 與線性迴歸一樣，非參數迴歸模擬以共變數 z 為條件之結果均值 (the mean of the outcome conditional on the covariates)，但與線性迴歸不同，它不假定 (assumptions)：結果 y 與共變數 z(outcome and the covariates) 之間關係的函數形式。

(一) 問題說明

為了解酒後駕車之影響因素有哪些？(分析單位：個人)

研究者收集數據並整理成下表，此「dui.dta」數據檔內容之變數如下：

變數名稱	說明	編碼 Codes/Values
label/ 依變數：citations	每月酒後駕車引用次數	4～80 次
features/ 自變數：fines	醉酒駕駛罰款 (千美元)	7.4～12(千美元)

(二) 數據檔之內容

「dui.dta」數據檔 (關於每月酒後駕車的數據)，內容如下圖。

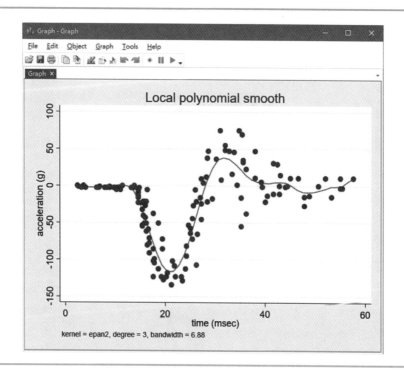

圖 3-61 「dui.dta」數據檔內容 (N=500 個體)

觀察數據之 Features

```
* 開啟官網之數據檔
. webuse dui


. twoway (scatter citations fines, sort)
```

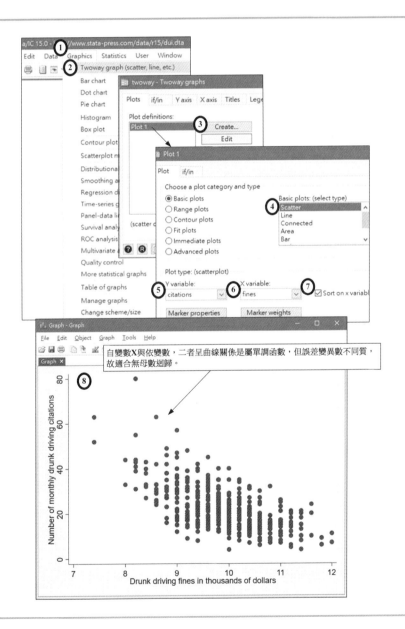

圖 3-62　「twoway (scatter citations fines, sort)」所繪的散布圖

自變數 X 與依變數，二者呈曲線關係是屬單調函數，但誤差變異數不同質，故適合無母數迴歸。

(三) 分析結果與討論

Step 1　無母數迴歸分析

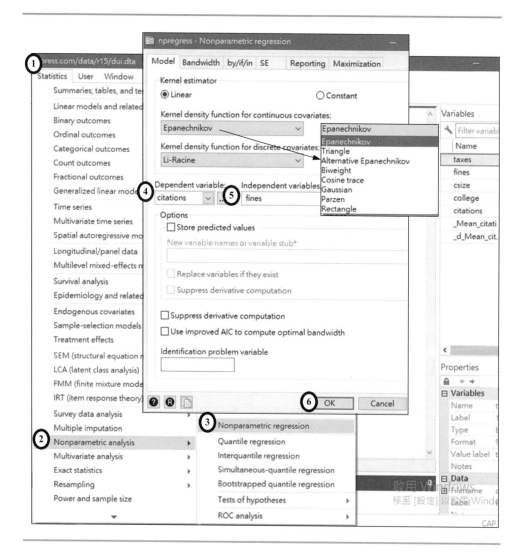

圖 3-63　「npregress kernel citations fines」畫面 (核密度函數有 8 種)

註：Statistics > Nonparametric analysis > Nonparametric regression

```
* 開啟官網之數據檔
. webuse dui

* Nonparametric regression of citations as a function of fines
. npregress kernel citations fines


Bandwidth
-----------------------------------
              |     Mean      Effect 效果量
--------------+--------------------
Mean          |
        fines |  .5631079    .924924
-----------------------------------


Local-linear regression              Number of obs   =        500
Kernel   : epanechnikov              E(Kernel obs)   =        282
Bandwidth: cross validation          R-squared       =     0.4380
------------------------------------------------------------------
   citations |  Estimate
-------------+----------------------------------------------------
Mean         |
   citations |   22.33999
-------------+----------------------------------------------------
Effect       |
       fines |  -7.692388
------------------------------------------------------------------
Note: Effect estimates are averages of derivatives.
Note: You may compute standard errors using vce(bootstrap) or reps().


* 開啟官網之數據檔
. webuse dui

* Same as above, but specify variable names for the mean and derivatives
. npregress kernel citations fines, predict(mean deriv)


Bandwidth
-----------------------------------
              |     Mean      Effect
```

```
--------------+-----------------------
Mean          |
       fines  |  .5631079      .924924
--------------+-----------------------


Local-linear regression              Number of obs     =        500
Kernel   : epanechnikov              E(Kernel obs)     =        282
Bandwidth: cross validation          R-squared         =     0.4380
--------------------------------------------------------------------
   citations  |  Estimate
--------------+-----------------------------------------------------
Mean          |
   citations  |  22.33999
--------------+-----------------------------------------------------
Effect        |
       fines  |  -7.692388
--------------------------------------------------------------------
Note: Effect estimates are averages of derivatives.
Note: You may compute standard errors using vce(bootstrap) or reps().
```

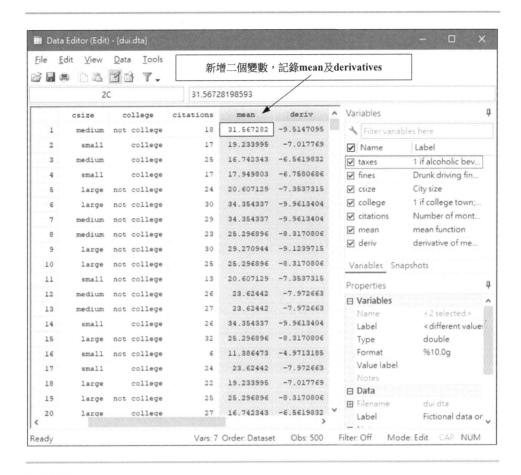

圖 3-64
「npregress kernel citations fines, predict(mean deriv)」，新增二個變數，記錄 mean 及 derivatives

範例 3：有無控制「孕婦年齡 (mage) 的配對」對處理效果的影響甚巨 (treatment effects)，teffects 指令

teffects 使用觀察數據估計潛在結果平均值 (potential-outcome means, POMs)、平均治療效果 (Average Treatment Effects, ATEs) 和 (Average Treatment Effects on the Treated, ATETs)。teffects 提供了迴歸調整、概率反加權 (inverse-probability-weighted) 和匹配估計 (matching estimators)，以及結合迴歸調整、逆概率加權的雙重穩健方法。teffects overlap 重疊繪製獲得每個治療水準 (treatment level) 的概率的估計密度。

teffects 指令語法如下：

```
Syntax

    teffects subcommand ... [, options]

    subcommand          Description

    aipw                augmented inverst-probability weighting
    ipw                 inverse-probability weighting
    ipwra               inverse-probability-weighted regression adjustment
    nnmatch             nearest-neighbor matching
    overlap             overlap plots
    psmatch             propensity-score matching
    ra                  regression adjustment
```

(一) 問題說明

估計「母親是否抽菸 (mbsmoke) 對孩子出生體重 (bweight) 的影響效果」？控制：婚姻狀況 (mmarried)、母親的年齡 (mage)、母親在嬰兒的第一個三個月有一個產前醫生有訪問嗎 (prenatal1)、以及這個孩子是否是第一胎嗎 (fbaby) (分析單位：孕婦)。

研究者收集數據並整理成下表，此「cattaneo2.dta」數據檔內容之變數如下：

變數名稱	說明	編碼 Codes/Values
label/ 依變數：bweight	infant birthweight (grams)	340～5500 公克
features/ 自變數：mbsmoke	mbsmoke 母親有抽菸嗎	1 if mother smoked
控制變數：mmarried	mmarried 結婚嗎	1 if mother married
控制變數：mage	mother's 年齡	13～45 歲
控制變數：prenatal1	虛擬變數 (是，否)	1 if first prenatal visit in 1
控制變數：fbaby	虛擬變數 (是，否) 第一胎嗎	1 if first baby

(二) 數據檔之內容

「cattaneo2.dta」數據檔 (取自 Excerpt from Cattaneo (2010) Journal of Econometrics 155: 138-154)，無知性下多值處理效應的有效半參數估計 (Efficient semiparametric estimation of multi-valued treatment effects under ignorability)，其樣本內容如下圖。

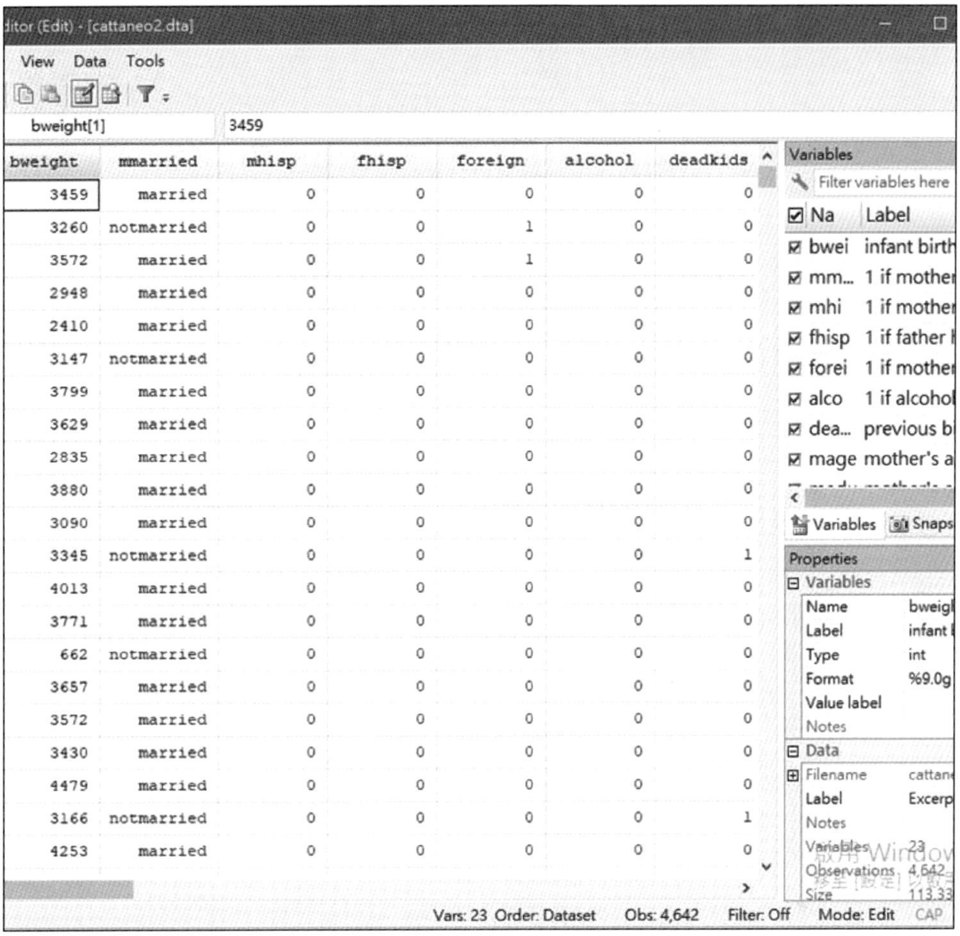

圖 **3-65** 「cattaneo2.dta」數據檔內容 (N=4,642 孕婦)

(三) 分析結果與討論

Step 1 雙 Poisson 混合迴歸分析

　　teffects 是指令型，因 STaTa 無此 munu。


```
* 開啟數據檔
. webuse cattaneo2
* 估計母親抽菸否 (mbsmoke) 對孩子出生體重 (bweight) 的影響。
```

*控制：婚姻狀況 (mmarried)、母親的年齡 (mage)、母親在嬰兒的第一個三個月有一個產前醫生有訪問嗎 (prenatal1)、以及這個孩子是否是第一胎嗎 (fbaby)

```
. teffects psmatch (bweight) (mbsmoke mmarried mage prenatal1 fbaby),
generate(matchv)


Treatment-effects estimation              Number of obs      =      4,642
Estimator      : propensity-score matching  Matches: requested =          1
Outcome model  : matching                                min =          1
Treatment model: logit                                   max =        139
------------------------------------------------------------------------------
                 |              AI Robust
         bweight |    Coef.   Std. Err.     z    P>|z|    [95% Conf. Interval]
-----------------+------------------------------------------------------------
ATE              |
         mbsmoke |
(smoker vs nonsmoker) |  -235.1714  27.74409   -8.48   0.000   -289.5488   -180.794
```
*--- 結果發現：孕婦抽菸對嬰兒體重有顯著負面影響 (p<.05)---------------------

```
* 繪出 default density plots
. tebalance density mage
```

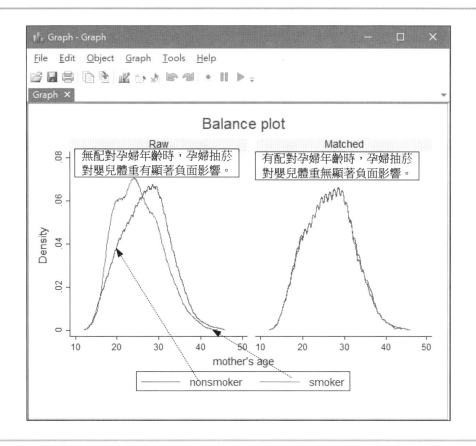

圖 **3-66** 控制孕婦年齡：「tebalance density mage」，繪出「孕婦抽菸對嬰兒體重有顯著負面影響」

3-5 最大概似 (ML) 之 Bayes-Based 家族 (前導字 「bayes: 某迴歸」指令)

概率分類法 (probabilistic classification)：

1. 建構概率分類之模型

· 生成模型

$$P(C \mid X) \, C = c_1, \dots, c_L, X = (X_1, \dots, X_n)$$

· 判別模型：

$$P(X \mid C) \; C = c_1, \ldots, c_L, \; X = (X_1, \ldots, X_n)$$

2. **最大後驗 (MAP) 分類規則**

   · MAP: Maximum A Posterior

   · Assign x to c^* if $P(C = c^* \mid X = x) > P(C = c \mid X = x)$ $c \neq c^*, \; c = c_1, \ldots, c_L$

3. **用 MAP 規則來分類**

   · Apply Bayesian rule to convert: $P(C \mid X) = \dfrac{P(X \mid C) P(C)}{P(X)} \propto P(X \mid C) P(C)$

　　本章雖然是談貝葉斯，但是先不從貝葉斯開始說起。先介紹有監督學習中兩大類經典的模型：判別模型與生成模型。

　　監督學習的任務就是學習一個模型 (或者得到一個目標函數)，應用這一模型，對已知的輸入預測相應的輸出。這一模型的一般形式為一個決策函數 Y = f(X)，或者條件機率分布 P(Y | X)。

　　監督學習方法又可以分為生成方法 (generative approach) 和判別方法 (discriminative approach)。所學到的模型分別為生成模型 (generative model) 和判別模型 (discriminative model)。

一、生成模型

　　定義了在觀測 {X} 和結果 {Y} 的聯合機率分布 P(X, Y)，通過貝葉斯得出後驗機率 P(Y | X) = $\dfrac{P(X, Y)}{P(X)}$，然後用後驗機率模型作為預測模型。因此我們還需要計算 P(X) 以得到後驗機率。常見的生成模型有：

1. **高斯混合模型 (EM 演算法)**：高斯密度函數估計是一種參數化模型。高斯混合模型 (Gaussian Mixture Model, GMM) 是單一高斯概率密度函數的延伸，GMM 能夠平滑地近似任意形狀的密度分布。高斯混合模型種類有單高斯模型 (Single Gaussian Model, SGM) 和高斯混合模型 (Gaussian Mixture Model, GMM) 兩類。類似於聚類，根據高斯概率密度函數 (Probability Density Function, PDF) 參數不同，每一個高斯模型可以看作一種類別，輸入一個樣本 x，即可通過 PDF 計算其值，然後通過一個閾值來判斷該樣本是否屬於高斯模型。很明顯，SGM 適合於僅有兩類別問題的劃分，而 GMM 由於具有多個模型，劃分更為精細，適用於多類別的劃分，可以應用於複雜物件建模。

(1) 單高斯模型：

　　多維高斯 (常態) 分布概率密度函數 PDF 定義如下：

$$N(x; \mu, \Sigma) = \frac{1}{\sqrt{(2\pi)|\Sigma|}} exp\left[-\frac{1}{2}(x-\mu)^T \Sigma^{-1}(x-\mu)\right]$$

注意與一維高斯分布不同，其中 x 是維數爲 d 的樣本向量 (列向量)，是模型期望，Σ 是模型變異數。

(2) 高斯混合模型：

高斯混合模型是單一高斯機率密度函數的延伸，由於 GMM 能夠平滑地近似任意形狀的密度分布，因此近年來常被用在語音、圖像識別等方面，得到不錯的效果。詳情請見作者《有限混合模型 (FMM)：STaTa 分析 (以 EM algorithm 做潛在分類再迴歸分析)》一書，該書內容包括：〈FMM：線性迴歸〉、〈FMM：次序迴歸〉、〈FMM：Logit 迴歸〉、〈FMM：多項 Logit 迴歸〉、〈FMM：零膨脹迴歸〉、〈FMM：參數型存活迴歸〉……等理論與實作。

2. 隱 Markov 模型 (Hidden Markov Model, HMM)

請參考前文【1-2-2】之【(三) 透過再生模型建構機率密度函數】之【(4) 隱 Markov 模型：】

(1) 預測 (filter)：已知模型參數和某一特定輸出序列，求最後時刻各個隱含狀態的概率分布，即求 $P(x(k)|y(1), ..., y(t))$。通常使用前向算法解決。

(2) 平滑 (smoothing)：已知模型參數和某一特定輸出序列，求中間時刻各個隱含狀態的概念分布，即求 $P(x(k)|y(1), ..., y(t)), k < t$。通常使用 forward-backward 算法解決。

(3) 解碼 (most likely explanation)：已知模型參數，尋找最可能的能產生某一特定輸出序列的隱含狀態的序列。即求 $P([x(1) ... x(t)] | [y(1) ..., y(t)])$，通常使用 Viterbi 算法解決。

3. 概率前後文無關語法 (Probabilistic Context Free Grammars, PCFG)

用於模擬符號字串的語法理論源於計算語言學中旨在理解自然語言結構的工作。概率前後文無關語法 (PCFG) 已經應用於 RNA 結構的概率建模，差不多 40 年後它們被引入計算語言學。

CFG 擴展了無前後文語法，類似於隱藏馬爾可夫模型擴展常規語法的方式。爲每個生產分配一個概率。推導 (解析) 的概率是該推導中使用的產品概率的乘積。這些概率可以被視爲模型的參數，對於大問題，透過機器學習來學習這些參數很方便。概率語法的有效性受其訓練數據集的前後文約束。

PCFG 可應用於自然語言處理等各種領域，以研究 RNA 分子的結構和編程語言的設計。設計高效的 PCFG 必須權衡可擴展性和通用性。必須解決諸如語法歧義之類的問題。語法設計會影響結果的準確性。語法分析演算法具有各種時間和內存要求。

4. **樸素貝葉斯**

樸素的意思就是，此演算法假設：一個把現實世界的問題簡化過的模型來計算，不過因為準確度並沒有因為簡化了計算方式就下降，反而降低了計算量以及難度而因此受到廣泛的使用。而這個簡化的假設就是「條件獨立」。

所謂的「條件」指的其實是指「特徵」。機器學習裡，我們希望給電腦訓練數據 (也就是「特徵 1」、「特徵 2」、「特徵 3」……、「特徵 n」對應到一個「模型」。舉例來說：「25 歲」，「喜歡手機上網」，「男性」，用 MAC 對應到「軟體工程師」，就是這四個特徵對應到一個模型。

而樸素貝葉斯分類器的假設就是，「25 歲這個事件和「喜歡手機上網」獨立 (就是兩者完全無關，本質上來說 (邏輯上而言) 一個人不會因為他是 25 歲就特別喜歡手機上網，或特別不喜歡手機上網，既無關聯也無邏輯推演關係)。

5. **受限玻茲曼機 (Restricted Boltzmann Machine, RBM)**

受限玻茲曼機是一種可通過輸入數據集學習機率分布的隨機生成神經網絡。RBM 最初由發明者保羅·斯模稜斯基於 1986 年命名為簧風琴 (Harmonium)，但直到傑弗里·辛頓及其合作者在 2000 年代中葉發明快速學習演算法後，受限玻茲曼機才變得知名。受限玻茲曼機在降維、分類、協同過濾、特徵學習和主題建模中得到了應用。根據任務的不同，受限玻茲曼機可以使用監督學習或無監督學習的方法進行訓練。

正如名字所提示的那樣，受限玻茲曼機是一種玻茲曼機的變體，但限定模型必須為二分圖。模型中包含對應輸入參數的輸入 (可見) 單元和對應訓練結果的隱單元，圖中的每條邊必須連接一個可見單元和一個隱單元。(與此相對，「無限制」玻茲曼機包含隱單元間的邊，使之成為遞歸神經網絡。) 這一限定使得相比一般玻茲曼機更高效的訓練演算法成為可能，特別是基於梯度的對比分歧 (contrastive divergence) 演算法。

受限玻茲曼機也可被用於深度學習網絡。具體地，深度信念網絡可使用多個 RBM 堆疊而成，並可使用梯度下降法和反向傳播演算法進行調優。

6. 平均 one-dependence 估計。

7. 潛在 (latent) Dirichlet allocation。

二、判別模型

又叫 conditional model，即條件機率模型。判別模型是建立在觀測數據和預測數據上的條件機率模型 P(Y | X)，因此得出的後驗機率可以直接作為預測模型，常見的判別模型有：

1. 邏輯斯迴歸。

2. SVM。

3. Boosting(meta-programming)。

4. 條件隨機場。

5. 線性迴歸。

6. 神經網絡。

生成模型和判別模型的主要區別在於：(1) 生成模型是建立在所有變數上面的聯合機率模型，而判別模型只是定義在目標變數上的條件機率模型。因此判別模型相對比生成模型有侷限性，生成模型還可以作為預測任何一個變數的模型。(2) 判別模型不需要建立觀測變數的機率模型，一般情況下它不能預測複雜的觀測和預測值關係。另外，判別模型本質上是有監督的，想要變成無監督會比較困難。

如果觀測數據是符合聯合機率分布，那麼是用最大概似 (Maximize Likelihood, ML) 求得模型參數是常見的方法。如果建立的機率模型只是所有變數的一個子集，那麼直接使用條件機率模型可能會更有效。當然具體模型選擇會由相應應用決定。

3-5-1 判別模型 (discriminative model) 與生成模型 (generative model)

Generative模型vs. Discriminative模型

- **Generative模型：**
  - probabilistic "model" of each class
  - decision boundary:
    - where one model becomes more likely
  - natural use of unlabeled data
- **Discriminative模型**
  - focus on the decision boundary
  - more powerful with lots of examples
  - not designed to use unlabeled data
  - only supervised tasks

Maximize joint likelihood
of gold tree **and** sentence

生成方法:model p(x,y)或p(x|y)p(y)

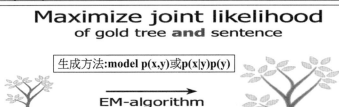

EM-algorithm

w₁ w₂ ... wₙ   W₁ W₂ ... Wₙ

EASY: expectations over observed trees

Maximize conditional likelihood
of gold tree **given** sentence

判別方法:model p(y|x)

Gradient-based algorithm

w₁ w₂ ... wₙ

HARD: expectations over all trees

圖 3-67 Generative 模型 vs. Discriminative 模型

有監督機器學習方法可以分爲生成方法和判別方法。常見的生成方法有 LDA 主題模型、樸素貝葉斯演算法和隱式 Markov 模型等；判別方法有 SVM、LR 等。生成方法學習出的是生成模型，判別方法學習出的是判別模型。

假設訓練數據爲 (C, X)，$C = \{c_1, c_2, \ldots, c_n\}$ 是 n 個訓練樣本的 label(依變數編碼 0= 未發生；1= 發生事件)，$X = \{x_1, x_2, \ldots, x_n\}$ 是 n 個訓練樣本的特徵 feature(即自變數們)。定義單個測試數據爲 $(\tilde{c}, \tilde{x})$，$\tilde{c}$ 爲測試數據的 lable，$\tilde{x}$ 是測試樣本的 feature。

---

1. 訓練完畢後，輸入測試數據，判別模型**直接給出的是** $p(\tilde{c}\,|\,\tilde{x})$，即輸出 (label) 關於輸入特徵 (feature) 的條件分布，實際上，這個分布的條件還有訓練數據：因爲實際上我們是「看過」訓練數據之後，學會對數據分布的後驗認識，然後根據這個認識和測試樣本的 feature 來做出測試樣本屬於哪個 label 的決策的，所以有 $p(\tilde{c}\,|\,\tilde{x}) = p(\tilde{c}\,|\,\tilde{x}, C, X)$。

   我們認爲這個條件分布 $p(\tilde{c}\,|\,\tilde{x}, C, X)$ 由參數 θ 決定的，即：

$$p(\tilde{c}\,|\,\tilde{x}) \tag{3-13}$$

那麼如何由 $p(\tilde{c}\,|\,\tilde{x}, \theta)$ 得到 $p(\tilde{c}\,|\,\tilde{x})$ 呢？如果我們可以求出參數 θ 關於訓練數據的後驗分布 (這其實就是學習過程) $p(\theta\,|\,C, X)$，那麼就可以由

$$P(\tilde{c}\,|\,\tilde{x}) = P(\tilde{c}\,|\,\tilde{x}, C, X) = \int P(\tilde{c}, \theta\,|\,\tilde{x}, C, X)d\theta = \int P(\tilde{c}\,|\,\tilde{x}, \theta) \cdot P(\theta\,|\,C, X)d\theta \tag{3-14}$$

來得到想要的答案。

所以現在**問題轉化成了求條件分布的參數 θ 關於訓練數據 (C,X) 的後驗分布** $p(\theta\,|\,C, X)$。那麼我們來看看怎麼求這個後驗分布。條件分布關於訓練數據的概似函數：

$$P(C\,|\,X, \theta) = L(\theta) = \prod_{i=1}^{n} P(c_i\,|\,x_i, \theta) \tag{3-15}$$

有沒有發現 $P(C\,|\,X, \theta)$ 和 $p(\theta\,|\,C, X)$ 有一點像？只是 θ 和 C 互換了位置，互爲條件概率，可以考慮使用貝氏定理來進行轉化，即：

$$P(\theta\,|\,C, X) = \frac{P(C\,|\,X, \theta) \cdot P(\theta)}{P(C\,|\,X)} \tag{3-16}$$

所以現在問題又進行了轉化，變成了求條件分布關於訓練數據的概似函數、參數 θ 的先驗分布和 C 關於 X 的條件分布三個小問題。我們已經知道概似函數怎麼求，先驗分布也不需要求 (先驗知識，就是我們在解決問題之前已經知道的知識)，而：

$$P(C|X) = \int P(C,\theta|X)d\theta = \int P(C|X,\theta) \cdot P(\theta)d\theta \qquad (3\text{-}17)$$

至此問題已經解決，綜合上述 (3-13)-(3-17) 各式，我們終於可以求出輸出關於輸入的條件分布啦！

$$P(\tilde{c}|\tilde{x}) = \int P(\tilde{c}|\tilde{x},\theta) \cdot \frac{P(C|X,\theta) \cdot P(\theta)}{\int P(C|X,\theta) \cdot P(\theta)d\theta} d\theta \qquad (3\text{-}18)$$

(3-18) 中的兩個積分的計算是很麻煩的，在實際解決問題的過程中要想辦法省略掉。

對於 (3-14) 中積分公式可以使用 variational inference 的方法解決，variational inference 用一句話來說就是：如果訓練樣本足夠多的話，可以使用 θ 的最大後驗分布來對 θ_{map} 進行點估計 (point estimate)。即有：

$$P(\tilde{c}|\tilde{x}) = P(\tilde{c}|\tilde{x},C,X) = P(\tilde{c}|\tilde{x},\theta_{map}) \qquad (3\text{-}19)$$

所以我們解決了第一個積分問題，把問題簡化成了求 θ 的最大後驗概率 $p(\theta|C,X)$。

觀察 (3-16) 式可以發現分子是常數，如果我們省略掉 (3-16) 中的分子 $P(C|X)$ 對結果是沒有影響的 (只需要對分子進行 normalize 就可以得到後驗概率 $p(\theta|C,X)$，那麼我們又解決了第二個積分公式，將問題簡化成了求 $P(C|X,\theta) \times P(\theta)$ 的最大值。如果先驗分布在概似函數較大的區間是固定不變或變化較小的，那麼問題又可以轉化成求最大概似函數！

實際上，在雜訊高斯分布的假設下，最小誤差平方和優化問題 (即求使誤差平方和最小的參數) 等價於求最大概似函數 (即使概似函數最大的參數)。

> **小結**
>
> 　判別模型求解的思路是：(1) 條件分布→ (2) 模型參數後驗概率最大值→ (3)(概似函數 × 參數先驗) 最大值→ (4) 最大概似。

2. 現在考慮生成模型。已知輸入 $\tilde{x}$，生成模型可以給出輸入和輸出的聯合分布 $P(\tilde{x},\tilde{c})$，所以生成方法的目標是求出這個聯合分布。在此以樸素貝葉斯模型為例，我們要求的目標可以通過：

$$P(\tilde{x},\tilde{c}) = P(\tilde{x} \mid \tilde{c}) \cdot P(\tilde{c}) \tag{3-20}$$

3-5-2 高斯判別分析 (Gaussian discriminant analysis)

在介紹樸素貝葉斯演算法之前，先介紹一下高斯判別分析模型。

一、多變數常態分布 (multivariate normal distribution)

多變數常態分布 (又稱多值常態分布) 描述的是 n 維隨機變數的分布情況。單變數常態分布中的期望 μ 在這裡變成了向量，σ 也變成了矩陣 Σ，記作 $N(\mu, \Sigma)$。

假設有 n 個隨機變數 X1, X2, ... , Xn。μ 的第 i 個分量是 $E(X_i)$，其中 $\Sigma_{ii} = Var(X_i)$，$\Sigma_{ij} = Cov(X_i, X_j)$。多變數概率分布對應的概率密度函數如下：

$$P(x; \mu, \Sigma) = \frac{1}{(2\pi)^{\frac{n}{2}} \cdot |\Sigma|^{\frac{1}{2}}} \exp\left(-\frac{1}{2}(x - \mu)^T \Sigma^{-1}(x - \mu)\right)$$

其中 $|\Sigma|$ 是 Σ 的行列式，Σ 是共變數矩陣，並且是對稱半正定的。

其中，μ 決定中心位置，Σ 決定投影橢圓的朝向和大小。

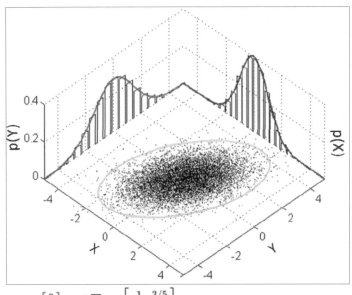

$$\boldsymbol{\mu} = \begin{bmatrix} 0 \\ 0 \end{bmatrix} \text{ and } \boldsymbol{\Sigma} = \begin{bmatrix} 1 & 3/5 \\ 3/5 & 2 \end{bmatrix},$$

與3-sigma橢圓、兩個邊際分佈和兩個1-d直方圖一起顯示。

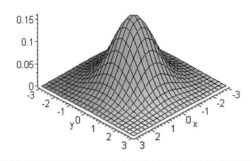

多變量**Gaussian**模型

$$p(x; \mu, \Sigma) = \frac{1}{(2\pi)^{\frac{n}{2}} |\Sigma|^{\frac{1}{2}}} \exp\left(-\frac{1}{2}(x-\mu)^T \Sigma^{-1}(x-\mu)\right)$$

$|\Sigma|^{\frac{1}{2}}$ is a real number

$(x - \mu)^T$ is [m*n] or [n*m] dimensional

$(x - \mu)$ is [m*n] or [n*m] dimensional

Σ^{-1} is [n*n] dimensional

圖 3-68 多變數常態分布 (multivariate normal distribution) 之示意圖

二、高斯判別分析模型 (Gaussian discriminant analysis model)

如果輸入特徵 x 是連續性隨機變數，那麼可以使用高斯判別分析模型來確定 P(x|y)。模型如下：

$$y \sim Bernoulli(\phi)$$
$$x \,|\, y = 0 \sim N(\mu_0, \Sigma)$$
$$x \,|\, y = 1 \sim N(\mu_1, \Sigma)$$

其中，輸出結果 y 服從伯努利分布 (ϕ 為參數)；在給定的模型下，特徵 (向量) 符合多變數高斯分布。

例如：山羊與綿羊，在山羊模型下，它的體徵如鬍鬚長度、角大小、毛長度等連續型變數符合高斯分布，他們組成的特徵向量符合多變數高斯分布。

下面給出該模型中涉及到的概率密度函數：

$$P(y) = \phi^y (1 - \phi)^{1-y}$$
$$P(x \,|\, y = 0) = \frac{1}{(2\pi)^{\frac{n}{2}} \cdot |\Sigma|^{\frac{1}{2}}} \exp\left(-\frac{1}{2}(x - \mu_0)^T \Sigma^{-1}(x - \mu_0)\right)$$
$$P(x \,|\, y = 1) = \frac{1}{(2\pi)^{\frac{n}{2}} \cdot |\Sigma|^{\frac{1}{2}}} \exp\left(-\frac{1}{2}(x - \mu_1)^T \Sigma^{-1}(x - \mu_1)\right)$$

最大概似估計 (對數概似) 公式：

$$\ell(\phi, \mu_0, \mu_1, \Sigma) = \log \prod_{i=1}^{m} P(x^{(i)}, y^{(i)}; \phi, \mu_0, \mu_1, \Sigma)$$
$$= \log \prod_{i=1}^{m} P(x^{(i)} \,|\, y^{(i)}; \mu_0, \mu_1, \Sigma) \cdot P(y^{(i)}; \phi)$$

其中，m 表示樣本數，這裡有兩個 μ 表示在不同的結果模型下，特徵均值不同。但我們假設共變數相同。反映在圖形上表現為：不同模型中心位置不同，但形狀相同。這樣就可以用直線來進行分隔判別。

將上面二個公式代入，求導後，得到參數估計公式：

$$\phi = \frac{1}{m} \sum_{i=1}^{m} 1\{y^{(i)} = 1\} \tag{3-21}$$

$$\mu_0 = \frac{\sum_{i=1}^{m} 1\{y^{(i)} = 0\} x^{(i)}}{\sum_{i=1}^{m} 1\{y^{(i)} = 0\}} \tag{3-22}$$

$$\mu_1 = \frac{\sum_{i=1}^{m} 1\{y^{(i)} = 1\}x^{(i)}}{\sum_{i=1}^{m} 1\{y^{(i)} = 1\}} \tag{3-23}$$

$$\Sigma = \frac{1}{m}\sum_{i=1}^{m}(x^{(i)} - \mu_{y^{(i)}})(x^{(i)} - \mu_{y^{(i)}})^T \tag{3-24}$$

其中，ϕ 是訓練樣本中結果 $y = 1$ 的樣本占比；μ_0 和 μ_1 分別表示 $y = 0$ 和 $y = 1$ 的樣本中特徵均值；Σ 是樣本特徵變異數均值。

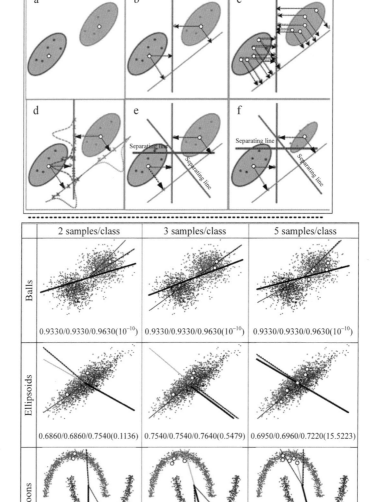

　圖 3-69　高斯判別分析模型之示意圖

三、高斯判別分析 (GDA) 與 LR 的關係

如果將 GDA 用條件概率方式表示的話，可表示為：

$$P(y=1 \mid x; \phi, \mu_0, \mu_1, \Sigma)$$

y 是 x 的函數，其中 $\phi, \mu_0, \mu_1, \Sigma$ 都是參數。我們進一步推導，可得：

$$P(y=1 \mid x; \phi, \mu_0, \mu_1, \Sigma) = \frac{1}{1 + \exp(-w^T x)}$$

這裡 w 是 $\phi, \mu_0, \mu_1, \Sigma$ 的函數。恰好上面公式是 LR 模型的運算式。

> **小結**
>
> 　如果 P(x | y) 符合多變數高斯分布，那麼 P(y | x) 符合 Logisti 迴歸模型。反之不成立，因為 GDA 有著更強的假設條件和約束。

如果我們認定訓練數據滿足多變數高斯分布，那麼 GDA 能夠在訓練集上是最好的模型。然而，我們往往事先並不知道訓練數據滿足什麼樣的分布，不能做很強的假設。Logistic 迴歸的條件假設要弱於 GDA，因此更多時候採用 LR 方法。

例如：訓練數據滿足 Poisson 分布，x | y = 0～Poisson(λ_0)；x | y = 1～Poisson(λ_1)。那麼可以得到 P(y | x) 也是 Logistic 迴歸模型。(此時如果採用 GDA，效果就會比較差，因此訓練樣本的特徵分布是 Poisson 分布，非多變數高斯分布。)

3-5-3 樸素貝葉斯 (naive bayes) 演算法

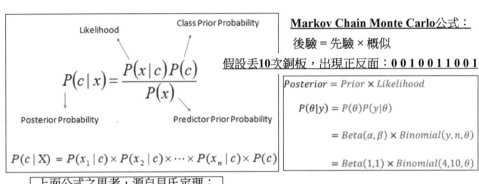

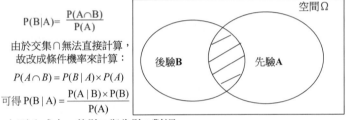

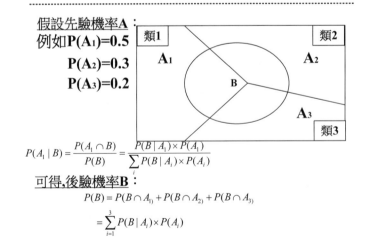

一、樸素貝葉斯機率模型簡介

簡單貝氏模型直接假設所有的隨機變數之間具有條件獨立的情況，因此可以直接利用條件機率相乘的方法，計算出聯合機率分布。

$$p(X \mid C) = P(X_1 \mid C)P(X_2 \mid C) \dots P(X_d \mid C)$$

其中，$X = [X_1, X_2, \dots, X_d]$ 是一個特徵向量，而 C 代表一個特定類別。這個假設看來似乎過強，一般實際世界的數據似乎無法滿足此假設，但由此假設所產生的單純 (樸素) 貝氏分類器 (naive Bayes classifier) 卻是相當有實用性，其辨識效能常常不輸給其他更複雜的辨識器。

貝氏分類器在六〇年代初引入到文本資訊檢索界中，目前仍然是文本分類的一種熱門方法，文本分類是以詞頻爲特徵判斷文件所屬類別或其他 (如垃圾郵件、假新聞、造謠等) 的問題。透過適當的預處理，它可以與這個領域更先進的方法 (如支援向量機) 相競爭。

樸素貝葉斯分類器是高度可擴展的，因此需要數量與學習問題中的變數成線性關係的參數。最大似然訓練可以通過評估一個封閉形式的表達式來完成，只需花費線性時間，而不需要其他很多類型的分類器所使用的費時的疊代逼近。

二、樸素貝葉斯機率模型推導

理論上，機率模型分類器是一個條件機率模型。

$$p(C \mid F_1, \dots, F_n)$$

獨立的類別變數 C 有若干類別，條件依賴於若干特徵變數 $F_1, F_2, \dots, F_n$。

但問題在於，如果特徵數量 n 較大或者每個特徵能取大量值時，基於機率模型列出機率表變得不現實。所以我們修改這個模型使之變得可行。貝葉斯定理有以下式子：

$$p(C \mid F_1, \dots, F_n) = \frac{p(C)p(F_1, \dots, F_n \mid C)}{p(F_1, \dots, F_n)}$$

用樸素的語言可以表達爲：

$$\text{posterior} = \frac{\text{prior} \times \text{likelihood}}{\text{evidence}}$$

實際中，我們只關心分式中的分子部分，因爲分母不依賴於 C 而且特徵 F_i

的值是給定的，於是分母可以認為是一個常數。這樣分子就等價於聯合分布模型。

$$p(C | F_1, \dots, F_n)$$

重複使用鏈式法則，可將該式寫成條件機率的形式，如下所示：

$$p(C | F_1, \dots, F_n)$$
$$\propto p(C)p(F_1, \dots, F_n | C)$$
$$\propto p(C)p(F_1 | C)p(F_2, \dots, F_n | C, F_1)$$
$$\propto p(C)p(F_1 | C)p(F_2 | C, F_1)P(F_3 | C, F_1, F_2)p(F_4, \dots, F_n | C, F_1, F_2, F_3)$$
$$\propto p(C)p(F_1 | C)p(F_2 | C, F_1)P(F_3 | C, F_1, F_2) \dots p(F_n | C, F_1, F_2, F_3, \dots, F_{n-1})$$

現在「樸素」的條件獨立假設開始發揮作用，假設每個特徵 F_i 對於其他特徵 F_j，$j \neq i$ 是條件獨立的。這就意味著：

$$p(F_i | C, F_j) = p(F_i | C)$$

對於 $i \neq j$，所以聯合分布模型可以表達為：

$$p(C | F_1, \dots, F_n) \propto p(C)p(F_1 | C)p(F_2 | C)p(F_3 | C) \dots$$
$$\propto p(C) \prod_{i=1}^{n} p(F_i | C)$$

這意味著上述假設下，類變數 C 的條件分布可以表達為：

$$p(C | F_1, \dots, F_n) = \frac{1}{z} p(C) \prod_{i=1}^{n} p(F_i | C)$$

其中 Z (證據因數) 是一個只依賴與 $F_1, \dots, F_n$ 等的縮放因數，當特徵變數的值已知時是一個常數。

三、從機率模型中構造分類器

以上，已導出了獨立分布特徵模型，也就是樸素貝葉斯機率模型。樸素貝葉斯分類器包括了這種模型和相應的決策規則。一個普通的規則就是選出最有可能的那個：這就是大家熟知的最大後驗機率 (MAP) 決策準則。相應的分類器便是如下定義的公式：

$$\text{classify } (f_1, \ldots, f_n) = \underset{c}{\text{argmax}} \, p(C=c) \prod_{i=1}^{n} p \, (F_i=f_i \mid C=c).$$

[例題] 樸素貝葉斯分類器

若要判斷新進樣本 X「女性、年齡介於 31～40 之間、上班族、月收入中等者」，會不會辦電子支付。

項目	年齡	性別	職業	月收入	電付
1	< 21	男	學生	低	不會
2	21～30	女	學生	低	會
3	21～30	男	上班族	低	會
4	> 41	男	上班族	高	會
5	31～40	男	無業	低	不會
6	31～40	男	上班族	中	不會
7	31～40	女	無業	低	會
8	31～40	女	上班族	中	會
9	31～40	女	上班族	高	不會
10	< 21	女	學生	低	會

首先根據這 10 筆訓練樣本數據求不同分類結果的條件機率：

P(會)P(女 | 會)P(31 ～ 40 | 會)P(上班 | 會)P(中 | 會)

$$= \frac{6}{10} \times \frac{4}{6} \times \frac{2}{6} \times \frac{3}{6} \times \frac{1}{6} = \frac{1}{90} = 0.0111$$

P(不會)P(女 | 不會)P(31 ～ 40 | 不會)P(上班 | 不會)P(中 | 不會)

$$= \frac{4}{10} \times \frac{1}{4} \times \frac{3}{4} \times \frac{2}{4} \times \frac{1}{4} = \frac{3}{160} = 0.01875$$

「會」電子支付的機率為 0.0111，小於「不會」電子支付的機率 0.01875，所以樸素貝氏分類預測新進樣本 X 不會辦電子支付。

四、樸素貝葉斯模型 (Naive Bayes Model)

建立樸素貝葉斯的形式化模型：

$$\phi_{j|y=1} = P(x_j = 1 \mid y = 1) \tag{3-25}$$

$$\phi_{j|y=0} = P(x_j = 1 \mid y = 0) \tag{3-26}$$

$$\phi_y = P(y = 1) \tag{3-27}$$

而我們想要的是模型在所有訓練樣本上的概率累積最大，即最大似然估計：

$$L(\phi_y, \phi_{i|y=0}, \phi_{i|y=1}) = \prod_{i=1}^{m} P(x^{(i)}, y^{(i)})$$

注意：這裡是聯合概率分布積最大 (非 LR 中的條件概率積)。
上面公式求解，可得：

$$\phi_{j|y=1} = \frac{\sum_{i=1}^{m} 1\{x_j^{(i)} = 1 \wedge y^{(i)} = 1\}}{\sum_{i=1}^{m} 1\{y^{(i)} = 1\}} \tag{3-28}$$

$$\phi_{j|y=0} = \frac{\sum_{i=1}^{m} 1\{x_j^{(i)} = 1 \wedge y^{(i)} = 0\}}{\sum_{i=1}^{m} 1\{y^{(i)} = 0\}} \tag{3-29}$$

$$\phi_y = \frac{\sum_{i=1}^{m} 1\{y^{(i)} = 0\}}{m} \tag{3-30}$$

(3-30) 式表示 $y = 1$ 的樣本數在全部樣本中的占比。前兩個分別表示在 $y = 1$ 和 $y = 0$ 的樣本中，特徵 $x_j = 1$ 的比例。

然而我們最終要求的是：

$$P(y = 1 \mid x) = \frac{P(x \mid y = 1) P(y = 1)}{P(x)}$$

$$= \frac{\left(\prod_{j=1}^{n} P(x_j \mid y = 1)\right) P(y = 1)}{\prod_{j=1}^{n} P(x_j \mid y = 1)) P(y = 1) + \left(\prod_{j=1}^{n} P(x_j \mid y = 0)\right) P(y = 0)}$$

五、拉普拉斯平滑 (Laplace smoothing)

樸素貝葉斯方法有一個致命的缺點就是對數據的稀疏問題過於敏感。

Laplace 平滑處理，其實就是計算概率的時候，對於分子 +1，避免出現概率為 0。這樣乘起來的時候，不至於因為某個量 x，在觀察樣本庫 (訓練集) 中沒有出現過，會導致整個實例的概率結果是 0。在文本分類的問題中，當一個詞語沒有在訓練樣本中出現，該詞語調概率為 0，使用連乘計算文本出現概率時也為 0。這是不合理的，不能因為一個事件沒有觀察到就武斷的認為該事件的概率是 0。

(一) Laplace 的理論支撐

為了解決零概率的問題，法國數學家 Laplace 最早提出用加 1 的方法估計沒有出現過的現象的概率，所以加法平滑也叫做 Laplace 平滑。

假定訓練樣本很大時，每個分量 x 的計數加 1 造成的估計概率變化可以忽略不計，但可以方便有效的避免 0 概率問題。

(二) Laplace smoothing 之解說

首先，說說為什麼要「平滑」，換句話說，平滑究竟有什麼用。

平滑的目的也是正規化的目的之一，它是針對參數 w 而言，本質上就是要使得 w 的變化不要那麼劇烈，有如下數學模型 (假設最小化 J)：

$$J(w) = \sum_{i=1}^{N} (y_i - w^T x_i)^w + \lambda \| w \|_2^2$$

左側是一個典型的線性迴歸模型，(x_i, y_i) 就是實際的觀測值，w 就是估計的參數，右側就是一個正規化項。可以直觀的感受到，正規化項實際上起到了限制參數 w 的「**變化程度或變化幅值**」的作用，具體來說，它可以令 w 的任何一個分量相比較於剩餘分量變化程度保持一致，不至於出現變化特別明顯的分量。直接的作用就是防止模型「**過度適配**」，提高了模型的泛化性能。

其次，知道了平滑，就開始說說 Laplace 平滑到底是怎麼一回事。這裡分為兩點介紹，先介紹定義，再介紹如何應用。

定義：假設 f 是定義在 d 維子空間中的一個實函數，該子空間上的 Laplace 運算元和 Laplace 代價函數分別為：

$$Lf(t) = \sum_{i=1}^{d} \frac{\partial^2 f}{\partial t_i^2}$$

$$J(f) = \int_{\Omega \in R^d} (Lf(t))^2 dt$$

數學上的定義一般是讓人看不懂的，大家都喜歡聽例子，我們現在想像一幅圖像，這幅圖像如果含有雜訊，或者色彩變化劇烈，就說明其不夠平滑，那個運算元就好比一個「小刷子」，不僅可以刷去「小黑點 (雜訊的一種)」，也可以模糊圖像。而下面的代價函數就好比用這個「小刷子」去刷一整幅圖像，使得整幅圖像變得平滑了。

然後，當 d = 2(圖像就是二維平面的) 的時候，並且積分號變成和號的時候

(連續變為離散)，就是 Laplace 平滑在圖像上的應用。

這種「小刷子」有很多種，下面就是一個比較經典的：

$$\begin{bmatrix} -1 & 1 & & & \\ 1 & -2 & 1 & & \\ & \cdot & \cdot & \cdot & \\ & & 1 & -2 & 1 \\ & & & 1 & -1 \end{bmatrix}$$

這種運算元就是第二個公式的離散近似 (具體名稱：修正的 Neuman)，起到的作用就是二階差分。一階差分就是相鄰元素 x_i，x_{i+1} 相減得到的值 y_i，二階差分就是 $y_i - y_{i+1}$，可以在紙上推推這個矩陣乘以一個向量。值得一提的是，二階差分其實就起到了平滑 (模糊) 圖像的作用。

最後，聊聊 Laplace 平滑在正規化上的應用，這個時候，它的名字往往就叫做「**Laplace 懲罰**」。懲罰的是誰？顯然是參數 w 了！

說說背景，機器學習中，大部分演算法直接將圖像 (假設為 M×N 維) 按行或者列拉成向量，這樣肯定會損失結構化資訊，結構化資訊是啥？很好理解，一個圖元本來和它周圍 8 個圖元都有關係，你直接給拉成向量了，那麼這種關係就直接被你給毀掉了，這就叫空間結構信息。這種資訊屬於先驗資訊，NFL(No Free Lunch Theorem) 定理說的很清楚：能夠盡可能利用先驗資訊的學習演算法才是好演算法。看來，空間結構資訊的破壞，會降低演算法的「品味」。別擔心，Laplace 懲罰幫助你找回品味。

假設，一幅圖像拉成向量 x(M×N 維)，如果我們要通過 Laplace 懲罰，補償 x 上失去的結構資訊。很簡單，如下式：

$$x_{new} = \Delta * x$$

where,

$$\Delta = D_1 \otimes I_2 + I_1 \otimes D_2$$
$$D_1, I_1 \in R^{M*M}$$

$$D_2, I_2 \in R^{N*N}$$

其中，⊗乘法是 Kronecke 積，相當於將乘號右邊的每個元素替換成為左邊矩陣數乘對應元素，如果 A 是一個 m×n 的矩陣，而 B 是一個 p×q 的矩陣，克羅內克積則是一個 mp×nq 的矩陣。

上述公式實際上起到的效果是，求一個矩陣中每個元素的水準方向和垂直

方向的二階差分之和，這個矩陣在這裡可以被看錯參數 w 的矩陣形式 (按列 reshape)。

進一步，如果我們對一個線性迴歸模型加上 Laplace 懲罰，模型就會變爲如下形式：

$$J(w) = \sum_{i=1}^{N} (y_i - w^T x_i)^2 + \lambda \| \Delta \cdot w \|_2^2$$

Laplace 懲罰使得模型更加平滑，比簡單的 2 範數 (ridge 迴歸) 要好，因爲它考慮了空間結構資訊 (dimension reduction)。常被用於主成分分析 (Principal Components Analysis, PCA)、線性判別分析 (Linear Discriminant Analysis, LDA)、局部保持投影 (Locality Preserving Projection, LPP)、鄰域保持嵌入 (Neighborhood Preserving Embedding, NPE)……等子空間學習演算法的改造上面，一般會使演算法性能得到提升。

(三) 應用舉例

假設在文本分類中，有 3 個類，C_1、C_2、C_3，在指定的訓練樣本中，某個詞語 K_1，在各個類中觀測計數分別爲 0、990、10，K_1 的概率爲 0、0.99、0.01，對這三個量使用 Laplace 平滑的計算方法如下：

$$\frac{1}{1003} = 0.001 , \frac{991}{1003} = 0.988 , \frac{11}{1003} = 0.011$$

在實際的使用中也經常使用加 λ(音讀 lambda)$(1 \geq \lambda \geq 0)$ 來代替簡單加 1。如果對 N 個計數都加上 λ，這時分母也要記得加上 $N \times \lambda$。

貝葉斯 (Bayesian) 線性
迴歸之原理

定義：貝葉斯定理

貝葉斯定理：$P(A\,|\,B) = \dfrac{P(B\,|\,A)P(A)}{P(B)}$，對應的後驗機率如下：

定義：後驗機率

後驗機率是參數 θ 已知證據 X 後的機率：$p(\theta\,|\,X)$。

與概似函數相對，其為證據 X 給定了參數後的機率：$p(X\,|\,\theta)$。

兩者有以下聯繫：

首先定義先驗機率服從以下機率分布函數 $p(\theta)$，則樣本 x 的概似 (likelihood) 為 $p(x\,|\,\theta)$。

令先驗機率分布函數為 $p(\theta)$，及觀測值 x 的概似為 $p(x\,|\,\theta)$，那麼後驗機率定義為：

$$p(\theta\,|\,x) = \frac{p(x\,|\,\theta)p(\theta)}{p(x)}$$

後驗機率可以寫成易記的形式：

Posterior probability $\propto$ Likelihood $\times$ Prior probability.

後驗機率 $\propto$ 概似 $\times$ 先驗機率。

貝葉斯定理結合：參數的先驗信念 (prior belief) 與數據的概似函數，來產生參數 β(係數) 和 σ(標準差) 的後驗信念 (posterior belief)。先驗可根據該領域和事先可用的資訊來採取不同的**函數形式** (STaTa 有 45 種迴歸模型，你可自訂：概似分布、先驗分布值)。

貝氏推論之重要整理：

· 先驗分布是在觀測資料前的參數分布 $p(\theta\,|\,\alpha)$。

· 先驗分布可能不容易確認，此時可以用傑佛里斯事前分配在更新較新的觀測值時，先獲得後驗分布。

· 取樣分布是以觀測資料的條件，其參數的分布 $p(X\,|\,\theta)$。這也稱為似然函數，尤其是視為是參數的函數時，有時會寫成 $L(\theta\,|\,X) = p(X\,|\,\theta)$。

· 邊緣概似率 (有時也稱為證據) 是觀測資料在參數上的邊緣分布：

$$p(X\,|\,\alpha) = \int_0 p(X\,|\,\theta)p(\theta\,|\,\alpha)d\theta$$

‧後驗分布是考慮觀測資料後的參數分布。可以由貝斯法則確認，也是貝氏推論的核心：

$$p(\theta \mid X, \alpha) = \frac{p(X \mid \theta)p(\theta \mid \alpha)}{p(X \mid \alpha)} \propto p(X \mid \theta)p(\theta \mid \alpha)$$

若用文字表示，即為「後驗是先驗及概似率的乘積」，有時也會寫成「後驗 = 先驗 × 概似率，在有證據的情形下」。

執行 STaTa 45 種 Bayesian 迴歸時，你都可根據分析目的 (分類、估計預測) 及樣本特性 (離散 vs. 連續變數)，來先驗界定：概似模型及先驗分布，進而求得後驗機率。如下圖所示。

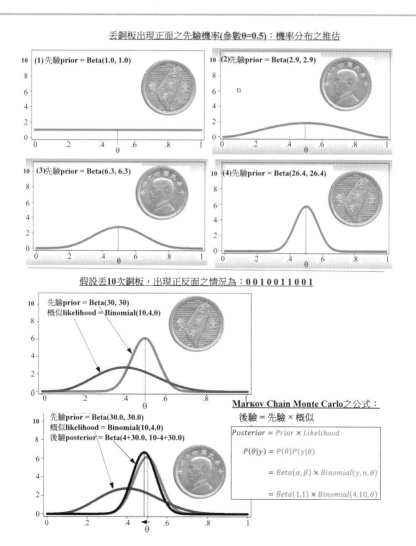

圖 4-1　實例估計：參數 θ 之先驗分布 (機率) 及概似分布 (機率)，求得後驗機率

Markov Chain Monte Carlo 公式：後驗 = 先驗 × 概似

$$p(\theta \mid y) = p(\theta) \times p(y \mid \theta)$$

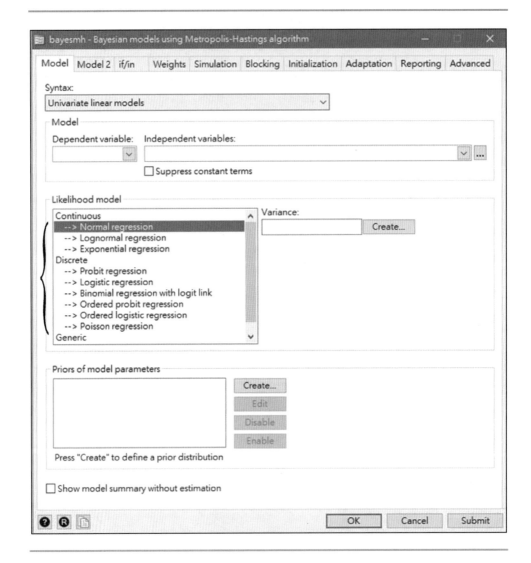

圖 4-2　bayesmh 指令之單變數線性模型的概似模型：連續依變數有 3 種，離散依變數有 6 種，generic 有 1 種 (Metropolis-Hastings 演算法)

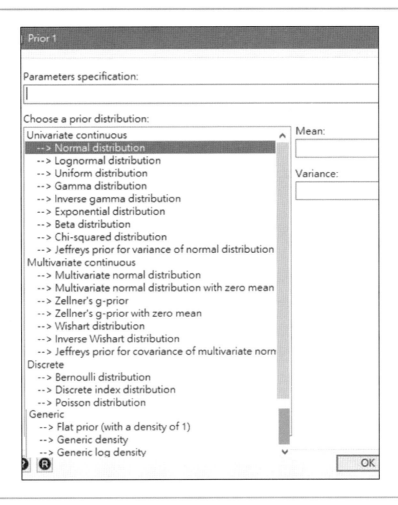

圖 4-3 bayesmh 指令對應先驗分配：單變數連續變數有 9 種，多變數連續變數有 7
種，離散變數有 3 種，generic 有 3 種

後驗機率之例子

請參考前文【2-1-2】之【四、【例2】後驗機率】

4-1 貝葉斯 (Bayesian) 分析

貝葉斯 (Bayesian) 分析是一種統計典範 (paradigm)，它用機率語句，來回答
關於未知參數 (unknown parameters) 的研究問題。例如：

1. 男性的平均身高在 171～200 公分，或女性的平均身高在 152～171 公分之間的機率是多少？

2. 特定國家的人民投票共和黨或投票民主黨的機率是多少？

3. 被指控犯罪的人，被法院判有罪的概似 (likelihood) 有多大？

4. 對於特定的衛生保健提供者，治療 A 比治療 B 更具成本效益的機率是多少？

5. 如果他或她處方藥 A，患者的血壓下降的機率是多少？勝算比 (odds ratio) 在 0.3 和 0.5 之間的機率是多少？

6. 五分之三的測驗問題 (quiz questions) 會被學生正確回答的機率是多少？

7. 在標準化考試 (standardized test) 中，罹患有注意力缺陷過動兒 (ADHD) 相對於其他孩子的學業成就較低的機率是多少？

8. 學校教育對提升工資有正面影響的概似 (likelihood) 有多大？

9. 資產超額收益為正值的機率是多少？

　　這種機率陳述 (probabilistic statements) 對於貝葉斯分析是很自然的，因為它假定「所有參數都是隨機量 (all parameters are random quantities)」。在貝葉斯分析中，參數是透過值 (valuse) 整體分布來摘要 (a parameter is summarized by an entire distribution of values)，而不是傳統的頻率分析的固定值 (one fixed value as in classical frequentist analysis)。估計這種分布 (你感興趣參數的後驗分布) 是貝葉斯分析的核心。

一、貝葉斯統計的歷史

　　貝葉斯統計的歷史可以上溯到十六世紀。1713 年，James Bernoulli 意識到在可用於機會遊戲的演繹邏輯，和每日生活中的歸納邏輯之間的區別，他提出一個著名的問題：前者的機理如何能幫助處理後面的推論。托馬斯‧貝葉斯 (Thomas Bayes, 1702-1761) 是長老會的牧師。他對這個問題產生濃厚的興趣，並且對這個問題進行認真的研究，期間，他寫了一篇文章來回答 Bernoulli 的問題，提出了後來以他的名字命名的公式：貝葉斯公式。但是，直到貝葉斯死後才由他的朋友 Richard Price 在 1763 年發表了這篇文章，對 Bernoulli 的問題提供了回答。這篇文章標誌著貝葉斯統計的產生。但貝葉斯統計的思想在開始時並沒有得到重視。後來，Laplace 本人重新發現了貝葉斯公式，而且闡述得比貝葉斯更為清晰。由於貝葉斯統計對於概率的觀點過於主觀，與當時的主流統計觀點相左，此外也很難應用當時嚴謹的數學理論解釋。

　　例如貝葉斯統計中的先驗概率的觀點，一直以來都是貝葉斯統計學派和非

貝葉斯統計學派爭論的焦點之一。在歷史上，貝葉斯統計長期受到排斥，受到當時主流的數學家們的拒絕。例如：近代優秀的統計學家 R. A. Fisher 就是貝葉斯統計的反對者。然而，隨著科學的進步，貝葉斯統計在實際應用上取得的成功慢慢改變了人們的觀點。貝葉斯統計慢慢的受到人們的重視，目前貝葉斯統計已經成爲統計學中一門很熱門的研究課題。

從貝葉斯爲了回答 James Bernoulli 的問題而寫的那一篇論文，提出著名的貝葉斯統計思想以來，經過幾百年的發展，目前關於貝葉斯統計的論文和學術專著有很多。目前統計界公認比較權威的貝葉斯統計的著作是 James O. Berger 的作品國內有譯本：《統計決策論及貝葉斯分析》(*Statistical Decision theory and Bayesian Analysis*)。

二、貝葉斯統計的內容：先驗分布 vs. 後驗分布

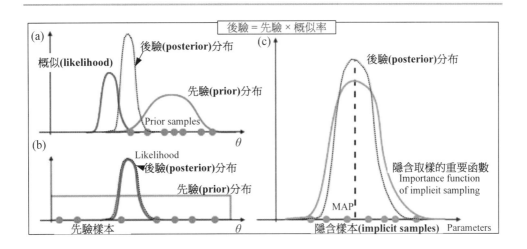

Prior: beta(52.22, 9.52); Data: B(50, 25); Posterior: beta(77.22, 34.52)

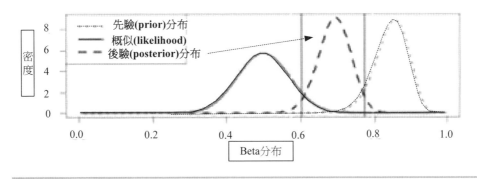

圖 4-4 Prior, Likelihood 及 posterior 分布，三者關係圖

請參考前文【2-2-6】之【(三) 貝葉斯統計的內容：先驗分布 vs. 後驗分布】

貝葉斯分析獨特特色，就是將先驗資訊納入分析，對信賴區間 (credible intervals) 做直觀解釋 (已知參數屬於預定機率的固定範圍)，且貝葉斯分析亦可將實際機率分配給任何假設 (any hypothesis of interest)。

定義：信賴區間：credible intervals ≒ confidence interval

confidence interval 和 credible interval，分別代表 Frequentist 和 Bayesiantist 兩個哲學角度來理解問題。雖然在理論上，兩個派別爭論不休，個有各自的道理，但是在實際應用中，這些爭論並沒有什麼差別。

如何理解 95% 信賴區間？

很多答案當中用關於眞值的機率陳述來解釋信賴區間是不準確的。我們平常使用的**頻率學派 (frequentist)** 95% 信賴區間 (95% CI) 的意思並不是眞值在這個區間內的機率是 95%。眞值要嘛在，要嘛不在。由於在頻率學派當中，眞值是一個常數，而非隨機變數 (後者是貝葉斯學派)，所以我們不對眞值做機率陳述。對於這個問題來說，理解的關鍵是我們是對這個建構信賴區間的方法做機率陳述，而非眞值，也非我們算得的這個區間本身。

換言之，我們可以說，如果我們重複取樣，每次取樣後都用這個方法建構信賴區間，有 95% 的信賴區間會包含眞值。然而 (在**頻率學派**當中) 我們無法討論其中某一個信賴區間包含眞值的機率。

只有貝葉斯學派才會說某個特定的區間包含眞值的機率是多少，但這需要我們爲眞值假設一個先驗機率分布 (prior distribution)。這不適用於我們平常使用的基於頻率學派的信賴區間建構方法。

換種方法說，假設我們還沒有取樣，但已經制定好取樣後建構 95% 信賴區間的方法。我們可以說取樣一次以後，獲得的那個信賴區間 (現在還不知道) 包含眞值的機率是 95%。然而在取樣並得到具體的一個區間之後，在**頻率學派**框架下就無法討論這個區間包含眞值的機率了。

取樣前能討論，**取樣後**卻無法討論，這可能讓很多人感到很不自然。擴大來說，傳統頻率學派對已經發生，但我們不知道結果的事件的討論存在困難。雖然這個問題通常在應用上無傷大雅，但確實有不少學者因此尋求對機率的不同解釋。

傳統統計學的核心思想就是用樣本去估計總體 (母群)；總體的參數是未知的，不可測度或難以測度，它是固定的數值。

定義：信賴區間 (Confidence Interval, CI)

由樣本數據定義一段數值區間，宣稱有多少信心以估計母體的參數包含於此區間內。

該數值區間上、下限稱為信賴界限 (confidence limit)。用以估計的信心程度稱為信賴 (心) 水準 (confidence level)。

一般常以 95% 或 99% 為信賴水準指標；相對應的 Z 分數 (相差幾個標準差) 分別為 1.96 與 2.58。

可表示為：

有 95% 信心估計母群體平均數，在樣本平均數 ± 1.96 × (母群體標準差 / 樣本數 n 的平方根) 的範圍內。

而 99% 信心估計母群體平均數，則在樣本平均數 ± 2.58 × (母群體標準差 / 樣本數 n 的平方根) 的範圍內。

科學符號表示方式：

$$\mu \text{ 之 95\% CI} = \overline{X} \pm 1.96 \times (\frac{\sigma}{\sqrt{n}})$$

$$\mu \text{ 之 99\% CI} = \overline{X} \pm 2.58 \times (\frac{\sigma}{\sqrt{n}})$$

抽樣調查是觀測研究當中很重要的一種，它是從某個特定母體中抽取樣本，然後從樣本中擷取關於整個母體的資訊。如此從小推大、從樣本推母體，屬於推論統計 (inferential statistics) 的範疇。95% 信賴區間是從樣本數據計算出來的一個區間，保證在所有樣本當中，有 95% 會把真正的母體參數包含在區間之中。

4-2 參數估計：最大概似估計、最大後驗估計、 貝葉斯估計

一、概似估計 (likelihood estimation)

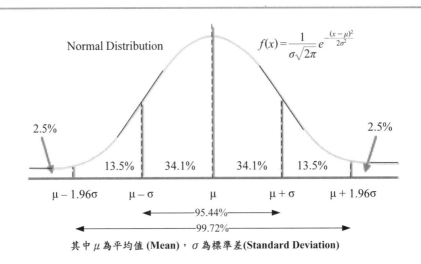

其中 μ 為平均值 (Mean)，σ 為標準差 (Standard Deviation)

圖 4-5　高斯分布 (常態分布)

在之前〈多項式迴歸〉的文章中，用最後一小節是線性迴歸的機率解釋，其中就說明以平方誤差為損失函數的最小平方法和最大概似估計的等價性，在這個基礎上，本文更為詳細的討論最大概似估計。

請參考前文【1-3-2b】之【一、參數 θ(平均數 μ，變異數 Σ) 估計法：OLS vs. MLE】。

這裡的最大概似估計 (MAP) 對應於一個類條件機率密度函數：**MAP = ML×p(θ)**。

二、最大概似估計 (Maximum Likelihood Estimation, MLE)

現在先定義幾類機率之符號：

$p(\theta)$ 是 (先驗分布)。
$p(\theta \mid X)$ 是 (後驗分布)。
$p(X)$。
$p(X \mid \theta)$ 是 (概似函數)。

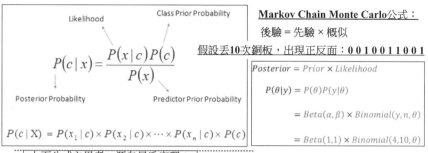

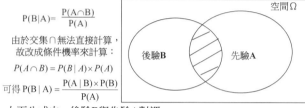

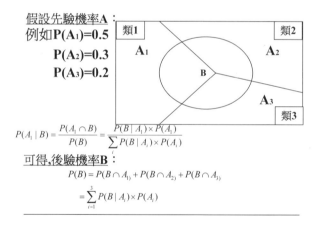

圖 4-6 後驗、概似及先驗之公式

在最大概似估計 (MLE) 中，將 θ 看作是未知的參數，說的通俗一點，最大概似估計是 θ 的函數 ($\theta_i = (\mu_i, \sigma_i^2)$，其求解過程就是找到使得概似函數最大的那個參數 θ。

請參考前文【1-3-3】之【三、最大概似估計 (MLE) ≠ 最大後驗估計】。

性質一：漸進無偏

最大概似估計是漸進無偏的，即：

$$\lim_{N \to \infty} E[\hat{\theta}_{ML}] = \theta_0$$

也就是說，這裡認為估計值 $\hat{\theta}_{ML}$ 本身是一個隨機變數 (因為不同的樣本集合 X 會得到不同的 $\hat{\theta}_{ML}$)，那麼其均值就是未知參數的真實值，這就是漸進無偏。

性質二：漸進一致

最大概似估計是漸進一致的，即：

$$\lim_{N \to \infty} prob\{\| \hat{\theta}_{ML} - \theta_0 \| \le \epsilon\} = 1$$

這個公式還可以表示為：

$$\lim_{N \to \infty} E\| \hat{\theta}_{ML} - \theta_0 \|^2 = 0$$

對於一個估計器而言，一致性是非常重要的，因為存在滿足無偏性，但是不滿足一致性的情況，比如，$\hat{\theta}_{ML}$ 在 θ_0 周圍震盪。如果不滿足一致性，那麼就會出現很大的變異數。

注意：以上兩個性質，都是在漸進的前提下 (N $\to \infty$ N $\to \infty$) 才能討論的，即只有樣本數 N 足夠大時，上面兩個性質才能成立。

三、最大後驗估計 (MAP)

在最大概似估計中，將 θ 看作是未知的參數，說的通俗一點，最大概似估計是 θ 的函數，其求解過程就是找到使得概似函數最大的那個參數 θ。

從最大後驗估計開始，將參數 θ 看成一個隨機變數，並在已知樣本集 $\{x_1, x_2, ..., x_N\}$ 的條件下，估計參數 θ。

這裡一定要注意，在最大概似估計中，參數 θ 是一個定值，只是這個值未知，最大概似函數是 θ 的函數，這裡 θ 是沒有機率意義的。但是，在最大後驗估計中，θ 是有機率意義的，θ 有自己的分布，而這個分布函數，需要通過已有的樣本集合 X 得到，即最大後驗估計需要計算的是 $p(\theta | X)$。

根據貝葉斯理論：

$$p(\theta | X) = \frac{p(\theta)p(X | \theta)}{p(X)}$$

這就是參數 θ 關於已有數據集合 X 的後驗機率，要使得這個後驗機率最大，和最大概似估計一樣，這裡需要對後驗機率函數求導。由於分子中的 $p(X)$ 相對於 θ 是獨立的，隨意可以直接忽略掉 $p(X)$。

$$\hat{\theta}_{MAP} = \arg\max_{\theta} p(\theta\,|\,X) = \arg\max_{\theta} p(\theta)p(X\,|\,\theta)$$

為了得到參數 θ，和 ML 一樣，需要對 $p(\theta\,|\,X)$ 求梯度，並使其等於 0：

$$\frac{p(\theta\,|\,X)}{\partial\theta} = \frac{p(\theta)p(X\,|\,\theta)}{\partial\theta} = 0$$

注意：這裡 $p(X\,|\,\theta)$ 和最大概似估計中的概似函數 $p(X;\theta)$ 是一樣的，只是記法不一樣。MAP 和 ML 的區別是：MAP 是在 ML 的基礎上加上了 $p(\theta)$。

在 MAP 中，$p(\theta)$ 稱為 θ 的先驗，假設其服從均勻分布，即對於所有 θ 取值，$p(\theta)$ 都是同一個常量，則 MAP 和 ML 會得到相同的結果。當然了，如果 $p(\theta)$ 的變異數非常的小，也就是說，$p(\theta)$ 是近似均勻分布的話，MAP 和 ML 的結果自然也會非常的相似。

四、貝葉斯估計

請參考前文【1-3-4】之【三、貝葉斯估計第二個重要元素】

$$p(x\,|\,D) = \int p(x\,|\,\theta)\,p(\theta\,|\,D)d\theta$$

上面這個式子就是貝葉斯估計最核心的公式，它把類條件機率密度 $p(x\,|\,D)$ 這裡一定要理解為什麼是類條件機率密度，其實這個的準確寫法可以是 $p(x\,|\,D_m)$，或者 $p(x\,|\,w_m,\,D_m)$(具體原因參見本文前面關於最大概似估計的部分)，和未知參數向量 θ 的後驗機率密度 $p(\theta\,|\,D)$ 聯繫在一起了。如果後延機率密度 $p(\theta\,|\,D)$ 在某一個值 $\hat{\theta}$ 附近形成顯著的尖峰，那麼就有 $p(x\,|\,D) \approx p(x\,|\,\hat{\theta})$，就是說，可以用估計值 $\hat{\theta}$ 近似代替真實值所得的結果。

貝葉斯估計的增量學習

請參考前文【1-3-4】之【四、貝葉斯估計的深入】

4-3 貝葉斯 (Bayesian) 線性迴歸

4-3-1a 線性迴歸之參數估計最小平方法 (OLS)

一、最小平方法線性迴歸 (OLS) ≠ 貝葉斯估計

OLS 模型之數學方程式為：

$$y_i = \alpha + x_{i1}\beta_1 + x_{i2}\beta_2 + x_{i3}\beta_3 + ... + x_{iK}\beta_K + \varepsilon_i$$

(一) OLS 向量形式為

$$y_i = x_i^T\beta + \varepsilon_i$$

其中，x_i^T 為解釋變數 (explanatory variables) 的向量；β 為係數向量。

$$y_i = \begin{bmatrix} x_{i1} & x_{i2} & x_{i3} & . & . & x_{iK} \end{bmatrix} * \begin{bmatrix} \beta_1 \\ \beta_2 \\ \beta_3 \\ . \\ . \\ \beta_K \end{bmatrix} + \varepsilon_i$$

值得一提的是，論文 / 書上常將 x_i^T，簡寫成 $x'\beta$ 或 $x\beta$。

(二) OLS 矩陣形式為

$y_i = x_i^T\beta + \varepsilon_i$ 即：

$$\begin{bmatrix} y_1 \\ y_2 \\ y_3 \\ y_4 \\ y_5 \\ . \\ . \\ y_N \end{bmatrix} = \begin{bmatrix} x_{11} & x_{12} & x_{13} & . & . & x_{1K} \\ x_{21} & x_{22} & x_{23} & . & . & x_{2K} \\ x_{31} & x_{32} & x_{33} & . & . & x_{3K} \\ x_{41} & x_{42} & x_{43} & . & . & x_{4K} \\ x_{51} & x_{52} & x_{53} & . & . & x_{5K} \\ . & . & . & . & . & . \\ . & . & . & . & . & . \\ x_{N1} & x_{N2} & x_{N3} & . & . & x_{NK} \end{bmatrix} * \begin{bmatrix} \beta_1 \\ \beta_2 \\ \beta_3 \\ . \\ . \\ \beta_K \end{bmatrix} + \begin{bmatrix} \varepsilon_1 \\ \varepsilon_2 \\ \varepsilon_3 \\ . \\ . \\ . \\ . \\ \varepsilon_N \end{bmatrix}$$

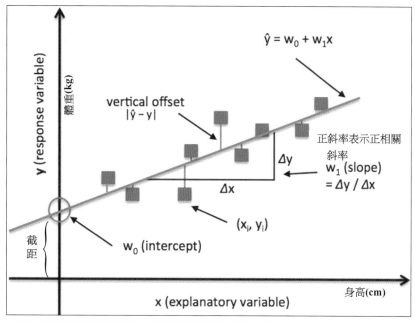

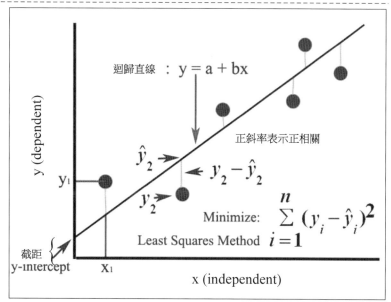

圖 4-7　最小平方方法 (ordinary least squares, OLS) 之示意圖 (身高 x 來預測體重 y)

4-3-1b 貝葉斯 (Bayesian) 迴歸之原理

一、貝葉斯 (Bayesian) 迴歸

貝葉斯 (Bayesian) 迴歸是一個很好的迴歸模型。相對於其他模型，Bayesian 迴歸可以避免因爲模型過簡單或者過複雜而產生的適配不足 (under-fitting) 或適配過度 (over-fitting) 的問題。同時，Bayesian 迴歸還可以更充分的利用數據從而避免對數據的浪費。因此與其他線性迴歸模型相比，Bayesian 迴歸是一個很好的模型。下面就來介紹 Bayesian 迴歸的基本策略。

首先是 Bayesian 定理公式：

$$後驗\ posterior = \frac{likelihood \times prior}{marginal\ likelihood}$$

這個 Bayesian 定理在機率與統計學裡非常著名。對於迴歸問題，目的是找出模型的參數 W，根據 Bayesian 定理使其機率最大化。在實驗中，已知的是數據特徵 (feature) x 和數據 label t，以及數據的變異數 (variance) $1/\beta$。根據這些，有以下公式 (本例的分布函數 $p(t \mid X, w, \beta)$ 都假設是常態分布)。

$$p(w \mid t) = \frac{p(t \mid X, w, \beta) \times p(w)}{p(t \mid X, \beta)}$$
$$\propto \exp\left(-\frac{\beta}{2}(t - \Phi^T w)^T(t - \Phi^T w)\right) \times \exp\left(-\frac{1}{2}(w - m_0)^T S_0^{-1}(w - m_0)\right)$$

其中 $P(w \mid t)$ 是要求的後驗 (posterior)。$p(t \mid X, w, \beta)$ 是通過數據計算出來的概似 (likelihood)。$p(w)$ 是我們提前設定的先驗 (prior)，他服從一個常態分布。

從上面的公式推導，可以得到 posterior 分布也應當是一個常態分布。通過常態分布對應項相等，我們可以得到 posterior 的分布函數。

$$p(w \mid t) = N(w \mid m_N, S_N)$$

其中，平均數 m_N 及變異數 S_N 分別爲：

$$m_N = S_N(S_0^{-1} m_0 + \beta \Phi^T t)$$
$$S_N^{-1} = S_0^{-1} + \beta \Phi^T \Phi.$$

其中，常態分布機率的最大值 W_{MAP} 在其平均值處取得，於是有：

$$W_{MAP} = m_N$$

在我的範例中，我所研究的參數是一個一元一次線性方程，其有兩個參數。我的 prior 選擇兩個都是標準常態分布。在每一次疊代 (iteration) 中，我會選取一個點，然後用這個點計算概似 (likelihood)，公式如下：

$$p(t \mid X, w, \beta) = \prod_{n=1}^{N} N(t_n \mid w^T \phi(x_n), \beta^{-1})$$

其中，Φ(Phi) 與 linear 迴歸的矩陣一樣。通過把 prior 和 likelihood 相乘，得到 posterior。然後用這次 posterior 作爲下一次 iteration 的 prior。經過 20 次疊代 (這裡也用到了前面 Linear 迴歸的方法，Linear 迴歸是很多機器學習演算法的基礎)，明顯的可以看到模型的參數值迴歸到了一個點。

二、貝葉斯 (Bayesian) 的模型設定 (model setup)

多元線性迴歸式，是：$y_i = x_i^T \beta + \varepsilon_i$，$i = 1, 2, ... , n$。其中，預測變數 x_i 是已知的 $k \times 1$ 向量，其對應的條件分布 y_i 是 $k \times 1$ 向量。誤差項 ε_i 是獨立且相同的常態分布隨機變數，即 $\varepsilon_i \overset{iid}{\sim} N(0, \sigma^2)$。

$y_i = x_i^T \beta + \varepsilon_i$ 對應的概似函數爲：

$$\rho(y \mid X, \beta, \sigma^2) \propto (\sigma^2)^{-n/2} \exp\left(-\frac{1}{2\sigma^2}(y - X\beta)^T(y - X\beta)\right).$$

最小平方法 (ordinary least squares, OLS) 來解 $y_i = x_i^T \beta + \varepsilon_i$ 係數向量，係採用 Moore-Penrose pseudoinverse，如下式：

$$\hat{\beta} = (X^T X)^{-1} X^T y$$

其中，X 是 $n \times k$ 設計矩陣 (即 regressor matrix、model matrix、data matrix。直行爲變數；橫列爲個體值)，其每個橫列就是 x_i^T；y 是 $[y_1 ... y_n]^T$ n-vector 的直行。

這是一種頻率的方法 (frequentist approach)，它假定有足夠的測量 (measurements) 來說明對 β 有意義的事情。在貝葉斯 (Bayesian) 方法中，數據以先驗機率分布的形式來補充附加資訊。

貝葉斯定理：$P(A \mid B) = \dfrac{P(B \mid A)P(A)}{P(B)}$，對應的後驗機率如下：

定義：後驗機率

後驗機率是已知證據 x 的參數 θ 的機率：$p(\theta \mid x)$。

對比**後驗機率**與概似函數，概似函數是已知參數的證據機率：$p(x \mid \theta)$。

這兩者相關如下：

令先驗機率分布函數為 $p(\theta)$，及觀測值 x 的概似為 $p(x \mid \theta)$，那麼後驗機率定義為：

$$p(\theta \mid x) = \frac{p(x \mid \theta)p(\theta)}{p(x)}$$

後驗機率可以寫成易記的形式：

Posterior probability $\propto$ Likelihood $\times$ Prior probability.

貝葉斯定理結合：參數的先驗信念 (prior belief) 與數據的概似函數，來產生參數 β(係數) 和 σ(標準差) 的後驗信念 (posterior belief)。先驗可根據該領域和事先可用的資訊來採取不同的函數形式 (STaTa 有 45 種迴歸模型)。

三、共軛先驗 (with conjugate priors)

(一) 共軛先驗分布 (conjugate prior distribution)

在貝葉斯機率理論中，如果後驗分布 $p(\theta \mid x)$ 與先驗機率分布 $p(\theta)$ 具有相同的機率分布族 (probability distribution family)，那麼先驗和後驗就稱為共軛 (conjugate) 分布，先驗就是概似函數的先驗共軛 (the prior is called a conjugate prior for the likelihood function)。例如：高斯族與高斯概似函數就是共軛 (自共軛)：如果概似函數是高斯的，那麼在平均值之上選擇高斯先驗將確保後驗分布也是高斯分布。這意味著高斯分布概似 (likelihood) 也是高斯的共軛先驗。Howard Raiffa 和 Robert Schlaifer 在他們關於貝葉斯決策理論的工作中介紹了這個概念以及術語「共軛先驗」。接著 George Alfred Barnard 亦建構類似的概念。

考慮給定某些數據或數據 x 來推論參數 θ 的 (連續) 分布的一般問題。根據貝葉斯定理，後驗分布等於概似函數「$\theta \rightarrow p(x \mid \theta)$、$p(\theta)$」的乘積：

$$p(\theta \mid x) = \frac{p(x \mid \theta)p(\theta)}{\int p(x \mid \theta')p(\theta')d\theta'}$$

令概似函數是固定的；概似函數通常是從數據生成過程的陳述來確定的。很顯

然，先驗分布 $p(\theta)$ 的不同選擇可能使得積分或多或少地難於計算，並且乘積 $p(x|\theta)\times p(\theta)$ 可以採用一種代數形式。對於先驗的某些選擇，後驗具有與先前相同的代數形式 (通常具有不同的參數值)。這樣的選擇是事先共軛的 (conjugate prior)。

共軛先驗是一簡便型代數 (A conjugate prior is an algebraic convenience)，並以一個閉式表達式 (closed-form expression) 來表示後驗；否則就需數值積分 (numerical integration)。直覺上，共軛先驗可透過更透明地概似函數來更新先驗分布。

(二) 後驗分布 (posterior distribution)

在貝葉斯統計中，隨機事件或不確定命題的後驗機率 (the posterior probability of a random event or an uncertain proposition)，是在考慮相關證據或背景之後，分配之條件機率 (conditional probability)。同理，後驗機率分布是一個未知量的機率分布，被視爲一個隨機變數，取決於從實驗或調查中獲得的證據。在這種情況下，「Posterior」是指你檢視的特定案例有關的相關證據。

例如：如果人們挖掘一個隨機點 (random spot)，就會有一個 (「non-posterior」) 人可發現埋藏寶藏的機率。但如果人在金屬探測器響起的地方挖掘，則發現埋藏寶藏的後驗機率。

(三) 模型證據 (model evidence)

模型證據 $p(y \mid m)$ 是已知模型 m 的數據的概率，它又被邊際概似 (marginal likelihood)，並且被稱爲先驗預測密度 (prior predictive density)。這裡，模型由概似函數 $p(y \mid X, \beta, \sigma)$ 和參數的先驗分布 $p(\beta, \sigma)$ 來定義。模型證據 $p(y \mid m)$ 由單一數值中獲得模型來解釋觀察結果的程度。本節中提出的貝葉斯線性迴歸模型的模型證據，可用於透過貝葉斯模型比較 (BIC 值越小越好) 來對比競爭線性模型誰優？

這些敵對模型，你可界定其預測變數的數量和變數值及模型參數的先驗都是不相同。模型證據已經考慮了模型的複雜性，因爲它透過 $p(y, \beta, \sigma \mid X)$ 在所有「β 和 σ」可能值的積分，來求得參數邊際化 (marginalizes out the parameters)，其公式如下：

$$p(y \mid m) = \int p(y \mid X, \beta, \sigma)p(\beta, \sigma)d\beta d\sigma$$

可以透過數值分析 (computed analytically and the solution) 來改該積分計算，即下

面的等式來求解。

$$p(y \mid m) = \frac{1}{(2\pi)^{n/2}} \sqrt{\frac{\det(A_0)}{\det(A_n)}} \cdot \frac{b_0^{a_0}}{b_n^{a_n}} \cdot \frac{\Gamma(a_n)}{\Gamma(a_0)}$$

其中，$\Gamma(\ )$ 表示伽瑪函數。因為我們選擇了共軛先驗 (conjugate prior)，所以透過評估 β 和 σ 的任意值的相等性 (equality)，即可求得邊際概似。

$$p(y \mid m) = \frac{p(\beta, \sigma \mid m) p(y \mid X, \beta, \sigma, m)}{p(\beta, \sigma \mid y, X, m)}$$

請注意，上式只不過是貝葉斯定理的重新排列。插入先驗、概似和後驗的公式，並簡化公式導致上面的分析數學式。

四、其他案例 (other cases)

通常，分析得出後驗分布可能是不可能的或不切實際的。然而可以透過近似貝葉斯推論法 (例如 Monte Carlo sampling 或 variational Bayes) 來近似後驗。

特殊情況：$\mu_0 = 0$，$\Lambda_0 = cI$ 稱為脊迴歸 (ridge regression，嶺迴歸)。

一般情況，若對多變數迴歸進行類似的分析，其中一部分提供共變數矩陣的貝葉斯估計，即貝葉斯多變數線性迴歸 (Bayesian multivariate linear regression)。

4-3-2 貝葉斯線性迴歸：參數分布、預測分布、等價核

對統計而言，貝葉斯線性迴歸也是線性迴歸的一種方法，貝葉斯線性迴歸係採用貝葉斯推理 (inference) 的統計法。當迴歸模型具有常態分布 (normal distribution) 的誤差，如果假定 (assumed) 某種形式的先驗分布 (prior distribution)，顯式 (explicit) 結果則可用模型參數的後驗機率分布 (posterior probability distributions of the model's parameters) 來表示。

一、為什麼選擇貝葉斯

首先，儘管在最大概似法中引入了基函數 ϕ 和正規化參數 λ，但過度適配問題仍沒有得到很好地解決，相反，隨著最大概似函數的複雜度的增加，已經不能簡單的以最大化概似函數為目標，而是需要在偏置與變異數中取得平衡，才能達到最好的預測結果。所以，頻率學家的方法似乎陷入了複雜度的漩渦。

其次，為了減小過度適配的程度，通常會進行交叉驗證，但交叉驗證不僅

費時,更重要的是浪費了數據集使其不能全部用於訓練部分。

貝葉斯方法的實質是計算一個預測分布,將不同 t 對應的預測結果組合起來,形成最終的預測結果,而組合的權重就根據 t 的後驗的大小,由於 t 是一個連續的隨機變數,所以這個「組合」就是一個積分,在積分中並不會出現過度適配現象。

二、參數分布 (parameter distribution)

在此前最大概似的介紹中,可知 $p(t \mid \omega)$ 是 ω 的二次函數的指數形式,對應的共軛先驗是高斯分布:

$$p(\omega) = N(\omega \mid m_0, S_0)$$

其中,m_0 為平均值,S_0 為共變數。

接下來我們計算後驗分布,它正比於概似函數與先驗分布的乘積。由於共軛高斯先驗分布的選擇,後驗分布也將是高斯分布。我們可以對指數項進行配平方,然後使用正規化的高斯分布的標準結果找到歸一化係數,這樣就計算出了後驗分布的形式:

$$p(\omega \mid t) = N(\omega \mid m_N, S_N)$$

其中

$$m_N = S_N(S_0^{-1} m_0 + \beta \Phi^T t)$$
$$S_N^{-1} = S_0^{-1} + \beta \Phi^T \Phi$$

如果數據點是順序到達的,那麼任何一個階段的後驗機率分布都可以看成後續數據點的先驗,此時新的後驗分布再次由上述公式給出。

為了簡化起見,考慮高斯先驗的一個特定的形式。具體來說,我們考慮零均值各向同性高斯分布。這個分布由一個精度參數 α 控制,即:

$$p(\omega \mid t) = N(\omega \mid 0, \alpha^{-1} I)$$

對應的 ω 的後驗機率分布參數為:

$$m_N = \beta S_N \Phi^T t$$
$$S_N^{-1} = \alpha I + \beta \Phi^T \Phi$$

後驗機率分布的對數由對數概似函數與先驗的對數求和的方式得到：

$$\ln p(\omega \,|\, t) = -\frac{\beta}{2} \sum_{n=1}^{N} \{t_n - \omega^T \phi x_n\}^2$$

首先初始化一組參數，可以看到符合高斯分布，之後每遍歷一個數據點，我們把其對應的概似函數與先驗函數相乘，再歸一化後得到後驗機率分布。

三、預測分布

實際情況中，我們並不十分關注參數本身的分布，我們更關注的是對於新的 x 該模型預測結果的分布情況。這需要我們計算出預測分布 (predictive distribution)，定義為：

$$p(t \,|\, \vec{t}, \alpha, \beta) = \int p(t \,|\, \omega, \beta) p(\omega \,|\, \vec{t}, \alpha, \beta) d\omega$$

其中 $\vec{t}$ 是訓練數據的目標變數的值組成的向量。

由於涉及到兩個高斯分布的卷積，這裡直接給出結果：

$$p(t \,|\, x, \vec{t}, \alpha, \beta) = N(t \,|\, m_N^T \phi(x), \sigma_N^2(x))$$

其中，變異數 σ_N^2 是：

$$\sigma_N^2(x) = \frac{1}{\beta} + \phi(x)^T S_N \phi(x)$$

第一項為數據中的雜訊，第二項反映出與參數 ω 關聯的不確定性，由於 β 和 ω 是相互獨立的高斯分布，因此它們的值是可以疊加的，從而影響後驗分布。特別地，當 $N \to +\infty$ 時，第二項趨於 0，所以變異數只與由 β 控制的具有可加性的雜訊有關。

因此在距離基函數中心比較遠的區域就只剩下 β^{-1} 的貢獻，當對基函數所在的區域之外的區域進行外插的時候，模型對於它做出的預測會變得相當確定，這通常不是我們想要的結果。通過使用被稱為高斯過程的另一種貝葉斯迴歸方法，這個問題可以被避免。

定義：卷積 (convolution)

信號與系統裡面經常講到卷積 (convolution)，自動控制原理裡面也會經常有提到卷積。

深度學習，更有專門的卷積神經網絡 (Convolutional Neural Network, CNN)，在圖像領域取得了非常好的實際效果，已經有取代傳統的圖像處理方法的趨勢了。

1 卷積的定義

我們稱 (f*g)(n) 為 f, g 的卷積

其連續的定義為：

$$(f*g)(n) = \int_{-\infty}^{\infty} f(\tau)g(n-\tau)d\tau$$

其離散的定義為：

$$(f*g)(n) = \sum_{\tau=-\infty}^{\infty} f(\tau)g(n-\tau)$$

這兩個式子有一個共同的特徵：

$$(f*g)(n) = \int_{-\infty}^{\infty} f(\tau)g(n-\tau)d\tau$$
$$n = \tau + (n-\tau)$$
$$(f*g)(n) = \sum_{\tau=-\infty}^{\infty} f(\tau)g(n-\tau)$$

在泛函分析中，卷積、旋積或摺積 (convolution) 是通過兩個函數 f 和 g 生成第三個函數的一種數學運算元，表徵函數 f 與 g 經過翻轉和平移的重疊部分的面積。

摺積 (又名卷積) 和反摺積 (又名去卷積) 是一種積分變換的數學方法，在許多方面得到了廣泛應用。用摺積解決試井解釋中的問題，早就取得了很好成果；而反摺積，直到最近，Schroeter、Hollaender 和 Gringarten 等人解決了其計算方法上的穩定性問題，使反摺積方法很快引起了試井界的廣泛注意。有專家認為，反摺積的應用是試井解釋方法發展史上的又一次重大飛躍。他們預言，隨著測試新工具和新技術的增加和應用，以及與其他專業研究成果的更緊密結合，試井在油氣藏描述中的作用和重要性必將不斷增大。

這個特徵有什麼意義？

我們令 $x = \tau, y = n - \tau$，那麼 $x + y = n$ 就是下面這些直線：

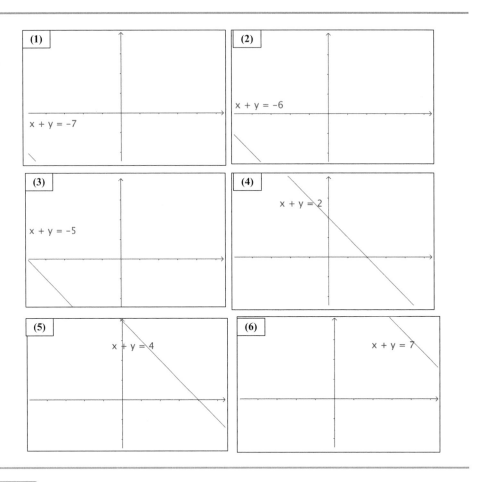

圖 4-8　$x + y = n$ 就是這些直線

如果遍歷這些直線，就好比，把毛巾沿著 45 度角捲起來：

圖 4-9 把一張二維的地毯從角沿 45 度斜線捲起來，這就是卷積

首先將它一角捲起來【即 $f(x)g(y)$】。接連再將它整張地毯捲起來【變成 $(f*g)(n) = \sum_{\tau=-\infty}^{\infty} f(\tau)g(n-\tau)$】。

四、等價核

(一) 核

線性模型可以表達成參數模型和非參數模型。非參數模型裡面最重要的概念是兩個樣本之間的相似度，也就是核。

舉個例子，SVM 有兩種形式，沒有拉格朗日乘數 (Lagrange Multiplier) 的是參數模型；另一種叫『對偶形式』、有拉格朗日乘數的是非參數模型，裡面就用核來表達兩個樣本的相似度。

模型權值之和為 1，其公式為：

$$\sum_{i=1}^{n} k(x_{new}, x_i) = 1$$

想理解這個式子，我們要知道非參數模型學習的過程：我們想對 x_{new} 進行預測得到 y_{new}，並且在遇到 x_{new} 之前我們已經見到了 n 個樣本 $\{(x_i, y_i) : i = 1, 2, ... , n\}$，那麼 x_{new} 的預測值和這 n 個樣本都有關係，關係的大小度量就是核 $k(x_{new}, x_i)$。所以我們可以把每個核看作一個權值，預測結果就是

$$y_{new} = \sum_{i=1}^{n} k(x_{new}, x_i) y_i$$

很明顯這是一個加權求和，權值之和為 1 是很自然的。

(二) 等價核

$m_N = S_N(S_0^{-1} m_0 + \beta \Phi^T t)$ 代入 $y(x, \omega) = \omega^T \phi(x)$

$$y(x, m_N) = m_N^T \phi(x) = \beta \phi(x)^T S_N \Phi^T t = \sum_{n=1}^{n} \beta \phi(x)^T S_N \phi(x_n) t_n$$

即在點 x 處的預測均值由訓練集目標變數 t_n 的線性組合給出：

$$y(x, m_N) = \sum_{n=1}^{n} k(x, x_n) t_n$$

其中，函數：

$$k(x, x') = \beta \phi(x)^T S_N \phi(x')$$

被稱為平滑矩陣 (smoother matrix) 或者等價核 (equivalent kernel)。像這樣的迴歸函數，通過對訓練集裡目標值進行線性組合做預測，被稱為線性平滑 (linear smoother)。

在 x 處的預測分布的均值 $y(x, m_N)$ 可以通過對目標值加權組合的方式獲得。距離 x 較近的數據點可以賦一個較高的權值，而距離 x 較遠的數據點可以賦一個較低的權值。

一個等價核定義了模型的權值。通過這個權值，訓練數據集裡的目標值被組合，然後對新的 x 值做預測。可以證明這些權值的和等於 1，即：

$$\sum_{n=1}^{n} k(x, x_n) = 1$$

用核函數表示線性迴歸給出了解決迴歸問題的另一種方法。我們不引入一組基函數 (它隱式地定義了一個等價的核)，而是直接定義一個局部的核函數，然後在給定觀測數據集的條件下，使用這個核函數對新的輸入變數 x 做預測。這就引出了用於迴歸問題 (以及分類問題) 的一個很實用的框架，被稱為高斯過程 (Gaussian process)。

4-3-3 貝葉斯線性迴歸：學習過程、優缺點、貝葉斯脊迴歸

　　根據之前的〈線性迴歸〉、〈多項式迴歸〉，最大概似估計的說明，以及本文前面關於最大概似估計的論述，可以很容易知道，如果要將最大概似估計應用到線性迴歸模型中，模型的複雜度會被兩個因素所控制：基函數的數目和樣本的數目。儘管為對數最大概似估計加上一個正規項 (或者是參數的先驗分布)，在一定程度上可以限制模型的複雜度，防止過度適配，但基函數的選擇對模型的性能仍然起著決定性的作用。

　　上面說了那麼大一段，就是想說明一個問題：由於最大概似估計總是會使得模型過於的複雜以至於產生過度適配的現象，所以單純的適用最大概似估計並不是特別的有效。

　　當然，交叉驗證是一種有效的限制模型複雜度，防止過度適配的方法，但是交叉驗證需要將數據分為訓練集合檢定集，對數據樣本的浪費也是非常的嚴重的。

　　基於上面的討論，這裡就可以引出本文的核心內容：**貝葉斯線性迴歸**。貝葉斯線性迴歸不僅可以解決最大概似估計中存在的過度適配的問題，而且，它對數據樣本的利用率是 100%，僅僅使用訓練樣本就可以有效而準確的確定模型的複雜度。

　　這裡面對的模型是線性迴歸模型，其詳細的介紹可以參見前面的文章〈線性迴歸〉，線性迴歸模型是一組輸入變數 x 的基函數的線性組合，在數學上其形式如下：

$$y(x, w) = w_0 + \sum_{j=1}^{M} \omega_j \phi_j(x)$$

　　這裡 $\phi_j(x)$ 就是前面提到的基函數，總共的基函數的數目為 M 個，如果定義 $\phi_0(x) = 1$ 的話，上面的式子就可以簡單的表示為：

$$y(x, w) = \sum_{j=0}^{M} \omega_j \phi_j(x) = w^T \phi(x)$$

$$w = (w_0, w_1, w_2, \dots, w_M)$$

$$\phi = (\phi_0, \phi_1, \phi_2, \dots, \phi_M)$$

則線性模型的機率表示如下：

$$p(t \mid x, w, \beta) = N(t \mid y(x, w), \beta^{-1} I)$$

假設參數 w 滿足 Gaussian 分布，這是一個先驗分布：

$$p(w) = N(w \mid 0, \alpha^{-1}I)$$

一般來說，我們稱 p(w) 為共軛先驗 (conjugateprior)。這裡 t 是 X 對應的目標輸出，β^{-1} 和 α^{-1} 分別對應於樣本集合和 w 的 Gaussian 分布的變異數，w 是參數，那麼，線性模型的對數後驗機率函數：

$$lnp(\theta \mid D) = lnp(w \mid T) = -\frac{\beta}{2} \sum_{n=1}^{N} \{y(x_n, w) - t_n\}^2 + \frac{\alpha}{2} w^T w + const$$

這裡 T 是數據樣本的目標值向量，$T = \{t_1, t_2, \ldots, t_n\}$，const 是和參數 w 無關的量。關於這個式子的具體推導，可參見前面的文章〈多項式迴歸〉。

一、貝葉斯線性迴歸的學習過程

根據前面關於貝葉斯估計的增量學習可以很容易得到下面這個式子，這個就是貝葉斯學習過程：在前一個訓練集合 D^{n-1} 的後驗機率 $p(\theta \mid D^{n-1})$ 上，乘以新的檢定樣本點 x_n 的概似估計，得到新的集合 D^n 的後驗機率 $p(\theta \mid D^n)$，這樣，相當於 $p(\theta \mid D^{n-1})$ 成為了 $p(\theta \mid D^n)$ 的先驗機率分布：

$$p(\theta \mid D^n) \propto p(x_n \mid \theta) p(\theta \mid D^{n-1})$$

有了上面的基礎知識，再看下圖：清晰描述了貝葉斯線性迴歸的學習過程。

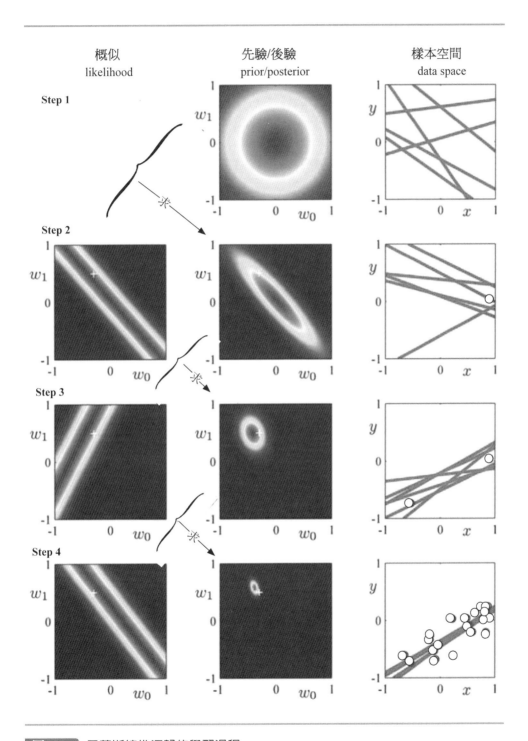

概似
likelihood

先驗/後驗
prior/posterior

樣本空間
data space

圖 4-10 貝葉斯線性迴歸的學習過程

首先，解說這模型：

$$y(x, w) = w_0 + w_1 x$$

第一行

第一行是初始狀態，此時只有關於 w 的先驗資訊，即：

$$p(\theta \mid D^0) = p(\theta) = N(w \mid 0, \alpha^{-1}I)$$

先看中間這幅圖，這幅圖是關於 w 的先驗分布，由於我們假設 w 初始為 Gaussian 分布 $N(w \mid 0, \alpha^{-1}I)$，故其圖形是以 (0,0) 為中心的圓組成的。由於此時還沒有樣本點進入，所以沒有關於樣本的概似估計，故第一行中左邊概似 (likelihood) 沒有圖。第一行右邊樣本空間 (data space) 的那幅圖顯示的是從第二幅圖先驗／後驗 (prior/posterior) 中隨機抽取一些點 (w_0, w_1)，並以 (w_0, w_1) 為參數，畫出來的直線，此時這些直線是隨機的。

第二行

此時有了第一個樣本點 x_1，那麼根據 x_1 就可以得到第二行中，關於 x_1 的概似估計，由於 $y = w_0 + w_1 x$，概似估計的結果其實是這個式子的**對偶式**，即：

$$w_1 = \frac{1}{x}y - \frac{1}{x}w_0$$

從第二行的最右邊樣本空間 (data space) 的圖中可以估計出，第一個樣本點的座標大概為：(0.9,0.1)，所以其第一幅圖中，概似估計的中心線的方程為：

$$w_1 = \frac{1}{9} - \frac{10}{9}w_0$$

近似為左邊那幅圖的畫法。由於第二行的先驗分布是第一行的後驗分布，也就是第一行的中間那幅圖。則，第二行的後驗分布的求法就是：將第二行的最左邊那幅圖和第一行的中間那幅圖相乘，就可以得到第二行中間那幅圖。第二行最右邊那幅圖就是從第二行中間那幅圖中隨機抽取一些點 (w_0, w_1)，並以 (w_0, w_1) 為參數，畫出來的直線。

第三行之後，如此類推 (疊代)。

上面就是貝葉斯學習過程的完整描述。

二、貝葉斯迴歸的優缺點

優點：

1. 貝葉斯迴歸對數據有自適應能力，可以重複的利用實驗數據，進而防止過度適配。

2. 貝葉斯迴歸可以在估計過程中引入正規項。

缺點：

1. 貝葉斯迴歸的學習過程之成本太大。

三、貝葉斯脊迴歸 (Bayesian Ridge Regression)

前面已經證明過了，如果貝葉斯線性迴歸的先驗分布為：

$$p(w) = N(w \mid 0, \alpha^{-1}I)$$

那麼，其最終的後驗分布公式為：

$$lnp(\theta \mid D) = lnp(w \mid T) = -\frac{\beta}{2} \sum_{n=1}^{N} \{y(x_n, w) - t_n\}^2 + \frac{\alpha}{2} w^T w + const$$

這個相當於脊迴歸，所以將這種特殊情況稱為貝葉斯脊迴歸，它擁有脊迴歸的所有特性。

> 小結
>
> 貝葉斯線性迴歸的引入主要是在最大概似估計中很難決定模型的複雜程度，ridge 迴歸加入的懲罰參數其實也是解決這個問題的，此時可以採用的方法就是對數據進行正規化處理，另一個可以解決此問題的方法就是採用貝葉斯方法。

4-4 貝葉斯多元線性迴歸之原理 (Bayesian multivariate linear regression)

在統計學中，貝葉斯多元線性迴歸是多元線性迴歸的貝葉斯方法，即線性迴歸，其中預測結果是相關隨機變數的向量而不是單個 scalar 隨機變數。

試想某迴歸問題，若要預測的依變數不是單 real-valued scalar，而是相關實

數的 m-length 向量。與標準迴歸設定一樣，有 n 個觀測值，每個觀測值由 k-1 個解釋變數組成，分組爲長度爲 k 的向量 x_i [(其中添加值爲 1 的虛擬變數以允許截距) 係數]。對於每個觀察，這可以被視爲一組 m 個相關的迴歸問題：

$$y_{i,1} = x_i^T \beta_1 + \varepsilon_{i,1}$$
$$\ldots$$
$$y_{i,m} = x_i^T \beta_m + \varepsilon_{i,m}$$

其中，誤差集 $\{\varepsilon_{i,1}, \ldots, \varepsilon_{i,m}\}$ 都是相關的。同樣地，它可以被視爲單個迴歸問題，其中結果是列向量 (row vector) y_i^T，且迴歸係數向量彼此相鄰堆疊 (tacked next to each other)，如下所示：

$$y_i^T = x_i^T B + \varepsilon_i^T$$

係數矩陣 B 是 k×m 矩陣，其中每個迴歸問題的係數向量 $\beta_1, \ldots, \beta_m$ 水平堆疊：

$$B = \left[\begin{pmatrix} \beta_1 \end{pmatrix} \cdots \begin{pmatrix} \beta_m \end{pmatrix} \right] = \left[\begin{pmatrix} \beta_{1,1} \\ \vdots \\ \beta_{k,1} \end{pmatrix} \cdots \begin{pmatrix} \beta_{1,m} \\ \vdots \\ \beta_{k,m} \end{pmatrix} \right]$$

每個觀察 i 的噪聲 (noise) 向量 ε_i 是聯合常態分布 (jointly normal)，因此給定觀察的結果是相關的：

$$\varepsilon_i \sim N(0, \Sigma_\varepsilon)$$

我們可以用矩陣形式寫出整個迴歸問題：

$$Y_{n \times m} + X_{n \times k} B_{k \times m} + E_{n \times m}$$

其中 Y 和 E 是 $n \times m$ 矩陣。設計矩陣 X 是一個 $n \times k$ 矩陣，觀測值垂直堆疊，如標準線性迴歸設定：

$$X = \begin{bmatrix} x_1^T \\ x_2^T \\ \vdots \\ x_n^T \end{bmatrix} = \begin{bmatrix} x_{1,1} & \cdots & x_{1,k} \\ x_{2,1} & \cdots & x_{2,k} \\ \vdots & \ddots & \vdots \\ x_{n,1} & \cdots & x_{k,k} \end{bmatrix}$$

古典的，頻率線性最小平方解 (frequentists linear least squares solution) 是使

用 Moore-Penrose 僞逆 (pseudoinverse) 簡單地估計迴歸係數 $\hat{B}$ 的矩陣：

$$\hat{B} = (X^T X)^{-1} X^T Y$$

爲求得貝葉斯解，我們需要指定條件概似，然後找到適當的共軛先驗 (conjugate prior)。與線性貝葉斯迴歸的單變數情形一樣，我們可以指定一個自然的條件共軛先驗（scale dependent）。

讓我們將條件概似寫成：

$$\rho(E \mid \Sigma_\varepsilon) \propto |\Sigma_\varepsilon|^{-n/2} \exp\left(-\frac{1}{2} \operatorname{tr}(E^T E \Sigma_\varepsilon^{-1})\right)$$

以 Y，X 和 B 的形式來寫出誤差 E。

$$\rho(Y \mid X, B, \Sigma_\varepsilon) \propto |\Sigma_\varepsilon|^{-n/2} \exp\left(-\frac{1}{2} \operatorname{tr}((Y - XB)^T (Y - XB) \Sigma_\varepsilon^{-1})\right)$$

我們尋求自然共軛的先驗：聯合密度 $\rho(B, \Sigma_\varepsilon)$，它與概似的功能相同形式。由於 B 中的概似性是二次方，我們重寫概似，因此它在 $(B - \hat{B})$ 中是常態的（古典樣本估計來求離差 deviation）。

使用與貝葉斯線性迴歸相同的技術，我們使用矩陣形式的平方和 (sum-of-squares) 技術來分解 exponential 項。然而，在這裡，我們還需要使用矩陣微分學 (Kronecker product 及 vectorization transformations)。

首先，讓我們應用平方和來求得概似的新函式：

$$\rho(Y \mid X, B, \Sigma_\varepsilon) \propto |\Sigma_\varepsilon|^{-(n-k)/2} \exp\left(-\operatorname{tr}\left(\frac{1}{2} S^T S \Sigma_\varepsilon^{-1}\right)\right) \times$$

$$|\Sigma_\varepsilon|^{-k/2} \exp\left(-\frac{1}{2} \operatorname{tr}((B - \hat{B})^T X^T X (B - \hat{B}) \Sigma_\varepsilon^{-1})\right)$$

$$S = Y - X\hat{B}$$

我們想爲先驗制定一個條件形式：

$$\rho(B, \Sigma_\varepsilon) = \rho(\Sigma_\varepsilon) \rho(B \mid \Sigma_\varepsilon)$$

其中，$\rho(\Sigma_\varepsilon)$ 是 inverse-Wishart 分布，$\rho(B, \Sigma_\varepsilon)$ 是矩陣 B 中某種形式的常態分布。這是使用向量化變換 (vectorization transformation)，向量化變換將概似從矩陣 B 做函數轉換，$\hat{B}$ 是向量 β 的函數：$\beta = vec(B)$，$\hat{\beta} = vec(\hat{B})$。

改寫成：

$$\text{tr}((B-\hat{B})^T X^T X (B-\hat{B})\Sigma_\varepsilon^{-1}) = \text{vec}(B-\hat{B})^T \text{vec}(X^T X (B-\hat{B})\Sigma_\varepsilon^{-1})$$

令

$$\text{vec}(X^T X (B-\hat{B})\Sigma_\varepsilon^{-1}) = (\Sigma_\varepsilon^{-1} \otimes X^T X)\,\text{vec}(B-\hat{B})$$

其中，$A \otimes B$ 表示矩陣 A 和 B 的 Kronecker 乘積，它是廣義的外積，其將 $m \times n$ 矩陣乘以 $p \times q$ 矩陣以生成 $mp \times nq$ 矩陣，其由來自兩個矩陣的元素的每個乘積組合而成。

然後

$$\text{vec}(B-\hat{B})^T (\Sigma_\varepsilon^{-1} \otimes X^T X)\,\text{vec}(B-\hat{B})$$
$$= (\beta-\hat{\beta})^T (\Sigma_\varepsilon^{-1} \otimes X^T X)(\beta-\hat{\beta})$$

這將導致 $(\beta-\hat{\beta})$ 為常態的概似。

由於概似更易處理，我們現在可以找到一個自然 (條件) 共軛先驗。

一、共軛先驗分布 (conjugate prior distribution)

使用向量化變數 β 之天然先驗共軛 (conjugate prior) 具有以下形式：

$$\rho(\beta, \Sigma_\varepsilon) = \rho(\Sigma_\varepsilon)\rho(\beta \mid \Sigma_\varepsilon)$$

其中

$$\rho(\Sigma_\varepsilon) \sim w^{-1}(V_0, v_0)$$

且

$$\rho(\beta \mid \Sigma_\varepsilon) \sim N(\beta_0, \Sigma_\varepsilon \otimes \Lambda_0^{-1})$$

二、後驗分布 (posterior distribution)

使用上述先驗和概似，後驗分布可表示為：

$$\rho(\beta, \Sigma_\varepsilon \mid Y, X) \propto |\Sigma_\varepsilon|^{-(v_0+m+1)/2} \exp\left(-\frac{1}{2}\text{tr}(V_0 \Sigma_\varepsilon^{-1})\right) \times$$

$$| \Sigma_\varepsilon |^{-k/2} \exp\left(-\frac{1}{2}\text{tr}((B - B_0)^T \Lambda_0 (B - B_0) \Sigma_\varepsilon^{-1})\right) \times$$

$$| \Sigma_\varepsilon |^{-n/2} \exp\left(-\frac{1}{2}\text{tr}((Y - XB)^T (Y - XB) \Sigma_\varepsilon^{-1})\right)$$

其中，截距項 $vec(B_0) = \beta_0$。迴歸係數 B(具有 $\Lambda_0 = U^T U$) 可以使用以下方式分組：

$$(B - B_0)^T \Lambda_0 (B - B_0) + (Y - XB)^T (Y - XB)$$

$$= \left(\begin{bmatrix} Y \\ UB_0 \end{bmatrix} - \begin{bmatrix} X \\ U \end{bmatrix} B\right)^T \left(\begin{bmatrix} Y \\ UB_0 \end{bmatrix} - \begin{bmatrix} X \\ U \end{bmatrix} B\right)$$

$$= \left(\begin{bmatrix} Y \\ UB_0 \end{bmatrix} - \begin{bmatrix} X \\ U \end{bmatrix} B_n\right)^T \left(\begin{bmatrix} Y \\ UB_0 \end{bmatrix} - \begin{bmatrix} X \\ U \end{bmatrix} B_n\right) + (B - B_n)^T (X^T X + \Lambda_0)(B - B_n)$$

$$= (Y - XB_n)^T (Y - XB_n) + (B_0 - B_n)^T \Lambda_0 (B_0 - B_n) + (B - B_n)^T (X^T X + \Lambda_0)(B - B_n)$$

且

$$B_n = (X^T X | \Lambda_0)^{-1} (X^T X \hat{B} + \Lambda_0 B_0) = (X^T X + \Lambda_0)^{-1} (X^T Y + \Lambda_0 B_0)$$

現在，這允許我們以更有用的形式重寫後驗：

$$\rho(\beta, \Sigma_\varepsilon | Y, X) \propto | \Sigma_\varepsilon |^{-(v_0 + m + n + 1)/2} \exp\left(-\frac{1}{2}\text{tr}((V_0 + (Y - XB_n)^T (Y - XB_n) + (B_n - B_0)^T \Lambda_0 (B_n)\right.$$

$$\left. \times | \Sigma_\varepsilon |^{-k/2} \exp\left(-\frac{1}{2}\text{tr}((B - B_n)^T \Lambda_0 (B - B_n) \Sigma_\varepsilon^{-1})\right)\right)$$

這採用 inverse-Wishart t 分布的形式乘以矩陣常態分布：

$$\rho(\Sigma_\varepsilon | Y, X) \sim w^{-1}(V_n, v_n)$$

且

$$\rho(\beta | Y, X, \Sigma_\varepsilon) \sim MN_{k,m}(B_n, \Lambda_n^{-1}, \Sigma_\varepsilon)$$

此後驗的參數由下式給出：

$$V_n = V_0 + (Y - XB_n)^T (Y - XB_n) + (B_n - B_0)^T \Lambda_0 (B_n - B_0)$$

$$v_n = v_0 + n$$

$$B_n = (X^T X + \Lambda_0)^{-1} (X^T Y + \Lambda_0 B_0)$$

$$\Lambda_n = X^T X + \Lambda_0$$

Bayes 線性迴歸 (「bayes:
regress」、「bayesgraph
diagnostics」、「bayesstats
ic」指令)

　　「迴歸」是在定量建模中廣泛使用的統計方法。「線性迴歸」是一種基本的標準方法，在這種方法中研究人員使用數個變數的值來說明或預測尺度成果的值。Bayesian 單變量線性迴歸是在 Bayesian 推論的環境定義中進行統計分析的線性迴歸方法。

一、「bayes: 某迴歸」指令

　　STaTa 傳統的迴歸，依變數不論是「線性 vs. 非線性」、「連續 vs. 間斷」、「單層次 vs. 多層次」的模型，只要傳統的迴歸指令之前方，加「bayes:」，即形成 Bayesian 某迴歸的指令語法：「bayes: 某迴歸」。例如：

1. 參數型存活迴歸 (parametric survival models) 指令 streg 之前方加「bayes:」，即形成「bayes: streg」Bayesian 存活迴歸指令。

2. 邏輯斯指令 logistic 之前方加「bayes:」，即形成「bayes: logistic」Bayesian 邏輯斯迴歸指令。

3. 零膨脹負二項指令 zinb 之前方加「bayes:」，即形成「bayes: zinb」Bayesian 零膨脹負二項指令。

4. 多層次線性模型 mixed 之前方加「bayes:」，即形成「bayes: mixed」Bayesian 多層次線性指令。

5. 多層次廣義線性 (generalized linear) 模型 meglm 之前方加「bayes:」，即形成「bayes: meglm」Bayesian 多層次廣義線性指令。……如此類推，其他 45 種 Bayesian 迴歸。

　　STaTa 提供 Bayes 線性迴歸，指令如下：

STaTa 指令	功能說明
直線迴歸模型	
bayes: regress	Linear 迴歸
bayes: hetregress	Heteroskedastic linear 迴歸
bayes: tobit	Tobit 迴歸
bayes: intreg	Interval 迴歸
bayes: truncreg	Truncated 迴歸
bayes: mvreg	Multivariate 迴歸

Bayes 線性迴歸 (「bayes: regress」、「bayesgraph diagnostics」、「bayesstats ic」指令)

二、貝氏推論之重點整理

請參考前文【2-1 貝氏定理與條件機率 (重點整理)】

Markov Chain Monte Carlo 公式：後驗 = 先驗 × 概似

$$p(\theta \mid y) = p(\theta) \times p(y \mid \theta)$$

5-1 線性 Bayesian 迴歸 (先 rsquare、再「bayes: regression」指令)

本例先用 rsquare 指令印出線性迴歸「x_1, x_2, x_3, x_4, ...」所有自變數可能組合之「R-squared, Mallows C, SS_E 及 MS_E」，藉此幫你找出最佳模型。

接著「x_1, x_2, x_3, x_4, ...」最佳組合，再套入 Bayesian 迴歸中。rsquare 指令法之範例如下：

```
. use "D:\CD\OLS_Bayes.dta"
. rsquare y  x1 x2 x3 x4

Regression models for dependent variable : y
R-squared   Mallows C        SEE         MSE      models with 1 predictor
0.1388       208.50      9.637e+05   18531.8688    x1
0.3069       158.04      7.755e+05   14914.2942    x2
0.3367       149.10      7.422e+05   14273.2002    x3
0.5218        93.55      5.351e+05   10290.8195    x4
R-squared   Mallows C        SEE         MSE      models with 2 predictors
0.4118       128.55      6.581e+05   12904.8188    x1 x2
0.5525        86.31      5.007e+05    9817.8276    x1 x3
0.5219        95.51      5.350e+05   10489.8896    x1 x4
0.6591        54.32      3.814e+05    7478.9587    x2 x3
0.6174        66.84      4.281e+05    8394.4296    x2 x4
0.6162        67.19      4.294e+05    8419.8405    x3 x4
R-squared   Mallows C        SEE         MSE      models with 3 predictors
0.8325         4.27      1.874e+05    3747.7093    x1 x2 x3
0.6197        68.15      4.255e+05    8510.4942    x1 x2 x4
0.6452        60.49      3.970e+05    7939.9892    x1 x3 x4
0.7623        25.34      2.659e+05    5318.6154    x2 x3 x4
```

R-squared	Mallows C	SEE	MSE	models with 4 predictors
0.8367	5.00	1.827e+05	3727.8972	x1 x2 x3 x4

5-1-1 OLS 先挑所有自變數的最佳組合 (再 Bayes 線性迴歸)

一、範例：建立多元迴歸模型 (x1 x2 x3 x4)

(一) 問題說明

研究者想了解，54 條河流之流域 (分析單位)，其氮排放量的有效預測模型為何？預測的自變數挑 x_1, x_2, x_3, x_4 四個 (都是連續變數)，依變數 y 為氮排放量 (y 衡量河流受汙染程度，因為氮化物會造成水質的優氧化)；因為氮排放量非常態分配，故取對數函數使它呈現常態分配，logy 為 Log(Y)。N = 54 河流域。

1. 依變數 y：河流流域之氮排放量。因它非常態故它再取 log()，變成常態分配之 logy 變數。

2. x_1 自變數：住宅人數 (百萬)。

3. x_2 自變數：農耕面積。

4. x_3 自變數：森林面積。

5. x_4 自變數：工業 / 商業。

6. x_2x_3：人工新增的 x_2 及 x_3 交互作用項。因為農耕面積增加，森林面積就會減少，故這兩個變數有「一長一減」交互關係。

(二) 數據檔之內容

「OLS_Bayes.dta」數據檔內容如下圖。

	x1	x2	x3	x4	y	logy
26	5.8	61	73	3.5	144	2.1584
27	5.2	52	86	2.45	181	2.2577
28	11.2	76	90	5.59	574	2.7589
29	5.2	54	56	2.71	72	1.8573
30	5.8	76	59	2.58	178	2.2504
31	3.2	64	65	.74	71	1.8513
32	8.7	45	23	2.52	58	1.7634
33	5	59	73	3.5	116	2.0645
34	5.8	72	93	3.3	295	2.4698
35	5.4	58	70	2.64	115	2.0607
36	5.3	51	99	2.6	184	2.2648
37	2.6	74	86	2.05	118	2.0719
38	4.3	8	119	2.85	120	2.0792
39	4.8	61	76	2.45	151	2.179
40	5.4	52	88	1.81	148	2.1703
41	5.2	49	72	1.84	95	1.9777
42	3.6	28	99	1.3	75	1.8751
43	8.8	86	88	6.4	483	2.684
44	6.5	56	77	2.85	153	2.1847
45	3.4	77	93	1.48	191	2.281
46	6.5	40	84	3	123	2.0899
47	4.5	73	106	3.05	311	2.4928
48	4.8	86	101	4.1	398	2.5999
49	5.1	67	77	2.86	158	2.1987
50	3.9	82	103	4.55	310	2.4914
51	6.6	77	46	1.95	124	2.0934
52	6.4	85	40	1.21	125	2.0969
53	6.4	59	85	2.33	198	2.2967
54	8.8	78	72	3.2	313	2.4955

圖 5-1 「OLS_Bayes.dta」數據檔 (N= 54 河流，7 variables)

1. 你可在 STaTa 選「Data > Data editor > Data editor (Edit)」來新建數據檔 (如上
圖)。

2. 亦可採用，STaTa 新建數據檔「input」指令 (如下，存在 OLS_Bayes.do 檔)：

```
. clear
. *原始資
. input x1 x2 x3 x4 y logy
    6.7   62    81   2.59   200   2.3010
    5.1   59    66   1.70   101   2.0043
    7.4   57    83   2.16   204   2.3096
    6.5   73    41   2.01   101   2.0043
    7.8   65   115   4.30   509   2.7067
    5.8   38    72   1.42    80   1.9031
    5.7   46    63   1.91    80   1.9031
    3.7   68    81   2.57   127   2.1038
    6.0   67    93   2.50   202   2.3054
    3.7   76    94   2.40   203   2.3075
    6.3   84    83   4.13   329   2.5172
    6.7   51    43   1.86    65   1.8129
    5.8   96   114   3.95   830   2.9191
    5.8   83    88   3.95   330   2.5185
    7.7   62    67   3.40   168   2.2253
    7.4   74    68   2.40   217   2.3365
    6.0   85    28   2.98    87   1.9395
    3.7   51    41   1.55    34   1.5315
    7.3   68    74   3.56   215   2.3324
    5.6   57    87   3.02   172   2.2355
    5.2   52    76   2.85   109   2.0374
    3.4   83    53   1.12   136   2.1335
    6.7   26    68   2.10    70   1.8451
    5.8   67    86   3.40   220   2.3424
    6.3   59   100   2.95   276   2.4409
    5.8   61    73   3.50   144   2.1584
    5.2   52    86   2.45   181   2.2577
   11.2   76    90   5.59   574   2.7589
    5.2   54    56   2.71    72   1.8573
    5.8   76    59   2.58   178   2.2504
    3.2   64    65   0.74    71   1.8513
    8.7   45    23   2.52    58   1.7634
```

```
      5.0   59    73   3.50   116   2.0645
      5.8   72    93   3.30   295   2.4698
      5.4   58    70   2.64   115   2.0607
      5.3   51    99   2.60   184   2.2648
      2.6   74    86   2.05   118   2.0719
      4.3    8   119   2.85   120   2.0792
      4.8   61    76   2.45   151   2.1790
      5.4   52    88   1.81   148   2.1703
      5.2   49    72   1.84    95   1.9777
      3.6   28    99   1.30    75   1.8751
      8.8   86    88   6.40   483   2.6840
      6.5   56    77   2.85   153   2.1847
      3.4   77    93   1.48   191   2.2810
      6.5   40    84   3.00   123   2.0899
      4.5   73   106   3.05   311   2.4928
      4.8   86   101   4.10   398   2.5999
      5.1   67    77   2.86   158   2.1987
      3.9   82   103   4.55   310   2.4914
      6.6   77    46   1.95   124   2.0934
      6.4   85    40   1.21   125   2.0969
      6.4   59    85   2.33   198   2.2967
      8.8   78    72   3.20   313   2.4955
. end

. label variable y " 氮排量 "
. label variable x3 " 森林面積 "
. label variable x2 " 農耕面積 "
. label variable x1 " 住宅人數 ( 百萬 )"
. label variable x4 " 工業 / 商業 "
. gen x2x3=x2*x3
* 因為農耕面積增加，森林面積就會減少，故這兩個變數有「一長一減」交互作用關係
```

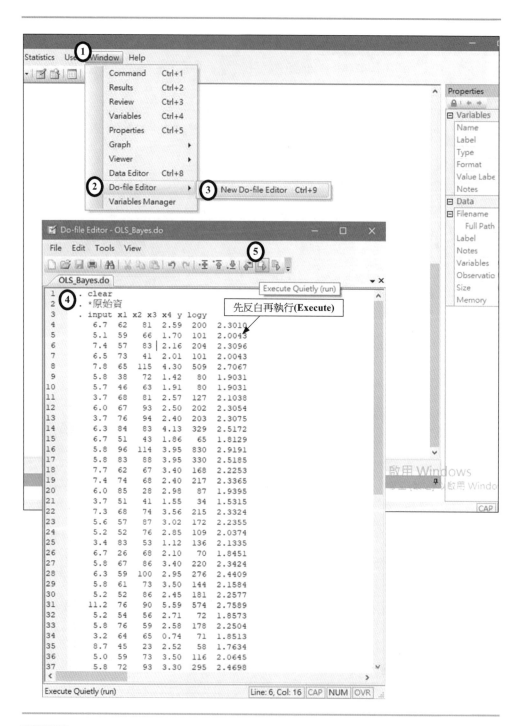

圖 5-2 「OLS_Bayes.do 檔」內容

(三) 建立多元迴歸模型 (x1 x2 x3 x4) 之選擇表操作

Statistics > Linear models and related > Linear regression

我們會依序檢測下列四個多元迴歸模型，看那一個模型最佳 (QQ 圖呈 45 度、誤差散布均勻)：

Model 1: y = x1 + x2 + x3 + x4
Model 2: logy = x1 + x2 + x3 + x4
Model 3: y = x2 + x3
Model 4: logy = x2 + x3

(四) 建立多元迴歸模型 (x₁ x₂ x₃ x₄)

Step 1   先判斷依變數：y vs. logy，何者較適合於迴歸模型

Step 1-1 先判斷 y 在 (x₁ x₂ x₃ x₄) 迴歸之殘差圖

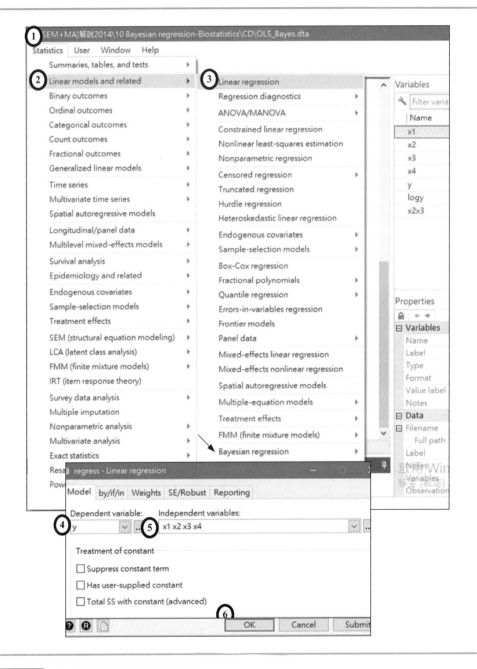

圖 5-3 多元線性迴歸之選擇表操作

Bayes 線性迴歸 (「bayes: regress」、「bayesgraph diagnostics」、「bayesstats ic」指令)

```
. use OLS_Bayes.dta
. regress y x1 x2 x3 x4

      Source |       SS        df       MS              Number of obs =      54
-------------+------------------------------           F( 4,    49) =   62.79
       Model | 936264.538       4   234066.135          Prob > F      =  0.0000
    Residual | 182666.962      49   3727.89718          R-squared     =  0.8367
-------------+------------------------------           Adj R-squared =  0.8234
       Total | 1118931.5       53   21111.9151          Root MSE      =  61.057


------------------------------------------------------------------------------
           y |      Coef.   Std. Err.      t    P>|t|     [95% Conf. Interval]
-------------+----------------------------------------------------------------
          x1 |   33.16383   7.017275     4.73   0.000     19.06209    47.26557
          x2 |    4.27186   .5633845     7.58   0.000     3.139696    5.404023
          x3 |   4.125738   .5111609     8.07   0.000     3.098522    5.152955
          x4 |   14.09156   12.52533     1.13   0.266    -11.07902    39.26215
       _cons |  -621.5975   64.80043    -9.59   0.000    -751.8189   -491.3762
------------------------------------------------------------------------------


. * 將這次迴歸之殘差 (residual)，存到數據檔 r 變數中
. predict r, resid

* 繪殘差常態機率圖 (Q-Q 圖 ). 如下圖
. qnorm r, ylabel(-100(100)300) xlabel(-200(100)200)
```

多元迴歸模型的輸出報表，由上表之 F value 顯示，其具有足夠的證據能夠拒絕虛無假設，並且調整後的 R 百分比可高達 82.34%，RMS_E 為 61.057，其中各個迴歸項係數為 $\beta_0 = (-621.59)(p < 0.05)$、人口數 $\beta_1 = 33.16(p < 0.05)$、農耕面積 $\beta_2 = 4.27(p < 0.05)$、森林面積 $\beta_3 = 4.13(p < 0.05)$、工業面積 $\beta_4 = 14.09(p > 0.05)$，利用以上的係數，建立預測模型，進行殘差分析，得 $\sqrt{MS_E} = \sqrt{3727.897}$，高達 61.057，此結果並非理想。

殘差常態機率圖

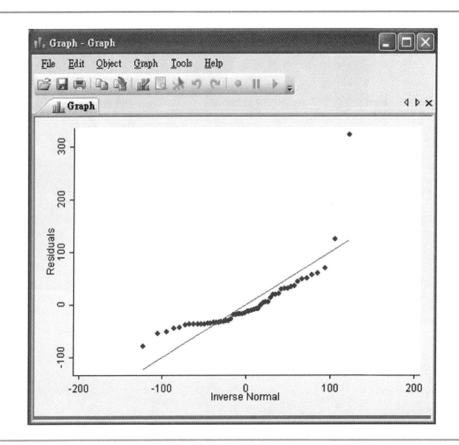

圖 5-4 $(x_1\ x_2\ x_3\ x_4)$ 對 y 預測的 Q-Q 圖（未接近 45 度線，故未盡理想）

Step 1-2 再判斷 logy 在 (x1 x2 x3 x4) 迴歸之殘差圖

```
* quietly 係指，只做歸迴分析，但不印出結果
. quietly regress logy x1 x2 x3 x4
* quietly 不印迴歸結果
* 將這次迴歸之殘差 (residual)，存到數據檔 r2 變數中
. predict r2, resid

* 繪殘差常態機率圖 (Q-Q 圖 ). 如下圖
. qnorm r2, ylabel(-.15(.6).15) xlabel(-.15(.6).15)
```

Bayes 線性迴歸 (「bayes: regress」、「bayesgraph diagnostics」、「bayesstats ic」指令)

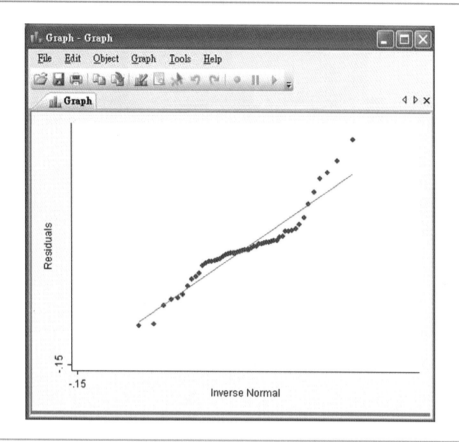

圖 5-5 $(x_1\ x_2\ x_3\ x_4)$ 對 logy 預測的 Q-Q 圖 (logy 比 y 更接近 45 度線，故 logy 較理想)

Step 2   測試交互作用項 (x2 × x3) 對 y vs. logy 迴歸，何者較佳？

Step 2-1 先測試交互作用項 (x2 × x3) 在 y 的迴歸之殘差圖

由於 x2, x3 二預測變數有彼消此長 (一增一減關係)，故我們仍測試一下，這二個預測變數之「相乘積之交互作用項」是否適合來當預測變數？在此我們先用繪圖法來看「交互作用項」殘差是否同質？

```
. quietly regress y x2  x3

*將這次迴歸之殘差 (residual)，存到數據檔 r1 變數中
. predict r1, resid
```

* 繪殘差常態機率圖 (Q-Q 圖). 如下圖
. graph twoway scatter r1 x2x3, ylabel(-200(100)400) xlabel(0(5000)10000)

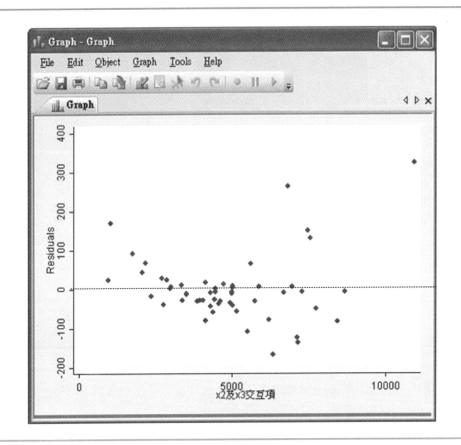

圖 5-6 交互作用項 $(x_2 \times x_3)$ 對 y 預測的殘差散布圖（未均勻分布，故未盡理想）

　　儘管，x_2, x_3 二變數有彼消此長 (一增一減關係)，但殘差分布圖顯示：殘差是異質，呈現上下不均勻之非常態分配。故 x_2, x_3 二變數之「相乘積之交互作用項」不適合來當預測變數。

Step 2-2 再測交互作用項 (x2×x3) 在 logy 的迴歸之殘差圖

　　由於 x2, x3 二變數之「相乘積之交互作用項」殘差呈現不均勻分布，我們懷疑可能是 y 變數本身不是常態分布，故 y 變數做變數變換，取對數 log(y) 存至 logy 變數，使用常態化。

接著再繪 x_2, x_3 二變數「交互作用項」對 logy 依變數之殘差圖。

```
. quietly regress logy x2 x3
* 將這次迴歸之殘差 (residual)，存到數據檔 r3 變數中
. predict r3, resid
* 繪殘差常態機率圖，如下圖
. graph twoway scatter r3 x2x3, ylabel(-.4(.1)0.4) xlabel(0 5000 10000)
```

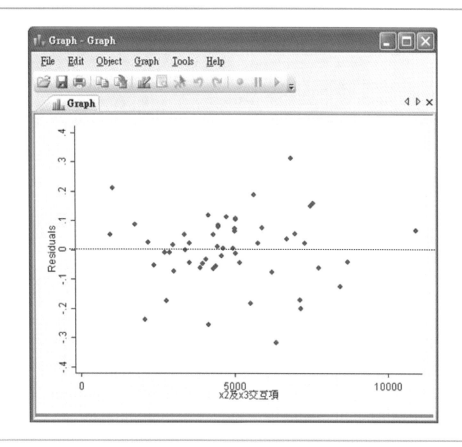

圖 5-7　(x2×x3) 對 logy 預測的殘差散布圖 (logy 比 y 更均勻分布，故 logy 較理想)

　　由於 (x_2×x_3) 交互作用項對 logy 之殘差圖，遠比對 y 來得均勻，故我們決定捨棄 y，改以 logy 來取代。

　　前次 Q-Q 圖發現 logy 殘差也比 y 更接近 45 度線。而且這次殘差散布圖 (上

471

面二個圖)，logy 也比 y 更接近常態，故我們可肯定：logy 比 y 更適合於 (x_1 x_2 x_3 x_4)。

可惜本例之迴歸仍有一問題，就是此模型的殘差圖與 $\sqrt{MS_E}$ 值似乎不盡理想，所以，需再利用 Mallow's CpStatistic 與 Adjusted R-square(R_a^2) 的方法，進行較佳的模型篩選。

Step 3 再次確認，logy 對 x1～X4 相關之散布圖，是否呈均勻分布

```
. graph matrix logy x1 x2 x3 x4
```

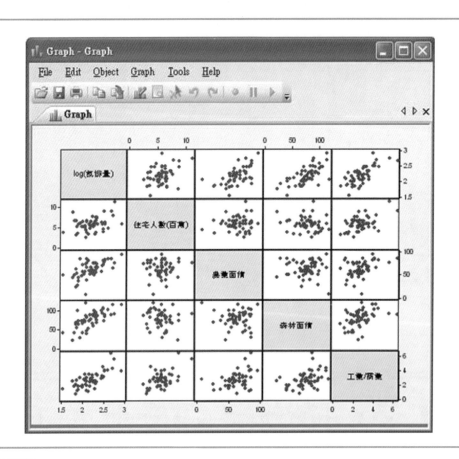

圖 5-8 logy 對 (x_1 x_2 x_3 x_4) 相關之散布圖矩陣 (大致都呈常態)

粗略來看，logy 對 (x_1 x_2 x_3 x_4) 相關之散布圖矩陣，大多呈常態分布。此圖再次確認 logy 是可被 (x_1 x_2 x_3 x_4) 所預測的。

Step 4 用「RSQUARE」指令，計算所有可能預測變數們的 rsquare，即可自動地找出最佳的可能組合

　　STaTa 有個外加「RSQUARE」package，你可用「findit rsquare」指令找 (或直接網址下載：http://www.ats.ucla.edu/stat/stata/ado/analysis)，並安裝它。接著再執行「**rsquare logy x1 x2 x3 x4**」指令即可。

```
. findit rsquare

* 模型比較 By Mallow's CpStatistic & Adjusted R-square
. rsquare logy x1 x2 x3 x4


Regression models for dependent variable : logy


R-squared  Mallows C       SEE         MSE       models with 1 predictor
0.1200       1510.59      3.4961      0.0672     x1
0.3515       1100.01      2.5763      0.0495     x2
0.4424        938.86      2.2153      0.0426     x3
0.5274        788.15      1.8776      0.0361     x4
R-squared  Mallows C       SEE         MSE       models with 2 predictors
0.4381        948.55      2.2325      0.0438     x1 x2
0.6458        580.14      1.4072      0.0276     x1 x3
0.5278        789.34      1.8758      0.0368     x1 x4
0.8130        283.67      0.7430      0.0146     x2 x3
0.6496        573.44      1.3922      0.0273     x2 x4
0.6865        507.90      1.2453      0.0244     x3 x4
R-squared  Mallows C       SEE         MSE       models with 3 predictors
0.9723          3.04      0.1099      0.0022     x1 x2 x3
0.6500        574.71      1.3905      0.0278     x1 x2 x4
0.7192        451.99      1.1156      0.0223     x1 x3 x4
0.8829        161.66      0.4652      0.0093     x2 x3 x4
R-squared  Mallows C       SEE         MSE       models with 4 predictors
0.9724          5.00      0.1098      0.0022     x1 x2 x3 x4
```

　　如何挑選本例 4 個預測變數之最佳組合呢？若用暴力法來排列組合，則有 15 種可能排列組合。因此採暴力法來測試最佳迴歸模型，係非常不智的。故你可改用，根據迴歸項各種組合來看「Mallow's Cp Statistic & Adjusted R-square」值。總之，模型組合之挑選準則是：Mallow's Cp 挑最小者；Adjusted R-square 挑最大者。

1. 依「Mallows Cp 準則法」，我們挑「x_1 x_2 x_3」，Mallows Cp = 3.04 最小值。
2. 依「R^2_{Adj} 準則法」，我們挑最大值「x_1 x_2 x_3 x_4」，R^2_{Adj} = 0.972；或「x1 x2 x3」，R^2_{Adj} = 0.972。

　　根據上述二準則法的交集，從 4 個預測變數 15 種可能組合中，所挑選的最佳組合為：「$y = x_1 + x_2 + x_3$」。

Step 5　**用逐步 (stepwise) 迴歸，再次確認最佳組合「x1 x2 x3」**

1. 逐步 (stepwise) 迴歸之選擇表

Statistics > Other > Stepwise estimation

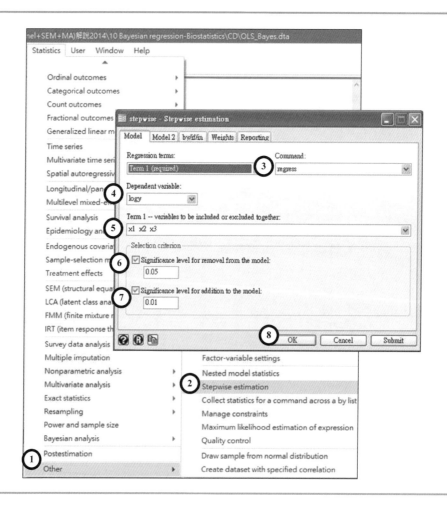

圖 5-9　逐步 (stepwise) 迴歸之選擇表 (只選「x_1 x_2 x_3」)

　註：Statistics > Other > Stepwise estimation

```
. use OLS_Bayes.dta, clear
* 線性逐步 (stepwise) 迴歸之指令
. stepwise, pr(0.05) pe(0.01) : regress logy (x1  x2  x3)
                    begin with full model
p < 0.0500          for all terms in model


    Source |      SS         df       MS              Number of obs =      54
-----------+----------------------------------       F(  3,     50) = 586.04
     Model | 3.86291372       3   1.28763791          Prob > F      = 0.0000
  Residual | .109858708      50   .002197174          R-squared     = 0.9723
-----------+----------------------------------       Adj R-squared = 0.9707
     Total | 3.97277243      53   .07495797           Root MSE      = .04687


-------------------------------------------------------------------------------
      logy |     Coef.    Std. Err.      t      P>|t|     [95% Conf. Interval]
-----------+-------------------------------------------------------------------
        x1 |  .0692251    .0040779     16.98    0.000     .0610343     .0774159
        x2 |  .0092945    .0003825     24.30    0.000     .0085263     .0100628
        x3 |  .0095236    .0003064     31.08    0.000     .0089082     .0101391
     _cons |  .4836209    .0426287     11.34    0.000     .3979985     .5692432
-------------------------------------------------------------------------------
```

逐步 (stepwise) 迴歸結果：

1. 整體模型達顯著 $F_{.95(3,50)} = 586.04$，$(p < 0.05)$。解釋量 $R^2_{Adj} = 97\%$ 非常高。誤差平方根 $\sqrt{MS_E} = 0.0468$ 非常小。

2. 最佳線性迴歸之組合為：$y = 0.4836 + .069\ x_1 + 0.009\ x_2 + 0.009\ x_3$。即

氮排放量 $=0.4836+ 0.069$ 住宅人口 $+ 0.009$ 農耕面積 $+ 0.009$ 森林面積

Step 6   最佳線性迴歸的共線性診斷 (collinearity diagnostics)

容忍值 (tolerance) 是共線性的指標，容忍值 = (1 − 自變數被其他變數所解釋的變異量)，容忍值 (0～1 之間)，愈大愈好。容忍值愈大，代表共線性問題愈小，容忍值的倒數 = 變異數膨脹因素 (VIF, variance inflation faction)，VIF 的值愈小愈好，代表愈沒有共線性問題。

```
. estat vif
*   自變數        變異數膨脹因素    容忍值
    Variable |      VIF        1/VIF
-------------+----------------------
        x1 |       1.03      0.970108
        x3 |       1.02      0.977506
        x2 |       1.01      0.991774
-------------+----------------------
    Mean VIF |       1.02
```

x_1, x_2, x_3 的容忍值均大於 0.97 非常高，變異數膨脹因素均小於 1.01 都非常小，故此三個自變數「排除其他自變數之後」，它們可解釋的變異量已非常高。

Step 7 最佳組合之 OLS 迴歸分析

本例求得：「x_1, x_2, x_3」一次無交互作用項是最佳的自變數組合。故以這三個自變數，重新執行 OLS 分析，結果如下：

```
. regress y x1 x2 x3

    Source |       SS         df       MS          Number of obs   =        54
-------------+----------------------------          F(3, 50)        =     82.85
     Model | 931546.037        3    310515.346      Prob > F        =    0.0000
  Residual | 187385.463       50    3747.70926      R-squared       =    0.8325
-------------+----------------------------          Adj R-squared   =    0.8225
     Total | 1118931.5        53    21111.9151      Root MSE        =    61.219


         y |    Coef.   Std. Err.      t    P>|t|    [95% Conf. Interval]
-------------+----------------------------------------------------------------
        x1 |  38.32274   5.325891     7.20   0.000    27.62538    49.02011
        x2 |  4.567732   .4995591     9.14   0.000    3.564338    5.571126
        x3 |  4.485036   .4001741    11.21   0.000    3.681263    5.288809
     _cons | -659.1794   55.67408   -11.84   0.000   -771.0041   -547.3547
```

1. 以「x_1, x_2, x_3」的自變數組合，求得 OLS 分析結果為：

Bayes 線性迴歸 (「bayes: regress」、「bayesgraph diagnostics」、
「bayesstats ic」指令)

$$y = -659.179 + 38.323\ x_1 + 4.568\ x_2 + 4.485\ x_3$$

5-1-2 OLS 先挑所有自變數的最佳組合，再 Bayes 線性迴歸 (bayes : regress y x1 x2 x3)

執行 STaTa 45 種 Bayesian 迴歸時，你都可根據分析目的 (分類、估計預測) 及樣本特性 (離散 vs. 連續變數)，來先驗界定：概似模型及先驗分布，進而求得後驗機率。

Markov Chain Monte Carlo 公式：後驗 = 先驗 × 概似

Step 8 最佳組合之線性 Bayesian 迴歸分析

續前一章節之範例，藉由外掛指令「rsquare」，才找出四個自變數，最佳的自變數組合是一次方的「x_1 x_2 x_3」線性組合。接著才改用線性 Bayesian 迴歸分析，其基本款的分析步驟有三：

步驟 1：「bayes: regression」指令。

步驟 2：「bayesgraph diagnostics」指令。圖形做摘要和收斂診斷 (Graphical summaries and convergence diagnostics)。

步驟 3：「bayesstats ic」指令來評比二個敵對模型，誰優？它印出 Bayesian information criteria 及 Bayes factors。「bayesstats ic」的範例如下：

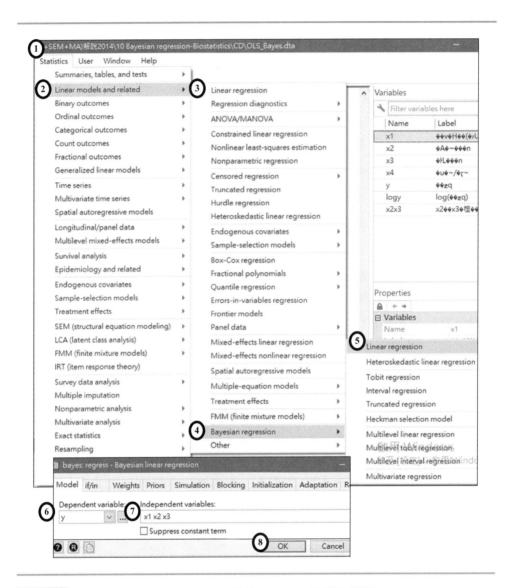

圖 5-10 「bayes：regress y x1 x2 x3」線性 Bayesian 迴歸之畫面一

Bayes 線性迴歸 (「bayes: regress」、「bayesgraph diagnostics」、「bayesstats ic」指令)

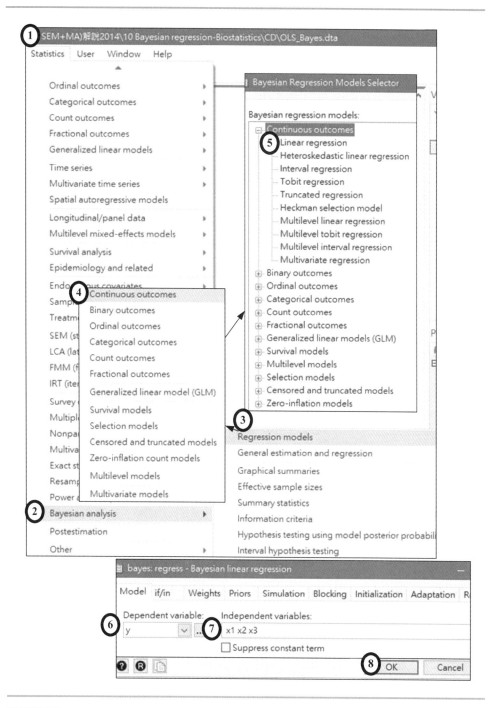

圖 5-11 「bayes：regress y x1 x2 x3」線性 Bayesian 迴歸之畫面二

```
. use OLS_Bayes.dta, clear
. bayes : regress y x1 x2 x3


Burn-in ...
Simulation ...

Model summary
```

Likelihood: **概似是** regress(xb_y,{sigma2})。$y \sim N(X\beta, \sigma^2)$，參數 {sigma2} 係待估的
  y ~ regress(xb_y,{sigma2})

Priors: **先驗機率分布** $p(\theta) \sim N(\mu, \sigma^2)$，三個自變數 (x1 x2 x3) 及截距對依變數 y，符合 normal 分布
   {y:x1 x2 x3 _cons} ~ normal(0,10000)   (1)
         {sigma2} ~ igamma(.01,.01)
----
(1) Parameters are elements of the linear form xb_y.

Bayesian linear regression   MCMC iterations =   12,500
Random-walk Metropolis-Hastings sampling Burn-in   =   2,500
                                       MCMC sample size = 10,000
                                       Number of obs   =   54
                                         Acceptance rate =   .3752
                                         Efficiency: min =   .04191
                                                         avg =   .06754
Log marginal likelihood = -334.51509   max =   .08915

| | 後驗均數 | 後驗標準差 | | 後驗中位數 | Equal-tailed | |
	Mean	Std. Dev.	MCSE	Median	[95% Cred. Interval]	
y						
x1	28.52736	5.862709	.286382	28.74603	16.13765	39.31312
x2	3.665996	.5595962	.022875	3.679678	2.536424	4.722198
x3	3.663226	.4384058	.014683	3.69092	2.707199	4.452944
_cons	-477.8806	61.25239	2.26944	-480.7077	-589.5256	-350.0886
sigma2	4742.921	1146.945	42.1753	4577.332	2992.142	7414.09

Note: Default priors are used for model paramcters.

Bayes 線性迴歸 (「bayes: regress」、「bayesgraph diagnostics」、「bayesstats ic」指令)

1. 以「x1,x2,x3」的自變數組合，求得 Bayesian 線性迴歸分析結果為：

$$y = -477.881 + 28.527 \ x1 + 3.666 \ x2 + 3.663 \ x3$$

氮排放量 = −477.881 + 28.527 住宅人口 +3.666 農耕面積 + 3.663 森林面積

它與 Step 7 最佳組合之 OLS 迴歸分析結果相近，但二者的報表解釋是不同。貝葉斯模型假設所有參數都是隨機的。因此，對於第 1 個自變數得分 {y：x1} 的斜率係數，[16.14, 39.31] 的可信區間為 95%，這意味著 {y：x1} 在 16.14 和 39.31 之間的概率為 0.95。這種概率解釋不適用於 OLS 迴歸的信賴區間 (confidence interval)，儘管可信區間 ([95% Cred. Interval]) 亦印出 {y：x1} 的類似合理範圍。

2. 本例，Likelihood: 概似 $p(x \mid \theta) \sim N(\mu, \sigma^2)$，其中，參數 {sigma2} 係待估的。

3. 先驗機率分布 $p(\theta) \sim N(\mu, \sigma^2)$

三個自變數 (x1 x2 x3) 及截距對依變數 y, 符合 normal 分布：

{y:x1 x2 x3 _cons} ~ normal(0,10000) 代表：三個迴歸係數及截距項對依變數，符合 $\sim N(\mu, \sigma^2)$，平均數為 0；變異數為 10,000(標準差是開平方根 =100)。

{sigma2} ~ igamma(.01,.01) 代表：先驗常態分布之變異數 σ^2 是符合 inverse Gamma(.01,.01) 分布 (如下圖)。

4. 後驗常態分布 $p(\theta \mid x) \sim N(\mu, \sigma^2)$，模型誤差的變異數 (sigma2) = 24742.92，其意義相當於 OLS 迴歸 ANOVA 表之殘差均方值 MS_e。

5. 後驗均數估計的 MCSE 是 Monte-Carlo standard error。

6. 等尾 95% 可信區間 (Cred. Interval)，若不含 0 值，表示該自變數顯著影響依變數；反之則否。

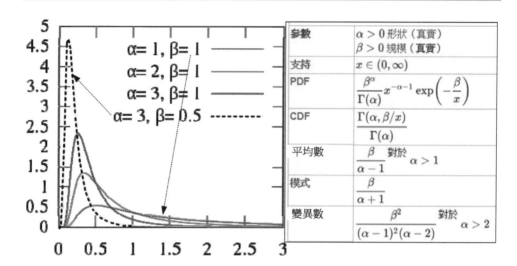

概率密度函數

反伽瑪分布的概率密度函數在支持上定義 $x > 0$

$$f(x; \alpha, \beta) = \frac{\beta^\alpha}{\Gamma(\alpha)} x^{-\alpha-1} \exp\left(-\frac{\beta}{x}\right)$$

帶形狀參數 α 和比例參數 β。這裡 $\Gamma(\cdot)$ 表示伽瑪函數。

與 Gamma 分布不同，Gamma 分布包含一些類似的指數項，β 是一個比例參數，因為分布函數滿足：

$$f(x; \alpha, \beta) = \frac{f(x/\beta; \alpha, 1)}{\beta}$$

圖 5-12 Inverse gamma 分布之 pdf

Bayes 線性迴歸 (「bayes: regress」、「bayesgraph diagnostics」、「bayesstats ic」指令)

5-2 方法一 Bayes 線性迴歸 (bayes : regress …指令)

5-2-1 Bayes 線性迴歸及預測值：使用內定概似及先驗 (uninformative data)(bayes : regress …指令)

範例：Bayes 線性迴歸 (uninformative data)：使用內定概似及先驗 (bayes : regress …指令)

(一) 問題說明

為了解女性員工薪資之影響因素有哪些？(分析單位：女勞工)

研究者收集數據並整理成下表，此「womenwage.dta」資料檔內容之變數如下：

變數名稱	說明	編碼 Codes/Values
label/ 依變數：wage	工資 - 仟美元	3～7 (仟美元)
features/ 自變數：age	年齡	16～45 歲

(二) 資料檔之內容

「womenwage.dta」資料檔內容如下圖。

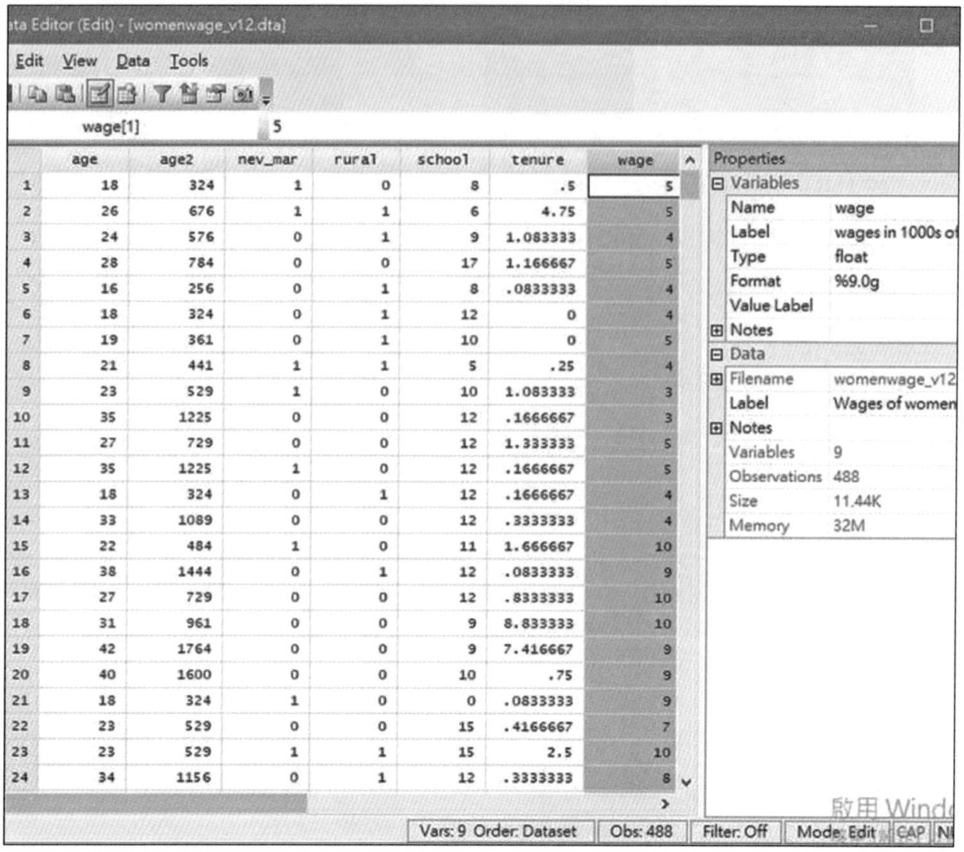
ata Editor (Edit) - [womenwage_v12.dta]
Edit View Data Tools
wage[1] 5
Properties
Variables
Name wage
Label wages in 1000s o
Type float
Format %9.0g
Value Label
Notes
Data
Filename womenwage_v12
Label Wages of women
Notes
Variables 9
Observations 488
Size 11.44K
Memory 32M
Vars: 9 Order: Dataset
Obs: 488
Filter: Off
Mode: Edit
CAP

	age	age2	nev_mar	rural	school	tenure	wage
1	18	324	1	0	8	.5	5
2	26	676	1	1	6	4.75	5
3	24	576	0	1	9	1.083333	4
4	28	784	0	0	17	1.166667	5
5	16	256	0	1	8	.0833333	4
6	18	324	0	1	12	0	4
7	19	361	0	1	10	0	5
8	21	441	1	1	5	.25	4
9	23	529	1	0	10	1.083333	3
10	35	1225	0	0	12	.1666667	3
11	27	729	0	0	12	1.333333	5
12	35	1225	1	0	12	.1666667	5
13	18	324	0	1	12	.1666667	4
14	33	1089	0	0	12	.3333333	4
15	22	484	1	0	11	1.666667	10
16	38	1444	0	1	12	.0833333	9
17	27	729	0	0	12	.8333333	10
18	31	961	0	0	9	8.833333	10
19	42	1764	0	0	9	7.416667	9
20	40	1600	0	0	10	.75	9
21	18	324	1	0	0	.0833333	9
22	23	529	0	0	15	.4166667	7
23	23	529	1	1	15	2.5	10
24	34	1156	0	1	12	.3333333	8

圖 5-13 「womenwage.dta」資料檔內容 (N=488 女勞工)

(三) 分析結果與討論

Step 1 對照組：傳統之簡單線性迴歸

假設想要迴歸預測女性的年收入 (wage)，以工資 (wage) 爲依變數，年齡 (age) 爲自變數。我們可以使用 regress 命令來適配此模型。

```
* 開啟資料檔
. webuse womenwage.dta

. regress wage age
```

Chapter
05
Bayes 線性迴歸 (「bayes: regress」、 「bayesgraph diagnostics」、
「bayesstats ic」指令)

```
      Source |       SS       df       MS              Number of obs =      488
-------------+------------------------------           F(  1,   486) =    43.53
       Model | 3939.49247      1  3939.49247           Prob > F      =   0.0000
    Residual | 43984.4891    486   90.503064           R-squared     =   0.0822
-------------+------------------------------           Adj R-squared =   0.0803
       Total | 47923.9816    487   98.406533           Root MSE      =   9.5133


--------------------------------------------------------------------------------
        wage |      Coef.   Std. Err.       t     P>|t|    [95% Conf. Interval]
-------------+------------------------------------------------------------------
         age |    .399348   .0605289      6.60    0.000     .2804173    .5182787
       _cons |   6.033077   1.791497      3.37    0.001     2.513041    9.553112
--------------------------------------------------------------------------------
```

1. OLS 求得迴歸式為：

$$wage = 6.033 + 0.399 \times age$$

表示 age 每增一個單位，wage 就顯著增加 0.399 單位 (p < .05)。

2. 模型適配度：$R^2 = 0.0822$，表示自變數 age 可解釋依變數 wage 8.22% 變異，此模型解釋力有點低。

Step 2　實驗組：Bayesian **** 迴歸

在傳統某迴歸指令前，加「bayes:」，即可變成貝氏迴歸。本例「regress wage age」之前面加「bayes:」，即可執行 Bayesian 線性迴歸。

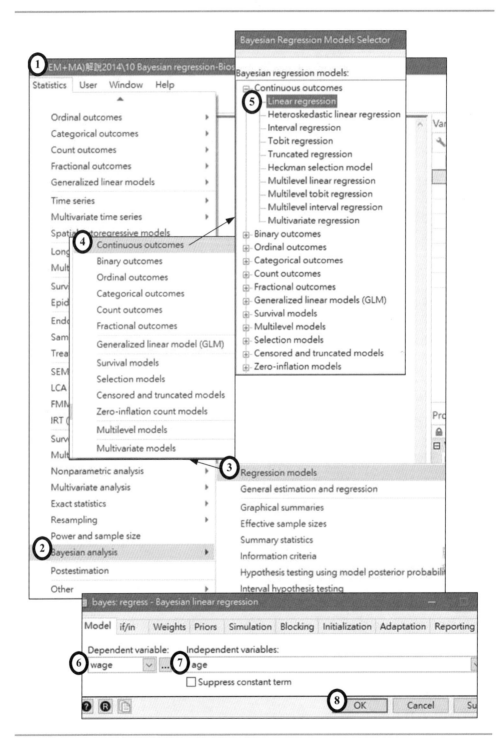

圖 5-14 「bayes：regress wage age」畫面

註：Statistics > Linear models and related > Bayesian regression > Linear regression

```
* 開啟資料檔
. webuse womenwage.dta


. bayes: regress wage age


Burn-in ...
Simulation ...

Model summary
------------------------------------------------------------------------
```

Likelihood: 依變數的**概似** ~N(xb_y, sigma2)。$y \sim N(X\beta, \sigma^2)$，參數 {sigma2} 係待估的
```
   wage ~ regress(xb_wage,{sigma2})
```

Priors: 自變數及截距之**先驗分布** $p(\theta) \sim N(\mu, \sigma^2)$，模型誤差的變異數 sigma2~ 符合
igamma(.01,.01)
```
   {wage:age _cons} ~ normal(0,10000)                                    (1)
          {sigma2} ~ igamma(.01,.01)
```
----
(1) Parameters are elements of the linear form xb_wage.

```
Bayesian linear regression                    MCMC iterations  =      12,500
Random-walk Metropolis-Hastings sampling      Burn-in          =       2,500
                                              MCMC sample size =      10,000
                                              Number of obs    =         488
                                              Acceptance rate  =       .3345
                                              Efficiency:  min =       .1239
                                                           avg =       .1566
Log marginal likelihood = -1810.1624                       max =       .2178
```

	後驗均數 Mean	後驗標準差 Std. Dev.	MC 標準誤 MCSE	後驗中位數 Median	Equal-tailed [95% Cred. Interval]	
wage						
age	.4005979	.0590719	.00165	.401154	.2819923	.515644
_cons	6.023318	1.735444	.049301	5.972344	2.635641	9.462757
sigma2	90.73567	6.021421	.129029	90.50099	80.09309	103.1726

```
--------------------------------------------------------------------
Note: Default priors are used for model parameters.
```

1. 對照一下，以 age 自變數，求得 OLS 線性迴歸分析結果為：

$$wage = 6.033 + 0.399 \times age$$

改以 Bayesian 線性迴歸分析結果為：

$$wage = 6.023 + 0.399 \times age$$

Bayesian 迴歸與 OLS 迴歸分析結果很相近，但二者的報表解釋是不同。貝葉斯模型假設所有參數都是隨機的。因此，對於第 1 個自變數得分 {wage：age } 的斜率（後驗平均數 =0.401），它的 95% 可信區間為 [0.282, 0.516]，這意味著 {wage：age } 在 [0.282, 0.516] 之間的概率為 0.95。這種概率解釋不適用於 OLS 迴歸的信賴區間 (confidence interval)，儘管可信區間 ([95% Cred. Interval]) 亦印出 {wage：age } 的類似合理範圍。

2. 等尾 95% 可信區間 (Cred. Interval)，若不含 0 值，表示該自變數顯著影響依變數；反之則否。本例，迴歸係數「age → wage」後驗的平均值是 0.401。其後驗之 95% 可信區間介於 [0.282, 0.516]，因不含 0 值，故「x1 → y1」迴歸係數達到 0.05 顯著水準。

3. 本例，Likelihood: 依變數的概似 ~N(xb_y, sigma2)。$y \sim N(X\beta, \sigma^2)$，參數 {sigma2} 係待估的：

wage ~ regress(xb_wage,{sigma2})。

4. 自變數及截距之先驗分布 $p(\theta) \sim N(\mu, \sigma^2)$，模型誤差的變異數 sigma2~ 符合 igamma(.01,.01)：

```
{wage:age _cons} ~ normal(0,10000)                              (1)
      {sigma2} ~ igamma(.01,.01)
```

{wage:age _cons} 代表：一個自變數及截距項對依變數，符合 ~ $N(\mu, \sigma^2)$，平均數為 0；變異數為 10000(標準差是開平方根 =100)。

{sigma2} ~ igamma(.01,.01) 代表：誤差的變異數 σ^2 之先驗分布是符合 inverse Gamma(.01,.01) 分布。

5. 後驗常態分布 p(θ | x) ~ N(μ, σ^2)，模型誤差的變異數 (sigma2) = 90.736，接近 OLS 迴歸 ANOVA 表之殘差均方值 MS_e = 90.50。

6. 後驗均數估計的 MCSE 是指 Monte-Carlo standard error。後驗平均估計的精確度 (precision) 由 Monte Carlo standard errors(MCSE) 來描述。相對於參數的比例，這些數字應該很小。增加 MCMC 樣本數亦可減少這些數字。

7. Median 欄提供了後驗分布中位值的估計值，用於評估後驗分布的對稱性。本例，後驗均值和中位數的估計值與迴歸係數非常接近，因此我們猜測它們的後驗分布可能是對稱的。

Step 3 Bayesian 迴歸之樣本外預測 (predictions)

bayes prefix 後有幾個可用的事後置命令，其中包括 bayesstats summary 命令，我們可以用它來計算簡單的預測。假設我們想要根據上述適配的後驗模型預測一名 40 歲女性的預期工資。根據我們的模型，這個預期工資對應於線性組合 {salary：cons} + {wage：age}×40。我們將此表達式命名爲 wage40 並將其提供給 bayesstats summary 命令。

易言之有一女員工，年齡 (age)=40 歲，試請預測其薪水 (wage) 多少？若用 Bayesian 迴歸式來表示，就是：{wage : cons} + {wage : age} × 40。

```
. bayesstats summary (wage40: {wage:_cons} + {wage:age}*40)

Posterior summary statistics                MCMC sample size =     10,000

    wage40 : {wage:_cons} + {wage:age}*40


------------------------------------------------------------------------
             |                                       Equal-tailed
             |    Mean    Std. Dev.    MCSE     Median  [95% Cred. Interval]
-------------+----------------------------------------------------------
    wage40 | 22.04723   .7928452   .021057   22.05333  20.45133   23.61676
------------------------------------------------------------------------
```

1. 本例，年齡 (age)=40 歲，代入 {wage : cons} + {wage : age} ×40，用 bayesstats summary 求得後驗預測值 (Mean = 22.047)。

2. 預期 wage40 的後驗平均估計值約爲 22，可信區間爲 95.3%，介於 20.39 和 23.67 之間。

Step 4 改用 Gibbs 取樣 (sampling)，通常能改善建模的效率 (efficiency)

凡是「bayes: 某迴歸」指令，STaTa 內定的取樣演算法就是 MH (Metropolis–Hastings)。然而，在線性迴歸的特殊情況下，可用更有效的 Gibbs 採樣。你可以界定 gibbs 選項來改用 Gibbs 採樣。

Metropolis–Hastings algorithm 是統計學與統計物理中的一種馬爾科夫蒙特卡洛 (MCMC) 方法，用於在難以直接採樣時從某一機率分布中抽取隨機樣本序列。得到的序列可用於估計該機率分布或計算積分 (如期望值) 等。梅特羅波利斯－黑斯廷斯或其他 MCMC 算法一般用於從多變量 (尤其是高維) 分布中採樣。對於單變量分布而言，常會使用自適應判別採樣 (adaptive rejection sampling) 等其他能抽取獨立樣本的方法，而不會出現 MCMC 中樣本自相關的問題。

蒙地卡羅算法是利用亂數隨機抽樣的方式以計算某種解答的演算法，被稱為蒙地卡羅演算法，其中最簡單的方法是直接取樣算法。

舉例而言，假如我們不知道半徑為 1 的圓形面積，$x^2 + y^2 \leq 1$，那麼就可以利用亂數隨機取樣 1 百萬個 x = 隨機 [–1 ... 1]，y = 隨機 [–1 ... 1] 之間的值，然後看看有多少點落在的範圍之內 P(圓圈)。最後利用 4×P(圓圈) 就可以計算出該圓形的面積。蒙地卡羅法除了用來計算某些曲線或形狀的面積，也可以用來逼近某些聯合隨機 $P(x_1, x_2, ... , x_n)$ 變數，像是利用 Gibbs Sampling 程序計算條件獨立下的聯合分布情況，或者利用 Metropolis Hasting 程序計算貝氏網路當中聯合機率分布的值。

```
. set seed 15

. bayes, gibbs: regress wage age

Burn-in ...
Simulation ...

Model summary
--------------------------------------------------------------------
Likelihood: 依變數的概似 ~N(xb_y, sigma2)。y~N(Xβ, σ²)，參數 {sigma2} 係待估的
  wage ~ normal(xb_wage,{sigma2})

Priors: 自變數及截距之先驗分布 p(θ)~N(μ, σ²)，變異數 sigma2~ 符合 igamma(.01,.01)
  {wage:age _cons} ~ normal(0,10000)                               (1)
```

```
           {sigma2} ~ igamma(.01,.01)
-----------------------------------------------------------------------
(1) Parameters are elements of the linear form xb_wage.

Bayesian linear regression                MCMC iterations   =     12,500
Gibbs sampling                            Burn-in           =      2,500
                                          MCMC sample size  =     10,000
                                          Number of obs     =        488
                                          Acceptance rate   =          1
                                          Efficiency:  min  =          1
                                                       avg  =          1
Log marginal likelihood = -1810.087                    max  =          1


             |                                          Equal-tailed
             |     Mean    Std. Dev.     MCSE     Median  [95% Cred. Interval]
-------------+---------------------------------------------------------------
wage         |
        age  | .3999669   .0611328   .000611   .4005838   .2787908   .518693
      _cons  | 6.012074   1.804246   .018042   6.000808   2.488816   9.549921
-------------+---------------------------------------------------------------
     sigma2  | 90.84221   5.939535   .059395   90.54834   79.8132   103.0164
-----------------------------------------------------------------------
Note: Default priors are used for model parameters.
```

1. 比較：Gibbs 採樣和 MH 採樣，二者求得的後驗總結結果非常接近，除了對於
   MCSE。Gibbs 採樣器報告的 MCSE 明顯低於內定採樣器，因為它的效率更
   高。事實上，在這個例子中，Gibbs 採樣器實現了最高的可能效率 (efficiency)
   為 1。

5-2-2 Bayes 線性迴歸：自定概似及先驗 (informative data) (bayes : regress …指令)

範例：A case of informative default priors：自定概似及先驗 (bayes :
regress …指令)

(一) 問題說明

上面例子「bayes: regression」指令，使用內定先驗 (default priors)，對那些

數據和那個模型來說，它們沒有相當的資訊，但這實際樣本並非總是如此。本例 auto.dta 亦用線性迴歸模型，車價反應變數 (price)。

為了解車價（price）之影響因素有哪些？(分析單位：汽車)

研究者收集數據並整理成下表，此「auto.dta」資料檔內容之變數如下：

變數名稱	說明	編碼 Codes/Values
反應變數 (response variable)：price	車價	3291～15906
自變數 (covariate variable)：length	車長 (in.)	142～233 吋
因子變數 (factor variable)：foreign	進口車嗎	0～1(虛擬變數)

(二) 資料檔之內容

「auto.dta」資料檔內容如下圖。

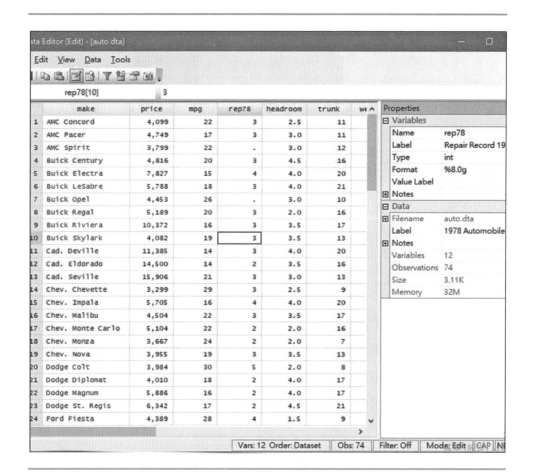

圖 5-15 「auto.dta」資料檔內容 (N=74 汽車)

Bayes 線性迴歸 (「bayes: regress」、「bayesgraph diagnostics」、「bayesstats ic」指令)

Step 1　對照組：OLS 線性迴歸分析

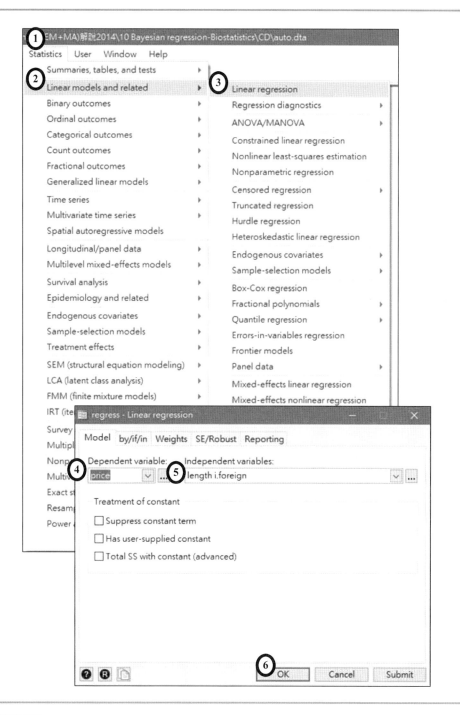

圖 5-16　「regress price length i.foreign」畫面

註：Statistics > Linear models and related > Linear regression

```
* 開啟資料檔
. webuse auto.dta

* 運算子「i.」宣告 foreign 為 Indicator (Dummy) 變數
. regress price length i.foreign

      Source |       SS           df       MS      Number of obs   =        74
-------------+----------------------------------   F(2, 71)        =     16.35
       Model |  200288930          2  100144465   Prob > F        =    0.0000
    Residual |  434776467         71  6123612.21   R-squared       =    0.3154
-------------+----------------------------------   Adj R-squared   =    0.2961
       Total |  635065396         73  8699525.97   Root MSE        =    2474.6


       price |      Coef.   Std. Err.      t    P>|t|     [95% Conf. Interval]
-------------+----------------------------------------------------------------
      length |   90.21239   15.83368     5.70   0.000     58.64092    121.7839
             |
     foreign |
     Foreign |   2801.143    766.117     3.66   0.000     1273.549    4328.737
       _cons |  -11621.35   3124.436    -3.72   0.000     -17851.3   -5391.401
------------------------------------------------------------------------------
```

1. 求得 OLS 線性迴歸式為：

    price = −11621.35 + 90.212 × length + 2801.143 × (foreign = 1)

2. 模型誤差 MS_e = 6123612.21。

3. regress 的常數項的最小平方估計約為 −11621。

Step 2　實驗組 1：Bayesian 線性迴歸分析，內定先驗 (default priors)

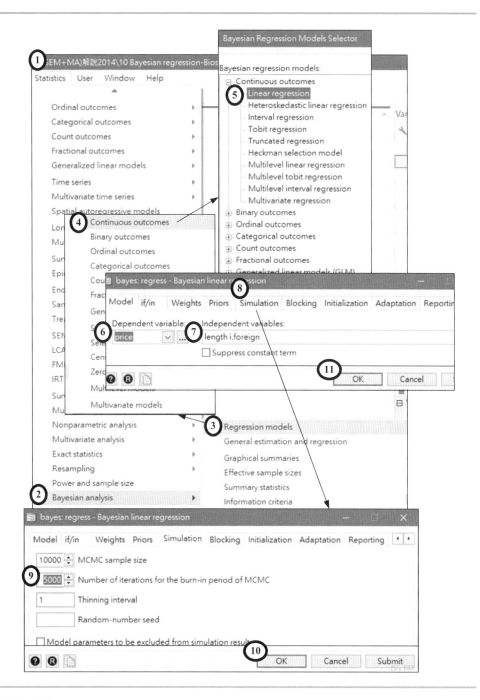

圖 5-17　「bayes, burnin(5000)：regress price length i.foreign」畫面

註：Statistics > Linear models and related > Linear regression

495

```
* 開啟資料檔
. webuse auto.dta
* 運算子「i.」宣告 foreign 為 Indicator (Dummy) 變數

. set seed 15

. bayes, burnin(5000): regress price length i.foreign

Burn-in ...
Simulation ...

Model summary
--------------------------------------------------------------------------
Likelihood: 依變數的概似 ~N(xb_y, sigma2)。y~N(Xβ, σ²)，參數 {sigma2} 係待估的
   price ~ regress(xb_price,{sigma2})

Priors: 二自變數及截距之先驗分布 p(θ)~N(μ, σ²)，變異數 sigma2~ 符合 igam-
ma(.01,.01)
   {price:length 1.foreign _cons} ~ normal(0,10000)                    (1)
                    {sigma2} ~ igamma(.01,.01)
--------------------------------------------------------------------------
(1) Parameters are elements of the linear form xb_price.

Bayesian linear regression                  MCMC iterations  =    15,000
Random-walk Metropolis-Hastings sampling    Burn-in          =     5,000
                                            MCMC sample size =    10,000
                                            Number of obs    =        74
                                            Acceptance rate  =     .3272
                                            Efficiency:  min =    .05887
                                                         avg =     .1093
Log marginal likelihood = -699.23257                     max =     .1958
```

	後驗均數 Mean	後驗標準差 Std. Dev.	MC標準誤 MCSE	後驗中位數 Median	Equal-tailed [95% Cred. Interval]	
price						
length	33.03301	1.80186	.060848	33.07952	29.36325	36.41022

```
    foreign |
    Foreign |  32.77011    98.97104    4.07922    34.3237   -164.1978   222.0855
      _cons | -8.063175   102.9479     3.34161   -9.110308  -205.9497   196.9341
------------+-----------------------------------------------------------------
     sigma2 |  7538628    1297955    29334.9     7414320    5379756    1.04e+07
-----------------------------------------------------------------------------
Note: Default priors are used for model parameters.
```

1. 對照一下，以 length 自變數，求得 OLS 線性迴歸分析結果爲：

   price = −11621.35 + 90.212 × length + 2801.143 × (foreign = 1)

   改以 Bayesian 線性迴歸分析結果爲：

   price = −8.063 + 33.033 × length + 32.770 × (foreign = 1)

   Bayesian 迴歸與 OLS 迴歸分析結果不相同，二者的報表解釋亦不同。貝葉斯模型假設所有參數都是隨機的。因此，對於第 1 個自變數得分 {price：length } 的斜率（後驗平均數 =33.033），它的 95% 可信區間爲 [29.36,36.41]，這意味著 {price：length } 在 [29.36,36.41] 之間的概率爲 0.95。這種概率解釋不適用於 OLS 迴歸的信賴區間 (confidence interval)，儘管可信區間 ([95% Cred. Interval]) 亦印出 {price：length } 的類似合理範圍。

2. 等尾 95% 可信區間 (Cred. Interval)，若不含 0 值，表示該自變數顯著影響依變數；反之則否。本例，迴歸係數「length → price」後驗的平均值是 0.401。其後驗之 95% 可信區間介於 [29.36,36.41]，因不含 0 值，故「x1 → y」迴歸係數達到 0.05 顯著水準。

3. 本例，Likelihood: 依變數的概似：

   price ~ regress(xb_price,{sigma2})

4. 自變數及截距之先驗分布 $p(\theta) \sim N(\mu, \sigma^2)$，模型誤差的變異數 sigma2~ 符合 igamma(.01,.01)：

```
{price:length 1.foreign _cons} ~ normal(0,10000)                    (1)
                {sigma2} ~ igamma(.01,.01)
```

{price:length 1.foreign _cons} 代表：二個自變數及截距項對依變數，符合 $\sim N(\mu, \sigma^2)$，平均數爲 0；變異數爲 10,000(標準差是開平方根 =100)。

{sigma2} ~ igamma(.01,.01) 代表：模型誤差的變異數 σ^2 之先驗分布是符合 inverse Gmmma(.01,.01) 分布。

5. 後驗常態分布 p(θ | x) ~ N(μ, σ^2)，模型誤差的變異數 (sigma2)= 7538628，其意義相當於 OLS 迴歸 ANOVA 表之殘差均方值 MS_e = 6123612.21。

6. 後驗均數估計的 MCSE 是指 Monte-Carlo standard error。後驗平均估計的精確度 (precision) 由 Monte Carlo standard errors(MCSE) 來描述。相對於參數的比例，這些數字應該很小。增加 MCMC 樣本數亦可減少這些數字。

7. 貝氏迴歸係數的後驗平均估計值（絕對值）小於 regress 命令的相應估計值，因爲係數的內定先驗，常態（0,10000）是資訊性的且具有強收縮效果。例如，來自 regress 的常數項的最小平方估計約爲 -11621，其比例遠大於內定的先驗標準差 100，內定先驗將常數 (_cons) 的估計收縮爲 0 ，具體來說，本例到 -8.06。

8. 您應該知道，內定的先驗是爲了方便而提供的，並不保證在所有情況下都沒有資訊。它們被設計成對模型參數幾乎沒有影響。moderate size 的最大概似估計，通常，絕對值應小於 100。但本例 (sigma2 = 7538628，即 $\sigma = \sqrt{7538628}$ = 2745.66) 這種 large-scale 參數，內定先驗係可提供資訊。

9. 您應該知道，內定的先驗是爲了方便而提供的，並不保證在所有情況下都沒有資訊。它們被設計成對模型參數幾乎沒有影響。moderate size 的最大概似估計，絕對值應小於 100。本例 (sigma2=260.8128，即 $\sigma = \sqrt{260.8128}$ = 16.15) 是 large-scale 參數，故先驗可改成自定的 (informative)。

Step 3   實驗組 2，先驗改成自定的平坦先驗 (Flat priors)Bayesian 迴歸

　　本例用 prior() 選項，將 default priors 改成 uninformative flat prior，係數參數之先驗密度爲 1，（prior with the density of 1, for the coefficient parameters）。

```
. set seed 15
. bayes, prior({price:}, flat) burnin(5000): regress price length i.foreign

Burn-in ...
Simulation ...

Model summary
--------------------------------------------------------------------------
```

```
Likelihood:
  price ~ regress(xb_price,{sigma2})

Priors:
  {price:length 1.foreign _cons} ~ 1 (flat)                        (1)
                    {sigma2} ~ igamma(.01,.01)
--------------------------------------------------------------------
(1) Parameters are elements of the linear form xb_price.

Bayesian linear regression                 MCMC iterations  =      15,000
Random-walk Metropolis-Hastings sampling   Burn-in          =       5,000
                                           MCMC sample size =      10,000
                                           Number of obs    =          74
                                           Acceptance rate  =       .3404
                                           Efficiency:  min =       .07704
                                                        avg =       .1086
Log marginal likelihood = -669.62603                    max =       .1898


                 |                                      Equal-tailed
                 |    Mean    Std. Dev.    MCSE    Median  [95% Cred. Interval]
-----------------+--------------------------------------------------------------
price            |
        length   | 89.51576   16.27187   .586237  89.60969  57.96996   122.7961
                 |
       foreign   |
       Foreign   | 2795.683   770.6359   26.0589  2787.139  1305.773   4298.785
         _cons   | -11478.83  3202.027   113.271  -11504.65 -17845.87  -5244.189
-----------------+--------------------------------------------------------------
        sigma2   | 6270294    1089331    25002.1  6147758   4504695    8803268
--------------------------------------------------------------------------------
Note: Default priors are used for some model parameters.
```

1. 自定先驗，係數參數的後驗平均估計值現在接近最小平方法迴歸估計。本
   例，{price：cons} 的後驗均值約為 -11478.83，而最小平方估計 MS_e 為 −11621。
   但是，你應謹慎使用 flat priors。flat priors 若是不合適，可能會導致貝葉斯推
   論出不適當的後驗分布。故你應該仔細選擇先驗，考慮可能性模型的屬性。

Step 4 實驗組 3，先驗改成自定的 Zellner's g-prior：Bayesian 迴歸

一種特定於常態線性迴歸模型的先驗是 Zellner's g-prior。本例改用 zellnersg0() prior。對於此先驗，我們需要指定先驗的維數，即迴歸係數的數量 (3)、自由度 (50)、迴歸模型中的誤差項的變異數參數 {sigma2}；zellnersg0() 假定平均數爲 0。

```
. webuse auto.dta
. set seed 15
. bayes, prior({price:}, zellnersg0(3, 50, {sigma2})) burnin(5000): regress
price length i.foreign
Burn-in ...
Simulation ...

Model summary
------------------------------------------------------------------------
Likelihood:
  price ~ regress(xb_price,{sigma2})

Priors:
  {price:length 1.foreign _cons} ~ zellnersg(3,50,0,{sigma2})         (1)
                  {sigma2} ~ igamma(.01,.01)
------------------------------------------------------------------------
(1) Parameters are elements of the linear form xb_price.

Bayesian linear regression                    MCMC iterations  =     15,000
Random-walk Metropolis-Hastings sampling      Burn-in          =      5,000
                                              MCMC sample size =     10,000
                                              Number of obs    =         74
                                              Acceptance rate  =      .3019
                                              Efficiency:  min =     .06402
                                                           avg =       .105
Log marginal likelihood = -697.84862                       max =      .1944


                  |                                          Equal-tailed
                  |    Mean   Std. Dev.    MCSE    Median  [95% Cred. Interval]
------------------+-----------------------------------------------------------
```

```
price        |
     length  |   87.53039    16.24762    .569888    87.72965     55.5177    119.9915
             |
    foreign  |
    Foreign  |   2759.267     794.043    31.3829    2793.241    1096.567    4202.283
      _cons  |  -11223.95    3211.553     113.34   -11308.39   -17534.25   -4898.139
-------------+---------------------------------------------------------------------
     sigma2  |    6845242     1159035    26286.9     6716739     4978729     9521252
-------------------------------------------------------------------------------------
Note: Default priors are used for some model parameters.
```

1. 上表顯示，Zellner 的 g-prior 對係數參數幾乎沒有影響，它模擬出的後驗均值 估計接近於 regress 指令的最小平方法估計。其中：

   自定 Zellner g-prior，求得貝氏線性迴歸式為：

$$price = -11223.95 + 87.53 \times length + 2759.267 \times (foreign = 1)$$

   模型誤差 sigma2 = 6845242

2. regress 指令求得 OLS 線性迴歸式為：

$$price = -11621.35 + 90.212 \times length + 2801.143 \times (foreign = 1)$$

   模型誤差 $MS_e = 6123612.21$

   常數項的最小平方估計約為 −11621

5-3 方法二 Bayes 線性迴歸 (bayesmh : regress … 指令)

下圖所示，STaTa 共 45 種 Bayesian 迴歸，電腦會主動幫你選定：概似分布 及先驗分布之初始參數值。

相對地，你可改用 bayesmh 指令來自定：概似分布及先驗分布之初始參數 值。

bayesmh 指令語法如下：

Univariate linear models

    bayesmh depvar [indepvars] [if] [in] [weight], likelihood(modelspec) prior(priorspec)

      [reffects(varname options)]

Multivariate linear models

  Multilvariate normal linear regzesslon with common regressors

    bayesmh depvars = [indepvars] [if] [in] [veight], likelihood(mvnormal(...)) prlor(priorspec)

    [options]

  Mulrlvarlate normal regression with outcome-specific regressors

    bayesmh ([eqname1:] depvar1 [indepvars1])

        ([eqname2:] depvar2 [indepvars2]) [...] [if] [in] [veight],

        likelihood(mvnormal (...)) prior (priorspec) [options.]

Multiple-equation linear models

    bayesmh (eqspec) [(eqspec)] [...] [if] [in] [weight] ,

      prior (priorspec} [options]

Nonlinear models

  Univariate nonlinear regression

    bayesmh depvar = (subexpr) [if] [in] [veight],

        likelihood(modelspec) prior (priorspec) [options]

  Multivariate normal nonlinear regression

    bayesmh ([eqname1:] depvar1 [indepvars1])

        ([eqname2:] depvar2 [indepvars2]) [...] [if] [in] [veight],

        llkelibood(mvnormal (...)) prior (priorspec) [options]

Multiple-equation linear models

    bayesmh (eqsmec) [(eqspec)] [...] [if] [in] [weight],

      prior (priorspec) [options]

Nonlinera models

  Univariate nonlinear regression

    bayesmh depvar = (subexpr) [if] [in] [veight],

        likelihood(modelspec) prlor (priorspec) [options]

  Multivariace normal nonlinear regression

    bayesam (depvar1 = (subexpr1))

        (depvar2 = (subexpr2)) [...] [if] [in] [veight],

        llkelihood(mvnormal (...)) prior (priorspec) [options]

Probability distributions

  Univariate distributions

    bayesmh depvar [if] [in] [weight], likelihood(distribution) prior(priorspet)

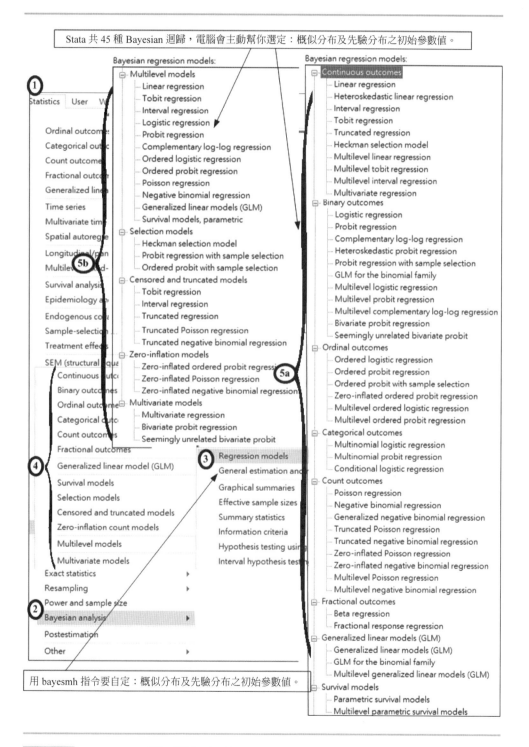

圖 5-18　Bayesian45 種迴歸模型 (「bayes: 某迴歸」指令)

503

接上面例子：改以「bayesgraph」指令，你可改用 bayesmh 指令要自定：概似分布及先驗分布之初始參數值。

Step 1 「bayesgraph」指令。**圖形做摘要和收斂診斷 (Graphical summaries and convergence diagnostics)**

「bayesgraph」指令語法之重點整理

1. 參數 {p} 的四種模型診斷圖：Trace plot、histogram、autocorrelation plot、及 density plot

```
. bayesgraph diagnostics {p}
*例如：
. bayesgraph diagnostics {y: x1}
```

2. 同時印出二個參數：{p} {y:x1}

```
. bayesgraph diagnostics {p} {y:x1}
```

3. 印出模型所有參數 (all model parameters)

```
. bayesgraph diagnostics _all
```

4. 如上所述，但印出模型參數 {y：x1} 和 {p} 的函數

```
. bayesgraph diagnostics ({y:x1}/{p})
```

5. 界定藍色繪所有圖之跡線圖 Specify a blue trace plot line for all plots

```
. bayesgraph diagnostics {p} {y:x1} {y:x2}, traceopts(lcolor(blue))
```

6. 界定 blue trace plot line only for the second trace plot

```
. bayesgraph diagnostics {p} {y:x1} {y:x2}, trace2opts(lcolor(blue))
```

7. 所有參數 Trace 圖都印同一張 (Trace plots for all parameters in a single graph)

```
. bayesgraph trace all, byparm
```

8. 繪參數 {p} 之累積總和圖 (Cumulative sum plot)

```
. bayesgraph cusum {p}
```

9. 參數 {p} 與 {y:x1} 的散布矩陣圖 (Scatterplot matrix)

```
. bayesgraph matrix {p} {y:x1}
```

10. 矩陣參數 {S} 的元素 (1,1) 和 (2,1) 的自相關圖

```
. bayesgraph ac {S 1 1} {S 2 1}
```

11. 模型中所有參數的診斷圖,並在顯示下一個圖之前至少暫停 3 秒

```
. bayesgraph diagnostics _all, sleep(3)
```

本例說明如下:

```
. use "D:\CD\OLS_Bayes.dta"

* 線性貝氏迴歸
. bayes : regress y x1 x2 x3

Burn-in ...
Simulation ...

Model summary
--------------------------------------------------------------------
Likelihood: 概似~N(xb_y, sigma2)。y ~ N(Xβ, σ²),待估參數 {sigma2}~igamma(.01,.01)
  y ~ regress(xb_y,{sigma2})
```

```
Priors: 內定先驗機率分布 p(θ)~N(μ, σ²)，3 個自變數及截距對依變數 y，符合 normal 分布
  {y:x1 x2 x3 _cons} ~ normal(0,10000)                              (1)
            {sigma2} ~ igamma(.01,.01)
-----------------------------------------------------------------------
(1) Parameters are elements of the linear form xb_y.

Bayesian linear regression                    MCMC iterations  =    12,500
Random-walk Metropolis-Hastings sampling      Burn-in          =     2,500
                                              MCMC sample size =    10,000
                                              Number of obs    =        54
                                              Acceptance rate  =     .3157
                                              Efficiency:  min =    .02448
                                                           avg =    .05264
Log marginal likelihood =  -334.4693                       max =    .07658
```

	後驗均數	後驗標準差		後驗中位數	Equal-tailed	
	Mean	Std. Dev.	MCSE	Median	[95% Cred. Interval]	
y						
x1	28.12126	5.834686	.210841	28.45568	15.48234	38.83947
x2	3.69791	.5562649	.035551	3.714218	2.466962	4.709768
x3	3.646698	.4282363	.016653	3.650208	2.776284	4.434924
_cons	-477.0868	60.05353	3.18008	-477.5737	-583.5323	-354.992
sigma2	4764.078	1191.803	48.5161	4591.105	2996.986	7566.403

```
Note: Default priors are used for model parameters.

* 用圖型來表示本模型之各種診斷圖，本例有五個圖
. bayesgraph diagnostics _all
```

1. 指令「bayes : regress y x1 x2 x3」，求得線性貝氏迴歸式為：

$$y = -477.087 + 28.121\ x1 + 3.697\ x2 + 3.647\ x3$$

氮排放量 = −477.087 + 28.121 住宅人口 + 3.697 農耕面積 +3.647 森林面積

它與 OLS 迴歸分析結果很相近。

2. 本例，Likelihood: 概似 $p(x|\theta) \sim N(\mu, \sigma^2)$，其中，參數 {sigma2} 係待估的。

3. 先驗機率分布 $p(\theta) \sim N(\mu, \sigma^2)$

   三個自變數 (x1 x2 x3) 及截距對依變數 y，符合 normal 分布：

   {y:x1 x2 x3 _cons} ~ normal(0,10000) 代表：三個迴歸係數及截距項對依變數，符合 ~ $N(\mu, \sigma^2)$，平均數為 0；變異數為 10,000(標準差是開平方根 =100)。

   {sigma2} ~ igamma(.01,.01) 代表：先驗常態分布之變異數 σ^2 是符合 inverse Gamma(.01,.01) 分布 (如下圖)。

4. 後驗常態分布 $p(\theta \mid x) \sim N(\mu, \sigma^2)$，模型誤差的變異數 (sigma2) = 4764.078，其意義相當於 OLS 迴歸 ANOVA 表之殘差均方值 MS_e。

5. 後驗均數估計的 MCSE 是 Monte-Carlo Standard Error。

6. 等尾 95% 可信區間 (Cred. Interval)，若不含 0 值，表示該自變數顯著影響依變數；反之則否。本例，迴歸係數「$x_1 \rightarrow y$」後驗的平均值是 28.12。其後驗之 95% 可信區間介於 [15.482, 38.839]。

   「bayesgraph diagnostics _all」指令分析本例五個診斷圖，結果如下：

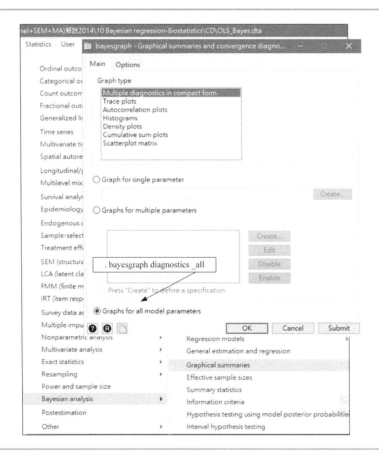

圖 5-19　「bayesgraph diagnostics _all」畫面

註：Statistics > Bayesian analysis > Graphical summaries

「bayesgraph diagnostics _all」共繪出五個診斷圖，如下：

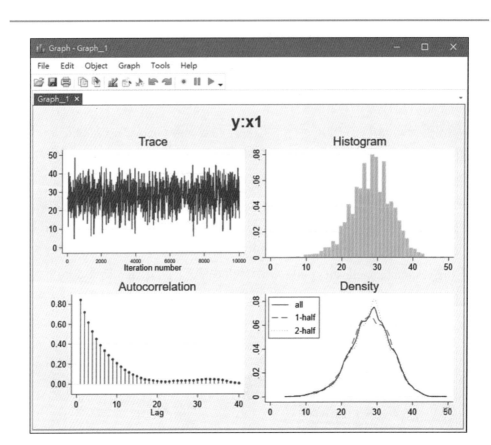

圖 5-20 「bayesgraph diagnostics _all」診斷之結果一 (自變數一對依變數之診斷)

1. 疊代之軌跡圖 (Trace plots)

軌跡圖繪製出模擬參數的值與疊代次數的關係，並用線連接連續值。對於良好混合的參數，MCMC chain 快速遍歷參數的範圍，這使得繪製的線看起來幾乎是垂直和密集的。參數的跡線圖中的稀疏性和趨勢表示收斂 (convergence) 問題。

2. Autocorrelation plots

第二個圖形是自相關圖。該圖顯示 MCMC 樣品中從 lag 0 開始的一系列滯後的自相關程度。在 lag 0 處，繪製的值對應於 MCMC 的樣品變異數。

自相關通常存在於任何 MCMC 樣本中。通常，自相關從 lag 0 的某個正值

開始，隨著滯後指數的增加而逐漸減小到 0。對於混合良好的 MCMC 鏈，自相
關會很快就會消失。

自相關 lags 值亦可「bayesstats ess」指令來印出參數的相關時間 (correlation
times of parameters)。

自相關 lags 也用於確定 MCMC 標準誤差的批次平均值 (batch-means) 估計
的批次量 (batch size)。

3. 直方圖 (Histogram plots)

圖形後驗總結 (例如直方圖和核密度估計) 爲各種數字統計提供了有用的補
充，用於總結 MCMC 輸出。檢查參數邊際後驗分布的直方圖和核密度估計值以
確保這些經驗分布表現如預期一樣，這是一種很好的做法。這些圖可用於比較
經驗後驗和指定的先前分布，以可視化數據的影響。

直方圖描繪出模型之參數的邊際後驗分布 (marginal posterior distribution) 的
一般形狀。

我們來看看參數的直方圖。{mpg：x1} 的分布與常態分布非常一致。這不
奇怪，因爲指定的共軛常態先驗意味著 {mpg：x1} 的邊際後驗是常態分布。單
峰直方圖也是另一個證實，我們已經獲得了 {mpg：x1} 的邊際後驗分布的良好
模擬。

4. 核密度圖 (Kernel density plots)

核密度圖提供了模擬邊際後驗分布的另一可視化。

它們可以被視爲平滑的直方圖。「bayesgraph kdensity」指令內定顯示，三
條密度曲線：(1) 整個 MCMC 樣品的總密度，(2) 使用 MCMC 樣品前半部分獲
得的前半密度，以及 (3) 使用 MCMC 後半部分獲得的後半密度樣品。如果鏈已
經收斂並且混合良好，我們期望這三條密度曲線彼此接近。前半曲線和後半曲
線之間的較大差異表示收斂有問題。

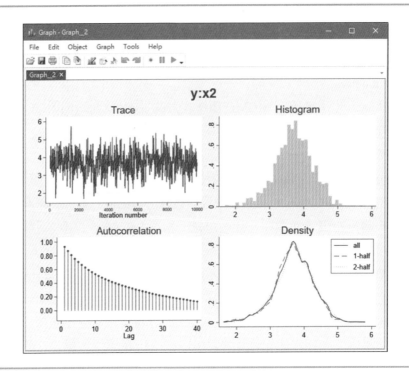

圖 5-21 「bayesgraph diagnostics _all」診斷之結果二 (自變數二對依變數之診斷)

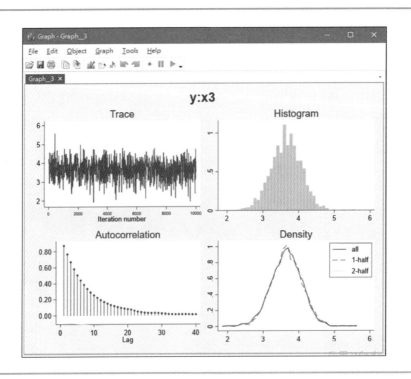

圖 5-22 「bayesgraph diagnostics _all」診斷之結果三 (自變數三對依變數之診斷)

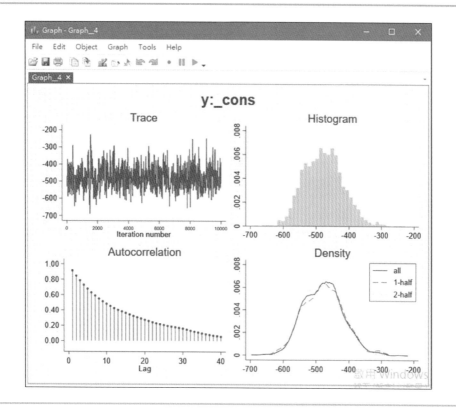

圖 5-23「bayesgraph diagnostics _all」診斷之結果四 (截距項對依變數之診斷)

1. 後驗平均數 (mean) 之參數混合得非常好。

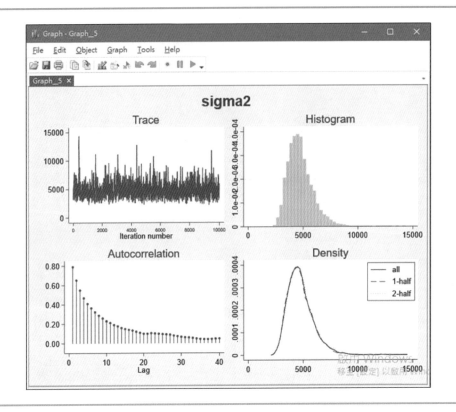

圖 5-24　「bayesgraph diagnostics _all」診斷之結果五 (誤差項診斷)

1. 後驗常態分布之變異數 (σ^2) 之參數混合得非常好。

5-4　線性 Bayesian 迴歸模型 (改用 bayesmh 指令)

　　續前例「bayes : regress y x1 x2 x3」，在此改用 bayesmh 指令來自定：概似及先驗。如下圖所示：

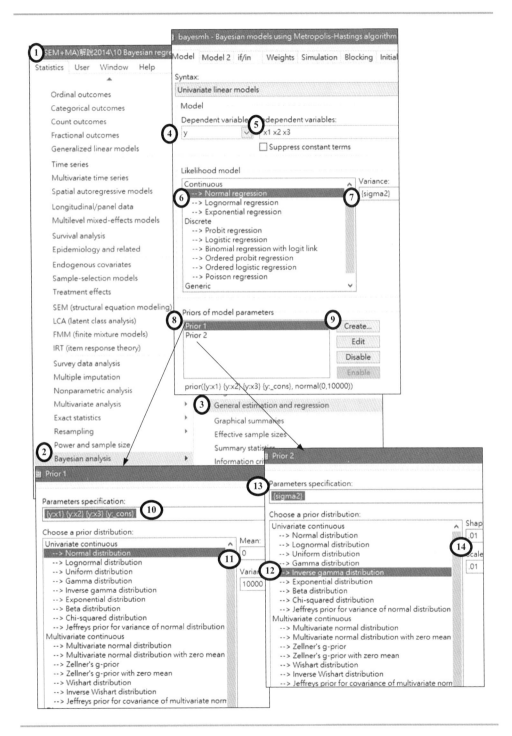

圖 5-25 「bayesmh y x1 x2 x3, likelihood(normal({sigma2})) prior({y:x1 x2 x3 _cons}, normal(0,10000)) prior({sigma2}, igamma(.01,.01))」畫面

```
. use "D:\CD\OLS_Bayes.dta"
* 對照組：線性貝氏迴歸指令：「bayes : regress y x1 x2 x3」系統會自動選：概似及先驗
* 但現改用 bayesmh 來自定：概似及先驗
. bayesmh y x1 x2 x3, likelihood(normal({sigma2})) prior({y:x1} {y:x2} {y:x3}
  {y:_cons}, normal(0,10000)) prior({sigma2}, igamma(.01,.01))


Burn-in ...
Simulation ...


Model summary
--------------------------------------------------------------------------------
Likelihood: 待估的後驗常態分布之變異數 σ² 用參數 {sigma2} 來表示
  y ~ normal(xb_y,{sigma2})


Priors: 自定先驗分布有二種分布
  {y:x1 x2 x3 _cons} ~ normal(0,10000)                                       (1)
            {sigma2} ~ igamma(.01,.01)
--------------------------------------------------------------------------------
(1) Parameters are elements of the linear form xb_y.


Bayesian normal regression                   MCMC iterations  =      12,500
Random-walk Metropolis-Hastings sampling     Burn-in          =       2,500
                                             MCMC sample size =      10,000
                                             Number of obs    =          54
                                             Acceptance rate  =       .1998
                                             Efficiency:  min =      .03763
                                                          avg =      .04859
Log marginal likelihood = -334.46232                      max =      .05542
```

					Equal-tailed	
	Mean	Std. Dev.	MCSE	Median	[95% Cred. Interval]	
y						
x1	28.34054	5.813415	.246938	28.51143	16.08997	39.42003
x2	3.694904	.559965	.025199	3.707557	2.535772	4.756404
x3	3.663085	.4415593	.022764	3.683006	2.761178	4.459767
_cons	-479.5589	61.61783	2.75934	-480.1135	-593.1016	-352.8321
sigma2	4755.208	1159.442	51.5038	4570.326	2949.184	7313.755

Bayes 線性迴歸 (「bayes: regress」、「bayesgraph diagnostics」、「bayesstats ic」指令)

1. 之前，指令「bayes : regress y x1 x2 x3」，求得線性貝氏迴歸式為：

$$y = -477.08 + 28.12 \ x1 + 3.70 \ x2 + 3.65 \ x3$$

2. 接著，改用你自定「概似及先驗」之 bayesmh 指令：
   「bayesmh y x1 x2 x3, likelihood(normal({sigma2})) prior({y:x1} {y:x2} {y:x3} {y:_cons}, normal(0,10000)) prior({sigma2}, igamma(.01,.01))」
   求得線性貝氏迴歸式為：

$$y = -479.55 + 28.34 \ x1 + 3.69 \ x2 + 3.66 \ x3$$

3. 電腦自動選定「概似及先驗」參數之「bayes : regress y x1 x2 x3」，其結果很接近你自定「概似及先驗」參數之「bayesmh」分析結果。

4. 值得一提的是：「bayes:regress」及「bayesmh」，每重複執行同一指令，分析結果都會略有差異，這是因為最大概似 (ML) 即使執行同一指令，但每次隨機函數之種子都會不一樣。故結果亦會不一樣。
   這符合 AI 最大概似法的精神，就是結果非全部都屬「決定論」，而應再併入「機率論」。就像未來的，中央氣象局之颱風預測結果，不是「一個」情況，而是「多個」情況。

5. 本例，即使改用 SPSS「BAYES REGRESSION」指令，分析結果如下，但其結果亦與本例「bayes : regress y x1 x2 x3」分析結略有不同：

```
GET
  FILE='D:\CD\OLS_Bayes.sav'.

BAYES REGRESSION y WITH x1 x2 x3 x4
  /CRITERIA CILEVEL=95
  /DESIGN COVARIATES=x1 x2 x3 x4
  /INFERENCE ANALYSIS=POSTERIOR
  /PRIOR TYPE=REFERENCE
  /PLOT INTERCEPT=FALSE ERRORVAR=FALSE BAYESPRED=FALSE.
```

SPSS 執行結果：

ANOVA[a,b]

Source	Sum of Squares	df	Mean Square	F	Sig.
Regression	936264.538	4	234066.135	62.788	.000
Residual	182666.962	49	3727.897		
Total	1118931.500	53			

a. Dependent Variable: 氮排量
b. Model: (Intercept), 住宅人數 (百萬), 農業面積 , 森林面積 , 工業 / 商業

Bayesian Estimates of Coefficients[a,b,c]

Parameter	Posterior			95% Credible Interval	
	Mode	Mean	Variance	Lower Bound	Upper Bound
(Intercept)	−621.598	−621.598	4377.780	−751.819	−491.376
住宅人數 (百萬)	33.164	33.164	51.338	19.062	47.266
農業面積	4.272	4.272	.331	3.140	5.404
森林面積	4.126	4.126	.272	3.099	5.153
工業 / 商業	14.092	14.092	163.560	-11.079	39.262

a. Dependent Variable: 氮排量
b. Model: (Intercept), 住宅人數 (百萬), 農業面積 , 森林面積 , 工業 / 商業
c. Assume standard reference priors.

5-4-1 Bayesian 估計之原理及實作 (「bayes: regress」指令)

貝葉斯推斷 (Bayesian Inference) 是一套可以用來精進預測的方法，在數據 (data) 不是很多、又想盡量發揮預測能力時特別有用。

貝葉斯估計 (Bayesian estimation) 是利用貝斯定理結合新的證據及以前的先驗概率，來得到新的概率。它提供了一種計算假設概率的方法，基於假設的先驗概率、給定假設下觀察到不同資料的概率以及觀察到的資料本身。

一、簡介

貝葉斯估計最關鍵的點是可以利用貝斯定理結合新的證據及以前的先驗機率，來得到新的機率 (這和頻率論推論相反，頻率論推論只考慮證據，不考慮先驗機率)。

而且貝葉斯估計可以疊代使用：在觀察一些證據後得到的後設機率可以當

Bayes 線性迴歸 (「bayes: regress」、「bayesgraph diagnostics」、
「bayesstats ic」指令)

作新的先驗機率,再根據新的證據得到新的後設機率。因此貝斯定理可以應用
在許多不同的證據上,不論這些證據是一起出現或是不同時出現都可以,這個
程式稱為貝葉斯更新 (Bayesian updating)。

二、Bayesian 估計的定義

1. 參數

(1) x 是資料點,可能是一個有許多數值形成的向量。

(2) θ 是資料點分布的參數,也就是說,$x \sim p(x \mid \theta)$。這也有可能是參數形成的
向量。

(3) α 是參數的超參數,也就是說,$\theta \sim p(\theta \mid \alpha)$。這也有可能是超參數形成的向
量。

(4) X,由觀測到的 n 個數據點組成的一組資料,$x_1, \ldots , x_n$。

(5) $\tilde{x}$,需預測分布的新資料點。

2. 定義描述

(1) 先驗分布是在觀測資料前的參數分布 $p(\theta \mid \alpha)$。

(2) 先驗分布可能不容易確認,此時可以用傑佛里斯先驗 (Jeffreys prior) 分配
在更新較新的觀測值時,先獲得後驗分布。

(3) 取樣分布是以觀測資料的條件,其參數的分布 $p(X \mid \theta)$,這也稱為概似函
數,尤其是視為是參數的函數時,有時會寫成:$L(\theta \mid X) = p(X \mid \theta)$。

(4) 邊際概似率 (有時也稱為證據) 是觀測資料在參數上的邊際分布:

$$p(X \mid \alpha) = \int_{\theta} p(X \mid \theta) p(\theta \mid \alpha) d\theta$$

(5) 後驗分布是考慮觀測資料後的參數分布。可以由貝葉斯法則確認,也是貝
葉斯推斷的核心:

$$p(\theta \mid X, \alpha) = \frac{p(X \mid \theta) p(\theta \mid \alpha)}{p(X \mid \alpha)} \propto p(X \mid \theta) p(\theta \mid \alpha)$$

若用文字表示,即為「後驗和先驗及概似率的乘積成正比」,有時也會寫
成「後驗 = 先驗 × 概似率」,在有證據的情形下。

定義：Jeffreys' prior

Jeffreys prior 是一種 objective prior 或者 noninformative prior。最早的 objective prior 就是一個常數，或者均勻分布，最早 Laplace 也是這麼用。

Jeffreys prior 是無資訊先驗分布 (non-informative prior)，計算方法是根號下的 Fisher information 矩陣對應的行列式。

$$p(\vec{\theta}) \propto \sqrt{\det x(\vec{\theta})}$$

具體的好處就是，不受到原分布的參數選擇差異的影響。所以說是 non-informative 的。這一性質在 Bayesian 方法中很重要，因為往往 prior 的參數選擇會很大程度影響 posterior 分布的參數估計。具體證明如下：

$$p(\varphi) = p(\theta)\left|\frac{d\theta}{d\varphi}\right|$$

$$\propto \sqrt{I(\theta)\left(\frac{d\theta}{d\varphi}\right)^2} = \sqrt{E\left[\left(\frac{d\ln L}{d\theta}\right)^2\right]\left(\frac{d\theta}{d\varphi}\right)^2}$$

$$= \sqrt{E\left[\left(\frac{d\ln L}{d\theta}\frac{d\theta}{d\varphi}\right)^2\right]} = \sqrt{E\left[\left(\frac{d\ln L}{d\varphi}\right)^2\right]}$$

$$= \sqrt{I(\varphi)}$$

以上是單一參數的情況，在多參數分布的情況下也保留同樣的性質。

三、Bayesian 估計的 STaTa 指令

範例：Bayesian 估計：「bayes: regress」指令

(一) 問題說明

為了解小三數學成績對小五數學成績之影響力？(分析單位：學生)

研究者收集數據並整理成下表，此「bayes.dta」資料檔內容之變數如下：

變數名稱	說明	編碼 Codes/Values
label/ 依變數：math5	小五數學成績	−9〜40
features/ 自變數：math3	小三數學成績	−9〜40

(二) 資料檔之內容

「bayes.dta」資料檔內容如下圖。

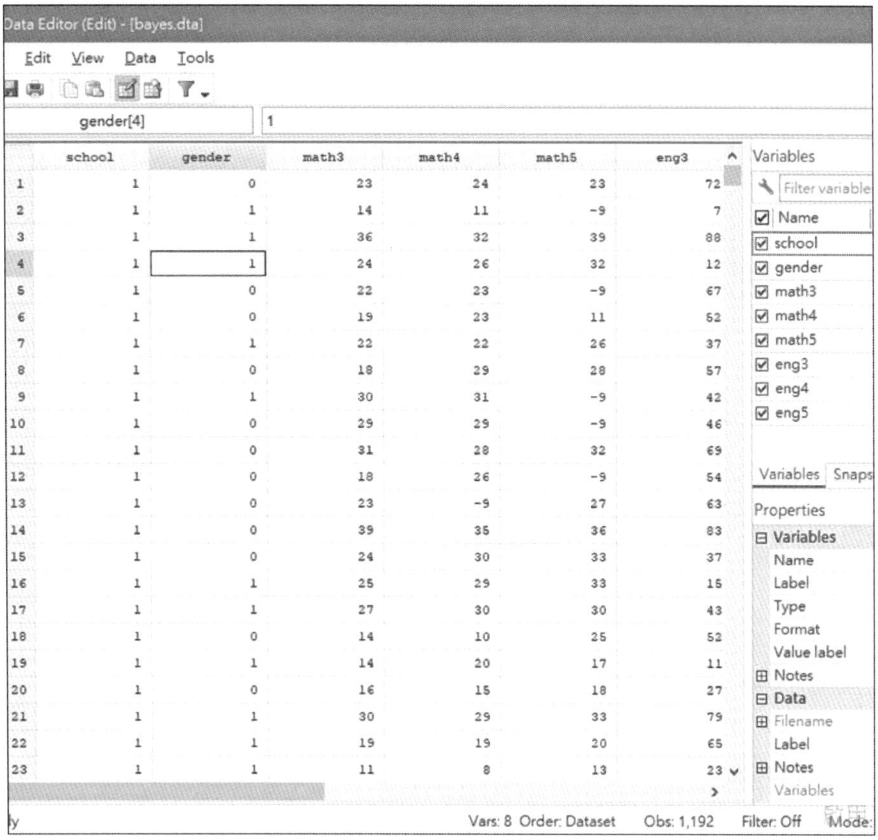

圖 5-26 「bayes.dta」資料檔內容 (N=1,192 個人)

觀察資料之 Features

```
. use "D:\CD\bayes.dta"
. sum math5 math3

    Variable |       Obs        Mean    Std. Dev.       Min        Max
-------------+--------------------------------------------------------
       math5 |     1,192    22.56879    16.89828         -9         40
       math3 |     1,192     23.9807    9.219342         -9         40
```

(三) 分析結果與討論

Step 1　對照組：OLS 線性迴歸

```
. use "D:\CD\bayes.dta"
. regress math5 math3

      Source |       SS           df       MS          Number of obs   =     1,192
-------------+----------------------------------        F(1, 1190)      =    115.47
       Model |  30080.4649          1   30080.4649      Prob > F        =    0.0000
    Residual |  310011.894      1,190   260.514197      R-squared       =    0.0884
-------------+----------------------------------        Adj R-squared   =    0.0877
       Total |  340092.359      1,191   285.551939      Root MSE        =      16.14


             迴歸係數     係數標準差    係數 t 檢定           95% 信賴區間
       math5 |    Coef.   Std. Err.      t    P>|t|     [95% Conf. Interval]
-------------+----------------------------------------------------------------
       math3 |  .5451129   .0507294    10.75   0.000     .4455838    .644642
       _cons |    9.4966   1.303262     7.29   0.000     6.939654   12.05355
-------------+----------------------------------------------------------------
```

1. 古典之 OLS 線性迴歸式，為：

$$math5 = 9.4966 + 0.5451 \times math3$$

2. 迴歸係數 $\beta = 0.5451(p < .05)$，表示小三數學成績顯著正面影響小五數學成績。

Step 2　實驗組：貝氏線性迴歸

　　為了適配 (fit) 貝葉斯線性迴歸，我們只需在上面的「regress math5 math3」命令前加上「bayes:」。

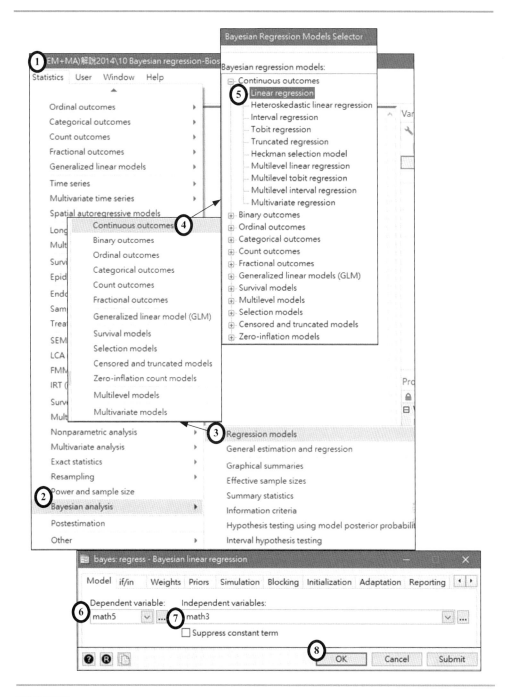

圖 5-27 「bayes：regress math5 math3」畫面

註：Statistics > Linear models and related > Bayesian regression > Linear regression

521

```
. use "D:\CD\bayes.dta"
. bayes: regress math5 math3


Burn-in ...
Simulation ...


Model summary
--------------------------------------------------------------------------------
Likelihood: 概似 p(y|θ)~N(μ, σ²)
  math5 ~ regress(xb_math5,{sigma2})


Priors: 先驗機率分布 p(θ) ~N(μ, σ²) 如下
  {math5:math3 _cons} ~ normal(0,10000)                                       (1)
             {sigma2} ~ igamma(.01,.01)
--------------------------------------------------------------------------------
(1) Parameters are elements of the linear form xb_math5.


Bayesian linear regression                      MCMC iterations  =     12,500
Random-walk Metropolis-Hastings sampling        Burn-in          =      2,500
                                                MCMC sample size =     10,000
                                                Number of obs    =      1,192
                                                Acceptance rate  =       .339
                                                Efficiency:  min =      .1075
                                                             avg =      .1476
Log marginal likelihood = -5025.6157                         max =      .2184


--------------------------------------------------------------------------------
             |   後驗均數  後驗標準差              後驗中位數   Equal-tailed
             |     Mean   Std. Dev.    MCSE      Median  [95% Cred. Interval]
-------------+------------------------------------------------------------------
math5        |
      math3  |  .543978  .0511954   .001498   .5446316   .4450657    .6412573
      _cons  | 9.510312  1.316047    .04014   9.499353   6.919435    12.06329
-------------+------------------------------------------------------------------
      sigma2 | 260.9056  10.77303   .23051   260.7122   240.6761    283.5892
--------------------------------------------------------------------------------
Note: Default priors are used for model parameters.
```

Bayes 線性迴歸 (「bayes: regress」、「bayesgraph diagnostics」、「bayesstats ic」指令)

1. 以自變數 math3，依變數 math5，求得 Bayesian 線性迴歸分析結果爲：

$$math5 = 9.510 + 0.543978 \times math3$$

它與 OLS 迴歸分析結果相近，但二者的報表解釋是不同。貝葉斯模型假設所有參數都是隨機的。因此，對於 math3 得分 {math5：math3} 的斜率係數 (=0.5451)，[0.45,0.64] 的可信區間爲 95%，這意味著 {math5：math3} 在 0.45 和 0.64 之間的概率爲 0.95。這種概率解釋不適用於 OLS 迴歸的信賴區間 (confidence interval)，儘管可信區間 ([95% Cred. Interval]) 亦印出 {math5：math3} 的類似合理範圍。

2. 本例，Likelihood: 概似 p(x | θ) ~ N(μ, σ^2)，其中，參數 {sigma2} 係待估的。

3. **先驗機率分布 p(θ) ~ N(μ, σ^2)**

單一自變數 (math3) 及截距對依變數 math5，符合 normal 分布。

4. 後驗常態分布 p(θ | x) ~ N(μ, σ^2)，模型誤差的變異數 (sigma2) = 260.9056。

5. 後驗均數估計的 MCSE 是 Monte-Carlo Standard Error。

6. 等尾 95% 可信區間 (Cred. Interval)，若不含 0 值，表示該自變數顯著影響依變數；反之則否。本例，迴歸係數「math3 → math5」後驗的平均值是 0.543。其後驗之 95% 可信區間介於 [0.45, 0.64]，未含 0 值故達 α =0.05 顯著水準。

7. 另外，對於每個參數，迴歸僅產生一個估計值，而貝葉斯：迴歸產生 10,000 個 MCMC 估計值。在丟棄老化期 (Burn-in) 的前 2500 個估計值之後，從模型參數的後驗分布模擬 MCMC 估計。輸出中報告的是參數的邊際後驗分布的摘要，例如後驗均值和後標準差。

兩個命令之間的結果並不總是相似。它們在此範例中類似，因爲所使用的 bayes 的 default 先驗不對這些數據提供資訊。使用的先驗在模型摘要中只做描述。對於迴歸係數，它們是常態的 ~ N(μ, σ^2)，均值爲 0，變異數爲 10,000；對於誤差變異數 (error variance)，它們的形狀和 scale 參數爲 0.01 的 inverse-gamma。先驗的分布對於貝葉斯模型很重要，我們稍後將在 Custom priors 中討論它們。

Step 3 **改印 90% 最高後驗密度 (HPD) 可信區間**

你亦可使用一般貝葉斯模型的 bayesmh 命令，來取代任何函數和貝葉斯先驗。例如，我們可以印出 90% 最高後驗密度 (HPD) 可信區間而不是內定的等尾區間。我們這樣做就像貝葉斯一樣對待貝葉斯：

```
. bayes, hpd clevel(90)

Model summary
--------------------------------------------------------------------
Likelihood:
  math5 ~ regress(xb_math5,{sigma2})

Priors:
  {math5:math3 _cons} ~ normal(0,10000)                          (1)
            {sigma2} ~ igamma(.01,.01)
--------------------------------------------------------------------
(1) Parameters are elements of the linear form xb_math5.

Bayesian linear regression               MCMC iterations  =   12,500
Random-walk Metropolis-Hastings sampling Burn-in          =    2,500
                                         MCMC sample size =   10,000
                                         Number of obs    =    1,192
                                         Acceptance rate  =    .3388
                                         Efficiency:  min =    .1032
                                                      avg =     .141
Log marginal likelihood = -5025.6211                  max =     .213


-------------------------------------------------------------------------
             |                                              HPD
             |     Mean    Std. Dev.    MCSE     Median  [90% Cred. Interval]
-------------+-----------------------------------------------------------
math5        |
      math3  | .5456566     .05239    .001631  .5452366  .4572937   .6243936
      _cons  | 9.507018    1.342457    .04107  9.496914  7.271058   11.62397
-------------+-----------------------------------------------------------
     sigma2  | 260.6075    10.82614   .234602  260.4076  242.2873   277.8671
-------------------------------------------------------------------------
Note: Default priors are used for model parameters.
```

1. 貝氏迴歸係數不變，但改印出 HPD 之 90% 最高後驗密度 (HPD) 可信區間 =
   [0.4572937,0.6243936]，因不含 0 值，故迴歸係數達到顯著性。

5-4-2 MCMC 收斂性 (convergence) 及假設檢定 (hypotheses testing)

定義：**Markov Chain Monte Carlo(MCMC) 演算法**

一、蒙地卡羅演算法

請參考前文【5-2-1】之【Step 4 改用 Gibbs 取樣 (sampling)，通常能改善建模的效率 (efficiency)】

二、貝氏網路 (Bayesian Network)

貝氏網路是用來描述機率因果關係的網路，對於一個已知的貝氏網路 (Bayesian Network)，其中的某個樣本 $(x_1, \ldots , x_n)$ 的機率可以用下列算式表示：

$$P(x_1, \ldots , x_n) = \prod_{i=1}^{n} P(x_i \mid parent(X_i))$$

貝氏網路也可以被視爲某種隱 Markov 模型，其中某些節點是可觀察節點 (X)，某些節點是隱含節點 (Z)，我們可以透過 Markov Chain Monte Carlo 演算法來計算某個分布 $P(x_1, \ldots , x_n)$ 的機率值。

三、Markov Chain Monte Carlo 演算法，計算貝氏網路的**聯合機率分布**

MCMC 法透過對前一事件進行隨機改變而產生事件樣本，其演算法如下所示請參考前文【2-4-3 貝葉斯線性迴歸的基本原理】

Step 4 MCMC 收斂性 (convergence) 及假設檢定 (hypotheses testing)
承前例。

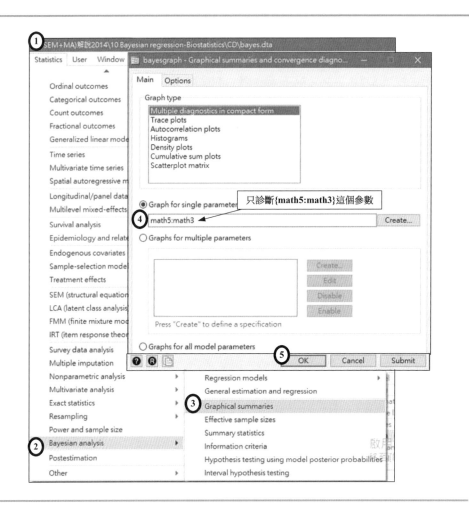

圖 5-28 「bayesgraph diagnostics {math5：math3}」畫面

註：Statistics > Bayesian analysis > Graphical summaries

Bayes 線性迴歸 (「bayes: regress」、「bayesgraph diagnostics」、「bayesstats ic」指令)

執行「bayes：某迴歸」指令之後，你才可利用 Bayesian 特徵後事 (postestimation features) 之事後估計指令。

例如：我們可以使用「bayesgraph diagnostics」來檢查 {math5：math3} 的 MCMC 收斂性。

```
. use bayes.dta, clear

. bayesgraph diagnostics {math5:math3}
```

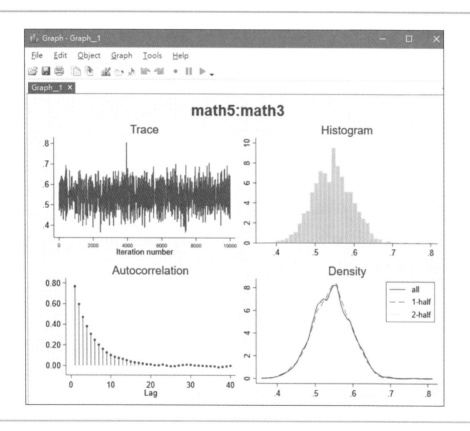

圖 5-29 「bayesgraph diagnostics {math5：math3}」繪圖來檢視模型適配性

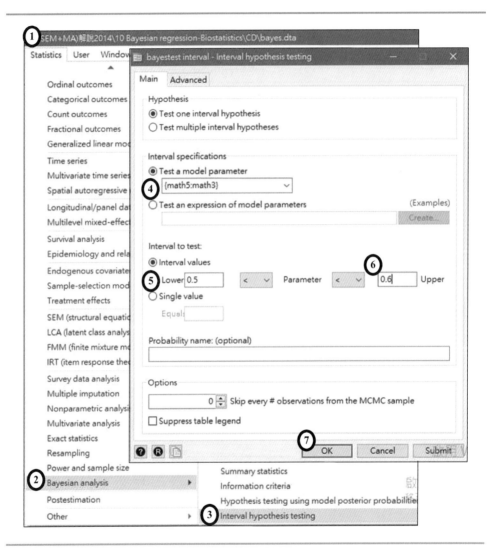

圖 5-30 「bayestest interval {math5：math3}, lower(0.5) upper(0.6)」畫面

註：Statistics > Bayesian analysis > Interval hypothesis testing

接著用「bayestest interval」指令來檢定區間假設 (interval hypotheses)：

```
. use bayes.dta, clear
. bayestest interval {math5:math3}, lower(0.5) upper(0.6)

Interval tests        MCMC sample size =      10,000
```

```
probl : 0.5 < {math5:math3} < 0.6

-----------------------------------------------
        |     Mean     Std. Dev.      MCSE
--------+--------------------------------------
  probl |    .6667      0.47142     .0143213
-----------------------------------------------
```

1. 自變數 math3 預測依變數 math5 機率在「0.5～0.6」之區間：後驗平均數 =0.6667，後驗均數估計的 MCSE(Monte-Carlo Standard Error=0.014)。

5-4-3 先驗 (Priors)：Gibbs 採樣 (sampling)

吉布斯採樣 (Gibbs sampling) 是統計學中用於馬爾科夫蒙特卡洛 (MCMC) 的一種演算法，用於在難以直接採樣時從某一多變量機率分布中近似抽取樣本序列。該序列可用於近似聯合分布、部分變數的邊緣分布或計算積分 (如某一變數的期望值)。某些變數可能為已知變量，故對這些變數並不需要採樣。

吉布斯採樣常用於統計推斷 (尤其是貝葉斯推斷) 之中。這是一種隨機化演算法，與最大期望算法 (EM) 等統計推斷中的確定性算法相區別。與其他 MCMC 算法一樣，吉布斯採樣從馬可夫鏈 (Markov Chain) 中抽取樣本，可以看作是 Metropolis–Hastings 演算法的特例。

Gibbs 取樣程序的使用時機是在聯合分布 P(X,Y) 未知，但是單一變數的條件機率 P(X | Y), P(Y | X), P(X), P(Y) 已知的情況。在此種情況下，我們可以利用亂數產生的樣本，統計聯合機率分布。

該程序首先取得一個分布 Y_0 作為初始值，然後利用蒙地卡羅法透過 (X, Y_0) 產生 X_1 分布，接著再利用 (X_1, Y) 產生 Y_1 分布。於是我們得到下列這個疊代程序：

```
Algorithm GibbsSampling(X, Y)
  Y[0] = random initialize a distribution
  for i = 1 to N
    generate X[i] from P(X | Y[i-1])
    generate Y[i] from P(Y | X[i])
  return {X[N], Y[N]}
End Algorithm
```

以上疊代程序是針對兩個隨機變數的情況，假如我們希望延伸到 k 個隨機變數的情況，可以修改演算法如下。

```
Algorithm GibbsSampling(X[1...k])
  X = random initialize a distribution
  for i = 1 to N
    generate X'[1] from X and P(X[1] | X[2], ..., X[k])
    generate X'[j] from X and P(X[i] | X[1], ..., X[j-1], X[j+1],...,X[k])
    generate X'[k] from X and P(X[k] | X[1], ..., X[k-1])
    X = X'
  end
  return X
End Algorithm
```

Gibbs 取樣程序是「Markov Chain Monte Carlo, MCMC 演算法」的一個案例，也是 Metropolis-Hasting 取樣程序的一個特例，我們可以利用 Gibbs 或 Metropolis-Hasting 取樣程序計算貝氏網路的聯合機率分布。

Step 5　Gibbs 採樣 (sampling) 之指令

前置「bayes, 某指令」之語法如下：

bayes [, bayesopts]: estimation_command [, estopts]	
estimacion_command is a likelihood-based estimation commmnd, and estopts are command-specific esti- mation options; see [BAYES] bayesian estimation for a list of supported supported commands, and see the command-specific entries for the supported estimation options, estopts.	
bayesopts	Description
Priors	
* gibbs	specify Gibbs sampling; available only with the regress or mvreg for certain prior combinations
* normalprior(#)	specify standard devlation of default normal priors for regression coefficients and other real scalar parameters; default is nor-malprlor(100)
* igammaprior(# #)	specify shape and scale of default inverse-gamma prior for vari-ances; default is igammaprior(0.01 0.01)
* iwlshartprior(# [...])	specify degrees of freedom and, optionally, scale matrix of default inverse-Wishart prior for unstructured random-effects covariance
prior (priorspec)	prior for model parameters; this option may be repeated
dryrun	show model summary witbouu estimation

Bayes 線性迴歸 (「bayes: regress」、「bayesgraph diagnostics」、
「bayesstats ic」指令)

Simulation
  mcmcsize(#)   MCMC sample size; default is mcmcsize(10000)
  burnin(#)   burn-in perlod; default is burnin(2500)
  thtnninq(#)   thinning interval; default is thinning(1)
* noblocking   do not block parameters by default

Inlclallzat~on
  initlal(initspec)   inlcial values for model parameters
  nomleinitial   suppress the use of maximum likelihood estimates as starting values
  initrandom   specify random initial values
  initsummary   display initial values used for simulation
* noisily   display output from the estimation command during initializarlon

Adaptation
  adaptation(adaptopts)   control the adaptive MCMC procedure
  scale(#)   initial mulriplier for scale factor; default is scale(2.38)
  covariance(cov)   initial proposal covariance; default is the identity matrix

Reporting
  clevel(#)   set credible interval level; default is clevel(95)
  hpd   display HPD credible intervals instead of the default equal-tailed
                                credible intervals
  eform_option   display coefficient table in exponentiated form
  remargl   compute log marginal likelihood
  batoh(#)   specify length of block fOr batch-means calculations; default is
                                batch(0)
  saving(filename [, replace]) save simulation results to filename.dta
  nomodelsummary   suppress model summary
  nomesummary   suppress mulcilevel-strucrure sunmary: allowed only wlch multilevel
                                models
  [no] dots   suppress dots or display dots every 100 iterrations and iteration
                                numbers every 1,000 iterations; default is command-specific
  dots(#[, every(#)])   display dots as simulation is performed
  [no] show (paramref)   specify model parameters to be excluded from or included in the
                                output
  showreffects [(refer)]   specify that all or a subset of random-effects parameters be in-
                                cluded in the output; allowed only with maltilevel commands
  melabel   display estimation table using the same row labels as estimation
                                command allowed only with multilevel commands
  nogroup   suppress table summarizing groups; allowed only with multilevel
                                models

承前例。

```
. use bayes.dta, clear
. bayes, gibbs: regress math5 math3


Burn-in ...
Simulation ...

Model summary
--------------------------------------------------------------------------
Likelihood: 概似 p(x|θ)~N(μ, σ²)，其中，參數 {sigma2} 係待估的
  math5 ~ normal(xb_math5,{sigma2})

Priors: 先驗機率分布 p(θ)~N(μ, σ²)，自變數 (math3) 及截距對依變數 math5，符合 normal 分布
  {math5:math3 _cons} ~ normal(0,10000)                              (1)
           {sigma2} ~ igamma(.01,.01)
--------------------------------------------------------------------------
(1) Parameters are elements of the linear form xb_math5.
```

Bayesian linear regression	MCMC iterations =	12,500
Gibbs sampling	Burn-in =	2,500
	MCMC sample size =	10,000
	Number of obs =	1,192
	Acceptance rate =	1
	Efficiency: min =	.9774
	avg =	.9925
Log marginal likelihood = -5025.662	max =	1

	後驗均數 Mean	後驗標準差 Std. Dev.	MCSE	後驗中位數 Median	Equal-tailed [95% Cred. Interval]	
math5						
math3	.5449495	.0502016	.000502	.5450368	.446299	.6424613
_cons	9.49614	1.288326	.013031	9.500749	6.979701	12.03661
sigma2	260.8128	10.72703	.10727	260.472	240.8771	282.8301

```
Note: Default priors are used for model parameters.
```

Bayes 線性迴歸 (「bayes: regress」、「bayesgraph diagnostics」、「bayesstats ic」指令)

1. 以自變數 math3，依變數 math5，內定先驗，求得 Bayesian 線性迴歸分析結果為：

$$math5 = 9.510 + 0.544 \times math3$$

相對地，先驗改用 Gibbs 取樣，求得 Bayesian 線性迴歸分析結果卻為：

$$math5 = 9.496 + 0.5449 \times math3$$

2. 本例，Likelihood: 概似 $p(x \mid \theta) \sim N(\mu, \sigma^2)$，其中，參數 {sigma2} 係待估的值 $=260.8128$。

3. Gibbs 取樣：**先驗機率分布 $p(\theta) \sim N(\mu, \sigma^2)$**

自變數 (math3) 及截距 (_cons) 對依變數 math5，符合 normal 分布：

{math5:math3 _cons} ~ normal(0,10000) 代表：自變數 (math3) 及截距項對依變數，符合 ~$N(\mu, \sigma^2)$，平均數為 0；變異數為 10000(標準差是開平方根 $=100$)。

{sigma2} ~ igamma(.01,.01) 代表：先驗常態分布之變異數 σ^2 是符合 inverse Gamma(.01,.01) 分布。

4. 後驗常態分布 $p(\theta \mid x) \sim N(\mu, \sigma^2)$，模型誤差的變異數 (sigma2)$=260.8128$，其意義相當於 OLS 迴歸 ANOVA 表之殘差均方值 MS_e。

5. 後驗均數估計的 MCSE 是 Monte-Carlo Standard Error。

6. 等尾 95% 可信區間 (Cred. Interval)，若不含 0 值，表示該自變數顯著影響依變數；反之則否。本例，迴歸係數「math3→math5」後驗的平均值是 0.5449。其後驗之 95% 可信區間介於 [0.45, 0.64]。

7. 您應該知道，內定的先驗是為了方便而提供的，並不保證在所有情況下都沒有資訊。它們被設計成對模型參數幾乎沒有影響。moderate size 的最大概似估計，絕對值應小於 100。本例 (sigma2 = 260.8128，即 $\sigma = \sqrt{260.8128} = 16.15$) 雖不是 large-scale 參數，但仍可自定先驗 (informative)。

5-4-4 自定先驗 (Custom priors)

Step 5-1 自定先驗 (Custom priors)

承前例。

如前所述，先驗分布是貝葉斯模型的重要組成部分，可能對結果產生很大影響。在您查看數據之前，它總結了您對模型參數的了解。在觀察數據之後，

利用來自觀測數據的資訊來更新先驗分布，以形成參數的後驗分布。然後將後驗分布用於貝葉斯推論。

之前的研究往往會建議：為你的模型參數的適當先驗分布。若缺乏此類知識的情況下，建議使用非資訊 (noninformative) 先驗。對於小型數據集，先前分布的選擇變得格外重要，因為小型數據集通常包含有關模型參數的資訊較少。

為方便起見，前置「bayes：」已供 default 先驗，但您也可以指定自己的 priors。選擇內定先驗對於適度 scaled 模型參數是相當無效的，但是大的參數值就可提供資訊。

前置「bayes：」提供你修改內定先驗值的便捷選項。例如：「**bayes: regress**」，對於迴歸係數，它使用平均值為 0 且變異數為 10,000 的常態先驗和對於誤差變異數使用 0.01 的形狀和 scale 參數的 inverse-gamma 先驗。下面例子，使用 **normalprior()** 和 **igammaprior()** 選項來自定內定值。

```
. use bayes.dta, clear
* 自定先驗 (Custom priors)，自定：先驗機率分布 p(θ)~N(0,100)；{sigma2} ~ igamma(1,2)
. bayes, normalprior(10) igammaprior(1 2): regress math5 math3


Burn-in ...
Simulation ...

Model summary
--------------------------------------------------------------------------------
Likelihood: 概似 p(x|θ)~N(μ, σ²)，其中，參數 {sigma2} 係待估的
  math5 ~ regress(xb_math5,{sigma2})

Priors: 自定：先驗機率分布 p(θ)~N(μ, σ²), 自變數 (math3) 及截距對依變數 math5, 符
合 N(0,100)
  {math5:math3 _cons} ~ normal(0,100)                                       (1)
              {sigma2} ~ igamma(1,2)
--------------------------------------------------------------------------------
(1) Parameters are elements of the linear form xb_math5.

Bayesian linear regression                   MCMC iterations  =     12,500
Random-walk Metropolis-Hastings sampling     Burn-in          =      2,500
                                             MCMC sample size =     10,000
                                             Number of obs    =      1,192
```

```
                                          Acceptance rate  =      .3404
                                          Efficiency:  min =      .1301
                                                        avg =      .1423
Log marginal likelihood = -5021.6635                    max =      .1626


         -----------------------------------------------------------------
                 |                                    Equal-tailed
                 |    Mean   Std. Dev.    MCSE     Median  [95% Cred. Interval]
         --------+--------------------------------------------------------
         math5   |
           math3 | .5485719   .05138   .001425  .5477044   .4471436   .6480005
           _cons |  9.3896   1.333887  .036407  9.419928   6.915437   11.98366
         --------+--------------------------------------------------------
          sigma2 | 260.5208  10.85172  .269154  260.0821   239.8361   282.1194
         -----------------------------------------------------------------
```

5-5 Bayes 迴歸:縮減模型 vs. 完全模型,誰優? (bayesmh、bayesstats ic 指令)

「bayesstats ic」指令,做模型優劣比較 (Model comparison),有下列前二個的指標:

1. Deviance Information Criterion (DIC):值越小者,該模型越佳。

2. Bayes factors:log(BF) 內定以第一個模型當比較基準點。

3. 「bayestest model」模型比較指令,會印出 Model posterior probabilities:P(M|y) 值越大者,該模型越佳。

例如:有二個敵對模型 A 和 B,你可用下列指令來做適配度優劣的評比:

1. 「bayesstats ic A B」,它內定以模型 A 當比較基準點。在這二個模型 A 和 B 中,看誰的資訊準則 (Information Criteria, IC) 越小者,該模型適配就越優。

2. 「bayesstats ic A B, basemodel(B)」,指定以模型 B 當比較基準點。

3. 「bayesstats ic A B, bayesfactor」,印出 BF 而不是內定的 log BFs。

範例：(未含交互作用項) 縮減模型 vs. (含交互作用項) 完全模型，誰優？(bayesmh、bayesstats ic 指令)

(一) 問題說明

為了解不同運動型態及年齡對攝氧量的變化？(分析單位：個人)

研究者實驗法來蒐集數據 (如下表)，此「oxygen.dta」數據檔內容之變數如下：

變數名稱	說明	編碼 Codes/Values
label/ 依變數：change	最大攝氧量的變化 (升 / 分鐘)	−10.74～17.05
Features/ 自變數：group	運動組 (0= 跑步 ,1= 有氧運動)	0,1 (虛擬變數)
Features/ 自變數：age	年齡	20　　　31

(二) 數據檔之內容

「oxygen.dta」數據檔內容如下圖。

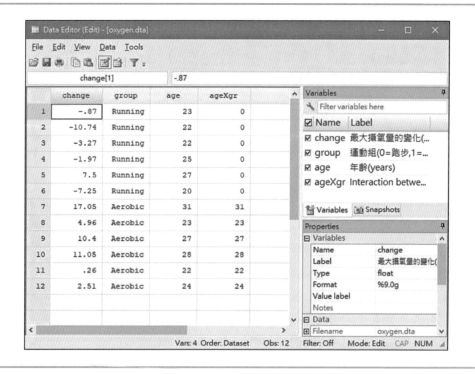

圖 5-31 「oxygen.dta」數據檔內容 (N=12 個人)

(三) 分析結果與討論

Step 1 單變量線性模型 (無交互作用項)：概似選常態分布，change 自變數之先驗是 flat 分布；常態變異數 {var} 之先驗是 jeffreys 分布

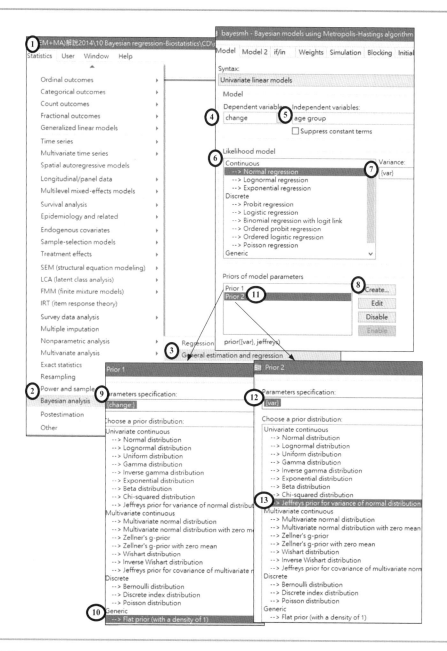

圖 5-32 「bayesmh change age group, likelihood(normal({var})) prior({change：}, flat) prior({var}, jeffreys)」畫面

註：Statistics > Bayesian analysis > General estimation and regression

```
* 開啟數據檔
. webuse oxygen.dta, clear

* 求出最近 bayesmh 模型之資訊準則 (Information criteria, IC)
. set seed 14
. bayesmh change age group, likelihood(normal({var})) prior({change:}, flat)
prior({var}, jeffreys)


Burn-in ...
Simulation ...

Model summary
--------------------------------------------------------------------------
Likelihood: 依變數 change 符合常態分布 N(xb_change, {var})
  change ~ normal(xb_change,{var})

Priors: 二個自變數 (age group) 及截距對依變數 change，符合 flat 分布
  {change:age group _cons} ~ 1 (flat)                              (1)
                {var} ~ jeffreys
--------------------------------------------------------------------------
(1) Parameters are elements of the linear form xb_change.

Bayesian normal regression                    MCMC iterations  =     12,500
Random-walk Metropolis-Hastings sampling      Burn-in          =      2,500
                                              MCMC sample size =     10,000
                                              Number of obs    =         12
                                              Acceptance rate  =      .1222
                                              Efficiency:  min =     .02562
                                                           avg =     .03555
Log marginal likelihood = -24.606602                       max =     .04152

-----------------------------------------------------------------------------
          |    後驗均數   後驗標準差              後驗中位數   Equal-tailed
          |     Mean     Std. Dev.    MCSE      Median   [95% Cred. Interval]
----------+------------------------------------------------------------------
change    |
      age | 1.893925    .3297302    .01731    1.902375   1.274183    2.53625
    group | 5.378606    2.021316    .099194   5.40188    1.354155    9.411786
```

```
     _cons |  -46.66418    7.751085    .393582   -46.91795   -61.41894   -31.94801
-------------+----------------------------------------------------------------------
       var |   9.812472    5.668141    .354092    8.330321    3.653593    24.76129
--------------------------------------------------------------------------------------


. bayesmh, saving(reduced_simdata)
. estimates store reduced
. bayesstats ic


Bayesian information criteria


--------------------------------------------------
           |      DIC      log(ML)      log(BF)
-------------+------------------------------------
   reduced |   63.49116   -24.6066           .
--------------------------------------------------
Note: Marginal likelihood (ML) is computed
      using Laplace-Metropolis approximation.
```

1. 求得「reduced 模型」之 Bayes 線性迴歸式為：

$$\text{Change} = -46.664 + 1.893 \times \text{age} + 5.378 \times \text{group}(1= \text{有氧運動})$$

   表示 group(1= 有氧運動) 比 group(0= 跑步) 更大攝氧量的變化。

2. 求得「reduced 模型」之 Bayesian information criteria：DIC=63.491。該模型的 IC 值越小，代表模型適配越佳。

Step 2　單變量線性模型（含交互作用項）：概似選常態分布，change 自變數
之先驗是 flat 分布；常態變異數 {var} 之先驗是 jeffreys 分布

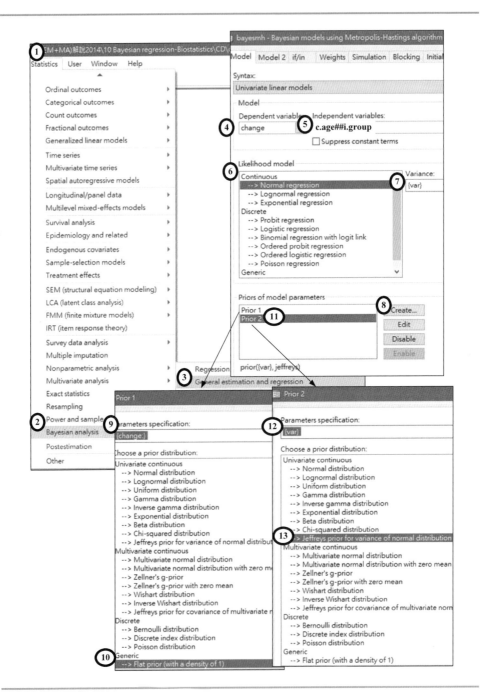

圖 5-33　「bayesmh change c.age##i.group, likelihood(normal({var})) prior({change：}, flat) prior({var}, jeffreys) saving(full_simdata)」畫面

Bayes 線性迴歸 (「bayes: regress」、「bayesgraph diagnostics」、
「bayesstats ic」指令)

STaTa 三個運算元：「i.」是 indicator(視爲虛擬變數)、「c.」是
continuous(視爲連續變數)、「##」是 full 因數 (含交互作用)。例如：「a ## b」
代表效果項有「a b a*b」三項。

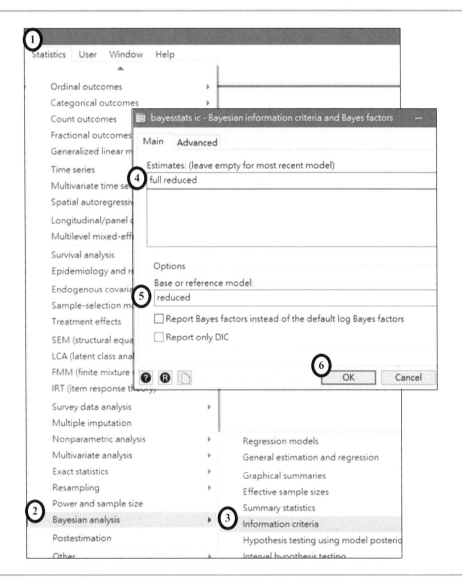

圖 5-34 「bayesstats ic full reduced, basemodel(reduced)」畫面

註：Statistics > Bayesian analysis > Information criteria

```
* 開啟數據檔
. webuse oxygen.dta, clear

* 對比 full 模型與 reduced 模型之資訊準則 (Information criteria, IC)，看誰優？
. set seed 14

* 三個運算元：「i.」是 indicator ( 視為虛擬變數 )、「c.」是 continuous ( 視為連續變
數 )、「##」是 full 因數 ( 含交互作用 )
. bayesmh change c.age##i.group, likelihood(normal({var})) prior({change:},
flat) prior({var}, jeffreys) saving(full_simdata)
```

Model summary

Likelihood: 概似 $p(x|\theta) \sim N(\mu, \sigma^2)$，其中，參數 { var } 係待估的
  change ~ normal(xb_change,{var})

Priors: 先驗機率分布 $p(\theta) \sim$ 1 (flat) 分布
  {change:age 1.group 1.group#c.age _cons} ~ 1 (flat)   (1)
                                {var} ~ jeffreys
----
(1) Parameters are elements of the linear form xb_change.

Bayesian normal regression	MCMC iterations =	12,500
Random-walk Metropolis-Hastings sampling	Burn-in =	2,500
	MCMC sample size =	10,000
	Number of obs =	12
	Acceptance rate =	.1885
	Efficiency: min =	.002244
	avg =	.005333
Log marginal likelihood = -24.59629	max =	.01562

					Equal-tailed	
	Mean	Std. Dev.	MCSE	Median	[95% Cred. Interval]	
change						
age	2.171945	.5633515	.098961	2.188934	1.019461	3.248838
group	有氧運動組 (1=Aerobic) 是以 (0=Running) 當比較的基準點					

```
     Aerobic |  12.15477    14.2313    3.00418      13.0731   -17.11084    36.21751
             |
 group#c.age |
     Aerobic |  -.2933828   .5966783   .124066   -.3151716   -1.309383    .8923389
             |
        _cons |  -53.0705   13.12719   2.30285   -53.37334   -78.24264   -25.86802
-------------+---------------------------------------------------------------------
         var |  9.338957   4.598805   .367996    8.255649    3.725529    21.75413
-----------------------------------------------------------------------------------
```

Note: There is a high autocorrelation after 500 lags.

file full_simdata.dta saved

*|Step 3| 二個敵對模型評比：full 對比 reduced
* 將上述貝氏模型之適配度，存至 full
. estimates store full
. bayesstats ic full reduced

* Information criteria with reduced as base model for the Bayes factor
. bayesstats ic full reduced, basemodel(reduced)

.

Bayesian information criteria

```
-----------------------------------------------
            |       DIC      log(ML)    log(BF)
------------+----------------------------------
       full |  64.47293    -24.59629    .0103125
    reduced |  63.49116    -24.6066        .
-----------------------------------------------
```
Note: Marginal likelihood (ML) is computed
      using Laplace-Metropolis approximation.

1. Bayesian 資訊準則 (information criteria)：DIC 越小、log(ML) 越大，代表該模型適配度越佳。本例，「reduced 模型」IC 值 (=63.49) 比「full 模型」小，故本例「reduced 模型」比「full 模型」適配佳。表示本例不應納入「交互作項」。

2.「full 模型」中，交互作用項「group#c.age」之等尾 95% 可信區間為 [-1.309,

0.892]，因包含 0 值，表示它對依變數無顯著的影響效果。

3. log(BF) 欄是 log Bayes-factor, Kass and Raftery(1995) 提供貝葉斯因子的查表值。本例比較基礎是以「$\frac{\text{full model}}{\text{reduced mode}}$」當 log(BF) 欄的對比值，因 log(BF) < 1，表示 full 比 reduced 差，且比較基礎點會留空白「.」值。反之，若因 log(BF) > 1 表示 full 比 reduced 優。

4. Bayes factor(BF) 的原理：

統計推斷在科學研究中起到關鍵作用，然而當前科研中最常用的經典統計方法──虛無假設檢定 (Null Hypothesis Significance Test, NHST) 卻因難以理解而被部分研究者誤用或濫用。有研究者提出使用貝葉斯因數 (Bayes factor) 作為一種替代和 (或) 補充的統計方法。貝葉斯因數是貝葉斯統計中用來進行模型比較和假設檢定的重要方法，其可以解讀為對 0 假設 H_0 或者對立假設 H_1 的支持程度。其與 NHST 相比有如下優勢：同時考慮 H_0 和 H_1 並可以用來支援 H_0、不「嚴重」地傾向於反對 H_0、可以監控證據強度的變化以及不受抽樣計畫的影響。目前，貝葉斯因數能夠很便捷地通過開放的統計軟體 JASP 實現，有人以貝葉斯 t 檢定進行示範。貝葉斯因數的使用對心理學研究者來說具有重要的意義，但使用時需要注意先驗分布選擇的合理性以及保持資料分析過程的透明與公開。

5. Bayes factor(BF) 的應用：

貝氏統計與遺傳相關性研究中，遺傳相關性研究 (association studies) 一直是醫界的研究方向，而且著重開發及利用貝氏統計方法進行候選基因之尋找、選擇，以及基因彼此之間、基因與環境之間的交互作用。

例如：利用單核苷酸多態性 (Single Nucleotide Polymorphism, SNP) 與貝氏統計混合模式 (Bayesian mixture model) 進行相關性研究分析 (SNP-based association study with Bayesian mixture model)。有人針對複雜性疾病的大量標誌基因，利用貝氏統計混合模式並設計先驗分布，來估計資料中與疾病具相關的比例；再進一步利用貝氏因子 (Bayes factor) 選擇標誌基因。這個方法已經有免費線上軟體供使用者下載使用 (https://jasp-stats.org/download/)。除此之外，這個方法也可延伸到單倍體資料的相關性研究，以期能對單倍體候選區域的相關提出更有效的方法。

Metropolis-Hastings 演算法之 Bayesian 模型 (bayesmh 指令)

一、Metropolis-Hastings 演算法 (algorithm)

梅特羅波利斯—黑斯廷斯算法 (Metropolis–Hastings algorithm) 是統計學與統計物理中的一種馬爾科夫蒙第卡羅 (Markov Chain Monte Carlo, MCMC) 方法，用於在難以直接採樣時從某一機率分布中抽取隨機樣本序列。得到的序列可用於估計該機率分布或計算積分 (如期望值) 等。Metropolis–Hastings 或其他 MCMC 算法一般用於從多變量 (尤其是高維) 分布中採樣。對於單變量分布而言，常會使用自適應判別採樣 (adaptive rejection sampling) 等其他能抽取獨立樣本的方法，而不會出現 MCMC 中樣本自相關的問題。

(一)Metropolis-Hasting 演算法

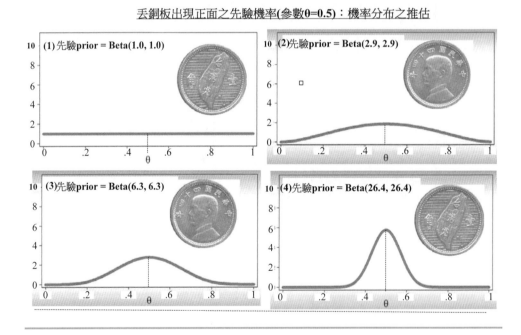

圖 6-1　實例估計：參數 θ 之先驗分布 (機率) 及概似分布 (機率)

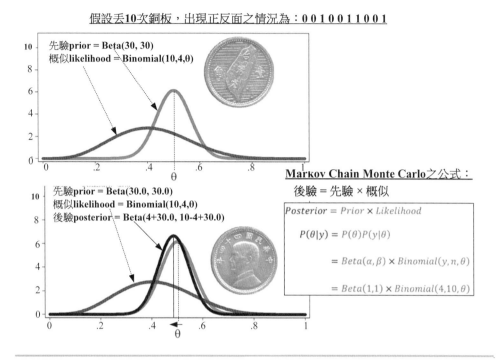

假設丟10次銅板，出現正反面之情況為：**0 0 1 0 0 1 1 0 0 1**

先驗**prior = Beta(30, 30)**
概似**likelihood = Binomial(10,4,θ)**

先驗**prior = Beta(30.0, 30.0)**
概似**likelihood = Binomial(10,4,θ)**
後驗**posterior = Beta(4+30.0, 10-4+30.0)**

Markov Chain Monte Carlo之公式：

後驗 = 先驗 × 概似

$Posterior = Prior \times Likelihood$

$P(\theta|y) = P(\theta)P(y|\theta)$

$= Beta(\alpha, \beta) \times Binomial(y, n, \theta)$

$= Beta(1,1) \times Binomial(4,10,\theta)$

圖 6-1 實例估計：參數 θ 之先驗分布 (機率) 及概似分布 (機率) (續)

Markov Chain Monte Carlo 公式：後驗 ＝ 先驗 × 概似

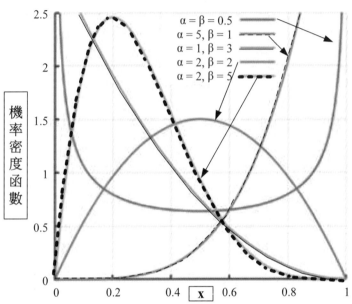

Beta 機率密度函數(pdf)

函數式	Beta(α, β)
Parameters	$\alpha > 0$ shape (real) $\beta > 0$ shape (real)
Support	$x \in [0, 1]$ or $x \in (0, 1)$
PDF 機率密度 函數	$$\frac{x^{\alpha-1}(1-x)^{\beta-1}}{\mathrm{B}(\alpha, \beta)}$$ where $\mathrm{B}(\alpha, \beta) = \dfrac{\Gamma(\alpha)\Gamma(\beta)}{\Gamma(\alpha + \beta)}$
CDF	$I_x(\alpha, \beta)$ (the regularised incomplete beta function)
Mean 平均數	$\mathrm{E}[X] = \dfrac{\alpha}{\alpha + \beta}$ $\mathrm{E}[\ln X] = \psi(\alpha) - \psi(\alpha + \beta)$ $\mathrm{E}[X \ln X] = \dfrac{\alpha}{\alpha + \beta} \left[\psi(\alpha + 1) - \psi(\alpha + \beta + 1) \right]$

圖 6-2 Beta 分布圖

Metropolis-Hasting (MH) 程序是用來學習馬可夫狀態轉移矩陣的一種演算法，假如我們用 S 代表所有可能的狀態，Q 代表狀態轉移矩陣，那麼 Q(x, y) 就代表由狀態 x 轉移到狀態 y 的機率。

MH 程序用疊代的方式學習 Q(x, y)，首先將 Q(x, y) 的初始值設定爲平均的機率分布 Q(x, y) = 1/|S|，然後就可以透過疊代程序不斷的修改 Q 矩陣，直到整個程序收斂爲止，其疊代方法如下。

在理解了平衡條件與 MH 程序的想法後，先正式撰寫出 Metropolis-Hasting 程序的演算法。

Algorithm Metropolis-Hasting(P(S)) output Q(S,S)

Q(S, S) = 1/|S|

while not converge

    for each (x, y) in (S, S)

$$A(x,y) = \frac{P(x)Q(x,y)}{P(y)Q(y,x)}$$

    for each (x, y) in (S, S)

    if x = y

$$Q'(x, y) = Q(x, y) + \sum_{z:A(x,z)<1} Q(x, z)(1 - A(x, z))$$

    else

        if A(x, y) >=1

        $Q'(x, y) = Q(x, y)$

        else

        $Q'(x, y) = Q(x, y)A(x, y)$

    Q = Q'

end while

End Algorithm

MH 算法的再簡化

在上述的 MH 程序中，$Q'(x, y) = Q_t(x, y) + \sum_{z:A(x,z)<1} Q_t(x, y)(1 - A(x, z))$ 的計算較爲複雜，事實上，這個值就是爲了讓 $Q'(x, y)$ 能夠『歸一化』的條件，也就是讓 $\sum_y Q'(x, y) = 1$ 的差額補償值。因此我們也可以將上述演算法改寫如下。

```
Algorithm Metropolis-Hasting(P(S)) output Q(S,S)

  Q(S, S) = 1/|S|

  while not converge

      for each (x, y) in (S, S)

          Q'(x, y) = Q(x, y)

          A(x, y) = P(x)Q(x, y) / P(y)Q(y, x)

      for each (x, y) in (S, S)

          if A(x, y) < 1

              Q'(x, y) = Q(x, y)A(x, y)

              Q'(x, x) = Q'(x, x) + Q(x, y)(1 − A(x, y))

      Q = Q'

  end while

End Algorithm
```

(二) 馬可夫系統的平衡條件

MH 疊代程序的想法如下，假如我們模擬機率性粒子在馬可夫鏈中的移動行為，最後這些移動將達到一個平衡。在達到平衡後，從 x 狀態流出去的粒子數，將會等於流回該狀態的粒子數，也就是必須滿足下列『平衡條件』的要求。

$$\sum_y P(x)Q(x,y) = \sum_y P(y)Q(y,x) \tag{6-1}$$

當隨機的粒子移動時，如果從 x 流出的粒子較多，自然會讓 P(x) 下降，最後仍然達到平衡，如果流入 x 的粒子比流出的多，那麼 P(x) 自然就會上升，只要我們能模擬流出流入的程序，最後整個馬可夫系統將會達到平衡。

但問題是，我們所想要學習的是狀態轉移矩陣 Q(x, y) 而非 P(x)，所以 (6-1) 式的平衡條件是不夠的，我們需要如下的『細緻平衡條件』。

$$p(x)Q(x,y) = P(y)Q(y,x) \tag{6-2}$$

只要符合 (6-2) 式的細緻平衡條件要求，就能夠利用此一條件設計出學習程序，以便透過反覆的疊代運算找出讓 Q(x, y) 達成平衡的數值，這就是整個 MH 程序的想法。

(三) Metropolis-Hasting 程序的原理

MH 程序是一個不斷調整 Q(x, y) 的演算法,該算法所關注的焦點在於 (x, y) 通道上,假如從 x 流向 y 的粒子較多,那麼就應當讓粒子全部從 x 流向 y,也就是 Q(x, y) 的流量均可順利流出,假如從 y 流向 x 的粒子較多,那麼我們就讓某些粒子卡住,不要流出。但是究竟要流出多少粒子,卡住多少粒子呢?MH 方法利用下列的 A(x, y) 比例進行調節,以便能透過堵塞通道 Q(y, x) 的方法,讓系統趨向平衡。

$$A(x,y) = \frac{P(x)Q(x,y)}{P(y)Q(y,x)}$$

因此,Metropolis 設計出了下列通道流量的調整公式,以便用疊代的方式調整狀態轉移機率矩陣 Q。

$$Q_{t+1}(x,y) = \begin{cases} Q_t(x,y) & \text{if } x \neq y, A(x,y) \geq 1; \\ Q_t(x,y)A(x,y) & \text{if } x \neq y, A(x,y) < 1; \\ Q_t(x,y) + \sum_{z:A(x,z)<1} Q_t(x,z)(1-A(x,z)) & \text{if } x = y. \end{cases}$$

小結

Metropolis-Hasting 程序可以用來學習具有『細緻平衡』特性的狀態轉移機率 Q(x,y),一旦取得了狀態轉移機率,整個系統的機率行為就確定下來了,透過這樣的程序,我們可以學習到一個馬可夫模型,然後再利用這個模型進行『預測』,以便讓程式的行為模擬該馬可夫系統的行為。Metropolis-Hasting 程序對這些可用隨機系統描述的行為而言,是一個重要的學習程序,因此被廣泛應用在機器翻譯、文件分類、分群或貝氏網路的學習等領域上,這是數學領域在電腦上應用的一個優良方法。

6-1 bayesmh 指令：「線性 vs. 非線性」、「單變量 vs. 多變量」、「連續 vs. 間斷」模型有 8 大類

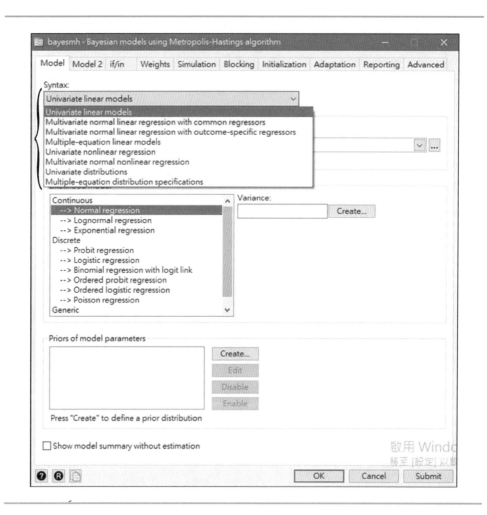

圖 6-3 bayesmh 指令對應「線性 vs. 非線性模型」有 8 種：Bayesian 模型使用 Metropolis-Hastings 演算法

註：Statistics > Bayesian analysis > General estimation and regression

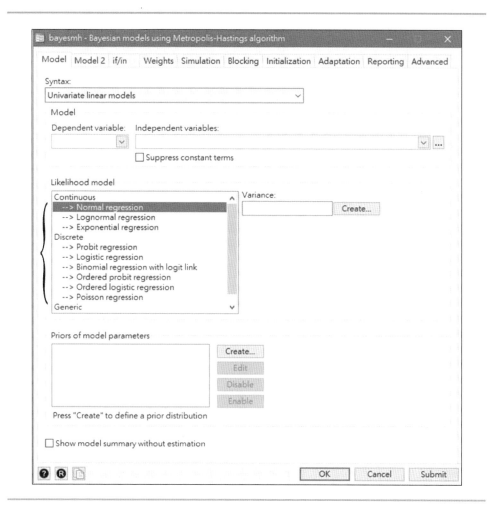

圖 6-4 bayesmh 指令之單變量線性模型的概似模型：連續依變數有 3 種，離散依變數有 6 種，generic 有 1 種 (Metropolis-Hastings 演算法)

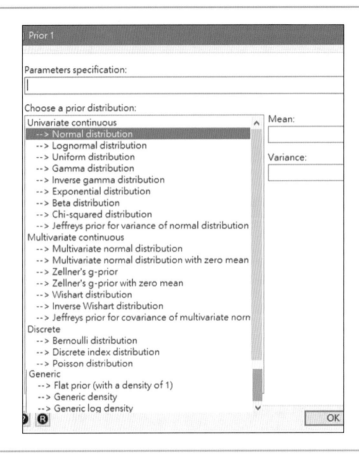

圖 6-5 bayesmh 指令對應先驗分配：單變量連續變數有 9 種，多變量連續變數有 7 種，離散變數有 3 種，generic 有 3 種

一、STaTa 之 Bayesian 指令有 2 種語法

STaTa 之估計 (estimation) 的指令有 2 種語法：

1.「bayes: 某迴歸」指令：Bayesian regression models using the bayes prefix.

STaTa 指令	功能說明
直線迴歸模型	
bayes: regress	Linear 迴歸
bayes: hetregress	Heteroskedastic linear 迴歸
bayes: tobit	Tobit 迴歸

STaTa 指令	功能說明
bayes: intreg	Interval 迴歸
bayes: truncreg	Truncated 迴歸
bayes: mvreg	Multivariate 迴歸
Binary response 迴歸模型	
bayes: logistic	邏輯斯迴歸 (求 odds ratios)
bayes: logit	邏輯斯迴歸 (求係數)
bayes: probit	Probit 迴歸
bayes: cloglog	Complementary log-log 迴歸
bayes: hetprobit	Heteroskedastic probit 迴歸
bayes: binreg	GLM for the binomial family
bayes: biprobit	Bivariate probit 迴歸
Ordinal response 迴歸模型	
bayes: ologit	Ordered 邏輯斯迴歸
bayes: oprobit	Ordered probit 迴歸
bayes: zioprobit	Zero-inflated ordered probit 迴歸
Categoricalresponse 迴歸模型	
bayes: mlogit	Multinomial (polytomous) 邏輯斯迴歸
bayes: mprobit	Multinomial probit 迴歸
bayes: clogit	Conditional 邏輯斯迴歸
Categorical-response 迴歸模型	
bayes: mlogit	Multinomial (polytomous) logistic 迴歸
bayes: mprobit	Multinomial probit 迴歸
bayes: clogit	Conditional logistic 迴歸
Count respose 迴歸模型	
bayes: poisson	Poisson 迴歸
bayes: nbreg	Negative binomial 迴歸
bayes: gnbreg	Generalized negative binomial 迴歸
bayes: tpoisson	Truncated Poisson 迴歸
bayes: tnbreg	Truncated negative binomial 迴歸
bayes: zip	Zero-inflated Poisson 迴歸

STaTa 指令	功能說明
bayes: zinb	Zero-inflated negative binomial 迴歸
廣義線性模型 (Generalized linear models)	
bayes: glm	Generalized linear models
Fractional response 迴歸模型	
bayes: fracreg	Fractional response 迴歸
bayes: betareg	Beta 迴歸
Survival 迴歸模型	
bayes: streg	Parametric survival models
Sample selection 迴歸模型	
bayes: heckman	Heckman selection model
bayes: heckprobit	Probit 迴歸 with sample selection
bayes: heckoprobit	Ordered probit model with sample selection
Multilevel 迴歸模型	
bayes: mixed	Multilevel linear 迴歸
bayes: metobit	Multilevel tobit 迴歸
bayes: meintreg	Multilevel interval 迴歸
bayes: melogit	Multilevel 邏輯斯迴歸
bayes: meprobit	Multilevel probit 迴歸
bayes: mecloglog	Multilevel complementary log-log 迴歸
bayes: meologit	Multilevel ordered 邏輯斯迴歸
bayes: meoprobit	Multilevel ordered probit 迴歸
bayes: mepoisson	Multilevel Poisson 迴歸
bayes: menbreg	Multilevel negative binomial 迴歸
bayes: meglm	Multilevel generalized linear model
bayes: mestreg	Multilevel parametric survival 迴歸

2. bayesmh 指令：Bayesian models using MH. 且可以自定 Bayesian models。

二、bayesmh 指令之描述 (description)

請參考前文【Chapter 04】之【定義：貝葉斯定理】

Bayesmh 採用自適應 Metropolis-Hastings(MH) 演算法適配各種貝葉斯模型。它提供了各種 likelihood 模型和 prior 分布供您選擇。概似 (likelihood) 模型包括單變量常態線性和非線性迴歸，多元常態線性和非線性迴歸，廣義線性模型，如 logit 和 Poisson 迴歸，以及多方程線性模型。先前的分布包括：(1) 連續分布，例如均勻 (uniform)、Jeffreys、常態、gamma、多元常態及 Wishart 分布。(2) 離散分布，例如伯努利 (Bernoulli) 和 Poisson 分布。甚至也可自定自己的貝葉斯模型。

三、bayesmh 指令語法

```
Univariate linear models
  bayesmh depvar [indepvars] [if] [in] [weight],
          likelihood(modelspec) prior(priorspes) [reffects(varname) options]

Multivariate linear models
  Multivariate normal linear regression with common regressors
  bayesmh depvars = [indepvars] [if] [in] [weight].
          likelihood(mvnormal(...)) prior(priorspec) [options]

  Multivariate normal regression with outcome=specific regressors
  bauesmh ([eqname1:] depvar1 [indepvars1])
          ([eqname2:] depvar2 [indepvars2]) [...] [if] [in] [weight].
          likelihood(mvnormal(...)) prior(priorspec) [options]

Multiple-equation linear models
  bayesmh (eqspec) [(eqspec)] [...] [if] [in] [weight], prior (priorspec)
    [options]

Nonlinear models
  Univariate nonlinear regression
  bayeshm depvar = (subexpr) [if] [in] [weight],
          likelihood(modelspec) prior(priorspec) [options]
```

```
Multivariate normal nonlinear regression
bayesmh (depvars1 = (subexpr1))
        (depvars2 = (subexpr2)) [...] [if] [in] [weight],
        likelihood(mvnormal(...)) prior(priorspec) [options]

Probability distributions
Univariate distributions
bayesmh depvar [if] [in] [weight],
        likelihood(distribution) prior(priorspec) [options]

Multiple-equation distribution specifications
bayesmh (deqspec) [(deqspec)] [...] [if] [in] [weight],
        prior(priorspec) [options]
```

四、快速開始 (Quick start)

x1 預測 y1 的貝葉斯常態 (normal) 線性迴歸，x1 的係數和截距的平坦先驗 (flat priors) 以及變異數參數 {var} 上的 Jeffreys 先驗。

以下範例，均以「bayesmh.dta」資料檔爲主。

(一) 概似模型是常態分布

```
. bayesmh y1 x1, likelihood(normal({var})) prior({y1: x1 _cons}, flat)  prior({var},
  jeffreys)
```

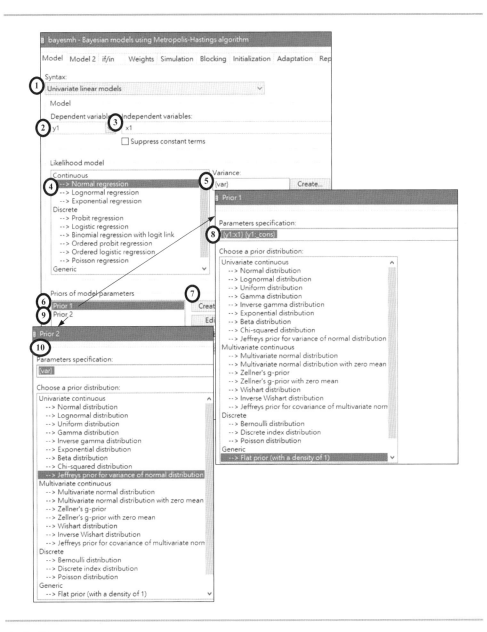

圖 6-6 「bayesmh y1 x1, likelihood(normal({var})) *prior({y1：x1 _cons}, flat)*
prior({var}, jeffreys)」畫面

註：Statistics > Bayesian analysis > General estimation and regression

```
. use "D:\CD\bayesmh.dta"

. bayesmh yl x1, likelihood(normal({var})) prior({yl:x1} {yl:_cons}, flat)
  prior({var}, jeffreys)

Burn-in ...
Simulation ...

Model summary
--------------------------------------------------------------------------
Likelihood: 概似 p(x|θ)~N(μ, σ²)，其中，參數 {var} 係待估的
  yl ~ normal(xb_yl,{var})

Priors: 先驗機率分布 p(θ)~ 1 (flat) 分布
  {yl:x1 _cons} ~ 1 (flat)                                              (1)
          {var} ~ jeffreys
--------------------------------------------------------------------------
(1) Parameters are elements of the linear form xb_yl.

Bayesian normal regression                   MCMC iterations  =     12,500
Random-walk Metropolis-Hastings sampling     Burn-in          =      2,500
                                             MCMC sample size =     10,000
                                             Number of obs    =      1,192
                                             Acceptance rate  =      .1366
                                             Efficiency:  min =     .04995
                                                          avg =     .05669
Log marginal likelihood = -4404.0058                      max =     .06117
```

	Mean	Std. Dev.	MCSE	Median	Equal-tailed [95% Cred. Interval]	
yl						
x1	.5021481	.0312157	.001286	.501096	.4424045	.5629322
_cons	11.2327	.8138878	.032907	11.24329	9.613604	12.7167
var	94.05173	3.763322	.168385	93.95005	86.6957	101.492

1. 後驗常態分布 $p(\theta \mid x) \sim N(\mu, \sigma^2)$，其中，待估的參數 {var}=94.05。

2. 後驗均數估計的 MCSE 是 Monte-Carlo Standard Error。

3. 等尾 95% 可信區間 (Cred. Interval)，若不含 0 值，表示該自變數顯著影響依變數；反之則否。本例，迴歸係數「x1 → y1」後驗的平均值是 0.502。其後驗之 95% 可信區間介於 [0.44, 0.56]，因不含 0 值，故「x1 → y1」迴歸係數達到 0.05 顯著水準。

　　將類別變數 a，用運算子 "i.a" 宣告它為 binary 型之虛無變數。

```
. bayesmh y1 x1 i.a, likelihood(normal({var})) prior({y1: x1 i.a _cons}, flat)
  prior({var}, jeffreys)
```

　　上式亦可改寫成：

```
. bayesmh y1 x1 i.a, likelihood(normal({var})) prior({y1:}, flat) prior({var},
  jeffreys)
```

　　將類別變數 a，用「i」(indicator, dummies) 運算子界定為虛無變數，內定「1.a」當比較的基準點：

```
. bayesmh y1 x1 i.a, likelihood(normal({var})) prior({y1:x1 _cons}, flat) prior({y1:
  i.a}, normal(0,100)) prior({var}, jeffreys)
```

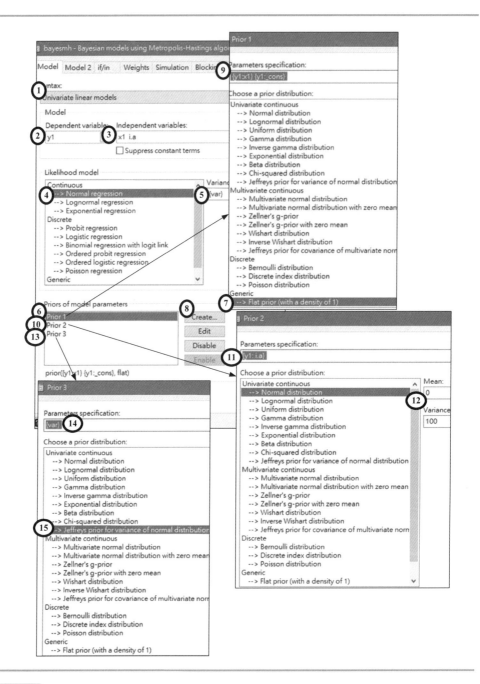

圖 6-7 「bayesmh y1 x1 i.a, likelihood(normal({var})) prior({y1：x1 _cons},flat) prior({y1：i.a}, normal(0,100)) prior({var}, jeffreys)」畫面

參數 {var} 指定起始值為 1：

```
. use bayesmh.dta

. bayesmh y1 x1 i.a, likelihood(normal({var})) prior({y1:}, flat) prior({var},
jeffreys) initial({var} 1)
```

上式亦可改寫成：

```
. bayesmh y1 x1 i.a, likelihood(normal({var=1})) prior({y1:}, flat) prior({var},
jeffreys)
```

例如：自變數 x1 具有「normal prior with $\mu = 2$ and $\sigma^2 = 0.5$」的迴歸係數 (coefficient)；x1 具有「a normal prior with $\mu = -40$ and $\sigma^2 = 100$」截距；{var} 先驗是逆伽瑪分布「inverse-gamma prior with shape parameter of 0.1 and scale parameter of 1」。以上三者的對應指令如下：

```
. use bayesmh.dta

. bayesmh y1 x1, likelihood(normal({var})) prior({y1:x1}, normal(2,.5))
prior({y1:_cons}, normal(-40,100)) prior({var}, igamma(0.1,1))
```

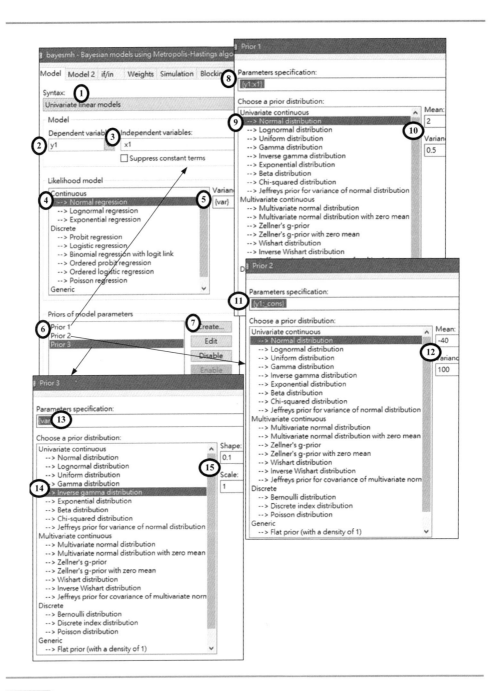

圖 6-8 「y1 x1, likelihood(normal({var})) prior({y1：x1}, normal(2,0.5)) prior({y1：_cons}, normal(-40,100)) prior({var}, igamma(0.1,1))」畫面

將 {var} 放入單獨的 (separate) block：

```
. use bayesmh.dta, clear

. bayesmh y1 x1, likelihood(normal({var})) prior({y1:x1}, normal(2,.5))
  prior({y1:_cons}, normal(-40,100)) prior({var}, igamma(0.1,1)) block({var})
```

Zellner's g prior 允許 {y1:x1} 與 {y1: _cons} 二者有相關，界定 2 個維度，{y1:x1} 的 df = 30, μ = 2、*{y1:_cons}* 之 μ = *-40* 及 variance parameter {var}。

```
. bayesmh y1 x1, likelihood(normal({var})) prior({var}, igamma(0.1,1))
  prior({y1:}, zellnersg(2,30,2,-40,{var}))
```

(二) 概似模型是邏輯斯分布

假設依變數 y2 是二分 (dichotomous) 變數，自變數 x1 是常態型連續變數，則此迴歸具有 logit 概似。

```
. bayesmh y2 x1, likelihood(logit) prior({y2:}, normal(0,100))
```

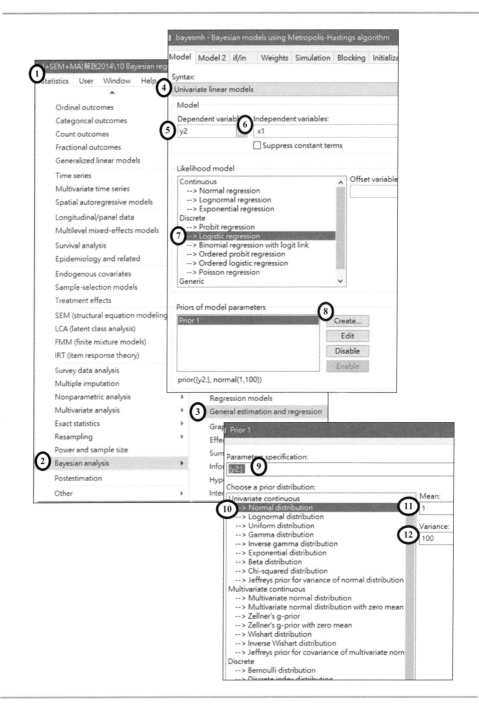

圖 6-9 「bayesmh y2 x1, likelihood(logit) prior({y2 : }, normal(0,100))」畫面

如上所述，將模型結果保存到 simdata.dta 檔，「estimates store」指令將記憶內的估計值儲存爲 m1：

```
. use bayesmh.dta

. bayesmh y2 x1, likelihood(logit) prior({y2:}, normal(0,100)) saving(simdata.dta)
. estimates store m1
```

如上所述，但在再次分析時 (replay) 保存結果：

```
. bayesmh y2 x1, likelihood(logit) prior({y2:}, normal(0,100))
. bayesmh, saving(simdata.dta)
. estimates store m1
```

顯示模型摘要而不執行估算：

```
. bayesmh y2 x1, likelihood(logit) prior({y2:}, normal(0,100)) dryrun
```

適配模型時不顯示模型摘要：

```
. bayesmh y2 x1, likelihood(logit) prior({y2:}, normal(0,100)) nomodelsummary
```

如上所述，並設定隨機數種子 (random-number seed) 以求得重製性 (reproducibility)：

```
. set seed 1234
. bayesmh y2 x1, likelihood(logit) prior({y2:}, normal(0,100))
```

如上所述：

```
. bayesmh y2 x1, likelihood(logit) prior({y2:}, normal(0,100)) rseed(1234)
```

界定 20,000 MCMC 樣本數，並將老化期間 (burn-in) 的長度設定為 5,000：

```
. bayesmh y2 x1, likelihood(logit) prior({y2:}, normal(0,100)) ///
. mcmcsize(20000) burnin(5000)
```

對於 k = 0; 1; ...，界定僅觀察 1 + 5k，保存到 MCMC 樣本中：

```
. bayesmh y2 x1, likelihood(logit) prior({y2:}, normal(0,100)) thinning(5)
```

將 MCMC 過程的最大自適應疊代次數 (adaptive iterations) 設置為 30，並界定每 25 次疊代嘗試調整 MCMC 過程：

```
. bayesmh y2 x1, likelihood(logit) prior({y2:}, normal(0,100))
adaptation(maxiter(30) every(25))
```

請求每 100 次模擬顯示一個點：

```
. bayesmh y2 x1, likelihood(logit) prior({y2:}, normal(0,100)) dots(100)
```

還要求每 1,000 次疊代顯示一次疊代次數：

```
. bayesmh y2 x1, likelihood(logit) prior({y2:}, normal(0,100)) dots(100,
every(1000))
```

上式指令亦可簡寫成：

```
. bayesmh y2 x1, likelihood(logit) prior({y2:}, normal(0,100)) dots
```

95% 改成 90% 等尾可信區間 (equal-tailed credible interval)：

```
. bayesmh y2 x1, likelihood(logit) prior({y2:}, normal(0,100)) clevel(90)
```

印出內定 95% 最高後驗密度之可信區間 (95% highest posterior density credible interval)：

```
. bayesmh y2 x1, likelihood(logit) prior({y2:}, normal(0,100)) hpd
```

Use the batch-means estimator of MCSE with the length of the block of 5
使用 MCSE 的 batch-means 估計，block 的長度為 5：

```
. bayesmh y2 x1, likelihood(logit) prior({y2:}, normal(0,100)) batch(5)
```

(三) 多變量常態迴歸：「x1 and x2 → y1 and y3」

迴歸係數及截距 (coefficients and intercepts) 採用 normal priors with $\mu = 0$ 及 $\sigma^2 = 100$，你可事先界定共變矩數 S 再符合 inverse-Wishart prior，S 的 dimension 2, df = 100, 且是單位矩陣 (Identity scale matrix)。

```
. bayesmh y1 y3 = x1 x2, likelihood(mvnormal({S, matrix})) prior({y1:} {y3:},
  normal(0,100)) prior({S, matrix}, iwishart(2,100,I(2)))
```

如上所述，但是使用共變數矩陣的縮寫：

```
. bayesmh y1 y3 = x1 x2, likelihood(mvnormal({S,m})) prior({y1:} {y3:},
  normal(0,100)) prior({S,m}, iwishart(2,100,I(2)))
```

如上所述，並使用事先定義的矩陣 W 來界定矩陣 {S,m} 的起始值：

```
. bayesmh y1 y3 = x1 x2, likelihood(mvnormal({S,m})) prior({y1:} {y3:},
  normal(0,100)) prior({S,m}, iwishart(2,100,I(2))) initial({S,m} W)
```

(四) 多變量常態迴歸：「x1 x2 → y1」及「x1 x3 → y3」

特定結果之自變數當預測變數 (outcome-specific regressors) 之多變量常態迴歸，例如「x1 x2 → y1」、「x1 x3 → y3」：

```
. bayesmh (y1 x1 x2) (y3 x1 x3), likelihood(mvnormal({S,m})) prior({y1:} {y3:},
  normal(0,100)) prior({S,m}, iwishart(2,100,I(2)))
```

(五) 線性多個方程式 (linear multiple-equation)

線性多個方程式 (linear multiple-equation)：「x1 → y1」、「y1, x1 → y3」，及 x2 with separate variance parameters for each equation：

```
. bayesmh (y1 x1, likelihood(normal({var1}))) (y3 y1 x1 x2,
  likelihood(normal({var2}))), prior({y1:} {y3:}, flat) prior({var1}, jeffreys)
  prior({var2}, jeffreys)
```

(六) 非線性模型：具有參數 {a}, {b}, {c} 及採用可替 expression 來界定的 {var}

```
. bayesmh y1 = ({a}+{b}*x1^{c}), likelihood(normal({var})) prior({a b},
  normal(0,100)) prior({c}, normal(0,2)) prior({var}, igamma(0.1,1))
```

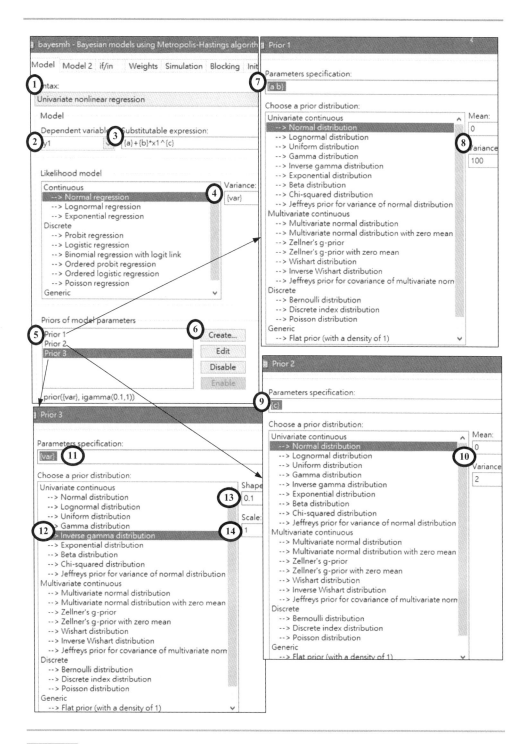

圖 6-10 「bayesmh y1 = ({a}+{b}×x1^{c}), likelihood(normal({var})) prior({a b}, normal(0,100)) prior({c}, normal(0,2)) prior({var}, igamma(0.1,1))」畫面

每個方程中具有不同參數的多元非線性模型：

```
. use bayesmh.dta
. bayesmh (y1 = ({a1} + {b1}*x1^{c1})) (y3 = ({a2} + {b2}*x1^{c2})),
  likelihood(mvnormal({S,m})) prior({a1 a2 b1 b2}, normal(0,100)) prior({c1 c2},
  normal(0,2)) prior({S,m}, iwishart(2,100,I(2)))
```

(七) 調節變數 (分次群組) 之邏輯斯迴歸

先驗：令 gr 是分組變數 (調節變數)，隨機截距 (random-intercept) 邏輯迴歸「x1 → y1」，零平均值常態，隨機截距參數的變異數參數 {var}。

```
. use bayesmh.dta

*reffects 選項：將 block 中的所有參數視為隨機效果
. bayesmh y2 x1, likelihood(logit) reffects(gr) prior({y2:i.gr}, normal(0,
{var})) prior({y2: x1 _cons}, flat) prior({var}, jeffreys)

Burn-in ...
Simulation ...

Model summary
-----------------------------------------------------------------------
Likelihood: 概似 p(x|θ)~Logit()
  y2 ~ logit(xb_y2)

Priors: 調節變數 gr 對 y2 之先驗機率分布 p(θ)~N(μ, var2)，符合 normal 分布，參數 {var}
待估
     {y2:i.gr} ~ normal(0,{var})                                      (1)
  {y2:x1 _cons} ~ 1 (flat)                                            (1)

Hyperprior: 超先驗，參數 {var} 符合 jeffreys 分布
  {var} ~ jeffreys
-----------------------------------------------------------------------
(1) Parameters are elements of the linear form xb_y2.

Bayesian logistic regression                    MCMC iterations =   12,500
```

```
Random-walk Metropolis-Hastings sampling          Burn-in          =      2,500
                                                  MCMC sample size =     10,000
                                                  Number of obs    =      1,192
                                                  Acceptance rate  =       .1369
                                                  Efficiency:  min =     .002878
                                                               avg =     .005468
Log marginal likelihood = -815.28314                           max =     .009356


--------------------------------------------------------------------------------
              |                                                Equal-tailed
              |      Mean     Std. Dev.     MCSE     Median  [95% Cred. Interval]
--------------+-----------------------------------------------------------------
y2            |
          x1  |  .0003596    .0036391    .000564   .0008973  -.0092037   .0080358
        _cons | -.0903521    .0772277    .007984  -.0748284  -.2797907   .0721153
--------------+-----------------------------------------------------------------
          var |  .0031524    .0124601    .002322   6.32e-06   1.06e-06   .0515633
--------------------------------------------------------------------------------
```

6-2 bayesmh 指令之範例

　　除了前置詞「bayes:」外，還有一個廣用的貝葉斯估計：bayesmh 指令。bayesmh 適合各種貝葉斯模型，包括多方程線性 vs. 非線性模型，並且像「bayes:」一樣，使用 adaptive MH Markov Chain Monte Carlo (MCMC) 法來估計參數。bayesmh 指令尚可讓你自定 likelihood() 和 prior() 選項從各種支援的貝葉斯模型中進行選擇。或者，可以透過在 evaluator() 選項中為模型參數的後驗分布提供程序評估程序來編寫自己的貝葉斯模型。

　　bayesmh 估計之後可再使用 bayesgraph 直觀地檢查 MCMC 的收斂性 (convergence)。還可以使用 bayesstats 來計算模型參數和模型參數函數的有效樣本數和相關統計量，以評估採樣演算法的效率及獲得的 MCMC 之樣本自我相關性 (autocorrelation)。Balov(2016) 發現如何使用 multiple chain 來計算 Gelman-Rubin 收斂統計量。建立收斂後，再使用 bayesstats 印出貝葉斯總結 (summaries)：包括模型參數的後驗均值和標準差、模型參數；並用「bayesstats ic」指令，檢驗計算貝葉斯資訊準則 (IC) 和模型的貝葉斯因子 (Bayes factors,

BF)。基至使用 bayestest 來檢驗假設並比較模型之間的後驗概率。您還可以使用「bayestest interval」指令來檢定參數和參數函數的 interval hypotheses。

　　以下章節，本書提供一個貝葉斯命令套件的概述示例。故本章節中，我們主要關注一般命令：bayesmh。

6-2-1 範例 1：OLS 線性迴歸 (regress)vs. Bayesian 線性迴歸 (bayes : regress)

範例：最小平方法 Ordinary least squares (OLS) 線性迴歸 (regress 指令) vs. 貝氏線性迴歸 (bayes : regress 指令)

(一) 問題說明

　　本例取自，Kuehl(2000,551) 關於運動對攝氧的影響的例子。研究目的是比較兩個運動項目的影響：12 週的有氧訓練和 12 週的室外跑步對平坦的地形—最大攝氧量 (on maximal oxygen uptake)。將 12 名健康男性隨機分配到兩組中的一組，即「有氧 aerobic 組」或「跑步 running 組」。記錄他們在 12 週時間內最大通氣量 (升 / 分鐘) 的變化。資料檔「oxygen.dta」包含 12 個觀察對象的氧氣最大通氣量的變化，記錄在變量中，來自兩組，記錄在變量組中。另外，受試者的年齡記錄在可變年齡中，並且年齡和組之間的相互作用儲存在可變的相互作用中。

變數名稱	說明	編碼 Codes/Values
label/ 依變數：change	最大攝氧量的變化 (升 / 分鐘)	−10.74～17.05
features/ 自變數：group	運動組 (0= 跑步 , 1= 有氧運動)	0～1 (虛擬變數)
features/ 自變數：age	年齡	20～31 歲
features/ 自變數：ageXg	交互作用項	0～31

(二) 資料檔之內容

　　「oxygen.dta」資料檔內容如下圖。

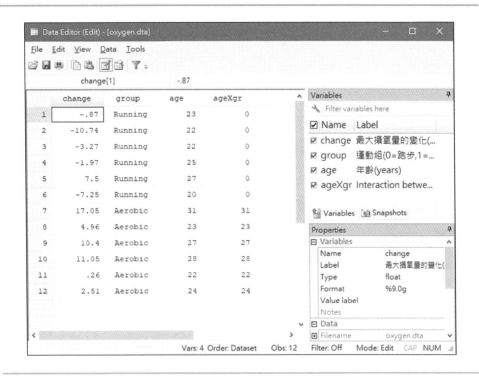

圖 6-11 「oxygen.dta」資料檔內容 (N=12 個人)

觀察資料之特徵

```
* 開啟資料檔
. use oxygen.dta , clear
* 或
. webuse oxygen


. describe
Contains data from D:\CD\oxygen.dta
  obs:           12                      Oxygen Uptake Data
  vars:           4                      31 Jul 2018 11:33
  size:          84                      (_dta has notes)
-----------------------------------------------------------------
              storage   display    value
variable name   type    format     label    variable label
-----------------------------------------------------------------
change          float    %9.0g               最大攝氧量的變化 ( 升 / 分鐘 )
group           byte     %8.0g     grouplab   運動組 (0= 跑步 ,1= 有氧運動 )
```

```
age            byte    %8.0g                年齡 (years)
ageXgr         byte    %9.0g                Interaction between age and group
-----------------------------------------------------------------------
```

(三) 分析結果與討論

Step 1   對照組：OLS 迴歸分析

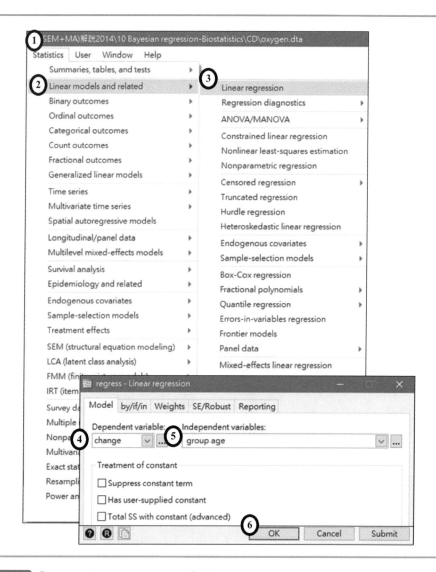

圖 6-12 「regress change group age」畫面

註：Statistics > Linear models and related > Linear regression

```
* 開啟資料檔
. use oxygen.dta , clear
. regress change group age


      Source |       SS           df       MS        Number of obs   =        12
-------------+----------------------------------      F(2, 9)         =     41.42
       Model | 647.874893          2  323.937446      Prob > F        =    0.0000
    Residual | 70.388768           9  7.82097423      R-squared       =    0.9020
-------------+----------------------------------      Adj R-squared   =    0.8802
       Total | 718.263661         11  65.2966964      Root MSE        =    2.7966


------------------------------------------------------------------------------
      change |      Coef.   Std. Err.      t    P>|t|     [95% Conf. Interval]
-------------+----------------------------------------------------------------
       group |   5.442621   1.796453     3.03   0.014     1.378763    9.506479
         age |   1.885892    .295335     6.39   0.000     1.217798    2.553986
       _cons |    -46.4565   6.936531    -6.70   0.000    -62.14803   -30.76498
------------------------------------------------------------------------------
```

1. 以「group, age」自變數，求得 OLS 線性迴歸分析結果為：

$$change = -46.457 + 5.443 \times group + 1.885 \times age$$

2. 上表中 (p 值) 可以看出，group 和 age 都是該模型結果的重要預測因子。

3. 本例分析結果，拒絕虛無假設 $H_0 : \beta_{group} = 0$，p 值 = 0.014(α = 0.05)。表中的 p 值的實際解釋是，如果我們重複相同的實驗並多次使用相同的測試程序，那麼拒絕無假設「group 是無效果」。「group → change」迴歸係數 (Coef.) 顯著性 t 檢定，t = 3.03(> 臨界值 1.96)；且 [95% Conf. Interval] = [1.378,9.506] 亦不含 0 值，故可斷定「group → change」迴歸係數亦達顯著效果。相對地，本例的貝葉斯假設檢驗，bayestest model 指令：使用模型後驗概率進行假設檢驗。它使用 Laplace-Metropolis 近似法來計算邊際概似 (ML)。

Step 2 實驗組 1：「bayes : regress」線性迴歸分析

「bayes: 某迴歸」指令，係以內定先驗 (default prior) 來界定模型，故簡單易用，很適合初學者。本例，改用「bayes：regress」指令來取代 OLS 迴歸。

對於線性迴歸而言，迴歸係數被指定為獨立的常態先驗，零均值和 variance 為 10,000，並且 variance 被指定為具有 0.01 的相同形狀和比例參數的 inverse-gamma 先驗。為方便起見，STaTa 提供內定的先驗，它具有適度縮放參數的模型，它們也是無資訊的 (uninformative)。但是，不保證它們對所有模型和數據集都 uninformative。當然，您可仿照「範例 2 ～ 範例 8」做法，根據感興趣模型來挑選更適當的先驗。

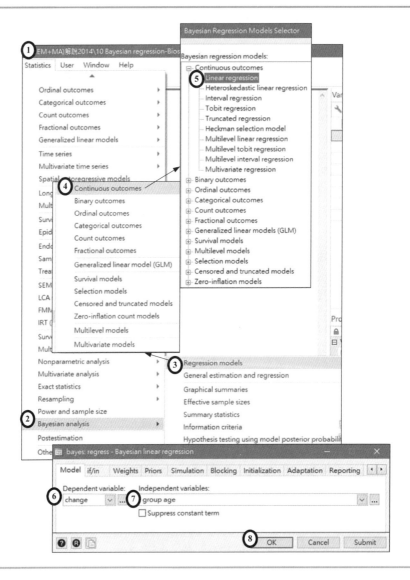

圖 6-13 「bayes：regress change group age」畫面

註：Statistics > Linear models and related > Bayesian regression > Linear regression

```
* 開啟資料檔
. use oxygen.dta , clear
. bayes : regress change group age


Burn-in ...
Simulation ...


Model summary
```

Likelihood: 依變數概似 ~N(xb_change, sigma2)。$change \sim N(X\beta, \sigma^2)$，參數 {sigma2} 係待估的
```
    change ~ regress(xb_change,{sigma2})
```

Priors: 先驗機率分布 $p(\theta) \sim N(\mu, \sigma^2)$，2 個自變數 (age _cons) 及截距對依變數 y, 符合 normal 分布
```
    {change:group age _cons} ~ normal(0,10000)                            (1)
                {sigma2} ~ igamma(.01,.01)
```
----
(1) Parameters are elements of the linear form xb_change.

```
Bayesian linear regression              MCMC iterations  =    12,500
Random-walk Metropolis-Hastings sampling   Burn-in       =     2,500
                                        MCMC sample size =    10,000
                                        Number of obs    =        12
                                        Acceptance rate  =     .3524
                                        Efficiency:  min =    .04999
                                                     avg =    .07559
Log marginal likelihood = -45.908248         max =    .0899
```

	後驗均數	後驗標準差		後驗中位數	Equal-tailed	
	Mean	Std. Dev.	MCSE	Median	[95% Cred. Interval]	
change						
group	5.483084	1.960285	.070828	5.56023	1.553566	9.25332
age	1.873236	.3263142	.011135	1.87271	1.21373	2.516275
_cons	-46.12982	7.640724	.254834	-46.24104	-61.06315	-31.12151
sigma2	9.932292	6.019731	.269226	8.498914	3.644318	25.50554

```
-------------------------------------------------------------
Note: Default priors are used for model parameters.

* 用 bayestest 做 Bayesian hypothesis 檢定
. bayestest model

Bayesian model tests

------------------------------------------------
          |   log(ML)      P(M)     P(M|y)
----------+-------------------------------------
   active |  -45.9082     1.0000    1.0000
------------------------------------------------
Note: Marginal likelihood (ML) is computed using
      Laplace-Metropolis approximation.
```

1. 對照一下，以「group, age」自變數，求得 OLS 線性迴歸分析結果為：

$$change = -46.457 + 5.443 \times group + 1.885 \times age$$

改以「group, age」自變數，求得 Bayesian 線性迴歸分析結果為：

$$change = -46.129 + 5.483 \times group + 1.873 \times age$$

Bayesian 迴歸與 OLS 迴歸分析結果很相近，但二者的報表解釋是不同。貝葉斯模型假設所有參數都是隨機的。因此，對於第 1 個自變數得分 {change：group} 的斜率 (後驗平均數 =5.483)，它的 95% 可信區間為 [1.55, 9.25]，這意味著 {change：group } 在 [1.55, 9.25] 之間的概率為 0.95。這種概率解釋不適用於 OLS 迴歸的信賴區間 (confidence interval)，儘管可信區間 ([95% Cred. Interval]) 亦印出 {change：group} 的類似合理範圍。

2. 等尾 95% 可信區間 (Cred. Interval)，若不含 0 值，表示該自變數顯著影響依變數；反之則否。本例，迴歸係數「group → change」後驗的平均值是 5.483。其後驗之 95% 可信區間介於 [1.55, 9.25]，因不含 0 值，故「group → change」迴歸係數達到 0.05 顯著水準。

3. 本例，Likelihood: 概似 $p(x \mid \theta) \sim N(\mu, \sigma^2)$，其中，參數 {sigma2} 係待估的。

4. 自變數及截距之先驗分布 $p(\theta) \sim N(\mu, \sigma^2)$，模型誤差的變異數 sigma2~ 符合

igamma(.01,.01)：

```
{change:group age _cons} ~ normal(0,10000)                    (1)
              {sigma2} ~ igamma(.01,.01)
```

{change:group age _cons} 代表：一個自變數及截距項對依變數，符合 ~N(μ, σ^2)，平均數為 0；變異數為 10,000(標準差是開平方根 =100)。

{sigma2} ~ igamma(.01,.01) 代表：誤差的變異數 σ^2 之先驗分布是符合 inverse Gamma(.01,.01) 分布。

5. 先驗機率分布 p(θ) ~ N(μ, σ^2)：

二個自變數 (x1 x2 x3) 及截距對依變數 y，符合 normal 分布：

{change:group age _cons} ~ normal(0,10000) 代表：2 個迴歸係數及截距項對依變數，符合 ~N(μ, σ^2)，平均數為 0；變異數為 10,000(標準差是開平方根 =100)。

{sigma2} ~ igamma(.01,.01) 代表：先驗常態分布之變異數 σ^2 是符合 inverse Gamma(.01,.01) 分布。

6. 後驗常態分布 p(θ | x) ~ N(μ, σ^2)，模型誤差的變異數 (sigma2)= 9.932，接近 OLS 迴歸 ANOVA 表之殘差均方值 MS_e = 7.82。

7. 後驗均數估計的 MCSE 是 Monte-Carlo Standard Error。

8. 「bayes : regress」迴歸的採樣效率 (Efficiency=0.0755) 會比 gibbs 採樣低，
   Step 3 gibbs 採樣求得更高的效率 (Efficiency=0.889)。

Step 3　實驗組 2：「bayes, gibbs: regress」線性迴歸分析

```
* 開啟資料檔
. use oxygen.dta , clear
. bayes, gibbs: regress change group age


Burn-in ...
Simulation ...

Model summary
--------------------------------------------------------------------
Likelihood: 依變數概似 ~N(xb_change, sigma2)。change ~ N(Xβ, σ²)，參數 {sigma2}
係待估的
```

```
change ~ normal(xb_change,{sigma2})
```

Priors: 先驗機率分布 p(θ)~N(μ, σ^2),2 個自變數 (age _cons) 及截距對依變數 y, 符合 normal 分布
```
 {change:group age _cons} ~ normal(0,10000)                    (1)
              {sigma2} ~ igamma(.01,.01)
```
----
(1) Parameters are elements of the linear form xb_change.

```
Bayesian linear regression          MCMC iterations  =    12,500
Gibbs sampling                      Burn-in          =     2,500
                                    MCMC sample size =    10,000
                                    Number of obs    =        12
                                    Acceptance rate  =         1
                                    Efficiency:  min =      .556
                                                 avg =      .889
Log marginal likelihood = -45.83666              max =         1
```

	後驗均數	後驗標準差		後驗中位數	Equal-tailed	
	Mean	Std. Dev.	MCSE	Median	[95% Cred. Interval]	
change						
group	5.452439	2.062795	.020628	5.460372	1.360104	9.512987
age	1.875606	.330127	.003301	1.877129	1.228647	2.543129
_cons	-46.21334	7.746862	.077469	-46.18291	-61.82541	-31.09702
sigma2	9.929756	5.899176	.079113	8.426173	3.731261	24.76194

Note: Default priors are used for model parameters.

1. 正如所料，我們在使用 gibbs 採樣可獲得更高的效率 (Efficiency=0.889)。但是，gibbs 選項僅能用於：「bayes, gibbs: regress」及「bayes, gibbs: mvreg」。

6-2-2 範例 2：Bayesian normal linear regression with noninformative prior(未自定參數的分布)

在 範例 1 中，我們指出頻率論 (frequentist) 方法不能爲感興趣的參數提供 probabilistic 摘要。這是因爲頻率統計 (frequentist statistics) 中，參數 [ϕ 設爲 N(μ, σ^2)] 被視爲未知且固定值。頻率論模型中唯一隨機量 (random quantity) 是感興趣的結果 (依變數)。另一方面，貝葉斯統計數據除了感興趣的結果外，還將「模型之所有參數」視爲隨機量。這就是貝葉斯統計數據與頻率統計數據的最大差別，使人們可以對參數的可能值進行概率陳述，並將概率分配給感興趣的假設。

貝葉斯統計集中於感興趣之估計參數的後驗分布，初始或先驗 (initial or a prior) 分布利用觀察數據中所包含的參數的資訊來更新。因此，通過參數的先驗分布和已知參數的數據之概似函數來描述後驗 (posterior) 分布。

範例 2 延用資料檔「oxygen.dta」，來適配 Bayesian parametric 模型。故我們需指定模型所有參數之概似函數、數據的分布以及先驗分布。我們的貝葉斯線性模型有四個參數 (parameters)：三個迴歸係數和數據的變異數。假設本例的結果 (change) 符合常態分布，並從參數之 noninformative Jeffreys prior 開始。在 Jeffreys 先驗之下，係數和 variance 的聯合先驗分布與 $\frac{1}{variance}$ 成正比例。即如下方式編寫模型。

$$change \sim N(X\beta, \sigma^2)$$
$$(\beta, \sigma^2) \sim \frac{1}{\sigma^2}$$

其中，X 是設計矩陣。$\beta = (\beta_0, \beta_{group}, \beta_{age})'$，它是係數的向量。

我們使用 bayesmh 命令來適配 (fit) 貝葉斯模型。此模型的界定如下。

bayesmh 中迴歸函數的界定與任何其他 STaTa 迴歸命令相同語法：{ 依變數：共變數 }。概似或結果分布在 likelihood() 內界定；先驗分布在 prior() 選項中指定，這是重複選項。且必須在大括號 {} 中指定所有模型參數。bayesmh 自動創建與迴歸函數：迴歸係數相關的參數，但您有責任定義剩餘的模型參數。本例中，需要定義的唯一參數是 variance 參數，我們將其定義爲 {var}。bayesmh 會自動創建三個迴歸係數 {change：group}、{change：age} 及 {change：cons}。

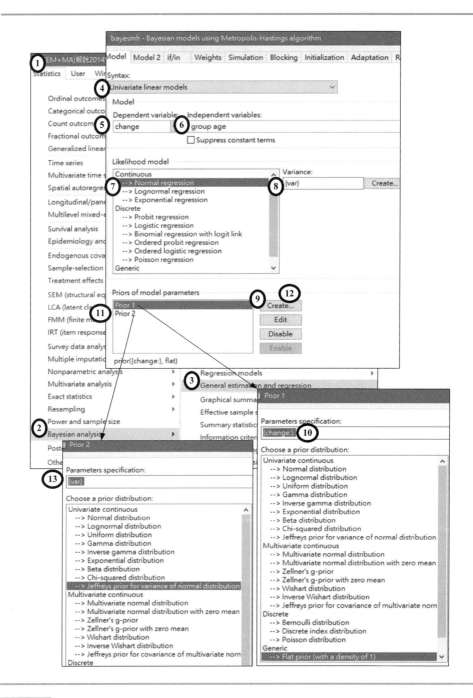

圖 6-14 「bayesmh change group age, likelihood(normal({var})) prior({change：}, flat) prior({var}, jeffreys)」畫面

註：Statistics > Bayesian analysis > General estimation and regression

bayesmh 指令如下表，我們需要定義的唯一參數是 variance 參數，本例將其定義爲 {var}。三個迴歸係數 {change：group}、{change：age} 和 {change：cons}。

本例中，在概似函數方面：「likelihood(normal({var}))」界定 {var} 參數爲 normal 分布。

在先驗分布方面：「prior({change：})」界定 {change：} 爲 flat 分布。「prior({var}, jeffreys)」用先驗 jeffreys 分布估計參數 {var}，以求得密度 $1 / \sigma^2$。

bayesmh 命令係使用 MCMC sampling，特別是 adaptive random-walk MH MCMC 法來估計參數的邊際後驗分布。因爲 bayesmh 使用的是隨機 (stochastic) 的 MCMC 法，所以我們必須指定一個隨機數種子來重現我們的結果。因此爲保持一致性和簡單性，本書所有範例中使用了相同的隨機 seed 14。

```
* 開啟資料檔
. use oxygen.dta , clear
. set seed 14
. bayesmh change group age, likelihood(normal({var})) prior({change:}, flat)
prior({var}, jeffreys)


Burn-in ...
Simulation ...

Model summary
------------------------------------------------------------------------
Likelihood: 依變數概似 ~N(xb_change,var)。change ~ N(Xβ, σ²)，參數 {var} 係待估的
  change ~ normal(xb_change,{var})

Priors: 先驗機率分布 p(θ)：{change:group age _cons} ~ 1 (flat) 分布。{var}~jeffreys
分布
  {change:group age _cons} ~ 1 (flat)                                  (1)
                {var} ~ jeffreys
------------------------------------------------------------------------
(1) Parameters are elements of the linear form xb_change.

Bayesian normal regression                    MCMC iterations  =    12,500
Random-walk Metropolis-Hastings sampling      Burn-in          =     2,500
                                              MCMC sample size =    10,000
```

```
                                          Number of obs    =        12
                                          Acceptance rate  =     .2636
                                          Efficiency:  min =     .04378
                                                       avg =     .05856
Log marginal likelihood = -24.859804                   max =     .07168


---------------------------------------------------------------------
            |   後驗均數  後驗標準差              後驗中位數  Equal-tailed
            |    Mean    Std. Dev.     MCSE     Median  [95% Cred. Interval]
------------+--------------------------------------------------------
change      |
      group |  5.409386   2.00425    .086435   5.402449  1.423186  9.458381
        age |  1.878505  .3169095    .011837   1.880062  1.212865  2.514761
      _cons | -46.23162  7.354699    .288464  -46.36023  -60.7352 -31.20772
------------+--------------------------------------------------------
        var |  9.552263  4.993462    .238657   8.303882  3.644576  23.08888
---------------------------------------------------------------------
```

1. bayesmh 印出你指定模型的摘要。bayesmh 對於具有許多參數和 hyperparameters 的複雜模型特別有用。實務上，建議您先用 dryrun 選項，該選項僅提供模型的摘要而不進行估算，以驗證模型的規格，然後繼續進行估算。然後，在估算期間使用 nomodel summary 選項來抑制模型摘要，因這可能相當長。

2. bayesmh 報表右側提供了帶有各種模型摘要的標題。它報告了 MCMC 疊代的總數，12,500，包括從分析 MCMC 樣本中丟棄的內定 2,500 次老化 (Burn-in) 疊代，以及 MCMC 樣本中保留的疊代次數，或 MCMC 樣本大小，內定爲 10,000。應將這些內定值視爲初始估計值，並針對手頭的問題進一步調整，以確保 MCMC 的收斂性 (見範例 5)。

   接受率 (acceptance rate) 和特定參數效率 (Efficiency) 也是報表輸出的一部分。接受率指定算法接受的建議參數值的比例。在我們的示例中，接受率爲 0.14 意味著算法接受了 10,000 個提議參數值中的 14%。對於 MH 算法，該數字很少超過 50% 並且通常低於 30%。低接受率 (例如：低於 10%) 可能表示收斂出問題。在本例中，接受率有點低，因此我們可能需要進一步調查。通常，與其他 MCMC 方法相比，MH 往往具有較低的效率。

例如：10% 或更高的 Efficiency 被認為是好的。低於 1% 的效率可能引起關注。
在我們的例子中 Efficiency 有點低，所以我們可以考慮調整我們的 MCMC 採
樣器 (請參閱提高 MH 算法效率─阻止參數)。

bayesmh 報表最後一個表格，其中包含結果摘要。均值列報告後驗均值
(posterior means) 的估計值，後驗均值是參數的邊際後驗分布的平均值 (means
of the marginal posterior distributions of the parameters)。

後驗均值估計非常接近於範例 1 中獲得的 OLS 估計值。如果 MCMC 收斂，
這是預期的事，因為我們使用了非資訊先驗 (noninformative prior)。也就是
說，除了數據中包含的參數之外，我們沒有提供任何其他資訊。

3. 對照一下，以「bayes : regress change group age」，求得 Bayesian 線性迴歸分
   析結果為：

$$change = -46.129 + 5.483 \times group + 1.873 \times age$$

改以「bayesmh change group age, likelihood(normal({var})) prior({change:}, flat)
prior({var}, jeffreys)」，求得 Bayesian 線性迴歸結果為：

$$change = -46.231 + 5.409 \times group + 1.879 \times age$$

這二者迴歸分析結果很相近。即「bayes : regress」Bayesian 線性迴歸只是一
般化 bayesmh 指令的特例之一。

4. [95% Cred. Interval] 是參數的可靠區間 (credible intervals)，它信賴區間
   (confidence intervals) 不同，如 範例 1 中所討論的，可靠區間具有直接的概率
   解釋 (probabilistic interpretation)。等尾 95% 可信區間 (Cred. Interval)，若不含
   0 值，表示該自變數顯著影響依變數；反之則否。本例，迴歸係數「group →
   change」後驗的平均值是 5.41。其後驗之 95% 可信區間介於 [1.423, 9.458]，
   因不含 0 值，故「group → change」迴歸係數達到 0.05 顯著水準。

5. 本例，依變數的 Likelihood：概似 $p(x \mid \theta) \sim N(\mu, \sigma^2)$，其中，參數 {var} 係待估
   的。

6. 自變數及截距之**先驗分布 $p(\theta) \sim flat(\sigma^2 = 1)$**，誤差的變異數 var ~ 符合 jeffreys
   分布：

```
{change:group age _cons} ~ 1 (flat)                              (1)
              {var} ~ jeffreys
```

7. 後驗常態分布 p(θ|x)：*change* ~ $N(X\beta, \sigma^2)$，誤差的變異數 (var) = 9.552。

8. 後驗均數估計的 MCSE 是 Monte-Carlo Standard Error。後驗平均估計的精確度 (precision) 由 Monte Carlo Standard Errors(MCSE) 來描述。相對於參數的比例，這些數字應該很小。增加 MCMC 樣本數亦可減少這些數字。

9. Median 欄提供了後驗分布中位值的估計值，用於評估後驗分布的對稱性。本例，後驗均值和中位數的估計值與迴歸係數非常接近，因此我們猜測它們的後驗分布可能是對稱的。

然而，在對結果進行任何解釋之前，驗證 MCMC 的收斂是很重要的 (見 範例 5)。

6-2-3 範例 3：Bayesian linear regression with informative prior(自定參數的分布)

所謂「資訊先驗 (informative prior)」是說，除了數據中包含的參數之外，我們亦提供其他資訊。

在 範例 2 中，我們考慮模型參數的非資訊先驗 (noninformative prior)。貝葉斯建模的優點 (以及弱點) 是指定豐富資訊的先驗分布 (informative prior distribution)，這可以改善結果。(1) 優勢在於，如果我們對參數的分布有可靠的先驗知識，將其納入我們的模型中將改善結果，進而使得在頻率領域(frequentist domain) 中不可能執行的某些分析變得可行。(2) 缺點是不合理、不正確的先驗可能導致觀察數據無法支持的結果。不論貝葉斯或頻率論，在建模任務時，對於生成數據及其參數的過程進行實質性 (substantive) 研究，對於找到合適的模型都是必要的。

讓我們考慮一下我們的常態迴歸模型的資訊共軛先驗分布。

本例，介紹一下，常態迴歸模型的資訊共軛先驗分布 (informative conjugate prior distribution)：

$$(\beta \mid \sigma^2) \sim \text{i.i.d. } N(0, \sigma^2)$$
$$\sigma^2 \sim \text{InvGamma}(2.5, 2.5)$$

爲簡單說明，假定 (assumed) 所有係數 β 是獨立且相同地分布 (IID) 都具有零均值和變異數 σ^2，並且 variance(即 σ^2) 參數根據上述 inverse gamma 分布。在實務上，更好的先驗是允許每個參數具有不同的變異數，至少參數都具有不同 scales。使用 bayesmh 來適配這個模型。例如：上面的模型，我們指定：係數是

normal(0,{var}) prior，及 variance 是 igamma(2.5, 2.5) 先驗。

接著再用下列 bayesmh 指令，來界定資訊先驗：係數符合 normal(0, {var}) prior；variance 符合 igamma(2.5, 2.5) 先驗。

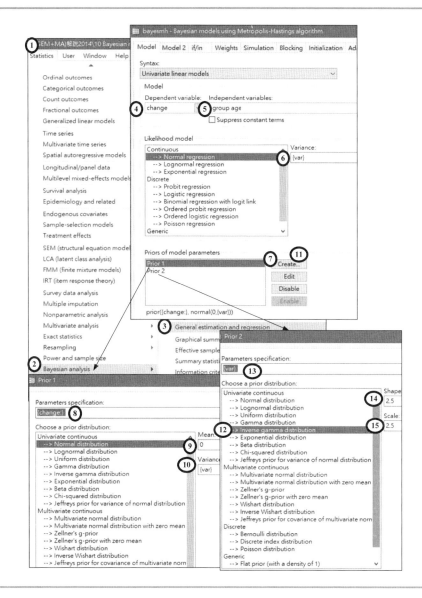

圖 6-15 「bayesmh change group age, likelihood(normal({var})) prior({change：}, normal(0, {var})) prior({var}, igamma(2.5, 2.5))」畫面

註：Statistics > Bayesian analysis > General estimation and regression

```
* 開啟資料檔
. use oxygen.dta , clear
. set seed 14
. bayesmh change group age, likelihood(normal({var})) prior({change:}, normal(0,
{var})) prior({var}, igamma(2.5, 2.5))


Burn-in ...
Simulation ...

Model summary
```

Likelihood: 依變數概似 ~N(**xb_y, var**)。*change* ~ $N(X\beta, \sigma^2)$，參數 {var} 係待估的
    change ~ normal(xb_change,{var})

Priors: 先驗機率分布 p(θ)~N(O,**var**),2 個自變數及截距對依變數 change, 符合 normal 分布
    {change:group age _cons} ~ normal(0,{var})   (1)
                    {var} ~ igamma(2.5,2.5)

----

(1) Parameters are elements of the linear form xb_change. *change* ~ $N(X\beta, \sigma^2)$

```
Bayesian normal regression                        MCMC iterations  =    12,500
Random-walk Metropolis-Hastings sampling          Burn-in          =     2,500
                                                  MCMC sample size =    10,000
                                                  Number of obs    =        12
                                                  Acceptance rate  =     .1485
                                                  Efficiency:  min =   .002975
                                                               avg =   .005903
Log marginal likelihood = -48.975196                           max =     .0106
```

	Mean	Std. Dev.	MCSE	Median	Equal-tailed [95% Cred. Interval]	
change						
group	5.486194	3.490605	.596821	5.513205	-1.712555	12.40275
age	.3248195	.2435941	.029944	.3218523	-.1460957	.8734049
_cons	-7.785321	5.373747	.521994	-7.872061	-19.31373	2.491692
var	32.80892	17.18971	3.15131	28.91181	13.9936	77.36362

```
--------------------------------------------------------------------------------
Note: There is a high autocorrelation after 500 lags.
```

1. 此模型的結果與我們在範例 2 的分析結果很不相同。表示你若能使用「資訊
   先驗」會比「無資訊先驗」，更能展現貝氏迴歸分析的精準性。

6-2-4 範例 4：Bayesian normal linear regression with multivariate prior

繼續提供資訊先驗，我們將考慮 Zellner's g-prior(Zellner 1986)，它是常態線性迴歸中迴歸係數的常用先驗之一。Hoff(2009) 提供了本例子更多細節，並且包括了 age 和 group 之間的交互，如 範例 7 所示。本例旨在教導如何使用 bayesmh 來適配的多變量先驗 (multivariate prior) 模型。multivariate 先驗的數學公式如下：

$$(\beta \,|\, \sigma^2) \sim \mathrm{MVN}(0, g\sigma^2(X'X)^{-1})$$

$$\sigma^2 \sim \mathrm{InvGamma}\,(v_0/2, v_0\sigma_0^2/2)$$

其中，g 反映先驗的樣本數，v_0 是 inverse gamma 分布的先驗自由度，σ_0^2 是反伽瑪分布的先驗變異數。該先驗包含係數之間的依賴性。使用與 Hoff(2009) 類似的參數值：$g = 12$，$v_0 = 1$，$\sigma_0^2 = 8$。

根據上述先驗描述，bayesmh 提供了 zellnersg0( ) prior，zellnersg0( ) 第一個參數是分布的維度，在本例子維度 =3，第二個參數是先驗的自由度 (=12)，最後一個參數是 variance 參數，在本例用 {var} 表示待估參數。假定平均值在相應維度是零向量。如果要指定非零均值向量，則可以使用 zellnersg()。

```
* 開啟資料檔
. use oxygen.dta , clear
. set seed 14
. bayesmh change group age, likelihood(normal({var})) prior({change:},
zellnersg0(3,12,{var})) prior({var}, igamma(0.5, 4))


Burn-in ...
Simulation ...


Model summary
```

```
--------------------------------------------------------------------
Likelihood: (β|σ²) ~ 符合MVN(0,gσ²(X'X)⁻¹) . σ² ~ 符合InvGamma(v₀/2, v₀v₀²/2)
  change ~ normal(xb_change,{var})

Priors:
  {change:group age _cons} ~ zellnersg(3,12,0,{var})                    (1)
               {var} ~ igamma(0.5,4)
--------------------------------------------------------------------
(1) Parameters are elements of the linear form xb_change.

Bayesian normal regression                   MCMC iterations  =   12,500
Random-walk Metropolis-Hastings sampling     Burn-in          =    2,500
                                             MCMC sample size =   10,000
                                             Number of obs    =       12
                                             Acceptance rate  =    .2112
                                             Efficiency:  min =   .03214
                                                          avg =   .03921
Log marginal likelihood = -35.676799                      max =    .0544


             |                                          Equal-tailed
             |    Mean    Std. Dev.    MCSE     Median  [95% Cred. Interval]
-------------+------------------------------------------------------------
change       |
       group | 5.106254   2.107541   .090362  5.069431   .7595599  9.359445
         age | 1.727571    .350382   .019545  1.742837  1.017507   2.436733
       _cons | -42.60595  8.296076   .438349  -42.77296 -59.22246 -26.07931
-------------+------------------------------------------------------------
         var | 11.57108   4.965062   .267408  10.46487   5.066628  24.69677
--------------------------------------------------------------------
```

1. 具有 multivariate prior 的結果及 範例 2 的結果，比 範例 3 的結果更一致，但
   是接受率和效率低仍需要進一步探究。

進階的設定矩陣 S：多元常態先驗

　　我們可以手動重製 zellnersg0() 上面做的事情。首先，我們必須計算 $(X'X)^{-1}$。
我們可以使用 STaTa 的矩陣函數：matrix accum、matrix S = syminv(xTx)。

　　以下例子，爲係數指定所需的多元常態先驗，mvnormal0(3,12*{var}*S)。mvnormal0( ) 的第一個參數指定分布的維度，第二個參數指定 variance–covariance 矩陣。假定所有維度均值爲 0。該界定 variance–covariance 矩陣爲 {var} 的函數。

```
* 開啟資料檔
. use oxygen.dta , clear
. set seed 14
. matrix accum xTx = group age
. matrix S = syminv(xTx)
. bayesmh change group age, likelihood(normal({var})) prior({change:},
mvnormal0(3,12*{var}*S)) prior({var}, igamma(0.5, 4))


Burn-in ...
Simulation ...

Model summary
--------------------------------------------------------------------
Likelihood:
  change ~ normal(xb_change,{var})

Priors:
  {change:group age _cons} ~ mvnormal(3,0,0,0,12*{var}*S)         (1)
                  {var} ~ igamma(0.5,4)
--------------------------------------------------------------------
(1) Parameters are elements of the linear form xb_change.


Bayesian normal regression                MCMC iterations  =     12,500
Random-walk Metropolis-Hastings sampling  Burn-in          =      2,500
                                          MCMC sample size =     10,000
                                          Number of obs    =         12
                                          Acceptance rate  =     .06169
                                          Efficiency:  min =      .0165
                                                       avg =     .02018
Log marginal likelihood = -35.356501                   max =     .02159


--------------------------------------------------------------------
```

```
                |                                       Equal-tailed
                |    Mean    Std. Dev.    MCSE    Median [95% Cred. Interval]
----------------+----------------------------------------------------------
change          |
         group  | 4.988881   2.260571  .153837  4.919351  .7793098  9.775568
           age  | 1.713159   .3545698  .024216  1.695671  1.053206  2.458556
         _cons  | -42.31891  8.239571  .565879 -41.45385 -59.30145 -27.83421
----------------+----------------------------------------------------------
           var  | 12.29575   6.570879  .511475   10.3609  5.636195  30.93576
----------------+----------------------------------------------------------
```

1. 該模型的接受率和效率都偏低。補救方法見 範例 5，即在 bayesmh 用 block({var}) 選項來界定 variance。

6-2-5 範例 5：檢查收斂性 (Checking convergence)

bayesgraph 指令：繪圖做收斂性的摘要圖。

承 範例 2 之參數界定，再執行「bayesgraph diagnostics」指令，即可診斷該貝氏模型某個係數的收斂性。

```
* 開啟資料檔
. use oxygen.dta , clear
. set seed 14
* 範例 2 之參數界定
. quietly bayesmh change group age, likelihood(normal({var})) prior({change:}, flat)
prior({var}, jeffreys)
. bayesgraph diagnostics {change:group}
```

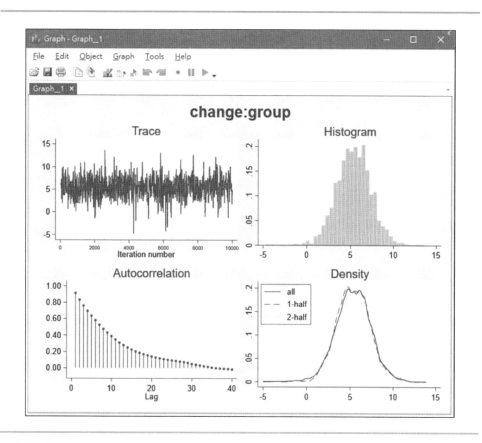

圖 6-16 「bayesgraph diagnostics {change：group}」繪出的收斂診斷圖

上圖顯示的診斷包括：trace 圖、自相關圖、直方圖和核密度 (kernel density) 估計，其中覆蓋有使用 MCMC 樣本的第一和第二半估計的密度。trace 圖和自相關圖都顯示本例具有高自相關性。直方圖的形狀不是單峰的。在這個例子中我們肯定有一些收斂問題。同樣，若要一次查看所有 (_all) 模型參數的診斷，請鍵入：

```
. bayesgraph diagnostics _all
```

此外，「bayesstats ess」指令，另外印出：其他有用的摘要，例如有效的樣本數和與它們相關的統計數據。

```
. bayesstats ess

Efficiency summaries     MCMC sample size =     10,000

-----------------------------------------------------
             |        ESS    Corr. time    Efficiency
-------------+---------------------------------------
change       |
       group |     500.23         19.99        0.0500
         age |     678.57         14.74        0.0679
       _cons |     713.19         14.02        0.0713
-------------+---------------------------------------
         var |     399.38         25.04        0.0399
-----------------------------------------------------
```

1. 若 ESS 估計值與 MCMC 樣本數越接近，則 MCMC 樣本的相關性 (Corr. time) 越小，參數估計值越精確。不要期望使用 MH 演算法看到接近 MCMC 樣本數 的值，但低於 MCMC 樣本大小的 1% 的值肯定是紅旗。在本例中，{var} 的 ESS 偏低，因此可能需要考慮提高其採樣效率 (Efficiency)。例如：blocking on {var} 應該可以提高變異數的效率。在兩個單獨的 blocking 中對迴歸係數 和變異數進行採樣通常是個好主意。

相關時間 (correlation times) 可視爲 MCMC 樣本中自相關滯後 (lags) 的估計。 例如：係數的相關時間在 46 和 47 之間，並且 variance 參數的相關時間更高， 相關時間爲 61。因此，若 variance 的效率低於迴歸係數的效率，則需要對 MCMC 進行更多的 {var} 調查。

本例實際上，用於 change 的 MCMC 具有非常不好的混合和非常高的自相關 性。

```
. bayesgraph diagnostics {var}
```

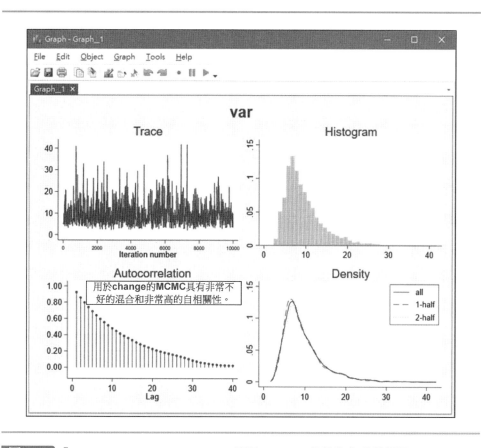

圖 6-17 「bayesgraph diagnostics {var}」繪出 variance 參數的收斂診斷圖

因 change 的 MCMC 具有非常高的自相關性。補救方法是通過將 variance 參數放在單獨的 block 以便區分迴歸係數變異數參數，即在 bayesmh 用 block() 選項來界定 variance。

```
* 開啟資料檔
. use oxygen.dta , clear
. set seed 14
. bayesmh change group age, likelihood(normal({var})) prior({change:},
zellnersg0(3,12,{var})) prior({var}, igamma(0.5, 4)) block({var})
saving(agegroup_simdata)
Burn-in ...
Simulation ...
```

```
Model summary
------------------------------------------------------------------------
Likelihood:
  change ~ normal(xb_change,{var})

Priors:
  {change:group age _cons} ~ zellnersg(3,12,0,{var})            (1)
                   {var} ~ igamma(0.5,4)
------------------------------------------------------------------------
(1) Parameters are elements of the linear form xb_change.


Bayesian normal regression                    MCMC iterations  =     12,500
Random-walk Metropolis-Hastings sampling      Burn-in          =      2,500
                                              MCMC sample size =     10,000
                                              Number of obs    =         12
                                              Acceptance rate  =      .3232
                                              Efficiency:  min =      .06694
                                                           avg =      .1056
Log marginal likelihood = -35.460606                       max =      .1443
```

	Mean	Std. Dev.	MCSE	Median	Equal-tailed [95% Cred. Interval]	
change						
group	5.080653	2.110911	.080507	5.039834	.8564619	9.399672
age	1.748516	.3347172	.008875	1.753897	1.128348	2.400989
_cons	-43.12425	7.865979	.207051	-43.2883	-58.64107	-27.79122
var	12.09916	5.971454	.230798	10.67555	5.375774	27.32451

1. 「bayesmh change group age, likelihood(normal({var}))」加 block({var} 選項之後，該模型的接受率和效率都提高了。

```
. estimates store agegroup
```

仕本例中，還使用「estimates store agegroup」來儲存當前估計結果，以便

未來仍可使用 agegroup。要在 bayesmh 之後使用估計儲存，我們必須指定 saving() 使用 bayesmh 之 saving，例如 saving(agegroup_simdata) 選項，則將 bayesmh 模擬結果到永久保存至 STaTa「agegroup_simdata.dta」。

目前，MCMC chains 現在混合 (mixing) 得更好。我們可能會考慮增加內定的 MCMC 樣本數可以實現更低的自相關。

```
. bayesgraph diagnostics {change:group} {var}
```

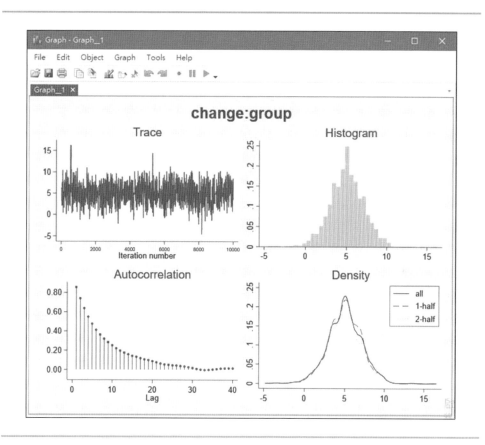

圖 6-18 「bayesgraph diagnostics {change：group} {var}」繪出收斂診斷圖

6-2-6 範例 6：貝氏事後估計值摘要 (Postestimation summaries)

1. bayesstats ess 指令：Effective sample sizes and related statistics bayesstats

summary。

2. Bayesian summary 指令：statistics bayesstats ic Bayesian information criteria and Bayes factors。

使用「bayesstats summary」指令來計算模型參數和模型參數函數的 postestimation 摘要。例如：計算「group → change」標準化係數的估計值，即 $\hat{\beta}_{group} \times \dfrac{\sigma_x}{\sigma_y}$，其中 σ_x 及 σ_y 分別是 group 及 change 的標準差。

接著可用 summarize 搭配 scalar 指令，來計算樣本標準差並儲存它，如下。

```
* 開啟資料檔
. use oxygen.dta , clear
. summarize group

    Variable |        Obs        Mean    Std. Dev.        Min        Max
-------------+--------------------------------------------------------
       group |         12          .5     .522233          0          1

. scalar sd_x = r(sd)
*--------------------
. summarize change

    Variable |        Obs        Mean    Std. Dev.        Min        Max
-------------+--------------------------------------------------------
      change |         12    2.469167    8.080637     -10.74      17.05

. scalar sd_y = r(sd)
```

至於，標準化係數就是參數 {change：group} 式，因此我們在括號中界定它，如下。

```
. bayesstats summary (group_std:{change:group}* sd_x / sd_y)


Posterior summary statistics                       MCMC sample size =     10,000

    group_std : {change:group}* sd_x / sd_y
```

```
--------------------------------------------------------------------
            |                                            Equal-tailed
            |      Mean   Std. Dev.     MCSE    Median [95% Cred. Interval]
------------+-------------------------------------------------------
  group_std | .3283509   .1364233   .005203   .3257128   .0553512   .6074792
--------------------------------------------------------------------
```

1. 以上，求得「group → change」標準化係數 = 0.328，其 95% credible interval
   是 [0.055, 0.61]。

6-2-7 範例 7：敵對模型的比較 (Model comparison)

　　「bayesstats ic」指令，做模型優劣比較 (Model comparison)，有下列前二個
的指標：

1. Deviance Information Criterion (DIC)：值越小者，該模型越佳。

2. Bayes factors：log(BF) 內定以第一個模型當比較基準點。

3.「bayestest model」模型比較指令，會印出 Model posterior probabilities：P(M|y)
   值越大者，該模型越佳。

　　例如：有二個敵對模型 A 和 B，你可用下列指令來做適配度優劣的評比：

1.「bayesstats ic A B」，它內定以模型 A 當比較基準點。在這二個模型 A 和 B
   中，看誰的資訊準則 (Information Criteria, IC) 越小者，該模型適配就越優。

2.「bayesstats ic A B, basemodel(B)」，指定以模型 B 當比較基準點。

3.「bayesstats ic A B, bayesfactor」，印出 BF 而不是內定的 log BFs。

　　本例可以透過頻率 (frequentist) 分析，使用各種資訊準則來比較不同模型
的適配度，並比較哪種模型具有很大的靈活性，包括：比較具有不同分布的模
型的結果、比較具有不同先驗的模型、比較具有不同形式的迴歸函數的模型等
等。唯一的要求是使用相同的數據來適配模型。使用 Bayes factors(BF) 的比較
還要求從完整的後驗分布中採樣參數，其包括 normalizing 常數。

　　本例將比較：reduced 模型與 full 模型 (包括交互項)。再次使用係數的多變
量 Zellners-g 先驗及 variance 的 inverse gamma 先驗。對於先驗的參數，我們延
用 範例 4 的值。本例 full 模型的交互項可用「c.age # i.group」或 ageXgr 變數來
界定。

```
* 開啟資料檔
. use oxygen.dta , clear
. set seed 14
* 多納入一個交互作用項 ageXgr
. bayesmh change group age ageXgr, likelihood(normal({var})) prior({change:},
zellnersg0(4,12,{var})) prior({var}, igamma(0.5, 4)) block({var}) saving(full_
simdata)


Burn-in ...
Simulation ...


Model summary
------------------------------------------------------------------------------
Likelihood:
  change ~ normal(xb_change,{var})

Priors:
  {change:group age ageXgr _cons} ~ zellnersg(4,12,0,{var})               (1)
                            {var} ~ igamma(0.5,4)
------------------------------------------------------------------------------
(1) Parameters are elements of the linear form xb_change.
```

Bayesian normal regression   MCMC iterations =   12,500
Random-walk Metropolis-Hastings sampling   Burn-in   =   2,500
                                                    MCMC sample size =   10,000
                                                    Number of obs   =   12
                                                    Acceptance rate =   .3113
                                                    Efficiency: min =   .0562
                                                                 avg =   .06425
Log marginal likelihood = -36.738363   max =   .08478

| | | | | | Equal-tailed |
	Mean	Std. Dev.	MCSE	Median	[95% Cred. Interval]
change						
group	11.94079	16.74992	.706542	12.13983	-22.31056	45.11963
age	1.939266	.5802772	.023359	1.938756	.7998007	3.091072
ageXgr	-.2838718	.6985226	.028732	-.285647	-1.671354	1.159183

```
       _cons |  -47.57742    13.4779    .55275   -47.44761   -74.64672 -20.78989
-------------+-----------------------------------------------------------------
         var |   11.72886    5.08428   .174612    10.68098    5.302265  24.89543
-------------------------------------------------------------------------------

file full_simdata.dta saved

* 估計結果存在 full
. estimates store full
```

　　我們可以使用「bayesstats ic」指令來比較模型。在命令名後面列出相應估計結果的名稱。

```
* 比較 full agegroup 這二個模型的 IC
. bayesstats ic full agegroup

Bayesian information criteria

--------------------------------------------------
             |      DIC      log(ML)     log(BF)
-------------+------------------------------------
        full |  65.03326   -36.73836          .
    agegroup |   63.5884   -35.46061    1.277756
--------------------------------------------------
Note: Marginal likelihood (ML) is computed
      using Laplace-Metropolis approximation.
```

1. 若 DIC 值越小、log(ML) 越大，代表該模型越佳。根據這二個準則，顯示本例，不含交作項的 full 模型優於含交作項的 agegroup 模型。agegroup 模型對 full 模型的 log Bayes-factor=1.28，因為 $2 \times 1.28 = 2.56$ 大於 2(slightly)，結果顯示：full 模型優於含交作項的 agegroup 模型。

6-2-8 範例 8：假設檢定 (Hypothesis testing)(bayestest model、interval interval)

1. bayestest model 指令：使用模型後驗概率進行假設檢驗。它使用 Laplace-

Metropolis 近似法來計算邊際概似 (ML)。

2. bayestest interval interval 指令：hypothesis testing

繼續 範例7，計算每個模型相關聯的實際概率 (actual probability)。使用 bayestest model 指令來執行此操作。與 bayesstats ic 類似，bayestest model 命令需要與感興趣的模型相對應的估計結果的名稱。

```
. bayestest model full agegroup

Bayesian model tests

---------------------------------------------------
         |   log(ML)       P(M)      P(M|y)
---------+-----------------------------------------
    full |  -36.7384     0.5000     0.2179
 agegroup |  -35.4606     0.5000     0.7821
---------------------------------------------------
Note: Marginal likelihood (ML) is computed using
      Laplace-Metropolis approximation.
```

1. 「full、agegroup」二個敵對模型評比，若 log(ML)、P(M | y) 值越大，代表該模型越佳。

2. 假定兩個模型在先驗上是同等可能的 (probable)，沒有交互作用 (agegroup) 的模型，P(M | y) 概率為 0.78，而 full 模型的概率僅為 0.22。儘管概率存在巨大差異，但根據範例 7 的結果，模型 agegroup 僅略微優於 full 模型。為了獲得更充分的證據，我們預計 agegroup 會有更高的概率 (高於 0.9)。我們可能有興趣測試關於感興趣參數的區間假設。例如：對於沒有交互的模型，讓我們計算組的係數在 4 到 8 之間的概率。我們使用 estimates restore 將 agegroup 模型的結果回存至記憶體。

```
. estimates restore agegroup
(results agegroup are active now)

. bayestest interval {change:group}, lower(4) upper(8)
```

```
Interval tests       MCMC sample size =      10,000


     prob1 : 4 < {change:group} < 8


------------------------------------------------
            |      Mean     Std. Dev.      MCSE
------------+-----------------------------------
     prob1 |     .6159      0.48641    .0155788
------------------------------------------------
```

1. 估計概率或技術上其後驗平均估計值為 0.62，標準偏差為 0.49，Monte Carlo
   Standard Errors 為 0.016。
   完成 bayesmh 分析後，請記住擦除新建且不再需要的任何模擬數據集。若想
   要將估算結果保存到硬碟以供將來參考，請使用 estimates save 指令。
   當完成 bayesmh 分析，就不需要數據集供未來參考，因此下列刪除了 bayesmh
   所建的兩個模擬檔。

```
. erase agegroup_simdata.dta
. erase full_simdata.dta
```

Bayesian 邏輯斯模型、
多項邏輯斯模型 (bayes :
logistic、bayes: mlogit
指令)

請參考前文【Chapter 05】之【一、「bayes：某迴歸」指令】

概率分類法 (probabilistic classification)：

1. 建構概率分類之模型

· 生成模型

$$P(C|X)\ C=c_1, \ldots, c_L, X=(X_1, \ldots, X_n)$$

· 判別模型：

$$P(X|C)\ C=c_1, \ldots, c_L, X=(X_1, \ldots, X_n)$$

2. 最大後驗 (MAP) 分類規則

· MAP: Maximum A Posterior

· Assign x to c^* if $P(C=c^*|X=x) > P(C=c|X=x)$ $c \neq c^*, c=c_1, \ldots, c_L$

3. 用 MAP 規則來分類

· Apply Bayesian rule to convert: $P(C|X) = \dfrac{P(X|C)P(C)}{P(X)} \propto P(X|C)\ P(C)$

生成模型做分類：Bayes

1. 已知變數 $x = (x_1, x_2, \ldots, x_M)$，及類別變數 y。

2. 聯合 pdf 爲 p(x, y)

因爲我們可以人工生成更多樣本，謂之生成模型。

3. 已知 full join pdf，我們即可

· Marginalize $p(y) = \sum_x p(x, y)$

· Condition $p(y|x) = \dfrac{p(x, y)}{p(x)}$

· By conditioning the joint pdf we form a classifier

4. 仍有計算問題

(1) 若 x 是 bianry 變數，則需 2^M 個數值。

(2) 若有 100 個樣本去估計已知機率，M = 10，分二類別則須 2,048 個樣本。

7-1 邏輯斯迴歸原理

統計中的迴歸分析 (Regression Analysis) 最主要的應用是用來做預測，我們透過資料庫中的某些已知的訊息，便可對未知的變數做預測。我們在考慮解釋變數的選取時，必須要注意我們所選出來的解釋變數和反應變數是否存在著

因果關係，除此之外，如果解釋變數間的關係非常密切，則彼此之間或許存在有共線性的關係，顯然不適合放在同一個模型中。然而，在模型適配的過程當中，如果判定係數 (R-square) 的值愈大，並不一定表示迴歸模型適配的愈好，因為只要解釋變數的個數增加，相對於判定係數而言也會愈大，而且對於解釋反應變數的解釋力也會變得複雜。

一、一般迴歸分析

在實際工作中往往會發現某一事物或某一現象的變化，而許多事物與現象也都是相互聯繫的。例如某疾病的發病率與氣溫、溫度的關係；血壓下降程度與降壓藥的劑量和患者年齡的關係等。在這類問題中，反應變數 (Y) 同時會受到兩個或兩個以上自變數 (X_1、X_2、…) 的影響。研究這類多變數之間的關係，常用多元線性迴歸模型分析方法，在固定 X_i 之下，隨機抽取 Y_i，$i = 1, 2, ... , n$，則機率模型變為：

$$Y_i = \beta_0 + \beta_1 X_{i,1} + ... + \beta_k X_{i,k} + \varepsilon_i$$

通常假定 (assumption) ε_i 符合常態分配 $N(0, \sigma^2)$ 且彼此獨立 (IID)。

其中，誤差 ε 可解釋成「除了 X 以外其他會影響到 Y 的因素」(無法觀察到之因素)，亦可解釋為「用 X 來解釋 Y 所產生的誤差」。既然是無法觀察到的誤差，故誤差 ε 常稱為隨機誤差項 (error term)。

二、卜瓦松迴歸 (Poisson Regression)

這種迴歸模型可稱為對數線性模型 (Loglinear Model)，這種廣義的線性模型使用對數連結函數 (Log Link Function)。主要使用於反應變數為間斷型資料。卜瓦松迴歸主要的應用是根據在某一段時間內已發生的次數，而以此資訊來推估未來的時間發生的行為。以銀行的信用卡客戶為例，我們可以根據某位顧客在過去一段時間內所刷卡的比例和消費金額，用來推算該顧客未來的消費行為和信用卡的使用機率，如此便可預估該顧客對其刷卡銀行的價值。

三、邏輯斯迴歸 (Logistic Regression)

這種迴歸模型可稱為邏輯斯模型 (Logistic Model)，這種廣義的線性模型使用邏輯斯連結函數 (Logistic Link Function)。主要使用於反應變數為二元性資料，例如「成功」或「失敗」。邏輯斯迴歸與傳統的迴歸分析性質相似，不過它是用來處理類別性資料的問題，由於類別性資料是屬於離散型的資料，所以

我們必須將此離散型資料轉為介於 0 與 1 之間的連續型資料型態，才可以對轉換過後的連續型資料作迴歸。而主要目的，是為了要找出類別型態的反應變數和一連串的解釋變數之間的關係，因此和迴歸分析中最大的差別在於反應變數型態的不同，所以邏輯斯迴歸在運用上也需符合傳統迴歸分析的一般假設，也就是避免解釋變數之間共線性的問題，以及符合常態分配和避免殘差存在自我相關等的統計基本假設。邏輯斯迴歸在反映變數為離散型，且分類只有兩類或少數幾類時，便成了一個最標準的分析方法。然而，對於離散型變數有很多分析方法，而 Cox 根據兩個主要的理由選擇了邏輯斯分布：第一個理由是基於數學觀點而言，它是一個極富彈性且容易使用的函數；第二個理由則是因為它適用於解釋生物學上的意義。

邏輯斯迴歸模型在統計的運用上已極為普遍，不但對於二元化的離散型資料使用率高，尤其在醫學方面的使用更為廣泛。在邏輯斯分布之下，不但可運用在單變量迴歸模型，也可推廣至多變量迴歸模型。

定義：單變量的邏輯斯模型

假設某一個肺癌患者在經過某種特殊治療 (X) 後，若存活者記為 1，死亡者記為 0，反應變數令為 $\pi(x)$ 代表存活者的機率，而 $\pi(x) = P(Y = 1 \mid x)$，則此機率 $\pi(x)$ 為一伯努利分配 (Bernoulli Distribution) 的參數，因此：

$$E[Y \mid x] = \pi(x) = \frac{\exp(\beta_0 + \beta_1 x)}{1 + \exp(\beta_0 + \beta_1 x)}$$

為一單變量的邏輯斯模型。

定義：多變量的邏輯斯模型

假設有 i 個獨立的伯努利隨機變數，$Y = (Y_1, Y_2 ..., Y_i)$，而 Y_i 皆為二元反應變數。i = 1, 2, ... , I。令 $X = (X_{i0}, X_{i1} ... , X_{ik})$ 為第 i 個自變數的向量，含有 k 個自變數，其中：

$$E[Y \mid x] = \pi(x) = \frac{\exp(\sum_{j=0}^{k} \beta_j x_{ij})}{1 + \exp(\sum_{j=0}^{k} \beta_j x_{ij})}, i = 1, 2, ..., I$$

為多變量的邏輯斯模型。

迴歸分析可以幫助我們建立依變數 (dependent variable) 或稱反應變數 (response variable) 與自變數 (independent variable) 或稱共變數 (covariable) 間關係的統計模型，俾能藉由所選取的適當自變數以預測依變數，在所有統計分析工具中算是最常被使用者。例如想預測身高這個依變數，可以選取與依變數相關性高的自變數，諸如體重、父母親身高與國民所得等，進行身高對這些自變數的迴歸分析。

邏輯斯迴歸分析適用於依變數為二元類別資料的情形，若自變數只有一個，則稱為單變數邏輯斯迴歸分析 (univariate logistic regression)，若自變數超過一個以上，則稱為多邏輯斯迴歸分析 (multivariate logistic regression)，又可稱為多元或複邏輯斯迴歸分析 (如下圖)。

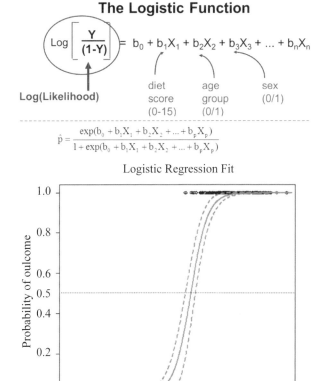

圖 **7-1** multiple logistic 函數之示意圖

請參考前文【7-3-1】之【二、多項邏輯斯模型 (Multinomial Logit Model, MNL)】

7-2 Bayesian logit 迴歸分析 (bayes: logit、bayes : logistic 指令)

「bayes: logit」旨在求二元結果 (binary outcome) 之貝葉斯邏輯迴歸。

一、快速學會：bayes: logit 指令

1. 使用內定之常態先驗 (default normal priors)：求「x1 x2 → y」Bayesian logistic 迴歸，指令如下：

```
. bayes: logit y x1 x2
```

2. 常態先驗，標準差改用 10 而不是內定之 100 求「x1 x2 → y」Bayesian logistic 迴歸，指令如下：

```
. bayes, normalprior(10): logit y x1 x2
```

3. 斜率使用 uniform priors，截距使用 normal prior，指令如下：

```
. bayes, prior({y: x1 x2}, uniform(-10,10)) prior({y: cons}, normal(0,10)): logit y
  x1 x2
```

4. 將模擬結果保存到 simdata.dta，並使用隨機數種子進行重製 (reproducibility)

```
. bayes, saving(simdata) rseed(123): logit y x1 x2
```

5. 界定 20,000 個 MCMC 樣本，將老化 ()burn-in 週期的長度設為 5,000，並請求每 500 次模擬顯示一個點 (dot)。

```
. bayes, mcmcsize(20000) burnin(5000) dots(500): logit y x1 x2
```

6. 如上例，但顯示 90%HPD 可信區間，而不是內定的 95% 等尾可信區間。

```
. bayes, clevel(90) hpd
```

7. 印出係數，改成勝算比 (odds ratios, OR)。

```
. bayes: logit y x1 x2, or
```

二、bayes: logit 指令語法

```
bayes [, bayesopts]: logit depvar [indepvars] [if] [in] [weight] [, eptions]
```

options	Description
Model	
neconstant	suppress constant term
offset(varnamee)	include varnamee in model with coefficient constrained to 1
asis	retain perfect predictor variables
collinear	keep collinear variables
Reporting	
or	report odds ratios
display_options	control spacing, line width, and base and empty cells
level(#)	set credible level; default is level(95)

indepvars may contaim factor variables; see [U] 11.4.3 Factor variables.
depvar and indrprart may contain time-series operatiors; see [U] 11.4.4 Time-series varlists.
fweights are allowed; see [U] 11.1.6 weight.
bayes: logit, level() is equivalent to bayes, clevel(): logit.
For a detailed description of aptions, see Options in [R] logit.

bayasopts	Description
Priors	
*normalprior(#)	specify standard deviation of default normal priors for regression cocfficients; default is normalprior(100)
prior(priorspec)	prior for model parameters; this option may be repeated
dryrun	show model summary without cstimation
Simulation	
mcmcaize(#)	MCMC sample size; default is mcmcsize(10000)
burnin(#)	burn-in period; default is burnin(2500)
thinning(#)	thinning interval; default is thinning(1)
reeed(#)	random-number seed
exclude(paramref)	specify model parameters to be excluded from the simulation results
Blocking	
*blocksize(#)	maximum block size; default is blocksize(50)
block(paramref [, blockopts])	specify a block of model parameters; this iption may be repeated
blocksummary	display block summary
*noblocking	do not block paramcters by default
Initialization	
initial(initspec)	initial values for model parameters
nomleinitial	suppress the use of maximum likelihood estimates as starting values

inltrandom	specify random initial values
inltsummary	display initial values used for simulation
*nolsily	display output from the estimation command during initialization
Adaptation	
adaptation(*adaptopts*)	control the adaptive MCMC procedure
scale(#)	initial multiplier for scale factor, default i scale(2.38)
covariance(*cov*)	initial proposal covariance; default is the identity matrix
Reporting	
clevel(#)	set credible interval level; default is clevel(95)
hpd	display HPOD credible intervalus instead of the default equal-tailed credible intervals
*or	report odds ratios
eform[(*string*)]	report exponentiated coefficients and, optionally, label as *string*
batch(#)	specify length of block for batch-means calculations; default is batch (0)
saving(*filename* [, replace])	save simulation results to *filename*.dta
nomodelsummary	suppress model summary
[no]dots	suppres dots or display dots every 100 iterations and iteration numbers every 1,000 iterations; default is nodots
dots(#[, every(#)])	display dots as simulation is performed
[no] show(*paramref*)	specify model parameters to be excluded from or included in the output
notable	suppress estimation table
noheader	suppress output header
title(*string*)	display *string* as title abouve the table of parameter estimates
display_options	control spacing, line width, and base and empty cells
Advanced	
search(*search_options*)	control the search for feasible initial values
corrlag(#)	specify maximum autocorrelation lag; default varies
corrtol(#)	specify autocorrelation tolerance; default is corrtol(0.01)

7-2-1 範例 1：貝氏 Logistic 迴歸 (bayes: logit 指令)

範例：完美預測：貝氏 Logistic 迴歸 (bayes: logit 指令)

具有完美預測因子的邏輯迴歸。回顧一下 Logistic 迴歸模型的例子：使用瑞士 heartswitz.dta 來模擬二元結果疾病，心臟病的存在，使用預測變數：restecg, isfbs, age 及 male。

(一) 問題說明

為了解心臟病之影響因素有哪些？(分析單位：個人)

研究者收集數據並整理成下表，此「heartswitz.dta」資料檔內容之變數如下：

變數名稱	說明	編碼 Codes/Values
label/ 依變數：heart disease	心臟病：0 = 無，1= 有 (病發次數 num>0)	0, 1 (binary data)
features/ 自變數：restecg	靜息心電圖結果（分 3 類）	0～2
features/ 自變數：isfbs	空腹血糖指標 > 120 mg / dl (0 = 否，1 = 是)	0, 1 (虛擬變數)
features/ 自變數：age	病人年齡	32～74
features/ 自變數：male	男病人嗎	0, 1 (虛擬變數)

(二) 資料檔之內容

「heartswitz.dta」資料檔內容如下圖。

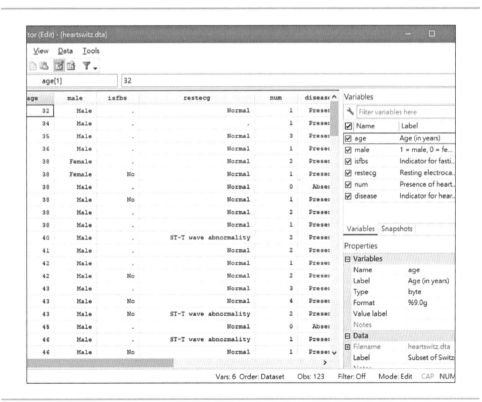

圖 7-2 「heartswitz.dta」資料檔內容 (N=123 病人)

(三) 分析結果與討論

Step 1　Perfect prediction：貝氏 Logistic 迴歸分析 (bayes: logit 指令)

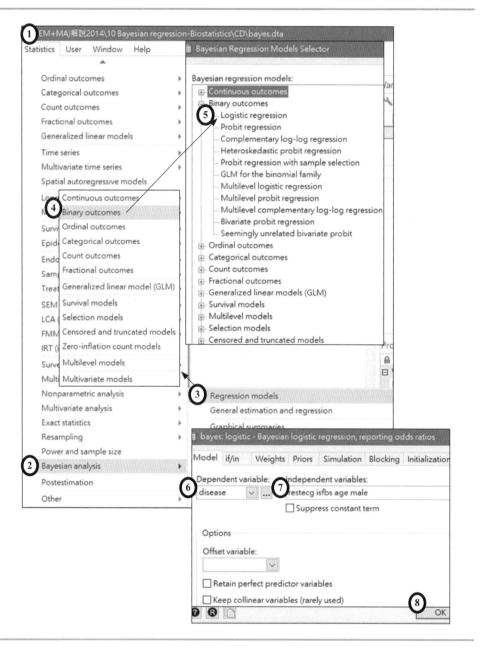

圖 7-3　「bayes：logistic disease restecg isfbs age male」畫面 (Stata v15 版)

註：Statistics > Binary outcomes > Bayesian regression > Logistic regression

1. 上表可以看出，由於完美預測，共變數 restecg，isfbs 和 male 被刪除。儘管僅使用概似無法識別這些預測因子，但是可以在具有資訊先驗的後驗模型中識別它們。

   由於迴歸係數「bayes : logistic」用內定先驗 ~N(0,10000) 對於解決完美預測會有資訊不足，故必須用更具資訊性的先驗 (more informative prior) 來覆蓋它。

```
*logit 迴歸重做一次，但係數改成勝算比 (or)
. set seed 15
. bayes : logistic disease restecg isfbs age mal, or


Burn-in ...
Simulation ...

Model summary
------------------------------------------------------------------------
Likelihood:
  disease ~ logistic(xb_disease)

Prior:
  {disease:age _cons} ~ normal(0,10000)                              (1)
------------------------------------------------------------------------
(1) Parameters are elements of the linear form xb_disease.


Bayesian logistic regression               MCMC iterations  =    12,500
Random-walk Metropolis-Hastings sampling   Burn-in          =     2,500
                                           MCMC sample size =    10,000
                                           Number of obs     =        26
                                           Acceptance rate  =     .2337
                                           Efficiency:  min =     .1169
                                                        avg =     .2483
Log marginal likelihood =  34.367432                     max =      3798


------------------------------------------------------------------------
            |                                           Equal-tailed
    disease |Odds Ratio  Std. Dev.    MCSE    Median [95% Cred. Interval]
------------+-----------------------------------------------------------
    restecg |  (omitted)
```

```
   isfbs |  (omitted)
     age |  .9731729    .158668    .004641     .967713    .6699685  1.295976
    male |  (omitted)
    _cons |  7.52e+19    3.68e+21    6.0e+19    242.5015    .000143   3.91e+12
---------------------------------------------------------------------------
Note: _cons estimates baseline odds.
Note: Default priors are used for model parameters.
```

1. 上列迴歸方程式可解釋爲在「無沒有其他解釋」的影響下，年齡 (age) 每增加 1 歲有心臟病頻率的相對風險爲 0.9731(=exp$^{0.0369}$) 倍，且達到統計上的顯著差異 (因 95% 可靠區間未含 0 值)。

2. 範例 1 係採用 Stata 內定先驗，求得 logit 模型的：
   Acceptance rate = .2337
   Efficiency: avg = .2483

7-2-2 範例 2：自定之資訊先驗 (informative prior)：貝氏 Logistic 迴歸 (bayes: logit 指令)

具有完美預測因子的邏輯迴歸。回顧一下 Logistic 迴歸模型的例子：使用瑞士 heartswitz.dta 來模擬二元結果疾病，心臟病的存在，使用預測變數：restecg, isfbs, age 及 male。

(一) 問題說明

承前例，「heartswitz.dta」資料檔。

爲了解心臟病之影響因素有哪些？(分析單位：個人)

研究者收集數據並整理成下表，此「heartswitz.dta」資料檔內容之變數如下：

變數名稱	說明	編碼 Codes/Values
label/ 依變數：heart disease	心臟病：0 = 無，1= 有 (病發次數 num>0)	0,1 (binary data)
features/ 自變數：restecg	靜息心電圖結果（分 3 類）	0～2
features/ 自變數：isfbs	空腹血糖指標 > 120 mg / dl (0 = 否，1 = 是)	0,1 (虛擬變數)
features/ 自變數：age	病人年齡	32～74
features/ 自變數：male	男病人嗎	0,1 (虛擬變數)

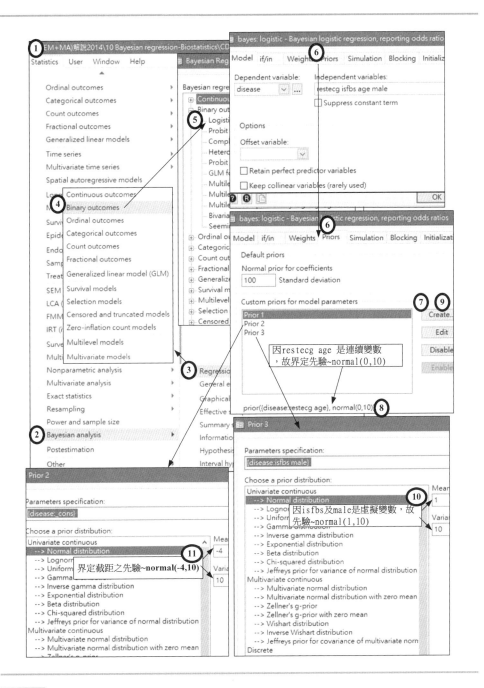

圖 7-4 「bayes, prior({disease：restecg age}, normal(0,10)) prior({disease：_cons}, normal(-4,10)) prior({disease：isfbs male}, normal(1,10))：logistic」畫面

註：Statistics > Binary outcomes > Bayesian regression > Logistic regression

　　您應該知道，內定的先驗是為了方便而提供的，並不保證在所有情況下都沒有資訊。它們被設計成對模型參數幾乎沒有影響。故先驗可改成自定的 (informative)。

```
* 開啟資料檔
. webuse heartswitz.dta
(Subset of Switzerland heart disease data from UCI Machine Learning Reposi-
tory)
. set seed 15

* 因 restecg age 是連續變數，故界定先驗 ~normal(0,10)
* 界定截距之先驗 ~normal(-4,10)
* 因 isfbs 及 male 是虛擬變數，故界定先驗 ~normal(1,10)
. bayes, prior({disease:restecg age}, normal(0,10)) prior({disease:_cons},
normal(-4,10)) prior({disease:isfbs male}, normal(1,10)) : logistic disease
restecg isfbs age male

Burn-in ...
Simulation ...

Model summary
------------------------------------------------------------------------------
Likelihood:
  disease ~ logistic(xb_disease)

Priors:
    {disease:age} ~ normal(0,10)                                          (1)
  {disease:_cons} ~ normal(-4,10)                                         (1)
------------------------------------------------------------------------------
(1) Parameters are elements of the linear form xb_disease.

Bayesian logistic regression                    MCMC iterations  =    12,500
Random-walk Metropolis-Hastings sampling        Burn-in          =     2,500
                                                MCMC sample size =    10,000
                                                Number of obs    =        26
                                                Acceptance rate  =     .1891
                                                Efficiency:  min =    .09465
                                                             avg =     .1353
```

```
Log marginal likelihood = -6.0330064                        max =       .176

                    |                                  Equal-tailed
     disease |Odds Ratio  Std. Dev.      MCSE     Median [95% Cred. Interval]
-------------+------------------------------------------------------------------
     restecg |  (omitted)
       isfbs |  (omitted)
         age |  1.130893   .0685441   .002228   1.125532   1.006911  1.278282
        male |  (omitted)
       _cons |  3.655586   42.54941    1.0141   .0763324   .0002664  17.92152
--------------------------------------------------------------------------------
Note: _cons estimates baseline odds.
```

1. 對照一下，範例 1 係採用 Stata 內定先驗，求得 logit 模型的：

   Acceptance rate = .2337

   Efficiency: avg = .2483

2. 本例 範例 2 係採用 Stata 自定的三個先驗，求得 logit 模型的：

   Acceptance rate = .1891

   Efficiency: avg = .1353

   表示 範例 1 求得 logit 模型的接受率及效率，都比 範例 2 佳。

7-3 對照組：multinomial logistic 迴歸分析 (bayes: mlogit 指令)

除貝氏 multinomial 邏輯斯迴歸，STaTa 多項選擇迴歸 (multinomial choice)：又分 multinomial probit, multinomial (polytomous)logistic 迴歸兩大類。

舉例來說，財務危機研究方法眾多，且持續不斷的推陳出新，包括：探取逐步多元區別分析法 (stepwise Multiple Discriminant Analysis, MDA)、羅輯斯迴歸分析 (logit model)、機率單位迴歸 (probit model)、遞迴分割演算迴歸 (recursive partitioning model)、類神經網路 (artificial neural netwoks)、比較決策樹 (Classification And Regression Trees, CART) 等資料探勘技術、概略集合理論 (rough sets theory)、存活分析 (survival analysis) 等方法不斷的進步更新。

表 7-1 「預警」迴歸之統計方法比較表

方法	假定條件	優點	缺點
單變數 (如 Odds Ratio)	1. 分析性變數。 2. 資料分布服從常態分布。	適合單一反依變數不同組別之比較。	比較母體若超過二群以上則較不適合。
區別分析	1. 反依變數為分類別變數，而解釋變數為分析性。2. 資料分布服從常態分布。	1. 可同時考慮多項指標，對整體績效衡量較單變數分析客觀。2. 可了解哪些財務比率最具區別能力。	1. 不適合處理分類別解釋變數。2. 財務資料較難以符合常態假設。3. 迴歸使用前，資料須先經標準化。
邏輯斯迴歸	1. 反依變數為分類別變數。	1. 解釋變數可是分析性或分類別。2. 可解決區別分析中自變數資料非常態的問題。3. 迴歸適用於非線性。4. 資料處理容易、成本低廉。	加入分類別解釋變數，參數估計受到樣本數量影響。
Probit 迴歸	1. 殘差項須為常態分布。2. 各群體之共變數矩陣為對角化矩陣。	1. 可解決區別分析中自變數資料非常態的問題。2. 機率值介於 0 與 1 之間。3. 迴歸適用非線性狀況。	1. 迴歸使用前必須經由資料轉換。2. 計算程序較複雜。這二個疑問 STaTa 都可輕易解決。

誠如 Zmijewski(1984) 所說，財務比率資料大多不符合常態分布，有些「依變數 (Y) 為 nomial 變數，且 Levels 個數大於 2」，而邏輯斯迴歸、Multinomial Logit 迴歸恰可解決自變數非常態、迴歸非線性與依變數 (Y) 非連續變數的疑問，且 STaTa 資料處理容易。因此，本章節特別介紹：多分類邏輯斯迴歸 (Multinomial Logit Model, MNLM)。

7-3-1 多項 (multinomial) 邏輯斯迴歸之原理

作者另有《邏輯斯迴歸及離散選擇模型：應用 STaTa 統計》一書，該書內容包括：邏輯斯迴歸、vs. 多元邏輯斯迴歸、配對資料的條件 Logistic 迴歸分析、Multinomial Logistic Regression、特定方案 Rank-ordered logistic 迴歸、零膨脹 ordered probit regression 迴歸、配對資料的條件邏輯斯迴歸、特定方案 conditional logit model、離散選擇模型、多層次邏輯斯迴歸……。

在迴歸分析中若反依變數為二元類別變數 (binary variable)，例如手術的

兩個結果 (存活或死亡)，若以此爲反依變數，則二元邏輯斯迴歸模型 (binary logistic regression model) 經常會用來分析；而若反依變數爲超過二元的類別變數，例如研究者欲探討不同年齡層對睡眠品質重要性的看法，以三分法的李可特量尺 (3-point Likert scale：1. 不重要、2. 中等重要、3. 很重要) 測量個案對睡眠品質重要性的看法，它就是多項 (multinomial) 邏輯斯迴歸。

多項 (multinomial)Logit 模型是整個離散選擇模型體系的基礎，在實際中也最爲常用，一方面是由於其技術門檻低、易於實現。

一、二元依變數、次序、multinomial 依變數的概念比較

在社會科學中，我們想解釋的現象也許是：

1. 二元 / 二分：勝 / 敗、(投 / 不投) 票、票投 1 號 / 票投 2 號。

當我們的依變數是二分類，我們通常以 1 表示我們感興趣的結果 (成功)，以 0 表示另外一個結果 (失敗)。此二元分布稱爲二項分布 (binomial distribution)。此種 Logit 迴歸之數學式爲：

$$\log\left[\frac{P(Y=1)}{1-P(Y=1)}\right]=\beta_0+\beta_1 X_1$$

$$\frac{P(Y=1)}{1-P(Y=1)}=e^{\beta_0+\beta_1 X_1}=e^{\beta_0}(e^{\beta_1})^{X_1}$$

2. 次序多分 (等第)：例如：滿意度，從非常不滿～非常滿意。此四分類的滿意度爲：

$$P(Y\le 1)=P(Y=1)$$
$$P(Y\le 2)=P(Y=1)+P(Y=2)$$
$$P(Y\le 3)=P(Y=1)+P(Y=2)+P(Y=3)$$

非常不滿意	不太滿意	有點滿意	非常滿意
$P(Y=1)$	$P(Y=2)$	$P(Y=3)$	$P(Y=4)$
截距一	截距二	截距三	
$P(Y\le 1)$	$P(Y>1)$		
$P(Y\le 2)$		$P(Y>2)$	
$P(Y\le 3)$			$P(Y\le 3)$

$$odds = \frac{P(Y \leq j)}{P(Y > j)}$$

$$\text{logit}\,[P(Y \leq 1)] = \log\left[\frac{P(Y=1)}{P(Y>1)}\right] = \log\left[\frac{P(Y=1)}{P(Y=2)+P(Y=3)+P(Y=4)}\right]$$

$$\text{logit}\,[P(Y \leq 2)] = \log\left[\frac{P(Y \leq 2)}{P(Y>2)}\right] = \log\left[\frac{P(Y=1)+P(Y=2)}{P(Y=3)+P(Y=4)}\right]$$

$$\text{logit}\,[P(Y \leq 3)] = \log\left[\frac{P(Y \leq 3)}{P(Y>3)}\right] = \log\left[\frac{P(Y=1)+P(Y=2)+P(Y=3)}{P(Y=4)}\right]$$

$$\text{logit}\,[P(Y \leq j)] = \alpha_j - \beta X, j = 1, 2, \ldots, c-1$$

當 c 有 4 組，自變數解釋：

Y ≦ 1、Y ≦ 2、Y ≦ 3 時，他們對 logit 的影響此外，會有 c-1 個截距，此模型又稱為比例勝算 (proportional odds) 模型。

3. 多元勝算對數 (multinomial logit) 模型：三個候選人、政黨認同。

基本模型：

$$\log\left[\frac{P(Y=j)}{P(Y=c)}\right] = \alpha + \beta_j X_1, j = 1, \ldots, c-1$$

例如：三類別宗教傾向 (level=3 類)：無、道教、佛教

$$\log\left[\frac{P(Y=1)}{P(Y=3)}\right] = \alpha_1 + \beta_1 X_1$$

$$\log\left[\frac{P(Y=2)}{P(Y=2)}\right] = \alpha_2 + \beta_2 X_1$$

二、多項邏輯斯模型 (Multinomial Logit Model, MNL)

當依變數為二元的類別變數時，若想作迴歸分析，此時不能再使用一般的線性迴歸，而應該要改用二元邏輯斯迴歸分析。

二元邏輯斯迴歸式如下：

$$\text{logit}[\pi(x)] = \log\left(\frac{\pi(x)}{1-\pi(x)}\right) = \log\left(\frac{P(x=1)}{1-P(x=1)}\right) = \log\left(\frac{P(x=1)}{P(x=0)}\right) = \alpha + \beta x$$

公式經轉換為：

$$\frac{P(x=1)}{P(x=0)} = e^{\alpha + \beta x}$$

1. 邏輯斯方程式很像原本的一般迴歸線性模式，不同點於現在的依變數變為事件發生機率的勝算比。

2. 因此現在的 β 需解釋為，當 x 每增加一單位時，事件發生的機率是不發生的 $exp(\beta)$ 倍。

3. 為了方便結果的解釋與理解，一般來說我們會將依變數為 0 設為參照組 (Event free)。

(一) 多項邏輯斯模型 (Multinomial Logit Model, MNL) 概述

多項邏輯斯 (MNL) 是 Logit 類模型的基本型式，其效用隨機項 $\varepsilon_{i,q}$ 相互獨立且服從同一 gumble 極值分布。基於概率理論，J 個選擇項 MNL 模型可以表達成：

$$P_{i,q} = \frac{exp(bV_{i,q})}{\sum_{j=i}^{J} exp(bV_{j,q})} = \frac{1}{1 + \sum_{J \neq 1} exp(b(V_{J,q} - V_{i,q}))} \quad i = 1, 2 \dots J \tag{7-1}$$

$P_{i,q}$ 是出行者 q 對選擇項 i 的概率，b 是參數。

MNL 模型通過效用函數確定項的計算就可以獲得個體不同交通方式的選擇概率。通過模型標定，其效用函數的隨機項因素影響已經被表達在參數 b 中。

由於模型概念明確、計算方便而在經濟、交通等多方面得到廣泛應用。

MNL 模型也在應用中受到某些制約，最大限制在於各種交通方式在邏輯上必須是對等的 (IIA 特性)。如果主要方式和次要方式混雜在一起，所得到的結果就會有誤差。MNL 模型應用中表現的另一點不足是計算概率僅與交通方式效用項差值有關，而與效用值自身大小無關，缺乏方式之間的相對比較合理性。

產生限制或不足的根本原因是 Logit 模型在推導中假定了效用隨機項是獨立分布的 (Independent and Identical Distribution, IID)，但在現實中存在著影響各選擇項效用的共同因素，組成效用項的某個因素發生變化，會引發多種交通方式市場占有率的變化，其影響大小可以引用經濟學中的交叉彈性係數來表達。

(二) 多項邏輯斯模型發展出幾個重要模型

現有 MNL 模型的改進中常用的有 BCL 模型 (Box-Cox logit)、NL(巢狀) 模型 (Nested logit mode1)、Dogit 模型和 BCD 模型 (Box-Cox Dogit)。

BCL 模型對效用項計算進行變換，方式選擇概率計算與效用項的大小有了關聯，也改善了方式之間的合理可比性。

NL 模型是對 MNL 的直接改進，它由交通方式的邏輯劃分、結構係數與 MNL 子模型共同構成，由於各種方式之間明確了邏輯關係，子巢內交通方式選

擇概率由結構係數控制，因此它緩解了 IIA 問題，是目前應用最爲廣泛的模型之一。但巢狀層次結構的構造沒有一定的規則可循，方式劃分的不同帶來計算結果也不盡相同。

Dogit 將交通方式選擇劃分爲「自由選擇」與「強迫選擇」兩部分，「強迫選擇」方式是交通的基本必要消費 (如上下班、上下學出行)，「自由選擇」相對爲非基本消費，且服從 MNL 模型。dogit 模型比 MNL 模型減小了交叉彈性係數，改變子選擇項數量對其他選擇枝的概率影響相應減小。此外，每個選擇項的交叉彈性係數可以不同，使得選擇項之間的柔性增加。

BCD 模型組合了 BCL 模型的效用確定項計算變換與 Dogit 模型，它同時完成了 BCL 和 Dogit 兩個模型從 IIA 到交叉彈性兩個方面的改進。

(三) 多項邏輯斯模型的新延伸模型

1. CNL 模型 (Cross-nested logit)

CNL 模型 (Voshva，1998) 是 MNL 模型的又一改進模型，爲了體現各選擇項之間的相關和部分可替代性，它設有 m 個選擇子巢，允許各選擇項按不同的比例分布到各個結構參數相同的選擇子巢中，其單一選擇項概率可表達爲所有被選中的包含該選擇項的子巢概率和子巢內選擇該選擇項概率的乘積和：

$$P_i = \sum_m P_{i/m} \cdot P_m = \sum_m \left[\frac{(\alpha_{im} e^{V_i})^{1/\theta}}{\sum_{j \in N_m} (\alpha_{jm} e^v_j)^{1/\theta}} \cdot \frac{\sum_{j \in N_m} (\alpha_{jm} e^v_j)^{1/\theta}}{\sum_m (\sum_{j \in N_m} (\alpha_{jm} e^v_i)^{1/\theta})^\theta} \right] \qquad (7\text{-}2)$$

V_i 是 i 選擇項可觀測到的效用值，N 是選擇巢 m 中的選擇項數目，$\theta \in (0, 1)$ 是各巢之間的結構係數，$\alpha_{im} = 1$ 是選擇項 i 分布到 m 巢的占有率，對所有 i 和 m 它滿足：

$$\sum_m \alpha_{im} = 1$$

$$P_i = \sum_{J \neq 1} P_{i/ij} \cdot P_{ij} = \sum_{j \neq 1} \left\{ \frac{(\alpha e^{V_i})^{1/\theta_{i,J}}}{(\alpha e^{V_i})^{1/\theta_{ij}} + (\alpha e^{V_J})^{1/\theta_{i,J}}} \cdot \frac{[(\alpha e^{V_i})^{1/\theta_{i,J}} + (\alpha e^{V_j})^{1/\theta_{i,J}}]_{i,J}^\theta}{\sum_{k=1}^{J-1} \sum_{m=k+1}^{J} [(\alpha e^{V_k})^{1/\theta_{km}} + (\alpha e^{V_m})^{1/\theta_{km}}]_{km}^\theta} \right\} \quad (7\text{-}3)$$

其中，J 爲選擇項總數，$\theta \in (0, 1)$ 爲每個對的結構參數，$\alpha = \dfrac{1}{j-1}$ 爲分布占有率參數，表示 i 分布到 (i, j) 對的概率。由於模型子巢是選擇對，兩選擇項之間不同的交叉彈性、部分可替代性可以充分表達，從而進一步緩解了 IIA 特性。但相同的分布參數值 (這與 CNL 模型可任意比例分布不同)，限制了交叉彈性

係數的最大值，也限制了最大相關。

如果改 PCL 結構參數 0 可變，結合 CNL 可變的選擇項分布占有率參數值，便組成具有充分「柔性」的 GNL 模型 (Wen & Koppelman, 2000)，PCL 和 CNL 模型是 GNL 模型的特例。

2. 誤差異質多項邏輯斯模型 (Heteroscedastic multinomial logit, HMNL) 和共變異質多項邏輯斯模型 COVNL 模型 (Covariance heterogeneous nested logit)

HMNL 模型 (Swait & Adamowicz, 1996) 從另一個角度、由 MNL 模型發展而來，它保留了 MNL 模型的形式、IIA 特性和同一的交叉彈性，但它允許效用隨機項之間具有相異變異數，它認為不同出行者對效用的感受能力和應對方法是不同的，這種不同可以通過隨機效用項異變異數表達在模型中。不同於 MNL，HMNL 認為，不同的出行者感受到的選擇項集合與選擇分類方式是不完全相同的，因此效用可觀測項定義為與選擇項 i 和整個被選擇的交通系統劃分方式 q (即方式選擇的樹形結構) 有關的函數。

E_q 為個人特性 (如收入) 與被選擇系統 (如選擇項數量、選擇項之間的相似程度) 的函數。尺度因數 $\mu(E_q)$ 是表達交通系統組成 (樹形結構) 複雜程度的函數。由於計算概率值受到尺度因數的控制，各選擇項之間就具有了不同相關關係與部分可替代的「柔性」:

$$P_{i,q} = \frac{e^{\mu(E_q)V_{J,q}}}{\sum_{j=1}^{J} e^{\mu(E_q)V_{J,q}}} \tag{7-4}$$

HMNL 模型定義的尺度因數可以確保不同出行者所感受到的不盡相同的交通系統的選擇項之間有不同的交叉彈性和相關性。

COVNL 模型 (Bhat, 1997) 是一種擴展的巢狀模型，它在選擇巢之間允許有不同變異數，透過結構係數函數化以達到選擇巢之間的相關性和部分可替代性的目的:

$$\theta_{m,q} = F(\alpha + \gamma' \cdot X_q) \tag{7-5}$$

式中，結構係數 $\theta \in (0,1)$，F 是傳遞函數，X_q 是個人和交通相關的特性向量，α 和 γ' 是需要估計的參數，可根據經驗給定。從模型各選擇項的可變的交叉彈性係數 ($\eta_{X,k}^{P} = -\mu(E_q)\beta_k, X_{i,k}, P_j, E_q$ 可變，交叉彈性可變) 可以看出，選擇項之間可以存在不同相關關係與柔性的部分可替代性。如果 $\gamma' = 0$，則 COVNL 模型退化為 NL 模型。

(四) MNL 模型的發展脈絡與方法

一般認為，MNL 模型隱含了三個假定：效用隨機項獨立且服從同一極值分布 (IID)；各選擇項之間具有相同不變的交叉響應；效用隨機項間相同變異數。這三項假定均不符合交通方式選擇的實際情況，並引發一些謬誤。MNL 模型正是通過改善模型相對比較合理性，緩解或解除一個或多個隱含假定而發展起來的，其改進方法主要包括：

1. 對效用可觀測項計算進行非線性變換，改善單個因素對可觀測效用的邊際影響，提高各選擇項計算概率的相對比較合理性，BCL 模型屬於此類型；另一種途徑是選擇項採用「市場競爭」的思想進行分類與占有率分布，從而達到緩解 IIA 特性的目的，此類型包括 Dogit 和 BCD 模型等。

2. 建立「柔性模型結構」，它通過建立樹型巢狀結構、常數或非常數的結構參數以及各選擇項分布到各子巢的占有率參數，鬆弛了效用隨機項服從同一分布且相互獨立性，同時也使得各選擇項交叉響應特性按分布差異產生變化。此類模型有 NL、CNL、PCL 和 GNL 模型以及其他的改進型，包括：(1)GenMNL(generalized MNL；Swait, 2000) 模型 (分布參數不可變的 GNL 模型)、(2)Fuzzy Nest Logit(FNL)(Voshva, 1999) 模型 (允許多級子巢嵌套的 GNL 模型)、(3)OGEV fordered generalized extreme value(Small,1987) 模型 (將部分可替代性好的選擇項分布到同一子巢中，通過改變同一個子巢中選擇項的數目、每個子巢中各選擇項分布占有率和每個子巢的結構參數。達到各選擇項之間不同水平相關、部分可替代的目的)、(4)PD (Principles of Differentiation；Bresnahanet al., 1997) 模型 [認為同一類相近性質選擇項之間的競爭遠大於不同類選擇項之間的競爭，模型依循多種因素定義了類 (子巢)，並依循每種因素定義了多級水平。它不同於 NL 模型的有序樹形結構，是從一個有別於其他模型的角度建立樹形巢結構，允許不同因素的交叉彈性。

3. 將各選擇項效用隨機項之間或選擇子巢之間異變異數化來改善 IIA 引發的問題，HMNL 和 COVNL 模型屬於此類型。

7-3-2 Multinomial Logit 迴歸分析：職業選擇種類 (mlogit 指令)

請參考前文【3-2-6 邏輯斯迴歸 (logistic regression) 】

以上我們提到的是當依變數是二元 (binary) 時的 Logistic 迴歸，不過有的時候依變數的類別會超過 3 類，例如人格心理學就常常把人格分成「五大人

格」，而且這五個人格之間是互斥的 (沒有順序關係)，此時想要「預測」這個人的人格會是哪一種類型的迴歸方法就是多項邏輯模型 (multinomial logistic regression)，它是 Logistic 迴歸的擴充，解釋方法都一樣。唯一不同之處在於要將依變數其中一個類別設爲「參照組」(baseline category / reference group)，假設依變數有三類，那麼迴歸係數解讀爲「當自變數增加一個單位，依變數 A 相對依變數 C 的機率會增加幾倍」，此時依變數 C 爲我們選定的參照組 (分母，或說被比較的那一組)，參照組可隨意設定，因爲結果會完全一樣。

最後要提到的當依變數是順序尺度，例如：「傷病等級」分成 3 類，但是並非爲等距變數，此時要預測的統計工具可選用比例勝算模型 (odds proportional model) 或累積機率模型 (cumulative probability model)。此時迴歸係數的解讀爲「當自變數增加一個單位，依變數 A 相對依變數 B 與 C 的機率以及依變數 A 與 B 相對依變數 C 的機率會增加幾倍」，所以是一種累積機率的概念，實務上也很常用。

一、範例：multinomial logit 迴歸

本例之「occ 職業別」是屬 nomial 變數，其編碼爲：1 = Menial 工作者，2 = BlueCol，3 = Craft，4 = WhiteCol，5 = Prof。這 5 種職業類別之 codes 意義，並不是「1 分 < 2 分 < 3 分 < 4 分 < 5 分」。因此這種 nomial 依變數，採用 Binary Logit 與 OLS 迴歸都不太對，故 STaTa 提供「multinomial logit 迴歸」，來分析「多個自變數」對 multinomial 依變數各類別之兩兩對比的勝算機率。

(一) 問題說明

研究者先文獻探討以歸納出影響職業別的遠因，並整理成下表，此「nomocc2_Multinomial_Logit.dta」資料檔之變數如下：

變數名稱	影響職業選擇種類的遠因	編碼 Codes/Values
occ	職業選擇的種類	(1) Menial; (2) BlueCol; (3) Craft; (4) WhiteCol; (5) Prof
white	1. 白人嗎？(種族優勢)	1=white;0=not white
ed	2. 受教育年數	
exper	3 工作經驗的年數	

(二) 資料檔之內容

「nomocc2_Multinomial_Logit.dta」資料檔內容如下圖。

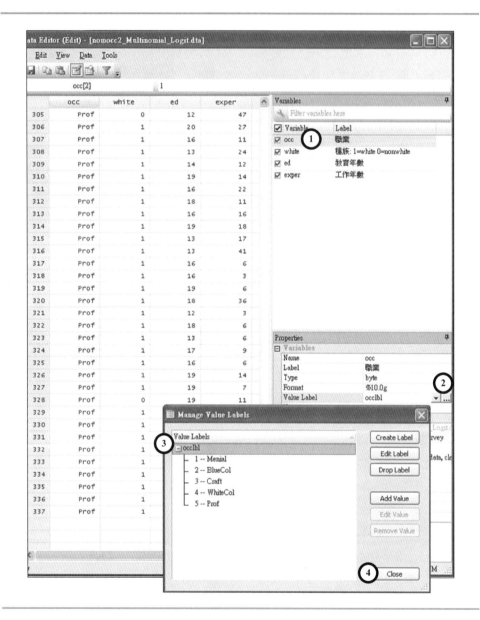

圖 7-5 「nomocc2_Multinomial_Logit.dta」資料檔 (N=337 , 4 variables)

(三) Multinomial Logit 迴歸之選擇表操作

Statistics > Categorical outcomes > Multinomial logistic regression

Setp 1 Multinomial Logit 迴歸，看 3 個自變數之預測效果

```
. use nomocc2_Multinomial_Logit.dta
* 職業別 ( 第 1 個類別為比較基準 ) 之 Multinomial Logit 迴歸
. mlogit occ white ed exper, baseoutcome(1)
```

```
Multinomial logistic regression              Number of obs   =       337
                                             LR chi2(12)     =    166.09
                                             Prob > chi2     =    0.0000
Log likelihood = -426.80048                  Pseudo R2       =    0.1629
```

occ	Coef.	Std. Err.	z	P>|z|	[95% Conf. Interval]	
Menial	(base outcome)					
BlueCol						
white	1.236504	.7244352	1.71	0.088	-.1833631	2.656371
ed	-.0994247	.1022812	-0.97	0.331	-.2998922	.1010428
exper	.0047212	.0173984	0.27	0.786	-.0293789	.0388214
_cons	.7412336	1.51954	0.49	0.626	-2.23701	3.719477
Craft						
white	.4723436	.6043097	0.78	0.434	-.7120817	1.656769
ed	.0938154	.097555	0.96	0.336	-.0973888	.2850197
exper	.0276838	.0166737	1.66	0.097	-.004996	.0603636
_cons	-1.091353	1.450218	-0.75	0.452	-3.933728	1.751022
WhiteCol						
white	1.571385	.9027216	1.74	0.082	-.1979166	3.340687
ed	.3531577	.1172786	3.01	0.003	.1232959	.5830194
exper	.0345959	.0188294	1.84	0.066	-.002309	.0715007
_cons	-6.238608	1.899094	-3.29	0.001	-9.960764	-2.516453
Prof						
white	1.774306	.7550543	2.35	0.019	.2944273	3.254186
ed	.7788519	.1146293	6.79	0.000	.5541826	1.003521
exper	.0356509	.018037	1.98	0.048	.000299	.0710028
_cons	-11.51833	1.849356	-6.23	0.000	-15.143	-7.893659

註：「z 欄」的 z 值，是指標準常態分布之標準分數。

631

1. 上述這些自變數所建立 Multinomial logit 迴歸式如下：

$$Ln(\frac{P_2}{P_1}) = \beta_0 + \beta_1 X1_i + \beta_2 X2_i + \beta_3 X3_i + \beta_4 X4_i + \beta_5 X5_i + ...$$

$$Ln(\frac{P_{BlueCol}}{P_{Menial}}) = 0.74 + 1.24 \times white - 0.099 \times ed + 0.005 \times exper$$

......

$$Ln(\frac{P_{Prof}}{P_{Menial}}) = -11.5 + 1.77 \times white + 0.779 \times ed + 0.0356 \times exper$$

以 occ=1(Menial) 為比較基礎，它與「其他 4 種」職業，是否因為「種族 (white)、學歷高低 (ed)、工作年資 (exper)」而影響呢？Multinomial logistic 迴歸分析結果如下：

2.「Menial vs. BlueCol」職業比較：「種族 (white)、學歷高低 (ed)、工作年資 (exper)」，三者並無顯著影響受訪者，是否擔任「卑微、藍領」工作的機率。

3.「Menial vs. Craft」職業比較：「種族 (white)、學歷高低 (ed)、工作年資 (exper)」，三者並無顯著影響受訪者，是否擔任「卑微、師傅級工人」工作的機率。

4.「Menial vs. WhiteCol」職業比較：教育程度 (z = +3.01, p < 0.05)，表示低教育者多數擔任卑微工作；高學歷多數擔任白領工作的機率是顯著的。可見，要當白領階級，學歷是必要條件。

5.「Menial vs. BlueCol」職業比較：「種族 (white)、學歷高低 (ed)、工作年資 (exper)」，三者會顯著影響受訪者，是否擔任「卑微、專業人士」工作的機率。可見，在美國求職要找專業工作 (金融分析師、律師、教師、CEO)，除了學歷要高、工作資歷要深外，白人種族優勢仍是必要的關鍵因素。

Setp 2　以依變數某類別為比較基準，做三個自變數之概似比 (LR) 檢定

再以 occ=5「專業人士」身分為職業別的比較基準點，本例所進行：概似比 (LR) 檢定、Wald 檢定，結果如下：

```
* 以「occ=5」為職業別之間的比較基礎，
. quietly mlogit occ white ed exp, baseoutcome(5)

* 三個自變數之概似比檢定
```

```
. mlogtest, lr

Likelihood-ratio tests for independent variables (N=337)

 Ho: All coefficients associated with given variable(s) are 0.

            |      chi2    df   P>chi2
------------+------------------------
     white  |     8.095     4    0.088
        ed  |   156.937     4    0.000
     exper  |     8.561     4    0.073
------------------------------------
```

* 三個自變數之 Wald 檢定
```
. mlogtest, wald
```

* Wald tests for independent variables (N=337)

```
 Ho: All coefficients associated with given variable(s) are 0.

            |      chi2    df   P>chi2
------------+------------------------
     white  |     8.149     4    0.086
        ed  |    84.968     4    0.000
     exper  |     7.995     4    0.092
------------------------------------
```

1. 以「專業人士」職業身分為職業別的比較基準點，再與「其他 4 種」職業做機率比較。經概似比 (Likelihood Ratio, LR) 檢定結果顯示，「專業人士 VS. 其他 4 種職業」在學歷 (ed) 方面有顯著機率差別。$\chi^2_{(4)} = 156.937(p < 0.05)$，拒絕「$H_0$：預測變數所有迴歸係數都是 0」，接受 H_1「自變數的迴歸係數有一不為 0」。要成為「專業人士」的機率，係與學歷呈正相關。學歷越高，當選「專業人士」的機率就越高。

2. Wald 檢定，在學歷 (ed) 方面，$\chi^2_{(4)} = 84.968(p < 0.05)$，亦拒絕「$H_0$: All coefficients associated with given variable(s) are 0」，故要成為「專業人士」，高學歷係可顯著提升其當選的機率，即學歷是必要條件之一。

3. mlogit 迴歸之事後檢定，「Likelihood-ratio tests(mlogtest, lr)」及「Wald tests(mlogtest, wald)」兩者都可測出：預測變數之預測效果是否顯著。

Setp 3   以依變數某類別為比較基準，並與「其他類別」做線性假設之檢定

test 語法：旨在 Test linear hypotheses after estimation

```
test coeflist                          (Syntax 1)
test exp = exp [= ...]                 (Syntax 2)
test [eqno]
```

test 選擇表：

```
Statistics > Postestimation > Tests > Test linear hypotheses
```

```
* 以職業別「5= 專業人士」為比較基準。做 Multinomial Logit 迴歸，但不印出
. quietly mlogit occ white ed exp, baseoutcome(5)

*「occ=4」白領階級與其他 4 種職業別做係數檢定
. test [4]
 (1)  [WhiteCol]white = 0
 (2)  [WhiteCol]ed = 0
 (3)  [WhiteCol]exper = 0

        chi2(3) =    22.20
      Prob > chi2 =    0.0001
```

在「occ=4」白領階級與其他 4 種職業別之事後比較，$\chi^2_{(3)} = 22.2(p < 0.05)$，拒絕「$H_0$：種族、學歷、工作資歷三者的迴歸係數為 0」。故種族 (white)、學歷 (ed)、工作資歷 (exper) 三者是可有效區別「專業人士 vs. 其他 4 種職業別」的勝算機率。

Setp 4   自變數每變化一個單位，所造成邊際 (margin) 效果

```
* 限制以 occ=5( 專業人士 ) 為基準，進行 Multinomial Logit 迴歸，quietly 報表不印出
. quietly mlogit occ white ed exp, basecategory(5)
```

```
* 職業別邊際 (margin) 效果之機率變化
. prchange

mlogit: Changes in Probabilities for occ

* 由「非白人轉變白人」，擔任專業人士的機率，平均增加 11.6%
white
            Avg|Chg|      Menial      BlueCol       Craft     WhiteCol         Prof
0->1       .11623582   -.13085523    .04981799   -.15973434    .07971004    .1610615
```

*「學歷每增加一年」，擔任專業人士的機率，平均增加 5.895%
```
ed
            Avg|Chg|      Menial      BlueCol       Craft     WhiteCol         Prof
Min->Max   .39242268   -.13017954   -.70077323   -.15010394    .02425591    .95680079
   -+1/2   .05855425   -.02559762   -.06831616   -.05247185    .01250795    .13387768
  -+sd/2    .1640657   -.07129153   -.19310513   -.14576758    .03064777    .37951647
MargEfct   .05894859   -.02579097   -.06870635   -.05287415    .01282041    .13455107
```

*「工作經歷每增加一年」，擔任專業人士的機率，平均增加 0.233%
```
exper
            Avg|Chg|      Menial      BlueCol       Craft     WhiteCol         Prof
Min->Max   .12193559   -.11536534   -.18947365    .03115708    .09478889    .17889298
   -+1/2   .00233425   -.00226997   -.00356567    .00105992     .0016944    .00308132
  -+sd/2   .03253578   -.03167491   -.04966453    .01479983    .02360725    .04293236
MargEfct   .00233427   -.00226997   -.00356571    .00105992    .00169442    .00308134

              Menial      BlueCol       Craft     WhiteCol         Prof
Pr(y|x)    .09426806    .18419114    .29411051    .16112968    .26630062

              white         ed       exper
    x=      .916914     13.095     20.5015
 sd_x=      .276423    2.94643     13.9594
```

Setp 5   繪各預測變數變動一個單位時，當選各職業別之機率變化圖

```
. mlogplot white ed exper, std(0ss) p(.1) min(-.25) max(.5) dc ntics(4)
```

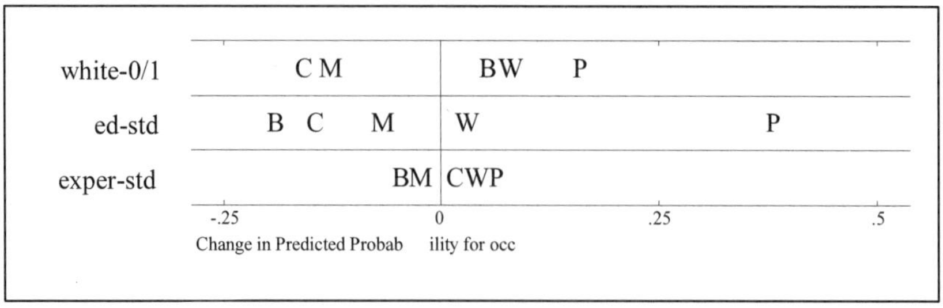

圖 7-6 種族 (white)、學歷 (ed)、工作經驗 (exper) 三者變動一個單位時，當選各職業別之機率變化圖

註：B 為 BlueCol(藍領階級)；C 為 Craft(師傅級工人)；M 為 Menial(低微工人)；P 為 Prof(專業人士)；W 為 WhiteCol(白領階級)

1. White=0，非白人多數從事 C、M。White=1，白人多數從事 B、M、P。

2. 學歷在平均數以下者，多數人是從事 B、C、M。學歷在平均數以上者，多數人是從事 W、P。尤其，擔任 Prof(專業人士) 職務，其高學歷遠遠超越其他職業者。

3. 工作資歷在平均數以下者，多數人是從事 B、M。工作資歷在平均數以上者，多數人是從事 C、W、P；但差距不大。

Setp 6 以「專業人士」占最多比例的白人來說，比較他擔任各行業間之機率

```
. quietly mlogit occ white ed exp, baseoutcome(5)
*僅以白人來看，列出名目依變數5個群組之間，兩兩係數比較(3個自變數對occ的勝算機率)
 listcoef white


mlogit (N=337): Factor Change in the Odds of occ


Variable: white (sd=.27642268)


Odds comparing  |
Alternative 1   |
to Alternative 2 |      b        z      P>|z|     e^b     e^bStdX
-----------------+---------------------------------------------------
Menial  -BlueCol |   -1.23650   -1.707   0.088   0.2904   0.7105
Menial  -Craft   |   -0.47234   -0.782   0.434   0.6235   0.8776
Menial  -WhiteCol |  -1.57139   -1.741   0.082   0.2078   0.6477
```

```
Menial  -Prof     |  -1.77431   -2.350   0.019   0.1696   0.6123
BlueCol -Menial   |   1.23650    1.707   0.088   3.4436   1.4075
BlueCol -Craft    |   0.76416    1.208   0.227   2.1472   1.2352
BlueCol -WhiteCol |  -0.33488   -0.359   0.720   0.7154   0.9116
BlueCol -Prof     |  -0.53780   -0.673   0.501   0.5840   0.8619
Craft   -Menial   |   0.47234    0.782   0.434   1.6037   1.1395
Craft   -BlueCol  |  -0.76416   -1.208   0.227   0.4657   0.8096
Craft   -WhiteCol |  -1.09904   -1.343   0.179   0.3332   0.7380
Craft   -Prof     |  -1.30196   -2.011   0.044   0.2720   0.6978
WhiteCol-Menial   |   1.57139    1.741   0.082   4.8133   1.5440
WhiteCol-BlueCol  |   0.33488    0.359   0.720   1.3978   1.0970
WhiteCol-Craft    |   1.09904    1.343   0.179   3.0013   1.3550
WhiteCol-Prof     |  -0.20292   -0.233   0.815   0.8163   0.9455
Prof    -Menial   |   1.77431    2.350   0.019   5.8962   1.6331
Prof    -BlueCol  |   0.53780    0.673   0.501   1.7122   1.1603
Prof    -Craft    |   1.30196    2.011   0.044   3.6765   1.4332
Prof    -WhiteCol |   0.20292    0.233   0.815   1.2250   1.0577
----------------------------------------------------------------
```

　　僅以白人在各類職業別 (occ) 的勝算機率來看，白人在「Menial-Prof」、「Craft-Prof」職業別之人口比例，有顯著差異。即白人多數擔任 Prof 工作，非白人多數擔任 Menia、Craft 工作。

7-3-3　多項邏輯斯迴歸分析：乳房攝影 (mammograph) 選擇的因素 (mlogit 指令)

範例：3 種乳房攝影 (mammograph) 選擇的因素 (mlogit 指令)

(一) 問題說明

　　為了解 3 種乳房攝影 (mammograph) 選擇之影響因素有哪些？(分析單位：個人)。

　　研究者收集數據並整理成下表，此「mammog.dta」資料檔內容之變數如下：

變數名稱	說明	編碼 Codes/Values
結果變數 / 依變數：me	mammograph 乳房攝影經驗	0～2 共三種選擇
解釋變數 / 自變數：hist	有乳腺癌史的母親或姐妹	1～4

變數名稱	說明	編碼 Codes/Values
解釋變數 / 自變數：**sympt**	除非出現症狀，否則不需要乳房攝影	5～17
解釋變數 / 自變數：**pb**	乳房攝影的認知益處	0,1 (binary data)
解釋變數 / 自變數：**hist**	有乳腺癌史的母親或姐妹	0,1 (binary data)
解釋變數 / 自變數：**bse**	有人教你如何檢查自己的乳房：那是 bse	1～3

(二) 資料檔之內容

「mammog.dta」資料檔內容如下圖。

圖 7-7 「mammog.dta」資料檔內容 (N=412 個人)

觀察資料之特徵

```
* 開啟資料檔
. use mammog.dta, clear
. des

. des

Contains data from D:\STaTa (pannel+SEM+MA) 解說 2014\08 mixed logit regres-
sion\CD\mammog_V12.dta
  obs:          412
  vars:           7                          9 Oct 2017 18:07
  size:       23,072
-----------------------------------------------------------------------------
              storage  display   value
variable name  type    format    label      variable label
-----------------------------------------------------------------------------
obs           double  %10.0g               ID 編號
me            double  %10.0g    me         mammograph 乳房攝影經驗
sympt         double  %10.0g    sympt      除非出現症狀，否則不需要乳房攝影
pb            double  %10.0g               乳房攝影的認知益處
hist          double  %10.0g               有乳腺癌史的母親或姐妹
bse           double  %10.0g               有人教你如何檢查自己的乳房：那是 bse
detc          double  %10.0g    detc       乳房攝影可能會發現一例新的乳腺癌的可能性
-----------------------------------------------------------------------------
* 卡方檢定得：卡方 =13.05(p<0.05)
. tab2 me hist , chi2


-> tabulation of me by hist


                     | 有乳腺癌史的母親或姐妹
mammograph 乳腺攝影 |              f
           經驗 |         0          1 |      Total
-----------------+----------------------+----------
          never |       220         14 |        234
 within one year |        85         19 |        104
over one year ago |        63         11 |         74
-----------------+----------------------+----------
          Total |       368         44 |        412

      Pearson chi2(2) =  13.0502   Pr = 0.001
```

(三) 分析結果與討論

Step 1 簡單 multinomial (polytomous) logistic regression
　　　　求「hist → me」影響機率。

```
. use mammog.dta, clear

. mlogit me hist

Multinomial logistic regression              Number of obs   =      412
                                             LR chi2(2)      =    12.86
                                             Prob > chi2     =   0.0016
Log likelihood = -396.16997                  Pseudo R2       =   0.0160


-----------------------------------------------------------------------------
           me |     Coef.   Std. Err.      z    P>|z|    [95% Conf. Interval]
--------------+--------------------------------------------------------------
never         |   (base outcome)（當比較基準點）
--------------+--------------------------------------------------------------
within_one_year |
         hist |  1.256357   .3746603     3.35   0.001    .5220368    1.990678
        _cons | -.9509763   .1277112    -7.45   0.000   -1.201286   -.7006669
--------------+--------------------------------------------------------------
over_one_year_ago |
         hist |  1.009332   .4274998     2.36   0.018    .1714478    1.847216
        _cons | -1.250493   .1428932    -8.75   0.000   -1.530558   -.9704273
-----------------------------------------------------------------------------

. estat vce

Covariance matrix of coefficients of mlogit model


          | 1                        | 2
    e(V)  |     hist      _cons  |      hist      _cons
----------+-----------------------+-----------------------
1         |                       |
     hist |  .14037035            |
    _cons | -.01631016   .01631016 |
----------+-----------------------+-----------------------
```

```
2            |                    |
     hist |   .07597403   -.00454545 |   .18275604
     _cons |  -.00454545    .00454545 |  -.02041847    .02041847
```

1. 上述這些自變數所建立 multinomial logit 迴歸式如下：

$$Ln(\frac{P_2}{P_1}) = \beta_0 + \beta_1 X1_i + \beta_2 X2_i + \beta_3 X3_i + \beta_4 X4_i + \beta_5 X5_i + ...$$

$$Ln(\frac{P_{within\_one\_year}}{P_{never}}) = -0.95 + 1.256 \times hist$$

$$Ln(\frac{P_{over\_one\_year\_ago}}{P_{never}}) = -1.25 + 1.009 \times hist$$

Step 2   簡單 Multinomial (polytomous) logistic regression

　　求「detc → me」影響機率。

```
. tab2 me detc, chi2

-> tabulation of me by detc

                    | 乳房攝影可能會發現一例新的乳腺癌
mammograph 乳腺攝影 |         可能性
         的經驗 | not likel  somewhat   very like |    Total
------------------+---------------------------------+----------
          never |      13         77        144 |      234
 within one year |       1         12         91 |      104
over one year ago |       4         16         54 |       74
------------------+---------------------------------+----------
          Total |      18        105        289 |      412

      Pearson chi2(4) =  24.1481   Pr = 0.000

. mlogit me i.detc

Multinomial logistic regression          Number of obs   =       412
                                          LR chi2(4)      =     26.80
                                          Prob > chi2     =    0.0000
```

```
Log likelihood = -389.20054                    Pseudo R2      =     0.0333

-----------------------------------------------------------------------------
           me |      Coef.   Std. Err.      z    P>|z|     [95% Conf. Interval]
--------------+--------------------------------------------------------------
never         |   (base outcome) 當比較基準點
--------------+--------------------------------------------------------------
within_one_year |
         detc |
            2 |   .7060494   1.083163     0.65   0.515    -1.416911    2.82901
            3 |   2.105994   1.046353     2.01   0.044     .0551794   4.156809
              |
        _cons |  -2.564948   1.037749    -2.47   0.013    -4.598898  -.5309985
--------------+--------------------------------------------------------------
over_one_year_ago |
         detc |
            2 |  -.3925617    .634358    -0.62   0.536    -1.635881   .8507572
            3 |   .1978257   .5936211     0.33   0.739    -.9656503   1.361302
              |
        _cons |  -1.178655   .5717719    -2.06   0.039    -2.299307  -.0580027
-----------------------------------------------------------------------------

. mlogit me i.detc, rrr

Multinomial logistic regression                Number of obs   =       412
                                               LR chi2(4)      =     26.80
                                               Prob > chi2     =    0.0000
Log likelihood = -389.20054                    Pseudo R2       =    0.0333

-----------------------------------------------------------------------------
           me |       RRR   Std. Err.      z    P>|z|     [95% Conf. Interval]
--------------+--------------------------------------------------------------
never         |   (base outcome)
--------------+--------------------------------------------------------------
within_one_year |
         detc |
            2 |   2.025972   2.194458     0.65   0.515     .2424618   16.92869
            3 |   8.215268   8.596073     2.01   0.044     1.05673    63.86742
              |
        _cons |   .0769232   .0798269    -2.47   0.013     .0100629   .5880176
```

```
-----------------+----------------------------------------------------------------
over_one_year_ago |
        detc |
           2 |   .6753247    .4283976    -0.62    0.536    .1947808    2.341419
           3 |    1.21875    .7234758     0.33    0.739    .3807355    3.901269
             |
        _cons |   .3076923    .1759298    -2.06    0.039    .1003283    .9436474
-----------------+----------------------------------------------------------------
```

1. 卡方檢定結果：$\chi^2_{(4)} = 24.148(p < .05)$，表示「detc → me」有顯著關聯性。
2. 上述這些自變數所建立 multinomial logit 迴歸式如下：

$$Ln(\frac{P_2}{P_1}) = \beta_0 + \beta_1 X1_i + \beta_2 X2_i + \beta_3 X3_i + \beta_4 X4_i + \beta_5 X5_i + ...$$

$$Ln(\frac{P_{within\_one\_year}}{P_{never}}) = -2.56 + 0.706 \times (detc = 2) + 2.106 \times (detc = 3)$$

$$Ln(\frac{P_{over\_one\_year\_ago}}{P_{never}}) = -1.178 - 0.39 \times (detc = 2) + 0.198 \times (detc = 3)$$

3. 上述這些自變數所建立相對風險比 (RRR) 為，上列迴歸方程式可解釋為在「無沒有其他解釋」的影響下：
   (1) 乳房攝影「within_one_year 對 never」：
       (detc=2) 有乳房攝影選擇的相對風險為 (detc=1)0.675(=$\exp^{0.706}$) 倍，但統計未達顯著的差異 (p=0.515)。
       (detc=3) 有乳房攝影選擇的相對風險為 (detc=1)1.219 (=$\exp^{2.106}$) 倍，且統計達到顯著的差異 (p=0.515)。
   (2) 乳房攝影「over_one_year_ago 對 never」：
       (detc=2) 有乳房攝影選擇的相對風險為 (detc=1)2.025(=$\exp^{-0.392}$) 倍，但統計未達顯著的差異 (p=0.536)。
       (detc=3) 有乳房攝影選擇的相對風險為 (detc=1)8.215(=$\exp^{0.198}$) 倍，但統計未達顯著的差異 (p=0.739)。

Step 3　多元 Multinomial (polytomous) logistic 迴歸

求「i.sympt pb hist bse i.detc → me」影響機率。

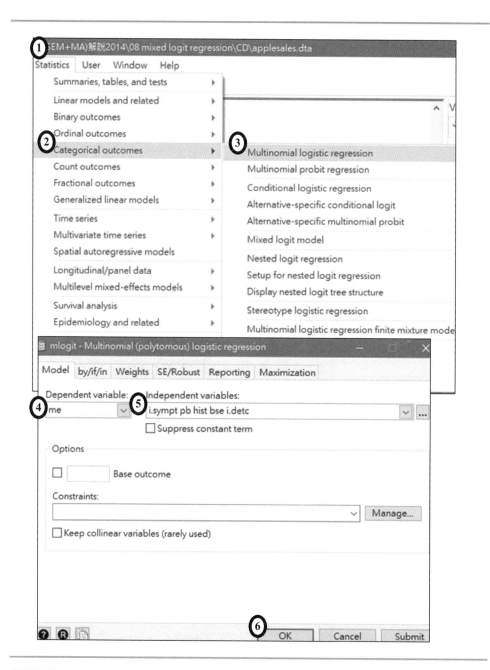

圖 7-8 「mlogit me i.sympt pb hist bse i.detc」畫面

* 符號「i.」宣告為 indicators (dummy variable)
* 因類別自變數 level 超過 3 個,為搭配虛擬變數「i.sympt i.detc」,故多加「xi:」前置指令

```
. xi: mlogit me i.sympt pb hist bse i.detc

i.sympt        _Isympt_1-4        (naturally coded; _Isympt_1 omitted)
i.detc         _Idetc_1-3         (naturally coded; _Idetc_1 omitted)

Multinomial logistic regression          Number of obs    =       412
                                          LR chi2(16)      =    111.30
                                          Prob > chi2      =    0.0000
Log likelihood = -346.95096               Pseudo R2        =    0.1382

------------------------------------------------------------------------------
          me |      Coef.   Std. Err.      z    P>|z|     [95% Conf. Interval]
-------------+----------------------------------------------------------------
never        | (base outcome)
-------------+----------------------------------------------------------------
within_one_year |
   _Isympt_2 |  .1100371   .9227608     0.12   0.905    -1.698541    1.918615
   _Isympt_3 |  1.924708   .7775975     2.48   0.013     .4006448    3.448771
   _Isympt_4 |  2.456993   .7753323     3.17   0.002     .9373692    3.976616
          pb | -.2194368   .0755139    -2.91   0.004    -.3674413   -.0714323
        hist |  1.366239   .4375196     3.12   0.002     .5087162    2.223762
         bse |  1.291666   .529891      2.44   0.015     .2530991    2.330234
    _Idetc_2 |  .0170196   1.161896     0.01   0.988    -2.260255    2.294294
    _Idetc_3 |  .9041367   1.126822     0.80   0.422    -1.304393    3.112666
       _cons | -2.998748   1.53922     -1.95   0.051    -6.015564    .0180672
-------------+----------------------------------------------------------------
over_one_year_ago |
   _Isympt_2 | -.2900834   .6440636    -0.45   0.652    -1.552425     .972258
   _Isympt_3 |  .8173135   .5397921     1.51   0.130    -.2406597    1.875287
   _Isympt_4 |  1.132239   .5476704     2.07   0.039     .0588251    2.205654
          pb | -.1482068   .0763686    -1.94   0.052    -.2978866    .0014729
        hist |  1.065437   .459396      2.32   0.020     .165037     1.965836
         bse |  1.052144   .5149894     2.04   0.041     .0427837    2.061505
    _Idetc_2 | -.9243929   .7137382    -1.30   0.195    -2.323294    .4745083
    _Idetc_3 | -.6905329   .6871078    -1.00   0.315    -2.037239    .6561736
       _cons | -.9860912   1.111832    -0.89   0.375    -3.165242    1.193059
------------------------------------------------------------------------------
```

1. 當類別自變數的 level 超過 3 個，為搭配虛擬變數「i. 某變數名」，要多加「xi:」前置指令，報表才會在該變數前多加「_I」符號。

2. 上述這些自變數所建立 Multinomial Logit 迴歸式如下：

$$Ln(\frac{P_2}{P_1}) = \beta_0 + \beta_1 X1_i + \beta_2 X2_i + \beta_3 X3_i + \beta_4 X4_i + \beta_5 X5_i + ...$$

$$Ln(\frac{P_{within\_one\_year}}{P_{never}}) = -2.99 + 0.11 \times (sympt = 2) + 1.92 \times (sympt = 3) + 2.46 \times$$
$$(sympt = 4) - 0.22 \times pb + 1.37 \times hist + 1.29 \times bse + 0.017 (detc = 2) + 0.90 (detc = 3)$$

$$Ln(\frac{P_{over\_one\_year\_ago}}{P_{never}}) = -0.98 - 0.29 \times (sympt = 2) + 0.82 \times (sympt = 3) + 1.13 \times$$
$$(sympt = 4) - 0.15 \times pb + 1.07 \times hist + 1.05 \times bse - 0.92 (detc = 2) - 0.69 (detc = 3)$$

3. over_one_year_ago 對 never 乳房攝影經驗，_I sympt 的係數有半數未達顯著水準，可能是 sympt 四個分類太多 level，故它再簡化成二個分類 (存至 symptd)。

Step 4 　 sympt 四個分類簡化成二個分類 (存至 symptd)

　　求「symptd pb hist bse i.detc → me」影響機率。

```
. gen symptd = .
(412 missing values generated)

. replace symptd = 0 if sympt == 1 | sympt == 2
(113 real changes made)
. replace symptd = 1 if sympt == 3| sympt == 4

* 因類別自變數 level 超過 3 個，為搭配虛擬變數「i.detc」，故多加「xi:」前置指令
. xi: mlogit me symptd pb hist bse i.detc
i.detc          _Idetc_1-3          (naturally coded; _Idetc_1 omitted)

Multinomial logistic regression          Number of obs   =       412
                                          LR chi2(12)     =    107.70
                                          Prob > chi2     =    0.0000
Log likelihood = -348.74797               Pseudo R2       =    0.1338

-----------------------------------------------------------------------------
         me |    Coef.   Std. Err.      z    P>|z|     [95% Conf. Interval]
```

```
-----------------+----------------------------------------------------------------
never            | (base outcome)
-----------------+----------------------------------------------------------------
within_one_year  |
         symptd  |    2.09534    .4573975     4.58   0.000     1.198857    2.991822
             pb  |  -.2510121    .0729327    -3.44   0.001    -.3939575   -.1080667
           hist  |   1.293281    .4335351     2.98   0.003     .4435674    2.142994
            bse  |   1.243974    .5263056     2.36   0.018     .2124338    2.275514
       _Idetc_2  |   .0902703    1.161023     0.08   0.938    -2.185293    2.365834
       _Idetc_3  |   .9728095    1.126269     0.86   0.388    -1.234638    3.180257
          _cons  |  -2.703744    1.434412    -1.88   0.059    -5.515141    .1076526
-----------------+----------------------------------------------------------------
over_one_year_ago |
         symptd  |   1.121365    .3571979     3.14   0.002     .4212696     1.82146
             pb  |  -.1681062    .0741724    -2.27   0.023    -.3134815   -.0227309
           hist  |   1.014055    .4538042     2.23   0.025     .1246152    1.903495
            bse  |    1.02859    .5139737     2.00   0.045     .0212204     2.03596
       _Idetc_2  |  -.9021328    .7146177    -1.26   0.207    -2.302758    .4984923
       _Idetc_3  |  -.6698223     .687579    -0.97   0.330    -2.017452    .6778078
          _cons  |  -.9987677    1.071963    -0.93   0.351    -3.099777    1.102242
-----------------+----------------------------------------------------------------
```

1. sympt 四個分類簡化成二個分類 (存至 symptd)，再預測 me 依變數，其迴歸
   係數都達到顯著，成效不錯。

2. 由於 detc 的係數都未達顯著，故下一步就刪除它。因此「symptd pb hist bse
   i.detc」，這五個自變數就簡化成「symptd pb hist bse」四個自變數，如下。

Step 5 Multinomial (polytomous) logistic regression：快逼近最終模型

　　求四個自變數「**symptd** pb hist bse → me」影響機率，直到所有解釋變數的
迴歸係數都達顯著爲止。

```
. mlogit me symptd pb hist bse

Multinomial logistic regression              Number of obs   =        412
                                             LR chi2(8)      =      99.16
                                             Prob > chi2     =     0.0000
Log likelihood = -353.01904                  Pseudo R2       =     0.1231
```

```
--------------------------------------------------------------------------------
          me |    Coef.   Std. Err.      z    P>|z|     [95% Conf. Interval]
-------------+------------------------------------------------------------------
never        |  (base outcome)
-------------+------------------------------------------------------------------
within_one_year |
      symptd |  2.230428   .4519582     4.94   0.000     1.344606     3.11625
          pb | -.2825439    .071349    -3.96   0.000    -.4223855   -.1427024
        hist |   1.29663   .4293032     3.02   0.003     .4552112    2.138049
         bse |   1.22096   .5210419     2.34   0.019     .1997363    2.242183
       _cons | -1.788764   .8470717    -2.11   0.035    -3.448994   -.1285338
-------------+------------------------------------------------------------------
over_one_year_ago |
      symptd |  1.153122   .3513753     3.28   0.001      .464439    1.841805
          pb | -.1577922   .0711783    -2.22   0.027     -.297299   -.0182853
        hist |  1.061324   .4526774     2.34   0.019     .1740928    1.948556
         bse |  .9603821   .5072023     1.89   0.058    -.0337162     1.95448
       _cons |  -1.74214   .8086823    -2.15   0.031    -3.327128    -.157152
--------------------------------------------------------------------------------
```

Step 6   multinomial (polytomous) logistic 迴歸之最終模型

　　自變數再加一個 _Idetc_3，並求 5 個自變數「symptd pb hist bse detcd →
me」影響機率。直到所有解釋變數的迴歸係數都達顯著為止。

```
. rename  _Idetc_3 detcd

. mlogit me symptd pb hist bse detcd

Multinomial logistic regression              Number of obs   =      412
                                             LR chi2(10)     =   106.07
                                             Prob > chi2     =   0.0000
Log likelihood = -349.5663                   Pseudo R2       =   0.1317


--------------------------------------------------------------------------------
          me |    Coef.   Std. Err.      z    P>|z|     [95% Conf. Interval]
-------------+------------------------------------------------------------------
```

```
never           | (base outcome)
----------------+----------------------------------------------------------------------
within_one_year |
        symptd |   2.094749    .4574301     4.58    0.000     1.198203     2.991296
            pb |  -.2494746     .072579    -3.44    0.001    -.3917268    -.1072223
          hist |   1.309864    .4336022     3.02    0.003     .4600194     2.159709
           bse |   1.237011     .525424     2.35    0.019     .2071989     2.266823
         detcd |   .8851838    .3562378     2.48    0.013     .1869705     1.583397
         _cons |  -2.623758    .9263963    -2.83    0.005    -4.439461    -.8080544
----------------+----------------------------------------------------------------------
over_one_year_ago |
        symptd |   1.127417    .3563621     3.16    0.002     .4289601     1.825874
            pb |  -.1543182    .0726206    -2.12    0.034    -.296652     -.0119845
          hist |   1.063179    .4528412     2.35    0.019     .1756262     1.950731
           bse |   .9560103    .5073366     1.88    0.060    -.0383512     1.950372
         detcd |   .1141572    .3182122     0.36    0.720    -.5095273     .7378416
         _cons |  -1.823882    .8550928    -2.13    0.033    -3.499833    -.1479305
----------------------------------------------------------------------------------------
```

1. 最終模型：上述 5 個自變數所建立 multinomial logit 迴歸式如下：

$$Ln(\frac{P_2}{P_1}) = \beta_0 + \beta_1 X1_i + \beta_2 X2_i + \beta_3 X3_i + \beta_4 X4_i + \beta_5 X5_i + ...$$

$$Ln(\frac{P_{within\_one\_year}}{P_{never}}) = -2.62 + 2.09 \times (symptd) - 0.25 \times pb + 1.31 \times hist + 1.24 \times bse$$
$$+ 0.89 \times detcd$$

$$Ln(\frac{P_{over\_one\_year\_ago}}{P_{never}}) = -1.82 + 1.13 \times (symptd) - 0.15 \times pb + 1.06 \times hist + 0.96 \times bse$$
$$+ 0.11 \times detcd$$

7-4 實驗組：Bayesian multinomial logistic 迴歸分析：健康保險 (bayes: mlogit 指令)

範例：Bayesian multinomial logistic regression(bayes: mlogit) 指令

(一) 問題說明 (分析單位：健康保險資料)

考慮健康保險數據集「sysdsn1.dta」，使用預測變數：「age、male、nonwhite 和 site」來對保險結果 (insure) 進行建模，insure 值分三項：賠償 (indemnity)、預付 (prepaid) 和不保險 (uninsured)。

研究者收集數據並整理成下表，此「sysdsn1.dta」資料檔內容之變數如下：

變數名稱	說明	編碼 Codes/Values
label/ 依變數：insure	投保結果	賠償 (indemnity)、預付 (prepaid) 和不保險 (uninsured)
features/ 自變數：age	NEMC (ISCNRD-IBIRTHD) /365.25	18.111～86.072 年
features/ 自變數：male	NEMC 患者男性嗎	0,1 (binary data)
features/ 自變數：nonwhite	非白人嗎	0,1 (binary data)
features/ 自變數：site	地區別	1～3 地區

(二) 資料檔之內容

「sysdsn1.dta」資料檔內容如下圖。

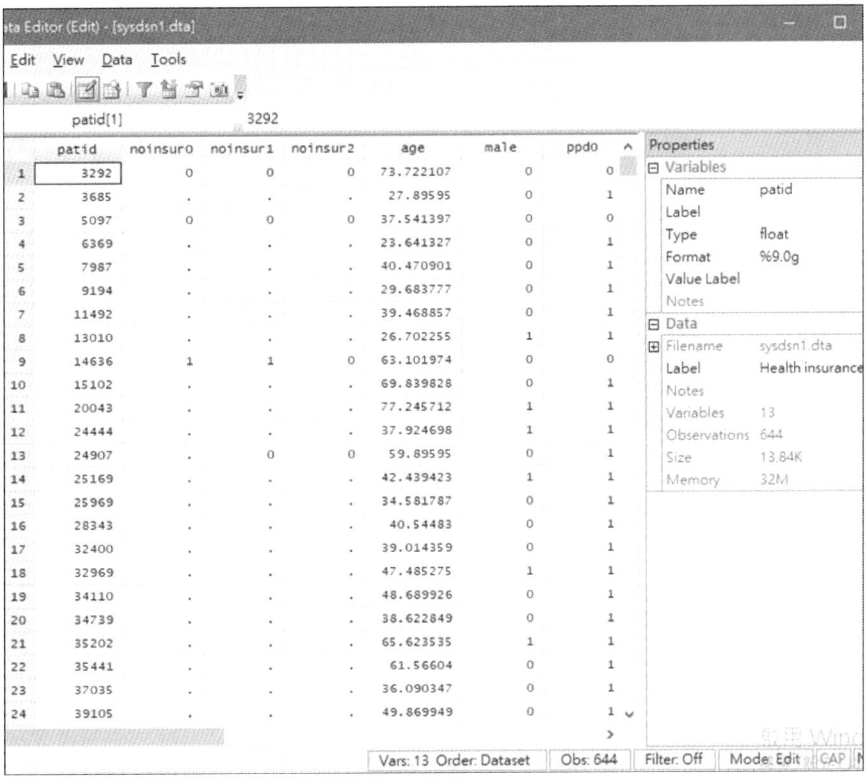

	patid	noinsur0	noinsur1	noinsur2	age	male	ppd0
1	3292	0	0	0	73.722107	0	0
2	3685	.	.	.	27.89595	0	1
3	5097	0	0	0	37.541397	0	0
4	6369	.	.	.	23.641327	0	1
5	7987	.	.	.	40.470901	0	1
6	9194	.	.	.	29.683777	0	1
7	11492	.	.	.	39.468857	0	1
8	13010	.	.	.	26.702255	1	1
9	14636	1	1	0	63.101974	0	0
10	15102	.	.	.	69.839828	0	1
11	20043	.	.	.	77.245712	1	1
12	24444	.	.	.	37.924698	1	1
13	24907	.	0	0	59.89595	0	1
14	25169	.	.	.	42.439423	1	1
15	25969	.	.	.	34.581787	0	1
16	28343	.	.	.	40.54483	0	1
17	32400	.	.	.	39.014359	0	1
18	32969	.	.	.	47.485275	1	1
19	34110	.	.	.	48.689926	0	1
20	34739	.	.	.	38.622849	0	1
21	35202	.	.	.	65.623535	1	1
22	35441	.	.	.	61.56604	0	1
23	37035	.	.	.	36.090347	0	1
24	39105	.	.	.	49.869949	0	1

圖 7-9 「sysdsn1.dta」資料檔內容 (N=644 健康保險資料)

(三) 分析結果與討論

Step 1　對照組：Multinomial (polytomous) logistic 迴歸

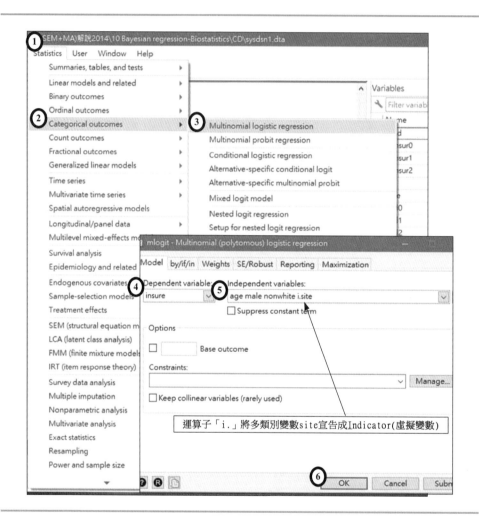

圖 7-10　「mlogit insure age male nonwhite i.site」畫面

註：Statistics > Categorical outcomes > Multinomial logistic regression

```
* 開啟資料檔
. webuse sysdsn1.dta

* 運算子「i.」將多類別變數 site 宣告成 Indicator( 虛擬變數 )
. mlogit insure age male nonwhite i.site, nolog
```

```
Multinomial logistic regression              Number of obs   =        615
                                             LR chi2(10)     =      42.99
                                             Prob > chi2     =     0.0000
Log likelihood = -534.36165                  Pseudo R2       =     0.0387


--------------------------------------------------------------------------------
        insure |    Coef.    Std. Err.      z     P>|z|    [95% Conf. Interval]
---------------+----------------------------------------------------------------
賠償 _indemnity_ |  (base outcome) 當比較基準點
---------------+----------------------------------------------------------------
預付 _prepaid_   |
          age  |  -.011745    .0061946   -1.90   0.058    -.0238862    .0003962
          male |  .5616934    .2027465    2.77   0.006     .1643175    .9590693
       nonwhite|  .9747768    .2363213    4.12   0.000     .5115955    1.437958
               |
          site |
            2  |  .1130359    .2101903    0.54   0.591    -.2989296    .5250013
            3  | -.5879879    .2279351   -2.58   0.010    -1.034733   -.1412433
               |
         _cons |  .2697127    .3284422    0.82   0.412    -.3740222    .9134476
---------------+----------------------------------------------------------------
不保險 _uninsured_|
          age  | -.0077961    .0114418   -0.68   0.496    -.0302217    .0146294
          male |  .4518496    .3674867    1.23   0.219     -.268411    1.17211
       nonwhite|  .2170589    .4256361    0.51   0.610    -.6171725    1.05129
               |
          site |
            2  | -1.211563    .4705127   -2.57   0.010    -2.133751   -.2893747
            3  | -.2078123    .3662926   -0.57   0.570    -.9257327     .510108
               |
         _cons | -1.286943    .5923219   -2.17   0.030    -2.447872   -.1260134
--------------------------------------------------------------------------------
```

Step 2 實驗組：Bayesian multinomial logistic 迴歸

改用 bayes prefix 來分析 Bayesian multinomial logistic 迴歸。

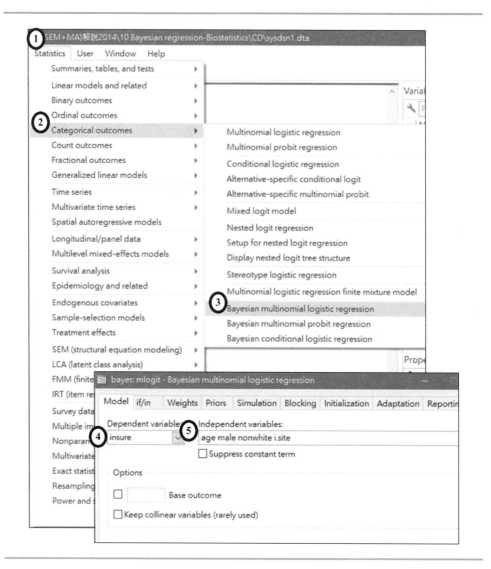

圖 7-11 「bayes：mlogit insure age male nonwhite i.site」畫面

註：Statistics > Categorical outcomes > Bayesian multinomial logistic regression

```
* 開啟資料檔
. webuse sysdsn1.dta
. set seed 15


* 運算子「i.」將多類別變數 site 宣告成 Indicator( 虛擬變數 )
. bayes: mlogit insurc age male nonwhite i.site
```

```
Burn-in ...
Simulation ...

Model summary
--------------------------------------------------------------------------------
Likelihood:
  Prepaid Uninsure ~ mlogit(xb_Prepaid,xb_Uninsure)

Priors:
  {Prepaid:age male nonwhite i.site _cons} ~ normal(0,10000)        (1)
  {Uninsure:age male nonwhite i.site _cons} ~ normal(0,10000)       (2)
--------------------------------------------------------------------------------
(1) Parameters are elements of the linear form xb_Prepaid.
(2) Parameters are elements of the linear form xb_Uninsure.
```

Bayesian multinomial logistic regression	MCMC iterations	=	12,500
Random-walk Metropolis-Hastings sampling	Burn-in	=	2,500
	MCMC sample size	=	10,000
Base outcome: Indemnity	Number of obs	=	615
	Acceptance rate	=	.2442
	Efficiency: min	=	.01992
	avg	=	.03086
Log marginal likelihood = -614.49286	max	=	05659

```
--------------------------------------------------------------------------------
             |                                            Equal-tailed
             |      Mean    Std. Dev.     MCSE     Median  [95% Cred. Interval]
-------------+------------------------------------------------------------------
Prepaid      |
        age  | -.0125521    .006247    .000396  -.0125871   -.024602  -.0005809
        male |  .5462718   .2086422    .012818   .5573004   .1263754   .9271802
     nonwhite|  .9796293   .2275709    .015746   .9737777     .53642   1.401076
             |
       site  |
          2  |   .098451   .214039     .012887   .0994476  -.3172914   5260208
          3  | -.6043961  .2348319     .011596  -.6072807  -1.045069  -.1323191
             |
       _cons |  .3183984  .3309283     .021325   .3219128  -.3423583    956505
-------------+------------------------------------------------------------------
```

```
Uninsure    |
      age |  -.008377    .0118479    .000581   -.0082922   -.0323571    .0140366
     male |   .4687524    .3537416     .02376    .4748359   -.2495656    1.147333
 nonwhite |   .1755361     .42708    .022566     .198253   -.7214481     .938098
          |
     site |
        2 |  -1.298562    .4746333    .033628    -1.27997   -2.258622   -.4149035
        3 |  -.2057122    .3533365    .020695   -.2009649    -.904768    4924401
          |
    _cons |  -1.305083    .5830491     .02451   -1.296332   -2.463954   -.1758435
------------------------------------------------------------------------------
Note: Default priors are used for model parameters.
```

1. 上述這些自變數所建立 multinomial logit 迴歸式如下：

$$Ln(\frac{P_2}{P_1}) = \beta_0 + \beta_1 X1_i + \beta_2 X2_i + \beta_3 X3_i + \beta_4 X4_i + \beta_5 X5_i + ...$$

$$Ln(\frac{P_{預付(prepaid)}}{P_{賠償(indemnity)}}) = 0.318 - 0.013 \times age + 0.546 \times (male = 1) + 0.979 \times nonwhite +$$

$$0.098(site = 2) - 0.604 \times (site = 3)$$

$$Ln(\frac{P_{不保險(uninsured)}}{P_{賠償(indemnity)}}) = -1.305 - 0.008 \times age + 0.469 \times (male = 1) + 0.175 \times nonwhite$$

$$- 1.298 (site = 2) - 0.2057 \times (site = 3)$$

2. 對此模型和這些數據，bayes prefix 的內定先驗是相當無資訊的 (fairly uninformative)，因此，參數的後驗平均估計值接近 mlogit 指令的 ML 估計值。

3. 執行「bayes: mlogit insure age male nonwhite i.site」指令之後，再執行「bayes, rrr」指令，就可改印出：相對風險比 (relative-risk ratios) 的後驗摘要來取代迴歸係數。這相當於做指數變換 exp(b) 來取代迴歸係數之 b 值，然後對它們進行總結。

Step 3　Bayesian multinomial logistic 迴歸，改印 (relative-risk ratios, irr)

```
*改印 (relative-risk ratios, irr)
. bayes, rrr


Model summary
------------------------------------------------------------------------------
```

```
Likelihood:
  Prepaid Uninsure ~ mlogit(xb_Prepaid,xb_Uninsure)

Priors:
  {Prepaid:age male nonwhite i.site _cons} ~ normal(0,10000)        (1)
  {Uninsure:age male nonwhite i.site _cons} ~ normal(0,10000)       (2)
------------------------------------------------------------------------
(1) Parameters are elements of the linear form xb_Prepaid.
(2) Parameters are elements of the linear form xb_Uninsure.
```

```
Bayesian multinomial logistic regression      MCMC iterations  =     12,500
Random-walk Metropolis-Hastings sampling       Burn-in         =      2,500
                                               MCMC sample size =     10,000
Base outcome: Indemnity                        Number of obs    =         15
                                               Acceptance rate  =       2442
                                               Efficiency:  min =      02149
                                                            avg =     .03181
Log marginal likelihood = -614.49286                        max =     .06007
```

	RRR	Std. Dev.	MCSE	Median	Equal-tailed [95% Cred. Interval]	
Prepaid						
age	.9875456	.0061686	.000391	.9874918	.9756982	.9994192
male	1.764212	.3634348	.022268	1.745953	1.134708	2.527372
nonwhite	2.732931	.6240495	.042568	2.647929	1.709875	4.059566
site						
2	1.129077	.2450092	.015242	1.104561	.7281185	1.692189
3	.5617084	.1338774	.00665	.5448304	.3516675	.8760614
_cons	1.451983	.4904589	.029972	1.379764	.7100938	2.60259
Uninsure						
age	.9917276	.0117452	.000575	.991742	.9681608	1.014136
male	1.699605	.6045513	.040763	1.60775	.7791391	3.149782
nonwhite	1.301138	.5448086	.027742	1.219271	.4860479	2.555117

```
        site |
          2  |  .3045686   .1461615   .009698   .2780457   .1044944   .6604046
          3  |  .8663719   .3155926   .01806    .8179411   .4046357   1.636304
             |
       _cons |  .3203309   .1976203   .008063   .2735332   .0850978   .8387492
-----------------------------------------------------------------------------
Note: _cons estimates baseline relative risk for each outcome.
Note: Default priors are used for model parameters.
```

上述這些自變數所建立 multinomial logit 迴歸式，相對風險比之說明如下：

1. 報表「RRR」欄中，two-tail 檢定下，若 [95% Cred. Interval] 不含 0 值，則表示該自變數對依變數有顯著影響力，即攸關性 (relevance) 達顯著性。

2. 傳統的 Logit 係數「Coef.」欄中，是 log-odds 單位，故不能用 OLS 迴歸係數的概念來解釋。

3. 傳統的邏輯斯迴歸式為 $Ln\left(\dfrac{P(Y=1\,|\,X=x)}{P(Y=0\,|\,X=x)}\right) = \alpha + \beta_1 x_1 + ... + \beta_k x_k$

4. 貝氏多項 Logistic 迴歸式為：

$$Ln\left(\frac{P_{預付(prepaid)}}{P_{賠償(indemnity)}}\right) = \alpha + \beta_1 x_1 + ... + \beta_k x_k = 1.45 + 0.98 \times age + 1.76 \times (male = 1) +$$

$2.73 \times (nonwhite = 1) + 1.12 \times (site = 2) + 0.56(site = 3)$

其中 (male=1) 表示若括弧內的判別式成立，則代入 1，若不成立則代入 0。

上列迴歸方程式可解釋為在控制性別的影響後，age 每增加 1 單位，保險選擇「預付 (prepaid)vs. 賠償 (indemnity)」的勝算為 $0.98(=exp^{-0.0125})$ 倍，且達到統計上的顯著差異。在控制年齡 (age) 的影響後，男性病患 (male)，保險選擇「預付 (prepaid)vs. 賠償 (indemnity)」的勝算為女性 $1.76(=exp^{0.546})$ 倍，且達到統計上的顯著差異。

如此類推，保險選擇「不保險 (uninsured) vs. 賠償 (indemnity)」的相對風險比：

$$Ln(\frac{P_2}{P_1}) = \beta_0 + \beta_1 X1_i + \beta_2 X2_i + \beta_3 X3_i + \beta_4 X4_i + \beta_5 X5_i + ...$$

$$Ln(\frac{P_{不保險(uninsured)}}{P_{賠償(indemnity)}}) = 0.32 + 0.99 \times age + 1.699 \times (male = 1) + 1.30 \times nonwhite$$

$+ 0.304\,(site = 2) + 0.866 \times (site = 3)$

聯立方程式：Bayesian
multivariate 迴歸 (bayes:
mvreg 指令)

多變量迴歸 (multivariate regression)，就是反應變數 Y 至少二維。

8-1 多變量 Bayesian 迴歸分析 (bayes: mvreg 指令)

範例：Bayesian multivariate regression(bayes: mvreg) 指令

(一) 問題說明

本例用多變量常態 (multivariate normal) 迴歸來適配汽車的二個反應變數：行李箱空間 (trunk)、轉彎半徑 (turn) 兩個特徵，二者同時為汽車製造國 (foreign) 的函數。多變量模型的Bayesian迴歸，其語法就像STaTa的mvreg（多變量迴歸）命令的語法。

研究者收集數據並整理成下表，此「auto.dta」資料檔內容之變數如下：

變數名稱	說明	編碼 Codes/Values
反應變數 (response variable)：price	車價	3291～15906
自變數 (covariate variable)：length	車長 (in.)	142～233 吋
因子變數 (factor variable)：foreign	進口車嗎	0～1(虛擬變數)

(二) 資料檔之內容

「auto.dta」資料檔內容如下圖。

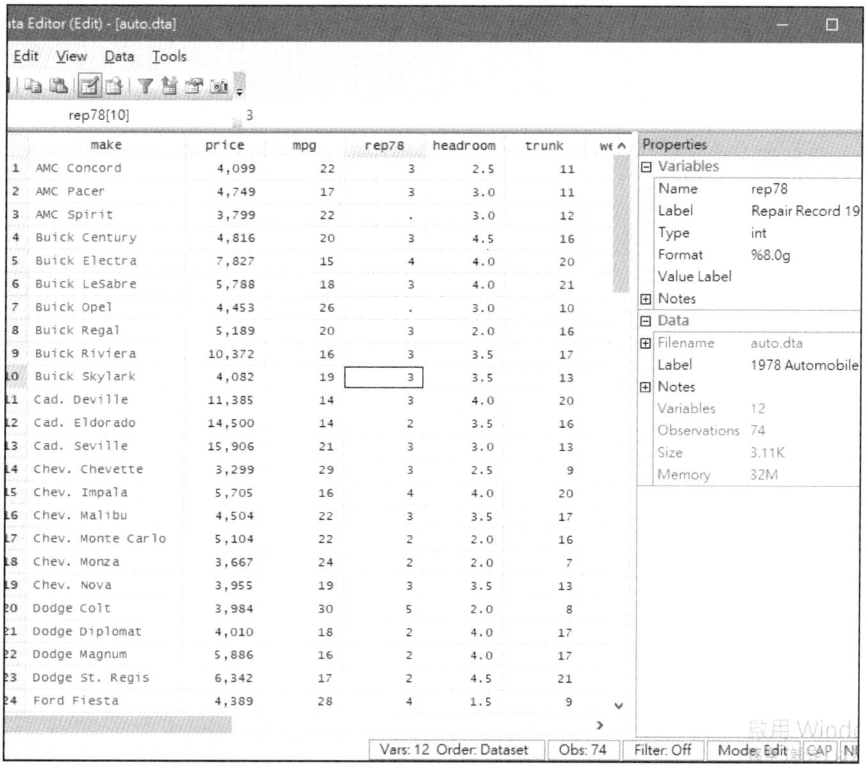

圖 8-1 「auto.dta」資料檔內容 (N=74 汽車)

(三) 分析結果與討論

Step 1   控制組，傳統式：多變量常態迴歸

```
. sysuse auto
. mvreg trunk turn = foreign
```

Equation	Obs	Parms	RMSE	"R-sq"	F	P
trunk	74	2	4.01917	0.1292	10.68196	0.0017
turn	74	2	3.436215	0.3983	47.65754	0.0000

```
         |     Coef.   Std. Err.      t    P>|t|     [95% Conf. Interval]
---------+----------------------------------------------------------------
trunk    |
 foreign | -3.340909   1.022208    -3.27   0.002    -5.378643    1.303175
   _cons |     14.75   .5573585    26.46   0.000     13.63893    15.86107
---------+----------------------------------------------------------------
turn     |
 foreign | -6.033217    .873943    -6.90   0.000     -7.77539    4.291043
   _cons |  41.44231   .4765172    86.97   0.000     40.49239    42.39223
----------------------------------------------------------------------------
```

1. mvreg (multivariate regression) 指令求得聯立方程式為：

$$\begin{cases} trunk = 14.75 - 3.341 \times (foreign = 1) \\ turn = 41.44 - 6.033 \times (foreign = 1) \end{cases}$$

Step 2　實驗組 1，自定先驗分布：多變量常態迴歸

矩陣參數 {Sigma，matrix} 為建模 trunk 及 turn 的共變數矩陣。

本例界定所有迴歸係數，具有較大變異數的非信息常態先驗，並用 Jeffreys 先驗的 covariance。由於 MH 演算法對 covariance 矩陣的採樣效率較低，因此改用 Gibbs 採樣。

```
. sysuse auto
. bayesmh trunk turn = foreign, likelihood(mvnormal({Sigma, matrix}))
prior({trunk:} {turn:}, normal(0,1000)) prior({Sigma, matrix}, jeffreys(2))
block({Sigma, matrix}, gibbs)



Model summary
------------------------------------------------------------------------
Likelihood: 二個依變數分布 ~ 符合 mvnormal(2,xb_trunk,xb_turn,{Sigma,m}
  trunk turn ~ mvnormal(2,xb_trunk,xb_turn,{Sigma,m})

Priors: 自變數及截距分布 ~ 符合 normal(0,1000)，待估參數 {Sigma,m}~ 符合 jeffreys(2)
  {trunk:foreign _cons} ~ normal(0,1000)                                 (1)
  {turn:foreign _cons} ~ normal(0,1000)                                  (2)
```

```
                  {Sigma,m} ~ jeffreys(2)
------------------------------------------------------------------------
(1) Parameters are elements of the linear form xb_trunk.
(2) Parameters are elements of the linear form xb_turn.

Bayesian multivariate normal regression          MCMC iterations   =     2,500
Metropolis-Hastings and Gibbs sampling           Burn-in           =     2,500
                                                 MCMC sample size   =     0,000
                                                 Number of obs      =        74
                                                 Acceptance rate    =      6516
                                                 Efficiency:  min   =    .03266
                                                              avg   =     .3744
Log marginal likelihood = -410.15807                          max   =     .8328
```

	後驗均數 Mean	後驗標準差 Std. Dev.	MC 標準誤 MCSE	後驗中位數 Median	Equal-tailed [95% Cred. Interval]	
trunk						
foreign	-3.331239	1.059852	.047875	-3.305201	-5.468221	-1.357601
_cons	14.74923	.5986252	.033125	14.74186	13.59366	16.00288
turn						
foreign	-6.065893	.9052233	.030576	-6.057838	-7.790505	-4.206474
_cons	41.48258	.5002194	.020896	41.48716	40.46497	42.45796
Sigma_1_1	17.17835	3.009331	.034792	16.82902	12.27904	23.85614
Sigma_2_1	7.560695	2.022937	.022168	7.362698	4.124213	12.02628
Sigma_2_2	12.51338	2.161688	.02397	12.29244	8.938979	17.38298

1. 本例自定先驗，Bayesian multivariate 迴歸分析結果很接近 mvreg 分析。本例
   貝氏多變量迴歸之聯立方程式為：

$$\begin{cases} trunk = 14.75 - 3.331 \times (foreign = 1) \\ turn = 41.48 - 6.066 \times (foreign = 1) \end{cases}$$

Step 3　實驗組 2，內定先驗分布：多變量常態迴歸

與線性迴歸一樣，本例可以更簡單地使用 bayes prefix 來適配貝葉斯多變量線性迴歸，即在相應的 mvreg 命令前加上「bayes:」。

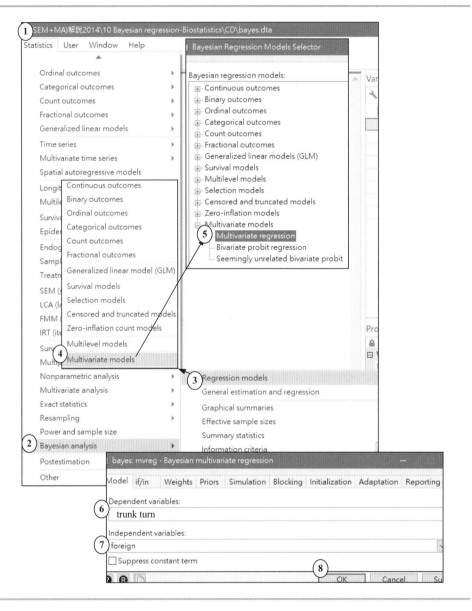

圖 8-2　「bayes：mvreg trunk turn = foreign」畫面

註：Statistics > Linear models and related > Bayesian regression > Multivariate regression

664

```
. bayes: mvreg trunk turn = foreign

Burn-in ...
Simulation ...

Model summary
--------------------------------------------------------------------------------
Likelihood:
  trunk turn ~ mvnormal(2,xb_trunk,xb_turn,{Sigma,m})

Priors: 自變數及截距分布~符合 normal(0,1000)，待估參數 {Sigma,m}~符合 jeffreys(2)
  {trunk:foreign _cons} ~ normal(0,10000)                                  (1)
  {turn:foreign _cons} ~ normal(0,10000)                                   (2)
          {Sigma,m} ~ jeffreys(2)
--------------------------------------------------------------------------------
(1) Parameters are elements of the linear form xb_trunk.
(2) Parameters are elements of the linear form xb_turn.
```

```
Bayesian multivariate regression              MCMC iterations  =    12,500
Random-walk Metropolis-Hastings sampling      Burn-in          =     2,500
                                              MCMC sample size =    10,000
                                              Number of obs    =        74
                                              Acceptance rate  =      1962
                                              Efficiency:  min =    .03344
                                                           avg =    .05496
Log marginal likelihood = -414.15234                       max =    .07692
```

| | 後驗均數 | 後驗標準差 | MC 標準誤 | 後驗中位數 | Equal-tailed | |
	Mean	Std. Dev.	MCSE	Median	[95% Cred. Interval]	
trunk						
foreign	-3.353273	1.040807	.037527	-3.359556	-5.392471	-1.354513
_cons	14.71879	.5576053	.021447	14.72266	13.66306	5.78234
turn						
foreign	-6.031634	.9190217	.034701	-6.040759	-7.890189	-4.243083
_cons	41.42397	.4850491	.021271	41.42292	40.45054	42.39315

Sigma_1_1	16.70155	2.802823	.153281	16.29148	12.23911	23.07795
Sigma_2_1	7.300011	1.906875	.088766	7.144387	4.209851	11.66119
Sigma_2_2	12.25639	2.134757	.108823	11.95928	8.781311	17.30355

Note: Default priors are used for model parameters.

1. 本例自定先驗，Bayesian multivariate 迴歸分析結果很接近 mvreg 分析。本例
   貝氏多變量迴歸之聯立方程式為：

$$\begin{cases} trunk = 14.72 - 3.353 \times (foreign = 1) \\ turn = 41.42 - 6.032 \times (foreign = 1) \end{cases}$$

非線性迴歸：廣義線性模型 (GLM)(Baye: glm 指令)

9-1 廣義線性模型之原理

在統計學中，廣義線性模型 (Generalized Linear Model, GLM) 是一般線性迴歸的靈活推廣。GLM 是一種應用廣泛的線性迴歸模式。此模式假設實驗者所量測的隨機變數的分布函數與實驗中系統性效應 (即非隨機的效應) 可經由一連結函數 (link function) 建立起可資解釋其相關性的函數。

GLM 旨在發展出一種廣泛通用的線性計量模型。GLM 可以用來處理許多種計量方法所要處理的問題，包括：複迴歸、ANOVA、ANCOVA、MANOVA、MANCOVA、區別分析、因素分析、邏輯迴歸等等。看來，未來計量方法的「廣義化」是指日可待的。不過，我也在想，從理論上來講，越是一般化與通用的計量模式，背後一定牽涉到更多的數統假定 (assumption) 才能夠成立，這些假定之先決條件應該也會對適用的情況產生某種程度的限制，這也是我們在了解與使用某種計量方法時，必須隨時保持警覺的。

GLM 是簡單最小平方迴歸 (OLS) 的擴展，在廣義線性模式中，假設每個資料的觀測值 Y 來自某個指數族分布。該分布的平均數 μ 可由與該點獨立的 X 解釋：

$$E(y) = \mu = g^{-1}(X\beta)$$

其中 $E(y)$ 為 y 的期望值，$X\beta$ 是由未知待估計參數 β 與已知變數 X 構成的線性估計式，g 則為鏈結函數。

在此模式下，y 的變異數 V 可表示為：

$$\text{Var}(y) = V(\mu) = V(g^{-1}(X\beta))$$

一般假設 V 可視為一指數族隨機變數的函數。

未知參數 β 通常會以最大概似估計量，或以貝氏方法來估計。

定義：廣義線性模型

$$g(\mu) = \beta_0 + \beta_1 x_1 + ... + \beta_p x_p, \quad y \sim \text{i.i.d.} \sim 指數族$$

y：反應變數 (response variable)

---

x_1：解釋變數 (explanatory variable)

i.i.d.：各變數間相互獨立且來自同一個分配 (independent and identically distributed random variables)

$g(\mu)$：連結函數 (link function)

指數族：The Exponential Family，包含 Normal、Gamma、Inverse Gaussian Poisson、Binomial 及 Negative Binomial 等離散及連續型分配。

定義：指數族

如果分配函數可改寫成下列模式：

$$f(y; \theta, \varphi) = exp\left\{c(y, \varphi) + \frac{y \cdot \theta - a(\theta)}{\varphi}\right\},$$

其中 θ 與 ϕ 為參數，

參數 θ 稱為標準參數 (canonical parameter) 且參數 ϕ 稱為散度參數 (dispersion parameter)。

$$E(y) = \dot{a}(\theta), Var(y) = \varphi \cdot \ddot{a}(\theta),$$

其中 $\dot{a}(\theta)$ 與 $\ddot{a}(\theta)$ 分別為 $a(\theta)$ 之一階與二階偏微分。

指數族：以 Gamma 分配為例

$y \sim Gamma(\alpha, \beta)$

$$f(y; \alpha, \beta) = \frac{y^{\alpha-1} \cdot e^{-\beta y}}{\Gamma(\alpha) \cdot \beta^{-\alpha}}, y > 0 \text{ with E } (y) = \frac{\alpha}{\beta}, \text{ Var } (y) = \frac{\alpha}{\beta^2}$$

$y \sim Gamma\left(\mu = \frac{\alpha}{\beta}, v = \alpha\right)$

$$f(y; \mu, v) = \frac{y^{v-1} \cdot e^{-\frac{v}{\mu}y}}{\Gamma(v) \cdot \left(\frac{v}{\mu}\right)^{-v}}, y > 0 \text{ with E } (y) = \mu, \text{ Var } (y) = \frac{\mu^2}{v}$$

$$\ln(f(y; \mu, v)) = (v - 1) \ln(y) - \frac{v}{\mu}y - \ln(\Gamma(v)) + v\ln(v) - v\ln(\mu)$$

$$= \{(v - 1)\ln(y) - \ln(\Gamma(v)) + v\ln(v)\} + \frac{y\left(-\frac{1}{\mu}\right) - \ln(\mu)}{\frac{1}{v}},$$

$$\text{with } \theta = -\frac{1}{\mu}, \ a(\theta) = \ln(\mu) = -\ln(-\theta) \text{ and } \phi = \frac{1}{v}.$$

所以 Gamma 分配爲指數簇，且

$$E(y) = \dot{a}(\theta) = -\frac{1}{\theta}, \ Var(y) = \varphi \cdot \ddot{a}(\theta) = \frac{1}{v}\frac{1}{\theta^2} = \frac{\mu^2}{v}$$

指數族：指數族分布及其參數

分布	θ	$a(\theta)$	φ	$\dot{a}(\theta) = E(y)$	$\ddot{a}(\theta) = Var(y)/\varphi$
Binomial(n, π)	$\ln\frac{\pi}{1-\pi}$	$n\ln(1 + e^\theta)$	1	$\pi\pi$	$\pi\pi(1 - \pi)$
Poisson(μ)	$\ln\mu$	e^θ	1	μ	μ
Normal(μ, σ^2)	μ	$\frac{1}{2}\theta^2$	σ^2	μ	1
Gamma(μ, v)	$-\frac{1}{\mu}$	$-\ln(-\theta)$	$1/v$	μ	μ^2
Inverse Gaussian(μ, σ^2)	$-\frac{1}{2\mu^2}$	$-\sqrt{-2\theta}$	σ^2	μ	μ^3
Negative Binomial(μ, κ)	$\ln\frac{\kappa\mu}{1+\kappa\mu}$	$-\frac{1}{\kappa}\pi\ln(1 - \kappa e^\theta)$	1	μ	$\mu(1 + \kappa\mu)$

連結 (link) 函數：連結函數形式及各分配主要連結函數

連結函數	函數形式	主要適用之分配
Identity	μ	Normal
Log	$\ln\mu$	Poisson
Power	μ^p	Gamma(p = -1) Inverse Gaussian(p = -2)
Square root	$\sqrt{\mu}$	
Logit	$\ln\frac{\mu}{1-\mu}$	Binomial

9-2 當依變數是比例 (proportion) 時，如何做迴歸 (glm 指令)？

範例：依變數是比例 (proportion) 之迴歸 (glm 指令)

(一) 問題說明

本例旨在了解「學生吃免費飯」之影響因素有哪些？(分析單位：學生)

比例 (proportion) 數據的值介於 0 和 1 之間的小數，預測值也介於 0 和 1 之間。GLM 分析比例迴歸的方法，是使用 logit link 和二項式族的廣義線性模型 (glm)。本例在 glm 指令中包含 robust 選項，以獲得 robust 的標準誤，如果錯誤地指定了分布族，robust 特別有用。本例將使用數據集來證明這一點。依變數 (meals) 是在學校接受免費或減價餐的學生的比例。

研究者收集數據並整理成下表，此「proportion.dta」資料檔內容之變數如下：

變數名稱	說明	編碼 Codes/Values
反應 / 依變數：meals	吃免費飯的學生比例	0～1 小數點
預測 / 自變數：yr_rnd	year-ropund	1～2
預測 / 自變數：parented	父母平均學歷	1～5 年
預測 / 自變數：api99	1999 年 api	302～958 分

(二) 資料檔之內容

「proportion.dta」資料檔內容如下圖。

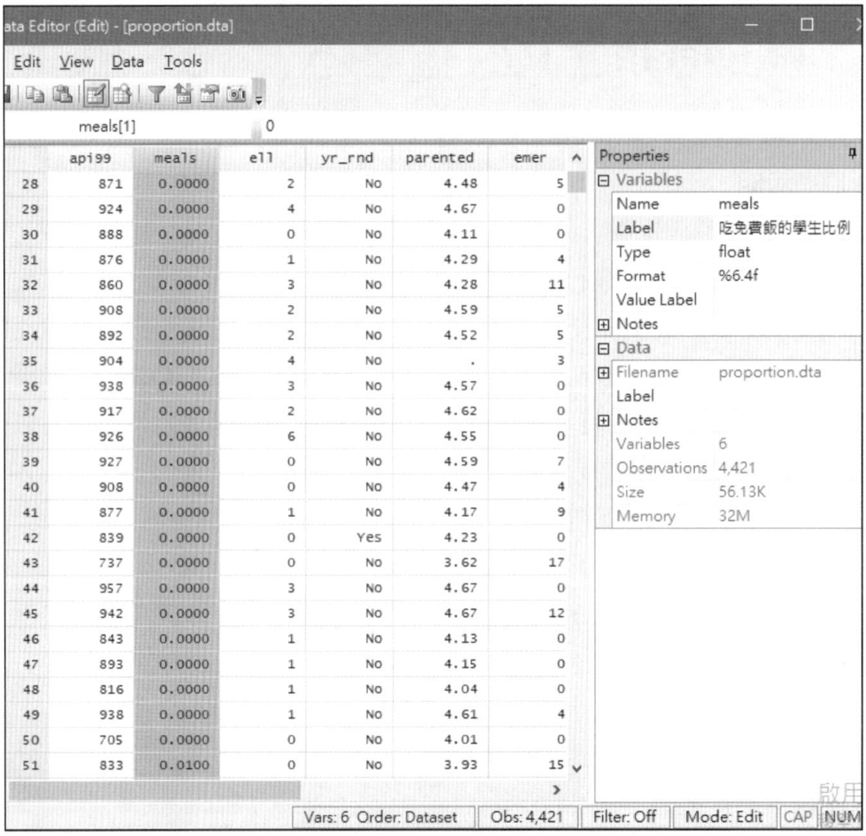

	api99	meals	ell	yr_rnd	parented	emer
28	871	0.0000	2	No	4.48	5
29	924	0.0000	4	No	4.67	0
30	888	0.0000	0	No	4.11	0
31	876	0.0000	1	No	4.29	4
32	860	0.0000	3	No	4.28	11
33	908	0.0000	2	No	4.59	5
34	892	0.0000	2	No	4.52	5
35	904	0.0000	4	No	.	3
36	938	0.0000	3	No	4.57	0
37	917	0.0000	2	No	4.62	0
38	926	0.0000	6	No	4.55	0
39	927	0.0000	0	No	4.59	7
40	908	0.0000	0	No	4.47	4
41	877	0.0000	1	No	4.17	9
42	839	0.0000	0	Yes	4.23	0
43	737	0.0000	0	No	3.62	17
44	957	0.0000	3	No	4.67	0
45	942	0.0000	3	No	4.67	12
46	843	0.0000	1	No	4.13	0
47	893	0.0000	1	No	4.15	0
48	816	0.0000	1	No	4.04	0
49	938	0.0000	1	No	4.61	4
50	705	0.0000	0	No	4.01	0
51	833	0.0100	0	No	3.93	15

圖 9-1 「proportion.dta」資料檔內容 (N=4,421 學生)

觀察資料之特徵

```
* 開啟資料檔
. webuse proportion.dta
/* 單變量 kernel density distribution of meals */
. kdensity meals
```

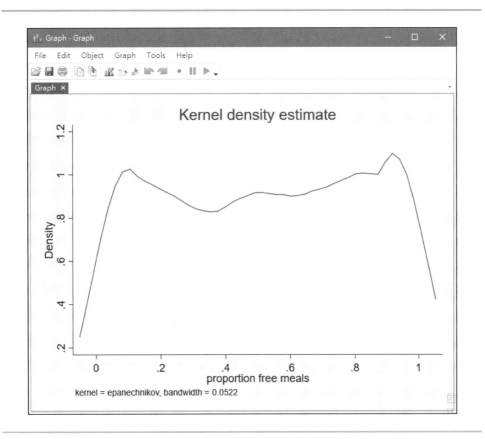

圖 9-2 「kdensity meals」繪依變數的曲線核密度

註：Statistics > Nonparametric analysis > Kernel density estimation

　　因依變數的核密度呈雙峰分布，故不適合線性迴歸，故改用 GLM 之 binomial(二項式) 分布。

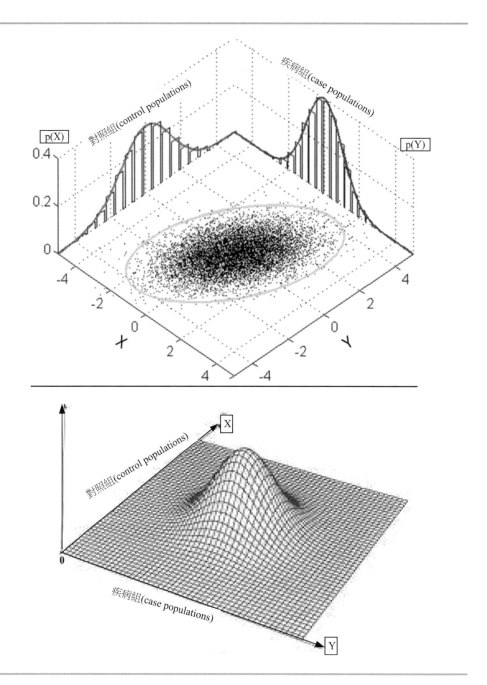

圖 9-3 二元常態 (binormal) 分布圖

二項式與常態分布的關係

在機率論和統計學中，二項分布 (Binomial Distribution) 是 n 個獨立的是 /
非試驗中成功的次數的離散機率分布，其中每次試驗的成功機率爲 p。這樣的單
次成功 / 失敗試驗又稱爲伯努利試驗。實際上 B(n, p)，當 n = 1 時，二項分布就
是伯努利分布。二項分布是顯著性差異的二項試驗的基礎。

定理：如果 x 是具有分布 B (n, p) 的隨機變數，則對於足夠大的 n，以下隨
機變數具有標準常態分布：

$$z = (x - \mu)/\sigma \sim N(0, 1)$$

其中

$$\mu = np \qquad \sigma^2 = np(1 - p)$$

證明：點擊此處獲取定理 1 的證明，該證明需要微積分知識。

推論：本發明提供 $\tilde{N}$ 足夠大，$\tilde{N}(\mu, \sigma)$ 是一個良好的近似爲 $B(n, p)$，其中 μ
= NP 和 $\sigma^2 = NP(1 - p)$。

觀察：當 $np \geq 5$ 且 $n(1 - p) \geq 5$ 時，常態分布通常被認爲是二項分布的非常
好的近似。對於 p 接近 .5 的值，這些的右邊的數字 5 不等式可能會有所減少，
而對於更極端的 p 值 (特別是對於 $p < .1$ 或 $p > .9$)，可能需要增加值 5。

舉例：二項分布的常態分布近似是多少，其中，試驗數 $n = 20$ 且成功率 $p = $
0.25(即二項分布，下圖中顯示的二項分布) ？

與推論一樣，定義以下參數：

$\mu = np = 20 \cdot .25 = 5$，$\sigma^2 = np(1 - p) = 20 \cdot .25 \cdot .75 = 3.75$，$\sigma = \sqrt{3.75} = 1.94$

由於 $np = 5 \geq 5$ 且 $n(1 - p) = 15 \geq 5$，根據推論，我們可以得出 $B(20, .25) \sim$
$N(5, 1.94)$ 的結論。

下圖展示二項式與常態分布兩個之 pdf 表，明顯看出這些分布的接近程度。

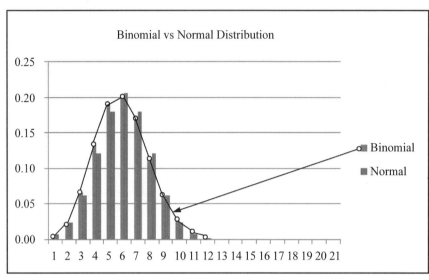

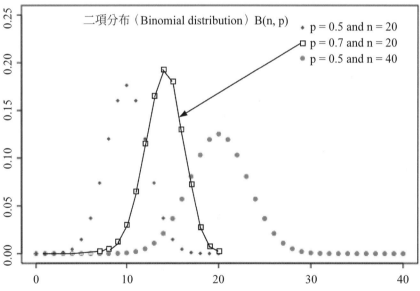

圖 9-4 二項式分布 vs. 常態分布

(三) 分析結果與討論

Step 1 GLM 迴歸

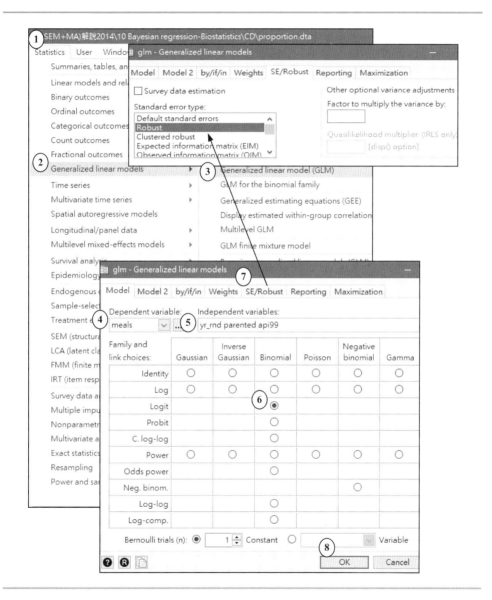

圖 9-5 「glm meals yr_rnd parented api99, family(binomial 1) link(logit) vce(robust)」畫面

註：Statistics > Generalized linear models > Generalized linear models (GLM)

```
* 開啟資料檔
. webuse proportion.dta

. glm meals yr_rnd parented api99, link(logit) family(binomial) robust nolog
note: meals has noninteger values

Generalized linear models                   No. of obs      =      4257
Optimization      : ML                      Residual df     =      4253
                                            Scale parameter =         1
Deviance         = 395.8141242              (1/df) Deviance = .093067
Pearson          = 374.7025759              (1/df) Pearson  = .0881031

Variance function: V(u) = u*(1-u/1)         [Binomial]
Link function    : g(u) = ln(u/(1-u))       [Logit]

                                            AIC             = .7220973
Log pseudolikelihood = -1532.984106         BIC             =-35143.61


-------------------------------------------------------------------------------
             |              Robust
     meals |    Coef.   Std. Err.      z    P>|z|    [95% Conf. Interval]
-------------+-----------------------------------------------------------------
    yr_rnd |  .0482527   .0321714     1.50   0.134   -.0148021    1113074
  parented | -.7662598   .0390715   -19.61   0.000   -.8428386   -.6896811
     api99 | -.0073046   .0002156   -33.89   0.000   -.0077271   -.0068821
     _cons |   6.75343   .0896767    75.31   0.000    6.577667    6.929193
-------------------------------------------------------------------------------
-
```

*glm 預測值存到 premeals1 新變數
. predict premeals1
(option mu assumed; predicted mean meals)
(164 missing values generated)

Step 2 印出預測值 $\hat{y}$，仍是小數點

```
. predict premeals1
(option mu assumed; predicted mean meals)
```

```
(164 missing values generated)

. summarize meals premeals1 if e(sample)

    Variable |      Obs       Mean    Std. Dev.       Min        Max
-------------+------------------------------------------------------
       meals |     4257    .5165962    .3100389         0          1
   premeals1 |     4257    .5165962    .2849672    .0220988   .9770855
```

Step 3　比例依變數 meals 的三個預測因子之迴歸係數：yr_rnd parented
　　　　api99

```
. use proportion, clear

. regress meals yr_rnd parented api99

      Source |       SS       df       MS              Number of obs =    4257
-------------+------------------------------           F(  3,  4253) = 6752.22
       Model |  338.097096      3  112.699032           Prob > F      =  0.0000
    Residual |   70.985399   4253   .016690665          R-squared     =  0.8265
-------------+------------------------------           Adj R-squared =  0.8264
       Total |  409.082495   4256   .096119007          Root MSE      =  .12919


       meals |      Coef.   Std. Err.      t    P>|t|     [95% Conf. Interval]
-------------+----------------------------------------------------------------
      yr_rnd |   .0024454   .0054678     0.45   0.655    -.0082742     .013165
    parented |  -.1298907   .0048289   -26.90   0.000    -.1393579    -.1204234
       api99 |  -.0014118   .0000269   -52.40   0.000    -.0014646    -.0013589
       _cons |   1.766162   .0134423   131.39   0.000     1.739808     1.792516
```

1. 迴歸之三個預測因子，只有「parented api99」具有負面的顯著影響效果
   (p<.05)。

Step 4 繪依變數之實際值 vs. 預測值的散布圖

```
/* 圖 1: proportion dependent variable */
. graph twoway scatter meals api99, yline(0 1) msym(oh)
```

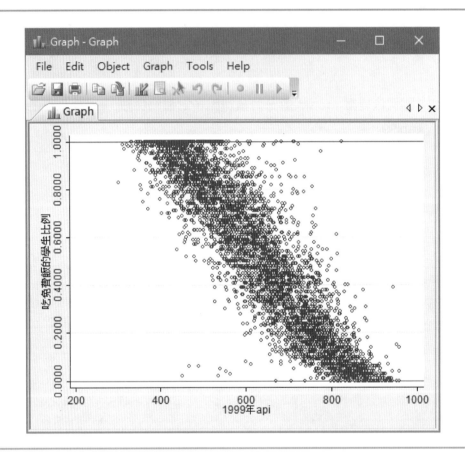

圖 9-6 「graph twoway scatter meals api99, yline(0 1) msym(oh)」繪出實際之比例依變數

```
/* 圖 2: predicted values from model with logit transformation */
. graph twoway scatter premeals1 api99, yline(0 1) msym(oh)
```

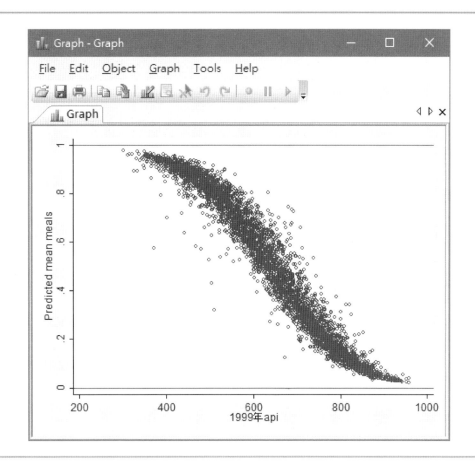

圖 9-7 「graph twoway scatter meals api99, yline(0 1) msym(oh)」繪出預測之比例依變數

```
/* figure 3: predicted values from model without transformation */
. quietly regress meals yr_rnd parented api99
```

*OLS 預測值存到 premeals1 新變數
```
. predict preols
. graph twoway scatter preols api99, yline(0 1) msym(oh)
```

```
. corr meals premeals1 preols
(obs=4257)

          |    meals premea~1    preols
```

```
------------+--------------------------
      meals |   1.0000
  premeals1 |   0.9152    1.0000
      preols |   0.9091    0.9891    1.0000
```

1. 請注意，「meals 和 premeals1」之間的相關性略高於「meals 和 preols」。

Step 5 預測樣本外的特定值

Step 5-1 自己預設樣本外：6 筆自變數的資料值

```
. use proportion, clear
* 算出總樣本數，有 4421 筆
. count
4421

* 自己預設樣本外：6 筆自變數的資料值
. set obs 4427
obs was 4421, now 4427
*Insert 六筆新觀察值：4422~4427 筆
. replace api99 = 500 in 4422
. replace api99 = 600 in 4423
. replace api99 = 700 in 4424
. replace api99 = 500 in 4425
. replace api99 = 600 in 4426
. replace api99 = 700 in 4427

* 分組更新六筆新觀察值：4422~4427 筆
. replace yr_rnd = 1 in 4422/4424
. replace yr_rnd = 2 in 4425/4427

* 更新六筆新觀察值：4422~4427 筆
. replace parented = 2.5 in 4422/4427

* 印出六筆新觀察值：4422~4427 筆
. list api99 yr_rnd parented in -6/1, separator(3)

     +-----------------------------+
```

```
          | api99   yr_rnd   parented |
          |---------------------------|
   4422. |   500      No        2.5 |
   4423. |   600      No        2.5 |
   4424. |   700      No        2.5 |
          |---------------------------|
   4425. |   500      Yes       2.5 |
   4426. |   600      Yes       2.5 |
   4427. |   700      Yes       2.5 |
          +---------------------------+
```

* 只取樣本內 1~4421 筆資料來建構 glm 模型
. glm meals yr_rnd parented api99 in 1/4421, link(logit) family(binomial) robust nolog

```
Generalized linear models                No. of obs     =      4257
Optimization     : ML                    Residual df    =      4253
                                         Scale parameter =        1
Deviance       =  395.8141242            (1/df) Deviance =  .093067
Pearson        =  374.7025759            (1/df) Pearson  = .0881031


Variance function: V(u) = u*(1-u/1)      [Binomial]
Link function    : g(u) = ln(u/(1-u))    [Logit]

                                         AIC            =  .7220973
Log pseudolikelihood = -1532.984106      BIC            = -35143.61


-------------------------------------------------------------------------
             |               Robust
       meals |    Coef.    Std. Err.      z     P>|z|    [95% Conf. Interval]
-------------+-----------------------------------------------------------------
      yr_rnd |  .0482527   .0321714     1.50    0.134   -.0148021    .1113074
    parented | -.7662598   .0390715   -19.61    0.000   -.8428386   -.6896811
       api99 | -.0073046   .0002156   -33.89    0.000   -.0077271   -.0068821
       _cons |   6.75343   .0896767    75.31    0.000    6.577667    6.929193
-------------------------------------------------------------------------
```

1. 上表是樣本內資料所建構的 GLM 模型。

Step 5-2 求樣本外的預測值，並存在 premeals 新變數

```
. predict premeals
(option mu assumed; predicted mean meals)
(164 missing values generated)

* 印出倒數前 6 筆 (in -6/1)：即樣本外的預測值 (premeals 新變數 )
. list api99 yr_rnd parented premeals in -6/1, separator(3)

        +-------------------------------------+
        | api99   yr_rnd   parented   premeals |
        |-------------------------------------|
 4422.  |  500      No        2.5    .774471  |
 4423.  |  600      No        2.5    .6232278 |
 4424.  |  700      No        2.5    .4434458 |
        |-------------------------------------|
 4425.  |  500      Yes       2.5    .7827873 |
 4426.  |  600      Yes       2.5    .6344891 |
 4427.  |  700      Yes       2.5    .4553849 |
        +-------------------------------------+
```

9-3 廣義線性迴歸 (glm、baye: glm 指令)

範例：廣義線性迴歸 (glm、baye: glm 指令)

(一) 問題說明

本例係，殺蟲劑實驗數據集 beetle.dta 來模擬被殺甲蟲的數量 (r 變數)、甲蟲數量 (n)、甲蟲的類型 (beetle)、殺蟲劑的對數劑量 (log-dose)(ldose 變數)。

變數名稱	說明	編碼 Codes/Values
label/ 依變數：r	被殺甲蟲的數量	0～64 隻蟲
features/ 自變數：beetle	甲蟲的類型	類 1～3
features/ 自變數：ldose	殺蟲劑的對數劑量 (log-dose)	1.6907～1.8839 cc

(二) 資料檔之內容

「beetle.dta」資料檔內容如下圖。

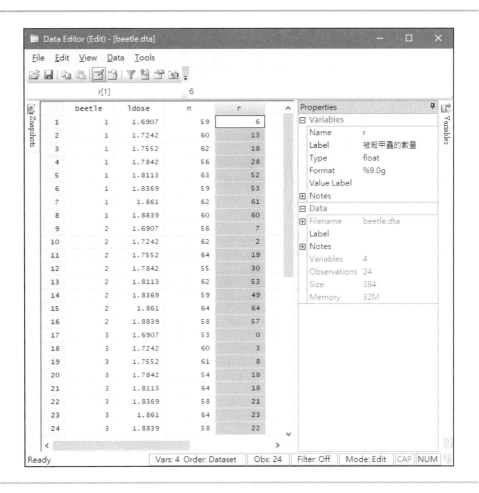

圖 9-8 「beetle.dta」資料檔內容 (N=24 次試驗)

(三) 分析結果與討論

Step 1　對照組：GLM 迴歸分析

考慮具有二項式族 binomial family () 的廣義線性模型和用於這些數據的 complementary log-log 連結函數。

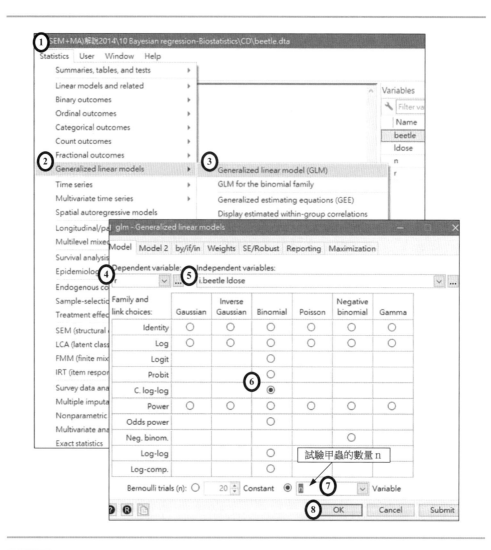

圖 9-9 「glm r i.beetle ldose, family(binomial n) link(cloglog) nolog」畫面

註：Statistics > Generalized linear models > Generalized linear models (GLM)

```
* 開啟資料檔
. webuse beetle.dta

* 運算子「i.」界定 beetle 為虛擬變數 (Indicator)
. glm r i.beetle ldose, family(binomial n) link(cloglog) nolog


Generalized linear models                    No. of obs       =        24
Optimization        : ML                     Residual df      =        20
```

```
                                        Scale parameter =          1
Deviance        =   73.76505595         (1/df) Deviance =   3.688253
Pearson         =   71.8901173          (1/df) Pearson  =   3.594506


Variance function: V(u) = u*(1-u/n)     [Binomial]
Link function    : g(u) = ln(-ln(1-u/n))   [Complementary log-log]


                                        AIC             =    6.74547
Log likelihood  = -76.94564525          BIC             =   10.20398


---------------------------------------------------------------------
             |                OIM
          r  |    Coef.   Std. Err.     z    P>|z|    [95% Conf. Interval]
-------------+-------------------------------------------------------
      beetle | [beetle=1] 當比較基礎點
           2 | -.0910396  .1076132   -0.85   0.398   -.3019576    .1198783
           3 | -1.836058  .1307125  -14.05   0.000    -2.09225  -1.579867
             |
       ldose |  19.41558  .9954265   19.50   0.000    17.46458   21.36658
       _cons | -34.84602   1.79333  -19.43   0.000   -38.36089  -31.33116
---------------------------------------------------------------------
```

1. 廣義線性迴歸式：被殺甲蟲的數量 r

   r = −34.846 + 19.416×ldose − 0.091×[beetle=2] − 1.836×[beetle=3]

2. [beetle=3 vs. beetle=1] 的係數 (β = −1.836, p < .05) 達到顯著負相關，表示 beetle=1 比 beetle=3 更耐命。

3. ldose 的係數 (β = 19.416, p < .05)，表示剎蟲劑量越高，殺死蟲數量亦越多。

4. AIC、BIC 值越小，表示該模型適配越佳。

Step 2　**實驗組：Bayesian GLM 迴歸分析**

　　使用內定先驗的貝葉斯廣義線性來適配模型。

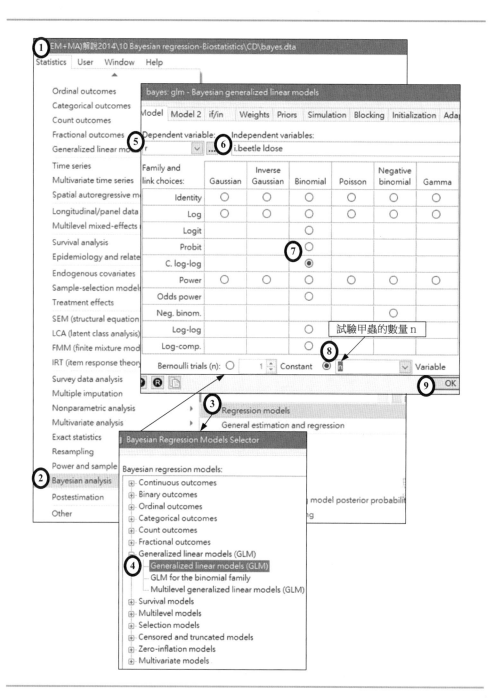

圖 9-10 「bayes：glm r i.beetle ldose, family(binomial n) link(cloglog)」畫面

```
* 開啟資料檔
. webuse beetle.dta


. set seed 15
* 運算子「i.」界定 beetle 為虛擬變數 (Indicator)
. bayes: glm r i.beetle ldose, family(binomial n) link(cloglog)


Burn-in ...
Simulation ...


Model summary
------------------------------------------------------------------------
Likelihood: 內定概似：依變數 r ~ glm(xb_r)
  r ~ glm(xb_r)


Prior:「i.beetle ldose _cons」三者的先驗符合 ~ normal(0,10000)
  {r:i.beetle ldose _cons} ~ normal(0,10000)                        (1)
------------------------------------------------------------------------
(1) Parameters are elements of the linear form xb_r.
```

Bayesian generalized linear models	MCMC iterations	=	12,500
Random-walk Metropolis-Hastings sampling	Burn-in	=	2,500
	MCMC sample size	=	10,000
Family : binomial n	Number of obs	=	24
Link : complementary log-log	Scale parameter	=	1
	Acceptance rate	=	.2003
	Efficiency: min	=	.03414
	avg	=	.05094
Log marginal likelihood = -102.9776	max	=	.08012

```
------------------------------------------------------------------------
         |  後驗均數 後驗標準差  MC 標準誤  後驗中位數   Equal-tailed
       r |   Mean   Std. Dev.   MCSE     Median  [95% Cred. Interval]
---------+--------------------------------------------------------------
  beetle |
       2 | -.0903569   .106067  .004527  -.093614  -.2964984   .112506
       3 | -1.843952   .130297  .004603  -1.848374 -2.091816  -1.594582
         |
   ldose | 19.52814   .9997765  .054106  19.52709   17.6146    21.6217
```

```
     _cons |  -35.04832    1.800461     .096777    -35.0574   -38.81427   -31.61378
-------------------------------------------------------------------------------
Note: Default priors are used for model parameters.
```

迴歸參數的後驗平均估計值與 glm 獲得的 ML 估計值沒有差別。

如果需要，可透過指定 hpd 選項來報告最高後驗密度區間，而不是內定的可信區間。還可以改變可信區間的範圍，例如：指定 clevel(90) 選項來改印 90% 可信區間。

```
. bayes, clevel(90) hpd

Model summary
-------------------------------------------------------------------------------
Likelihood:
  r ~ glm(xb_r)

Prior:
  {r:i.beetle ldose _cons} ~ normal(0,10000)                              (1)
-------------------------------------------------------------------------------
(1) Parameters are elements of the linear form xb_r.

Bayesian generalized linear models               MCMC iterations  =    12,500
Random-walk Metropolis-Hastings sampling         Burn-in          =     2,500
                                                 MCMC sample size =    10,000
Family : binomial n                              Number of obs    =        24
Link   : complementary log-log                   Scale parameter  =         1
                                                 Acceptance rate  =     .2307
                                                 Efficiency:  min =    .04127
                                                              avg =    .05908
Log marginal likelihood = -103.10948                          max =     06913

-------------------------------------------------------------------------------
            |                                                        HPD
        r | Mean      Std. Dev.    MCSE      Median  [90% Cred. Interval]
----------+--------------------------------------------------------------------
    beetle |
         2 | -.0880518  .1012403   .004983  -.0861906  -.2486886  .0765124
```

```
      3   | -1.843012    .1302779    .004955   -1.842576    -2.04412 -1.616223
          |
   ldose  |  19.48631    .998583     .040009    19.46369    17.80577  21.01395
   _cons  | -34.97781   1.800624     .071391   -34.94104   -37.71314 -31.90653
----------------------------------------------------------------------------
Note: Default priors are used for model parameters.
```

Chapter

10

Survival 模型 (baye: streg 指令)

作者另有專書《生物醫學統計：使用 STaTa 分析》一書，該書內容包括：〈類別資料分析 (無母數統計)〉、〈logistic 迴歸〉、〈存活分析〉、〈流行病學〉、〈配對與非配對病例對照研究資料〉、〈盛行率〉、〈發生率〉、〈相對危險率比〉、〈勝出比 (Odds Ratio) 的計算〉、〈篩檢工具與 ROC 曲線〉、〈工具變數 (2SLS)、〈Cox 比例危險模型〉、〈Kaplan-Meier 存活模型〉、〈脆弱性之 Cox 模型〉、〈參數存活分析有六種模型〉、〈加速失敗時間模型〉、〈panel-data 存活模型〉、〈多層次存活模型〉……。

請參考前文【Chapter 05】之【一、「bayes: 某迴歸」指令】

Survival 迴歸模型	
STaTa 指令	功能說明
bayes: streg	Parametric survival models

10-1 存活分析的原理

數學 / 統計學，「一般」函數 (function) 都以隨機變數 x 之 f(x)、s(x) 型式來表示。但存活期間改以隨機變數 T(Time) 為主，暗指以時間為基礎所構成的函數，故隨機密度函數 (PDF) 改以小寫 f(t) 型式來呈現，小寫 s(t) 代表存活機率函數；相對地，大寫 F(t)、S(t) 型式分別代表「累積」隨機密度函數 (CDF) 及「累積」存活機率函數。

存活分析 (Survival Analysis) 通常用以探討特定危險因子與存活時間之關聯性的技術，主要是發展自醫學、生物科學領域，旨在探討生存機率、預測反映機率、平均壽命以及比較實驗動物或病人的存活分布等方面。近幾年來，在社會、經濟科學中亦廣泛地應用，像是「可靠度」研究電子設備的壽命、首次婚姻的持續時間、重罪犯人的假釋時間；或者應用在人們的就業 / 失業期間、居住期間、廠商存續期間以及廠商加入與退出行為、信用卡破產等方面，皆可看到存活分析。

相較於其他模型 (OLS, Logit, SEM...)，Cox 比例存活模型有較低的 Type I 誤差 (α)。存活分析法又稱「危險模型」(hazard model)，亦稱作「存續期間模型」(duration model)，或簡稱「Cox 模型」。Cox 模型應用，以加速失敗時間模型 (Accelerated Failure Time model, AFT) 及比例危險模型 (Proportional Hazard

Model, PHM) 最廣被使用 (Noh et al., 2005)。

1. 加速失敗時間模型 (AFT) 強調的是一個停留狀態下 (例如：人活到 80 歲會加速死亡)，有關 AFT 與存活函數的搭配。請見本書〈第 2 章第 3 節三、參數存活模型〉介紹。

2. Cox 比例危險模型 (PHM)：個體之間的危險函數呈比率關係，此 Cox 比例危險模型是屬半參數 (semi-parameter) 模型，故函數 f(t) 本身並未假定 (assmuption) 存活函數要屬那一種分布 (常態 / 韋伯…)。請見本章節的介紹。

　　存活分析旨在探討事件發生所需的時間 (time to event)，即評估從初始事件到終止事件間經歷的期間。舉例來說，癌症試驗之整體存活期 (overall survival) 常以隨機分派時間點為起點 (STaTa 系統變數為 $\_t_0$)，以死亡事件 (STaTa 系統變數為 $\_t$) 為終點之評估指標；相反地，無惡化存活期 (Progression-Free Survival, PFS) 是以隨機分派時間點為起點，以疾病惡化或死亡事件發生為終點的評估指標。雖然所評估的依變數值是時間 ($\_t_0$ 至 $\_t$)，但是常用之 t-test、ANOVA 或無母數的 Wilcoxon rank sum test 都不適用，原因是在存活分析係有設限資料 (censored data) 的問題。

　　由於設限資料是不完整資料 (incomplete data)，為省事，有些人在分析時就將設限資料當成是完整資料來分析，這是不恰當的！因為這是會低估整體存活期的。那是不是可以將設限資料直接排除不算呢？這也是不恰當的，因為設限資料即使只提供部分資料，有時也是很重要的。舉例來說，若一組受試者在三個月內都死亡，另一組每位受試者在一年後死亡事件都沒有發生 (即都設限在一年)，很明顯的第二組整體存活期比第一組好，若忽略這部分訊息，很容易做出錯誤的判斷。因此一旦有設限資料出現，宜採用存活分析，存活分析與傳統統計方法不同就是能處理資料中有完整資料與設限資料的統計方法。

10-1-1　存活分析之定義

　　存活分析是「分析事件發生前的「期間」之統計方法 (the length of time until an event occurs)」。例如：脫離貧窮前的時間長度。出院發生前的時間長度。倒閉發生前的時間長度。復發發生前的時間長度。結婚發生前的時間長度。

　　早期某些研究雖然與存活無關，但由於研究中隨訪資料常因失訪等原因而造成某些資料觀察不完全，為了量身訂做這種壽命資料的分析，因而統計學家發明了生存分析、存活率分析，又稱存活率分析。

　　存活分析 (survival analysis) 是指根據試驗或調查得到的數據，對生物或人

的存活時間進行分析和推斷，研究存活時間和結局與眾多影響因素間關係及其程度大小的方法，也稱存活率分析或存活率分析。

存活分析涉及有關疾病的癒合、死亡，或者器官的生長發育等時效性指標。

某些研究雖然與存活無關，但由於研究中隨訪資料常因失訪等原因造成某些數據觀察不完全，要用專門方法進行統計處理，這類方法起源於對壽命資料的統計分析，故也稱為生存分析。

存活分析 (survival analysis) 又稱「事件—時間」分析 (time-to-event analysis)。存活分析涉及有關疾病的癒合、死亡，或者器官的生長發育等時效性指標，主要用來探討群體內樣本在某段時間過程中，發生特定事件的機率與影響的危險因子，根據試驗 (trial) 法或調查法來蒐集設限資料，再對生物／人的存活時間進行分析和推斷，研究存活時間／結局與影響因素之間關係強度。

存活分析旨在分析「直到我們所想觀察之事件發生的時間」的資料。從觀察樣本開始，到樣本發生事件，這段期間即稱為存活時間 (survival time) 或失敗時間 (failure time)，相對地，事件的發生則稱為死亡 (death)，由於早期應用在醫學領域，觀察病人的死亡率，因而稱之為失敗 (failure)。這些時間變數通常是連續變數而且能以日期、星期、月、年等單位來測量，而事件可能是指死亡、疾病的開始、結婚、逮捕、違約等二元 (binary) 結果變數。存活分析特別的是，即使被觀察的對象沒有發生該事件，被觀察的對象在研究中存活的時間或觀察的時間長度都會被列入計算。

例如：研究不同診所照護下的存活時間，直到事件 (死亡) 發生 (_t)。若到研究時間結束，研究對象的事件 (死亡) 尚未發生，存活時間仍列入計算。

存活函數 S(t) 與危險函數 h(t) 之關係

1. Survival as a function of hazard

$$S(t) = \exp\left[-\int_0^t h(s)ds\right]$$

2. Hazard as a function of survival

$$h(t) = -\frac{d}{dt}\log S(t)$$

3. 下圖範例：constant hazard h(t) = λ

$$S(t) = \exp[-\lambda \times t]$$

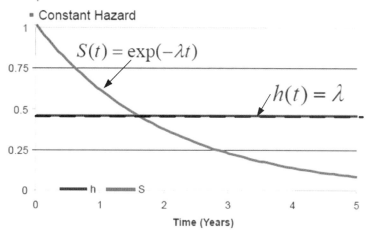

圖 10-1 指數分布之存活函數 S(t) 與危險函數 h(t) 之關係

註：$S(t) = \exp(-\lambda t)$　$\log(S(t)) = -\lambda t$

存活分析中的幾個函數，都可由 S(t) 函數轉換，如下所示：

定義：存活函數 S(t)

S(t)=Pr(T > t)，t 表示某個時間點，T 表示存活的期間 (壽命)，Pr 表示機率。存活函數 S(t) 就是壽命 T 大於 t 的機率。

舉例來說，人群中壽命 T 超過 60 歲 (時間 t) 的人在所有人中的機率是多少，就是存活函數要描述的。

假定 t=0 時，也就是壽命超過 0 的機率為 1；t 趨近於無窮大，存活機率為 0，沒有人有永恆的生命。如果不符合這些前提假定，則不適應 Survival analysis，而使用其他的方法。

由上式可以推導：存活函數是一個單調 (mono) 非增函數。時間點 t 越大，S(t) 值越小。

一、存活分析的特性 (characteristic)

研究某一樣本的存活經驗通常是有價值，若研究樣本是某一龐大母體的代表，則這樣的存活經驗特別有用，因為研究樣本的存活經驗就是龐大母體存活

經驗的估計值。存活分析法是為了充分運用時間相依變數中獨有的特徵，以及研究特別的個體因子及環境因子是否顯著地危險性。概括來說，存活分析的特性如下：

1. 存活資料與其他型態資料的最大差異，在於設限 (censored) 的現象，設限資料是指我們無法完全得到事件發生時間的觀測值，而妨礙我們使用標準的統計方法及推論，尤其是右設限資料描述了實際未觀測事件時間的下界，若依變數或結果變數是事件的時間，你要如何處理這樣的實例？

2. 母體的存活時間通常是偏態分配，在大多的統計推論中異於高斯 (常態) 分配，許多標準或近似統計方法，就無法精確描述這樣的資料。

3. 咱們通常對於整體存活時間的分配有興趣，許多標準的統計方法以平均存活時間 μ 和標準差 s 作為推論的方向。但是，「事件—時間」在分配之極端處的百分位值表現，通常是存活分析中令人較感興趣的。舉例而言，許多人希望自己能夠活到第 95 百分位以上，而不是只活到第 50 個百分位之上的存活時間。存活分析中，關注於每個個體在治療或手術後單位時間事件的發生率。

4. 研究過程中某些解釋變數 (regressors)，例如膽固醇、血糖、血壓值、年齡，都會隨著時間改變，你如何利用迴歸分析中的概念，處裡這些解釋變數與其他的時間相依的共變數 (time-dependent covariates) 呢？

以上問題的最佳解法，就是存活分析。

二、為何不可用 t 檢定 (ANOVA) 或迴歸，而須改用存活分析的理由？

1. 發生事件前的時間都是非負值隨機變數。

2. 發生某事件前的時間多呈右偏分配。

3. 有部分樣本無法完整觀察到發生事件前的時間長度 (設限資料 censored data)：例如：痊癒病患不知何時死亡。企業永續經營不知何時會倒閉。死亡病患不知何時出院。

10-1-2 為何存活分析是臨床研究最重要的統計法？

存活時間 (survival times) 分析之三種方法

探討樣本事件的再發生 (疾病復發、假釋犯再被捕……) 狀況，常用統計有三種分析：存活迴歸模型 (Survival Regression Regression) 與 Logistic 迴歸、Poisson 模型。三者的功能看似相似，但這三種統計分析方法仍有所區別。首

要之處必須避免 Type 0 錯誤：「無法辨別出研究問題本身的型態」。也要避免 Type III 錯誤：「正確的答案回答錯誤的研究問題」。更要避免 Type IV 錯誤：「錯誤的答案回答錯誤的研究問題」。你若想要研究事件的發生率 (incidence)，資料包含個體追蹤以及紀錄事件的發生與否時，可有三種選擇：

1. 存活迴歸分析，旨在產生存活曲線的估計值及每單位時間事件發生率。故 Logistic 迴歸 (Logistic 指令) 旨在估計勝算比 (odds ratio)；Cox 迴歸 (stcox、svy: stcox 指令) 及參數存活模型 (streg、svy: streg、stcrreg、xtstreg、mestreg 指令) 旨在估計危險比 (hazard ratio)。

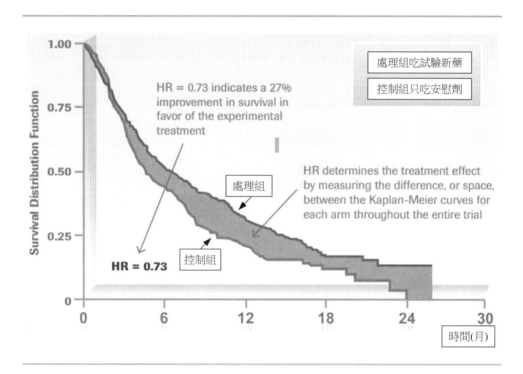

圖 10-2 Hazard Ratio(HR) 之示意圖

例如：糖尿病比健康組患失明機率高出 20 倍 (HR=20)。又如，喝酒易臉紅，因缺「酶」，故其中風比率是健康組的 2 倍 (HR=2)。

2. Logistic 迴歸分析，旨在發生或是未發生的事件分率 (event proportion) 之估計值。Logistic 範例請見「Logistic Regression with Categorical Predictors.do」執行檔。

3. Poisson 迴歸，旨在產生每單位時間事件發生比率 (event rate) 的估計值。範例請見「poisson.do」、「Zero-inflated Poisson Regression.do」執行檔。

Poisson 迴歸範例

主題：1997 至 2006 年香港子宮頸癌患者的發病率、死亡率和癌症分期存活率：以人口爲基礎的研究。

目的：透過涵蓋全港人口爲本的癌症登記資料庫數據，檢視 1997 至 2006 年期間確診子宮頸癌患者的發病率和死亡率的趨勢，並描述患者的分期存活率。

設計：回顧性、以人口爲基礎的研究。

安排：香港。

患者：患者 1997 至 2006 年期間所有確診子宮頸癌患者，並跟進合乎存活分析的患者至 2007 年 12 月 31 日。

主要結果測量：年齡標準化發病率和死亡率，及利用卜瓦松 (Poisson) 迴歸模型計算年度平均百分比變化。患者存活率則按癌症分期的相對存活率顯示。部分變數的死亡率風險比及其 95% 信賴區間則以 Cox 比例風險模型估計。

結果：在進行研究的 10 年期間，整體年度發病率和死亡率分別減低 4.2% 和 6.0%。除了 45 歲以下的年齡組別，其他組別的上述比率均顯著減低。鱗狀細胞癌發病率減低的幅度 (每年 3.6%) 不及腺癌 (5.2%) 和其他類型癌腫 (6.8%)。研究共爲 3,807 名 (86.4%) 患者進行存活分析。整體 5 年的相對存活率爲 71.3%(95% 信賴區間：69.5-73.1%)，而各階段的存活率如下：第 I 期 90.9%、第 II 期 71.0%、第 III 期 41.7%、第 IV 期 7.8%。年齡、癌症分期和癌腫類型是獨立預後因素。第 IA 期患者存活率理想，跟一般人口相若。

結論：香港子宮頸癌的發病率和死亡率正逐漸改善，情況跟其他工業化國家相若。這是首個以全港人口爲基礎及按癌症分期的存活率研究，並可視作癌症控制的指標。公營和私營機構的合作可進一步強化隨訪期數據，提供更加全面的監測信息。

註：所謂預後 (prognosis) 是指根據經驗預測的疾病發展情況。

以上三種統計，我們該挑選哪一個迴歸呢？就應考量你研究問題的本質：

1. 使用存活迴歸的條件爲：每位個體追蹤不同的一段時間，且每位個體的時間原點可能並沒有明確定義，且事件發生比率 (HR) 在追蹤期間會隨著時間而改變，通常會有失去追蹤或是設限的線索。故長期追蹤適合使用存活分析，因爲事件發生比率 (HR) 可能會在一個長期的時間區段變化。

2. 使用 Logistic 迴歸的條件為：每位個體追蹤一段相同的時間，並且對於時間原點有明確定義，僅對事件第一次發生感到興趣，當事件在時間原點之後，很快就發生時 (例如：腎臟病發生後 5 年內死亡 vs. 仍活著)，通常使用此方法 (見第 1 章)。

3. 使用 Poisson 迴歸的條件為：每位個體的追蹤週期不同，追蹤過程中事件率 (HR) 是一常數 (因此時間原點不是問題)。例如：估計疾病死亡率或發生率、細菌數 (count) 或病毒的菌落數及了解與其他相關危險因子之間的關係等，通常是建立在 Poisson 分析之上。範例請見「poisson.do」、「Zero-inflated Poisson Regression.do」兩個指令批次檔的解說 (如下圖)。

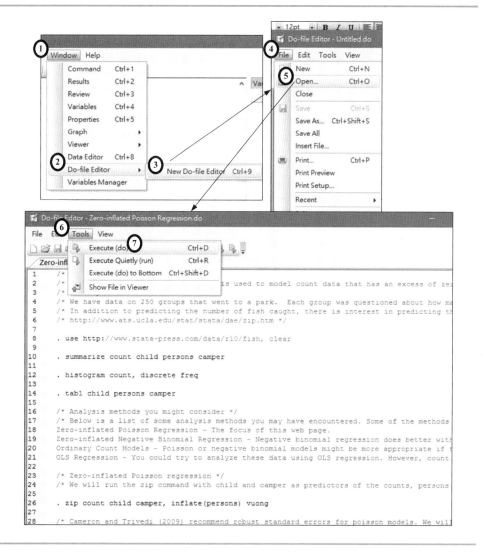

圖 10-3 「Zero-inflated Poisson Regression.do」指令檔內容

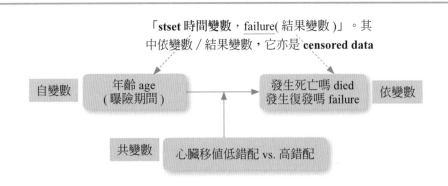

圖 10-4 心臟移植存活分析之研究架構

註：stcox, streg, stcrreg 指令都將「Failure variable:」中你指定變數當作依變數。

在臨床療效評估中我們常用死亡率或復發率等指標來比較療效。例如史丹佛大學醫學中心針對心臟移植手術 65 位病人的存活情況作統計分析，資料蒐集包括：存活狀態 (死 vs. 活)，手術時的年齡、「供者—受者」的組織錯配分數 (T5) 和存活時間等。這些數據再檢驗其假設 (hypothesis)：是否具有低錯配分數 (低組，T5 < 1.1) 的案例比高錯配分數者 (高組，T5 > 1.1) 有較佳的存活率？

若單純使用傳統的「相對風險 (Relative Risk, RR)」(stcox 指令) 或「勝算比 (Odds ratio)」(logistic 指令) 來分析這類問題。只會求得到二組死亡率的相對危險比很低 (HR 只有 1.18 倍)。因爲這種傳統分析無法提供足夠證據來支持本例之相關性假設。因此，若我們再深入檢查資料這二個族群，會發現其平均存活時間卻有顯著差異 (低 T5 = 477 天；高 T5 = 286 天)。這時可考慮用「人—年」方法 (person-time approach)，「人—年」方法的計算是個案追蹤時間的和 [xtstreg ,shared(panel 變數) 指令] 或對族群來說是族群大小乘以平均觀察時間 (「svy: streg」指令)。

相對地，若將存活時間 (觀察時間) 的平均差異也納入考慮 (「svy: streg」指令)，卻求得二組相對危險性 HR 爲 2.21 倍 (傳統相對危險性分析只求得到 1.18 倍)，此法提供相當的證據去支持假設：具有低錯配分數的個案比高錯配分數者有較好的存活率。

由此可見，只看結果好壞 (死亡率高低)，不計算出現結果前所歷經的存活時間長短，其比較的結果常常是會扭曲真相的。故存活時間的長短在許多臨床研究中是必須考慮的一個重要因素。換言之，雖然同是死亡病例，但存活時間長短不一樣，病人的預後或療效就有差別。

概括來說，常見臨床資料不宜單純使用死亡率 (HR) 來計算，更不能單純只計算存活時間的平均值。例如「人一年」分析法，只單純地計算兩組病人的平均存活期，這樣的計算結果並不恰當。因平均存活期與資料何時被分析有關，它會隨分析時的時間點而變化，一直到當全部個案死亡之時刻為止。亦即，只有當全部個案死亡時計算平均存活期才有價值，然而當今研究者欲分析他們的資料都在那時間點之前。因此若不慎使用這些方法都會扭曲結果的原貌。故唯有正確的存活分析 (Cox proportional hazards model, stcox 指令)，才能結合兩者 (死亡率、存活時間的平均值) 優點，準確地反映預後的好壞程度，所謂預後 (prognosis) 是指根據經驗預測的疾病發展情況；亦即必須使用存活率分析方法做為臨床醫師評估病人預後之用。

10-1-3 存活分析之三種研究目標

1. 存活率的估算

存活率的計算主要是用來描述一群病人經過一段時間的追蹤之後，尚有多少人存活 (如一年存活率或五年存活率)，臨床醫師可選用 Kaplan-Meier 法；但如果所研究的病人數大於 30 例，則考慮使用生命表法 (life table method) 來計算存活率較方便。

2. 存活曲線的比較法

(1) 二種不同治療方式下 (如新療法與傳統標準療法) 存活曲線差異的統計檢定，在 STaTa 可使用 stmh 指令 (Tabulate Mantel-Haenszel rate ratios)、strate 指令 (Tabulate failure rates and rate ratios)、stmc 指令 (Tabulate Mantel-Cox rate ratios)。

(2) 存活曲線的繪製，在 STaTa 可使用 sts graph 指令 (Graph the survivor and cumulative hazard functions)、ltable(繪生命表) 或 sts list 指令 (List the survivor or cumulative hazard function)。

(3) 多群組之間存活時間的中位數 / 平均數，其 95% 信賴區間，則可用 stci 指令 (Confidence intervals for means and percentiles of survival time)。

3. 多種預後因子的存活分析

為了了解每一個預後因子對存活率的影響力，存活資料的蒐集，除了存活時間外，尚須包括許多預後因子如個案的特性 (年齡、性別、種族) 及疾病狀況 (疾病嚴重等級、腫瘤大小及轉移範圍) 等時間相依之共變數，然後採用 Cox 比例危險型 (stcox 指令) 分析來處理這些預後因子。

10-2 存活分析 Bayesian 迴歸 (baye: streg 指令)

一、快速學會：baye: streg 指令

1. Bayesian Weibull survival model of stset survival-time outcome on x1 and x2, 使用內定常態先驗迴歸係數和 log-ancillary 參數 (using default normal priors for regression coefficients and log-ancillary parameters)。

```
. bayes: streg x1 x2, distribution(weibull)
```

2. 對於內定的常態先驗，使用 10 而不是 100 的標準偏差。

```
. bayes, normalprior(10): streg x1 x2, distribution(weibull)
```

3. 對於斜率使用均勻分布的先驗，截距使用常態分布的先驗。

```
. bayes, prior({ t: x1 x2}, uniform(-10,10)) prior({ t: cons}, normal(0,10)):
streg x1 x2, distribution(weibull)
```

4. 將模擬結果保存到 simdata.dta，並使用隨機數種子進行重現性。

```
. bayes, saving(simdata) rseed(123): ///
streg x1 x2, distribution(weibull)
```

5. 界定 20,000 MCMC 樣本數，設定 length of the burn-in period 為 5,000，並要求每 500 次模擬顯示一個點。

```
. bayes, mcmcsize(20000) burnin(5000) dots(500): ///
streg x1 x2, distribution(weibull)
```

6. 如上例，改印 90% HPD credible interval 來取代內定的 95% equal-tailed credible interval。

```
. bayes, clevel(90) hpd
```

7. 用 accelerated failure-time metric 取代 proportional-hazards parameterization, 並
印出 time ratios 來取代 coefficients。

```
. bayes, tratio: streg x1 x2, distribution(weibull) time
```

8. 重印 time ratios

```
. bayes, tratio
```

二、|範例|: ** , *** 指令

STaTa 存活模型的初始設定 (stset 指令), 如下圖, 其中:

1. 依變數 / 結果變數 (Dependent variable, Outcome variable): 事件發生時間
(time-to-event) 的資料。故 STaTa 依變數 (結果變數) 為「Failure event」。

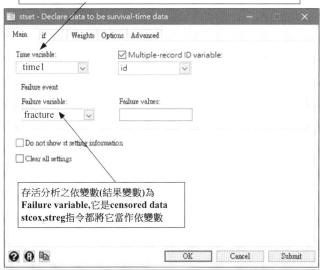

圖 10-5 存活分析之依變數 (結果變數) 為「Failure event」(Multiple-record-per-subject survival data)

註: Statistics > Survival analysis > Setup and utilities > Declare data to be survival-time data

2. 時間長度 (如上圖之「Time variable:」變數，即暴露時間)

　(1) 時間原點 (起始時間點)：進入研究時間點、確診發病時間點。

　(2) 事件發生時間點：疾病發生時間點、死亡時間點。

3. 事件 (event)：包括死亡、罹病、復發、提早退出試驗、違約、倒閉……。(如上圖之「Failure variable:」變數 dead)。

(一) 問題說明

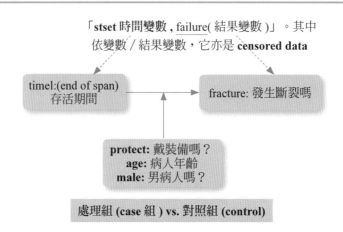

「**stset** 時間變數 **,** failure(結果變數)」。其中依變數 / 結果變數，它亦是 **censored data**

timel:(end of span) 存活期間

fracture: 發生斷裂嗎

protect: 戴裝備嗎？
age: 病人年齡
male: 男病人嗎？

處理組 (case 組) vs. 對照組 (control)

圖 10-6 存活分析之研究架構

註 1：stcox,streg,stcrreg 指令都將「Failure variable:」中你指定變數當作依變數。

註 2：存活分析設定 (「stset timevar failure failvar」指令) 之後，會新產生 3 個系統變數 ($_{t_0}$; $_t$; $_d$)，其中：

　　1. $_{t_0}$ 是觀察的開始時間，$_{t_0} \geq 0$;

　　2. $_t$ 是觀察的結束時間，$_t \geq _{t_0}$;

　　3. $_d$ 是失敗指標 (indicator for failure), $_d \in \{0, 1\}$。

　　為了解老人跌倒導致斷裂 (fracture) 之影響因素有哪些？(分析單位：148 位病人，多筆就醫紀錄)

　　研究者收集數據並整理成下表，此「hip3.dta」資料檔內容之變數如下：

變數名稱	說明	編碼 Codes/Values
依變數：failure(fracture)	發生斷裂嗎	0,1 (binary data)
存活時間：time1	end of span	1～39 時間單位
共變數：protect	戴輔助裝備嗎？	0,1 (binary data)
共變數：age	病人年齡	60～82 歲

(二) 資料檔之內容

「hip3.dta」資料檔內容如下圖。

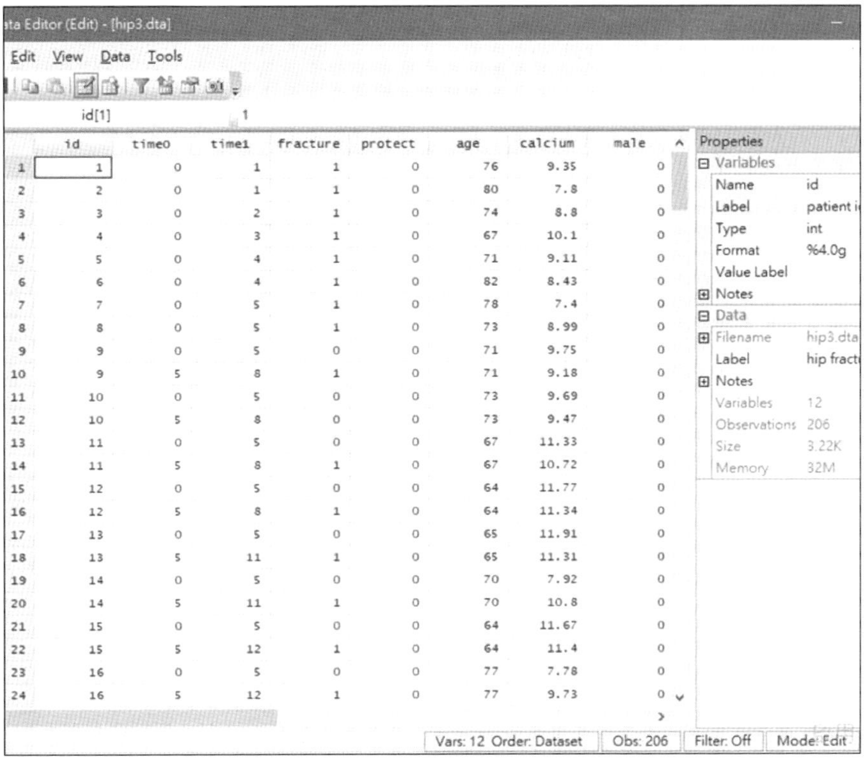

	id	time0	time1	fracture	protect	age	calcium	male
1	1	0	1	1	0	76	9.35	0
2	2	0	1	1	0	80	7.8	0
3	3	0	2	1	0	74	8.8	0
4	4	0	3	1	0	67	10.1	0
5	5	0	4	1	0	71	9.11	0
6	6	0	4	1	0	82	8.43	0
7	7	0	5	1	0	78	7.4	0
8	8	0	5	1	0	73	8.99	0
9	9	0	5	0	0	71	9.75	0
10	9	5	8	1	0	71	9.18	0
11	10	0	5	0	0	73	9.69	0
12	10	5	8	0	0	73	9.47	0
13	11	0	5	0	0	67	11.33	0
14	11	5	8	1	0	67	10.72	0
15	12	0	5	0	0	64	11.77	0
16	12	5	8	1	0	64	11.34	0
17	13	0	5	0	0	65	11.91	0
18	13	5	11	1	0	65	11.31	0
19	14	0	5	0	0	70	7.92	0
20	14	5	11	1	0	70	10.8	0
21	15	0	5	0	0	64	11.67	0
22	15	5	12	1	0	64	11.4	0
23	16	0	5	0	0	77	7.78	0
24	16	5	12	1	0	77	9.73	0

圖 10-7 「hip3.dta」資料檔內容 (N=206 筆紀錄，但只有 148 位病人)

設定存活分析之初始值

```
* 開啟官網之資料檔
. webuse hip3.dta, clear

* 設定存活分析的架構
.  stset time1, id(id) failure(fracture) time0(time0)

                id:  id
     failure event:  fracture != 0 & fracture < .
obs. time interval:  (time0, time1]
```

```
exit on or before:   failure

---------------------------------------------------------------------

      206  total observations
        0  exclusions
---------------------------------------------------------------------
      206  observations remaining, representing
      148  subjects
       37  failures in single-failure-per-subject data
    1,703  total analysis time at risk and under observation
                                        at risk from t =          0
                                 earliest observed entry t =       0
                                   last observed exit t =         39
```

1. 共 206 筆記錄，但只有 148 位病人。

(三) 分析結果與討論

Step 1 　 對照組：參數存活分析

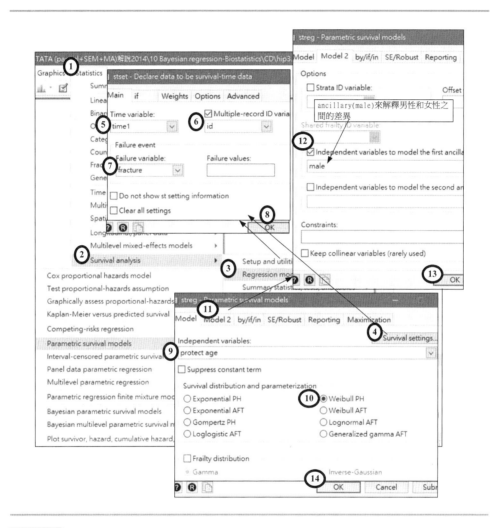

圖 10-8 「streg protect age, distribution(weibull) ancillary(male)」畫面

註：Statistics > Survival analysis > Regression models > Parametric survival models

　　假設男性和女性的危險曲線具有不同的形狀。本例使用 streg 命令來適配具有 Weibull 生存分布的模型和 ancillary(male) 來解釋男性和女性之間的差異。

```
* 開啟資料檔
. webuse hip3.dta
. streg protect age, distribution(weibull) ancillary(male) nolog

        failure _d:  fracture
   analysis time _t:  time1
              id:  id

Weibull PH regression

No. of subjects =          148          Number of obs    =        206
No. of failures =           37
Time at risk    =         1703
                                        LR chi2(2)       =      39.80
Log likelihood  =  -69.323532          Prob > chi2      =     0.0000

------------------------------------------------------------------------------
        _t |      Coef.   Std. Err.      z    P>|z|     [95% Conf. Interval]
-----------+------------------------------------------------------------------
_t         |
   protect | -2.130058   .3567005    -5.97   0.000    -2.829178   -1.430938
       age |  .0939131   .0341107     2.75   0.006     .0270573    .1607689
     _cons | -10.17575   2.551821    -3.99   0.000    -15.17722   -5.174269
-----------+------------------------------------------------------------------
ln_p       |
      male | -.4887189   .185608     -2.63   0.008    -.8525039   -.1249339
     _cons |  .4540139   .1157915     3.92   0.000     .2270667    .6809611
------------------------------------------------------------------------------
```

1. **參數模型** (parametric method) 處理 survival time data 時，首先其假定條件
   為 data 是哪一種分布 (distribution)？在此常見到的是 exponential distribution,
   log-normal distribution, Weibull distribution, gamma distribution 和 log-logistic
   distribution 等。確認 data 的分布求出迴歸係數 (或 HR) 之後，再進行下列 2
   種檢定：

   (1) **概似比檢定** (Likelihood Ratio Test, LR test) 來檢定模型適配度，概似比檢定
       有時也稱為 Log Likelihood Ratio Test。一般而言，參數型模型的 power(統
       計力) 較之於非參數型模型的 power 則會大些，所以若假定 (assumptions)

正確的話，Likelihood Ratio Test 比 Log-Rank Test 或 Generalized Wilcoxon Test 更容易拒絕 (reject) 虛無假設 (Null Hypothesis)。在應用概似比檢定時，也應該注意，其 data 必須爲特殊的分布外，同時其 event probabilities are constant over time，易言之，不論治療後一個月、二個月或者一年，其死亡率是固定不變的。

(2) **模型準確性檢定**：STaTa 提供三個檢定法爲

方法 1、圖示法：若 proportional hazard 假定 (assumption) 成立下，log [-log(K-M 曲線)] versus log(survival time) 會呈現近似兩條平行線，若是兩條線不平行或是有交叉，則表示違反 proportional hazard model 的假定。STaTa 提供了 **stphplot** 指令來檢定。

方法 2、在 Cox 模型中加入一個時間相依 (time-dependent) 變數，即「treatment × log(survival time)」，再檢定這個變數是否顯著 (即 p-value 是不是很小)，p-value 若越小，顯示 HR 越會隨時間變動，而不是一個常數。但 STaTa 另外提供了「estat concordance」指令之一致性 C 值來替代，此值越大，代表該模型越準確性。

方法 3、根據 Schoenfeld 殘差 (residual) 來判斷 (Grambsch & Therneau,1994)。STaTa 提供「**estat phtest**」卡方檢定。χ^2 檢定之 p-value 若越小，顯示 HR 越會隨時間變動，而不是一個常數。

2. **半參數** (semi-parametric)method 中，最常見的方法是 Cox Proportional Hazards Model，簡稱爲 Cox Model。Cox Model 在臨床醫學期刊中，被十分廣泛地使用，主要在於其假定 (assumptions) 較參數 (parametric) 模型的假定來得寬鬆，Cox 又有類似最小平方方法迴歸的方便，也就是說 Cox Model 不需要假定生存時間數據的任何特定分布 (assume any particular distribution of survival time data)，而且可以將多個風險因子 (risk factors)(例如病人的治療方式、抽菸與否、嚼檳榔與否、年紀、環境因子等等) 同時以共變數 (covariate) 角色來納入存活模型中，來探討這些風險因素和生存時間數據之間的關聯，藉以求得「調整後之處理效果的風險比 (adjusted risk ratio for the treatment effect)」。換句話說，在 Cox 模型中，經調整過 (adjusted) 其他風險因子 (risk factors) 後，甲治療方法比乙治療方法增加 ××% 的死亡機會。雖然 Cox 模型是很好的統計方法，但請注意其假設條件和 Log-Rank Test 的假設條件是一樣的，亦就是風險比 (risk ratio)(或者 the ratio of event rates) 爲一常數，不會變動的。因此不論是治療後一個月，還是治療後一年、二年，此一比率 (ratio) 乃維持固定

(fixed)。

3. 另外提供 (streg) 指令，它可搭配六種分布，並依據「log likelihood」大小，讓你挑選何種模型最佳？通常，挑選參數存活模型 (streg) 或廣義線性模型 [(gmm) 指令] 可搭配眾多的分布，它都有下列 6 個分析程序：

Step 1：繪存活時間變數 T 的分布圖 [Plot the distribution of the random variables (e.g. a histogram)]。

Step 2：挑選備選的分布 (Choose a candidate distribution)。

Step 3：估計備選分布的參數值 [Estimate the parameters of the candidate distribution。例如使用 gmm 指令之動差法 (method of moments)]。

Step 4：檢視「預測值 $\hat{Y}$、實際值 vs. 誤差 ε 之間」的散布圖，是否均勻分散、左右對稱、分散程度過大等問題 [Compare the empirical distribution to that observed (e.g. QQ plot)]。

Step 5：整體適配度檢定 [Test model fit(例如 log-likelihood 值)]。

Step 6：模型再精緻化 (e.g. 分群組、工具變數、panel-data 法)[Refine，變數變換 transform，repeat]。

有關廣義線性模型 [(glm) 指令] 的範例，請見作者《Panel-data 迴歸型：STaTa 在廣義時間序列的應用》一書。

Step 2 實驗組：Bayesian streg 迴歸

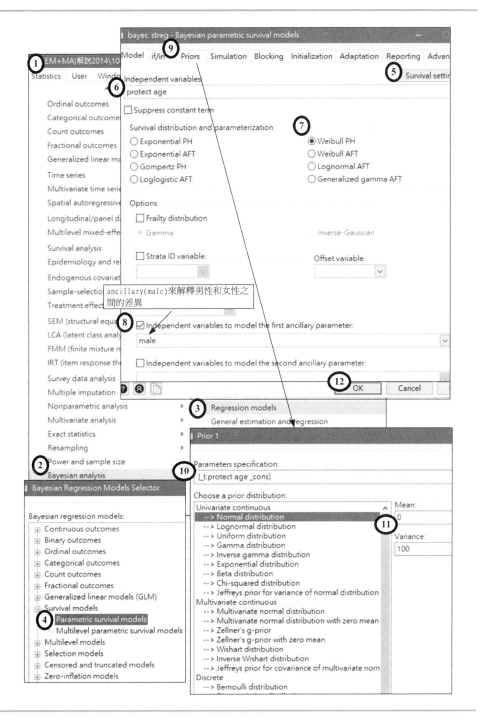

　　如下指令之 Bayesian 分析，它只是 $\boxed{\text{Step 1}}$ 參數存活指令 streg 之前面，加「bayes, normalprior(10) burnin(5000) dots:」。normalprior(10) 選項界定用常態先驗 ~ normal(0, 100)。為使 MCMC 探樣器能夠更長時間地適應，將老化週期增加到 5,000：burnin(5000)。

```
* 開啟資料檔
. webuse hip3.dta
. set seed 15
. bayes, normalprior(10) burnin(5000) dots: streg protect age, distribution(weibull)
  ancillary(male)

        failure _d:  fracture
  analysis time _t:  time1
               id:  id


Burn-in 5000 aaaaaaaaa1000aaaaaaaaa2000aaaaaaaaa3000aaaaaaaaa4000aaaaaaaaa5000 done
Simulation 10000 .........1000.........2000.........3000.........4000.........5000.
........
> 6000.........7000.........8000.........9000.........10000 done


Model summary
------------------------------------------------------------------------------
Likelihood:
  _t ~ streg_weibull(xb__t,xb_ln_p)

Priors:
  {_t:protect age _cons} ~ normal(0,100)                                  (1)
      {ln_p:male _cons} ~ normal(0,100)                                   (2)
------------------------------------------------------------------------------
(1) Parameters are elements of the linear form xb__t.
(2) Parameters are elements of the linear form xb_ln_p.


Bayesian Weibull PH regression              MCMC iterations  =     15,000
Random-walk Metropolis-Hastings sampling    Burn-in          =      5,000
                                            MCMC sample size =     10,000
No. of subjects =        148                Number of obs    =        206
No. of failures =         37
No. at risk     =       1703
```

```
                                        Acceptance rate  =      .3418
                                        Efficiency:  min =        .01
                                                     avg =     .03421
Log marginal likelihood = -91.348814                 max =     .05481


-------------------------------------------------------------------------
              |                                        Equal-tailed
              |      Mean    Std. Dev.     MCSE     Median  [95% Cred. Interval]
--------------+----------------------------------------------------------
_t            |
     protect  | -2.114715   .3486032    .017409  -2.105721  -2.818483   -1.46224
         age  |  .0859305   .0328396    .001403   .0862394   .0210016   .1518009
       _cons  |  -9.57056   2.457818    .117851  -9.551418  -14.49808   -4.78585
--------------+----------------------------------------------------------
ln_p          |
        male  | -.5753907   .2139477    .014224  -.5468488   -1.07102  -.2317242
       _cons  |  .4290642     .11786    .011786   .4242712    .203933   .6548229
-------------------------------------------------------------------------
Note: Default priors are used for model parameters.
```

1. 迴歸參數 {t：protect}、{t：age} 及 {t：cons} 的後驗平均估計值接近 streg 命令的估計值。然而，{ln p:male} 的估計有些不同。如果我們檢查 {ln p:male} 的診斷圖，我們會看到其原因是其邊際後驗分布的不對稱形狀。

```
. bayesgraph diagnostic {ln_p:male}
```

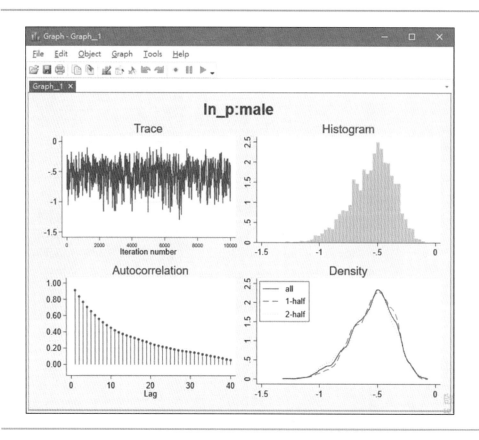

圖 10-10 「bayesgraph diagnostic {ln_p：male}」繪出的診斷圖

　　從密度圖 (density plot) 可以看出，{ln p：male} 的後驗分布 skewed to 左側，
因此後驗平均估計值 −0.58 預計小於 ML 估計值 −0.49。

多層次 (multilevel) 模型 (bayes: mixed 指令)

作者另有二本專書《多層次模型 (HLM) 及重複測量：使用 STaTa》及《Panel-data 迴歸模型：STaTa 在廣義時間序列的應用》，專門介紹：〈線性多層次模型、vs. 離散型多層次模型〉、〈計數型多層次模型〉、〈存活分析之多層次模型〉、〈非線性多層次模型〉……。

一、傳統的多層次指令

在 STaTa 裡，傳統的 HLM 可以分析的結果變數 (outcome varible)，包括：連續、計數、序數和名義變數，及假定一系列解釋變數 (explanatory variable) 的線性組合之間的函數關係。這個關係通過合適的「**family()** ... link()」來定義，例如廣義處理「Multilevel mixed-effects generalized linear model」之 **meglm** 指令，其排列組合如下表、下圖：

特定的指令	廣義的 meglm	對應指令
melogit	**family**(bernoulli)	**link**(logit)
meprobit	**family**(bernoulli)	**link**(probit)
mecloglog	**family**(bernoulli)	**link**(cloglog)
meologit	**family**(ordinal)	**link**(logit)
meoprobit	**family**(ordinal)	**link**(probit)
mepoisson	**family**(poisson)	**link**(log)
menbreg	**family**(nbinomial)	**link**(log)

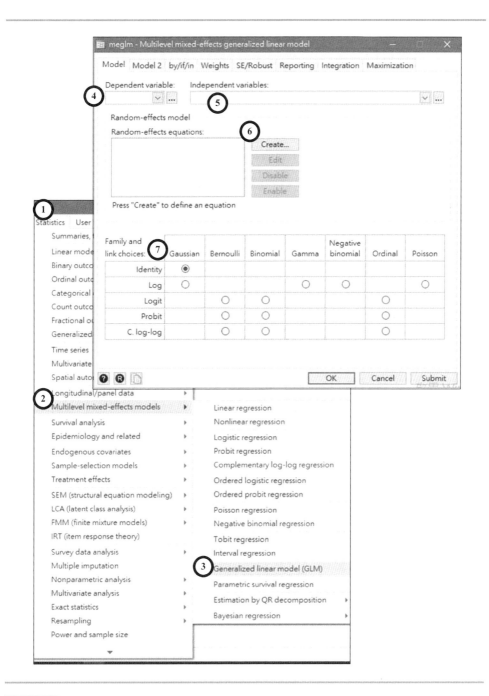

圖 11-1　meglm 指令七種變形之多層次模型

Generalized Linear Models (GLMs)

$$g(\mu) = \beta_0 + \beta_1 * X_1 + \dots + \beta_p * X_p$$
$$(\mu = E(Y|X) = \text{mean})$$

Model	Response	$g(\mu)$	Distribution	Coef Interp
Linear	Continuous (ounces)	μ	Gaussian	Change in avg(Y) per unit change in X
Logistic	Binary	$\log\left[\dfrac{\mu}{(1-\mu)}\right]$	Binomial	Log Odds Ratio
Log-linear	Count/Times to events	$\log(\mu)$	Poisson	Log Relative Risk

二、Bayesian 的多層次指令

請參考前文【Chapter 05】之【一、「bayes: 某迴歸」指令】

Multilevel 迴歸模型	
STaTa 指令	功能說明
bayes: mixed	Multilevel linear 迴歸
bayes: metobit	Multilevel tobit 迴歸
bayes: meintreg	Multilevel interval 迴歸
bayes: melogit	Multilevel 邏輯斯迴歸
bayes: meprobit	Multilevel probit 迴歸
bayes: mecloglog	Multilevel complementary log-log 迴歸
bayes: meologit	Multilevel ordered 邏輯斯迴歸
bayes: meoprobit	Multilevel ordered probit 迴歸
bayes: mepoisson	Multilevel Poisson 迴歸
bayes: menbreg	Multilevel negative binomial 迴歸
bayes: meglm	Multilevel generalized linear model
bayes: mestreg	Multilevel parametric survival 迴歸

11-1 多層次模型的原理

人並非孤立的個體，而是整個社會中的一員，例如：學生層次的資料巢套於高一層的分析單位（如班級或學校）之內，在同一個高階分析單位下的個體

會因爲相似的特質，抑或受到共享的環境脈絡所影響，造成個人層次資料間具有相依的性質，亦即存在著組內觀察資料不獨立的現象。由此可知，個體的行爲或反應不僅會受到自身特性的影響，也會受到其所處的環境脈絡所影響。因此巢狀 (nested) 資料分析之多層次模型就此流行起來。

多層次模型 (Multilevel models)，也稱「階層線性模型 (hierarchical linear models)、巢狀資料模型 (nested data models)、混合模型 (mixed models, STaTa 慣用此名詞)、隨機係數 (random coefficient)、隨機效果模型 (random-effects models)、隨機參數模型 (random parameter models) 或分裂圖設計 (split-plot designs)」。而 STaTa 慣用**混合模型**來稱之。

用樹形結構表示實體之間聯繫的模型叫層次模型 (Hierarchical Model)，階層線性模型 (Hierarchical Linear Modeling, HLM) 在不同的領域亦有著不同的名稱。在統計學上被稱之爲共變數成分模型 (covariance components models)；在社會學研究中，稱爲多階層線性模型 (multilevel linear models)；在生物統計學中，稱之爲混合效果模型 (mixed-effects models) 或隨機效果模型 (random-effects models)；在計量經濟的文獻中，稱之爲隨機係數迴歸模型 (random coefficient regression models)。但綜合言之，相當多的文獻使用「hierarchical linear models」一詞，因爲此一名稱能正確反映所分析之資料具有「階層結構的特性」，因此仍以 HLM 統稱之。而 STaTa 慣用**混合模型**來稱之。

階層線性模型爲目前處理多層次資料時最佳統計方法之一，而重複測量 (repeated measurement) 之研究資料則屬多層次資料結構，欲了解同一群受試者在不同時間點重複測量或追蹤某項介入方案對其改善成效的影響，例如子宮切除婦女之術後初期症狀困擾，則可以採用此一統計分析模型。

迄今，套裝軟體 (STaTa、R、SAS、BMDP、SPSS...)、獨立程式 (GENMOD、HLM、MLn、VARCL 等) 軟體問世及強大計算能力之下，使得多層次模型變得越來越受歡迎。

Generalized Linear Models (GLMs)
$$g(\mu) = \beta_0 + \beta_1 * X_1 + ... + \beta_p * X_p$$
$$(\mu = E(Y|X) = mean)$$

Model	Response	$g(\mu)$	Distribution	Coef Interp
Linear	Continuous (ounces)	μ	Gaussian	Change in avg(Y) per unit change in X

Model	Response	$g(\mu)$	Distribution	Coef Interp
Logistic	Binary	$\log\left[\dfrac{\mu}{(1-\mu)}\right]$	Binomial	Log Odds Ratio
Log-linear	Count/Times to events	$\log(\mu)$	Poisson	Log Relative Risk

多層次資料 (multilevel data) 是指研究樣本具有**階層性** (hierarchical) 或**巢狀 / 類聚** (clustered) 的特徵，使得研究者所測量到的觀察值具有特殊的相依 / 隸屬 / 配對關係，造成樣本獨立性假定的違反與統計檢定的失效。常見的例子為：

1. 家庭研究的子女夫妻**巢狀 (nested)** 在家庭之中，各家庭又巢狀在縣市地域之中。

2. 學生巢狀在班級之中，班級巢狀在學校之中。

3. 員工巢狀在部門之中，部門巢狀在組織之中。

4. 團隊成員巢狀在各團體中。

5. 縱貫 / 追蹤研究的個體重複觀察巢狀在個體之中。

　　當研究數據具有多層次特性時，分析單位即存在著層次上的變化，不同層次間的變數對於依變數的影響亦涉及複雜的控制與調節 / 干擾關係，傳統的統計分析技術 (例如最小平方法之迴歸、變異數分析、Logit 迴歸……) 無法處理這類問題，必須採用多層次分析技術，否則將使分析數據遭到層次關係的混淆與研究結果的誤導。

　　傳統在教育社會學、教育心理學，或社會心理學領域的研究中，常面臨依變數在測量「學生階層」(student-level) 或「個人階層」(personal-level) 的變數 (如：學生個人成績)，但自變數中卻包含一些測量「學校階層」(school-level) 或「組織階層」(organization-level) (如：各校的所在地、學生人數) 的變數。此時若用傳統的迴歸分析，將導致兩難的局面：

1. 如果以個人作為分析的單位 (disaggregation)，將使估計標準誤 (estimated standard errors) 變得過小，而使型 I 誤差 (type I error, α) 過於膨脹，同時也無法符合迴歸殘差之同質性假定 (assumption)。

2. 如果以組織作為分析的單位 (aggregation)，並將各組織中個人變數的平均數作為依變數，將導致其他以個人為單位的自變數難以納入，組織內在 (within-group) 的訊息均被捨棄，且易因組織的特性造成分析結果解釋上的偏誤。

　　許多學者提出階層線性模型 (Hierarchical Linear Model, HLM)，旨在解決上述兩難問題，迄今 STaTa 已發展出 15 種以上的多層次模型。

一、雙層次模型

多層次模型的參數估計，在跨越多層次中是變動 (非固定的)。例如教育學，研究樣本常是學生成績表現 (performance)，模型中包含：個體 (individual) 層次學生的測量 (measures) 以及學生分組的教室層次測量。這些模型也可看作是廣義線性模型 (generalized linear model (meglm 指令)) 的特例，甚至，多層次模型也可以擴展到非線性模型 (menl 指令)。

定義：雙層次模型

Level I (「within」) 是個體 (individuals)。Level II (「between」) 是群組 (group)。在實務中，所有 level 方程是同時估計。

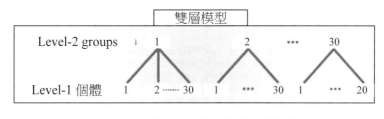

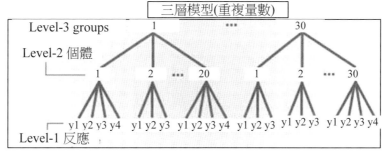

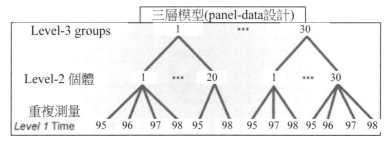

圖 11-2 雙層模型 vs. 參層模型

二、七層次模型

以生物、心理和社會歷程來看，影響個人健康之因素，由小至大的層級如下圖。

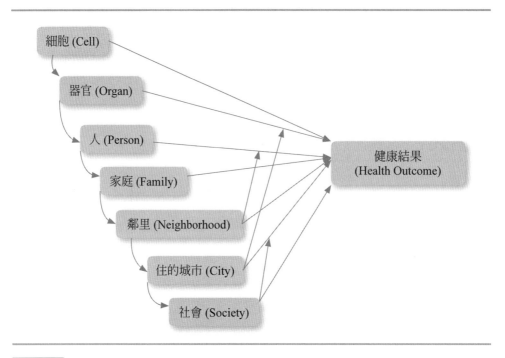

圖 11-3 影響個人健康之群組因素 (7 個層次之階層關係)

因此在分析病人的風險因素 (risk factors) 就須考量，上圖七個層次及層次間的交互作用。例如：酗酒 / 濫用酒精 (Alcohol Abuse)，其考慮的層次，包括：

7 個層次之階層關係	病因
1 細胞 (Cell)	神經化學 Neurochemistry
2 器官 (Organ)	個人乙醇代謝能力 Ability to metabolize ethanol
3 人 (Person)	遺傳易感性成癮 Genetic susceptibility to addiction
4 家庭 (Family)	家人酗酒程度 Alcohol abuse in the home
5 鄰里 (Neighborhood)	家附近有酒吧多寡 Availability of bars
6 住的城市 (City)	近核電廠、近垃圾場嗎、近中國霾害
7 社會 (Society)	法規禁令；組織 / 教會；社會規範

以上 7 個層次 (level)，延伸出下列可能的交互作用項：

Level:　　　　交互作用項

5 ⎰ 家附近有酒吧多寡　**and**
7 ⎱ 關於醉酒駕駛的法律

4 ⎰ 家人酗酒程度　**and**
2 ⎱ 個人乙醇代謝能力

3 ⎰ 遺傳易感性成癮　**and**
4 ⎱ 家庭環境

7 ⎰ 法規禁令；組織 / 教會；社會規範　**and**
3 ⎱ 工作要求

由酗酒這問題，可想出的多層次架構，如下：

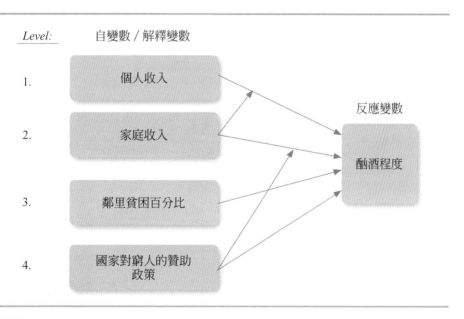

圖 11-4 酗酒之多層次架構

基本上，多層次分析技術是延伸自線性迴歸 (reg、poisson 等 10 種指令) 的概念，將代表各階層的多組迴歸方程式組合成混合模型 (mixed model)，再以

多元迴歸原理進行參數估計，稱爲多層次線性模型 (Multilevel Linear Modeling, MLM)。經過了諸多學者的努力探究，近年來多層次資料的分析在原理與技術上都已有非常成熟的發展。

迄今，在傳統的多層次模型分析方法學中，已納入潛在構念的概念 (gsem 指令)，就是在 SEM 的架構下來處理多層次的資料，進行多層次結構方程模型 (Multilevel SEM：sem、gsem 指令)。

有關多層次結構方程模型，請見作者《STaTa 在結構方程模型及試題反應理論的應用》一書。

11-2 Bayesian 多層次模型：重複測量 (bayes: mixed 指令)

Multilevel 模型，依變數的概似分布 (likelihood models)，又細分：

1. Normal
2. Probit, logit/logistic, complementary log-log
3. Ordered probit and logit
4. Poisson and negative binomial
5. Generalized linear models
6. Survival

範例：重複測量：Bayesian 多層次模型 (baye: meglm 指令)

(一) 問題說明

爲了解豬體重的長成曲線？(分析單位：豬)

本例分析，連續 9 週 48 頭豬的體重增加情況。使用 bayesmh 的這些數據的詳細貝葉斯分析在面板數據和 bayesmh 的多級模型中給出。在這裡，我們使用「bayes: mixed」將貝葉斯 two-level 隨機截距和隨機係數 (random-intercept and random-coefficient) 模型適配到這些數據。

研究者收集數據並整理成下表，此「pig.dta」資料檔內容之變數如下：

變數名稱	說明	編碼 Codes/Values
label/ 依變數：		0,1 (binary data)
features/ 自變數：		
features/ 自變數：		

(二) 資料檔之內容

「pig.dta」資料檔內容如下圖。

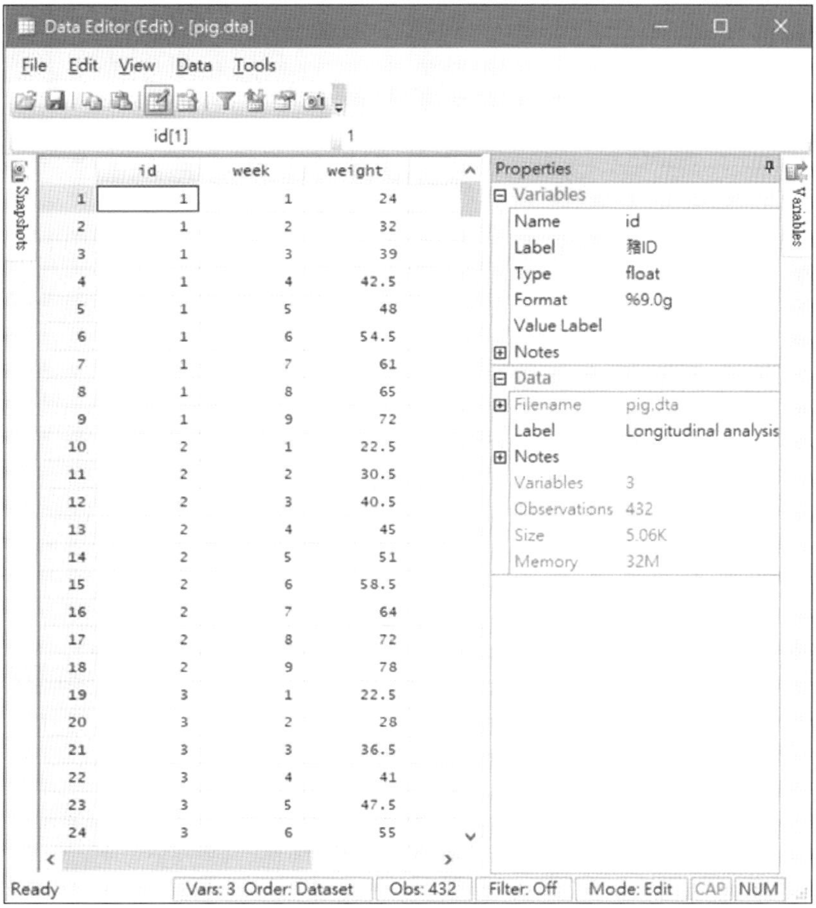

圖 11-5 「pig.dta」資料檔內容 (N=432 筆記錄，48 隻豬)

(三) 分析結果與討論

Step 1 對照組：Random-intercept 模型，使用 melabel 選項

首先考慮一個簡單的隨機截距 (random-intercept) 模型，權重變數 id 是識別豬的長成週數。隨機截距模型假定 (assumes) 所有豬具有共同的生長速率但具有不同的初始重量。

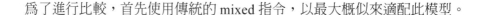

　　爲了進行比較，首先使用傳統的 mixed 指令，以最大概似來適配此模型。

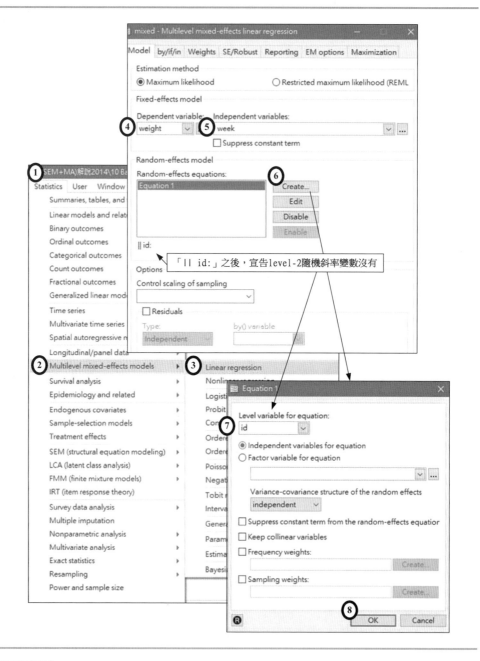

圖 11-6 「mixed weight week ‖ id：」畫面

註：Statistics > Multilevel mixed-effects models > Linear regression

```
* 開啟資料檔
. webuse pig.dta

*下式「mixed…|| id」區間為混合模型：「|| id:」之後，宣告level-2隨機斜率變數沒有。
. mixed weight week || id:

Performing EM optimization:

Performing gradient-based optimization:

Iteration 0:    log likelihood = -1014.9268
Iteration 1:    log likelihood = -1014.9268

Computing standard errors:

Mixed-effects ML regression               Number of obs     =        432
Group variable: id                        Number of groups  =         48

                                          Obs per group:
                                                        min =          9
                                                        avg =        9.0
                                                        max =          9

                                          Wald chi2(1)      =   25337.49
Log likelihood = -1014.9268               Prob > chi2       =     0.0000
-------------------------------------------------------------------------
-
      weight |     Coef.    Std. Err.       z    P>|z|    [95% Conf. Interval]
-------------+-----------------------------------------------------------
        week |  6.209896    .0390124    159.18   0.000    6.133433   6.286359
       _cons |  19.35561    .5974059     32.40   0.000    18.18472   20.52651
-------------------------------------------------------------------------
```

1. 豬每增一週 (week)，體重 (weight) 就增加 6.2098 單位 (p<.05)。

Step 2　實驗組 1：Bayesian 混合模型

　　將上述「mixed weight week || id:」之前面，加上 bayes 前置詞，就是 Bayesian 混合模型。我們還界定貝葉斯的 melabel 選項，以便將輸出表中的模型參數標記為混合。

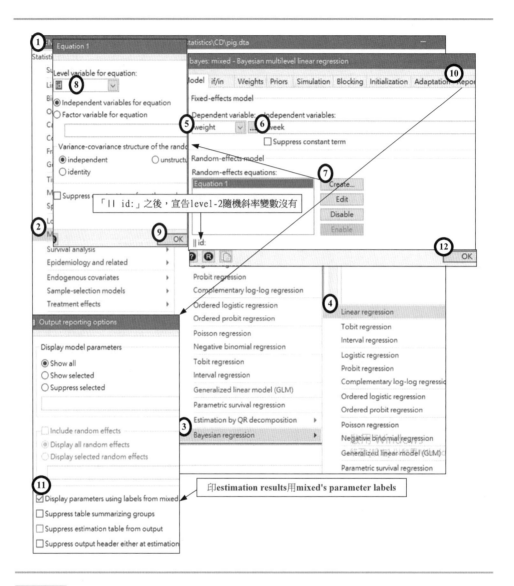

圖 11-7　「bayes, melabel：mixed weight week ‖ id：」畫面

註：Statistics > Multilevel mixed-effects models > Bayesian regression > Linear regression

```
* 開啟資料檔
. webuse pig.dta
. set seed 15
```

*下式「mixed…‖ id」區間為混合模型：「‖ id:」之後，宣告 level-2 隨機斜率變數沒有。
* 印 estimation results 用 mixed's parameter labels 且 compute log marginal
likelihood on replay
. bayes, melabel: mixed weight week ‖ id:

note: Gibbs sampling is used for regression coefficients and variance components

Burn-in 2500 aaaaaaaaa1000aaaaaaaaa2000aaaaa done
Simulation
10000 ....1000.........2000.........3000.........4000.........5000.........
> 6000.........7000.........8000.........9000.........10000 done

```
Bayesian multilevel regression          MCMC iterations  =   12,500
Metropolis-Hastings and Gibbs sampling   Burn-in          =    2,500
                                         MCMC sample size =   10,000
Group variable: id                       Number of groups =       48

                                         Obs per group:
                                                        min =        9
                                                        avg =      9.0
                                                        max =        9


                                         Number of obs    =        2
                                         Acceptance rate  =     8112
                                         Efficiency:  min =   007005
                                                      avg =    .5064
Log marginal likelihood                              max =        1
```

             | Equal-tailed
             | Mean   Std. Dev.   MCSE   Median [95% Cred. Interval]
-------------+--
weight | 後驗均數 後驗標準差 MC 標準誤 後驗中位數   Equal-tailed
        week | 6.209734   .0390718   .000391   6.209354   6.133233 6.285611
       _cons | 19.46511   .6239712   .07455   19.48275   18.2534 20.67396
-------------+--
id |
   var(_cons)| 15.7247   3.436893   .049048   15.26104   10.31182 23.60471
-------------+--

```
var(Residual)|  4.411155   .3193582    .004397   4.396044   3.834341 5.080979
-------------------------------------------------------------------------
Note: Default priors are used for model parameters.
```

1. 後驗均值和後標準差的估計與 ML 估計和混合的標準誤差相似。結果也接近於來自 bayesmh 的結果。

   模擬的平均效率 (Efficiency:) 約為 51%，並且沒有任何即時收斂問題的跡象，但我們應該更徹底地研究收斂。

   由於貝葉斯 multilevel 模型通常比其他命令慢，因此貝葉斯前驗認使用 multilevel 命令顯示 dots，若加 nodots 選項則可不印它們。此外，multilevel 模型中，由於模型的高維度，內定情況下不會為 multilevel 模型計算對數邊際概似。

   在 Results 視窗中 click「output header」中「Log marginal likelihood」時，出現的幫助文件之描述。對於具有少量隨機效果的模型，您可指定 remargl 選項來計算 log marginal likelihood。

   值得一提的是：mixed 是內定的模擬方法 大多數 bayes prefix 命令使用自適應 MH 算法來對模型參數進行採樣。multilevel 模型的高維特性大大降低了該算法的仿真效率。對於 Gaussian multilevel 模型，例如「bayes: mixed」，模型參數可以在某些先驗分布下使用更有效但速度更慢的Gibbs演算法進行採樣。用於迴歸係數和變異數成分的內定先驗，允許 bayes prefix 使用 mixed 命令，對這些參數使用 Gibbs 採樣。如果更改某些參數的先前分布或內定 blocking 結構，則可能無法對這些參數使用 Gibbs 採樣，而是使用自適應 MH 採樣 (adaptive MH sampling)。

[Step 3] **實驗組 2：Random-intercept 模型，內定報表 (default output)**

   如 **Step 2**，若加選項 melabel 在「bayes: mixed」指令中，係故意壓制「bayes: mixed」的一些基本輸出。如果沒有指定 melabel，我們會看到這一點。

```
. bayes

Multilevel structure
-------------------------------------------------------------------------
id
```

```
    {U0}: random intercepts
--------------------------------------------------------------------------

Model summary
--------------------------------------------------------------------------

Likelihood: 依變數 weight 符合 ~ normal(xb_weight,{e.weight:sigma2})
  weight ~ normal(xb_weight,{e.weight:sigma2})

Priors: 自變數 week _cons，二者先驗符合 ~ normal(0,10000)
  {weight:week _cons} ~ normal(0,10000)                           (1)
            {U0} ~ normal(0,{U0:sigma2})                          (1)
  {e.weight:sigma2} ~ igamma(.01,.01)

Hyperprior:
  {U0:sigma2} ~ igamma(.01,.01)
--------------------------------------------------------------------------
(1) Parameters are elements of the linear form xb_weight.

Bayesian multilevel regression          MCMC iterations  =   12,500
Metropolis-Hastings and Gibbs sampling  Burn-in          =    2,500
                                        MCMC sample size =    0,000
Group variable: id                      Number of groups =       48

                                        Obs per group:
                                                  min =          9
                                                  avg =        9.0
                                                  max =

                                        Number of obs   =        432
                                        Acceptance rate =      .8109
                                        Efficiency:  min =    .005434
                                                     avg =      .5119
Log marginal likelihood                          max =


------------------------------------------------------------------------
           |                                    Equal-tailed
           |    Mean   Std. Dev.    MCSE    Median [95% Cred. Interval]
-----------+------------------------------------------------------------
weight     |
```

```
        week |   6.210531    .0391424    .000391    6.210261    6.134087   6.287386
        _cons |   19.24563    .5925664    .080384    19.23492    18.09605   20.38451
-------------+--------------------------------------------------------------------
id           |
    U0:sigma2 |   15.77426    3.483089    .048008    15.34558    10.33395   23.79888
-------------+--------------------------------------------------------------------
e.weight     |
       sigma2 |   4.417463    .3213455    .004475    4.405301    3.818629   5.086975
-------------+--------------------------------------------------------------------
Note: Default priors are used for model parameters.
```

可見，multilevel 模型之內定輸出，除了描述概似模型和先驗分布的模型摘要之外，bayes prefix 還顯示模型的 multilevel 結構的資訊，如下：

```
Multilevel structure
--------------------------------------------------------------------
id
    {U0}: random intercepts
--------------------------------------------------------------------
```

本例，multilevel 模型有一組隨機效果，標記為 {U0}，表示 id 級別的隨機截距。回想一下，在貝葉斯模型中，隨機效果沒有被整合出來，而是與其他模型參數一起估算。因此，{U0} 或使用其全名 {U0[id]} 表示我們模型中的 random effects 參數。

```
Model summary
--------------------------------------------------------------------
Likelihood: 依變數 weight 符合 ~ normal(xb_weight,{e.weight:sigma2})
  weight ~ normal(xb_weight,{e.weight:sigma2})

Priors: 自變數 week _cons，二者先驗符合 ~ normal(0,10000)
  {weight:week _cons} ~ normal(0,10000)                              (1)
             {U0} ~ normal(0,{U0:sigma2})                            (1)
  {e.weight:sigma2} ~ igamma(.01,.01)

Hyperprior:
  {U0:sigma2} ~ igamma(.01,.01)
```

根據上面的模型總結，模型的可能性是常態線性迴歸，線性預測器包含迴歸參數 {weight：week}、{weight：cons} 和隨機效果參數 {U0}，誤差變異數標記爲 {e.weight：sigma2}。

迴歸係數 {weight：week} 和 {weight：cons} 具有內定的常態先驗，零均值和變異數爲 10,000。隨機截距 {U0} 通常以均值 0 分布和變異數 {U0：sigma2}。變異數成分，誤差變異數 {e.weight：sigma2} 和隨機截距變異數 {U0：sigma2} 具有內定的反伽瑪先驗：InvGamma（0.01,0.01）。隨機截距變異數是模型中的超參數。

熟悉 bayes prefix 的原始參數名稱對於先前的界定和稍後的後期估計都是重要的。提供 melabel 選項，以便更容易地比較 bayes prefix 和相應的 frequencyist multilevel 命令之間的結果。

Step 4　**實驗組 3：Random-coefficient 模型**

繼續本例，讓我們考慮一個隨機係數模型，它允許豬的增長率不同。遵循 mixed 界定，在隨機效果方程中指定 week 變數，在 id 級別包括 week 的隨機斜率。

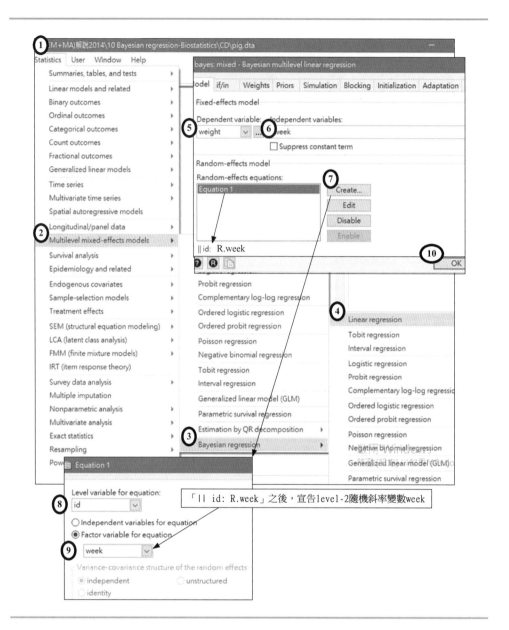

圖 11-8 「bayes：mixed weight week ‖ id：week」畫面

註：Statistics > Multilevel mixed-effects models > Bayesian regression > Linear regression

```
* 開啟資料檔
. webuse pig.dta
. set seed 15
```

*「mixed…|| id」區間為混合模型：「|| id: week」之後，宣告 level-2 隨機斜率變數 week
. bayes: mixed weight week || id: week

note: Gibbs sampling is used for regression coefficients and variance components

Burn-in 2500 aaaaaaaaa1000aaaaaaaaa2000aaaaa done
Simulation
10000 ....1000.........2000.........3000.........4000.........5000.........
> 6000.........7000.........8000.........9000.........10000 done

Multilevel structure
----
id
    {U0}: random intercepts
    {U1}: random coefficients for week

Model summary

Likelihood: 依變數的概似分布
  weight ~ normal(xb_weight,{e.weight:sigma2})

Priors: 自變數及截距的先驗分布
  {weight:week _cons} ~ normal(0,10000)   (1)
              {U0} ~ normal(0,{U0:sigma2})   (1)
              {U1} ~ normal(0,{U1:sigma2})   (1)
    {e.weight:sigma2} ~ igamma(.01,.01)

Hyperpriors: 隨機效果的超先驗分布
  {U0:sigma2} ~ igamma(.01,.01)
  {U1:sigma2} ~ igamma(.01,.01)
----
(1) Parameters are elements of the linear form xb_weight.

Bayesian multilevel regression   MCMC iterations =   12,500
Metropolis-Hastings and Gibbs sampling   Burn-in   =   2,500
                                            MCMC sample size =   10,000
Group variable: id   Number of groups =   48

```
                                        Obs per group:
                                            min =            9
                                            avg =          9.0
                                            max =            9

                                        Number of obs    =      432
                                        Acceptance rate  =    .7473
                                        Efficiency:  min =   .003057
                                                     avg =   .07487
Log marginal likelihood                              max =    .1503
```

	後驗均數 Mean	後驗標準差 Std. Dev.	MC 標準誤 MCSE	後驗中位數 Median	Equal-tailed [95% Cred. Interval]	
weight						
week	6.233977	.0801192	.01449	6.237648	6.05268	6.387741
_cons	19.44135	.3426786	.044377	19.44532	18.76211	20.11843
id						
U0:sigma2	7.055525	1.649394	.050935	6.844225	4.466329	10.91587
U1:sigma2	.3941786	.0901945	.002717	.3825387	.2526756	6044887
e.weight						
sigma2	1.613775	.1261213	.003254	1.609296	1.386427	1.880891

Note: Default priors are used for model parameters.
Note: There is a high autocorrelation after 500 lags.

　　除了隨機截距 {{U0} 之外，本例亦有 week 的隨機係數，標記為 {U1}，具有相應的變異數參數 {U1:sigma2}。與 **Step 3** 隨機截距模型相比，捕獲 week 斜率的變化，我們減少了誤差變異數和隨機截距變異數的估計。

　　隨機斜率的平均模擬效率 (Efficiency) 降低到僅 7%。上表最後一行印出 500 lags 後就有高的相關。例如：若使用「bayesgraph diagnostics」來驗證此例中的高的相關不是非收斂的指標，而是 MCMC 樣本的緩慢混合。

　　如果使用「bayesstats ess」，將看到權重係數和常數項具有最低效率，表示這些參數可能與某些隨機效果估計值相關。如果想要減少自相關並提高這些參

數的估計精度，我們可指定 mcmcsize() 選項來增加 MCMC 樣本大小，或者通過指定 thinning() 選項來細化 MCMC chain。

Step 5 **實驗組 4：Random-coefficient 模型，unstructured covariance(自變數與截距無相關)**

承本例之資料檔 pig.dta，假設隨機截距 {U0} 及 week 隨機斜率 {U1} 之間存在獨立性。故指定非結構化 covariance 矩陣來放鬆這個假定。在進行估算之前，首先通過指定 dryrun 選項來查看我們的模型摘要。

```
* 開啟資料檔
. webuse pig.dta
. set seed 15

*「mixed…|| id」區間為混合模型：「|| id: week」之後，宣告 level-2 隨機斜率變數 week
. bayes, dryrun: mixed weight week || id: week, covariance(unstructured)

Multilevel structure
-------------------------------------------------------------------------------
id
    {U0}: random intercepts（是隨機截距）
    {U1}: random coefficients for week（自變數是隨機斜率）
-------------------------------------------------------------------------------


Model summary
-------------------------------------------------------------------------------
Likelihood:
  weight ~ normal(xb_weight,{e.weight:sigma2})

Priors:
  {weight:week _cons} ~ normal(0,10000)                                      (1)
            {U0}{U1} ~ mvnormal(2,{U:Sigma,m})                              (1)
    {e.weight:sigma2} ~ igamma(.01,.01)

Hyperprior:
  {U:Sigma,m} ~ iwishart(2,3,I(2))
-------------------------------------------------------------------------------
(1) Parameters are elements of the linear form xb_weight.
```

相反地，假如隨機效應 {U0} 和 {U1} 的先驗分布不再是獨立，它們具有聯合先驗：a bivariate normal distribution with covariance matrix parameter {U:Sigma,m}，{U:Sigma,m} 是 {U:Sigma,matrix} 的縮寫。隨機效果存根 U 用於標記共變數矩陣。covariance 矩陣 {U:Sigma,m} 被賦予相當無信息的 inverse-Wishart 先驗，具有三個自由度和一個單位矩陣 (identity scale matrix)。

但為了簡潔起見，下面之適配模型，用 nomodelsummary 來壓縮模型摘要。

```
* 開啟資料檔
. webuse pig.dta
. set seed 15
. bayes, nomodelsummary: mixed weight week || id: week, covariance(unstructured)

note: Gibbs sampling is used for regression coefficients and variance components

Burn-in 2500 aaaaaaaaa1000aaaaaaaaa2000aaaaa done
Simulation
10000 .........1000.........2000.........3000.........4000.........5000.........
> 6000.........7000.........8000.........9000.........10000 done


Multilevel structure
-------------------------------------------------------------------
id
    {U0}: random intercepts
    {U1}: random coefficients for week
-------------------------------------------------------------------


Bayesian multilevel regression              MCMC iterations   =    12,500
Metropolis-Hastings and Gibbs sampling      Burn-in           =     2,500
                                            MCMC sample size  =    10,000
Group variable: id                          Number of groups  =        48

                                            Obs per group:
                                                        min  =         9
                                                        avg  =       9.0
                                                        max  =         9

                                            Number of obs     =       432
```

```
                                            Acceptance rate  =      .7009
                                            Efficiency:  min =    .003683
                                                         avg =     .07461
Log marginal likelihood                                  max =      .1602
```

```
--------------------------------------------------------------------------
             |   後驗均數   後驗標準差   MC 標準誤   後驗中位數   Equal-tailed
             |    Mean    Std. Dev.     MCSE     Median [95% Cred. Interval]
-------------+------------------------------------------------------------
weight       |
        week |  6.207086   .0878022   .014469   6.204974   6.041093  6.384891
       _cons |  19.39551   .4077822   .050353   19.40187   18.53869   20.1993
-------------+------------------------------------------------------------
id           |
 U:Sigma_1_1 |  6.872161   1.627769   .061568   6.673481   4.282284  10.62194
 U:Sigma_2_1 | -.0866373   .2702822   .009861  -.0796118   -.645439  4341423
 U:Sigma_2_2 |   .399525   .0904532   .002488   .3885861   .2575883  .6104775
-------------+------------------------------------------------------------
e.weight     |
      sigma2 |  1.611889   .1263131   .003155   1.605368   1.381651  1.872563
--------------------------------------------------------------------------
-
Note: Default priors are used for model parameters.
Note: There is a high autocorrelation after 500 lags.
```

　　{U0} 和 {U1} 之間共變數的 95% 可信區間，標記為 U:Sigma_2_1 =[-.65, .43]，因含 0 值，表示 {U0} 和 {U1} 之間是獨立的。

計數 (count) 模型、
Zero-Inflated 模型
(bayes: tpoisson、baye:
zinb 指令)

作者《有限混合模型 (FMM)：STaTa 分析 (以 EM algorithm 做潛在分類再迴歸分析)》一書，該書內容包括：〈FMM：線性迴歸〉、〈FMM：次序迴歸〉、〈FMM：Logit 迴歸〉、〈FMM：多項 Logit 迴歸〉、〈FMM：零膨脹迴歸〉、〈FMM：參數型存活迴歸〉……等理論與實作。

《邏輯斯迴歸及離散選擇模型：應用 STaTa 統計》一書，該書內容包括：〈邏輯斯迴歸、vs. 多元邏輯斯迴歸〉、〈配對資料的條件 Logistic 迴歸分析〉、〈Multinomial Logistic Regression、〈特定方案 Rank-ordered logistic 迴歸〉、〈零膨脹 ordered probit regression 迴歸〉、〈配對資料的條件邏輯斯迴歸〉、〈特定方案 conditional logit model〉、〈離散選擇模型〉、〈多層次邏輯斯迴歸〉……。

請參考前文【Chapter 05】之【一、「bayes: 某迴歸」指令】

12-1 傳統原理：Count 依變數：Zero-Inflated Poisson 迴歸 vs. negative binomial 迴歸

Zero-Inflated 迴歸的應用例子，包括：

1. 調整產險資料之過度分散。
2. 影響糖尿病、高血壓短期發生的相關危險因子探討。
3. 大臺北地區小客車肇事影響因素之研究。
4. 房屋貸款違約與提前清償風險因素之研究。
5. 從專利資訊探討廠商專利品質之決定因素。
6. 產險異質性—案例分析。
7. 應用零值膨脹卜瓦松模型於高品質製程管制圖之研究。
8. 智慧資本、專利品質與知識外溢：臺灣半導體產業之實證分析。
9. Zero-Inflated Poisson 分配下計數值管制圖之經濟性設計。
10. 臺灣地區自殺企圖者之重複自殺企圖次數統計模型探討。
11. 應用技術模型分析機車肇事行為。
12. 平交道風險因素分析與其應用。
13. 過多零事件之成對伯努利資料在不同模型下比較之研究。

Counts 迴歸之 STaTa 指令

STaTa 指令	Counts 迴歸	選擇表之操作
expoisson	Exact Poisson 迴歸	Statistics > Exact statistics > Exact Poisson regression
nbreg gnbreg	Negative binomial 迴歸	**nbreg** Statistics > Count outcomes > Negative binomial regression **gnbreg** Statistics > Count outcomes > Generalized negative binomial regression
poisson	Poisson 迴歸	Statistics > Count outcomes > Poisson regression
tnbreg	Truncated negative binomial 迴歸	Statistics > Count outcomes > Truncated negative binomial regression
tpoisson	Truncated Poisson 迴歸	Statistics > Count outcomes > Truncated Poisson regression
zinb	Zero-Inflated negative binomial 迴歸	Statistics > Count outcomes > Zero-Inflated negative binomial regression
zip	Zero-Inflated Poisson 迴歸	Statistics > Count outcomes > Zero-Inflated Poisson regression
ztnb	Zero-truncated negative binomial 迴歸	Statistics > Count outcomes > Zero-truncated negative binomial regression
ztp	Zero-truncated Poisson 迴歸	Statistics > Count outcomes > Zero-truncated Poisson regression
xtmepoisson	Multilevel (多層次) mixed-effects Poisson 迴歸	Statistics > Longitudinal/panel data > Multilevel mixed-effects models > Mixed-effects Poisson regression

離散資料，這種非連續資料要改用 Poisson 分配、負二項 (negative binomial) 分配。

12-1-1 Poisson 分配

$$p(x; \lambda, t) = \Pr[X = x] = \frac{(\lambda t)^x e^{-\lambda t}}{x!} \quad x = 0, 1, 2, \ldots$$

P：表示機率集結函數

X：卜瓦松機率事件可能次數之機率

λ：事件平均發生率

t：時間或空間區段數

一、Poisson 分配之公式推導

在任何一本統計學的書，我們可以看到 Poisson 分配的公式爲

$$P(X=x) = \frac{e^{-\lambda} \cdot \lambda^x}{x!}$$

公式如何來的呢？

我們可將 Poisson 分配視爲二項分配的極限狀況，我們知道二項分配的機率分配公式：

$P(X=x) = C_x^n p^x (1-p)^{n-x}$

$\lambda = np$ 　　　機率 p 極小，n 極大

$p = \dfrac{\lambda}{n}$

$$\begin{aligned}
P(X=x) &= \lim_{n \to \infty} C_x^n p^x (1-p)^{n-x} \\
&= \lim_{n \to \infty} \frac{n(n-1)(n-2)\cdots 3 \cdot 2 \cdot 1}{x!(n-x)!} \left(\frac{\lambda}{n}\right)^2 \left(1-\frac{\lambda}{n}\right)^{n-x} \\
&= \lim_{n \to \infty} \frac{n(n-1)(n-2)\cdots(n-x+1)}{x!} \left(\frac{\lambda^x}{n^x}\right)\left(1-\frac{\lambda}{n}\right)^{n-x} \\
&= \frac{\lambda^x}{x!} \lim_{n \to \infty} \frac{n(n-1)(n-2)\cdots(n-x+1)}{n^x} \left(1-\frac{\lambda}{n}\right)^{n-x} \\
&= \frac{\lambda^x}{x!} \lim_{n \to \infty} \underbrace{\frac{n(n-1)(n-2)\cdots(n-x+1)}{n \cdot n \cdots\cdots\cdots\cdots \cdot n \cdot n}}_{x} \left(1-\frac{\lambda}{n}\right)^{n} \cdot \left(1-\frac{\lambda}{n}\right)^{-x}
\end{aligned}$$

$\therefore \underbrace{\dfrac{n(n-1)(n-2)\cdots(n-x+1)}{n \cdot n \cdots\cdots\cdots\cdots\cdots \cdot n \cdot n}}_{x} \to 1$

$\left(1-\dfrac{\lambda}{n}\right)^{n} \to e^{-\lambda}$

$\left(1-\dfrac{\lambda}{n}\right)^{-x} \to 1$

二、Poisson 迴歸分析之事後檢定

Poisson 迴歸分析之後，才可執行下列事後檢定，如下：

STaTa 指令	說明
contrast	contrasts and ANOVA-style joint tests of estimates
estat ic	Akaike's and Schwarz's Bayesian information criteria (AIC and BIC)
estat summarize	summary statistics for the estimation sample
estat vce	variance-covariance matrix of the estimators (VCE)
estat (svy)	postestimation statistics for survey data
estimates	cataloging estimation results
(1) forecast	dynamic forecasts and simulations
lincom	point estimates, standard errors, testing, and inference for linear combinations of coefficients
linktest	link test for model specification
(2) lrtest	likelihood-ratio test
margins	marginal means, predictive margins, marginal effects, and average marginal effects
marginsplot	graph the results from margins (profile plots, interaction plots, etc.)
nlcom	point estimates, standard errors, testing, and inference for nonlinear combinations of coefficients
predict	predictions, residuals, influence statistics, and other diagnostic measures
predictnl	point estimates, standard errors, testing, and inference for generalized predictions
pwcompare	pairwise comparisons of estimates
suest	seemingly unrelated estimation
test	Wald tests of simple and composite linear hypotheses
testnl	Wald tests of nonlinear hypotheses

(1) forecast is not appropriate with mi or svy estimation results.
(2) lrtest is not appropriate with svy estimation results.

單位時間內「事件發生次數」的分配為卜瓦松分配 (Poisson distribution)。由法國數學家 Poisson 於 1838 年提出，是統計與機率學裡常見到的離散機率分配。

三、Poisson 的應用

在醫學、公共衛生及流行病學研究領域中，除了常用邏輯斯 (logistic regression) 及線性迴歸 (linear regression) 模型外，Poisson 迴歸模型也常應用在

各類計數資料 (count data) 的模型建立上，例如估計疾病死亡率或發生率、細菌或病毒的菌落數及了解與其他相關危險因子之間的關係等，然而這些模型都是廣義線性模型 (generalized linear models) 的特殊情形。

Poisson 分布主要用於描述在單位時間 (空間) 中稀有事件的發生數。即需滿足以下四個條件：

1. 給定區域內的特定事件產生的次數，可以是根據時間、長度、面積來定義。

2. 各段相等區域內的特定事件產生的概率是一樣的。

3. 各區域內，事件發生的概率是相互獨立的。

4. 當給定區域變得非常小時，兩次以上事件發生的概率趨向於 0。例如：

   (1) 放射性物質在單位時間內的放射次數；

   (2) 在單位容積充分搖勻的水中的細菌數；

   (3) 野外單位空間中的某種昆蟲數等。

   Poisson 迴歸之應用例子，包括：

1. 領導校長型態 = 三總主任 (教務、訓導、總務) ＋學校威望＋年齡＋工作年數＋企圖心＋結婚與否

2. 個體意圖自殺次數 = 課業壓力＋家庭＋經濟＋社會＋感情＋年齡

3. 社會經濟地位 (高中低) = 收入＋支出＋職業＋理財＋小孩＋城市人口 %

4. 生小孩數目 = 職業＋收入＋外籍配偶＋年齡＋城鄉＋富爸爸＋畢業學校聲望

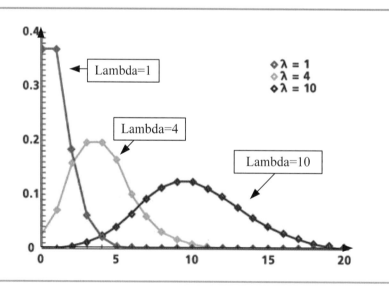

圖 12-1 Poisson 分配

四、Poisson 分配

卜瓦松分配 (Poisson Distribution)

請參考前文【2-3】之【7. 卜瓦松 (Poisson) 分布：離散型】

五、Poisson 分布的性質

1. Poisson 分布的均數與變異數相等，即 $\sigma^2 = m$。

2. Poisson 分布係可加性

   如果 $X_1, X_2, ..., X_k$ 相互獨立，且它們分別服從以 $\mu_1, \mu_2, ..., \mu_k$ 為參數的 Poisson 分布，則 $T = X_1 + X_2 + ... + X_k$ 也服從 Poisson 分布，其參數為 $\mu_1 + \mu_2 + ... + \mu_k$。

3. Poisson 分布的常態近似

   m 相當大時，近似服從常態分布：N(m, m)

4. 二項分布與 Poisson 分布非常近似

   設 $X_i \sim B (n_i \pi_i)$，則當 $n_i \to \infty$，π_i 很小，且 $n_i \pi_i = \mu$ 保持不變時，可以證明 X_i 的極限分布是以 μ 為參數的 Poisson 分布。

六、廣義 Poisson 分配

> **定義：Equi-dispersion、Over-dispersion、Under-dispersion**
>
> 在統計學上，過度分散 (overdispersion) 是數據集中存在更大的變異性 (統計離差 dispersion)，而不是根據給定的統計模型預期的。
>
> 應用統計中的一個常見任務是選擇一個參數模型來適配一組給定的經驗觀察值。此時你就需要評估所選模型的適用性。通常可以選擇模型參數，使得模型的理論總體平均值近似等於樣本平均值。但是，對於參數較少的簡單模型，理論預測可能與高 moments 的經驗觀測值不匹配。當觀察到的變異數高於理論模型的變異數時，就發生過度分散。相反，分散不足 (underdispersion) 意味著數據的變化性少於 (less variation) 預期。
>
> 過度分散是應用數據分析中的一個非常普遍的特徵，因為在實務中，母群經常是異質 heterogeneous(非均勻的 non-uniform)，它常違反常用的簡單參數模型中隱含假定 (assumptions)。

為因應 Poisson 分配必須假定 (assumption) 在母體為可數的 (Equi-dispersion) 狀況下才能使用，Consul 和 Jain 於 1970 年首先提出廣義卜瓦松分配 (Generalized

Poisson Distribution) 來處理資料中過度分散 (Over-dispersion) 及不足分散 (Under-dispersion) 的情形。

令 Y 為單位時間內事件的發生次數，並且假設 Y 是一組服從廣義卜瓦松分配 GPoi(λ, α) 的隨機變數，其值為非負整數，則其機率密度函數為

$$P_r(Y = y) = \frac{1}{y!}\left(\frac{\lambda}{1 + \alpha\lambda}\right)^y (1 + \alpha y)^{y-1} \exp\left(-\frac{\lambda(1 + \alpha y)}{1 + \alpha\lambda}\right), y = 0, 1, 2, \cdots, \lambda > 0$$

其中

λ 為單位時間內事件發生的平均次數，當 λ 越大，其機率密度函數圖形有越平緩及眾數越往右移的狀況。

α 為散布參數 (Dispersion parameter)，當 α 越大，其機率密度函數圖形之散布程度越廣。

期望值及變異數分別為

$$E(Y) = \lambda, \ \text{Var}(Y) = \lambda(1 + \beta\lambda)^2$$

可看出

1. 當 $\alpha = 0$ 時，即 Equi-dispersion 狀況。
2. 當 $\alpha > 0$ 時，即 Over-dispersion 狀況。
3. 當 $\alpha < 0$ 時，即 Under-dispersion 狀況，也就是變異數小於平均數的情況，不過此機率密度函數只有在

$$1 + \alpha\lambda > 0 \text{ 且 } 1 + \alpha y > 0$$

才能成立。

當我們觀測到的是 t 個單位時間內事件發生的次數 μ 時，令 Y 為 t 個單位時間內事件的發生次數時，其機率密度函數為：

$$P_r(Y = y) = \frac{1}{y!}\left(\frac{\mu}{1 + \alpha\mu}\right)^y (1 + \alpha y)^{y-1} \exp\left(-\frac{\mu(1 + \alpha y)}{1 + \alpha\mu}\right)$$

$$= \frac{1}{y!}\left(\frac{\lambda t}{1 + \alpha\lambda t}\right)^y (1 + \alpha y)^{y-1} \exp\left(-\frac{\lambda t(1 + \alpha y)}{1 + \alpha\lambda t}\right), y = 0, 1, 2, \cdots, \lambda > 0$$

廣義 Poisson 分配可處理 Equi-、Over- 或是 Under-dispersion 的情況，使用上較 Poisson 分配及負二項分配來得更具彈性。

12-1-2 負二項分配 (Negative Binomial Distribution)

一、負二項分配

定義：在二項試驗中，若隨機變數 X 表示自試驗開始至第 r 次成功爲止之試驗，則稱 X 爲負二項隨機變數。設 p 爲每次成功之機率，則 X 之 pdf 爲

$$f(x) = \begin{cases} \binom{x-1}{r-1} p^r q^{x-r} &, \quad x = r, r+1, \ldots \\ 0 &, \quad 其他 \end{cases}$$

當 r = 1 時，$f(x) = pq^{x-1}$，x = 1, 2, 3 ...，稱爲幾何分配。

二、binomial 分配 vs. Poisson 分配

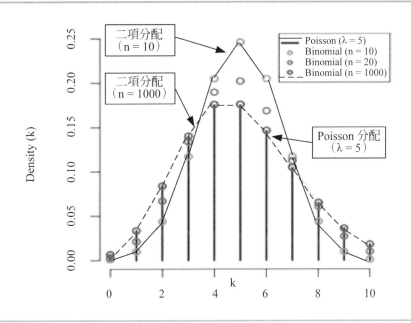

圖 12-2 binomial 分配 vs. Poisson 分配

binomial 分配 vs. Poisson 分配二者的關係爲：

$$F_{\text{Binomial}}(k; n, p) \approx F_{\text{Poisson}}(k; \lambda = np)$$

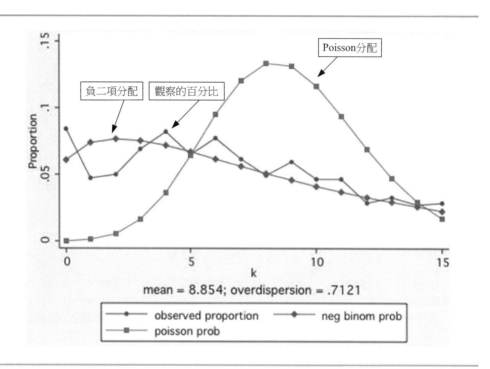

圖 12-3 負二項分配 vs. Poisson 分配

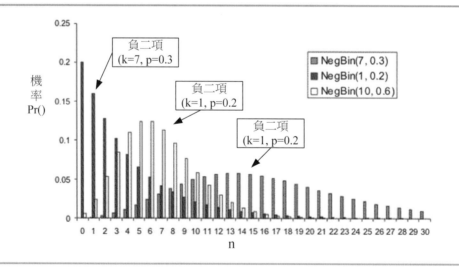

圖 12-4 負二項分配 (k,n,p) 三參數

12-1-3 零膨脹 (Zero-Inflated)Poisson 分配

一、Zero-Inflated 分配

在實際應用領域中的計數型態資料，常常有「零」值個案特別多的狀況，例如：在車禍意外研究中，未曾發生車禍之個案約爲 47%，較其他值爲多。在流行病學研究中，在針對各國的癌症登記資料檔進行標準化死亡率 (Standardized Mortality Ratio) 分析時，最大的特色是許多地區完全沒有惡性腫瘤的紀錄，以惡性腫瘤與白血病爲例，分別約有 61% 與 79% 的地區呈現「零」個案的狀況 (Böhning, 1998)。由於高比例的「零」值導致許多資料在使用 Poisson 模型進行適配分析時，呈現適配不佳的情形，許多學者因此致力於此種資料型態模型適配的研究，而 Zero-Inflated 迴歸分配便應運而生。

爲了處理「高比例零值」的計數型態資料，Mullahy 在 1986 年提出 Zero-inflated 分配 (Zero-Inflated distribution)。

假設 Y 是一組服從 Zero-Inflated 分配的隨機變數，其值爲非負整數，則其機率密度函數爲：

$$g(Y = y) = \begin{cases} \omega + (1 - \omega)\Pr(Y = 0), & y = 0 \\ (1 - \omega)\Pr(Y = y), & y > 0 \end{cases}$$

其中 ω 是一機率值，$\Pr(Y = y)$ 爲計數型態分配之機率密度函數。

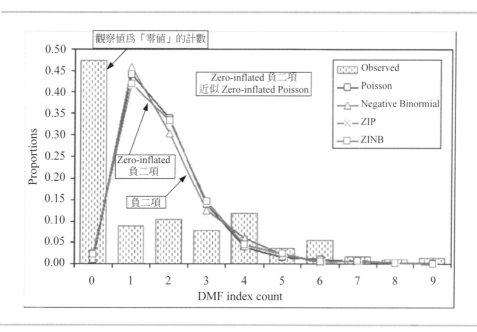

圖 12-5 Zero-Inflated 分配

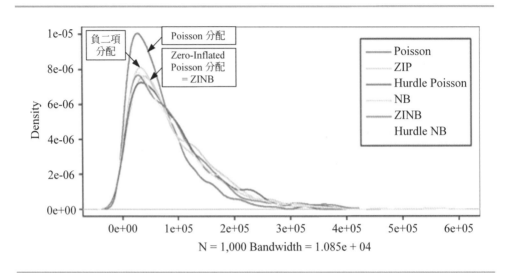

圖 12-6 Poisson 分配及負二項分配在「有 vs. 無」Zero-Inflated 之分配比較

二、Zero-Inflated 卜瓦松分配

Lambert 在 1992 年提出 Zero-Inflated 卜瓦松分配 (Zero-Inflated Poisson distribution, ZIP)，並且應用在品質管理上，隨後便有許多學者紛紛引用此篇文章作為迴歸模型分析之用。

針對「高比例零值」的計數型資料型態，Zero-Inflated Poisson 分配的想法是既然資料「零值」的比例較卜瓦松分配為高，於是便利用 Poisson 分配與「零」點的機率合成為一個混合模型 (Mixture Model)。因此 Zero-Inflated Poisson 隨機變數是由兩個部分組成，分別是一 Poisson 分配和一「零值」發生機率為 ω 的伯努利分配 (Bernoulli distribution)。

可知「零值」比例的來源，除了 Poisson 分配為零的機率還多加了伯努利分配中「零值」的機率 ω，如此一來，「零值」比例也因為 ω 的加入而提高許多，解決 Poisson 分配在適配「零值」比例過高的資料所出現的估計誤差，所以當計數型資料存在過多「零值」時，一般傾向使用 Zero-Inflated Poisson 分配來作為適配。

當我們觀測到的是 t 個單位時間內事件發生的次數 μ 時，令 Y 為 t 個單位時間內事件的發生次數時，其機率密度函數為：

$$P_r(Y = y) = \begin{cases} \omega + (1-\omega)e^{-\mu}, & y = 0 \\ (1-\omega)\dfrac{\mu^y e^{-\mu}}{y!}, & y > 0 \end{cases} \quad , \mu > 0$$

$$= \begin{cases} \omega + (1-\omega)e^{-\lambda t}, & y = 0 \\ (1-\omega)\dfrac{(\lambda t)^y e^{-\lambda t}}{y!}, & y > 0 \end{cases} \quad , \lambda > 0$$

就 Zero-Inflated 分配最原始的想法來看，ZIPoi(λ, ω) 還是必須服從以下假定 (assumption)：

1. 依變數「零」值比例較基準分配來得高。

2. 依變數非「零」值的分配必須服從 Zero-truncated 卜瓦松分配 (Zero-truncated Poisson distribution)。

12-2 單層次：Zero-Inflated Poisson 迴歸 vs. 負二項迴歸 (zip、zinb 指令)

Counts 迴歸，也是「Categorical and Limited 依變數之迴歸」之一。

12-2-1 傳統：Zero-Inflated Poisson 迴歸 vs. 負二項迴歸 (zip、zinb 指令)

一、範例 1：Counts 迴歸

(一) 問題說明

為了解博士生發表論文篇數的原因有哪些？

研究者先文獻探討以歸納出，影響「博士生發表論文篇數」的原因，並整理成下表，此「couart2_regression.dta」資料檔之變數如下：

變數名稱	博士生發表論文篇數的原因	編碼 Codes/Values
art	最近三年 PhD 發表論文數	計數 (count) 資料
fem	1. 性別	1=female 0=male
mar	2. 已婚嗎	1=yes 0=no
kid5	3. 小孩數 < 6 嗎？	1=yes 0=no

變數名稱	博士生發表論文篇數的原因	編碼 Codes/Values
phd	4. PhD 學位的聲望 (名校之競爭力)	連續變數
ment	5. 指導教授最近三年之論文數	連續變數

(二) 資料檔之內容

「couart2_regression.dta」資料檔之內容如下圖。

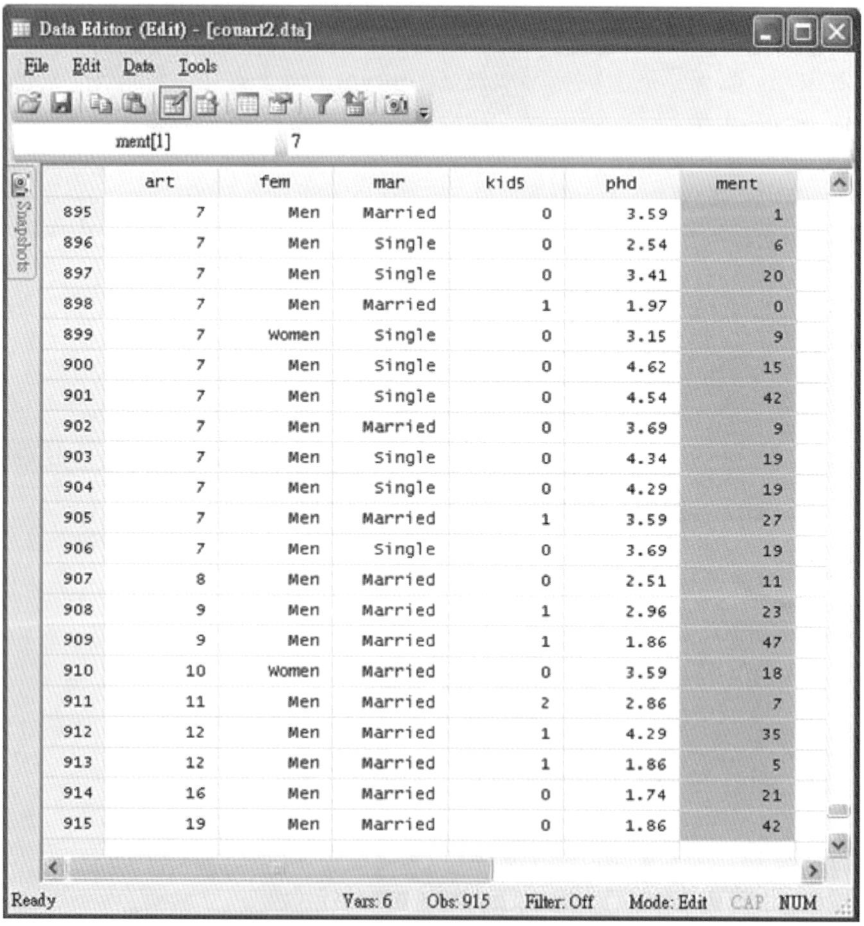

	art	fem	mar	kid5	phd	ment
895	7	Men	Married	0	3.59	1
896	7	Men	Single	0	2.54	6
897	7	Men	Single	0	3.41	20
898	7	Men	Married	1	1.97	0
899	7	Women	Single	0	3.15	9
900	7	Men	Single	0	4.62	15
901	7	Men	Single	0	4.54	42
902	7	Men	Married	0	3.69	9
903	7	Men	Single	0	4.34	19
904	7	Men	Single	0	4.29	19
905	7	Men	Married	1	3.59	27
906	7	Men	Single	0	3.69	19
907	8	Men	Married	0	2.51	11
908	9	Men	Married	1	2.96	23
909	9	Men	Married	1	1.86	47
910	10	Women	Married	0	3.59	18
911	11	Men	Married	2	2.86	7
912	12	Men	Married	1	4.29	35
913	12	Men	Married	1	1.86	5
914	16	Men	Married	0	1.74	21
915	19	Men	Married	0	1.86	42

圖 12-7 「couart2_regression.dta」資料檔 (N= 915, 6 variables)

(三) count 迴歸之選擇表操作

```
    Statistics > Count outcomes > Poisson regression
nbreg
    Statistics > Count outcomes > Negative binomial regression
gnbreg
    Statistics > Count outcomes > Generalized negative binomial regression
```

(四) 分析結果與討論

Step 1　繪 Poisson 分配之機率圖

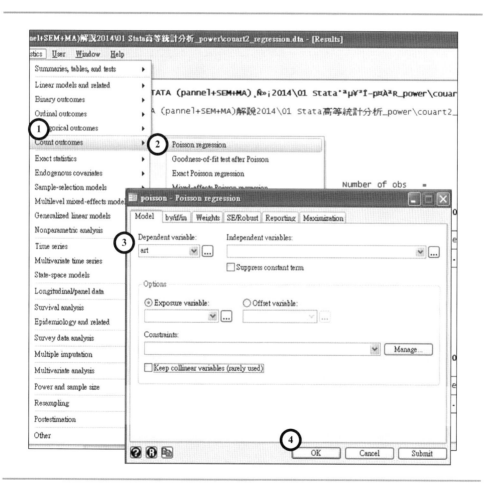

圖 12-8　Poisson regression 之選擇表操作

```
* 存在「couart2_regression.do」指令檔
. use couart2_regression.dta
. poisson art

Iteration 0:    log likelihood = -1742.5735
Iteration 1:    log likelihood = -1742.5735

Poisson regression                      Number of obs    =      915
                                        LR chi2(0)       =     0.00
                                        Prob > chi2      =        .
Log likelihood = -1742.5735             Pseudo R2        =   0.0000

------------------------------------------------------------------------
      art |     Coef.   Std. Err.      z    P>|z|    [95% Conf. Interval]
----------+-------------------------------------------------------------
    _cons |   .5264408   .0254082    20.72   0.000    .4766416    .57624
------------------------------------------------------------------------
```

　　Poisson 迴歸分析，得標準化分數 Z=20.72, p<0.05，達顯著水準，顯示 915 名博士生發表論文「不同篇數 k」之間的機率是符合 Poisson 分析。

　　接著用「prcounts」指令 (它存在 spostado 檔)，來繪 Poisson 分配之機率圖 (如下圖)。

```
* 最近一次 count 迴歸 (poisson, nbreg, zip, zinb. prcounts) 分析之後，用 prcounts
指令計來求
* 從 k=0 到 k=9 之預測比率及勝算機率。預測值暫存至「以 psn 開頭」的變數
. prcounts psn, plot max(9)
* 實際分配
 label var psnobeq "Observed Proportion"

* 用 Poisson 迴歸求得之預測值
 label var psnobeq "Poisson Prediction"

* 用 Poisson 迴歸求得之依變數的計數
 label var psnval "# of articles"

* 繪以上三者之散布圖
 graph twoway (scatter psnobeq psnpreq psnval, connect (l l) xlabel(0(1)9) ytitle
       ("Proba bility"))
```

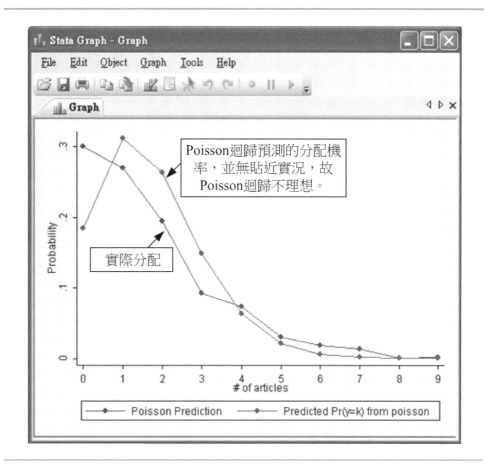

圖 12-9 　繪 Poisson 分配之機率圖

了解各變數之特性

```
* 因為 art 變數非常態分配，故取自然對數，產生新變數 lnart 就呈常態分配，再入
* 線性迴歸
. gen lnart = ln(art + .5)
* 新變數的註解
. label var lnart "Log of (Art + .5)"

* 查詢資料新增出來的變數
. describe

Contains data from J:\couart2_regression.dta
```

```
  obs:           915                  Academic Biochemists / S Long
  vars:           34                  20 Feb 2014 01:47
  size:         114,375 (98.9% of memory free)  (_dta has notes)
----------------------------------------------------------------
------------
               storage  display   value
variable name  type     format    label     variable label
----------------------------------------------------------------
------------
art            byte     %9.0g               最近三年 PhD 發表論文數
fem            byte     %9.0g     sexlbl    性別：1=female 0=male
mar            byte     %9.0g     marlbl    已婚嗎：1=yes 0=no
kid5           byte     %9.0g               小孩數 < 6 嗎
phd            float    %9.0g               PhD 學位的聲望
ment           byte     %9.0g               指導教授最近三年之論文數
psnrate        float    %9.0g               Predicted rate from poisson
psnpr0         float    %9.0g               Pr(y=0) from poisson
psnpr1         float    %9.0g               Pr(y=1) from poisson
psnpr2         float    %9.0g               Pr(y=2) from poisson
psnpr3         float    %9.0g               Pr(y=3) from poisson
psnpr4         float    %9.0g               Pr(y=4) from poisson
psnpr5         float    %9.0g               Pr(y=5) from poisson
psnpr6         float    %9.0g               Pr(y=6) from poisson
psnpr7         float    %9.0g               Pr(y=7) from poisson
psnpr8         float    %9.0g               Pr(y=8) from poisson
psnpr9         float    %9.0g               Pr(y=9) from poisson
psncu0         float    %9.0g               Pr(y=0) from poisson
psncu1         float    %9.0g               Pr(y<=1) from poisson
psncu2         float    %9.0g               Pr(y<=2) from poisson
psncu3         float    %9.0g               Pr(y<=3) from poisson
psncu4         float    %9.0g               Pr(y<=4) from poisson
psncu5         float    %9.0g               Pr(y<=5) from poisson
psncu6         float    %9.0g               Pr(y<=6) from poisson
psncu7         float    %9.0g               Pr(y<=7) from poisson
psncu8         float    %9.0g               Pr(y<=8) from poisson
psncu9         float    %9.0g               Pr(y<=9) from poisson
psnprgt        float    %9.0g               Pr(y>9) from poisson
psnval         float    %9.0g               # of articles
psnobeq        float    %9.0g               Poisson Prediction
```

```
psnpreq          float    %9.0g         Predicted Pr(y=k) from poisson
psnoble          float    %9.0g         Observed Pr(y<=k) from poisson
psnprle          float    %9.0g         Predicted Pr(y<=k) from poisson
lnart            float    %9.0g         Log of (Art + .5)
------------------------------------------------------------------------

Sorted by:  art
    Note:  dataset has changed since last saved
```

* 大致查看一下，各機率值之 Mean, Mix ,MAx

`. summarize`

Variable	Obs	Mean	Std. Dev.	Min	Max
art	915	1.692896	1.926069	0	19
fem	915	.4601093	.4986788	0	1
mar	915	.6622951	.473186	0	1
kid5	915	.495082	.76488	0	3
phd	915	3.103109	.9842491	.755	4.62
ment	915	8.767213	9.483916	0	77
psnrate	915	1.692896	0	1.692896	1.692896
psnpr0	915	.1839859	0	.1839859	.1839859
psnpr1	915	.311469	0	.311469	.311469
psnpr2	915	.2636423	0	.2636423	.2636423
psnpr3	915	.148773	0	.148773	.148773
psnpr4	915	.0629643	0	.0629643	.0629643
psnpr5	915	.0213184	0	.0213184	.0213184
psnpr6	915	.006015	0	.006015	.006015
psnpr7	915	.0014547	0	.0014547	.0014547
psnpr8	915	.0003078	0	.0003078	.0003078
psnpr9	915	.0000579	0	.0000579	.0000579
psncu0	915	.1839859	0	.1839859	.1839859
psncu1	915	.4954549	0	.4954549	.4954549
psncu2	915	.7590972	0	.7590972	.7590972

```
    psncu3 |     915    .9078703              0     .9078703    .9078703
    psncu4 |     915    .9708346              0     .9708346    .9708346
    psncu5 |     915     .992153              0      .992153     .992153
    psncu6 |     915    .9981681              0     .9981681    .9981681
    psncu7 |     915    .9996227              0     .9996227    .9996227
-------------+---------------------------------------------------------------
    psncu8 |     915    .9999305              0     .9999305    .9999305
    psncu9 |     915    .9999884              0     .9999884    .9999884
    psnprgt |     915    .0000116              0     .0000116    .0000116
    psnval |      10         4.5        3.02765            0           9
    psnobeq |     10    .0993443       .1139905    .0010929    .3005464
-------------+---------------------------------------------------------------
    psnpreq |     10    .0999988       .1187734    .0000579     .311469
    psnoble |     10    .8328962       .2308122    .3005464    .9934426
    psnprle |     10    .8307106       .2791442    .1839859    .9999884
     lnart  |     915    .4399161       .8566493   -.6931472    2.970414
```

註：Statistics > Summaries, tables, and tests > Summary and descriptive statistics > Summary statistics

Step 2 先做線性機率迴歸 (當做 count 迴歸之對照組)

```
* 存在「couart2_regression.do」指令檔
. use couart2_regression.dta

* 線性機率迴歸之依變數 art，改用 Ln(art)
* 因為 art 變數非常態分配，故取自然對數，產生新變數 lnart 就呈常態分配，再入
. gen lnart = ln(art + .5)
* 新變數的註解
. label var lnart "Log of (Art + .5)"

* 查詢資料新增出來的變數
. describe

. poisson art

* 外掛指令 prcounts is from spostado，故要「findit prcounts」先安裝它
* prcounts 是以最近一次執行的迴歸參數「poisson art 」來計算
. findit prcounts
. prcounts psn, plot max(9)
```

. label var psnobeq "Observed Proportion"
. label var psnobeq "Poisson Prediction"
. label var psnval "# of articles"
. graph twoway (scatter psnobeq psnpreq psnval, connect (l l) xlabel(0(1)9)
ytitle("機率"))
* prcounts 圖形如下：

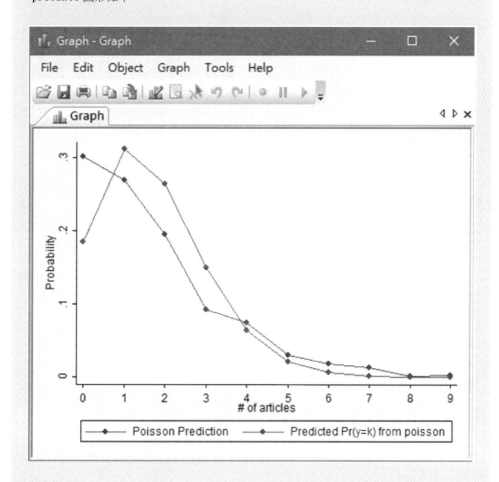

* **線性迴歸**
. quietly reg lnart fem mar kid5 phd ment

* 可用「findit listcoef」指令，來外掛此 ADO命令檔之後，再執行「列出各迴歸係數」
. listcoef

regress (N=915): Unstandardized and Standardized Estimates

```
Observed SD: .8566493
SD of Error: .81457396
```

*	未標準化迴歸係數		顯著性	標準化迴歸係數			
lnart |	b	t	P>|t|	bStdX	bStdY	bStdXY	SDofX
fem |	-0.13457	-2.349	0.019	-0.0671	-0.1571	-0.0783	0.4987
mar |	0.13283	2.043	0.041	0.0629	0.1551	0.0734	0.4732
kid5 |	-0.13315	-3.275	0.001	-0.1018	-0.1554	-0.1189	0.7649
phd |	0.02550	0.896	0.371	0.0251	0.0298	0.0293	0.9842
ment |	0.02542	8.607	0.000	0.2411	0.0297	0.2814	9.4839

影響博士生論文發表篇數之預測變數，除了「就讀博士之學校權望 (phd)」沒顯著外，性別 (fem)、結婚與否 (mar)、生的小孩數 <6(5)、及指導教授等四個變數，都可顯著預測出「博士生論文之發表篇數機率」。

Step 3 　再做 Poisson 迴歸、負二項迴歸之預測度比較

Step 3-1 　求 Poisson 迴歸、負二項迴歸之迴歸係數顯著性檢驗

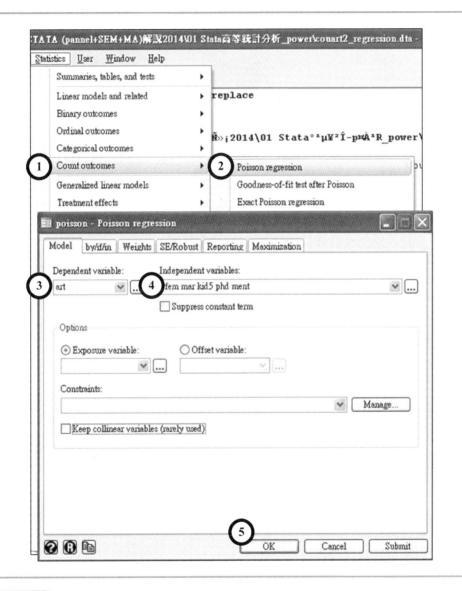

圖 12-10　Poisson 迴歸之選擇表操作

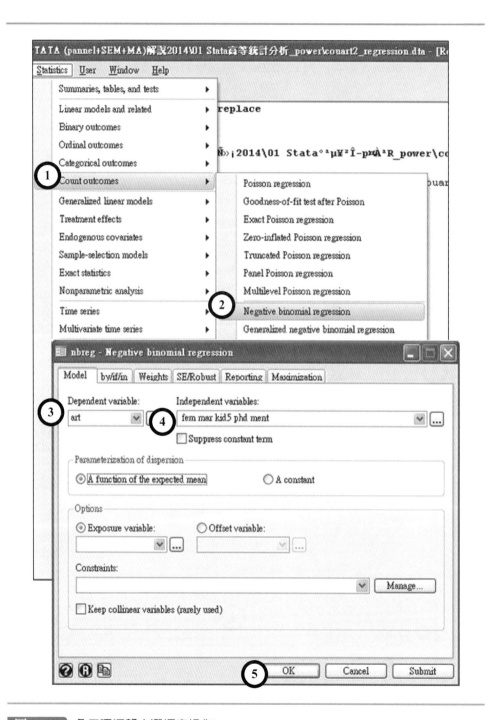

圖 12-11 負二項迴歸之選擇表操作

* 先做 poisson 迴歸，其依變數，可直接用「未經 ln( ) 變數變換之 art」
. quietly poisson art fem mar kid5 phd ment

. listcoef
poisson (N=915): Factor Change in Expected Count

* 各自變數對依變數 (art) 預測 count 之變化
 Observed SD: 1.926069

art	b	z	P>|z|	e^b	e^bStdX	SDofX
fem	-0.22459	-4.112	0.000	0.7988	0.8940	0.4987
mar	0.15524	2.529	0.011	1.1679	1.0762	0.4732
kid5	-0.18488	-4.607	0.000	0.8312	0.8681	0.7649
phd	0.01282	0.486	0.627	1.0129	1.0127	0.9842
ment	0.02554	12.733	0.000	1.0259	1.2741	9.4839

nbreg art fem mar kid5 phd ment, dispersion(constant)
. quietly nbreg art fem mar kid5 phd ment, dispersion(mean)
. listcoef

* 再負二項迴歸
nbreg (N=915): Factor Change in Expected Count

Negative binomial regression

Number of obs	=	915
LR chi2(5)	=	97.96
Prob > chi2	=	0.0000
Pseudo R2	=	0.0304

Dispersion   = mean
Log likelihood = -1560.9583

art	Coef.	Std. Err.	z	P>|z|	[95% Conf. Interval]	
fem	-.2164184	.0726724	-2.98	0.003	-.3588537	-.0739832
mar	.1504895	.0821063	1.83	0.067	-.0104359	.3114148
kid5	-.1764152	.0530598	-3.32	0.001	-.2804105	-.07242
phd	.0152712	.0360396	0.42	0.672	-.0553652	.0859075
ment	.0290823	.0034701	8.38	0.000	.0222811	.0358836
_cons	.256144	.1385604	1.85	0.065	-.0154294	.5277174

```
    /lnalpha |  -.8173044    .1199372                    -1.052377   -.5822318
-------------+----------------------------------------------------------------
       alpha |   .4416205    .0529667                     .3491069    .5586502
-------------------------------------------------------------------------------
Likelihood-ratio test of alpha=0:   chibar2(01) =   180.20 Prob>=chibar2 = 0.000
```

1. Poisson 迴歸分析結果與線性機率迴歸相同，但線性機率迴歸之依變數 art 是要事先用 Ln() 變數變換，但 Poisson 迴歸則否。

2. 負二項迴歸分析結果，與線性機率迴歸及 Poisson 迴歸分析相異，負二項迴歸將預測變數「結婚與否 (mar)」剔除在模型之外 (z=1.833, p>0.05)。故需再進一步比較：Poisson 迴歸 vs. 負二項迴歸，何者較佳？

Step 3-2 繪 Poisson 迴歸、負二項迴歸之預測分配圖，看這二個迴歸誰較貼近事實？

```
* 先求得 poisson 迴歸之 9 個勝算機率
. quietly poisson art fem mar kid5 phd ment
* 用「findit prcounts」來外掛此 ado 檔，download 內定存在「C:\ado\plus\p」資料，
* 再將它用人工 copy 到你的工作目錄之後，即可執行它並產生 k=1 to 9 的勝算機率等變數
* 預測勝算機率等變數：以 psm 開頭來命名，連號共 9 個變數。
. prcounts psm, plot max(9)
. label var psmpreq "PRM"
. label var psmobeq "Observed"
. label var psmval "# of articles"


* 再求得負二項迴歸之 9 個勝算機率
. quietly nbreg art fem mar kid5 phd ment
. prcounts nbm, plot max(9)
. label var nbmpreq "NBM"


* 繪 poisson 迴歸 vs 負二項迴歸之勝算機率的分配圖
. graph twoway (scatter psmobeq psmpreq nbmpreq psmval, connect(l l l) xlabel(0(1)9)
    ytitle("Probability"))
```

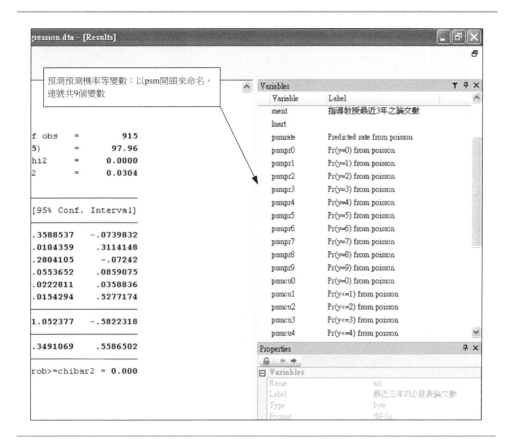

圖 12-12 Poisson 迴歸用 prcounts 產生之連號共 9 個變數

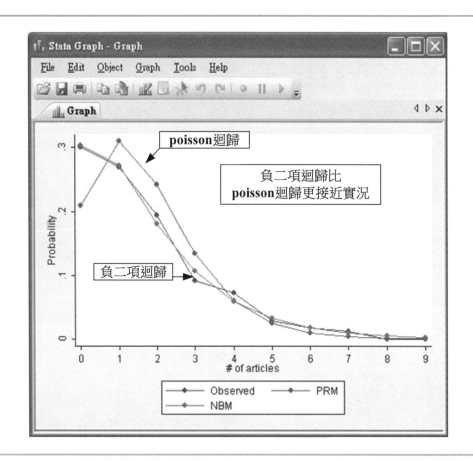

圖 12-13 Poisson 迴歸 vs. 負二項迴歸之預測精準度比較

Step 3-3 以 phd 當 x 軸刻度，求 Poisson 迴歸、負二項迴歸之勝算機率

由於本例自變數中，只有 phd 及 ment 二個是屬連續變數，但唯有 ment 在 Poisson 及負二項迴歸中都有顯著預測效果。故單獨求「ment 對 art」勝算機率，分別在 Poisson 迴歸、負二項迴歸各做一次。

```
* 先 poisson 迴歸
. quietly poisson art fem mar kid5 phd ment
* 先用「findit prgen」指令來外掛 prgen.ado 此 packerage。
* 單獨求「ment 對 art」勝算機率之變數們 ( 命名以 pm 開頭，連號共 11 個 )，
. prgen ment, from(0) to(50) rest(mean) gen(pm) n(11)
```

```
poisson: Predicted values as ment varies from 0 to 50.

          fem        mar        kid5       phd        ment
x=   .46010929   .66229508   .49508197   3.1031093   8.7672131
. label var pmp0 "PRM"
```

```
* 再負二項迴歸
. quietly nbreg art fem mar kid5 phd ment

. * 單獨求「ment 對 art」勝算機率之變數們 ( 命名以 nb 開頭，連號共 11 個 )，
. prgen ment, from(0) to(50) rest(mean) gen(nb) n(11)

nbreg: Predicted values as ment varies from 0 to 50.

          fem        mar        kid5       phd        ment
x=   .46010929   .66229508   .49508197   3.1031093   8.7672131

. label var pmp0 "PRM"
```

```
* 比較上述二個迴歸所求「ment 對 art」勝算機率，繪散布圖
. graph twoway (scatter pmp0 nbp0 nbx, c(l l l) xtitle("Mentor's Articles")
    ytitle("Pr(Zero Articles)") msymbol(Sh Oh))
```

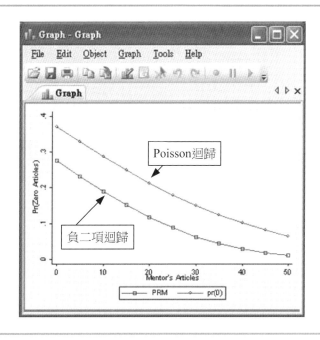

Step 4 Zero-Inflated Poisson 迴歸

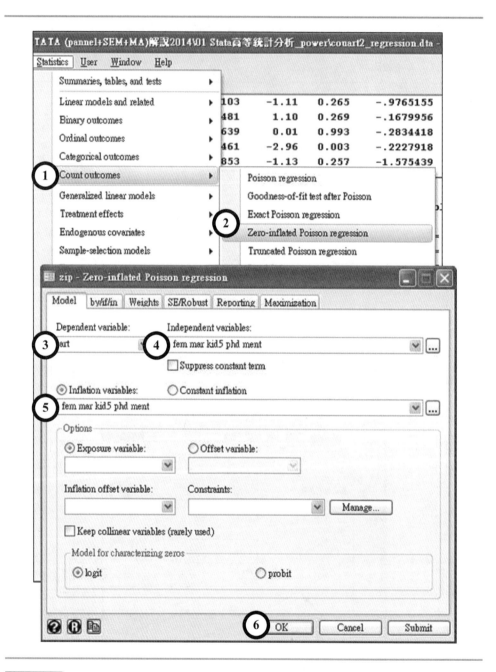

圖 12-15 「zip art fem mar kid5 phd ment, inflate(fem mar kid5 phd ment) nolog」畫面

* 先 Zero-Inflated Poisson(zip) 迴歸

```
. zip art fem mar kid5 phd ment, inflate(fem mar kid5 phd ment) nolog
```

```
Zero-Inflated Poisson regression              Number of obs   =         15
                                              Nonzero obs     =        640
                                              Zero obs        =        275

Inflation model = logit                       LR chi2(5)      =       8.56
Log likelihood = -1604.773                    Prob > chi2     =     0.0000
```

art	Coef.	Std. Err.	z	P>|z|	[95% Conf. Interval]	
art						
fem	-.2091446	.0634047	-3.30	0.001	-.3334155	-.0848737
mar	.103751	.071111	1.46	0.145	-.035624	243126
kid5	-.1433196	.0474293	-3.02	0.003	-.2362793	-.0503599
phd	-.0061662	.0310086	-0.20	0.842	-.066942	0546096
ment	.0180977	.0022948	7.89	0.000	.0135999	.0225955
_cons	.640839	.1213072	5.28	0.000	.4030814	8785967
inflate						
fem	.1097465	.2800813	0.39	0.695	-.4392028	.6586958
mar	-.3540107	.3176103	-1.11	0.265	-.9765155	2684941
kid5	.2171001	.196481	1.10	0.269	-.1679956	.6021958
phd	.0012702	.1452639	0.01	0.993	-.2834418	.2859821
ment	-.134111	.0452461	-2.96	0.003	-.2227918	-.0454302
_cons	-.5770618	.5093853	-1.13	0.257	-1.575439	421315

1. Zero-Inflated 旨在將依變數 count=0 之觀察值,排除在迴歸模型之分析中。

2. 就預測變數們之迴歸係數的 p 值而言,有沒有排除「Zero-Inflated」,前後二次 Poisson 迴歸之分析結果,非常相近。

3. Zero-Inflated 負二項迴歸模型為:

   Pr(art) = F(−0.209 (fem) − 0.143 (kid5) + 0.018 (ment))

   Pr(博士生論文數) = F(−0.209(女性) − 0.143(小孩數 < 6 嗎) + 0.018(指導教授近三年論文數))

註：Pr() 為預測機率。F(.) 為標準常態分配的累積分析函數。

4. 迴歸係數為「＋」就是正相關(ment 與 art 為正相關)；為「－」就是負相關(fem、kid5 二者與 art 為負相關)。

| Step 5 | Zero-Inflated negative binomial 迴歸

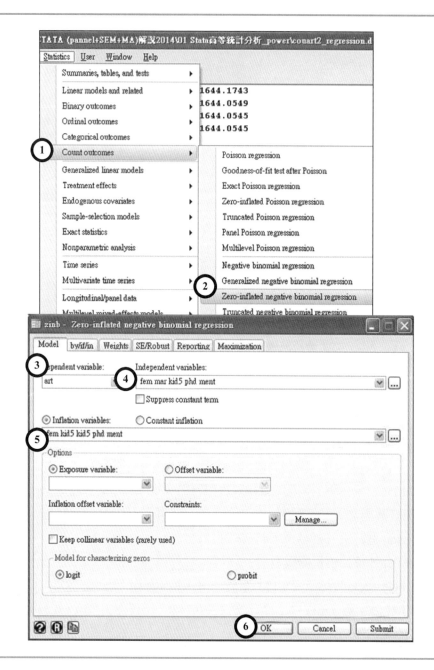

圖 12-16 Zero-Inflated Poisson 迴歸之操作畫面

```
*再 Zero-Inflated negative binomial(zinb) 迴歸
. zinb art fem mar kid5 phd ment, inflate(fem mar kid5 phd ment) nolog

Zero-Inflated negative binomial regression          Number of obs   =      915
                                                    Nonzero obs     =      640
                                                    Zero obs        =      275

Inflation model = logit                             LR chi2(5)      =     7.97
Log likelihood  = -1549.991                         Prob > chi2     =   0.0000

------------------------------------------------------------------------------
        art |      Coef.   Std. Err.      z    P>|z|     [95% Conf. Interval]
------------+-----------------------------------------------------------------
art         |
        fem | -.1955068   .0755926    -2.59   0.010    -.3436655   -.0473481
        mar |  .0975826   .084452      1.16   0.248    -.0679402    .2631054
       kid5 | -.1517325   .054206     -2.80   0.005    -.2579744   -.0454906
        phd | -.0007001   .0362696    -0.02   0.985    -.0717872    .0703869
       ment |  .0247862   .0034924     7.10   0.000     .0179412   0316312
       _cons|  .4167466   .1435962     2.90   0.004     .1353032    .69819
------------+-----------------------------------------------------------------
inflate     |
        fem |  .6359328   .8489175     0.75   0.454    -1.027915   2.299781
        mar | -1.499469   .9386701    -1.60   0.110    -3.339228   3402909
       kid5 |  .6284274   .4427825     1.42   0.156    -.2394105   1.496265
        phd | -.0377153   .3080086    -0.12   0.903    -.641401    .5659705
       ment | -.8822932   .3162276    -2.79   0.005    -1.502088   -.2624984
       _cons| -.1916865   1.322821    -0.14   0.885    -2.784368   2.400995
------------+-----------------------------------------------------------------
    /lnalpha| -.9763565   .1354679    -7.21   0.000    -1.241869   -.7108443
------------+-----------------------------------------------------------------
      alpha |  .3766811   .0510282                      .288844    .4912293
------------------------------------------------------------------------------
```

1. Zero-Inflated 旨在將依變數 count=0 之觀察值排除在迴歸模型之分析中。

2. 就預測變數們之迴歸係數的 p 值而言，有沒有排除「Zero-Inflated」，前後二次負二項迴歸之分析結果，亦非常相近。

3. Zero-Inflated 負二項迴歸模型為：

Pr(art) = F(−0.195(fem) − 0.151(kid5) + .0247(ment)

Pr(博士生論文數) = F(−0.195(女性) − 0.151(小孩數 < 6 嗎) + .0247(指導教授近三年論文數)

註：Pr() 爲預測機率。F(.) 爲標準常態分配的累積分析函數

4. 迴歸係數爲「+」就是正相關 (ment 與 art 爲正相關)；爲「−」就是負相關 (fem、kid5 二者與 art 爲負相關)。

12-2-2 Bayesian Poisson 迴歸 (bayes: poisson)、Bayesian 零膨脹 Poisson 迴歸 (bayes: zip 指令)

一、快速學會：「bayes: poisson」指令

1.「x1 x2 → y」的 Bayesian Poisson 迴歸，迴歸係數使用內定 (default) 的 normal priors。

```
. bayes: poisson y x1 x2
```

2. 內定常態先驗 ~N(0,10000)，其標準差改成 10(取代原來 σ = 100)

```
. bayes, normalprior(10): poisson y x1 x2
```

3. 自定截距項 ~uniform priors，斜率項 ~ normal prior。

```
. bayes, prior({y: x1 x2}, uniform(-10,10)) prior({y: cons}, normal(0,10)): poisson y x1 x2
```

4. 模擬資料存至 simdata.dta, 且使用 random-number seed 來爲未來重製 (reproducibility)。

```
. bayes, saving(simdata) rseed(123): poisson y x1 x2
```

5. 界定 20,000 MCMC 樣本數，設定 length of the burn-in period to 5,000，且要求每 200 個模擬才顯示一個點 (dot)。

```
. bayes, mcmcsize(20000) burnin(5000) dots(500): poisson y x1 x2
```

6. 結果如上，且改用 90% HPD credible interval 來取代內定的 95% equal-tailed
   credible interval。

```
. bayes, clevel(90) hpd
```

7. 印出 incidence-rate ratios 來取代 coefficients

```
. bayes: poisson y x1 x2, irr
```

8. 重印一次 incidence-rate ratios

```
. bayes, irr
```

二、「bayes: poisson」指令語法

bayes [, *bayesopts*]: poisson *depvar* [*indepvars*] [*if*] [*in*] [*weight*] [, *eptions*]

options	Description
Model	
neconstant	suppress constant term
expesure(*varname_e*)	include ln(*varname_e*) in model with coefficient constrained to 1
offset(*varname_e*)	include *varname_e* in model with coefficient constrained to 1
collinear	keep collinear variables
Reporting	
lrr	report incidence-rate ratios
display_options	control spacing, line width, and base and empty cells
level(#)	set credible level; default is level(95)

indepvars may contaim factor variables; see [U] 11.4.3 Factor variables.
depvar, indepvars, *varname_e*, and *varname_e* may contain time-series operatiors; see [U] 11.4.4 Time-series varlists.
fweights are allowed; see [U] 11.1.6 weight.
bayes: poisson, level() is equivalent to bayes, clevel(): poisson.
For a detailed description of aptions, see Options in [R] poisson.

bayasopts	Description
Priors	
*normalprior(#)	specify standard deviation of default normal priors for regression cocfficients; default is normalprior(100)
prior(*priorspec*)	prior for model parameters; this option may be repeated
dryrun	show model summary without cstimation
Simulation	
mcmcaize(#)	MCMC sample size; default is mcmcsize(10000)
burnin(#)	burn-in period; default is burnin(2500)
thinning(#)	thinning interval; default is thinning(1)
reeed(#)	random-number seed
exclude(paramref)	specify model parameters to be excluded from the simulation results
Blocking	
*blocksize(#)	maximum block size; default is blocksize(50)
block(*paramref* [, *blockopts*])	specify a block of model parameters; this iption may be repeated
blocksummary	display block summary
*noblocking	do not block paramcters by default
Initialization	
initial(*initspec*)	initial values for model parameters
nomleinitial	suppress the use of maximum likelihood estimates as starting values
inltrandom	specify random initial values
inltsummary	display initial values used for simulation
*nolsily	display output from the estimation command during initialization
Adaptation	
adaptation(*adaptopts*)	control the adaptive MCMC procedure
scale(#)	initial multiplier for scale factor, default i scale(2.38)
covariance(*cov*)	initial proposal covariance; default is the identity matrix
Reporting	
clevel(#)	set credible interval level; default is clevel(95)
hpd	display HPOD credible intervalus instead of the default equal-tailed credible intervals
irr	report incidence-rate ratios
eform[(*string*)]	report exponentiated coefficients and, optionally, label as *string*
batch(#)	specify length of block for batch-means calculations; default is batch (0)
saving(*filename* [, replace])	save simulation results to filename.dta
nomodelsummary	suppress model summary
[no]dots	suppres dots or display dots every 100 iterations and iteration numbers every 1,000 iterations; default is nodots
dots(#[, every(#)])	display dots as simulation is performed
[no] show(*paramref*)	specify model parameters to be excluded from or included in the output
notable	suppress estimation table
noheader	suppress output header
title(*string*)	display *string* as title abouve the table of parameter estimates

display_options	control spacing, line width, and base and empty cells
Advanced	
search(search_options)	control the search for feasible initial values
corrlag(#)	specify maximum autocorrelation lag; default varies
corrtol(#)	specify autocorrelation tolerance; default is corrtol(0.01)

三、範例 2：Bayesian Poisson 迴歸分析

(一) 問題說明

承 範例 1 的資料檔「couart2_regression.dta」，為了解博士生發表論文篇數的原因有哪些？

研究者先文獻探討以歸納出，影響「博士生發表論文篇數」的原因，並整理成下表，此「couart2_regression.dta」資料檔之變數如下：

變數名稱	博士生發表論文篇數的原因	編碼 Codes/Values
art	最近三年 PhD 發表論文數	計數 (count) 資料
fem	1. 性別	1=female 0=male
mar	2. 已婚嗎	1=yes 0=no
kid5	3. 小孩數＜6 嗎？	1=yes 0=no
phd	4. PhD 學位的聲望 (名校之競爭力)	連續變數
ment	5. 指導教授最近三年之論文數	連續變數

(二) 資料檔之內容

「couart2_regression.dta」資料檔之內容如下圖。

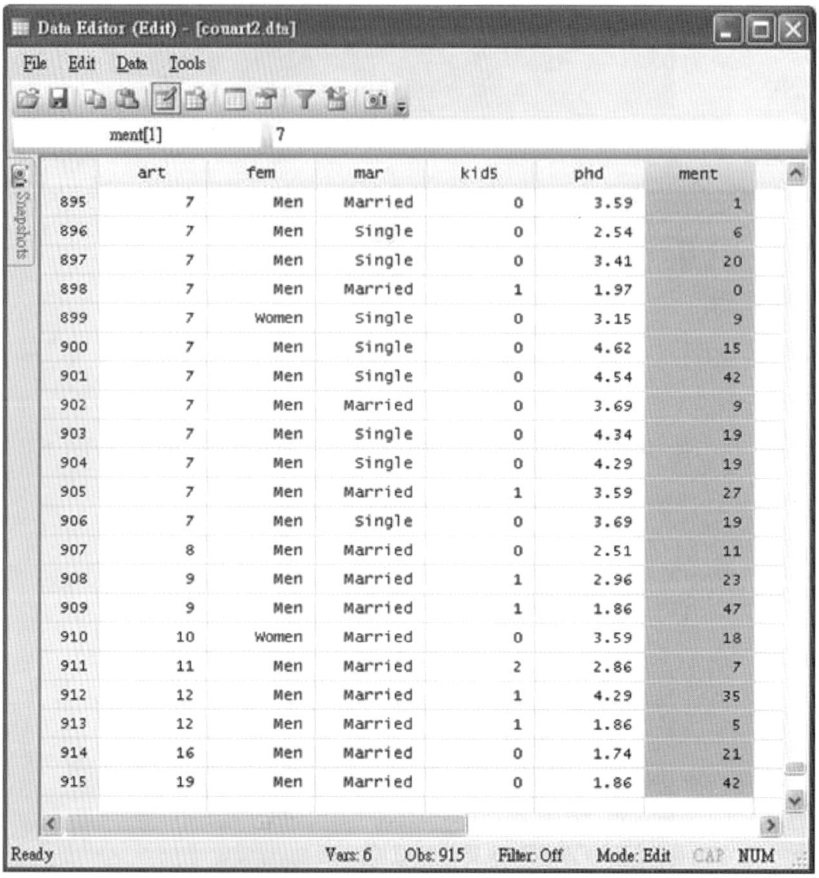

圖 12-17 「couart2_regression.dta」資料檔 (N= 915, 6 variables)

(三) Bayesian Poisson 迴歸分析結果與討論

Step 1　繪 Poisson 分配之機率圖

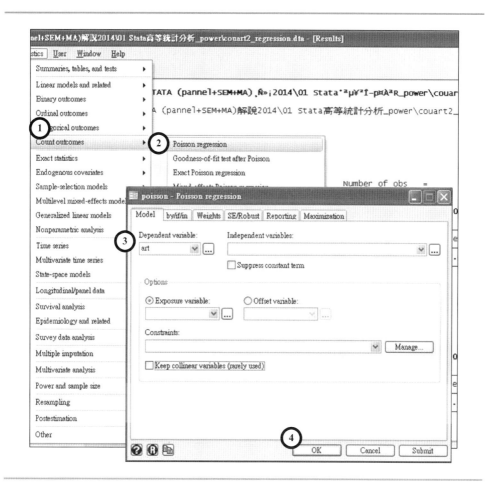

圖 12-18　Poisson regression 之選擇表操作

```
* 存在「couart2_regression.do」指令檔
. use couart2_regression.dta
. poisson art


Iteration 0:   log likelihood = -1742.5735
Iteration 1:   log likelihood = -1742.5735
```

```
Poisson regression                          Number of obs    =         15
                                            LR chi2(0)       =       0.00
                                            Prob > chi2      =
Log likelihood = -1742.5735                 Pseudo R2        =     0.0000

---------------------------------------------------------------------------
        art |    Coef.   Std. Err.      z    P>|z|    [95% Conf. Interval]
------------+--------------------------------------------------------------
      _cons |  .5264408   .0254082   20.72   0.000    .4766416     .57624
---------------------------------------------------------------------------
```

　　Poisson 迴歸分析，得標準化分數 Z=20.72, p<0.05，達顯著水準，顯示 915 名博士生發表論文「不同篇數 k」之間的機率是符合 Poisson 分析。

　　接著用「prcounts」指令 (它存在 spostado 檔)，來繪 Poisson 分配之機率圖 (如下圖)。

```
* 最近一次 count 迴歸 (poisson, nbreg, zip, zinb. prcounts) 分析之後，用 prcounts
指令計來求
* 從 k=0 到 k=9 之預測比率及勝算機率。預測值暫存至「以 psn 開頭」的變數
. prcounts psn, plot max(9)
* 實際分配
 label var psnobeq "Observed Proportion"

* 用 Poisson 迴歸求得之預測值
 label var psnobeq "Poisson Prediction"

* 用 Poisson 迴歸求得之依變數的計數
 label var psnval "# of articles"

* 繪以上三者之散布圖
 graph twoway (scatter psnobeq psnpreq psnval, connect (l l) xlabel(0(1)9) ytitle
        ("Proba bility"))
```

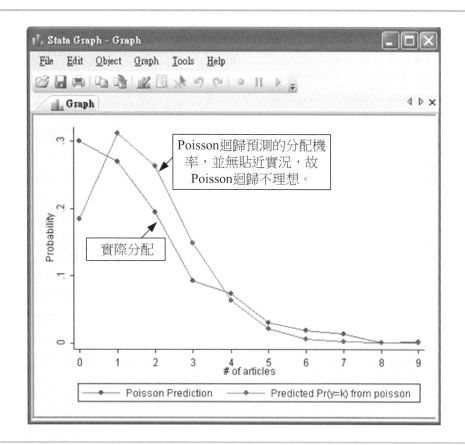

圖 12-19 繪 Poisson 分配之機率圖

了解各變數之特性

```
* 因為 art 變數非常態分配，故取自然對數，產生新變數 lnart 就呈常態分配，再入
* 線性迴歸
. gen lnart = ln(art + .5)
* 新變數的註解
. label var lnart "Log of (Art + .5)"


* 查詢資料新增出來的變數
. describe

Contains data from J:\couart2_regression.dta
  obs:          915                          Academic Biochemists / S Long
```

```
vars:            34                    20 Feb 2014 01:47
size:            114,375 (98.9% of memory free)   (_dta has notes)
-----------------------------------------------------------------------------
-----------
                 storage  display    value
variable name    type     format     label    variable label
-----------------------------------------------------------------------------
-----------
art              byte     %9.0g               最近三年 PhD 發表論文數
fem              byte     %9.0g      sexlbl   性別：1=female 0=male
mar              byte     %9.0g      marlbl   已婚嗎：1=yes 0=no
kid5             byte     %9.0g               小孩數 < 6 嗎
phd              float    %9.0g               PhD 學位的聲望
ment             byte     %9.0g               指導教授最近三年之論文數
psnrate          float    %9.0g               Predicted rate from poisson
psnpr0           float    %9.0g               Pr(y=0) from poisson
psnpr1           float    %9.0g               Pr(y=1) from poisson
psnpr2           float    %9.0g               Pr(y=2) from poisson
psnpr3           float    %9.0g               Pr(y=3) from poisson
psnpr4           float    %9.0g               Pr(y=4) from poisson
psnpr5           float    %9.0g               Pr(y=5) from poisson
psnpr6           float    %9.0g               Pr(y=6) from poisson
psnpr7           float    %9.0g               Pr(y=7) from poisson
psnpr8           float    %9.0g               Pr(y=8) from poisson
psnpr9           float    %9.0g               Pr(y=9) from poisson
psncu0           float    %9.0g               Pr(y=0) from poisson
psncu1           float    %9.0g               Pr(y<=1) from poisson
psncu2           float    %9.0g               Pr(y<=2) from poisson
psncu3           float    %9.0g               Pr(y<=3) from poisson
psncu4           float    %9.0g               Pr(y<=4) from poisson
psncu5           float    %9.0g               Pr(y<=5) from poisson
psncu6           float    %9.0g               Pr(y<=6) from poisson
psncu7           float    %9.0g               Pr(y<=7) from poisson
psncu8           float    %9.0g               Pr(y<=8) from poisson
psncu9           float    %9.0g               Pr(y<=9) from poisson
psnprgt          float    %9.0g               Pr(y>9) from poisson
psnval           float    %9.0g               # of articles
psnobeq          float    %9.0g               Poisson Prediction
psnpreq          float    %9.0g               Predicted Pr(y=k) from poisson
```

```
psnoble        float  %9.0g              Observed Pr(y<=k) from poisson
psnprle        float  %9.0g              Predicted Pr(y<=k) from poisson
lnart          float  %9.0g              Log of (Art + .5)
------------------------------------------------------------------------
Sorted by:  art
      Note:  dataset has changed since last saved
```

Step 2 對照組：Poisson 迴歸

```
* 先做 poisson 迴歸，其依變數，可直接用「未經 ln( ) 變數變換之 art」
. quietly poisson art fem mar kid5 phd ment

. listcoef
poisson (N=915): Factor Change in Expected Count
```

* 各自變數對依變數 (art) 預測 count 之變化

```
 Observed SD: 1.926069

------------------------------------------------------------------------
        art |     b        z      P>|z|     e^b    e^bStdX    SDofX
------------+-----------------------------------------------------------
        fem | -0.22459  -4.112    0.000   0.7988   0.8940    0.4987
        mar |  0.15524   2.529    0.011   1.1679   1.0762    0.4732
       kid5 | -0.18488  -4.607    0.000   0.8312   0.8681    0.7649
        phd |  0.01282   0.486    0.627   1.0129   1.0127    0.9842
       ment |  0.02554  12.733    0.000   1.0259   1.2741    9.4839
------------------------------------------------------------------------

nbreg art fem mar kid5 phd ment, dispersion(constant)
. quietly nbreg art fem mar kid5 phd ment, dispersion(mean)
. listcoef
```

* 再負二項迴歸

```
nbreg (N=915): Factor Change in Expected Count

Negative binomial regression          Number of obs   =       915
                                       LR chi2(5)      =     97.96
Dispersion     = mean                  Prob > chi2     =    0.0000
Log likelihood = -1560.9583            Pseudo R2       =    0.0304
```

```
--------------------------------------------------------------------------
     art |    Coef.   Std. Err.      z    P>|z|    [95% Conf. Interval]
---------+----------------------------------------------------------------
     fem | -.2164184   .0726724   -2.98   0.003   -.3588537   -.0739832
     mar |  .1504895   .0821063    1.83   0.067   -.0104359    3114148
    kid5 | -.1764152   .0530598   -3.32   0.001   -.2804105    -.07242
     phd |  .0152712   .0360396    0.42   0.672   -.0553652    .0859075
    ment |  .0290823   .0034701    8.38   0.000    .0222811    .0358836
   _cons |   .256144   .1385604    1.85   0.065   -.0154294    5277174
---------+----------------------------------------------------------------
 /lnalpha| -.8173044   .1199372                   -1.052377   -.5822318
---------+----------------------------------------------------------------
   alpha |  .4416205   .0529667                    .3491069    .5586502
--------------------------------------------------------------------------
Likelihood-ratio test of alpha=0:  chibar2(01) =  180.20 Prob>=chibar2 = 0.000
```

1. Poisson 迴歸分析結果與線性機率迴歸相同，但線性機率迴歸之依變數 art 是要事先用 Ln() 變數變換，但 Poisson 迴歸則否。

2. 負二項迴歸分析結果，與線性機率迴歸及 Poisson 迴歸分析相異，負二項迴歸將預測變數「結婚與否 (mar)」剔除在模型之外 (z=1.833,p>0.05)。之前，範例1 已進一步比較：Poisson 迴歸 vs. 負二項迴歸，何者較佳？故 範例2 只做 Bayesian Poisson 迴歸。

Step 3 實驗組：Bayesian Poisson 迴歸分析

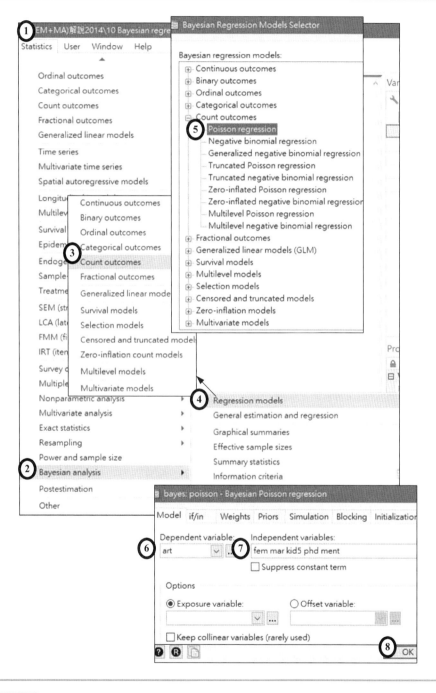

圖 12-20 「bayes：poisson art fem mar kid5 phd ment」畫面

```
* 存在「couart2_regression.do」指令檔
. use couart2_regression.dta

. bayes: poisson art fem mar kid5 phd ment

Burn-in ...
Simulation ...

Model summary
--------------------------------------------------------------------------------
Likelihood: 依變數 art，內定概似為 poisson 分布
  art ~ poisson(xb_art)

Prior: 五個自變數及截距，內定先驗為常態分布，其平均數 =0，變異數 =10000.
  {art:fem mar kid5 phd ment _cons} ~ normal(0,10000)                     (1)
--------------------------------------------------------------------------------
(1) Parameters are elements of the linear form xb_art.
```

```
Bayesian Poisson regression                      MCMC iterations  =    12,500
Random-walk Metropolis-Hastings sampling         Burn-in          =     2,500
                                                 MCMC sample size =    10,000
                                                 Number of obs    =        15
                                                 Acceptance rate  =     .2728
                                                 Efficiency:  min =    .01478
                                                              avg =    .03323
Log marginal likelihood = -1701.2835                          max =    .04966
```

	後驗均數	後驗標準差	MC 標準誤	後驗中位數	Equal-tailed
art	Mean	Std. Dev.	MCSE	Median	[95% Cred. Interval]
fem	-.2342564	.0549969	.004523	-.2339843	-.344617 -.1209386
mar	.1512888	.0629514	.003249	.1528736	.0276758 .2722027
kid5	-.1847947	.0413536	.001865	-.1838037	-.2682678 -.1039366
phd	.0128392	.0270896	.001489	.0128264	-.0406647 .0658936
ment	.0254723	.00206	.000167	.0256102	.0211265 0292786
_cons	.3088677	.1065713	.004782	.3044605	.102738 .5193481

Note: Default priors are used for model parameters.

在 Step 3 Bayesian Poisson 迴歸分析，發現影響博士生論文發表篇數之預測變數，除了「就讀博士之學校權望 (phd)」沒顯著外，性別 (fem)、結婚與否 (mar)、生的小孩數 <6(5)、及指導教授等四個變數 (95% 可信區間未含 0 值)，都可顯著預測出「博士生論文之發表篇數機率」。此分析結果，與 Step 2 Poisson 迴歸分析結果仍有些許不同。

Step 3-1 **實驗組：繪離散依變數之直方圖，若 0 值過多，則應改用零膨脹 Poisson 迴歸**

```
* 存在「couart2_regression.do」指令檔
. use couart2_regression.dta

. tabulate art
```

PHD 生發表論文數 |

	Freq.	Percent	Cum.
0	275	30.05	30.05
1	246	26.89	56.94
2	178	19.45	76.39
3	84	9.18	85.57
4	67	7.32	92.90
5	27	2.95	95.85
6	17	1.86	97.70
7	12	1.31	99.02
8	1	0.11	99.13
9	2	0.22	99.34
10	1	0.11	99.45
11	1	0.11	99.56
12	2	0.22	99.78
16	1	0.11	99.89
19	1	0.11	100.00
Total	915	100.00	

1. 離散依變數 art 之次數分配，因 0 值過多 (30.05%)，故改用零膨脹 Poisson 迴歸，如下。

Step 3-2 因離散依變數之次數分配，0 值過多，故改用零膨脹 Poisson 迴歸

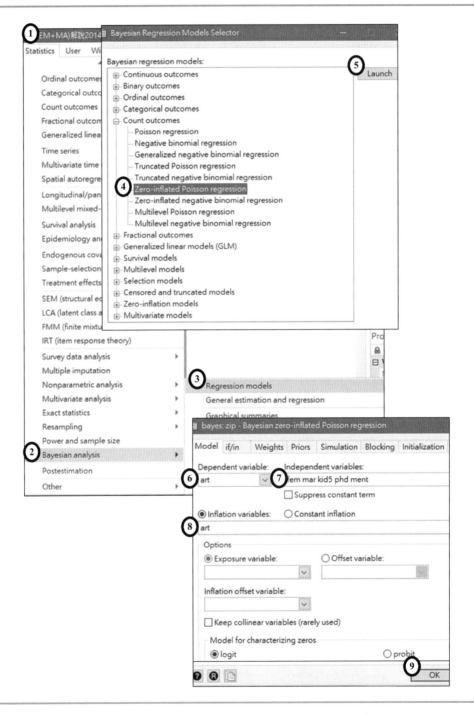

圖 12-21 「bayes：zip art fem mar kid5 phd ment, inflate(art)」畫面

```
* 存在「couart2_regression.do」指令檔
. use couart2_regression.dta


. bayes: zip art fem mar kid5 phd ment, inflate(art)
Burn-in ...
Simulation ...

Model summary
--------------------------------------------------------------------------------
Likelihood:
  art ~ zip(xb_art,xb_inflate)

Priors:
  {art:fem mar kid5 phd ment _cons} ~ normal(0,10000)                     (1)
              {inflate:art _cons} ~ normal(0,10000)                       (2)
--------------------------------------------------------------------------------
(1) Parameters are elements of the linear form xb_art.
(2) Parameters are elements of the linear form xb_inflate.


Bayesian Zero-Inflated Poisson regression      MCMC iterations  =     12,500
Random-walk Metropolis-Hastings sampling       Burn-in          =      2,500
                                               MCMC sample size =     10,000
Inflation model: logit                         Number of obs    =         15
                                               Acceptance rate  =      .2295
                                               Efficiency:  min =      02011
                                                            avg =     .04095
Log marginal likelihood = -1210.8356                        max =     .06155
```

		後驗均數 Mean	後驗標準差 Std. Dev.	MC 標準誤 MCSE	後驗中位數 Median	Equal-tailed [95% Cred. Interval]	
art							
	fem	-.1602382	.0543183	.002202	-.1611849	-.2676117	-.0520031
	mar	.0695623	.0612129	.003362	.06969	-.0472096	1977716
	kid5	-.0980276	.0389135	.002135	-.0978541	-.177126	-.0225534
	phd	-.0093875	.0270244	.001906	-.0090636	-.0626685	.0408826
	ment	.014755	.0021697	.000108	.0148347	.010336	.0188533
	_cons	.8122234	.0996115	.006341	.8097945	.6243047	1.012042

```
-----------+------------------------------------------------------------
inflate    |
       art |  -116.6464   60.02372   2.58359   -108.7187    -253.093  -31.14343
      _cons |   48.66527   37.05395   1.49354    37.78733    7.384927   143.7197
-----------+------------------------------------------------------------
Note: Default priors are used for model parameters.
```

1. 求得零膨脹 Poisson 迴歸式為：

$$art = 0.812 - 0.160 \times fem + 0.069 \times mar - 0.098 \times kid5 - 0.009 \times phd + 0.015 \times ment$$

2. 五個預測因子，只有三個達顯著效果 (95% 可信區間未含 0 值)，包括：fem、
   kid5、ment。

12-2-3 Zero-Inflated negative binomial 模型 (bayes: zinb 指令)

一、Zero-Inflated 分配

請參考前文【12-1-3】之【一、Zero-Inflated 分配】

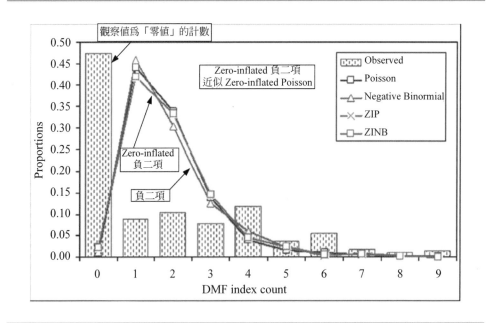

圖 12-22 Zero-Inflated 分配

二、負二項分配 (Negative Binomial Distribution)

請參考前文【12-1-2】之【一、負二項分配 (Negative Binomial Distribution)】

三、binomial 分配 vs. Poisson 分配

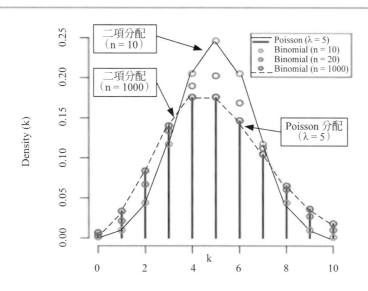

圖 12-23 binomial 分配 vs. Poisson 分配

$$F_{\text{Binomial}}(k; n, p) \approx F_{\text{Poisson}}(k; \lambda = np)$$

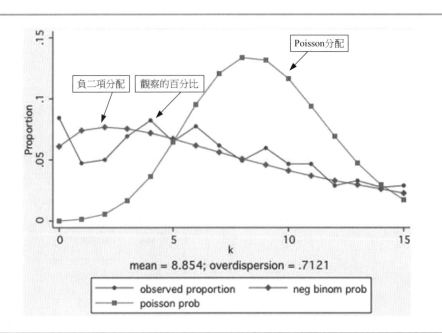

圖 12-24 負二項分配 vs. Poisson 分配

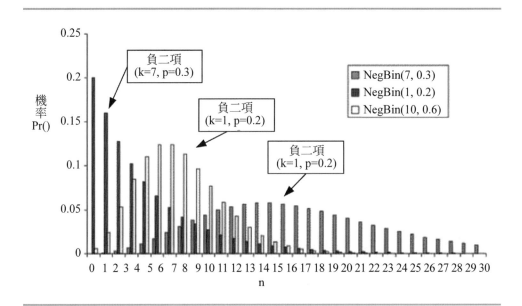

圖 12-25 負二項分配 (k,n,p) 三參數

四、範例：Zero-Inflated 負二項模型 (zinb 指令)

(一) 問題說明

為了解釣魚數 (count) 之影響因素有哪些？(分析單位：釣客)

研究者收集數據並整理成下表，此「fish.dta」資料檔內容之變數如下：

變數名稱	說明	編碼 Codes/Values
label/ 依變數：count	釣魚數 (count 變數)	0～149 條魚
features/ 自變數：persons	釣魚團人數 (連續變數)	1～4 人
features/ 自變數：livebait	船釣嗎 (虛擬變數)	0, 1 (binary data)

(二) 資料檔之內容

「fish.dta」資料檔內容如下圖。

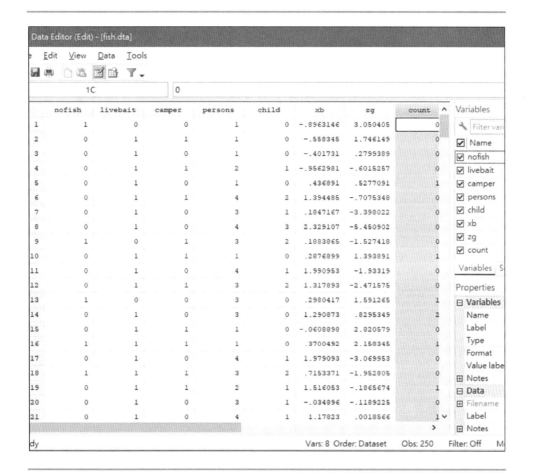

觀察資料之特徵

```
* 開啟資料檔
. use dish.dta, clear

. histogram count, discrete

. tabulate child camper
```

	camper		
child	0	1	Total
0	53	79	132
1	30	45	75
2	16	17	33
3	4	6	10
Total	103	147	250

*tabulate 分別求出 child camper 次數分配，證實它 0 值過多，要當 Zero-Inflated 變數
. tabulate child

child	Freq.	Percent	Cum.
0	132	52.80	52.80
1	75	30.00	82.80
2	33	13.20	96.00
3	10	4.00	100.00
Total	250	100.00	

. tabulate camper

camper	Freq.	Percent	Cum.
0	103	41.20	41.20
1	147	58.80	100.00
Total	250	100.00	

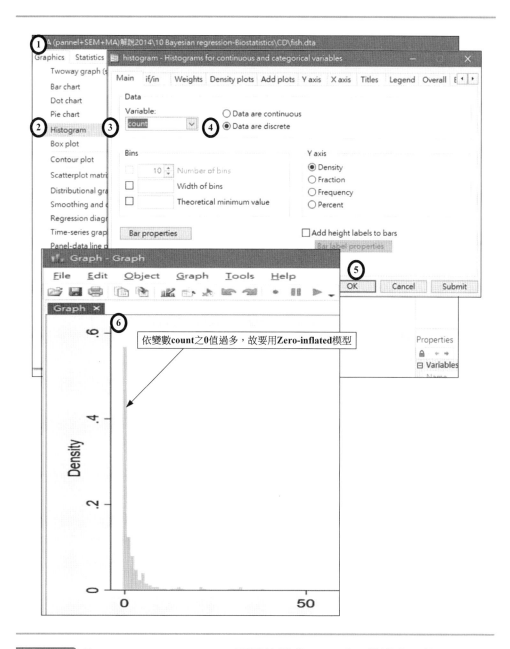

圖 12-26 「histogram count, discrete」顯示依變數 count 之 0 值過多，故要用 Zero-Inflated 模型

(三) 分析結果與討論

Step 1 對照組：Zero-Inflated 負二項迴歸分析

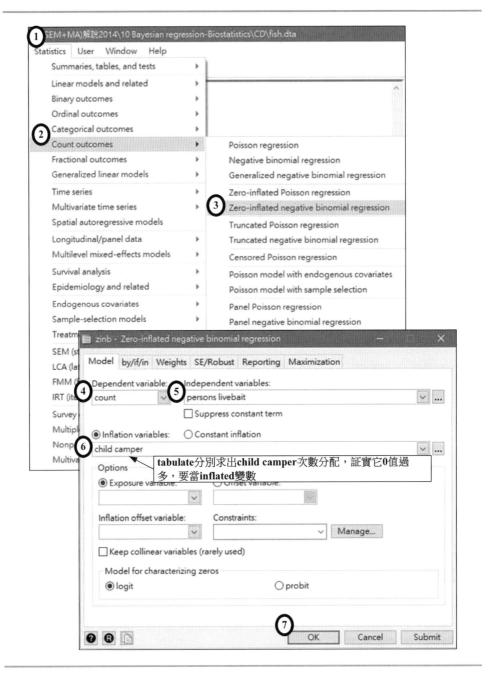

圖 12-27 「zinb count persons livebait, inflate(child camper) nolog」畫面

註：Statistics > Count outcomes > Zero-Inflated negative binomial regression

```
* 開啟官網之資料檔
. webuse fish.dta, clear
*tabulate 分別求出 child camper 次數分配，證實它 0 值過多，要當 Zero-Inflated 變數
. zinb count persons livebait, inflate(child camper) nolog
```

```
Zero-Inflated negative binomial regression      Number of obs   =        50
                                                Nonzero obs     =       108
                                                Zero obs        =       142

Inflation model = logit                         LR chi2(2)      =     82.23
Log likelihood = -401.5478                      Prob > chi2     =    0.0000
```

count	Coef.	Std. Err.	z	P>|z|	[95% Conf. Interval]
count					
persons	.9742984	.1034938	9.41	0.000	.7714543 1.177142
livebait	1.557523	.4124424	3.78	0.000	.7491503 2.365895
_cons	-2.730064	.476953	-5.72	0.000	-3.664874 -1.795253
inflate					
child	3.185999	.7468551	4.27	0.000	1.72219 4.649808
camper	-2.020951	.872054	-2.32	0.020	-3.730146 -.3117567
_cons	-2.695385	.8929071	-3.02	0.003	-4.44545 -.9453189
/lnalpha	.5110429	.1816816	2.81	0.005	.1549535 .8671323
alpha	1.667029	.3028685			1.167604 2.380076

Step 2　實驗組：Bayesian Zero-Inflated 負二項迴歸分析

```
. webuse fish.dta, clear
* Bayesian model with default normal prior distributions
. set seed 15

* 每次疊代 1000 次就印出 dot
```

```
. bayes, dots: zinb count persons livebait, inflate(child camper)


Burn-in 2500 aaaaaaaaa1000aaaaaaaaa2000aaaaa done
Simulation
10000 ........1000........2000........3000........4000........5000.........
> 6000........7000........8000........9000........10000 done


Model summary
--------------------------------------------------------------------------
Likelihood:
  count ~ zinb(xb_count,xb_inflate,{lnalpha})

Priors:
  {count:persons livebait _cons} ~ normal(0,10000)                      (1)
    {inflate:child camper _cons} ~ normal(0,10000)                      (2)
                    {lnalpha} ~ normal(0,10000)
--------------------------------------------------------------------------
(1) Parameters are elements of the linear form xb_count.
(2) Parameters are elements of the linear form xb_inflate.


Bayesian Zero-Inflated negative binomial model   MCMC iterations  =      2,500
Random-walk Metropolis-Hastings sampling         Burn-in          =      2,500
                                                 MCMC sample size =      0,000
Inflation model: logit                           Number of obs    =         50
                                                 Acceptance rate  =       3084
                                                 Efficiency:  min =     .03716
                                                              avg =      .0791
Log marginal likelihood = -438.47876                          max =       1613


-----------------------------------------------------------------------------
             |                                            Equal-tailed
             |     Mean   Std. Dev.     MCSE    Median [95% Cred. Interval]
-------------+---------------------------------------------------------------
count        |
     persons |  .9851217  .1084239   .003601   .985452  .7641609   1.203561
    livebait |  1.536074  .4083865   .013509  1.515838   .753823     2.3539
       _cons | -2.805915  .4700702   .014974 -2.795244  -3.73847   -1.89491
-------------+---------------------------------------------------------------
```

```
inflate     |
      child |  46.95902    36.33974   1.87977    38.77997    3.612863    38.3652
     camper |   -46.123    36.34857   1.88567   -37.66796   -137.4568  -2.544566
      _cons | -46.62439    36.36232   1.88355   -38.5171    -137.5522  -3.272469
------------+-----------------------------------------------------------------
    lnalpha |  .7055935    .1591234   .003962    .7048862    .3959316   1.025356
------------------------------------------------------------------------------
Note: Default priors are used for model parameters.
```

1. 主要迴歸係數 {count：persons}、{count：livebait} 及 {count：cons} 的後驗平
   均估計值與 zinb 命令的 ML 估計值相對接近，但通膨係數 {inflate：child}、
   {inflate：camper} 及 {inflate：cons} 是完全不同的。例如：zinb 估計 {inflate：
   cons} 約為 -2.7，而相應的後驗平均估計約為 -46.6。為了解釋這種巨大的差
   異，我們繪製了 {inflate：cons} 的診斷圖。

```
. bayesgraph diagnostic {inflate:_cons}
```

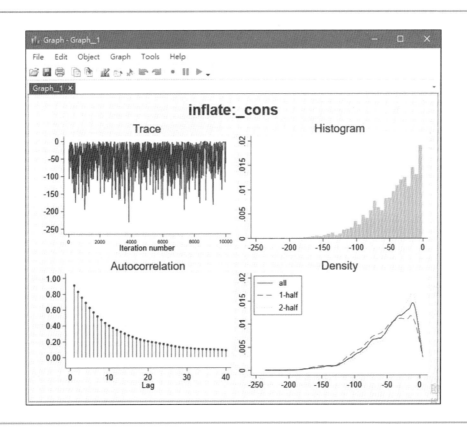

圖 12-28 「bayesgraph diagnostic {inflate：_cons}」繪製 {inflate：cons} 的診斷圖

上圖，{inflate：cons} 的邊際後驗分布在右側偏差至左 (skewed to the left)，並且很明顯其後驗平均值遠小於其後驗模式。在大樣本中，在適當的非資訊先驗下，後驗模式估計器和 ML 估計器是等價的。因此，{inflate: cons} 的後驗平均值遠小於其 ML 估計值並不奇怪。在這個例子中，我們可以獲得後驗模式的粗略估計。

首先，我們需要將模擬結果保存在 sim_zinb.dta。您可以在估計或重播期間使用前置詞「bayes」來指定 saving() 選項。

```
* 設定存的路徑
. cd "D:\CD"
. bayes, saving(sim_zinb)
note: file sim_zinb.dta saved
```

接下來，我們 load 數據集並識別代表參數 {inflate：cons} 的變數。

```
. use sim_zinb, clear

. describe

Contains data from sim_zinb.dta
  obs:         6,874
  vars:           11                          12 Aug 2018 16:57
  size:      604,912
-------------------------------------------------------------------------------
                storage   display    value
variable name    type     format     label      variable label
-------------------------------------------------------------------------------
_index          double    %10.0g
_loglikelihood  double    %10.0g
_logposterior   double    %10.0g
eq1_p1          double    %10.0g
eq1_p2          double    %10.0g
eq1_p3          double    %10.0g
eq2_p1          double    %10.0g
eq2_p2          double    %10.0g
eq2_p3          double    %10.0g
```

```
eq0_p1          double  %10.0g
_frequency      double  %10.0g
-------------------------------------------
```

　　因爲 {inflate：cons} 是第二個等式中的第三個參數，其相應的模擬變量是
eq2 p3。最後，我們使用 egen's mode() 函數生成一個固定變數 mode，其中包含
{inflate: cons} 的模式估計。

```
. egen mode = mode(eq2_p3)
. display mode[1]
-3.417458
```

　　{inflate: cons} 的模式估計值約爲 -3.42，且它確實比其後驗均值估計值更接
近於 -2.70 的 ML 估計值。

　　零膨脹負二項式模型的概似中的膨脹參數 α 是 log 變換的，且在我們的後驗
模型中由 {lnalpha} 表示。爲了直接總結 α 的模擬結果，我們可以使用 bayesstats
summary 命令對 {lnalpha} 進行取冪 (exponentiate)。

```
. bayesstats summary (alpha: exp({lnalpha}))

Posterior summary statistics                    MCMC sample size =     10,000

      alpha : exp({lnalpha})

------------------------------------------------------------------------------
             |                                            Equal-tailed
             |     Mean    Std. Dev.     MCSE     Median  [95% Cred. Interval]
-------------+----------------------------------------------------------------
       alpha |  2.050889   .3292052   .008191   2.023616  1.485768  2.788087
------------------------------------------------------------------------------
```

12-3 Zero-Inflated ordered probit regression 練習：釣魚 (zip 指令)

Count 依變數，一定是正整數或 0。例如：家庭人數、新生兒人數、該醫院當年度死亡人數、議會通過法案數、公務員數量、非營利組織數量等。

釣魚之零膨脹 Poisson 迴歸，存在「零膨脹 Poisson Regression.do」檔中。你可自行練習。

圖 12-29 Zero-Inflated regression 練習：釣魚

12-4 零膨脹 Ordered probit 迴歸分析：抽菸嚴重度 (zioprobit 指令)

零膨脹模型 (Zero-Inflated models) 是人們在社會科學、自然中計數資料的實際研究中，觀察事件發生數中含有大量的零值。例如：保險索賠次數，索賠數為 0 的機率很高，否則保險公司就面臨破產風險。這種數據資料中的零值過多，超出了 Poisson 分布等一般離散分布的預測能力。零膨脹這個概念首先是由 Lambert 在 1992 年的論文「Zero-Inflated Poisson Regression, with an Application to Defects in Manufacturing」中提出。

1994 年，Greene 根據 Lambert 的方法提出了零膨脹負二項模型 (ZINB)。2000 年，Daniel 根據 Lambert 的方法提出了零膨脹二項模型 (ZIB)。

範例：Count 依變數：Zero-Inflated ordered probit 迴歸分析 (zioprobit 指令)

(一) 問題說明

為了解抽菸嚴重度之影響因素有哪些？(分析單位：個人)

研究者收集數據並整理成下表，此「tobacco.dta」資料檔內容之變數如下：

變數名稱	說明	編碼 Codes/Values
第二階段變數：零膨脹迴歸依變數 tobacco	次序型變數：tobacco usage	0～3
第二階段變數：零膨脹迴歸自變數 education	學歷 (number of years of formal schooling)	0～28
第二階段變數：零膨脹迴歸自變數 income	annual income ($10,000)	0～21
第二階段變數：零膨脹迴歸自變數 female	女性嗎	1 = female, 0 = male
第二階段變數：零膨脹迴歸自變數 age	年齡 (age/10 in years)	1.4～8.4
膨脹變數：parent	1 = either parent smoked	0=no, 1=yes
膨脹變數：religion	信仰宗教禁菸嗎 (1 = religion prohibits smoking)	0=no, 1=yes

(二) 資料檔之內容

「tobacco.dta」資料檔內容如下圖。

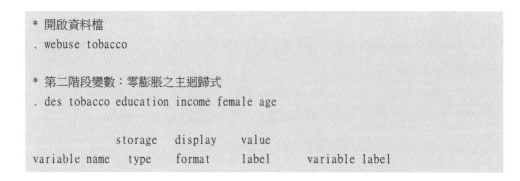

圖 12-30 「tobacco.dta」資料檔內容 (N=1,500 個人)

觀察資料之特徵

```
* 開啟資料檔
. webuse tobacco

* 第二階段變數：零膨脹之主迴歸式
. des tobacco education income female age


          storage    display    value
variable name   type     format     label        variable label
```

```
-------------------------------------------------------------------
tobacco        byte     %27.0g    tobaclbl    tobacco usage
education      byte     %10.0g                number of years of formal schooling
income         double   %10.0g                annual income ($10,000)
female         byte     %10.0g    femlbl      1 = female, 0 = male
age            double   %10.0g                age/10 in years
```

* 第一階段變數：膨脹變數們
. des education income parent age female religion

```
               storage  display   value
variable name  type     format    label      variable label
-------------------------------------------------------------------
education      byte     %10.0g                number of years of formal schooling
income         double   %10.0g                annual income ($10,000)
parent         byte     %17.0g    parlbl      1 = either parent smoked
age            double   %10.0g                age/10 in years
female         byte     %10.0g    femlbl      1 = female, 0 = male
religion       byte     %19.0g    religlbl    1 = religion prohibits smoking
```

*histogram指令繪直方圖，若依變數「tobacco =0」占多數比例，就是典型零膨脹迴歸。
. histogram tobacco, discrete frequency

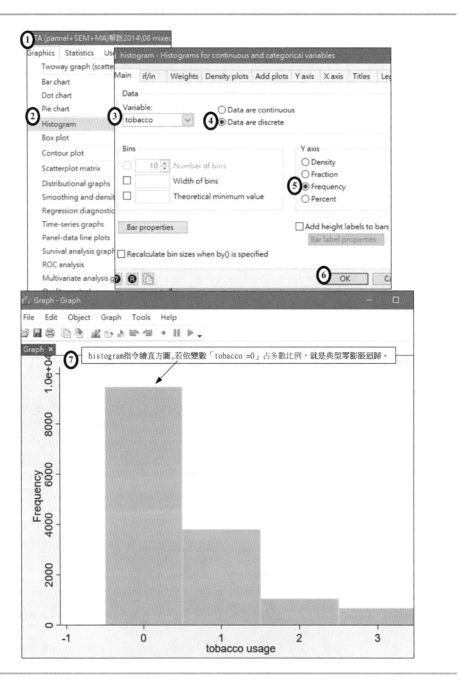

圖 12-31 「histogram tobacco, discrete frequency」繪直方圖

(三) 分析結果與討論

Step 1 Zero-Inflated ordered probit 迴歸分析

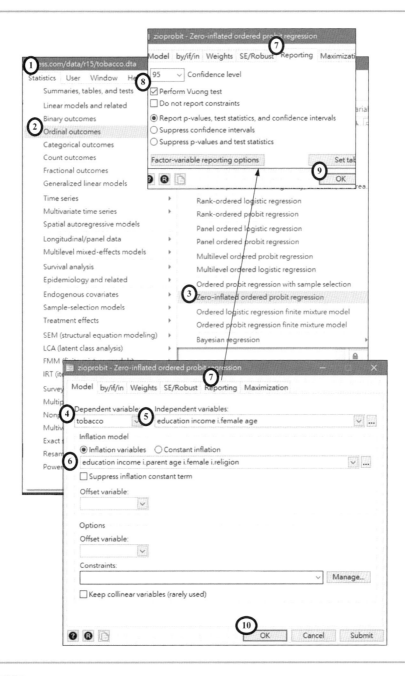

圖 12-32 「zioprobit tobacco education income i.female age, inflate(education income i.parent age i.female i.religion)」畫面

註：Statistics > Ordinal outcomes > Zero-Inflated ordered probit regression

```
* 開啟資料檔
. webuse tobacco

* Zero-Inflated ordered probit regression
. zioprobit tobacco education income i.female age, inflate(education income i.parent
  age i.female i.religion)

Zero-Inflated ordered probit regression          Number of obs   =     5,000
                                                  Wald chi2(4)    =   2574.27
Log likelihood = -7640.4738                       Prob > chi2     =    0.0000
```

tobacco	Coef.	Std. Err.	z	P>|z|	[95% Conf. Interval]	
tobacco						
education	.5112664	.0102407	49.92	0.000	.491195	.5313378
income	.712975	.0144803	49.24	0.000	.6845942	.7413559
female						
female	-.3975341	.0416675	-9.54	0.000	-.4792009	-.3158674
age	-.7709896	.0182554	-42.23	0.000	-.8067695	-.7352097
inflate 膨脹變數						
education	-.0966613	.0026422	-36.58	0.000	-.1018398	-.0914827
income	-.1157545	.0043787	-26.44	0.000	-.1243365	-.1071725
parent						
smoking	.7655798	.0307553	24.89	0.000	.7053006	.825859
age	.1873904	.0088643	21.14	0.000	.1700168	.204764
female						
female	-.2639665	.0307184	-8.59	0.000	-.3241735	-.2037595
religion						
discourages ..	-.3223335	.0496827	-6.49	0.000	-.4197098	-.2249572
_cons	1.27051	.0584794	21.73	0.000	1.155892	1.385127
/cut1	2.959808	.0753035			2.812216	3.1074
/cut2	8.111228	.1648965			7.788037	8.43442

```
       /cut3 |   11.20791    .2247711                      10.76736    11.64845
-------------------------------------------------------------------------------
```

1. Wald 卡方檢定值 = 2574.27(p < 0.05)，表示自變數至少有一迴歸係數不為 0。
2. 報表「z」欄中，two-tail 檢定下，若 |z| > 1.96，則表示該自變數對依變數有顯著影響力。|z| 值愈大，表示該自變數對依變數的攸關性 (relevance) 愈高。
3. Logit 係數「 Coef.」欄中，是 log-odds 單位，故不能用 OLS 迴歸係數的概念來解釋。
4. 邏輯斯迴歸式為 $Ln\left(\dfrac{P(Y=1\,|\,X=x)}{P(Y=0\,|\,X=x)}\right) = \alpha + \beta_1 x_1 + ... + \beta_k x_k$

   上述這些自變數所建立 Zero-Inflated ordered probit 迴歸式如下：

   $$S = \alpha + \beta_1 \times X_1 + \beta_2 \times X_2 + \beta_3 \times X_3 + ... + \beta_k \times X_k$$
   $$S = 0.511 \times education + 0.712 \times income - 0.397 \times (female = 1) - 0.771 \times age$$

   預測機率值為：

   P(tobacco = 0) = P(S + u ≤ _cut1)　　　　= P(S + u ≤ 2.959)
   P(tobacco = 1) = P(_cut1 < S + u ≤ _cut2) = P(2.959 < S + u ≤ 8.111)
   P(tobacco = 2) = P(_cut2 < S + u ≤ _cut3) = P(8.111 < S + u ≤ 11.208)
   P(tobacco = 3) = P(_cut3 < S + u) = 　　　 = P(11.208 < S + u)

Step 2　Vuong 檢定來判定：zioprobit 是否比 oprobit 迴歸優？

```
* Same as above, but test whether the ZIOP model is preferred to the ordered probit
  model
. zioprobit tobacco education income i.female age, inflate(education income i.parent
  age i.female i.religion) vuong

Zero-Inflated ordered probit regression          Number of obs    =      5,000
                                                 Wald chi2(4)     =    2574.27
Log likelihood = -7640.4738                      Prob > chi2      =     0.0000

-------------------------------------------------------------------------------
     tobacco |    Coef.   Std. Err.     z    P>|z|    [95% Conf. Interval]
-------------+-----------------------------------------------------------------
```

tobacco						
education	.5112664	.0102407	49.92	0.000	.491195	.5313378
income	.712975	.0144803	49.24	0.000	.6845942	.7413559
female						
female	-.3975341	.0416675	-9.54	0.000	-.4792009	-.3158674
age	-.7709896	.0182554	-42.23	0.000	-.8067695	-.7352097
inflate						
education	-.0966613	.0026422	-36.58	0.000	-.1018398	-.0914827
income	-.1157545	.0043787	-26.44	0.000	-.1243365	-.1071725
parent						
smoking	.7655798	.0307553	24.89	0.000	.7053006	.825859
age	.1873904	.0088643	21.14	0.000	.1700168	.204764
female						
female	-.2639665	.0307184	-8.59	0.000	-.3241735	-.2037595
religion						
discourages ..	-.3223335	.0496827	-6.49	0.000	-.4197098	-.2249572
_cons	1.27051	.0584794	21.73	0.000	1.155892	1.385127
/cut1	2.959808	.0753035			2.812216	3.1074
/cut2	8.111228	.1648965			7.788037	8.43442
/cut3	11.20791	.2247711			10.76736	11.64845

Vuong test of zioprobit vs. oprobit: z = 76.28   Pr > z = 0.0000

1. Vuong 檢定可判定：zioprobit 是否比 oprobit 迴歸優？結果 (z = 76.28, p < 0.05)，
   表示 zioprobit 是比 oprobit 迴歸優。

12-5 截斷 (truncated) Poisson 迴歸分析 (bayes: tpoisson 指令)

個體選擇模型	Tobit 迴歸	y 基本上連續的正值，但是其值為 0 的機率大於 0。 e.g.(1) 保險額度。 (2) 退休基金投資於股票的額度。
Heckit 模型： 解釋變數 x 可以觀察到，但由於另外一些因素的影響，y 並非全部可觀察。	heckprobit 迴歸	(1) 設限迴歸 (censored regression)：依變數超過某門檻就不存此觀測值，但自變數資訊存在。STaTa 有提供 Tobit 迴歸。 (2) 截斷迴歸 (truncated regression)：自變數與依變數超過某門檻，就都不存在觀測值。STaTa 有提供 ADO 指令檔可下載。

例如：考生考滿分介於 200 分至 800 分之間，故可考慮用「區間設限 Tobit regression」。

1. 線性迴歸：若你採用 OLS，它會認為 800 分不是上限，故忽略了對估計值超過滿分上限者做截斷，進而產生迴歸參數估數的不一致性。即樣本再增加時，OLS 不會考慮「true」母群參數 (請見 Long (1997) chapter 7)。

2. Truncated 迴歸：truncated data 及 censored data 你有時會混淆。censored data 係指所有觀察值都在資料檔中，但你不知它們的 "true" values。truncated data 係指迴歸模型不會納入某些觀察值於迴歸分析中。一旦 truncated data 被迴歸視為 censored data 一併被納入分析，就會產生不一致的參數估計。

12-5-1 截斷迴歸 (truncated regression)(truncreg 指令)

截斷迴歸之應用例子，包括：

1. 利用二階段資料包絡模型評估綠色車輛的能源效率。
2. 綠色旅館管理之研究。
3. 董事會獨立性、家族控制與績效：臺灣上市半導體公司的實證分析。
4. 食品公司投入餐飲業與赴大陸投資之績效影響。
5. 會展活動對臺灣觀光旅館經營績效之影響。
6. 兩岸民用航空公司經營效率之研究。
7. 運用動態網絡資料包絡分析法進行陸軍兵科學校績效評量之研究。

8. 金融海嘯對非典型就業之衝擊— Difference-in-Differences 之應用。

9. 歐盟銀行智慧資本與銀行績效之關聯性研究：前緣線分析法。

10.評估美國上市航空公司之生產效率與行銷效率。

11.國家研發組織績效與核心能耐關聯性之研究。

12.美國航空公司經營績效與公司治理關聯性之研究。

13.美國會計師事務所之績效評估。

14.作業基金績效評估：以國立大學校務基金為例。

範例 1：截斷迴歸 (Interval-censoring regression)

(一) 問題說明

研究者想了解學生成就測驗的影響原因有哪些？

研究者先文獻探討並歸納出，成就測驗 (achiv) 的預測變數如下表：

變數名稱	成就測驗的預測變數	編碼 Codes/Values
依變數 achiv	成就測驗	41 分至 76 分 故低於 40 分要截尾
langscore	X1 語言寫作	老師可給 0-100 分 樣本實得 31-67 分
prog	X2 學程 (program) 型態	1. 一般 (general) 課程 2. 學術課程 3. 職業課程

(二) 資料檔之內容

「truncated_regression.dta」，資料檔內容如下圖。

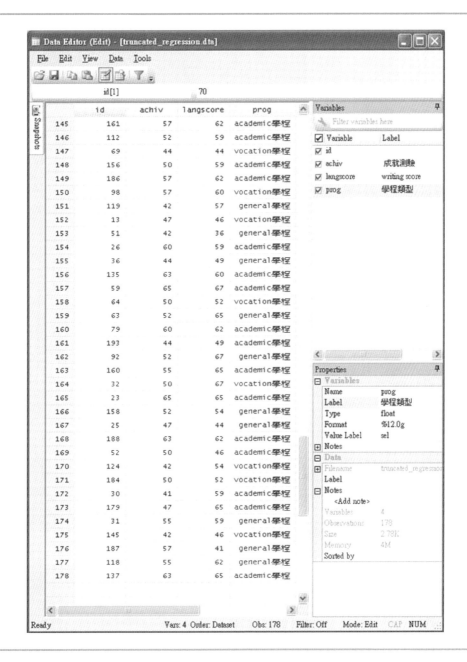

圖 12-33　「truncated_regression.dta」資料檔 (N=178 , 4 variables)

(三) 截斷迴歸之選擇表操作

Statistics > Linear models and related > Truncated regression

(四) 分析結果與討論

Step 1　觀察資料之特性

```
* 連續變數用 sum 指令，求平均數、標準差、min、max。
. summarize achiv langscore
* 成就測驗，介於 41 分至 76 分
    Variable |     Obs      Mean    Std. Dev.      Min      Max
-------------+--------------------------------------------------
       achiv |     178   54.23596    8.96323        41       76
   langscore |     178   54.01124   8.944896        31       67


* 連續變數在類別變數各 Levels 的細格人數、平均數、標準差 ( 如圖之操作畫面 )。
. tabstat achiv, statistics( count mean sd min max ) by(prog)

Summary for variables: achiv
    by categories of: prog ( 學程類型 )

        prog |      N      mean         sd        min      max
-------------+--------------------------------------------------
{ralign 12:general 學程 } |   40    51.575    7.97074      42       68
{ralign 12:academic 學程 } |  101   56.89109   9.018759     41       76
{ralign 12: 職業學程 } |       37   49.86486   7.276912     41       68
-------------+--------------------------------------------------
       Total |    178   54.23596    8.96323       41       76
-------------------------------------------------------------------
```

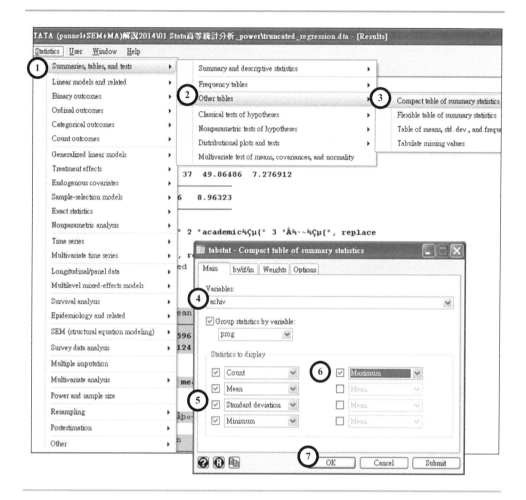

圖 12-34 連續變數在類別變數各 Levels 的細格人數、平均數、標準差、Min、Max

註：Statistics > Summaries, tables, and tests > Other tables > Compact table of summary statistics

Step 2 　繪資料之分布圖

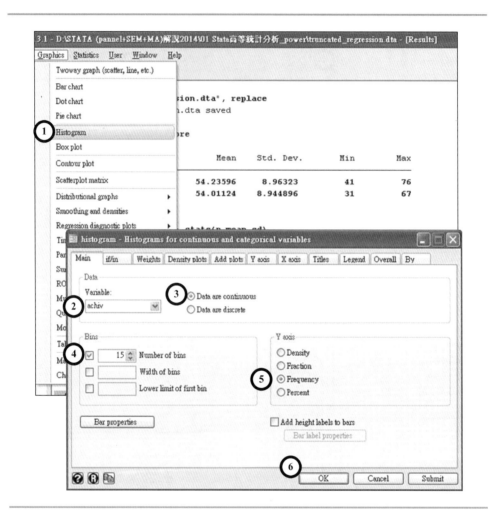

圖 12-35　繪依變數 achiv 之常態分配及直方圖的畫面

　　achiv 是連續變數，下圖之直方圖顯示，為何資料要被截尾，因為考生 achiv 分數係介於 41 分至 76 分。

```
. histogram achiv, bin(15) frequency normal normopts(lcolor(black))
(bin=15, start=41, width=2.3333333)
```

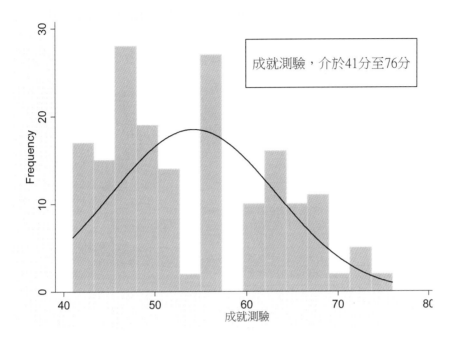

成就測驗，介於41分至76分

圖 12-36 繪依變數 achiv 之常態分配圖 (右偏態，低分者偏多)

Step 3 試探多個自變數與依變數的相關

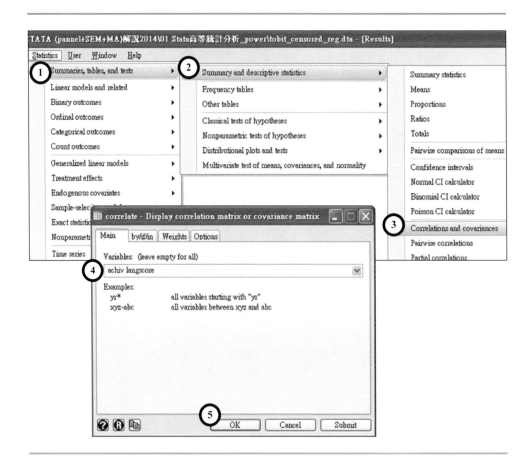

圖 12-37 求自變數與依變數 achiv 相關的畫面

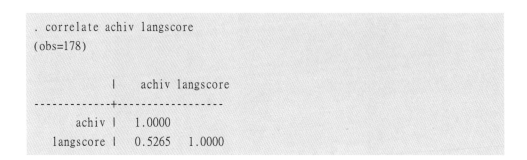

```
. correlate achiv langscore
(obs=178)

             |   achiv langscore
-------------+------------------
       achiv |   1.0000
   langscore |   0.5265   1.0000
```

成就測驗與語文寫作之積差相關 r = 0.5265。

Step 4 決定採用截斷迴歸嗎 ?

1. 傳統上，你可能會採線性迴歸 (OLS)，但它不會對 <40 成就測驗來調整迴歸係數，因此造成迴歸係數的嚴重偏誤 (bias)，迴歸預值可能得出負值之不合理現象，故採用 OLS 是錯誤想法 (Heckman, 1979)。

2. **截斷迴歸**可解決 OLS 的迴歸係數偏誤，因為它可對「不存在」的觀察值做截尾。像本例子，achiv 分配的低分者被截尾時，有被截尾變數的平均數 > 未被截尾變數的平均數。相反地，若 achiv 分配的高分者被截尾時，有被截尾變數的平均數 < 未被截尾變數的平均數。

3. **截斷迴歸也可視爲** Heckman selection models 之一，旨在校正取樣的偏誤。

4. 截斷迴歸 ≠ 設限迴歸 (Censored regression)。被設限 (censored) 係指「資料檔所有觀察值」，可是你不知道這些值的 "true" 值，才須做設限 (如 IQ 破表者)。相對地，被截尾 (truncation) 係指依變數之某些數據，被排除在迴歸分析之外，但它們卻不適合用設限迴歸來分析。

Step 5　截斷迴歸分析

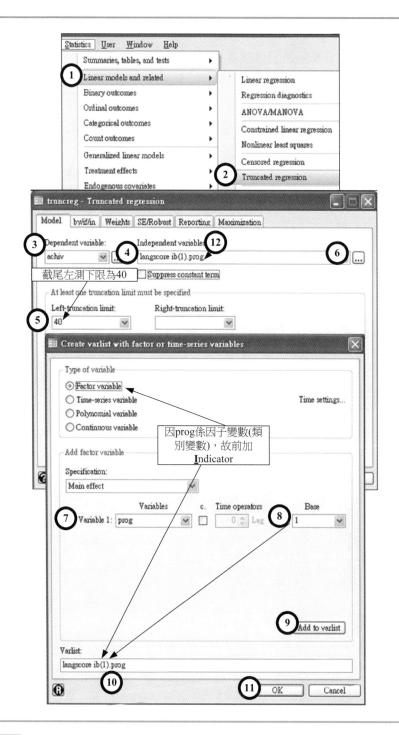

圖 12-38　截斷迴歸之操作畫面

```
* ib(1).prog 係以類別變數 prog=1 當比較的基準
* ll(40) 係指 Lower Limited 為 40 分以下者，就截尾
. truncreg achiv langscore ib(1).prog, ll(40)
(note: 0 obs. truncated)

Fitting full model:

Iteration 0:    log likelihood = -598.11669
Iteration 1:    log likelihood = -591.68358
Iteration 2:    log likelihood = -591.31208
Iteration 3:    log likelihood = -591.30981
Iteration 4:    log likelihood = -591.30981

Truncated regression
Limit:   lower =          40                 Number of obs =      178
         upper =        +inf                 Wald chi2(3) =     4.76
Log likelihood = -591.30981                  Prob > chi2 = 0.0000


------------------------------------------------------------------------------
       achiv |     Coef.   Std. Err.      z    P>|z|    [95% Conf. Interval]
-------------+----------------------------------------------------------------
   langscore |   .7125775   .1144719     6.22   0.000    .4882168    369383
             |
        prog |
  academic 學程 |   4.065219   2.054938     1.98   0.048    .0376131    092824
      職業學程 |  -1.135863   2.669961    -0.43   0.671   -6.368891    097165
             |
       _cons |   11.30152   6.772731     1.67   0.095    -1.97279  24.57583
-------------+----------------------------------------------------------------
      /sigma |   8.755315    .666803    13.13   0.000    7.448405  10.06222
------------------------------------------------------------------------------
```

1. 本例共 178 筆，雖然 0 筆資料被截尾，但有沒有截尾係會影響到 achiv 的平均數。故採用傳統 OLS 來估計迴歸係數，會有偏誤。

2. Log likelihood = -591.3，旨在 nested models 的比較，本例用不到。

3. Wald $\chi^2_{(3)}$ = 54.76 (P<0.05)。表示本例整體模型比 empty model(沒預測變數) 更適配。

4. 每個預測變數，都有印出迴歸係數 (coefficients)、standard errors、t-statistic、p-values、及 95% confidence interval。語文寫作 (langscore) 對依變數 achiv 預測達顯著水準。且「prog=academic 學程」亦達顯著，表示學生選的學程中「prog=general vs. prog= academic 學程」之間在 achiv 學測成績亦有顯著差異。

5. 截斷迴歸係數的解釋，非常類似 OLS 迴歸係數的解釋。但截斷迴歸的線性效果是以 untruncated latent 變數爲計算基礎，而非全部觀察值爲基礎。詳細說明，請見 McDonald (1980)。

6. 語文寫作 (langscore) 每增加 1 單位得分，achiv 學測就增加 0.712 點。

7. 輔助統計：sigma 係類似 OLS 迴歸的殘差變異數的平方根。即 $\Sigma \sim \sqrt{\sigma_\varepsilon^2}$。Sigma = 8.755。

Step 6-1 用 test 指令，檢定類別之自變數 prog 的整體效果 (effect)

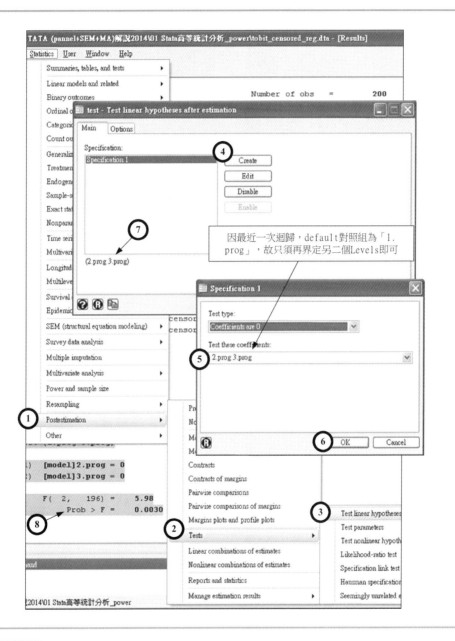

圖 12-39 檢定類別之自變數 prog 的整體效果之畫面

```
* test 指令，係 Test linear hypotheses after estimation
* 因最近一次迴歸，default 對照組為「1. prog」，故只須再界定另二個 Levels 即可
. test (2.prog 3.prog)

 (1)   [eq1]2.prog = 0
 (2)   [eq1]3.prog = 0


       chi2(  2) =     7.19
     Prob > chi2 =     0.0274
```

    prog 的整體效果，$\chi^2_{(2)} = 7.19 (p < 0.08)$ 達到顯著水準。表示類別變數 prog 對依變數 (achiv) 成就測驗係符合「自變數與依變數線性關係」的假定 (assumption)。

Step 6-2 用 test 指令，檢定類別之自變數 prog 不同 levels 的係數差異

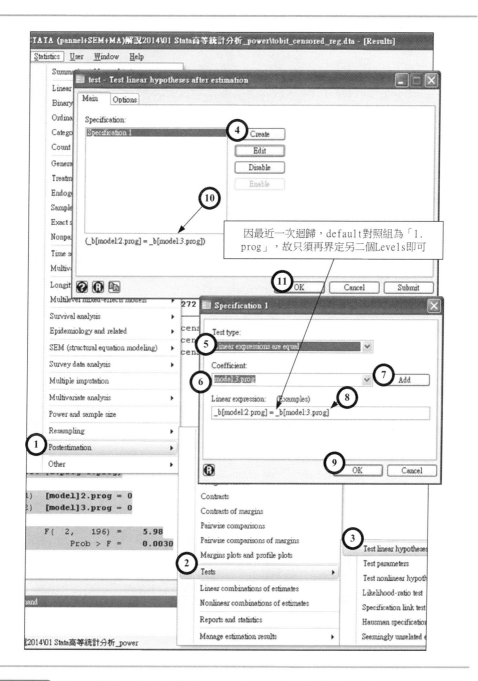

圖 12-40 用 test 指令，檢定自變數 prog 不同 levels 的係數差異之畫面

```
* 因最近一次迴歸，default 對照組為「1. prog」，故只須再界定另二個 Levels 即可
. test (_b[model:2.prog] = _b[model:3.prog])
* 或簡化為 test 2.prog = 3.prog

 (1)  [eq1]2.prog - [eq1]3.prog = 0

          chi2(  1) =     5.09
        Prob > chi2 =    0.0241
```

檢驗「prog 2 = Prog 3」迴歸係數相等嗎？結果係顯著不相等，$\chi^2_{(2)} = 5.09$(p < 0.05)。

Step 6-3 用 margins 指令，檢定類別之自變數 prog 各細格的平均數

經過截尾之後，用 margins 指令所求出的細格平均數，不同於 tabstat 指令所求出的細格平均數。

```
. margins prog

Predictive margins                              Number of obs    =       178
Model VCE    : OIM

Expression   : Linear prediction, predict()

--------------------------------------------------------------------------
             |            Delta-method
             |    Margin   Std. Err.      z    P>|z|    [95% Conf. Interval]
-------------+------------------------------------------------------------
        prog |
general 學程 |  49.78871   1.897166    26.24   0.000    46.07034    .50709
academic 學程|  53.85393   1.150041    46.83   0.000    51.59989   56.10797
   職業學程  |  48.65285   2.140489    22.73   0.000    44.45757   52.84813
--------------------------------------------------------------------------
```

經過截尾之後，選修「academic 學程」的學生，其 achiv 學測平均數最高 (M=53.85)，選修「職業學程」的學生，其 achiv 學測平均數最低 (M = 48.65)。

Step 6-4 用 marginsplot 指令，繪出類別之自變數 prog 各細格的平均數

```
. marginsplot

Variables that uniquely identify margins: prog
```

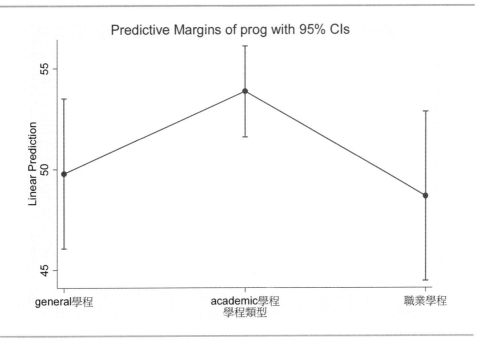

圖 12-41 Marginsplot 指令來繪，類別之自變數 prog 各細格的平均數

Step 7 檢視截斷迴歸之適配有多好？

1. 在資料檔中，新加截斷迴歸的預測值 $\hat{y}$，它再跟依變數 achiv 的實際值做相關分析。

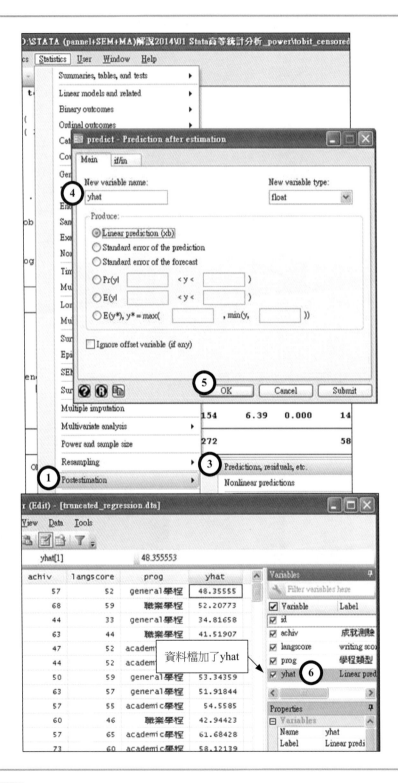

圖 12-42 最近一次截斷迴歸的預測值 yhat 之畫面

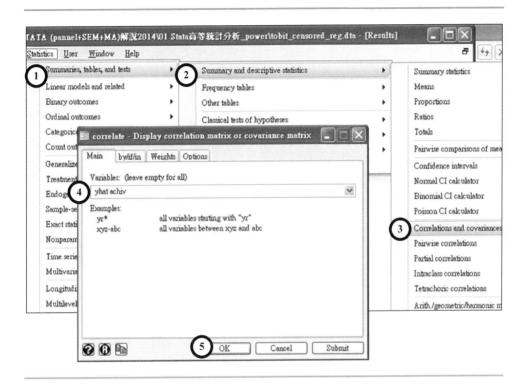

圖 12-43 截斷迴歸的預測值 yhat 與 achiv 的實際值求相關之畫面

```
. predict yhat, xb

. correlate yhat achiv
(obs=178)

             |     yhat    achiv
-------------+------------------
      yhat   |   1.0000
      achiv  |   0.5524   1.0000
```

　　截尾 model 的預測值 yhat 與 achiv 實際值之相關，爲 0.5524，它的平方，就是迴歸的 $R^2 = 0.305$，即 2 個自變數對依變數預測，高達 30.5% 變異的解釋量。

小結

像本例，STaTa 係以依變數合理值來截尾，事實上你亦可用 1 個 (以上) 預測變數值，來當截尾的基準。例如：GPA 成績，預測變數包括：高中 GPA (HSGPA) 及 SAT，而這二個預測變數亦可當 STaTa 截斷迴歸的基準，即限定「HSGPA 及 SAT 較高分」才有機會可進入大學讀書，才可納入迴歸分析。

此外，截斷迴歸必須非常小心，界定上限及上限值，因為它會影響迴歸係數及其標準誤的估計。例如：本例截尾的下限，取 39 分「ll(39)」及取 40 分「ll(40)」，所得迴歸係數就略為不同。

12-5-2 Bayesian 截斷 Poisson 迴歸 (truncated regression) (bayes: tpoisson 指令)

範例：截斷 (truncated) Poisson 迴歸分析 (bayes: tpoisson 指令)

(一) 問題說明

半導體製造數據集 probe.dta，包含在四種不同探針 (probe)，探針上測試矽晶片 (silicon wafers) 的故障的數據，包括：晶片寬度 width、晶片深度 depth、failures(晶片故障數)。如果檢測到超過 10 個故障 (選項 ll(10))，則拒絕該晶片。

研究者收集數據並整理成下表，此「probe.dta」資料檔內容之變數如下：

變數名稱	說明	編碼 Codes/Values
label/ 依變數：failures	晶片故障數	11～38
features/ 自變數：probe	四種不同探針	1～4
features/ 自變數：depth	晶片深度	−16.88～25.7
features/ 自變數：width	晶片寬度	−4.2～4.98

(二) 資料檔之內容

「probe.dta」資料檔內容如下圖。

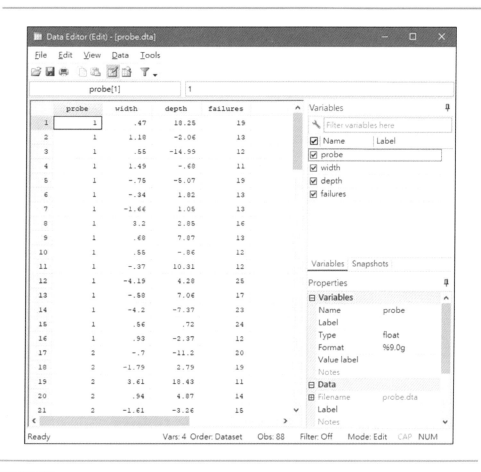

圖 12-44 「probe.dta」資料檔內容 (N=250 晶片)

(三) 分析結果與討論

Step 1 **對照組：截斷 (truncated) Poisson 迴歸**

本例，具有截斷點為 10 之截斷 (truncated) Poisson 迴歸適配。使用 noconstant 選項從概似方程中抑制常數項。運算子「ibn.」宣告將 probe 四個 levels 都保留其係數，即 probe 是無 base level 的因子變數。

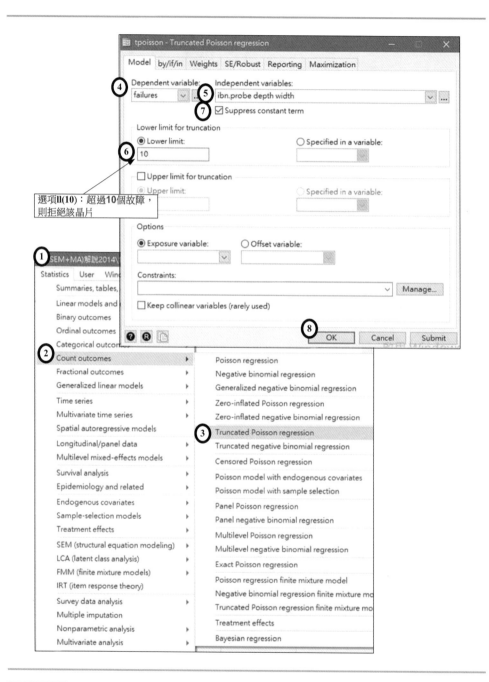

圖 12-45「tpoisson failures ibn.probe depth width, noconstant ll(10)」畫面

註：Statistics > Count outcomes > Truncated Poisson regression

```
* 開啟資料檔
. webuse probe.dta
* 運算子「ibn.」宣告將 probe 四個 levels 都保留其係數。
* 選項 ll(10)：超過 10 個故障，則拒絕該晶片
. tpoisson failures ibn.probe depth width, noconstant ll(10) nolog
```

```
Truncated Poisson regression
Limits:  lower =          10              Number of obs   =        88
         upper =        +inf              Wald chi2(6)    =  11340.50
Log likelihood = -239.35746              Prob > chi2     =   0.0000
```

failures	Coef.	Std. Err.	z	P>|z|	[95% Conf. Interval]	
probe						
1	2.714025	.0752617	36.06	0.000	2.566515	2.861536
2	2.602722	.0692732	37.57	0.000	2.466949	.738495
3	2.725459	.0721299	37.79	0.000	2.584087	2.866831
4	3.139437	.0377137	83.24	0.000	3.065519	.213354
depth	-.0005034	.0033375	-0.15	0.880	-.0070447	006038
width	.0330225	.015573	2.12	0.034	.0025001	.063545

```
* 開啟資料檔
. webuse ***
```

Step 2　實驗組 1：內定先驗：Bayesian truncated Poisson 迴歸

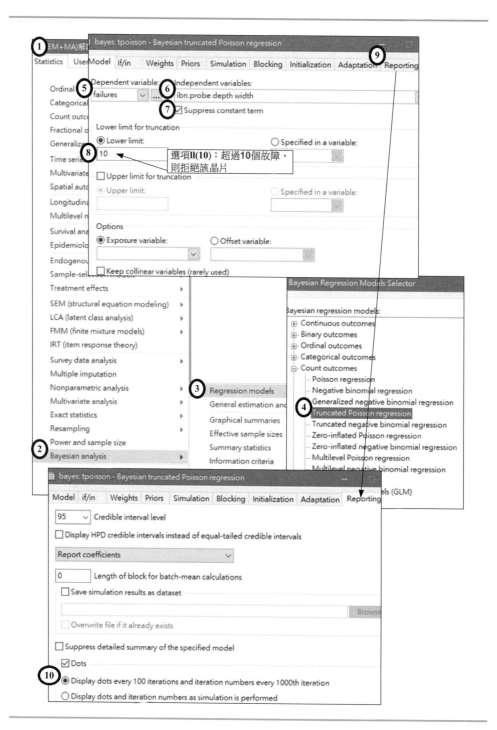

圖 12-46　「bayes, dots：tpoisson failures ibn.probe depth width, noconstant ll(10)」畫面

註：Statistics > Count outcomes > Bayesian regression > Truncated Poisson regression

```
. webuse probe.dta
. set seed 15
. bayes, dots: tpoisson failures ibn.probe depth width, noconstant ll(10)

Burn-in 2500 aaaaaaaaaa1000.........2000..... done
Simulation
10000 .........1000.........2000.........3000.........4000.........5000.........
> 6000.........7000.........8000.........9000.........10000 done


Model summary
--------------------------------------------------------------------------------
Likelihood: 依變數 failures 的概似 ~ tpoisson(xb_failures)
  failures ~ tpoisson(xb_failures)

Prior:「i.probe depth width」三者的先驗符合 ~ normal(0,10000)
  {failures:i.probe depth width} ~ normal(0,10000)                       (1)
--------------------------------------------------------------------------------
(1) Parameters are elements of the linear form xb_failures.
```

Bayesian truncated Poisson regression	MCMC iterations	=	12,500
Random-walk Metropolis-Hastings sampling	Burn-in	=	2,500
	MCMC sample size	=	0,000
Limits: lower = 10	Number of obs	=	88
upper = +inf	Acceptance rate	=	.1383
	Efficiency: min	=	004447
	avg	=	.01322
Log marginal likelihood = -288.22663	max	=	04082

failures	後驗均數 Mean	後驗標準差 Std. Dev.	MC 標準誤 MCSE	後驗中位數 Median	Equal-tailed [95% Cred. Interval]	
probe						
1	2.689072	.0696122	.008596	2.688881	2.557394	2.833737
2	2.581567	.0644141	.00966	2.588534	2.436973	2.701187
3	2.712054	.0695932	.006415	2.717959	2.55837	2.844429
4	3.13308	.0397521	.004592	3.133433	3.055979	3.208954
depth	-.000404	.0033313	.000165	-.000504	-.0067928	.0061168

```
     width |  .036127    .0165308    .001821    .0360637    .001239    067552
-----------------------------------------------------------------------------
Note: Default priors are used for model parameters.
Note: There is a high autocorrelation after 500 lags.
```

1. 使用內定的先驗，迴歸參數的後驗平均估計值與使用 tpoisson 命令獲得的 ML 估計值類似。但是，貝葉斯先驗會發出很高的相關警告，並報告最低效率 (Efficiency: min) 僅為 0.004。對於 MH 採樣器，具有內定先驗的後驗模型似乎有些挑戰。

   本例，可以允許更長的老化 (burn-in) 並增加 MCMC 樣本數，來改善 MCMC 收斂並提高估計精度。相反，我們將提供一個替代的先驗，它將提高模型的靈活性並改善其對數據的適配度。

Step 3　實驗組 2：改用超先驗 (hyperpriors)：Bayesian truncated Poisson 迴歸

```
. webuse probe.dta
. set seed 15
. bayes, prior({failures:ibn.probe}, normal({probe_mean}, 10000))
prior({probe_mean}, gamma(2, 1)) initial({probe_mean} 1) dots: tpoisson fail-
ures ibn.probe depth width, noconstant ll(10)


Burn-in 2500 aaaaaaaaa1000aaaaaaaaa2000..... done
Simulation
10000 .........1000.........2000.........3000.........4000.........5000.........
> 6000.........7000.........8000.........9000.........10000 done


Model summary
-----------------------------------------------------------------------------
Likelihood: 依變數 failures 的概似～符合 tpoisson(xb_failures) 分布
  failures ~ tpoisson(xb_failures)

Priors: 先驗 i.probe 符合～ normal({probe_mean},10000)。Depth 及 width 二者～
normal({probe_mean},10000)
     {failures:i.probe} ~ normal({probe_mean},10000)                    (1)
  {failures:depth width} ~ normal(0,10000)                              (1)
```

```
Hyperprior: 超參數 {probe mean}~ 符合 gamma(2,1) 分布
  {probe_mean} ~ gamma(2,1)
------------------------------------------------------------------------
(1) Parameters are elements of the linear form xb_failures.

Bayesian truncated Poisson regression          MCMC iterations  =    12,500
Random-walk Metropolis-Hastings sampling        Burn-in          =     2,500
                                                MCMC sample size =    10,000
Limits: lower =         10                      Number of obs    =        88
        upper =       +inf                      Acceptance rate  =      2927
                                                Efficiency:  min =    .03989
                                                             avg =    .08075
Log marginal likelihood = -287.88026                         max =     .1465

------------------------------------------------------------------------
                 |                                      Equal-tailed
                 |    Mean   Std. Dev.    MCSE    Median [95% Cred. Interval]
-----------------+------------------------------------------------------
failures         |
          probe  |
             1   | 2.711599  .0763365  .002801  2.712876  2.55044   2.862738
             2   | 2.596622  .0685764  .002648  2.598643  2.456956  2.726719
             3   | 2.714216  .0733982  .003675  2.713525  2.566466  2.855299
             4   | 3.138079  .0375462  .001385  3.138281  3.066229  3.209139
                 |
        depth    | -.0005827 .0034743  .000124  -.0003759 -.0073375 .0059798
        width    | .0335891  .0158976  .000543  .0335994  .0028928  .0639441
-----------------+------------------------------------------------------
   probe_mean    | 2.061043  1.46987   .0384    1.69934   .2700229  5.773596
------------------------------------------------------------------------
Note: Default priors are used for some model parameters.
```

1. 此次，MCMC 模擬達到 8% 的平均效率，沒有收斂問題的跡象。迴歸參數的後驗平均估計不僅類似於 ML 估計，而且 MCMC 標準誤差遠低於之前具有內定先驗的模型所獲得的誤差。透過引入超參數 {probe mean}，我們改進了模型的適配度。

Bayesian 自我迴歸模型 (bayes：regress y L1.y 指令)

13-1 時間列序之統計：自我迴歸 (autoregressive models)

統計學的分類，常見包括：(1) 單變量、多變量，都可用 SPSS/SAS 軟體來分析。(2) 初等統計、高等統計、多變量統計，亦可用 STaTa/SPSS/SAS 軟體來分析。(3) 定態／恆定 (stationarity) 資料、非定態／非恆定資料。定態數列可用 STaTa/SPSS/SAS 軟體來分析，非定態序列則可用：(I) 免寫指令的 JMulTi(可以由 www.jmulti.de 免費下載)；(II) 要寫指令的 RATS 及 Eviews；(III) 及功能強大且要寫指令的財經軟體 R(http://cran.r-project.org/bin/windows/base/) 等 4 種軟體來分析。(4) 橫斷面分析、縱貫面之時間序列 (time series) 分析、橫斷面＋縱貫面之 Panel data 分析，可用 STaTa/Limdep 軟體來分析。

橫斷面係指同一時間，蒐集許多資料；縱貫面係指每一時間片段，只蒐集一個資料，因此又叫時間序列 (time series)。

所謂定態 (恆定) 的時間序列資料即在一個外生衝擊發生時，只會產生短暫的影響，但隨著時間的經過將使時間序列回到長期均衡水準。反之，則稱為非定態 (非恆定) 的時間序列資料。

STaTa,JMulTi 或 Eviews 統計的功能，包括：

1. Unit root(判定序列是否具有穩定性)。

2. Cointegration(分析二個以上序列是否有長期共同移動趨勢)。

3. Granger causality(分析二個以上序列之間的領先－落後關係)。

4. Vector Error Correction Model(VECM)(二個以上序列之間的跨期長短期互動，即序列間的因果關係；或做樣本外預測)。

5. ARMIA：定態或非定態單一序列的預測。

6. VAR 之 Impulse response function(內衝擊影響力)=> G-IRF、

VAR 之 Variance decomposition(波動解釋力)=> G-VDC。

上述時間序列分析法，其中，向量自我迴歸 (VAR) 或 Structural VAR 研究法之步驟，依序為：

Step 1：運用 Johansen(1994) 五個向量自我相關 (VAR 模型)，共整測試 (Cointegration test) 諸變數是否具有長期均衡關係 (long term equilibrium relationship)，對各變數穩定性 (stationarity) 作單根 (unit-root) 測試，單根測試是共整分析前所必須條件。

Step 2：誤差修正模型進行短期互動測試。

Step 3 ：採用 Granger(1988) 考慮誤差修正項之 ECM 模型進行 Granger Causality 因果關係測試。

Step 4 ：運用衝擊反應函數 (Impulse Response Function) 來評估各變數間的跨期動態效果。

Step 5 ：採用變異數分解 (Variance Decomposition) 來判定各變數的相對外生性 (exogeneity ordering)。

表 13-1　統計分析技術之分類

	定態 / 恆定 (stationarity) 資料		非定態 / 非恆定 (non-stationarity) 資料 (y_t 需差分一次後，Δy_t 才定態)	
	單變量統計 (單一個依變數)	多變量統計 (多個依變數)	單變量時間序列	多變量時間序列
橫斷面	χ^2、t 檢定、相關 r、變異數 / 共變數 F 檢定、線性迴歸 (OLS、GLS)	典型相關 ρ、MDS、信度分析、因素分析、集群分析、區別分析、結構模式分析 (SEM)、(Fuzzy)AHP、(Fuzzy) TOPSIS、網路分析法 (ANP)、詮譯結構法 (ISM)、決策實驗室分析法 (DEMATEL)		
縱貫面	相依樣本 t 檢定、自我迴歸 (AR)、ARIMA、重複量數之 MANOVA / MACOVA	向量自我迴歸 (VAR)/ TAR、結構向量自我迴歸 (Structural VAR)	自我迴歸、貝氏自我迴歸、無參數自我迴歸 (NAR、NSAR、SDNAR、SHNAR)、單變量 ARCH- GARCH	向量誤差修正模型 (VECM)、非線性之平滑移動迴歸 (STR)、多變量 GARCH(1,1)
橫斷 + 縱貫面	二因子混合設計 ANOVA / MOCOVA、階層線性模型 (Hierarchical Linear Model 或稱 Multilevel Mixed Effect Model)	panel data 迴歸分析		

註：1. 階層線性模型可用 HLM 軟體 (http://www.estat.us/id38.html) 來分析。
　　2. SEM 可用 STaTa、LISREL、AMOS、EQS 等軟體來分析。
　　3. 在「網底」範圍，都是《STaTa 在總體經濟與財務金融分析的應用》探討重點。
　　4. 雙線之框內，都可用 STaTa,SPSS、或張紹勳在五南出版之另一中文書《模糊多準則評估法及統計》所寫的 Excel 程式來解析。

作者《STaTa 在財務金融與經濟分析的應用》一書，該書內容包括：〈誤差異質性〉、〈動態模型〉、〈序列相關〉、〈時間序列分析〉、〈VAR、共整合〉……等。此書涵蓋財經、金融研究法的時間序列，包括：

1. Autoregressive estimation(自我迴歸)。

2. ARIMA(自我迴歸移動平均)。

3. ARCH(自我相關條件異質變異)。

4. GARCH(一般化自我相關條件異質變異)。

5. Vector Autoregression(向量自我迴歸)。

6. VECM(向量誤差修正模型)。

7. Cointegration test(共整合檢定) 包括：(1)Engle-Granger 共整合檢定；(2) 兩兩同階次的非穩態 (Non-stationary, 非定態) 變數進行共整合檢定；(3)Johansen 共整合檢定；(4) 可一次進行多個非穩態 (Non-stationary, 非定態) 變數的共整合檢定。

8. 非線性迴歸 (平滑轉換迴歸 STR、平滑轉換自我迴歸 STAR)。

13-1-1 ARIMA 建構模型之步驟

1970 年 Box 與 Jenkins 提出進階的建模技術並且以遞迴的方式對時間序列資料建構模型，稱為 ARIMA 模型，其求解之遞迴方法主要分為 4 個步驟：

1. 鑑定模型 (Model Identification)。

2. 對未知參數作有效的估計 (Efficient Estimation)。

3. 診斷性檢查 (Model Checking)－如果殘差項並非白噪音有必要回到 1 重做；如果殘差項是白噪音則可進行下列動作。

4. 預測 (Forecasting)：
   在模型鑑定階段的首要工作即認定 ARIMA(p,d,q) 的階數。一個資料數列如果並非定態型 (nonstationary)，則需整合 (intergrated) 利用差分 (difference,d=1) 方法使數列成為定態型 (stationary)。我們可利用數列的自我相關函數 (ACF) 來認定數列是否為定態型。若模型僅為 AR 或是 MA 過程，則可利用樣本的 ACF 及樣本的偏自我相關 PACF(Partial Auto-Correlation Function) 來作為認定 p 與 q 階數的工具。

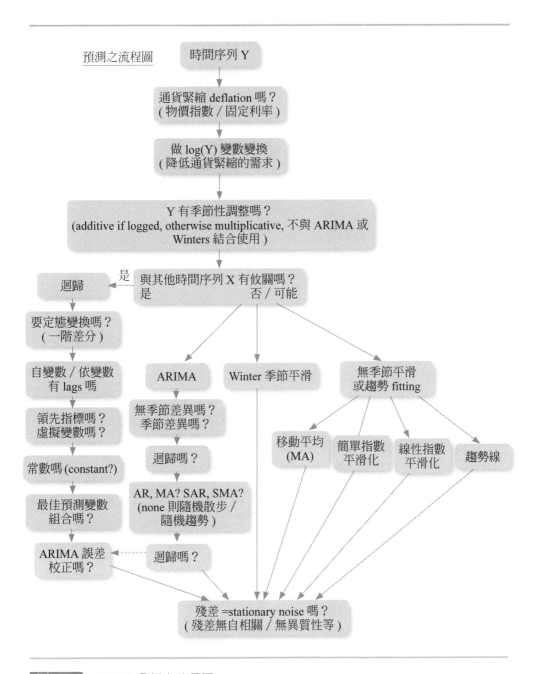

預測之流程圖

時間序列 Y

通貨緊縮 deflation 嗎？
(物價指數／固定利率)

做 log(Y) 變數變換
(降低通貨緊縮的需求)

Y 有季節性調整嗎？
(additive if logged, otherwise multiplicative, 不與 ARIMA 或
Winters 結合使用)

迴歸

是

與其他時間序列 X 有攸關嗎？
是   否／可能

要定態變換嗎？
(一階差分)

自變數／依變數
有 lags 嗎

領先指標嗎？
虛擬變數嗎？

常數嗎 (constant?)

最佳預測變數
組合嗎？

ARIMA 誤差
校正嗎？

ARIMA

無季節差異嗎？
季節差異嗎？

迴歸嗎？

AR, MA? SAR, SMA?
(none 則隨機散步／
隨機趨勢)

迴歸嗎？

Winter 季節平滑

無季節平滑
或趨勢 fitting

移動平均
(MA)

簡單指數
平滑化

線性指數
平滑化

趨勢線

殘差 =stationary noise 嗎？
(殘差無自相關／無異質性等)

圖 13-1 ARIMA 分析之流程圖

13-2 穩定數列之自我迴歸模型 (AR)

坊間常見的自我相關函數，有二類：自我共變異數函數、自我迴歸 (Autoregressive, AR) 模型。

一、自我共變異數函數

在一穩定隨機過程中，任取第 i 期及第 i + j 期之隨機變數 y_i 與 y_{i+j}，自我共變數爲：

$$\gamma_j = Cov(y_i, y_{i+j}) = \frac{\sum(y_i - \bar{y}_i)(y_{i+j} - \bar{y}_{i+j})}{S_{y_i} \times S_{y_{i+j}}}$$

任一期之變異數 $\gamma_0 = Cov(y_i, y_i) = Var(y_i)$。

γ_j 對稱於 0，亦即 γ_{-j}，因爲

$$\gamma_{-j} = Cov(y_i, y_{i-j}) = Cov(y_{i-j}, y_i) = \gamma_j$$

$\{\gamma_j\}_{j=0, 1, 2 \ldots, \infty}$ 稱爲自我共變異數函數。

二、自我迴歸 (AR) 模型

由自我相關係數可觀察第 i 期與第 i+j 期的相關性強弱，及其方向。

令 ρ_j 爲第 i 期與第 i + j 期的相關係數，則

$$\rho_j = \frac{Cov(y_i, y_{i+j})}{\sqrt{Var(y_i) \cdot Var(y_{i+j})}} = \frac{Cov(y_i, y_{i+j})}{Var(y_i)} = \frac{\gamma_j}{\gamma_0}$$

$\{\rho_j\}_{j=0, 1, 2 \ldots, \infty}$ 稱爲自我相關函數 (Autocorrelation Function, ACF)。

自我相關可區分：方向 (正負) 及強弱。若某一時間序列 y_i，其自我相關，可能是正相關，亦可能是負相關。

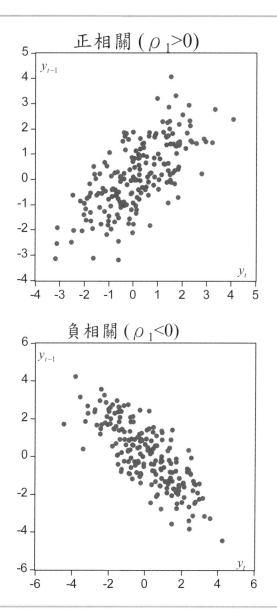

圖 13-2 自我相關 AR1 之正負相關

自我相關可能有強弱之分，如下圖所示。

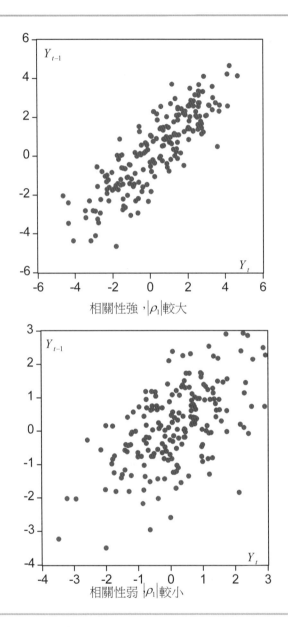

相關性強，$|\rho_1|$ 較大

相關性弱 $|\rho_1|$ 較小

圖 13-3 自我相關 AR1 之強弱

13-2-1 AR(1) 模型

簡單的說，自我迴歸模型就是將時間序列自己過去的歷史資料當作解釋變數。如果我們簡單地只納入前一期的資料當作解釋變數，就稱為一階自我迴歸

模型 (first-order autoregressive model)，簡稱爲 AR(1) 模型。

像未來一年經濟的預測、未來一年出生人口的預測、未來一年國民所得成長率的預測，學生在校 n 年成績來預測其入學考的成績……等問題，大多屬 AR(1) 模型。

一、定義 AR(p) 模型

1. 在 p 階的 AR 模型中，每個觀察值 y_t 是由過去 p 期的線性組合，再加上一個隨機干擾項，可將 AR(p) 表示爲：

$$y_t = \mu + \alpha_1 y_{t-1} + \cdots + \alpha_p y_{t-p} + e_t \qquad e_t \overset{iid}{\sim} N(0, \sigma^2)$$

此處，α_i 可能是正，亦可爲負。

序列當期的值可用落後 p 期的值來預測。

2. 定義：L 爲落遲運算子 (Lag operator)，亦即 $y_{t-1} = L \times y_t$，則

$y_{t-2} = L \times y_{t-1} = L(L \times y_t) = L^2 y_t$，……，如此類推到 L^p，AR(p) 則可表示爲：

$$y_t = \mu + (\alpha_1 L + \cdots + \alpha_p L^p) y_t + e_t$$

或 $(\alpha_1 L + \cdots + \alpha_p L^p)^{-1} y_t = \mu + e_t$

或 $y_t = \dfrac{\mu}{(\alpha_1 L + \cdots + \alpha_p L^p)} + \dfrac{e_t}{(\alpha_1 L + \cdots + \alpha_p L^p)^{-1}}$

最後得 $\alpha(L) y_t = \mu + e_t$

其中，$\alpha(L) = 1 - \alpha L - \ldots - \alpha_p L^p$

二、AR(1) 模型─基本性質

$$y_t = \mu + \alpha_1 y_{t-1} + e_t \qquad e_t \overset{iid}{\sim} N(0, \sigma^2)$$

令 $y_0 = 0$

$y_1 = \mu + \alpha_1 y_0 + e_1 = \mu + e_1$

$y_2 = \mu + \alpha_1 y_1 + e_2 = \mu + \alpha_1 \mu + \alpha_1 e_1 + e_2$

$\qquad \vdots \qquad \vdots \qquad\qquad \vdots$

$y_t = \mu + \alpha_1 y_{t-1} + e_t$

$\qquad = \mu(1 + \alpha_1 + \alpha_1^2 + \cdots) + (e_t + \alpha_1 e_{t-1} + \alpha_1^2 e_{t-2} + \cdots)$

若 $|\alpha_1| < 1$，則 $y_t = \dfrac{\mu}{1 - \alpha_1} + (e_t + \alpha_1 e_{t-1} + \alpha_1^2 e_{t-2} + \cdots)$

1. 平均數：$E(y_t) = \dfrac{\mu}{1 - \alpha_1}$

2. 變異數：$\gamma_0 = Var(y_t) = (1 + \alpha_1^2 + \alpha_1^4 + \cdots)\sigma^2$

   安定條件為 $|\alpha_1| < 1$，則變異數收斂至：$\gamma_0 = \dfrac{\sigma^2}{1 - \alpha_1^2}$

3. 自我共變異數為：$\alpha_1^k \dfrac{\sigma_\varepsilon^2}{1 - \alpha_1^2}$ (k 為落後期數)

   $\gamma_1 = E(y_t, y_{t-1}) = E(\mu + \alpha_1 y_{t-1} + e_t, y_{t-1})$
   $\quad = \alpha_1 \gamma_0$

   $\gamma_2 = E(y_t, y_{t-2}) = E(\mu + \alpha_1 y_{t-1} + e_t, y_{t-2})$
   $\quad = \alpha_1 \gamma_1$
   $\quad = \alpha_1^2 \gamma_0$

   $\gamma_k = E(y_t, y_{t-k}) = \alpha_1^{k-1} \gamma_0, \; k \geq 2$

4. 落後期數 k 的自我相關：α_1^k

5. 無條件與條件動差

   (1) 無條件動差

$$E(y_t) = \dfrac{\mu}{1 - \alpha_1}; \; Var(y_t) = \dfrac{\sigma_\varepsilon^2}{1 - \alpha_1^2}$$

   (2) 條件動差

   條件期望值：$E_{t-1}(y_t) = \mu + \alpha_1 y_{t-1}$

   雖然無條件期望值是常數，但是條件期望值卻是「時變」的。

三、AR(1) 模型—自我相關函數 (ACF)

$\rho_1 = \dfrac{\gamma_1}{\gamma_0} = \dfrac{\alpha_1 \gamma_0}{\gamma_0} = \alpha_1 \neq 0$

$\rho_2 = \dfrac{\gamma_2}{\gamma_0} = \dfrac{\alpha_1^2 \gamma_0}{\gamma_0} = \alpha_1^2 \neq 0$

$\therefore \rho_k = \alpha_1^k$

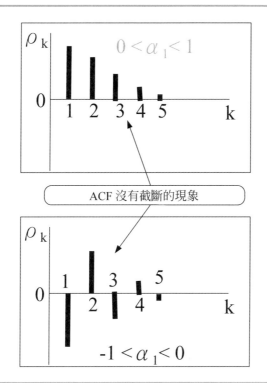

圖 13-4 AR(1) 模型─自我相關函數 (ACF)

四、AR(1) 模型─偏自我相關函數 (PACF)

上圖顯示，AR 之 ACF 呈現遞減的狀態，並無截斷，因此不易判斷 AR 之落後期數，此時必須引入 Partial Autocorrelation Function (PACF) 藉以判斷 AR 之落後期數。

(一) AR(1) 之 PACF 做法

估計：一階偏相關係數或二階偏相關係數？

AR(1) 模式：$y_t = \mu + \alpha_1 y_{t-1} + e_t$

Step 1：估計 $y_t = \mu + \hat{\alpha}_1 y_{t-1} + e_t$

則一階偏相關係數 $\wp_1 = \hat{\alpha}_1$。

Step 2：估計 $y_t = \mu + \hat{\alpha}_1 y_{t-1} + \hat{\alpha}_2 y_{t-2} + e_t$

則二階偏相關係數 $\wp_2 = \hat{\alpha}_2$。

若為 AR(1) 模型，則 $\wp_1 \neq 0$，且 $\wp_2 = \wp_3 = \cdots = 0$。

(二) 繪圖法

若屬 AR(1) 模型，則其圖形之樣式如圖 13-5。顯示 AR 模型之 ACF 呈現遞減的狀態，落後「1」期並無截斷，因此不易判斷 AR 之落後期數，此時必須再引入 Partial Autocorrelation Function (PACF) 藉以判斷 AR 之落後期數。結果 PACF=1，表示此模型，初步屬 AR(1) 模型是適切的，若進一步證實「殘差」的 ACF 及 PACF 亦均爲 0，則百分之百可以確定，該穩定資料之時間序列就是 AR(1) 型。

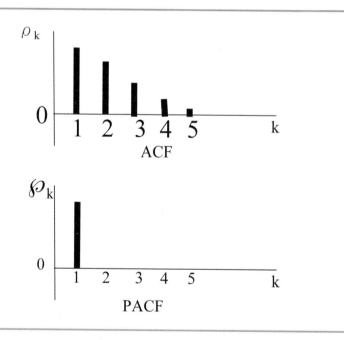

圖 13-5 AR(1) 模型之圖形之樣式

五、AR(1) 模型—範例

假設有一時間序列 $y_t = 0.6y_{t-1} + e_t$，t = 1, 2, ..., 200，$e_t \overset{iid}{\sim} N(0, \sigma^2)$，其對應之分析，根據「偏自我相關函數 (PACF)」爲 1，證明它是屬 AR(1) 模型。

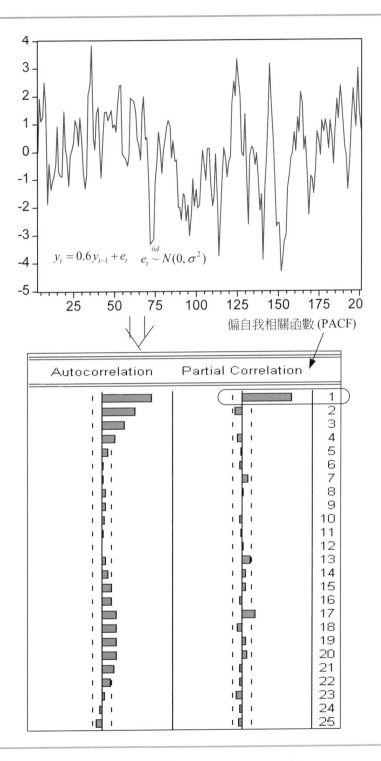

$$y_t = 0.6y_{t-1} + e_t \quad e_t \overset{iid}{\sim} N(0, \sigma^2)$$

偏自我相關函數 (PACF)

圖 13-6   AR(1) 模型—偏自我相關函數 (PACF)

13-2-2 AR(2) 模型

一、AR(2) 模型—基本性質

$$y_t = \mu + \alpha_1 y_{t-1} + \alpha_2 y_{t-2} + e_t \qquad e_t \overset{iid}{\sim} N(0, \sigma^2)$$

若令 L 爲落遲運算子 (Lag operator)，即 $y_{t-1} = L \times y_t$，且 $y_{t-2} = L \times y_{t-1} = L \times (L \times y_t) = L^2 \times y_t$

上式 AR(2) 則可改寫成：

$$y_t = \underbrace{\frac{\mu}{(1 - \alpha_1 L - \alpha_2 L^2)}}_{\hat{\mu}} + \underbrace{\frac{e_t}{(1 - \alpha_1 L - \alpha_2 L^2)}}_{(1 + \phi_1 L + \phi_2 L + \cdots) e_t}$$

$$y_t = \hat{\mu} + e_t + \phi_1 e_{t-1} + \phi_2 e_{t-2} + \cdots$$

$$\because \frac{1}{1 - \alpha_1 L - \alpha_2 L^2} = 1 + \phi_1 L + \phi_2 L + \cdots$$

$$=> 1 = (1 - \alpha_1 L - \alpha_2 L^2)(1 + \phi_1 L + \phi_2 L^2 + \cdots)$$

$$1 = 1 + (\phi_1 - \alpha_1)L + (\phi_2 - \alpha_2 - \phi_1 \alpha_1)L^2 + \cdots$$

$$\therefore \phi_1 - \alpha_1 = 0 \quad => \quad \phi_1 = \alpha_1$$

$$\phi_2 - \alpha_2 - \phi_1 \alpha_1 = 0 \quad => \quad \phi_2 = \alpha_2 + \alpha_1^2$$

$$\vdots \qquad \vdots \qquad \vdots \qquad \vdots$$

$$\phi_k = \alpha_1 \phi_{k-1} + \alpha_2 \phi_{k-2}, \quad k \geq 2$$

$$\therefore y_t = \hat{\mu} + e_t + \phi_1 e_{t-1} + \phi_2 e_{t-2} + \cdots$$

平均數：$E(y_t) = \hat{\mu} = \dfrac{\mu}{1 - \alpha_1 - \alpha_2}$

自我共變異數：$\gamma_1 = E[y_t, y_{t-1}] \neq 0$

$$\vdots \qquad \vdots \qquad \vdots$$

$$\gamma_k = E[y_t, y_{t-k}] \neq 0$$

二、AR(2) 模型—自我相關函數 (ACF)

假設有一 AR(p) 序列，其自我相關函數 (ACF) 分析結果，如圖 13-7 所示，顯示 p 可以爲 1、2、3、4。但如何認定它是否爲 AR(2) 模型呢？我們有二個準則可用：

1. 自我相關函數 (ACF) 在落後「1」期無截斷,即 ACF 圖仍呈現落後好幾期的
   遞減現象。
2. 而且,偏自我相關函數 (PACF) 在落後「2」期就截斷。

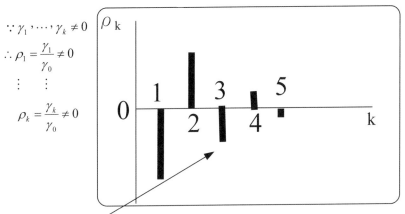

圖 **13-7** AR(2) 模型─自我相關函數 (ACF)

圖 13-7 顯示,AR 之 ACF 呈現遞減的狀態,在落後「1」期無截斷,因
此不易判斷 AR 之落後期數,此時必須再引入 Partial Autocorrelation Function
(PACF) 藉以判斷 AR 之落後期數。

三、AR(2) 模型─偏自我相關函數 (PACF)

$$y_t = \mu + \alpha_1 y_{t-1} + \alpha_2 y_{t-2} + e_t$$

PACF 做法:估計 $\quad y_t = \mu + \sum_{i=1}^{k} \hat{\alpha}_i y_{t-i} + e_t$

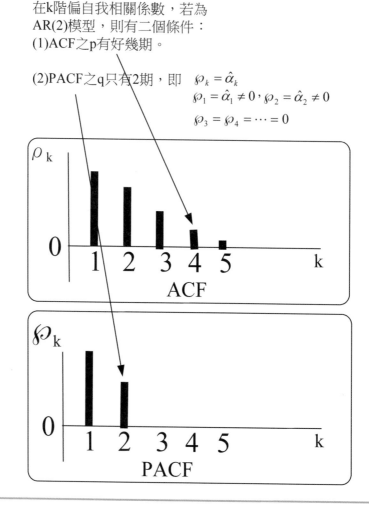

在k階偏自我相關係數，若為
AR(2)模型，則有二個條件：
(1)ACF之p有好幾期。

(2)PACF之q只有2期，即 $\wp_k = \hat{\alpha}_k$
$\wp_1 = \hat{\alpha}_1 \neq 0$，$\wp_2 = \hat{\alpha}_2 \neq 0$
$\wp_3 = \wp_4 = \cdots = 0$

圖 13-8 AR(2) 模型—偏自我相關函數 (PACF)

四、AR(2) 模型—例子

假設有一如圖 13-9 之序列 $y_t = 0.5y_{t-1} + 0.4y_{t-2} + e_t$，$e_t \overset{iid}{\sim} N(0, \sigma^2)$，其 ACF 落差有好幾期，倘若再經PACF，剛好落後2期就截斷，證明它是屬AR(2)模型。

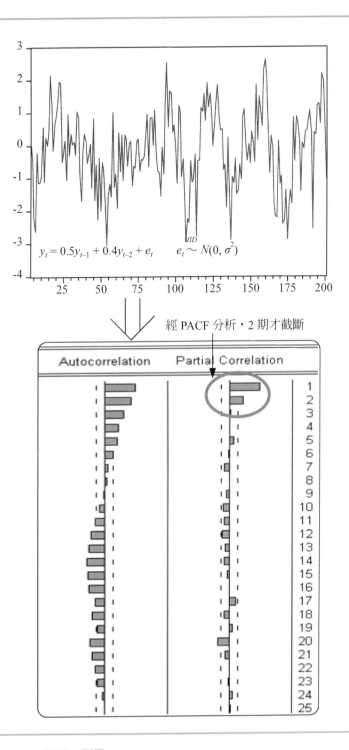

圖 13-9 AR(2) 模型一例子

13-2-3 何謂穩定性 (定態)？

總體經濟變數中，許多時間序列行為往往呈現各種不同的長期趨勢，而與定態時間序列有很大的差異。目前一般實證分析上主要考慮決定項趨勢 (deterministic trend) 與隨機趨勢 (stochastic trend) 兩種。基本上，時間序列具有決定項趨勢者，在模型中加入時間趨勢項後，可成為定態數列，但時間序列具隨機趨勢者 [通常為 I(1) 數列，即時間序列經一次差分可為定態數列]，由於在模型中加入時間趨勢項，並不會使模型的期望值與變異數收斂，故必須將數列加以差分，使其成為定態數列後，才能作出正確的統計推論。

當資料含隨機趨勢時，如直接以 OLS 估計，會導致 Granger & Newbold (1974) 所提出的虛假迴歸 (spurious regression) 問題。Granger & Newbold (1974) 發現，虛假迴歸 (spurious regression) 的結果，通常會產生 R^2 很高，但 Durbin-Watson 統計量的值很低的情形。

因此，在進行實證分析前，應先就時間序列的穩定性加以檢定。判斷時間序列是否為非定態數列的方法除觀察圖形外，目前一般採取的檢定方法為納入數列之常數項與時間趨勢項的 ADF 單根檢定 (Augmented Dickey-Fuller unit-root test)。雖然樣本數增加，有助於以圖形判斷資料是否為確定趨勢或隨機趨勢，惟管中閔 (1999) 認為圖形與單根檢定均有限制，並不能完全解決判斷資料產生的過程究竟為確定趨勢或隨機趨勢。

假設欲檢定時間序列 y_t 是否為定態數列，根據 ADF 單根檢定的作法，即是檢定下列之時間序列模型中 y_{t-1} 的係數估計值 ρ 是否等於 1。

$$\Delta y_t = a_0 + (\rho - 1) y_{t-1} + a_2 Trend + \sum_{i=1}^{p} b_i \Delta y_{t-i} + e_t$$

如檢定結果，無法拒絕單根虛無假設，即 $\rho = 1$，則 y_t 為非定態數列。對於非定態數列，應取差分並持續反覆以 ADF 檢定，直到差分後的數列為定態時，再進行迴歸分析 (如 VAR、SVAR)。此外，如時間序列具有結構改變時，應改以 Banerjee, Lumsdaine & Stock(1992) 建議的遞迴檢定 (recursive test)、滾動檢定 (rolling test) 或連續檢定 (sequential test) 三種檢定方法之一進行檢定。

何謂單根 (Unit Root)？

$$\Delta y_t = \phi \times y_{t-1} + \sum_{j=1}^{p-1} \alpha_j \Delta y_{t-j} + \varepsilon_t$$

以上式來說：「單根」(「one」root) 係指，y_{t-1} 的係數 ϕ 理論上會趨近「1」(「one」)，表示，若序列 y_t 有趨勢存在，則該序列差分後的後 p 期 (Δy_{t-p}) 都可預期當期 Δy_t。

13-3 Bayesian 自我迴歸之建模過程 (bayes：regress y L.y 指令)

範例：Autoregressive models:AR(p) 之建模過程 (bayes：regress y L.y 指令指令)

(一) 問題說明

為了解煤消費量 (lcoal) 之影響因素有哪些？(分析單位：時間單位)

研究者收集數據並整理成下表，此「ar(2).dta」資料檔內容之變數如下：

變數名稱	說明	編碼 Codes/Values
label/ 依變數：lcoal	ln(coal consumption)	$-4.8448 \sim 3.1611$
時間軸：time	時間	$1 \sim 100$ 期

(二) 資料檔之內容

「ar(2).dta」資料檔內容如下圖。

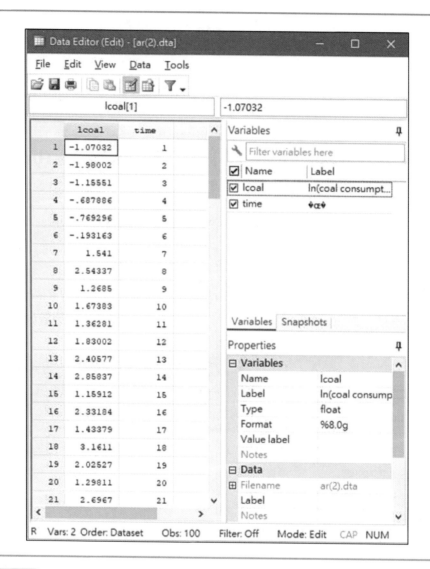

圖 13-10 「ar(2).dta」資料檔內容 (N=100 個時間單位)

繪時間序列之走勢圖：線形圖

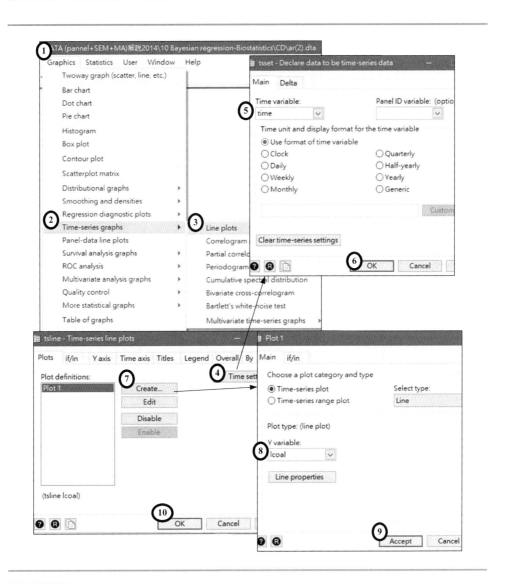

圖 13-11
圖 13-11 「twoway (tsline lcoal)」畫面

```
* 開啟資料檔
. use ar(2).dta, clear

*時間軸設定為 time 變數
. tsset time

. twoway (tsline lcoal)
```

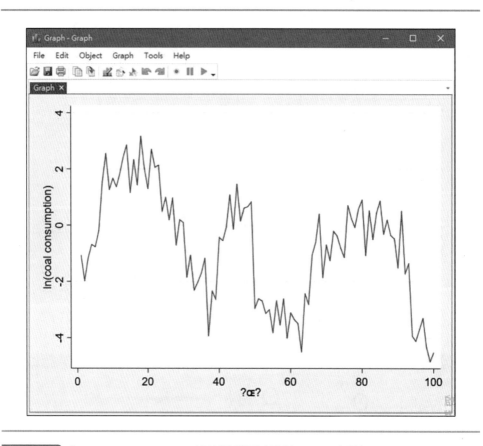

圖 13-12 「twoway (tsline lcoal)」繪出線形圖（近似 AR(2) 走勢）

(三) 分析結果與討論

Step 1　對照組 (傳統)：AR(2) 迴歸

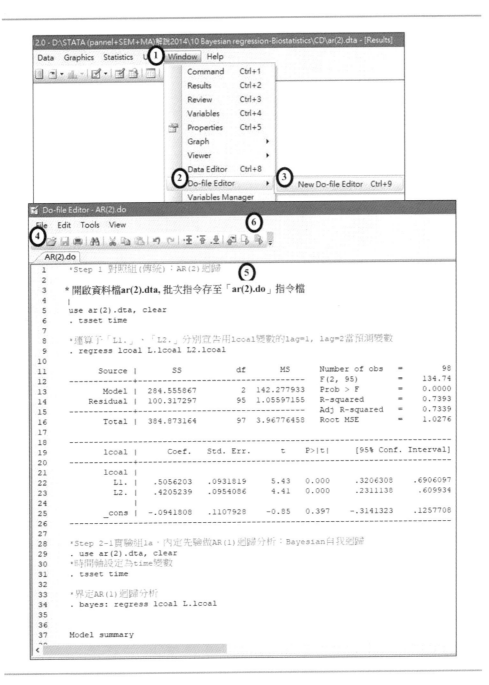

圖 13-13　「ar(2).do」指令檔之畫面

```
* 開啟資料檔 ar(2).dta, 批次指令存至「ar(2).do」指令檔

use ar(2).dta, clear
. tsset time

* 運算子「L1.」、「L2.」分別宣告用 lcoal 變數的 lag=1, lag=2 當預測變數
. regress lcoal L.lcoal L2.lcoal

      Source |       SS           df       MS          Number of obs   =        98
-------------+----------------------------------         F(2, 95)        =     34.74
       Model |  284.555867         2   142.277933       Prob > F        =    0.0000
    Residual |  100.317297        95   1.05597155        R-squared       =    0.7393
-------------+----------------------------------         Adj R-squared   =    0.7339
       Total |  384.873164        97   3.96776458        Root MSE        =    1.0276


-------------------------------------------------------------------------------
       lcoal |      Coef.   Std. Err.      t    P>|t|     [95% Conf. Interval]
-------------+-----------------------------------------------------------------
       lcoal |
         L1. |   .5056203   .0931819     5.43   0.000     .3206308    6906097
         L2. |   .4205239   .0954086     4.41   0.000     .2311138     609934
             |
       _cons |  -.0941808   .1107928    -0.85   0.397    -.3141323    1257708
-------------------------------------------------------------------------------
```

1. 傳統之自我迴歸，以依變數自我 lag 前二期，當預測變數，求得 AR(2) 迴歸式為：

$$\text{Local}_t = -0.094 + 0.506 \times \text{Local}_{t-1} + 0.421 \times \text{Local}_{t-2}$$

Step 2-1 實驗組 1a，內定先驗做 AR(1) 迴歸分析：Bayesian 自我迴歸

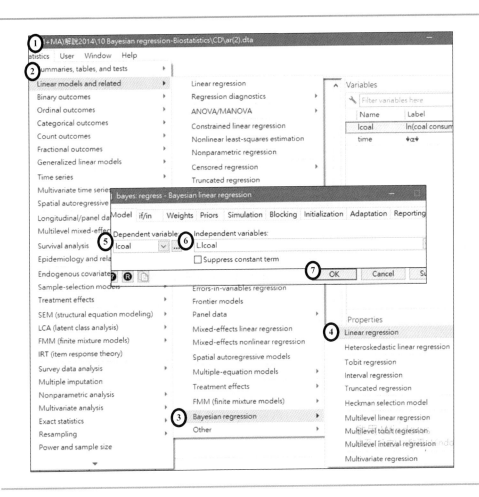

圖 13-14 「bayes：regress lcoal L.lcoal」畫面

註：Statistics > Linear models and related > Bayesian regression > Linear regression

```
. use ar(2).dta, clear
* 時間軸設定為 time 變數
. tsset time

* 界定 AR(1) 迴歸分析
. bayes: regress lcoal L.lcoal
```

```
Model summary
--------------------------------------------------------------------------
Likelihood:
  lcoal ~ regress(xb_lcoal,{sigma2})

Priors:
  {lcoal:L.lcoal _cons} ~ normal(0,10000)                              (1)
             {sigma2} ~ igamma(.01,.01)
--------------------------------------------------------------------------
(1) Parameters are elements of the linear form xb_lcoal.
```

```
Bayesian linear regression              MCMC iterations   =    12,500
Random-walk Metropolis-Hastings sampling Burn-in          =     2,500
                                        MCMC sample size  =    10,000
                                        Number of obs     =         9
                                        Acceptance rate   =      .312
                                        Efficiency:  min  =     09897
                                                     avg  =     .1304
Log marginal likelihood = -170.48394                 max  =     .1826
```

	Mean	Std. Dev.	MCSE	Median	Equal-tailed [95% Cred. Interval]	
lcoal						
lcoal						
L1.	.8444163	.0604948	.001826	.8462009	.7248	.9605482
_cons	-.1435596	.1185673	.003769	-.1435024	-.3778161	.0942114
sigma2	1.283459	.1968103	.004606	1.264983	.9518806	1.726301

```
Note: Default priors are used for model parameters.
```

* 你可自定：設定存取檔的路徑為：
. cd "D:\Bayesian regression-Biostatistics\CD"
. bayes, saving(lag1_mcmc)
* 參數估計結果存至 lag1
. estimates store lag1

1. 內定先驗做貝式 AR(1) 迴歸分析，結果為：

$$\text{Local}_t = -0.144 + 0.844 \times \text{Local}_{t-1}$$

Step 2-2 實驗組 1b，自定先驗做 AR(1) 迴歸分析：Bayesian 自我迴歸

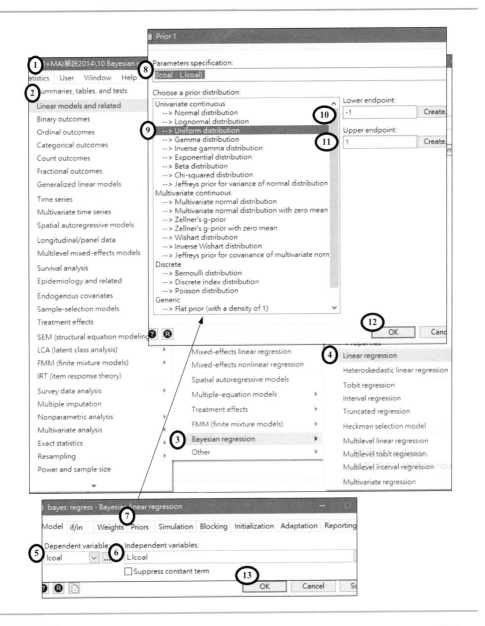

圖 13-15 「bayes, prior({lcoal：L.lcoal}, uniform(-1,1))：regress lcoal L.lcoal」畫面

```
. use ar(2).dta, clear

* 自定依變數先驗 ~ 符合 uniform(-1,1) 分布，重做一次 Bayesian 自我迴歸
. bayes, prior({lcoal:L.lcoal}, uniform(-1,1)): regress lcoal L.lcoal

Model summary
-----------------------------------------------------------------------
Likelihood:
  lcoal ~ regress(xb_lcoal,{sigma2})

Priors:
  {lcoal:L.lcoal} ~ uniform(-1,1)                                    (1)
   {lcoal:_cons} ~ normal(0,10000)                                   (1)
       {sigma2} ~ igamma(.01,.01)
-----------------------------------------------------------------------
(1) Parameters are elements of the linear form xb_lcoal.


Bayesian linear regression              MCMC iterations  =     12,500
Random-walk Metropolis-Hastings sampling Burn-in         =      2,500
                                        MCMC sample size =     10,000
                                        Number of obs    =         99
                                        Acceptance rate  =      .4407
                                        Efficiency:  min =      .1861
                                                     avg =      .2014
Log marginal likelihood = -165.72858             max =      .2227
```

					Equal-tailed	
	Mean	Std. Dev.	MCSE	Median	[95% Cred. Interval]	
lcoal						
lcoal						
L1.	.8438689	.0582804	.001351	.8447164	.7281612	.9585295
_cons	-.1464797	.1207397	.002732	-.1478824	-.3826799	.0943246
sigma2	1.27956	.1829987	.003878	1.263694	.9681199	1.679268

```
Note: Default priors are used for some model parameters.
```

1. 自定先驗做貝式 AR(1) 迴歸分析，結果爲：

$$Local_t = -0.146 + 0.844 \times Local_{t-1}$$

Step 3　**實驗組 2，內定先驗做 AR(p) 迴歸分析：Bayesian 自我迴歸**

　　爲了比較：AR(1)、AR(2)、⋯⋯、AR(5)，這五個模型誰優？相對應的指令如下：

```
. use ar(2).dta, clear

* Model comparison of AR(p) models
. bayes, saving(lag2_mcmc): regress lcoal L.lcoal L2.lcoal
* 參數估計結果存至 lag2
. estimates store lag2

. bayes, saving(lag3_mcmc): regress lcoal L(1/3).lcoal
. estimates store lag3

. bayes, saving(lag4_mcmc): regress lcoal L(1/4).lcoal
. estimates store lag4

. bayes, saving(lag5_mcmc): regress lcoal L(1/5).lcoal

file lag5_mcmc.dta saved

Model summary
--------------------------------------------------------------------
Likelihood:
  lcoal ~ regress(xb_lcoal,{sigma2})

Priors:
  {lcoal:L.lcoal} ~ normal(0,10000)                                (1)
  {lcoal:L2.lcoal} ~ normal(0,10000)                               (1)
  {lcoal:L3.lcoal} ~ normal(0,10000)                               (1)
  {lcoal:L4.lcoal} ~ normal(0,10000)                               (1)
  {lcoal:L5.lcoal} ~ normal(0,10000)                               (1)
    {lcoal:_cons} ~ normal(0,10000)                                (1)
```

```
        {sigma2} ~ igamma(.01,.01)
--------------------------------------------------------------------
(1) Parameters are elements of the linear form xb_lcoal.

Bayesian linear regression              MCMC iterations   =   12,500
Random-walk Metropolis-Hastings sampling  Burn-in         =    2,500
                                        MCMC sample size  =   10,000
                                        Number of obs     =       95
                                        Acceptance rate   =    .3552
                                        Efficiency:  min  =   02368
                                                     avg  =   .04538
Log marginal likelihood = -182.67496                 max  =    .1323


--------------------------------------------------------------------
            |                                        Equal-tailed
            |     Mean    Std. Dev.    MCSE    Median [95% Cred. Interval]
------------+-------------------------------------------------------
lcoal       |
      lcoal |
        L1. |  .5539138   .1123978   .006541  .5547906   .3260009  .7646257
        L2. |  .4504149   .1237457    .0062   .4509143   .2107129  .6956278
        L3. | -.0569293   .1346445   .008336 -.0584479  -.3123996   204001
        L4. |  .0952274   .1209383   .007668  .0916158  -.1354288  .337613
        L5. | -.1494082   .1110482   .007216 -.1476388  -.3637982  .0624258
            |
      _cons | -.1129996   .113624    .005583 -.1100629  -.3366076  .1099507
------------+-------------------------------------------------------
     sigma2 |  1.109096   .1699414   .004673  1.098464   .8166402  1.483132
--------------------------------------------------------------------
Note: Default priors are used for model parameters.

. estimates store lag5
```

1. 自我迴歸，lag 之前五期，只有前二期「L1.lcoal」及「L2.lcoal」的「[95%
   Cred. Interval]」未含 0 值 (p < .05)，故本例適合 AR(2) 模型。

```
* use bayestest model to compare the models.
. bayestest model lag1 lag2 lag3 lag4 lag5


Bayesian model tests

------------------------------------------------
         |    log(ML)     P(M)    P(M|y)
---------+--------------------------------------
    lag1 |  -170.4839   0.2000   0.0310
    lag2 |  -167.0474   0.2000   0.9648
    lag3 |  -172.4926   0.2000   0.0042
    lag4 |  -177.9075   0.2000   0.0000
    lag5 |  -182.6750   0.2000   0.0000
------------------------------------------------
Note: Marginal likelihood (ML) is computed using
      Laplace-Metropolis approximation.
```

1. 本例「ayestest model」比較「lag1~ lag5」五個模型的參數估計，對數最大概似 log(ML) 亦顯示 lag=2 值最大，它亦證明 AR(2) 模型最佳。

2. AR(2) 模型的後驗概率最高，P(M | y) = 0.9648，亦證明 AR(2) 模型最佳。

Step 4   由電腦自動挑選自我迴歸之最佳 lag 數

```
* Choosing autocorrelation lag automatically
. bayes,  prior({lcoal:L1.lcoal}, normal(0, cond({lag}>=1,100,0.01)))
          prior({lcoal:L2.lcoal}, normal(0, cond({lag}>=2,100,0.01)))
          prior({lcoal:L3.lcoal}, normal(0, cond({lag}>=3,100,0.01)))
          prior({lcoal:L4.lcoal}, normal(0, cond({lag}>=4,100,0.01)))
          prior({lcoal:L5.lcoal}, normal(0, cond({lag}>=5,100,0.01)))
          prior({lag}, index(0.2,0.2,0.2,0.2,0.2)):
          regress lcoal L(1/5).lcoal

Model summary
----------------------------------------------------------------------
Likelihood:
  lcoal ~ regress(xb_lcoal,{sigma2})
```

```
Priors:
  {lcoal:L.lcoal} ~ normal(0,cond({lag}>=1,100,0.01))                    (1)
  {lcoal:L2.lcoal} ~ normal(0,cond({lag}>=2,100,0.01))                   (1)
  {lcoal:L3.lcoal} ~ normal(0,cond({lag}>=3,100,0.01))                   (1)
  {lcoal:L4.lcoal} ~ normal(0,cond({lag}>=4,100,0.01))                   (1)
  {lcoal:L5.lcoal} ~ normal(0,cond({lag}>=5,100,0.01))                   (1)
      {lcoal:_cons} ~ normal(0,10000)                                    (1)
            {sigma2} ~ igamma(.01,.01)

Hyperprior:
  {lag} ~ index(0.2,0.2,0.2,0.2,0.2)
---------------------------------------------------------------------------
(1) Parameters are elements of the linear form xb_lcoal.

Bayesian linear regression                    MCMC iterations  =     2,500
Random-walk Metropolis-Hastings sampling      Burn-in          =     2,500
                                              MCMC sample size =    10,000
                                              Number of obs    =         5
                                              Acceptance rate  =      3279
                                              Efficiency:  min =    007675
                                                           avg =    .03314
Log marginal likelihood = -160.7848                        max =      1013
```

	Mean	Std. Dev.	MCSE	Median	Equal-tailed [95% Cred. Interval]	
lcoal						
lcoal						
L1.	.5828396	.1212776	.008633	.5849787	.340996	813431
L2.	.3863091	.1695185	.019349	.4075573	.0900732	.6824747
L3.	-.0346802	.0882694	.009046	-.0346623	-.2042306	1337263
L4.	.0334029	.0765389	.007335	.0341504	-.1211807	.1818592
L5.	-.0713128	.0688074	.004183	-.072169	-.1997523	.0705558
_cons	-.12261	.1172913	.004151	-.1226897	-.3533725	.1082638
sigma2	1.111426	.168116	.005283	1.095401	.8264855	1.476281
lag	1.681	.5107495	.053548	2	1	2

```
----------------------------------------------------------------------
Note: Default priors are used for some model parameters.
```

1. 上表，估計 lag 為 2，這與 Step 3 所考慮的 AR 模型的後驗概率的發現一致。

參考文獻

Agrawal, R.; Imieli ski, T.; Swami, A.(1993). Mining association rules between sets of items in large databases. Proceedings of the 1993 ACM SIGMOD international conference on Management of data - SIGMOD ' 93. 1993: 207. ISBN 0897915925. doi:10.1145/170035.170072.

Akaike, H. 1974. A new look at the statistical model identification. IEEE transactions on Automatic Control 19: 716-723.

Anders Hald. On the History of Maximum Likelihood in Relation to Inverse Probability and Least Squares. Statistical Science 14. 1999 年 5 月 : 214–222. Stable URL: http://www.jstor.org/stable/2676741

Baker, M. J. (2014). Adaptive Markov chain Monte Carlo sampling and estimation in Mata. Stata Journal 14: 623–661.

Balov, N. (2016). Gelman–Rubin convergence diagnostic using multiple chains. The Stata Blog: Not Elsewhere Classified.

Beaumont, Mark A., Wenyang Zhang, and David J. Balding. (2002). Approximate Bayesian computation in population genetics. Genetics 162.4, 2025-2035.

Bernardo, José M. A.(2006). Bayesian mathematical statistics primer (PDF). ICOTS-7.

Bernardo, José-Miguel. (2005). Reference analysis. Handbook of statistics 25. 17–90.

Bernd A. Berg. (2004). Markov Chain Monte Carlo Simulations and Their Statistical Analysis. Singapore, World Scientific,

Bishop, C. M.(2007). Pattern Recognition and Machine Learning. New York: Springer. ISBN 0387310738.

Bolstad, William M. (2010). Understanding Computational Bayesian Statistics, John Wiley & Sons ISBN 0-470-04609-0

Box, G. E. P.; Tiao, G. C. (1973). Bayesian Inference in Statistical Analysis. Wiley. ISBN 0-471-57428-7.

Cameron, A. Colin and Trivedi, P.K. (2009) Microeconometrics using stata. College Station, TX: Stata Press.

Carlin, B. P., A. E. Gelfand, and A. F. M. Smith. (1992). Hierarchical Bayesian analysis of change-point problems. *Journal of the Royal Statistical Society, Series ,* 41, 389-405.

Carlin, Bradley P. and Louis, Thomas A. (2008). Bayesian Methods for Data Analysis, Third Edition. Boca Raton, FL: Chapman and Hall/CRC. ISBN 1-58488-697-8.

Chambers, J.M., W.S. Cleveland, B. Kleiner and P.A. Tukey. (1983). Graphical methods for data analysis. Wadsworth & Brooks/Cole.

Congdon, P. (2003). Applied Bayesian Modeling. New York: John Wiley & Sons.

David D. L. Minh and Do Le Minh. (2015). Understanding the Hastings Algorithm. Communications in Statistics - Simulation and Computation, 44:2 332-349.

Dawid, A. P. (1979). Conditional Independence in Statistical Theory. Journal of the Royal Statistical Society, Series B. 41 (1), 1–31. JSTOR 2984718. MR 0535541.

Douglas Hubbard (2007). "How to Measure Anything: Finding the Value of Intangibles in Business" pg. 46, John Wiley & Sons.

Fahrmeir, L., Kneib, T., and Lang, S. (2009). Regression. Modelle, Methoden und Anwendungen (Second ed.). Heidelberg: Springer. doi:10.1007/978-3-642-01837-4. ISBN 978-3-642-01836-7.

Fienberg, Stephen E.(2006). When did Bayesian Inference Become "Bayesian"? (PDF). Bayesian Analysis. 1 (1): 1–40 [p. 5]. doi:10.1214/06-ba101. (原始內容 (PDF) 存檔於 2014-09-10).

Fornalski, Krzysztof W. (2015). "Applications of the robust Bayesian regression analysis". International Journal of Society Systems Science. 7 (4): 314–333. doi:10.1504/IJSSS.2015.073223.

Fox, J. (1990). Describing univariate distributions. In (Fox, J. & J. S. Long, eds.) Modern Methods of Data Analysis. Sage.

Francis Ysidro Edgeworth, Statistician. Journal of the Royal Statistical Society. Series A (General) 141. 1978: 287–322. Stable URL: http://www.jstor.org/stable/2344804

Gelman, Andrew, Carlin, John B., Stern, Hal S. and Rubin, Donald B. (2003). Bayesian Data Analysis, Second Edition. Boca Raton, FL: Chapman and Hall/CRC. ISBN 1-58488-388-X.

Geoffrey Hinton, Terrence J. Sejnowski（editors, 1999) Unsupervised Learning and Map Formation: Foundations of Neural Computation, MIT Press, ISBN 0-262-58168-X（這本書專注於人工神經網路的非監督式學習）

Gilks, W. R.; Best, N. G.; Tan, K. K. C. (1995). Adaptive Rejection Metropolis Sampling within Gibbs Sampling. Journal of the Royal Statistical Society. Series C (Applied Statistics). 44 (4): 455–472. doi:10.2307/2986138. JSTOR 2986138.

Gilks, W. R.; Wild, P. (19921). Adaptive Rejection Sampling for Gibbs Sampling. Journal of the Royal Statistical Society. Series C (Applied Statistics). 41 (2): 337–348. doi:10.2307/2347565. JSTOR 2347565.

Goldstein, Michael; Wooff, David (2007). Bayes Linear Statistics, Theory & Methods. Wiley. ISBN 978-0-470-01562-9.

Görür, Dilan; Teh, Yee Whye (2011). Concave-Convex Adaptive Rejection Sampling. Journal of Computational and Graphical Statistics. 20 (3): 670–691. doi:10.1198/jcgs.2011.09058. ISSN 1061-8600.

Gould, W. W., J. Pitblado, and B. P. Poi. 2010. Maximum Likelihood Estimation with Stata. 4th ed. College Station, TX: Stata Press.

Gutmann, Michael U., and Jukka Corander. (2015). Bayesian optimization for likelihood-free inference of simulator-based statistical models. arXiv preprint arXiv:1501.03291 .

Haerdle, W. (1991). Smoothing techniques with implementation in S. Springer-Verlag.

Hald, A. (1998), A History of Mathematical Statistics from 1750 to 1930, John Wiley & Sons, ISBN 0-471-17912-4.

Hald, A. (1999), On the history of maximum likelihood in relation to inverse probability and least squares, Statistical Science, 14 (2): 214–222, doi:10.1214/ss/1009212248, JSTOR 2676741.

Harvey, A. C. (1989). Forecasting, Structural Time Series Models, and the Kalman Filter. Cambridge: Cambridge University Press.

Hastings, W. K. (1970). Monte Carlo Sampling Methods Using Markov Chains and Their Applications. Biometrika. 57 (1): 97–109. JSTOR 2334940. Zbl 0219.65008. doi:10.1093/biomet/57.1.97.

Heikki Mannila; Hannu Toivonen; A. Inkeri Verkamo (1997). "Discovery of Frequent Episodes in Event Sequences". Data Min. Knowl. Discov. 1 (3): 259–289. doi:10.1023/A:1009748302351.

Hoff, P. D. (2009). A First Course in Bayesian Statistical Methods. New York: Springer.

Hoff, P. D. (2009). A First Course in Bayesian Statistical Methods. New York: Springer.

Hörmann, Wolfgang (1995). A Rejection Technique for Sampling from T-concave Distributions. ACM Trans. Math. Softw. 21 (2): 182–193. doi:10.1145/203082.203089. ISSN 0098-3500. http://blog.stata.com/2016/05/26/gelman-rubin-convergence-diagnostic-using-multiple-chains/.

J. Han, M. Kamber.(2000). Data Mining: Concepts and Techniques. Morgan Kaufmann.

Jim Albert.(2009.) Bayesian Computation with R, Second edition. New York, Dordrecht, etc.: Springer. ISBN 978-0-387-92297-3.

Kass, R. E., and A. E. Raftery. 1995. Bayes factors. Journal of the American Statistical Association 90, 773–795.

Kenneth H. Rosen. Discrete Mathematics and its Applications 7th edition. 2012: 456. ISBN 978-0-07-338309-5.

Korn, E. L., and B. I. Graubard. 1990. Simultaneous testing of regression coefficients with complex survey data: Use of Bonferroni t statistics. American Statistician 44: 270-276.

Kotsiantis, S. Pintelas, P. (2004). Recent Advances in Clustering: A Brief Survey, WSEAS Transactions on Information Science and Applications, Vol 1, No 1 (73-81),

Kuehl, R. O. (2000). Design of Experiments: Statistical Principles of Research Design and Analysis. 2nd ed. Belmont, CA: Duxbury.

Long, J. Scott (1997). Regression Models for Categorical and Limited Dependent Variables. Thousand Oaks, CA: Sage Publications.

Long, J. Scott, & Freese, Jeremy (2006). Regression Models for Categorical Dependent Variables Using Stata (Second Edition). College Station, TX: Stata Press.

Martino, L.; Read, J.; Luengo, D. (2015). Independent Doubly Adaptive Rejection Metropolis Sampling Within Gibbs Sampling. IEEE Transactions on Signal Processing. 63 (12): 3123–3138. arXiv: 1205.5494 Freely accessible. Bibcode:2015ITSP...63.3123M. doi:10.1109/TSP.2015.2420537. ISSN 1053-587X.

Martino, Luca; Míguez, Joaquín (2010). A generalization of the adaptive rejection sampling algorithm. Statistics and Computing. 21 (4): 633–647. doi:10.1007/s11222-010-9197-9. ISSN 0960-3174.

Metropolis, N.; Rosenbluth, A.W.; Rosenbluth, M.N.; Teller, A.H.; Teller, E. (1953). Equations of State Calculations by Fast Computing Machines. Journal of Chemical Physics. 21 (6): 1087–1092. Bibcode:1953JChPh..21.1087M. doi:10.1063/1.1699114.

Meyer, Renate; Cai, Bo; Perron, François (2008). Adaptive rejection Metropolis sampling using Lagrange interpolation polynomials of degree 2. Computational Statistics & Data Analysis. 52 (7): 3408–3423. doi:10.1016/j.csda.2008.01.005.

Minka, Thomas P. (2001) Bayesian Linear Regression, Microsoft research web page

Mortimore, P., P. Sammons, L. Stoll, D. Lewis, and R. Ecob. (1988). School Matters: The Junior Years. Wells, Somerset, UK: Open Books.

Newman, M. E. J.; Barkema, G. T. (1999). Monte Carlo Methods in Statistical Physics. USA: Oxford University Press. ISBN 0198517971.

Neyman, J. (1937), Outline of a Theory of Statistical Estimation Based on the Classical Theory of Probability, Philosophical Transactions of the Royal Society of London A, 236, 333–380.

O' Hagan, Anthony (1994). Bayesian Inference. Kendall's Advanced Theory of Statistics. 2B (First ed.). Halsted. ISBN 0-340-52922-9.

Papoulis A.(1984). Probability, Random Variables, and Stochastic Processes, 2nd edition. Section 7.3. New York: McGraw-Hill.

Pearl, J. (2000). Causality: Models, Reasoning, and Inference, Cambridge University Press.

Piatetsky-Shapiro, Gregory (1991). Discovery, analysis, and presentation of strong rules, in Piatetsky-Shapiro, Gregory; and Frawley, William J.; eds., Knowledge Discovery in Databases, AAAI/MIT Press, Cambridge, MA.

Pratt, J. W. (1976), F. Y. Edgeworth, The Annals of Statistics, 4 (3): 501–514, doi:10.1214/aos/1176343457, JSTOR 2958222.

Raftery, A. 1995. Bayesian model selection in social research. In Vol. 25 of Sociological Methodology, ed. P. V. Marsden, 111-163. Oxford: Blackwell.

Raftery, Adrian E., and Steven Lewis. (1992). How Many Iterations in the Gibbs Sampler?. In Bayesian Statistics 4.

Rakesh Agrawal and Ramakrishnan Srikant.(1994). Fast algorithms for mining association rules in large databases. Proceedings of the 20th International Conference on Very Large Data Bases, VLDB, pages 487-499, Santiago, Chile, September .

Richard O. Duda, Peter E. Hart, David G. Stork. (2001). Unsupervised Learning and Clustering, Ch. 10 in Pattern classification (2nd edition), p. 571, Wiley, New York, ISBN 0-471-05669-3,

Robert, Christian; Casella, George (2004). Monte Carlo Statistical Methods. Springer. ISBN 0387212396.

Roberts, G.O.; Gelman, A.; Gilks, W.R. (1997). Weak convergence and optimal scaling of random walk Metropolis algorithms. Ann. Appl. Probab. 7 (1): 110–120. CiteSeerX 10.1.1.717.2582 Freely accessible. doi:10.1214/aoap/1034625254.

Rossi, Peter E.; Allenby, Greg M.; McCulloch, Robert (2006). Bayesian Statistics and Marketing. John Wiley & Sons. ISBN 0470863676.

Sakamoto, Y., M. Ishiguro, and G. Kitagawa. 1986. Akaike Information Criterion Statistics. Dordrecht, The Netherlands: Reidel.

Salgado-Ugarte, I. H., M. Shimizu, and T. Taniuchi (1995). snp6.1: ASH, WARPing, and kernel density estimation for univariate data. Stata Technical Bulletin 26: 23-31.

Salgado-Ugarte, I. H., M. Shimizu, and T. Taniuchi (1995). snp6.2: Practical rules for bandwidth selection in univariate density estimation. Stata Technical Bulletin 27: 5-19.

Salgado-Ugarte, I.H., M. Shimizu, and T. Taniuchi. (1993). snp6: Exploring the shape of univariate data using kernel density estimators. Stata Technical Bulletin 16: 8-19.

Schwarz, G. 1978. Estimating the dimension of a model. Annals of Statistics 6: 461-464.

Scott, D. W. (1992). Multivariate density estimation: Theory, practice, and visualization. John Wiley & Sons.

Siddhartha Chib and Edward Greenberg: Understanding the Metropolis–Hastings Algorithm. American Statistician, 49(4), 327–335, 1995

Silverman, B. W. (1986). Density Estimation for Statistics and Data Analysis. London: Chapman & Hall.

Sivia, D.S., Skilling, J. (2006). Data Analysis - A Bayesian Tutorial (Second ed.). Oxford University Press.

Stephen Stigler. Statistics on the Table: The History of Statistical Concepts and Methods. Harvard University Press. ISBN 0-674-83601-4.

Stephen Stigler. The History of Statistics: The Measurement of Uncertainty before 1900. Harvard University Press. ISBN 0-674-40340-1.

Stigler, S. M. (1978), Francis Ysidro Edgeworth, Statistician, Journal of the Royal Statistical Society, Series A, 141 (3): 287–322, doi:10.2307/2344804, JSTOR 2344804.

Stigler, S. M. (1986), The History of Statistics: The Measurement of Uncertainty before 1900, Harvard University Press, ISBN 0-674-40340-1.

Stigler, S. M. (1999), Statistics on the Table: The History of Statistical Concepts and Methods, Harvard University Press, ISBN 0-674-83601-4.

Teller, Edward. (2001). Memoirs: A Twentieth-Century Journey in Science and Politics. Perseus Publishing, p. 328

Tetko, I.V.; Livingstone, D.J.; Luik, A.I.(1995). Neural network studies. 1. Comparison of Overfitting and Overtraining, J. Chem. Inf. Comput. Sci., 35, 826-833.

Ushakov, N.G. (2001). Conditional mathematical expectation, (編) Hazewinkel, Michiel, 數學百科全書 , Springer, , ISBN 978-1-55608-010-4.

Van Inwagen, Peter,(1983). An Essay on Free Will, Oxford: Clarendon Press.

Walter, Gero; Augustin, Thomas (2009). "Bayesian Linear Regression—Different Conjugate Models and Their (In)Sensitivity to Prior-Data Conflict" (PDF). Technical Report Number 069, Department of Statistics, University of Munich.

Wolpert, R. L.(2004). A Conversation with James O. Berger. Statistical Science. 19 (1): 205–218. MR 2082155. doi:10.1214/088342304000000053.

STaTa 專業系列

張紹勳博士 著

邏輯斯迴歸及離散選擇模型：應用STaTa統計

邏輯模型(Logit model)為離散選擇法模型，且屬於多項變數分析。在我們周圍，邏輯迴歸的資料常出現在不同領域中。本書以STaTa介紹相關知識及理論，各章皆有實際案例分析，配合光碟資料檔與書中圖文指示練習，可讓學習者及研究者快速熟悉統計軟體的操作、強化基本功！

1H0Q

邏輯斯迴歸及離散選擇模型：
應用STaTa統計

1H0P

多層次模型（HLM）及
重複測量——使用STaTa

1H0F

STaTa在財務金融
與經濟分析的應用（附光碟）

1H0C

STaTa在結構方程模型
及試題反應理論的應用（附光碟）

1HA8

生物醫學統計：
使用STaTa分析

1H99

STaTa與高等統計
分析（附光碟）

1HA1

Panel-data迴歸模型：STaTa在
廣義時間序列的應用（附光碟）

  五南文化事業機構 WU-NAN CULTURE ENTERPRISE

  f 五南財經異想世界

106臺北市和平東路二段339號4樓
Tel：02-27055066 轉824、889 林小姐

國家圖書館出版品預行編目資料

人工智慧(AI)與貝葉斯(Bayesian)迴歸的整
合：應用STaTa分析／張紹勳，張任坊著.－－
初版.－－臺北市：五南，2019.04
　　面；　公分
　　ISBN 978-957-763-221-0（平裝）
　　1.統計套裝軟體　2.統計分析
512.4　　　　　　　　　　　107022752

1H1P

人工智慧(AI)與貝葉斯(Bayesian)迴歸的整合：
應用STaTa分析

作　　　者	張紹勳、張任坊
發 行 人	楊榮川
總 經 理	楊士清
主　　　編	侯家嵐
責 任 編 輯	侯家嵐
文 字 校 對	黃志誠、鐘秀雲
封 面 設 計	盧盈良

出 版 者 — 五南圖書出版股份有限公司

地　　　址：106台北市大安區和平東路二段339號4樓

電　　　話：(02)2705-5066　　傳　　真：(02)2706-6100

網　　　址：http://www.wunan.com.tw

電子郵件：wunan@wunan.com.tw

劃撥帳號：01068953

戶　　　名：五南圖書出版股份有限公司

法律顧問　林勝安律師事務所　林勝安律師

出版日期　2019年4月初版一刷

定　　　價　新臺幣980元